釋迦牟尼佛會

此圖是《法界源流圖》的一部分，是清代嘉慶□□□□□□□□□界源流圖》而成，表現了佛國世界中的眾生形象和所處的環境，整體構圖十分嚴謹。

圖中為釋迦牟尼佛會，釋迦牟尼身穿袈裟，結跏趺坐於雕獅須彌座上，為眾生宣講佛法。迦葉、阿難隨侍在左右，文殊菩薩、普賢菩薩等弟子，眾羅漢、天王、金剛等聆聽佛陀講法，場面宏大，描繪精工細緻。

天神護法

釋迦牟尼說法時，天神隨侍在他的身旁，聆聽佛法。

普賢菩薩

普賢菩薩以慈悲和功德著稱，騎六牙白象，象徵用自己的慈悲之心肩負眾生的苦難，使眾生具備大善的美德。

象寶

輪王七寶之一，相傳白象之王，具有漫遊天穹的能□□不知疲倦、英勇無畏、不可□坐騎。

天女

圖中，天女手持鮮花，在空中飛翔。

菩提樹

據說釋迦牟尼是在菩提樹下得道成佛的，菩提樹又稱「覺樹」、「道場樹」，是佛教的常見植物之一。

雕獅須彌座

雕獅須彌座是釋迦牟尼的寶座。獅子是百獸之王，佛教常用獅子來比喻佛陀的無畏和偉大，並將其所坐之處稱為「獅子座」。

文殊菩薩

文殊菩薩以智慧和辯才著稱，是集諸佛智慧於一身的菩薩。她騎青獅，象徵以智慧教化眾生。

象為萬⋯⋯力，是⋯⋯戰勝的

三會彌勒尊佛會

相傳彌勒佛降生後會在龍華樹下說法，因此在後世彌勒佛的佛畫中，多為三尊彌勒佛同坐，象徵三會說法。

圖中右邊的彌勒佛身著袈裟，雙手結說法印，象徵為眾生說法。中間的彌勒佛偏袒右肩，袈裟懸於肩上，左手放於左膝上，右手結善無畏印，象徵施予眾生安樂，使眾生遠離怖畏。居左的彌勒佛雙手結轉法輪印，象徵將佛法傳播給眾生。在佛教諸尊中，彌勒佛與諸佛的坐姿不同，多呈善跏趺坐，即雙腿下垂，直立坐於須彌座上，象徵彌勒佛隨時準備度化眾生。

大聖右執

護持佛法的金剛力士，他手持武器，神態威嚴，怒視凡間，與大聖左執隨侍在彌勒佛身邊，後演變為佛教寺院中著名的「哼哈二將」。

阿難

佛陀十大弟子之一，他博聞強記被稱為「多聞第一」，是釋迦牟尼右脇侍。彌勒佛出世以後，阿難度化眾生。

在古代印度，華蓋原是遮日防
所用的傘，後被佛教用來裝飾佛
或佛堂，其中懸掛於諸尊頭頂是
人天蓋」，是諸佛莊嚴的象徵。

龍華樹

原產於孟加拉、印度等地的喬木，
相傳彌勒在雞頭城華林園的龍華樹下
成佛，並在此地舉行三次說法，在佛
教史上稱為「龍華三會」。

迦葉

佛陀在世時，迦葉常站在佛陀
左邊，是佛陀的左脇侍。在彌勒佛
出世之後，迦葉將佛陀的衣缽傳給
他，並為他演說了佛陀的經法。

法音輪菩薩

彌勒佛的左脇侍，她腳踏蓮花，
手持經書，與大妙相菩薩隨侍在彌
勒佛左右，護持著彌勒佛，三者合
稱為「彌勒三尊」。

強記，
尼佛的
輔佐他

圖解

讀懂佛經

一次完全

讀一段佛經
少一分煩惱

佛陀一生智慧的結晶，通俗易懂的佛法
佛教弟子對佛陀教義的理解和感悟
佛陀為僧團制定的行為準則和規範

佛教基礎知識、怎樣讀懂佛經

《心經》《金剛經》《楞嚴經》《華嚴經》
《法華經》《六祖壇經》《百喻經》《無量壽經》
《大般涅槃經》《地藏經》《藥師經》

慧明【編著】

國家圖書館出版品預行編目資料

一次完全讀懂佛經 ╱ 慧明編著-- 二版，-- 臺北市
：海鴿文化，2016.04
面；　公分．－－（文瀾圖鑑；36）
ISBN 978-986-392-045-8（平裝）

1. 佛經

221.09　　　　　　　　　　　105000978

書　　名　一次完全讀懂佛經

編　　　著：　慧明
美 術 構 成：　含章行文
封 面 設 計：　斐類設計工作室
發 行 人：　羅清維
企 畫 執 行：　林義傑
責 任 行 政：　陳淑貞

出　　　版：　海鴿文化出版圖書有限公司
出 版 登 記：　行政院新聞局局版北市業字第780號
發 行 部：　台北市信義區林口街54-4號1樓
電　　　話：　02-27273008
傳　　　真：　02-27270603
網　　　址：　www.seadove.com.tw　　e - mail　seadove.book@msa.hinet.net

總 經 銷：　創智文化有限公司
住　　　址：　新北市土城區忠承路89號6樓
電　　　話：　02-22683489
傳　　　真：　02-22696560
網　　　址：　www.booknews.com.tw

香港總經銷：　和平圖書有限公司
住　　　址：　香港柴灣嘉業街12號百樂門大廈17樓
電　　　話：　（852）2804-6687
傳　　　真：　（852）2804-6409

出 版 日 期：　2016年04月01日　增訂二版一刷
　　　　　　　　2021年08月15日　增訂二版十五刷
定　　　價：　480元
郵 政 劃 撥：　18989626　　　　　　戶名：海鴿文化出版圖書有限公司

CVS總代理：　美璟文化有限公司

前言

　　佛教是指佛的言教。所謂「佛」，意思是「覺者」或者「覺悟的人」，一般而言，佛指的是佛教的創始人喬達摩·悉達多，由於他是釋迦族，所以人們稱其為「釋迦牟尼」，意思是「釋迦族的聖者」。

　　西元前600多年，悉達多王子出生在古印度。作為迦毗羅衛國的王子，他地位尊貴，享盡了人間的榮華富貴。但是在一次出遊中，悉達多王子見到了老人、病人、去世的人，由此感悟到人生的短暫和空虛，於是他脫下華服，決心出家，並於35歲時在伽耶村的菩提樹下覺悟成道，證得佛果，被尊稱為「佛」，他所建立的宗教因此被稱為「佛教」。釋迦牟尼得道後，一直致力於佛教的傳播，由於他的說法不立文字，簡單易懂，且釋迦牟尼一向主張眾生平等，對於女性和奴隸也一視同仁，佛教因而受到了廣大底層百姓的歡迎，佛教的僧團也日益壯大，並分裂為諸多派別。除了在印度傳播，佛教更流傳於其他國家，成為了印度外銷全亞洲及世界各地最大宗的輸出品。

　　西元1世紀，佛教傳入中國，在之後的1000多年裏，佛教以頑強的生命力克服了中國本土文化的排斥，逐漸在中國落地生根，成為了中國傳統文化不可分割的一部分，並影響了中國的政治文化、哲學思想、文學藝術等諸多層面。特別是漢文的佛教經典，經過200多位譯師10個世紀的不懈努力，已經達到了1690餘部、6420餘卷，佛教的聲聞乘、性、相、顯、密各部學說都被系統地介紹到中國，不僅使國人瞭解到佛教的教義，還對中國文化和中國人的生活產生了深遠的影響。比如漢譯《金剛經》不僅是佛教的重要經典，更是一部優秀的文學作品，不僅影響了中國佛教的發展歷程，還受到了無數中國人的歡迎，與儒家《論語》、道家《道德經》並稱為宗經寶典，成為現代人瞭解中國傳統文化的經典著作。

　　雖然佛教已經有2000多年的歷史，但是在現代社會，佛教仍然可以發揮積極的作用。由於它在宇宙和人生方面都有著深刻獨到的見解，可

以給予世人新的啟迪，將人們的精神推向新的層面。特別在生活節奏日益加快、人們心靈日益紛擾的當下，佛教就如同一股清泉，能使人擺脫周邊的紛擾，在青燈古佛的陪伴下找到自我、認識自我，得到身心的安逸和寧靜。

雖然佛教最初以簡單易懂來作為宣傳的口號，但是經過2000多年的沉澱，佛教的理論和教法日益厚重，在普通人看來更是高深莫測，其繁複的教義和浩瀚的經典不禁讓人望而生畏。因此，為了眾多想要瞭解佛教的讀者，本書特別整理了佛教的要旨與脈絡，以使讀者能夠輕鬆愉快地瞭解佛教的歷史，讀懂佛教的精髓。

本書首先講述了佛教的起源、發展和傳播的歷程，並闡述了佛教的基本教義，使讀者對佛教有一個基本的認知。其次，本書對佛教經典的歷史和翻譯過程進行了介紹，還對佛教經典的結構進行了解釋。最後，本書精選了十一部佛經，並加以分析和解讀。

作為一本佛教的入門書，本書不僅全面介紹了佛教的歷史和基本教義，使讀者可以瞭解佛教，還精心挑選了佛教經典進行了精讀，使讀者可以輕鬆讀懂佛經。另外，本書還插入了大量的圖解和諸多佛、菩薩的圖片，使讀者在增長知識的同時可以得到藝術的享受。

如果你在讀完此書之後，能對佛教的基本知識和佛教經典有所瞭解，或者能對佛教的菩提智慧和博大精深有所感悟，那麼我們的任務也就完成了。但是由於佛教的教義和經典可謂是識如煙海，以編者的能力尚不能完全駕馭，所以難免會出現疏漏。在此我們也希望讀者能夠提出寶貴意見，以便我們在今後的工作中改正。

目錄

一次完全讀懂 佛經

第一章

佛教基礎知識

佛教在西元前五百多年由釋迦牟尼所創。西元一世紀，佛教傳入中國，並逐漸成為中國傳統文化的組成部分，宋明理學因佛教刺激而產生，漢文佛教經典是研究中國歷史文化的寶貴資料，佛教哲學陶冶了中國人的情操，佛教藝術更是直接推動了中國藝術的發展。

在兩千年後的今天，佛教已成為世界三大宗教之一，它究竟在講些什麼，它到底有什麼魅力？這就是本章要為你介紹的內容。

佛教
釋迦牟尼的教育

什麼是佛教

所謂「佛教」，是指佛的言教。佛是梵語音譯，意思是「覺者」或者「一個覺悟的人」。佛指的是佛教的創始人釋迦牟尼，名字是喬達摩・悉達多，因為他是古印度的釋迦族人，所以人們稱他為「釋迦牟尼」，意思是「釋迦族的聖人」。

作為世界三大宗教之一，佛教與其他宗教相比，有著自己的特色：

首先，佛教不承認有創造萬物的神。佛教認為宇宙的萬事萬物，都是依據某種條件暫時聚合而生成的，沒有任何事物是可以永恆不變的，這就從根本否定了「神創造萬物」的假設。此外，佛教中的「佛」只是對覺悟者的通稱而已，「佛」與我們的區別，不是人格與地位的不同，而只是覺悟的時間不同罷了。

其次，佛教主張眾生生而平等，沒有高下之分。佛教認為宇宙間的眾生都是依靠因緣而生，所以任何生命都是生而平等的，不僅我們人與人是平等的，人與動物也是平等的。

最後，佛教認為眾生能通過自己的努力來得到最終解脫，只要每個人肯腳踏實地去修心養性，則人人可以成佛，處處可以有佛。

佛教產生的時代背景

根據佛教歷史，佛教的創始人是古印度人釋迦牟尼，他生活的年代大約是在西元前566～前486年，那時正值中國的春秋時期。為了更好地瞭解釋迦牟尼，我們有必要對當時印度的情況做一個簡單的介紹。

西元前500多年，是古印度的經濟空前發展的時期。由於鐵器和新的生產技術開始普及，古印度的農業高速發展，特別是在恆河中下游地區，農業的發展格外顯著。隨著農業的發展，古印度的手工業也發達起來，出現了許多分工細緻的專業。尤其是商業往來，不僅商品交換比較頻繁，對外貿易也十分活

羅。

商業和手工業的興盛，促進了城市的形成和繁榮，國王以城市為中心進行統治，王權日益鞏固和擴大，國王被認為是「人中最上者」，具有很大權勢，地位也得到空前提高。這時，隨著社會財富的增長與各國王權的上升，爭霸戰爭在各國之間不斷發生，人民承擔著沉重的負擔，許多人為了躲避戰亂和國王的殘暴統治，或者逃亡到邊遠山區，或者出家修行。

在這種動盪的社會環境下，思想文化界相應出現了「百家爭鳴」的局面。

早在西元前2000年左右，有一支名叫雅利安人的遊牧民族從高加索、中亞一帶侵入印度西北部，帶來了以吠陀為代表的雅利安文化，後來，隨著雅利安人與當地的土著居民的混合同化，雅

利安文化也與西北印度的土著文化相結合，形成一種新的文化形態——婆羅門教。根據婆羅門教教義，古印度人被分成四個地位不同的種姓，即婆羅門、剎帝利、吠舍、首陀羅。通過四種姓制度，雅利安人將社會各等級的社會職責明確規定下來，從而維持了社會的穩定與婆羅門的特權地位。

西元前6世紀，由於恆河中下游地區經濟的急速發展和列國之間的兼併戰爭，古印度的社會階級結構產生了激烈的變動，這在思想文化領域得到敏感的反響，一股新的思潮——沙門思潮興起了，並與婆羅門教合稱為兩大思潮。沙門思潮的組成比較複雜，觀點繁多，歸納起來，可分六大流派，佛教稱之為「六師外道」。這六大派別基本觀點是：世界的基礎是物質，一切事物的產

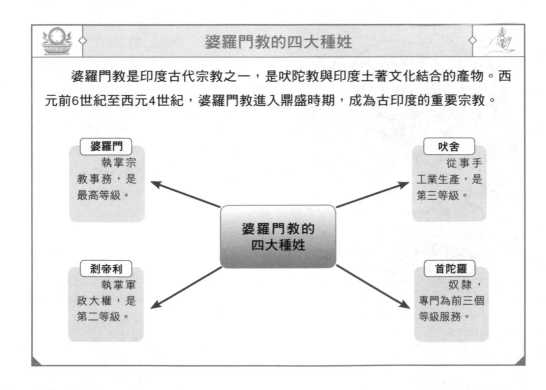

婆羅門教的四大種姓

婆羅門教是印度古代宗教之一，是吠陀教與印度土著文化結合的產物。西元前6世紀至西元4世紀，婆羅門教進入鼎盛時期，成為古印度的重要宗教。

婆羅門
執掌宗教事務，是最高等級。

吠舍
從事手工業生產，是第三等級。

婆羅門教的四大種姓

剎帝利
執掌軍政大權，是第二等級。

首陀羅
奴隸，專門為前三個等級服務。

第一章 佛教基礎知識

生、發展和消亡都是偶然的，世界上不存在天堂，也沒有來世。就在沙門思潮形成的基礎上，佛教產生了，從某種意義上來講，佛教的教義本身其實也屬於沙門思潮的一支。

在我們簡單瞭解西元前6世紀的印度以後，我們會發現這些情況與中國的春秋時期的情況是如此地相似，在孔子生活的年代，佛教的歷史也逐漸展開。

釋迦牟尼的一生

大約在西元前567年的一天夜晚，古印度迦毗羅衛國（今尼泊爾）淨飯王的王妃摩耶夫人夢見了一頭六牙白象駄

這是釋迦牟尼苦行圖。圖中的釋迦牟尼瘦骨嶙峋，已經瀕臨死亡。他在苦行林修行期間，嚴格遵守飲食規律，每天只吃一麻一粟，堅持不懈地進行艱苦的修行。

著一位男子從天而降，不久，年過四十的摩耶夫人意外地懷有了身孕。就在第二年五月的一個月圓之夜，摩耶夫人正依照印度當時的習俗返回娘家待產。路過鮮花盛開的藍毗尼花園時，摩耶夫人下車遊玩，當她來到了一棵枝葉繁茂的無憂樹下，不覺動了胎氣，於是她攀著無憂樹的樹枝，生下了一位王子。這個王子的降生令他的父親十分欣喜，並被命名為「喬達摩・悉達多」，意為「夢想成真」。當時，印度盛行為嬰兒預測未來，一位婆羅門學者就為悉達多預言道：「如果在家，他將會成為一位仁厚的君王；如果出家，他一定會成為偉大的聖者。」

在悉達多出生7天後，他的母親摩耶夫人便去世了，悉達多遂由姨母摩訶波闍波提夫人精心照料和養育。在悉達多幼年時，淨飯王為他請來最好的教師，教授他印度最高的學問，不久以後，悉達多的學識已超過所有的老師，他不但精通文學和數學，還擅長軍事和謀略。

因為擔心悉達多出家的預言，淨飯王不讓他接觸到世間任何苦難，盡力把人間的富貴送到他的身邊。17歲（一說19歲）時，悉達多娶表妹耶輸陀羅為妃。淨飯王特別為他們修建了三座宮殿，分別用來防寒、避暑、防潮。無論悉達多想要什麼，淨飯王都全力滿足。

雖然王族的生活優裕而舒適，但悉達多開始覺得空虛。當他三次出遊時，分別見到了白髮及膝的老人、肢體殘障的病人和出殯的死人。回到王宮，悉達多感到無比困惑，他看到百姓的生活是這樣的辛苦與艱辛，人生是如此的短暫

與空虛，並產生種種疑惑。為此，淨飯王無比擔憂，他只好以物質享受來安撫兒子，但悉達多對此已經熟視無睹了。

當悉達多第四次出遊時，他遇見了一位出家修行的沙門。沙門告訴悉達多：「自從你見到人間的苦難以來，在你心中的問題就有了答案。但只要你仍舊沉溺在聲色犬馬之中，就永遠不會找到答案。」悉達多聽到這裏，開始產生了出家修行的念頭。

就在悉達多29歲（也有19歲的說法）時，他的妻子生下了一個男孩，他為兒子取名為羅睺羅，意思是「束縛」。在慶祝羅睺羅誕生的宴會上，悉達多趁機溜出王宮，自脫衣冠成為了沙門。淨飯王見兒子志向堅決，在多次勸阻無效後，便派出憍陳如、跋提、十力迦葉、摩訶男、阿說示五位侍者隨他出家。

悉達多出家之後，先後拜當時印度的宗教大師阿羅邏迦藍和鬱陀羅摩子為師，並到毗舍離國、王舍城求道，但都沒有得到解脫之道。後來，他到了摩揭陀國伽耶南方的尼連禪河邊，開始六年的苦行生活。在此期間，他每天只吃一麻或一麥，直到瀕臨死亡之時，卻始終未能悟道。

就在這時，一位牧女餵悉達多喝下了乳糜，在悉達多恢復體力後，他放棄了苦行。他已經認識到：即使他的心智得到解脫，但如果沒有健康的身體，就無法將真理用於實踐，所以，無論是修

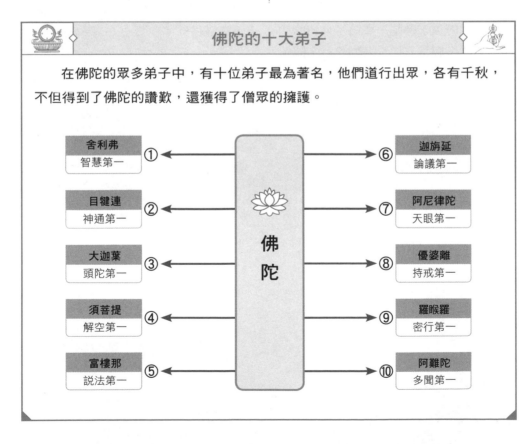

佛陀的十大弟子

在佛陀的眾多弟子中，有十位弟子最為著名，他們道行出眾，各有千秋，不但得到了佛陀的讚歎，還獲得了僧眾的擁護。

舍利弗 智慧第一	①		⑥	迦旃延 論議第一
目犍連 神通第一	②		⑦	阿尼律陀 天眼第一
大迦葉 頭陀第一	③	佛陀	⑧	優婆離 持戒第一
須菩提 解空第一	④		⑨	羅睺羅 密行第一
富樓那 說法第一	⑤		⑩	阿難陀 多聞第一

第一章　佛教基礎知識

行還是做事，都不能太過極端，過猶不及。就在他恢復健康的同時，一直陪伴他的五位侍者認為他放棄了自己的修行，於是失望地離他而去。悉達多恢復健康後，獨自繼續前行。到了伽耶村，他坐在樹下，並立下誓言：「如果我不能悟到人類苦難的解脫之道，那麼我寧可粉身碎骨，也不會離開我的座位。」在49天後，即12月8日破曉時分，釋迦牟尼豁然大悟，最終徹悟了生命的真諦，成就了正上正覺的智慧，被世人尊稱為「佛陀」，這時他35歲。

悉達多得道後，便返回鹿野苑尋找憍陳如等五位侍者，並為他們開示說法，這在佛教史上被稱為「初轉法輪」。 悉達多在這次說法中，向五人宣講了「四聖諦」和「八正道」的教義，五人聽後皈依了佛陀，成為了最初的比丘，悉達多與這五比丘共同修行，開始了僧伽的生活。這時，佛教三寶「佛」（領袖）、「法」（教義）、「僧」

（參加人員）都已具備，佛教正式成立了。

在悉達多傳法不久後，隨佛出家的弟子已有100餘人。第二年，他們遊化到王舍城，國王頻婆娑羅王皈依佛祖。之後，佛的兩大弟子舍利弗、目犍連也捨棄外道，信奉佛祖，這時佛陀的出家弟子已達1200多人。

此後的十多年內，悉達多一直在恆河兩岸奔走，傳播佛教。50多歲後，他主要是在舍衛城度化傳教。

悉達多80歲時，因為吃了不新鮮的食物，最終病倒了，在最後的日子，他仍堅持前往拘尸那迦城，最終涅槃於希拉尼耶伐底河（拘尸那迦城外）邊的兩株娑羅樹間。遺體火化後，他的骨殖舍利為摩揭陀的阿闍世王等八國君主分去，造塔供養。

佛教的發展
佛教在印度發展的四個時期

 原始佛教時期

　　佛教自創立以來，就在古印度廣泛傳播。與婆羅門教艱澀的教義相比，釋迦牟尼的說法不立文字，簡單易懂，且他一向主張眾生平等，對於女性和奴隸也一視同仁，因此，佛教受到了社會底層百姓的歡迎。另外，由於許多僧院接近城市，一些商人和貴族與佛教多有接觸，雖然他們不能成為全職的僧人，但他們在金錢和土地方面對佛教也有所扶植，甚至於一些王國的君王也成為了佛教的信徒。

　　總的說來，佛教在印度的發展主要分為四個階段，這四個階段分別是原始佛教時期、部派佛教時期、大乘佛教時期、後期佛教時期。

　　原始佛教是指釋迦牟尼創教及其弟子相繼傳承時期的佛教。

　　在釋迦牟尼傳法的50餘年裏，佛法已傳播到中印度的7個國家，範圍已超過12.95萬平方公里，如果我們考慮到釋迦牟尼及其弟子都是以步行傳法，這已是一個了不起的記錄，也證明了釋迦牟尼及其弟子傳教的成功。

 部派佛教時期

　　釋迦牟尼入滅後，隨著佛教向古印度各地的傳播，各地的佛教僧團紛紛興起，由於各地僧團對戒律和教義的理解各有不同，最終形成了諸多派別，隨著這些派別矛盾的激化，在釋迦牟尼入滅百年之後，佛教發生了第一次大分裂，史稱「根本分裂」。

　　根本分裂是佛教史上第一次也是最根本的一次分裂，關於這次分裂的直接原因的說法有兩種，分別是「十事說」和「五事說」。

　　「十事說」是指在釋迦牟尼入滅百年後，東印度毗舍離的比丘違犯了原始佛教的戒律，出現了向人收取錢幣的現象。當時，西印度的耶舍長老來到毗舍離，見到這種情況，並就此與毗舍離的比丘發生了爭執。以此為契機，耶舍長老在毗舍離舉行了七百比丘參加的佛教

集會，召集僧眾就原始佛教的戒律進行討論，並判定毗舍離比丘提出的十條戒律為非法。對於這次結集的決定，毗舍離比丘很不信服，於是他們舉行了約有萬人參加的集結，並判定上述十事為合法。自此，認同「十事」的毗舍離比丘組成了大眾部，而反對「十事」的耶舍長老等組成了上座部。

「五事說」認為根本分裂是因為佛教徒對一位叫大天的比丘所提出的「五事」看法不同才產生的，其中贊成大天觀點的僧徒形成了大眾部，而反對大天觀點的長老形成了上座部。

之後，在根本分裂的基礎上，佛教又發生更多小的分裂，並形成了許多部派，史稱「枝末分裂」。這些分裂從西元前4世紀一直持續到西元2世紀，這一時期的佛教就被稱為「部派佛教」。據南傳佛教史料記載，部派佛教共分出十八部（包括大眾部和上座部）。而據

 十事說與五事說

迦牟尼入滅百年後，佛教產生了第一次大分裂，這是佛教史上最根本的一次分裂。關於這次分裂的原因，主要有兩種說法，分別是十事說和五事說。

 十事說

 五事說

十事說	五事說
1.**角鹽淨**：可將鹽等調味料貯存在角器內，以備他日使用。 2.**二指淨**：中午日影推移至西二指寬間，仍可進食。 3.**他聚落淨**：一聚落食後，得更入他聚落攝食。 4.**住處淨**：同一界內之比丘，可隨意於他處行布薩。 5.**贊同淨**：眾人舉行會議時，如果僧數未齊，可以先做決議而後再徵求其他人的意見。 6.**所習淨**：可以按慣例行事。 7.**不攪搖淨**：吃完飯後可以飲用未去脂的牛奶。 8.**飲闍樓伽酒淨**：可以喝未發酵的椰子汁。 9.**無緣坐具淨**：可以使用不貼邊、大小隨意的坐具。 10.**金銀淨**：可以接受金銀並加以儲蓄。	1.阿羅漢（原始佛教修行的最高境界）仍不能抵擋天魔的擾亂誘惑。 2.阿羅漢仍有無知之處。 3.阿羅漢對佛法還未完全理解，仍有疑惑之處。 4.阿羅漢解脫時，必須需要他人見證。 5.阿羅漢必須至誠唱念「苦哉」，才能見識聖道。

北傳佛教史料記載，則認為部派佛教共分出二十部（包括大眾部和上座部）。

部派佛教時期是佛教史上比較混亂的階段，這一時期不但派系眾多，而且互相對立，但這些派系並不是不同的宗教，而是佛教的不同道路，他們有著共通的基本教理，只是修行的方法不同罷了。

大乘佛教時期

西元1世紀左右，在當時印度的佛教團體中，開始出現一群不急於自我解脫，而以利益眾生為宗旨的修行者，他們認為修行的目的不只是獲得自我解脫，更重要的是要救度眾生，使眾生都達到覺悟。於是，他們根據《大般若經》、《維摩詰經》、《妙法蓮華經》等佛教經典來進行修持和傳教，大乘佛教自此在印度興起。所謂「大乘」，就是大的交通工具，即「獲得真知、達到解脫的大的途徑與方法」。在大乘佛教興起後，大乘修行者將以前的原始佛教及部派佛教中的一些流派貶稱為「小乘」，意思是小的交通工具，小的途徑與方法。

總而言之，大乘佛教和小乘佛教雖然有著諸多不同，但最根本的區別則在於修行的目的。大乘佛教的修行是為了普度眾生，而小乘佛教的修行是為了尋求自我解脫。直到現在，人們仍在使用大乘和小乘的名稱，這只是為了區別佛教發展過程中的不同思想和流派，一般

沒有褒貶之意。

大乘佛教的發展主要經歷了中觀派和瑜伽派兩個階段。

中觀派：代表人物是龍樹（約西元2～3世紀）和提婆（約西元3世紀）。這一教派主要認為世界上的一切事物以及人們的認識甚至佛法都是一種相對的、互相依存的關係，它們本身沒有不變的實體或自性，一切事物都是虛幻的。此外，中觀派指出不應該用極端的思維來認識事物，而是應該具體問題具體分析，世間不僅有絕對真理，還有相對真理。另外，關於對涅槃的認識，中觀派提出涅槃和現實世界在本性上是沒有區別的，如果消滅了人的無知，就能達到涅槃境界。

瑜伽派：代表人物是彌勒（約西元4世紀）、無著和世親（約西元4～5世紀）。這一學派主張依據瑜伽修行來得到解脫。所謂「瑜伽」是梵語音譯，一般在中國被譯為道、禪，在西方則被譯為沉思、靜坐，主要是指佛教徒按照調息等方法來平定心神的方法。在教義方面，瑜伽教派認為人生是痛苦的，人性和神性的結合是一切痛苦產生的根源，如果能捨棄人的無知，就能脫離物質的束縛。此外，瑜伽派認為心是自性發展中的最有力因素，只有抑制心的作用，心的本性才能自然顯現。

後期佛教時期

西元7世紀中葉，印度的婆羅門教與其他宗派互相融合，誕生了一個新的宗

大乘佛教的中觀派和瑜伽派

西元 1 世紀，印度出現了菩薩行的修行者，大乘佛教因之興起，並先後形成了中觀派和瑜伽派兩個派別。

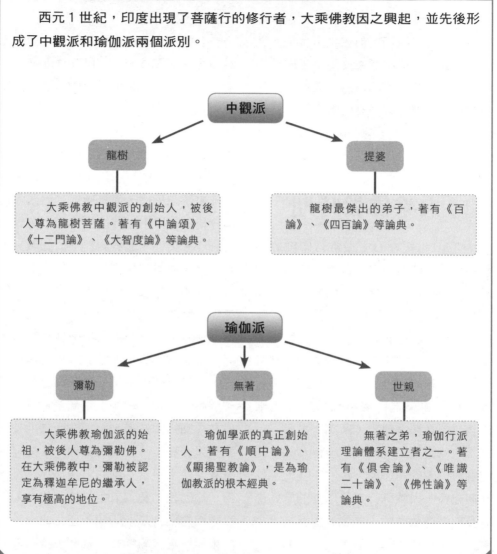

中觀派

龍樹

大乘佛教中觀派的創始人，被後人尊為龍樹菩薩。著有《中論頌》、《十二門論》、《大智度論》等論典。

提婆

龍樹最傑出的弟子，著有《百論》、《四百論》等論典。

瑜伽派

彌勒

大乘佛教瑜伽派的始祖，被後人尊為彌勒佛。在大乘佛教中，彌勒被認定為釋迦牟尼的繼承人，享有極高的地位。

無著

瑜伽學派的真正創始人，著有《順中論》、《顯揚聖教論》，是為瑜伽教派的根本經典。

世親

無著之弟，瑜伽行派理論體系建立者之一。著有《俱舍論》、《唯識二十論》、《佛性論》等論典。

派——印度教。隨著印度教的復興，大乘佛教修行者吸收了印度教的修行方式，形成了密宗，這是印度佛教的最後一種重要形態。

作為大乘佛教的一種，密宗是在師徒之間秘密傳授，具有神秘內容的特性，因而又被稱為密教，也稱秘密教、瑜伽密教、金剛乘。密宗是以大日如來為信仰，以《大日經》和《金剛頂經》為根本經典，在教理上以大乘佛教中觀派和瑜伽行派的思想為理論前提，在實踐上以高度組織化的咒術、禮儀、本尊

信仰崇拜為特徵，在修行上則重視導師的引導和秘密的儀式。與大乘佛教其他宗派的修行方法不同，密宗主張修習口誦真言咒語（語密）、手結契印（身密）、心作觀想（意密），這三密具備就可以立地成佛，比起大乘佛教的修行更有成效。

最初，密教主要流傳於印度的西南部和德干高原一帶，後來逐漸向印度南部和東北部傳播。但隨著印度教的興盛，佛教僧團日益衰敗，內部派系爭鬥不已，佛教日益式微。直至西元13世紀，伊斯蘭教將領巴克提亞·契吉率軍入侵印度，並焚毀了印度佛教最高學府那爛陀寺，僧團也隨之被摧毀殆盡，佛教就此衰敗，印度教最終成為了印度的主流宗教。

19世紀末，印度佛教興起了復興運動。1891年，斯里蘭卡的達摩波羅在印度創立了摩訶菩提會，一些佛教寺院也得以重新興建。1947年，在印度獨立後，佛教在印度有了進一步發展。1956年，印度政府舉辦了紀念釋迦牟尼涅槃2500年的國際集會。同年10月，印度首任司法部長安培多伽爾在印度的那格浦爾組織了一次改信佛教運動，50萬印度「賤民」由信仰印度教改信了佛教，自此之後，印度共有幾百萬「賤民」皈依了佛教。現在，印度的佛教徒約占總人口的15%，佛教在印度重新煥發了生機。

印度密宗的傳承

西元7世紀，印度密宗興起，這是印度佛教的最後一種形態。關於印度密宗的傳承，一般以大日如來為祖師，經金剛薩埵、龍樹菩薩、龍智菩薩而傳至金剛智。

大日如來：密宗的根本佛，密宗所有的佛和菩薩都是自他所出。

金剛薩埵：蒙大日如來傳法，結集了密宗的根本經典《大日經》和《金剛頂經》。

龍樹菩薩：他從南天鐵塔中得到兩部大經，是密宗的關鍵人物。

龍智菩薩：龍樹菩薩嫡傳弟子，廣弘密宗大法。

金剛智：相傳龍智菩薩700歲傳法給金剛智，金剛智於唐代開元年間來到中國傳法。

第一章 佛教基礎知識

③ 佛教的傳播
佛教在亞洲的興盛

 北傳佛教

隨著教義的成熟，佛教不僅在印度各地廣泛傳播，還流傳到了中亞、南亞、東南亞，根據佛教傳播路線的不同，我們將亞洲各國的佛教分為北傳佛教和南傳佛教。

北傳佛教，又稱北方佛教，是指由西北印度途經中亞地區往東傳入中國、朝鮮、日本等地的佛教，也包括由尼泊爾傳入西藏、蒙古地區的佛教。由於這類佛教是由印度向北傳播，所以被稱為北傳佛教。從教義而言，北傳佛教多以大乘佛教為主，流行梵文及漢藏文經典。

中亞是指印度西北、裏海以東直至中國新疆的廣大地區，通常稱西域三十六國。阿育王統治時，曾有摩訶勒棄多及末闡提前往這一帶傳法。西元2～4世紀是中亞佛教的鼎盛期，當時的佛教中心在犍陀羅〔今阿富汗和巴基斯坦北部〕及罽賓〔卡菲斯坦（阿富汗烏魯茲甘省舊稱）至喀布爾河〕。此外，絲綢北路上的龜茲和南道上的于闐都是重要的佛教國家，出現了安世高、康僧會、鳩摩羅什等高僧。隨著伊斯蘭教在中亞的興起，中亞佛教在西元11世紀之後逐漸消滅，留下了大量的佛塔、石窟、雕刻、壁畫藝術。

佛教正式傳入日本始於西元538年朝鮮百濟王向欽明天皇獻佛像經論。後因得到聖德太子的宣導，在大化革新後，佛教盛行一時。西元9世紀之前，中國佛教中的三論宗、法相宗、華嚴宗、律宗等傳入日本，合稱奈良六宗。在平安時代（西元794～1192年）初期，日僧最澄入唐求法，歸國後建立天台宗；空海從中國歸國後建立了真言宗。平安後期，淨土信仰流行開來。直至鎌倉時代（西元1192～1333年），日本民族化的佛教逐步形成，出現了日本淨土宗、淨土真宗、時宗、日蓮宗等宗派。西元16世紀後半期，日本發生戰亂，削弱了佛教各宗派集團的勢力，迫使佛教世俗化。明治維新以後，佛教一度受到打擊。1945年之後，日本佛教在憲法保護下得以發展並向海外傳教。目前勢力最強大的是淨土宗、禪宗、日蓮宗，其他的尚有天台宗、真言宗等。

佛教傳入朝鮮始於西元372年，前秦使臣向高句麗贈送佛教經像。西元384年，東晉胡僧到百濟。西元6世紀，中國三論、成實之學已傳到朝鮮。新羅統一朝鮮半島時正值中國盛唐，佛教輸入新羅並獲得長足發展。西元8世紀中葉，密宗與淨土宗也在朝鮮流傳起來。直至西元13世紀之後，高麗王朝的佛教進入成熟期，史有「五教二宗」之說，即戒律宗、法相宗、法性宗（三論宗）、華嚴宗、天台宗、寂宗（禪宗）和曹溪宗（知訥所創的朝鮮化的佛教派別）。雖然佛教至李朝（西元1392～1910年）而漸入式微，但曹溪宗仍為勢力最大的宗派並傳承至今。

 # 南傳佛教

南傳佛教，又稱南方佛教，是指從印度傳往斯里蘭卡、緬甸、泰國、柬埔

北傳佛教

北傳佛教是指由印度往北部傳播的佛教，包括了中國、朝鮮、日本等地的佛教，以及中國西藏、蒙古地區的佛教。西元19世紀，歐洲學者將流行巴利語系統佛典的緬甸、泰國等國的佛教稱為南方佛教，並將流行梵語佛典及其翻譯作品的中國等國的佛教稱為北傳佛教。

| 中亞 | ▶ 西元前3世紀傳入 ▶ 西元2～4世紀為鼎盛期 ▶ 西元11世紀之後逐漸消亡 |

| 中國漢地 | 西元1世紀，漢明帝派遣使者到西域求得佛像、佛經等。 | 隋唐時期達到鼎盛，出現了具有中國特色的佛教宗派。 | 自宋以後，與中國傳統文化逐漸融合，成為中國文化的組成部分。 |

| 中國西藏 | 西元7世紀傳入，進入前弘期。 | 西元9世紀，因朗達瑪禁佛而中斷百餘年。 | 西元10世紀晚期，佛教重新傳入西藏。 |

| 日本 | 西元6世紀，朝鮮百濟王向欽明天皇獻佛像經論。 | 奈良時期，日本出現了奈良六宗。 | 鎌倉時期，日本民族化的佛教逐步形成。 | 江戶時期，日本發生戰亂，迫使佛教世俗化。 |

| 朝鮮 | 西元4世紀，前秦使臣向高句麗送佛教經像。 | 西元13世紀之後，高麗王朝的佛教進入成熟期，出現了五教二宗。 | 佛教至李朝而逐漸衰敗，漸入式微。 |

第一章 佛教基礎知識

寨、寮國及我國雲南省傣族聚居區的佛教。由於它是從印度往南傳播，所以被稱為南傳佛教。從教義而言，南傳佛教屬於上座部一系，又稱上座部佛教。此外，又因南傳佛教從西元前1世紀便用巴利文翻譯、傳播佛教，故又稱巴利語佛教。在近代，關於南傳佛教的研究發展很快，有許多佛學家致力於南傳佛教典籍及學說的研究。

斯里蘭卡是佛教最早傳入的國家。早在西元前247年，佛教就傳入斯里蘭卡，當時的錫蘭王和諸貴族成為了最初的信徒，這也是印度佛教向外傳播的最早記錄。之後200餘年，佛教因南印度泰米爾人的入侵而備受打擊，南傳佛教在斯里蘭卡島上始終經歷著與印度教、大乘佛教和密教的鬥爭。西元3～12世紀，斯里蘭卡的佛教先後產生了大寺派、無畏山派。直至西元12世紀，當時的國王波洛羅摩婆訶將無畏山派都歸入大寺派門下。近代，斯里蘭卡先後淪為葡萄牙、荷蘭、英國的殖民地，佛教隨著社會凋敝而衰落。斯里蘭卡獨立後，佛教開始復興，主要分為三派：暹羅派、緬族派、孟族派。

緬甸佛教始於西元5～6世紀，自斯里蘭卡傳入，當時流傳的是上座部佛教。西元8世紀，密宗傳入緬甸的蒲甘地區，在其與當地本土宗教融合後，阿利教得以形成，並對佛教的勢力有所影響。直至西元11世紀中期，蒲甘王朝將上座部佛教定為國教，佛教重新佔據了主導地位。西元12世紀，緬甸佛教分為前部派和後部派。西元17世紀，又分裂為全纏派和偏袒派。西元19世紀，緬甸淪為英國殖民地，但佛教還是有所發展。現代緬甸佛教主要分為哆達磨派、瑞景派和達婆羅派三派，它們的區別主要表現在戒律上。

西元前300多年，佛教傳入泰國，當時流行的是上座部佛教。西元7～11世紀，大乘佛教自印尼和柬埔寨傳入。西元13世紀中葉，素可泰王朝的國王蘭摩甘亨派人請斯里蘭卡的僧侶前來泰國傳播上座部佛教，在他的支持下，上座部佛教最終成為了主導的佛教派別。現代泰國佛教主要分為法相應部派和大部派，它們的區別主要在於人員的構成和戒律要求上。

西元2世紀，佛教傳入越南。直至西元13世紀，佛教成為國教。陳朝時，一些越南的禪宗派別開始創立，主要有滅喜派、無言通派、竹林派。西元17世紀末，一些新的禪派如蓮宗派、紹禪派、觀禪派和寶山奇香派開始產生。越南是東南亞唯一的大乘佛教和南傳佛教並行的國家，其中大乘佛教比較流行。

南傳佛教是指由印度往南亞、東南亞地區傳播的佛教，包括斯里蘭卡、緬甸、泰國、柬埔寨、寮國及中國雲南省傣族聚居區的佛教。

斯里蘭卡 ▶
- 西元前300多年，阿育王派遣摩哂陀到斯里蘭卡傳播佛教，當地國王皈依佛教。
- ▶ 西元3～12世紀，斯里蘭卡佛教先後產生了大寺派和無畏山派。
- ▶ 斯里蘭卡獨立後，佛教開始復興，分為暹羅派、緬族派、孟族派三派。

緬甸 ▶
- 西元5世紀，東印度和南印度的傳教師將佛法傳播到了緬甸一帶。
- ▶ 西元11世紀中期，蒲甘王朝將上座部佛教定為國教。
- ▶ 緬甸獨立後，現代佛教主要分為哆達磨派、瑞景派和達婆羅派三派。

泰國 ▶
- 西元前300多年，阿育王派遣須那與鬱多羅到泰國佛統等地傳播佛教。
- ▶ 西元13世紀中葉，上座部佛教最終成為了在泰國佔據主導地位的佛教派別。
- ▶ 現代泰國佛教主要分為法相應部派和大部派兩派。

寮國 ▶
- 西元14世紀，柬埔寨僧侶到寮國傳播上座部佛教，佛教成為寮國的國教。
- ▶ 現代寮國佛教主要分為法相應部派和大部派兩派。

柬埔寨 ▶
- 西元1世紀，柬埔寨國家形成，印度教和大乘佛教並行於柬埔寨國。
- ▶ 西元14～19世紀，泰國的上座部佛教開始在柬埔寨傳播開來，並佔據了主導地位。
- ▶ 獨立後，柬埔寨佛教受到泰國很大影響，分為法相應部派和大部派兩派。

越南 ▶
- 西元2世紀，佛教自中國傳入越南。
- ▶ 西元13世紀，佛教成為越南國教。
- ▶ 現在主要流行大乘佛教。

第一章　佛教基礎知識

佛教在中國的傳播

4

漢傳佛教與藏傳佛教

漢傳佛教的發展歷程

漢傳佛教，又稱漢語經典系佛教或漢地佛教，是指在中國漢地用漢語傳教的佛教體系，屬於大乘佛教。西元1世紀，佛教通過絲綢之路傳入中國。在隨後的十多個世紀中，佛教克服了中印兩國語言、文化的差異，消弭了中國本土宗教的排斥，形成了具有中國特色的佛教派系。

為了更好地瞭解漢傳佛教的發展歷程，我們將分四個階段加以介紹：

初傳時期

關於佛教何時傳入中國，歷來說法不一。據《魏書·釋老志》記載：「漢哀帝元壽元年，博士弟子秦景憲受大月氏（今中亞南部）王伊存口授《浮屠經》。」意思是說，漢哀帝年間，秦景憲在大月氏時，蒙國王伊存親授《浮屠經》，有人認為這是佛教傳入中國之始。但更多的人則傾向於佛教於東漢年間傳入的說法。據《後漢書》記載：東漢永平七年（西元64年）的一天晚上，漢明帝做夢夢見了一個金光閃閃的人在殿前飛翔，第二天，漢明帝詢問群臣，太史傅毅告訴漢明帝：我聽說西方天竺（印度）有一位得道的神，號稱佛，能夠飛身於虛空中，全身環繞著日光，您夢見的大概就是佛吧！漢明帝對傅毅的話很感興趣，於是便派羽林郎中秦景、蔡愔、博士弟子王遵等13人出使西域。三年後，使團從西域請來了攝摩騰和竺法蘭兩位僧人，並帶回了佛像和經書，漢明帝隨即在洛陽建立了白馬寺，將佛像、經書放置寺中，這是中國第一座寺廟的由來。此後，攝摩騰和竺法蘭又將他們帶來的佛教經書翻譯為漢文，中國第一部佛經《四十二章經》就此成書。當時，人們大多認為佛教屬於神仙方術，佛教主要傳播的地區只局限在長安、洛陽、徐州一帶。

三國兩晉南北朝

三國時期，天竺、安息（今伊朗的呼羅珊地區）、康居（今巴爾喀什湖和

鹹海之間）的沙門如曇柯迦羅、曇諦、康僧鎧等先後來到洛陽，從事譯經工作。月氏後裔支謙和康居人康僧會前往建業（今江蘇南京）弘法。當時的譯經和佛教教義的宣傳工作，為兩晉南北朝時期佛教的發展奠定了思想基礎。

兩晉南北朝時期，社會動盪不安，更多人開始在宗教中尋找精神安慰。在統治階級的推動下，佛教逐漸傳播到了中國各地。尤其在南朝，歷代帝王大都崇信佛教，梁武帝更是自稱「三寶奴」，不僅建立了大批寺廟，親自講經說法，舉行盛大齋會，還曾四次捨身入寺，皆由國家出錢贖回。北朝雖然在北魏太武帝和北周武帝時發生過禁佛事件，但總的說來，歷代帝王對佛教還是比較扶植的。比如北魏文成帝在大同開

鑿了雲岡石窟，孝文帝營造了龍門石窟。

三國兩晉南北朝時期，有大批外國僧人到中國弘法，其中以求那跋摩、求那跋陀羅、真諦、菩提流支、勒那摩提比較著名。此時，中國也有一批佛教信徒去印度遊學，如法顯、智猛、宋雲、惠生都曾去北印度巡禮，帶回了大批佛經，並進行翻譯，許多重要的佛教著述先後問世，研究佛教的風氣成為一時之盛。

隋唐時期

隋文帝統一南北朝後，改變了北周武帝滅佛的政策，下令修復了在北周禁佛時期被破壞的寺院，允許百姓出家，並在首都長安選聘著名學者從事佛學研

 初傳時期的中國佛教

西元64年，佛教傳入中國。在佛教初傳時期，因為得到統治者的支援，佛教寺院得以建立，僧眾也逐漸增加。

中國第一座佛寺——洛陽白馬寺

我國佛教的發源地，因中國歷代高僧都曾前來此寺覽經求法，被尊為「祖庭」和「釋源」。

中國第一部佛經——《四十二章經》

最早的漢譯佛經，共有四十二篇。經書的主要內容是提出了佛教修行的基本綱領。

中國第一個僧人——朱士行

西元250年，印度律學比丘曇訶迦羅在白馬寺設立了戒壇，朱士行最先登壇受戒。

中國第一位取經回國的大師——法顯

西元399年，法顯去印度「取經」，412年回國時帶回了《長阿含》、《雜阿含》、《雜藏》等多部佛教經典。

第一章 佛教基礎知識

究與宣講。隋煬帝即位之前，就在揚州建立了慧日、法雲二佛寺和玉清、金洞二道觀四大道場。他即位後，又在全國廣建佛寺，並在洛陽上林苑設立譯經館，從事佛經的翻譯工作。

唐代是中國佛教的鼎盛時期。唐朝帝王雖然自稱是道教教祖老子的後裔，尊崇道教，但實際上是採取道佛並行的政策。唐太宗貞觀十五年（西元645年），玄奘自印度求法回國，朝廷為他設立了大型譯場，讓他主持進行譯經、宣化工作，培養出了大批高僧、學者。武則天統治時期，在全國各州建造了大雲寺。唐玄宗天寶十四年（西元755年），安祿山、史思明起兵反唐，百姓多逃至寺院避難，寺院也趁機擴張勢力，逐漸形成了獨立的寺院經濟。直至會昌五年（西元845年），唐武宗發起了大規模的禁佛運動，給佛教以很大打擊。

隋唐兩代，譯經工作大多由國家主持，譯經的數量和規模都遠超前代。不僅有大批外國僧侶、學者來我國從事傳教和譯經事業，中國也有不少僧人如玄奘、義淨前往印度遊學。這一時期，中國名僧輩出，對佛學義理的闡發無論在深度和廣度上都超過以往，當時印度大乘佛教的精華基本都已經傳入中國，這為建立中國民族特色的佛教宗派奠定了理論基礎。在此基礎上，八個佛教宗派先後建立，分別是天台宗、三論宗、唯識宗、華嚴宗、淨土宗、禪宗、律宗、密宗，後人稱之為「八大宗派」，它們的建立標誌著中國佛教理論日益成熟，已經脫胎於印度佛教而自成一體。隨著中國對外交通的開拓，中國佛教開始傳入朝鮮、日本、越南和印尼，加強了中國與亞洲其他國家在宗教、文化上的聯繫。

除了佛教宗派的成立，隋唐的佛教藝術更是繁榮昌盛。佛教在建築、雕刻、繪畫、音樂等方面，達到了很高的成就，豐富了中國民族文化藝術的寶庫。

宋代以後

北宋初期，改變了五代後周排斥佛教的態度，對佛教採取保護政策。這時，西域、印度僧人攜經赴華者絡繹不絕，譯經規模超過了唐代，但成就稍遜。在佛教宗派中，以禪宗中的臨濟、雲門兩派最盛。宋徽宗時（西元1101～1125年），由於他篤信道教，曾一度下令佛道合流，改寺院為道觀，使佛教一度受到打擊。

南宋時期，江南佛教雖仍保持一定盛況，但由於官方的限制，佛教除禪宗、淨土宗兩宗外，其他各宗已日益衰微。由於禪宗提倡不立文字，不重經論，因而在會昌禁佛和五代兵亂時所受影響較小，而淨土宗強調一心專念阿彌陀佛名號，簡單易行，故能綿延相續，長遠流傳。

佛教中國本土化在隋唐時期已初步完成，而儒、釋、道三教的合流則在兩宋時期。宋代中葉，一些儒家學者以中國傳統的倫理觀念為武器，紛紛著書立說對佛教進行評判，歐陽修的《本論》、石介的《怪說》、孫復的《儒辱》就是其中的

隨末唐初，中國佛教進入鼎盛時期。此時，中國佛門高僧輩出，人才濟濟，而且形成了各具特色的修證方法，開創了諸多不同的佛教宗派，其中對後世影響較大的有八個宗派，合稱為八大宗派。

八大宗派 ▶

天台宗

隋代智顗（智者大師）創立，由於其教義主要依據《妙法蓮華經》，故又名法華宗，其教義的最大特色就是「教觀雙美」，即教義理論和實踐修行都發揮到極致並融為一體。

三論宗

隋代吉藏創立，因為此宗依據龍樹的《中論》、《十二門論》和提婆的《百論》三論立宗，故名三論宗，主要學說是「諸法空性」和「中道實相論」。

唯識宗

唐代玄奘創立，又稱為法相宗、瑜伽宗、慈恩宗，主要學說是「三性說」、「五重觀法」及「因明學說」。

華嚴宗

唐代法藏（號賢首）創立，因為此學派依據《華嚴經》立宗，故名華嚴宗，主要學說是「法界緣起說」。

淨土宗

唐代善導創立，其主要宗旨是以修行者的念佛行業為內因，以阿彌陀佛的願力為外緣，內外相應，最終往生於極樂淨土。由於該宗修行方法簡便易行，故自中唐以後廣泛流行，成為中國最有影響的佛教宗派之一。

禪　宗

唐代惠能創立，因為該宗主張以參究的方法徹見心性，又名佛心宗，其宗旨是提倡眾生都有佛性，只要修行禪定，就可以見性成佛。

律　宗

唐代道宣創立，因為該學派依據五部律中的《四分律》建宗，也稱四分律宗，主要學說是「戒體論」。

密　宗

唐代由善無畏、金剛智、不空等祖師傳入中國，其主要宗旨是眾生依法修習「三密加持」就能使身、口、意三業清淨，即能成佛。

第一章　佛教基礎知識

代表。面對儒家學者的排斥，佛教則主張三教合一，其中的代表人物是契嵩，他在著作《輔教篇》中指出儒、佛二道都是教人為善，並沒有本質的不同，而且，佛教不只在理論接近儒家，在僧人的修養和生活中對儒學也有所借鑒。此時，經過幾次滅佛的打擊，中國佛教僧人為了生存與復興，逐漸拋棄了印度原始佛教的烙印，而開始向中國傳統儒家文化靠近，竭力變出世為入世，努力向朝廷與帝王示好，在生活作風上則開始學習士大夫的生活方式與作風，以求儒家學者的接納。經過僧眾的諸多努力，儒家學者加深了對佛教的接觸與理解，並在吸收佛教思想的基礎上形成了宋代的新儒學——程朱理學。

元代的統治者崇尚藏傳佛教，對漢地佛教則加以排擠，漢傳佛教各大宗派的發展因而受到限制，各宗派在元代繼續融合，逐漸走向世俗。

明朝建立後，廢除了藏傳佛教在內地的特權，致力於對漢傳佛教的整肅工作。明太祖時期，制定了嚴密的僧官、考試等制度，主要內容是將僧官分為中央與地方兩大系統，並將全國的僧尼編錄成「周知板冊」，藉此來淨化僧尼隊伍。對於僧尼管理，朝廷則每三年舉行一次考試，成績合格者才能被授予僧人資格。明代末年，社會動盪，大量難民流往寺院，佛教開始出現復興的氣象。這時，禪宗臨濟宗的雲棲袾宏、紫柏真可、憨山德清和天台宗的藕益智旭四僧，進一步融合各宗思想，主張三教合一，所以深受士大夫的歡迎和平民的信仰，號稱為「明末四大高僧」。

清代初年，政府為了籠絡蒙古和西藏，頗為尊崇藏傳佛教，對漢地佛教則

 明末四大高僧

明末四大高僧指的是明代晚期出現的四位高僧，他們在佛學思想、實踐方面都提出新的見解，對中國佛教的發展做出了卓越的貢獻。

雲棲袾宏

提倡淨土法門，被後人尊稱為淨土第八祖。其佛教思想涉及到律、經、教、禪、淨等各個方面，強調三教融合，重視禪淨合一，有《雲棲法匯》等書傳世。

紫柏真可

主張復興禪宗，對佛教各宗派思想採取調和態度。他一生重興梵剎十五所，除大藏經外，凡古尊宿語錄及經論文集，皆搜出流通，編輯成《紫柏尊者全集》。

憨山德清

主張禪教一致、禪淨合一，將禪完全地納入念佛之中。他以禪師的身份大修淨土，晚年時更晝夜念佛六萬聲，深得時人崇奉。

藕益智旭

佛學思想豐富全面，融合了禪學、天台教理、律宗教法以及儒家的重要學說。他主張禪、淨與律學三者統一，提倡思想理論的融會貫通。

三武一宗之厄

　　三武一宗之厄是指中國佛教史上的四次禁佛運動，因為這四次法難分別是北魏太武帝、北周武帝、唐武宗、後周世宗興起的，所以稱為「三武一宗之厄」。

法難	時間	過程	影響
太武法難	太平真君五年、六年(西元444～445年)	北魏太武帝下令誅殺沙門，焚燒寺院經像。	北魏僧人多逃匿，而寺院塔廟無一倖免於難。
周武法難	北周建德三年至六年（西元574～577年）	北周武帝下詔破毀寺塔，焚燒經像，勒令沙門還俗。	關隴一帶及北方的佛法被破壞殆盡。
會昌法難	唐會昌二年至六年（西元842～846年）	唐武宗下令僧尼還俗，摧毀一切寺廟，所有廢寺的銅像、鐘磬都被銷熔。	共拆毀寺廟4600餘所，還俗僧尼26萬多人，給佛教以沉重打擊。
世宗法難	後周顯德二年至北宋初年（西元955～960年）	後周世宗下詔禁止私自出家，不許創建寺院，廢毀沒有敕額的寺院。	共廢除無敕額之寺院3萬餘所。

沿襲明代制度進行管理，對僧人和寺廟的管理更為嚴格，佛教日益衰敗。尤其在鴉片戰爭以後，中國國力衰微，佛教更是一蹶不振。直至近代以後，佛教在家弟子的勢力逐漸崛起，居士佛教逐漸成為佛教的主力。如彭紹聲、楊文會等人在日本和西歐佛學研究的推動下，創辦了刻經處、佛學院、佛學會等，為佛教義學的研究開闢了新的方向。此外，一批名僧如月霞、諦閒、圓瑛、太虛、弘一等也開始從事振興、弘揚佛教的工作，使佛教產生了新的氣象。

藏傳佛教的發展歷程

　　藏傳佛教，又名藏語系佛教，俗稱喇嘛教，是指中國西藏、內蒙古等地區流行的佛教宗派，也屬於大乘佛教。

　　西元7世紀中葉，當時的吐蕃國王松贊干布，在他的兩個妻子，唐文成公

第一章　佛教基礎知識

主和尼泊爾尺尊公主的影響下皈依了佛教，他派遣大臣端美三菩提等16人到印度學習梵文，並依據梵文創造了藏文。

西元8世紀中葉，藏王赤松德贊迎請印度高僧蓮花生入藏，佛教得以弘揚。蓮花生入藏之後，建立了桑耶寺，成立了僧伽制度，並組織翻譯了大批佛典。但在西元9世紀中葉，藏傳佛教曾一度遭到破壞，即所謂的「朗達瑪滅法」，西藏佛教史上則稱朗達瑪滅法之前的佛教為前弘期，之後重興的佛教為後弘期。

西元10世紀，佛教逐漸由西康、青海、阿里等地重新傳回衛藏地區，同時有一些人去印度求法，其中最有成績的是仁欽桑波，他翻譯出以密宗為主的不少顯密經典。西元1042年，印度最有知識的法師阿底峽被迎請入藏，向西藏僧俗傳授了顯宗及密宗的教理。自此之後，佛教逐漸在西藏復興，並形成了獨具高原民族特色的藏傳佛教。自西元11世紀至15世紀，藏傳佛教成立了寧瑪派、噶當派、薩迦派、噶舉派和後期的格魯派五大宗派，藏傳佛教的派別分支最終定型。

藏傳佛教教義的特徵是大小乘兼學，顯密雙修，兼行並重。另外，藏傳佛教傳承各異、儀軌複雜，這是藏傳佛教有別於漢地佛教的一個顯著特點。

蓮花生，烏仗那國（即今之斯瓦特）人，以神通力著稱。西元752年，蓮花生到達西藏，相傳他以密宗法術收服了西藏凶神，使藏民信服佛教，被認為是藏傳佛教建立的功臣。因為蓮花生的卓越貢獻，蓮花生被藏傳佛教尊奉為根本上師，受到了西藏僧俗的敬仰。

藏傳佛教五大宗派

自從佛教傳入西藏，經過長時間的發展，直至西元15世紀中葉，相繼形成具有西藏特色的佛教宗派，其中對後世影響較大的有5個宗派，即為藏傳佛教的五大宗派。

藏傳佛教的宗派

寧瑪派

由於該派的僧人都戴紅色僧帽，所以也被稱為紅教。西元11世紀，該派僧人運用印度佛教和西藏本土宗教苯教的教義教規，開展集體活動，形成了寧瑪派，是藏傳佛教中歷史最悠久的宗派。寧瑪派的特點是沒有獨立的寺院，也沒有系統的教義和僧伽制度。

噶當派

西元1042年，阿底峽尊者入藏，他對西藏原有的佛教進行了整頓，系統整理了藏傳佛教的教理和規範。西元1056年，他的弟子仲敦巴在藏北建立了熱振寺，是噶當派創派之始。由於阿底峽的傳承，此派對藏傳佛教其他宗派都有重大影響。噶當派共有教典、教授、教誡三個主要支派。

薩迦派

西元1073年，西藏昆氏家族的昆·貢卻傑布在波布日山腳興建了薩迦寺，向以昆氏家族為主的信徒傳授以道果法為密法傳承的新的教法系統，是薩迦派創派之始。1260年，薩迦派五祖八思巴被元朝政府冊封為國師，自此之後，薩迦派的歷代領袖，都受到元朝政府的冊封和扶持，在西藏第一次確立了「政教合一」的地方政權。

噶舉派

由瑪爾巴譯師開創，經米拉日巴瑜伽師的傳承，直到達波拉傑大師時，才正式建立並成為正式的宗派。噶舉派的教法分為兩大系統：分別為瑪爾巴並經米拉日巴傳承下來的達波噶舉和由瓊波南覺開創的香巴噶舉。其中達波噶舉又發展為四大支、八小支等眾多派別。在達波噶舉眾多支派中，噶瑪噶舉派是勢力最強、影響最大的一支派別，也是藏傳佛教中第一個採取活佛轉世制度的宗派，在藏傳佛教中佔有極其重要的地位。

格魯派

由於該派僧人戴黃色僧帽，所以又稱黃教。格魯派創教人宗喀巴，原為噶當派僧人，所以該派又被稱為新噶當派。西元15世紀，格魯派興起，是藏傳佛教各大教派中最晚興起的一派。到了清代，該派的達賴與班禪兩大轉世系統都由清朝政府正式確認。格魯派一舉成為了西藏地方政權的執政宗派，也是藏傳佛教後期最有影響力的宗派。

第一章 佛教基礎知識

5 佛教的世界觀
佛教對世界的認識

 ## 三界

佛教產生之時，是印度思想界派系林立、各派爭辯不休的時期。針對各派的論戰，釋迦牟尼提出了中道和無記的理論。中道是指對待問題要具體問題具體分析，而不能走極端，而無記是指對待一些難以回答的問題不作確定的回答，而是先擱置到一邊。通過中道與無記的方法，釋迦牟尼解決了大多數問題，但是對於有些問題，比如世界的起源和人的生死等一些重要的理論問題，釋迦牟尼卻無法迴避，而正是這些問題形成了佛教的世界觀和人生觀。

「世界」的概念出自佛教。《楞嚴經》解釋「世界」一詞說：「世」是遷流的意思，指時間。因為時間就像流水從過去流到現在，又從現在流到未來。「界」是空間的意思，指方位，方位有東、西、南、北、東南、東北、西南、西北，還有上下，共10個方位。所以，世界的含義不外乎時間和空間，這和中國文化中「宇宙」的概念大致相同。

在世界的結構方面，釋迦牟尼描繪出了一個以須彌山為中心，有太陽、有月亮，還有其他星球的世界。在這個世界裏，佛教又根據有情生命所居住的層次，把它們分為三界，即欲界、色界、無色界。所謂有情生命是指世間一切有情眾生，除了我們人類之外，還包括畜生、餓鬼以及阿修羅。

三界的第一界為欲界，也就是說居住在這一層的眾生基本上都是生活在欲望之中。佛教把欲望歸為五欲：財欲、色欲、名欲、食欲、睡欲。另外，根據人的感官，佛教又有另一種五欲：色欲，眼睛喜歡看漂亮的東西；聲欲，耳朵喜歡聽悅耳的聲音；香欲，鼻子喜歡聞美妙的香氣；味欲，舌頭喜歡品嘗可口的味道；觸欲，身體喜歡接觸舒適的環境。欲界眾生的快樂就是建立在欲望的追求上，以欲望的滿足為快樂，以欲望不能滿足為痛苦。

三界的第二界為色界。色界的「色」不是指顏色，也不是指女色，而是指物質。在色界，眾生已經沒有男女飲食

的欲望，但卻還沒有擺脫物質的束縛。如果我們人類要想升到色界天，就要修禪定，修到一定層次的禪定，將來就可以升到色界天。根據所修禪定的不同層次，色界天又分為四重天：初禪天、二禪天、三禪天、四禪天。初禪天的天人，已經脫離了欲界淫欲等雜惡諸趣，而得生在寂靜清淨無染的色地，所以叫做離生喜樂地；二禪天的天人，內心清淨，但心中還有喜樂的波動，不能避開劫末的水災；三禪天的天人，已沒有喜樂的情感，只有靜妙之樂；四禪天的天人已沒有三禪諸天的情感，只憶念清淨修行的功德。四禪天中自無煩天以上，已是聖者的境界，不再進入

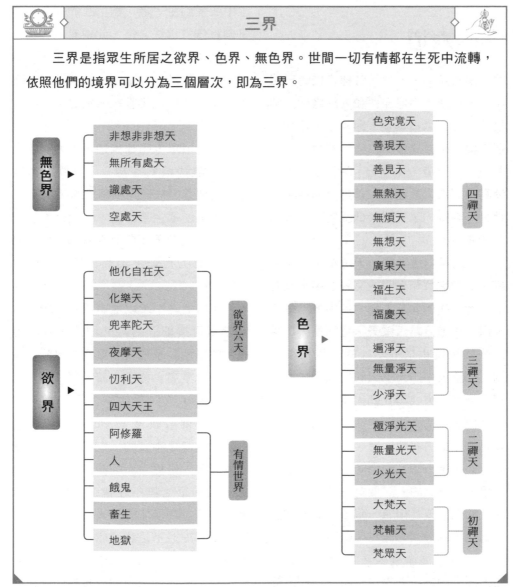

三界

三界是指眾生所居之欲界、色界、無色界。世間一切有情都在生死中流轉，依照他們的境界可以分為三個層次，即為三界。

無色界
- 非想非非想天
- 無所有處天
- 識處天
- 空處天

欲界
- 欲界六天
  - 他化自在天
  - 化樂天
  - 兜率陀天
  - 夜摩天
  - 忉利天
  - 四大天王
- 有情世界
  - 阿修羅
  - 人
  - 餓鬼
  - 畜生
  - 地獄

色界
- 四禪天
  - 色究竟天
  - 善現天
  - 善見天
  - 無熱天
  - 無煩天
  - 無想天
  - 廣果天
  - 福生天
  - 福慶天
- 三禪天
  - 遍淨天
  - 無量淨天
  - 少淨天
- 二禪天
  - 極淨光天
  - 無量光天
  - 少光天
- 初禪天
  - 大梵天
  - 梵輔天
  - 梵眾天

第一章 佛教基礎知識

輪迴之中。

三界的最高層為無色界。無色界的眾生不但擺脫了欲望的束縛，同時也擺脫了物質的束縛。根據所修禪定的不同層次，無色界也分為四重天：空處天、識處天、無所有處天、非想非非想天，前三處天的眾生還有心識存在，非想非非想天的眾生則完全沒有心識了。

六道

在三界中，生命以各種各樣的形態存在，根據其生理條件和外部條件，佛教將其分為六種類型，即六道。這六道是天道、阿修羅道、人道、畜生道、餓鬼道、地獄道。其中天、阿修羅、人屬於高級層次，被稱為三善道；而畜生、餓鬼、地獄的眾生屬於低級層次，被稱為三惡道。

天道是六道之首。天道眾生生活在擁有無數珠寶和光明的宮殿之中，沒有生、老、病的痛苦，是六道中最幸福的一道。天道分為六重天，這六重天眾生的欲望程度也是不一樣的。以情欲為例，六重天中四天王天和忉利天的人們滿足情欲的方式與我們人類是一樣的。而其他層次的人們，生命層次越高，其滿足欲望的方式越簡單。比如夜摩天的人只要擁抱一下，兜率陀天的人只要手拉手，化樂天的人只要笑一笑，他化自在天的人只要互相看一眼，他們的欲望也就能得到很大的滿足。雖然天界眾生生活幸福，壽命極長，但還是難免一死，而且因為在天界投生時，他們已經用盡了以前的善業福報，所以下一生多投生於三惡道中。

阿修羅道眾生福報很大，與天界眾生沒有太大的差別，又名「非天」。但由於此道眾生妒忌心極重，常常與天界眾生作戰，每次都被打到遍體鱗傷，因而不能得到真正的幸福快樂。

人道眾生在三善道中福報最少，一生中要受到生、老、病、死的痛苦，卻是適宜修持佛法之道。此道有苦有樂，不至於像天道一樣有樂無苦而忘記修行，也不至於像三惡道一樣苦難眾多而不能修行，所以佛教說六道之中以人道最為難得。

畜生道眾生愚昧無知，不大能明白佛法，無法積累善業，一旦跌入畜牲道，就要忍受被追逐和驅使的痛苦。

餓鬼道眾生為胎生，一般是大肚子和小腦袋的形象，要忍受饑渴不堪的痛苦，但智力比畜生道高，足以理解佛法。

在六道之中，以地獄道最為痛苦。地獄道可被細分為八熱地獄、八寒地獄、遊增地獄及孤獨地獄四大部分。造作最重惡業者，會投生於地獄道中，經歷幾十萬億年才有可能離開此道。

根據佛教教義，人的形體終會消亡，但靈魂是不滅的，它在六道中不斷反覆流轉，這種生命的循環反覆就是輪迴。世間眾生無不在輪迴之中，只有佛、菩薩、羅漢才能不入六道輪迴，而輪迴到哪裡並不是我們能自主選擇的，更不是由天上的主宰來決定的，唯一能決定我們的死後去向的只有我們過往的

業力。所謂業力是指個人過去、現在或將來的行為所引發的結果的集合，當我們播種善因就會結善果，一旦善業因緣成熟時，就會轉生到三善道；而當我們播種惡因時就會結惡果，一旦惡業因緣成熟時，就會轉生到三惡道。

三千大千世界

在三界中，欲界與色界的初禪天合為一個小世界，而一千個小世界合起來為一個小千世界，一千個小千世界合起來為一個中千世界，一千個中千世界合

 六道輪迴圖

六道輪迴圖是佛教解釋六道輪迴的圖畫，圖中轉輪聖王手抱六趣輪，從上順時針分別為天道、人道、餓鬼道、地獄道、畜生道、阿修羅道。根據佛教教義，除了佛、菩薩、羅漢外，一切眾生都要在六道中生死流轉，輪迴不止。

天道

眾生生活在擁有無數珠寶和光明的宮殿之中，沒有生、老、病的痛苦，是六道中最幸福的一道。但由於享樂的誘惑太大，天道眾生很難靜心修行，下生多投生於三惡道中。

阿修羅道

與天道福報相去不遠，但此道眾生因心中有妒恨之心，不思修行，常與天界作戰，死後多墮落於三惡道。

人道

六道中最難得的一道，眾生雖無天道的好福報，但有苦也有樂，最適宜修持佛法，可藉此機緣修行達到覺悟，超脫輪迴。

畜生道

因殺生而投入此道，要承受自然與人類的奴役之苦。因天生愚癡，大多缺乏修行的機緣。

餓鬼道

多因不肯施捨、偷盜、見難不救的業因投入此道，餓鬼們大多承受著饑渴不堪的痛苦，因整日受苦，而無心修行。

地獄道

最重惡業者會投生於此道，歷經幾十萬億年才可能離開，地獄中的眾生要承受極大的痛苦，無暇修持佛法。

第一章 佛教基礎知識

起來就是一個大千世界，也稱三千大千世界。所謂三千大千世界，即一個大千世界裏面涵括著小、中、大三千世界的意思。如果我們把一個小世界看做是一個太陽系，那麼一個中千世界就是一百萬個太陽系，一個大千世界就是十億個太陽系，所以說三千大千世界的範圍是非常廣大的。

根據佛教理論，一個三千大千世界就是一位佛陀所教化的區域，比如我們現在居住的世界叫做娑婆世界，是由釋迦牟尼佛教化的，而西方極樂世界是由阿彌陀佛教化，東方琉璃世界則是由藥師佛教化。

另外，佛教認為三千大千世界中的每個世界都不是固定不變的，而是要經歷小劫、中劫、大劫的演變。「劫」是古印度時間單位的通稱，可以是長時間，也可以是短時間，並沒有固定的數量。

小劫：依我們地球的人壽計算，從人類八萬四千歲的長壽，每一百年減短一歲，減至人類的壽命僅有十歲時，稱為減劫；再從十歲，每一百年增加一歲，又增加到人壽八萬四千歲，稱為增劫。如此一減一增的時間過程，總稱為一小劫。

中劫：二十個小劫為一個中劫，佛教認為我們所處的地球，共分為成、住、壞、空四大階段，即四個中劫。

成、住、壞、空這四個中劫，不但是我們這個世界所要遵循的必然規律，也是整個宇宙每個世界都要遵循的必然規律。但是每個世界的成、住、壞、空並不是都是同時進行的，而是此起彼伏

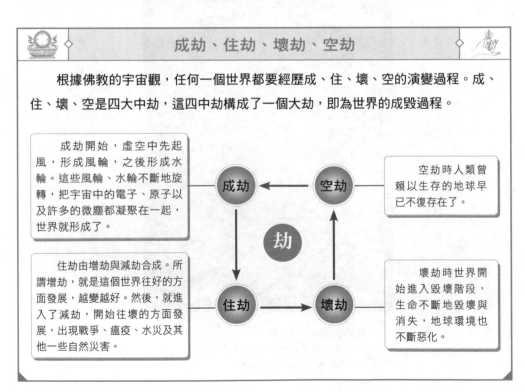

成劫、住劫、壞劫、空劫

根據佛教的宇宙觀，任何一個世界都要經歷成、住、壞、空的演變過程。成、住、壞、空是四大中劫，這四中劫構成了一個大劫，即為世界的成毀過程。

成劫開始，虛空中先起風，形成風輪，之後形成水輪。這些風輪、水輪不斷地旋轉，把宇宙中的電子、原子以及許多的微塵都凝聚在一起，世界就形成了。

空劫時人類曾賴以生存的地球早已不復存在了。

住劫由增劫與減劫合成。所謂增劫，就是這個世界往好的方面發展，越變越好。然後，就進入了減劫，開始往壞的方面發展，出現戰爭、瘟疫、水災及其他一些自然災害。

壞劫時世界開始進入毀壞階段，生命不斷地毀壞與消失，地球環境也不斷惡化。

劫

成劫　空劫　住劫　壞劫

的。當這個世界正在形成的過程中，那個世界卻是在住的階段，而另一個世界卻正在毀滅，整個宇宙就是按照這種無常的規律無限循環著。

大劫：經過成、住、壞、空的四個中劫，便是一個大劫，換句話說，世界的一生一滅，便是一個大劫。

緣起論

關於世界的起源，一直是人類最感興趣的話題之一，哲學的唯物論認為物質是產生世界的根源，唯心論則認為精神是產生世界的根源，而絕大多數宗教則認為世界是神創造的，對於這個問題，佛教產生了自己的學說——緣起論。

緣起論是指世界上的一切事物或現象，包括物質和精神都是緣起的結果，即因緣集合而生、因緣散失而滅。在佛教原始經典《阿含經》中有「諸法因緣生，諸法因緣滅，我師大沙門，常作如是說」的語句，就是對緣起論的解釋。其中的「諸法」，是指宇宙人生的一切現象；「緣」，是指事物存在的原因或條件，也就是說宇宙人生一切現象的產生與消失都是條件作用的結果，世界上所有事物都處在一種相互依存的關係之中。

釋迦牟尼在菩提樹下悟道，就是參悟緣起論的道理，他指出緣起是事物的本身的相狀，是世界萬事萬物存在的規

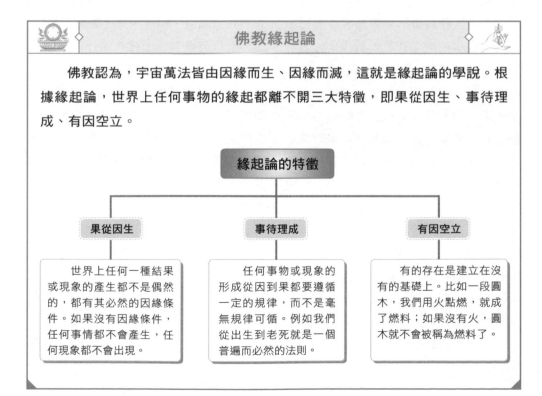

佛教緣起論

佛教認為，宇宙萬法皆由因緣而生、因緣而滅，這就是緣起論的學說。根據緣起論，世界上任何事物的緣起都離不開三大特徵，即果從因生、事待理成、有因空立。

緣起論的特徵

果從因生

世界上任何一種結果或現象的產生都不是偶然的，都有其必然的因緣條件。如果沒有因緣條件，任何事情都不會產生，任何現象都不會出現。

事待理成

任何事物或現象的形成從因到果都要遵循一定的規律，而不是毫無規律可循。例如我們從出生到老死就是一個普遍而必然的法則。

有因空立

有的存在是建立在沒有的基礎上。比如一段圓木，我們用火點燃，就成了燃料；如果沒有火，圓木就不會被稱為燃料了。

第一章 佛教基礎知識

律，而他只是用自己的無上智慧洞察到了這個規律，並用語言表述出來，使眾生都能開悟。此後，在釋迦牟尼傳法的過程中，他始終以緣起論作為立教之本，並指出如果佛法中沒有緣起論，就不成佛法了。從這個角度而言，緣起論是佛法的最根本的教義和理念，是佛教所有理論的源流，例如大乘佛教說修行有八萬四千法門，這些法門實際上都是對緣起論的解釋和延伸。

此外，緣起論更是佛教獨有的思想，也是佛教區別於其他宗教、哲學的根本特徵。因為緣起論圓滿地解釋了世界萬法與人類自身的問題，所以相比之下，古印度的其他宗教哲學都顯現出了各自理論的不足，這也是佛教得以在印度興起的根本原因之一。

既然世界萬事萬物都是因緣而起，那麼這些事物的存在或壞滅也是有因可循、有理可據的，這種有因可循、有理可據的關係就是因果關係。任何一個事物，都會對其他事物有一定的影響，其帶來的影響就是果，而產生影響的就是因。例如把火當做原因，就會有光和熱的果，以此類推，世界上一切的事物和現象都是處在因果結成的網中，我們的人生自然也是無時無刻都在因果網中。在這個因果網中，我們所做的任何事都帶來一定的結果，有這樣的因就會產生這樣的果，有那樣的因就會產生那樣的果，無論如何，造了因就會產生相應的果，這就是所謂的「種瓜得瓜、種豆得豆」。

「空」的觀念

依據緣起論，人和事物都是依因緣而產生和消亡的，人要經歷生、老、病、死，要在六道中輪迴，事物則要因為緣而變化，連世界本身也在運動和變化之中，所以原始佛教把這種世間所有人和事物都不會永恆存在的狀態稱為「空」，「空」的觀念在佛教理論體系中佔有非常重要的地位。

佛教之所以特別強調空的觀念，一方面是因為佛教中認為空是一切事物的實相，另一方面則是佛教要用空的觀念用與外道思想作戰。正是通過空的觀念，佛教盡情駁斥了外道提出的一切事物都是獨立存在、長久不變的思想。例如大乘佛教的中觀學派，正是用空的觀念與外道論戰，橫掃中外，戰無不勝。

佛教發展到部派佛教階段，小乘佛教各派對「空」的觀念產生了諸多不同的意見，但總體而言，他們對「空」的理解多是側重於現在的東西將來會不存在或以前的東西現在不存在的角度。到了大乘佛教時期，大乘佛教對「空」的認識產生了很大的不同。他們主要強調「體空」的觀念，認為事物從本質上來講就是「空」，一切事物都是由因緣而產生，沒有什麼「不空」的事物。此外，大乘佛教還認為，既然事物本身就是「空」，那人們對事物的觀感從本質上也是不真實的，也是「空」的。

關於空的觀念，我們往往陷入這樣的錯誤想法：

提到佛教空的觀念，我們經常聽到「四大皆空」的說法，許多人或是把它理解為酒、色、財、氣皆空，或是解釋為人生到頭就是一場空的意思，但事實上，這些理解並不正確。所謂「四大」在佛教中指的是地、水、火、風四種元素。在古印度的諸多學派的理論中，這四大元素被認為是組成世界的基本元素，其中「地」指的是堅性的元素，「水」指的是濕性的元素，「火」指的是暖性的元素，「風」指的是流動性的元素。大乘佛教形成後，沿用了印度原有的思想而加以深刻化，提出了地、水、火、風這四種組成世界的元素都是空虛的，進而指出了這個世界也是空虛的。而在中國，許多人誤解了四大皆空的意思，並用四大皆空來作及時行樂或消極處世的依據，這更是完全扭曲了「四大皆空」的本意。

第二章 佛教基礎知識

佛教的基本教義

佛教對人生的思考

四聖諦

除了對世界的看法外,釋迦牟尼對於人生的本質等問題更是形成了完整的理論體系,其主要內容是四聖諦、十二緣起、五蘊論的教義,這也是佛教最原始、最基本的教義。

諦是古印度梵文的音譯,意思是真實不虛,四諦就是指四條真理。又因為這四條真理為聖人所知見,故稱四聖諦。四諦是釋迦牟尼最初在鹿野苑對五比丘所說的佛法,是佛教一切教義的理論基礎。

所謂四諦,分別是指苦諦、集諦、滅諦和道諦。

苦諦,是指人生存在的本質是痛苦的,這包括肉體的痛苦、精神的痛苦和對永恆生命追求而不得的痛苦,這是佛教對人生現象的基本看法。

佛教將人生的這些苦痛總結為八苦,分別為生苦(出生的痛苦)、老苦(衰老的痛苦)、病苦(生病的痛苦)、死苦(死亡的痛苦)、怨憎苦(碰到自己憎恨的人和事的痛苦)、愛別離苦(與自己心愛的人或事物離別的痛苦)、求不得苦(自己的追求、欲望、愛好不得滿足的痛苦)、五蘊盛苦(人對永恆生命追求不得的痛苦,這是人生一切苦的綜合,上面七苦由此而生)。

集諦,又稱習諦,是指造成人生痛苦的根源是渴愛,這是造就一切欲望的根本。因為有渴望,所以有種種欲望,當這些欲望不能被滿足時,就產生了痛苦。

滅諦中的「滅」是寂滅之意,是指世間諸種痛苦是可以被消除的,在滅除煩惱和生死之累後,人就可以擺脫六道輪迴,達到解脫的境界,從而得到永恆的幸福。

道諦,是指消滅痛苦的具體方法,主要分為八種,即「八正道」,分別是正見、正思、正語、正業、正命、正精進、正念、正定。

這四條真理是釋迦牟尼對人生的基本看法,是佛法的基本教理。如果以因

果關係來看，集諦說明了人生痛苦的根源，應該是因；苦諦說明了人生痛苦的本質，應該是果；而道諦說明消滅痛苦的方法，應該是因；滅諦說明了擺脫痛苦的結果，應該是果，所以說，四諦應該是集、苦、道、滅的順序。但事實上我們所看到的四諦並不是這個順序，這是因為釋迦牟尼為順應眾生的根性，刻意這樣排序。他告訴眾生：你們的人生是痛苦的，這些痛苦的產生主要是源於人的貪念和執著，但是你不必感到絕望，因為你還是有希望擺脫這些痛苦的，他為你找到了解脫之道。通過四諦，釋迦牟尼為我們解釋了眾生生死流轉的道理，因而四諦也成為「根本佛法」之一。

十二因緣

　　關於世界的由來，釋迦牟尼提出了緣起論，而在人生過程的形成和變化的

具體問題上，釋迦牟尼在緣起論的基礎上提出了十二因緣的學說。

　　十二因緣是按照緣起論來對人生進行分析，它將人生過程分為十二個彼此成為互為條件或因果的環節：

　　無明，指心的無知，包括不明善惡因果，不明佛法教義，這是一切痛苦產生的根源。

　　行，因為無明而做出善或惡的行為。

　　識，因為我們過去的行為累積了一定的因果，從而投生於今世，成為了新的生命。

　　名色，因為轉生而感受生命的身心現象。識入胎後，身體和精神逐漸長成，慢慢產生了知覺。

　　六入，人在胚胎發育時，產生眼、耳、鼻、舌、身、意的感知能力。因為我們從這六處瞭解外界，所以稱為「六入」。

　　觸，人在出生後，對外界事物有所

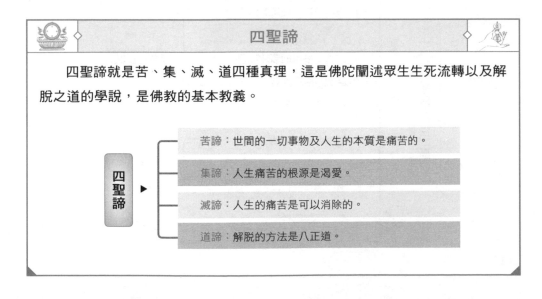

四聖諦

　　四聖諦就是苦、集、滅、道四種真理，這是佛陀闡述眾生生死流轉以及解脫之道的學說，是佛教的基本教義。

四聖諦 ▶

苦諦：世間的一切事物及人生的本質是痛苦的。

集諦：人生痛苦的根源是渴愛。

滅諦：人生的痛苦是可以消除的。

道諦：解脫的方法是八正道。

接觸。

受，由於與外界事物的接觸而產生苦、樂、憂、喜的感覺。

愛，對苦有強烈的憎恨，對樂有熱烈的渴望，這些強烈的欲求或渴望，就是愛。

取，為愛努力地追求。

有，今生為愛產生諸多行為，成為下一世的果報。

生，有了今生的業因，而受來生的生命。

老死，有生必有死。

釋迦牟尼認為這十二個環節是互為因果的，構成了人生因果循環的總鏈條。因為人的無明，所以造就了過去的行，產生了惑和業，招致了現在的識、名色、六入、觸、受的苦果，人因受到愛的誘惑而去索取，產生了今生的惑和業，招了未來的生、老、死的苦果。這個鏈條一直循環反覆，使我們在生死之間流轉，在六道中輪迴而不得解脫，因而佛教將這種由無明到老死的循環稱為「流轉門」。

因為十二因緣流傳不止，所以釋迦

十二因緣與三世因果

十二因緣是將人生過程分為十二個彼此互為條件或因果的環節，這是佛陀對人生的基本認識。由於這十二個環節因果相隨，綿延三世而不間斷，是為三世因果。

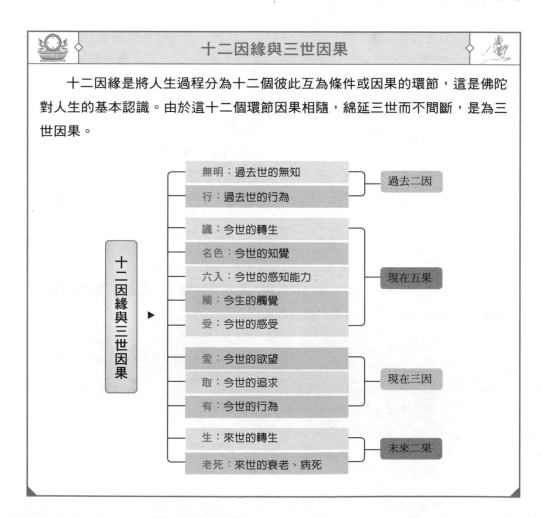

十二因緣與三世因果		
	無明：過去世的無知	過去二因
	行：過去世的行為	
	識：今世的轉生	現在五果
	名色：今世的知覺	
	六入：今世的感知能力	
	觸：今生的觸覺	
	受：今世的感受	
	愛：今世的欲望	現在三因
	取：今世的追求	
	有：今世的行為	
	生：來世的轉生	未來二果
	老死：來世的衰老、病死	

牟尼將其比喻為眾生頸上的一副無形枷鎖，眾生長期被這副枷鎖所束縛，承受了無盡的煩惱和痛苦。但是這些痛苦並不是無法擺脫的，如果我們從流轉門的老死往上推溯，這種反向推究十二因緣循環的推算也被稱為「還滅門」。通過「還滅門」的推究，無明被看做是人生一切痛苦的根源，只要我們破除無明，就可以不再被十二因緣所束縛，就可以跳出六道輪迴，擺脫無休止的生死循環，這也是我們參悟十二因緣的目的。

五蘊論

所謂「五蘊」的「蘊」是積聚的意思，「五蘊」就是指五種聚合，這是佛教對於人體及其身心現象構成問題的理論。

五蘊分別是指色蘊、受蘊、想蘊、行蘊、識蘊，其中除了色蘊屬於物質性的事物現象，其餘都是精神現象。

色蘊，色是指一切物質的活動現象，主要是地、水、火、風四大物質，佛教認為人體也是由這四大物質聚合而成。

受蘊，是指人體的感覺器官在接觸外界時產生的感受或情感，它會對順境和逆境產生三種不同的感受，分別是苦、樂、捨（不苦不樂）受，稱為三受。

想蘊，是指因接受外界刺激產生感覺後，對這種刺激所持有的感性的認識。

行蘊，是指在產生對事物的認識後，主動去行動的意志。

識蘊，是指對外界事物的理性認識。

佛教認為，人是沒有實在本體的，而是由五蘊構成的，所以說世間的「我」實際上是不存在的，這也是佛教對人生基本的認識。

雖然說世間的「我」是不存在的，但是五蘊聚合在一起，我們的身心就此形成。隨著身心的變化活動，我們的心執著在五蘊之中，沒有自由，而且這五蘊組成的五蘊身，能夠造就善業或惡業，從而使我們在六道中輪迴，不但要忍受諸多人生的痛苦，還要忍受生死流轉的大苦，所以說佛教的人生八苦將五蘊盛苦列為人生一切苦的綜合，正因為人生的七苦都要靠五蘊身來承受，五蘊盛苦也被認為是眾生之苦的根本。

7 佛教的修行
一切爲了解脫

🪷 修行的目標

佛教在告訴我們世界和生命的本質之後，提出了眾生追求的目標和最高理想，佛教徒把這些為了達到目標而進行實踐的過程稱為修行。具體來說，修行主要包括行為方面的規範、言語方面的約束、意識品行方面的提升和智慧方面的覺悟，這一切修行都是為了最高目標——涅槃。

涅槃，是梵語音譯，意為不生不滅，主要指超越生死和痛苦，斷盡一切煩惱的境界。釋迦牟尼告訴我們：世間一切事物和現象的產生都是依據條件而生，但事實上我們卻不明白這樣的道理，我們不僅認為世間有一個真實的自我，並因為愛對事物產生了貪（執著的欲望）、嗔（排斥）、癡（對真相的無知，且導致恐懼）的欲望，也稱為「三毒」。這「三毒」不斷惡性循環，使我們煩惱不已。但這些苦難不是不可避免，如果我們認識到這一點，並通過個人的修行來破除一切錯誤的知見和行為，消滅貪、嗔、癡，這樣就能

這是釋迦牟尼涅槃圖。圖中釋迦牟尼側臥於娑羅雙樹下，呈圓寂之狀。在他的周圍，眾多佛門弟子、道家神仙及凡間男女紛紛前來弔唁。根據佛教教義，釋迦牟尼的圓寂就表示他已得到真正的解脫，進入了不生不滅的涅槃境界。

看到事物的真相，就能達到解脫，這就是涅槃的境界。

關於涅槃，我們常常陷入以下的誤區：

我們經常把涅槃誤認為是死亡，其實不然，因為按照十二緣起論中業力的牽引，人的死亡往往是新生命的開始，而且眾生是完全不能自主選擇輪迴去處的，所以死亡並不等於真正的解脫。實際上，除了釋迦牟尼的死亡是不生不滅的涅槃境界，眾生的死亡都算不得涅槃。

關於人生的欲望，釋迦牟尼從未說過人應該停止對欲望的渴求。相反，他說的是：不要執著於欲望，不要被欲望所束縛，而是應該努力發現自己重要的事物，順其自然地生活。

❁ 八正道

在為我們指出修行的目標後，釋迦牟尼也告訴了我們修行的基本方法，這就是八正道，即達到最終解脫的八種方法和途徑。

八正道最初是釋迦牟尼佛針對婆羅門教、耆那教的苦行主義和六師的享樂主義而提出的修行方法。在他看來，苦行主義是對自我施加折磨，不會帶來什麼收效，而享樂主義沉迷於尋歡作樂的生活，更會通向毀滅之路。就此，他提出了不苦不樂的中道，就是八正道。原始佛教十分重視這種不苦不樂的修行方法，並將其列為道諦的具體內容。

在佛教教義中，八正道就好像是盤旋直上的八個階梯，沿著階梯我們就可以達到佛教的最高境界。具體說來，八正道分別是：

正見：正確的見解，就是對緣起論、四聖諦等佛教教義理解信服，並堅定不移地信奉。這是八正道中最根本的方法，因為有了正見，才能對事理有正確的認識，才能破除外道的邪見，只有將正見作為基礎，才能精進不懈地修行。

正思惟：正確的意識或觀念，斷除邪惡的欲念，生起正當的欲念。正思惟主要有三方面的內容：捨棄執著或自私之心、慈善仁愛、無害，這些是修行的意志決心。

正語：純正清淨的語言，合乎佛法的言論，也就是不說謊、不謾罵、不誹謗、不惡語、不暴語，而使用友善純潔的詞句。

正業：正當的活動、行為及工作，也就是不殺生、不偷盜、不邪淫，不作一切惡行。正語、正業這兩個階梯是很難攀登的，一旦登上這個高度，就已取得了相當了不起的自制能力，修行的前景就會變得清晰、寬闊。

正命：正當的謀生手段，就是按照佛教的標準來謀求生存的必需品，遠離一切不正當的職業。

正精進：正確的修行，使自己的身心臻於完善。到達這一階段的人將完全理解自己行為的目的，無論衣食住行、工作休息，都能毫不鬆懈地按照佛法行動，從而達到了至善至美的境界。

正念：正確的思維，也就是牢記佛法，念念不忘佛教真理。到達這一階段的人已完全拋棄了「我」的念頭，只考慮世界的真相，不再執著於不如實不如理的妄想。

正定：對佛法有堅定不疑的定見，專心一志精進佛法的修行。到達這一階

段的人經由以上階段的修習，拋棄了無根據的信仰和妄想，不再混亂與恐懼，身心寂靜地修行。

八正道是通往佛道的八個層面，每個層面都是依次遞增的，也是不可或缺的，如果要達到解脫的目標，八個層面缺一不可。

戒、定、慧三學

佛教徒在修行過程後，為了便於記憶，將八正道按照內容進行了分類，這種分類後來被總結為戒、定、慧三學。這三學是一個依次上升的過程，即通過「戒」來達到「定」，再達到「慧」。

戒：包括正語、正業、正命、正精進，在這一階段，主要是對修行者身體進行約束，還未涉及修行者的思想意識，這時，修行者還是一種被動的狀態。

定：包括正定，在這一階段，主要是對修行者精神狀態進行嚴格控制，當修行者經過戒的階段後，就會化被動為主動，積極地研究佛法。在印度早期佛教時期，定的內容比較具體，很容易把握，但隨著佛教的發展，定的內容日益增長，越來越複雜了。

慧：包括正見、正思、正念，在這一階段，主要是對人的認識進行正確引導，在定的狀態下，修行者已領悟了佛法的真諦，獲得了最終解脫，這是修行的終點。

 八正道

八正道是指獲得最終解脫的八種方法和途徑，這是四聖諦中道諦的具體內容。佛教認為，通過八正道的修行，就能通往成佛之路。

正定：正確控制自己的精神狀態。

正念：保持對事物的正確觀察和思維。

正精進：專心致志地朝著正確的方向而努力。

正命：採用正當的職業謀生，不做不道德的職業。

正業：正確的行為，一切行為都要符合佛陀的教導。

正語：正確的言語，如不撒謊、不罵人、不兩舌等。

正思：正確的思考，即根據四諦的真理進行思維與分別。

正見：正確的認識，即堅信佛教四諦、八正道、十二因緣等教義。

8 佛教的戒律
佛信衆要遵循的守則

 ## 七衆

　　自五侍者在鹿野苑皈依佛教以來，佛教信衆不斷增加，佛教的僧團逐漸形成。根據這些信衆的年齡、性別及遵守的佛教戒律內容的不同，他們被劃分為七種人，即所謂的「七衆」，分別是：

　　比丘：年滿二十歲的正式出家的男性佛教徒。關於比丘的含義，有一種說法認為，比的意思是破，丘的意思是煩惱，比丘就是破除煩惱的意思。

　　比丘尼：年滿二十歲的正式出家的女性佛教徒，相傳佛教中最早的比丘尼是釋迦牟尼的姨母摩訶波闍波提夫人。

　　沙彌：初期僧團中原沒有沙彌，直到佛陀之子羅睺羅出家時，才開始有沙彌的設置。佛教將沙彌列入僧團，是為了增添新生力量，所以沙彌主要以年齡已滿十四歲但未滿二十歲的少年出家者為主。但是，年齡已滿二十歲的人，初入僧團，或因為師資不足，或因為衣鉢未備，或因其他事故而未能受持比丘戒

的，仍然屬於沙彌。另有六十歲以上的老人要求出家，佛教是准許的，但卻不許他們受比丘戒了，所以也被列入沙彌之中。

　　沙彌尼：年齡已滿十四歲但未滿二十歲的少女出家者。最初的女性出家者，是可以直接受戒成為比丘尼的，後來出家的女性日益增多，為了防止偽濫，佛教便增加了沙彌尼、式叉摩尼兩個階段。

　　式叉摩尼：年齡已滿十八歲但未滿二十歲的沙彌尼。為了防止比丘尼懷孕，避免招致人們的譏諷，佛教便為女子出家增加了式叉摩尼階段。這個階段為兩年，主要是用這兩年的時間來磨煉女子的性情，並觀察其是否受孕。

　　優婆塞：在家修行的男性佛教信衆，即皈依三寶的在家弟子。皈依是身心歸向、依靠之意，三寶是指佛、法、僧，皈依三寶是成為佛教徒的儀式。

　　優婆夷：在家修行的女性佛教信衆。

五戒、十戒、具足戒

僧團最初成立時，並沒有約制團體的戒律，後來隨著問題不斷地發生，佛教為了有效地對僧團進行管理，逐漸開始隨機制定戒律，這些戒律主要分五戒、十戒、具足戒三個等級，要求七眾遵守的戒律等級也各不相同，分別為：

比丘與比丘尼，要受具足戒。具足戒，又稱近具戒、大戒，略稱具戒。出家人只有受過此戒才能成為比丘、比丘尼。關於具足戒的條目，釋迦牟尼入滅前，為比丘制定的戒律已達200多條。隨著佛教戒律的完善，現在南方國家所傳比丘戒是227條，西藏是253條，漢地為250條，各地戒律的內容大體相同，只有條目和分類有所區別。另外，比丘

尼所受的具足戒條數是多於比丘的，如漢地比丘尼的具足戒是348條。

沙彌和沙彌尼，他們雖然不受具足戒的約束，但也要受十戒，即不殺生、不偷盜、不邪淫、不妄語、不飲酒、不塗飾、不歌舞及旁聽、不坐高廣大床、不非時食、不蓄金銀財寶。另外，沙彌日常還要遵守十四事和七十二威儀。

式叉摩尼，她們專修四根本戒和六法。四根本戒是指不殺、不盜、不淫、不妄語。六法是指身體不得與成年男子相觸、不得盜一針一草、不得故意殺害異類眾生、不得說謊、不得在中午之後進食、不飲酒。

優婆塞、優婆夷是在家弟子，他們要受五戒，即不殺生、不偷盜、不邪淫、不飲酒、不妄語。五戒是佛教的基本戒律，其根本精神是不侵犯。例如不

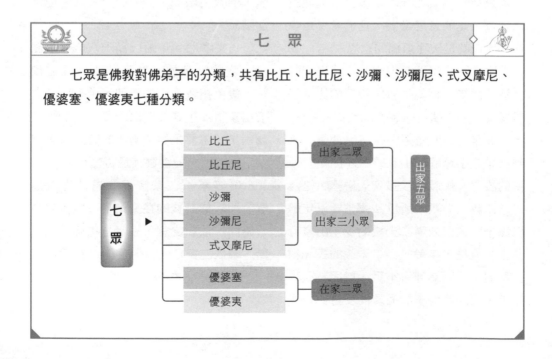

七 眾

七眾是佛教對佛弟子的分類，共有比丘、比丘尼、沙彌、沙彌尼、式叉摩尼、優婆塞、優婆夷七種分類。

七眾 ▶

- 比丘
- 比丘尼 → 出家二眾
- 沙彌
- 沙彌尼 → 出家三小眾
- 式叉摩尼
- 優婆塞
- 優婆夷 → 在家二眾

出家五眾

具足戒是比丘、比丘尼受持的戒律，因為這些戒律與十戒相比，戒品具足，所以稱具足戒。關於具足戒的條目，雖然各地都有不同，但大致內容是相同的，都具足八種分類。

具足戒

波羅夷：戒律中的根本戒，即殺生、偷盜、邪淫、妄語四罪，一旦觸犯，就會被趕出僧團，死後也會墮入地獄。

僧伽婆師沙：僧眾犯了此戒，就如同殘廢一樣。如隨便誣賴別人、譏謗別人，就屬犯戒。

不定：是否犯戒及犯何戒還沒有查明，還在懷疑判斷之中，為比丘獨有。

舍墮：由於貪心而積蓄無用的物品，如要悔過就應捨棄多餘的財物。如收藏多餘的缽或衣服，就屬犯戒。

單墮：犯戒後不用捨棄財物，只要向他人懺悔就可以得到原諒。如惡口辱罵、打人傷害，就屬犯戒。

波羅提提舍尼：輕罪的一種，必須向其他比丘懺悔。如飲食不當，就屬犯戒。

眾學：關於比丘、比丘尼的生活禮儀等細則，在《四分律》中，將眾學總結為百戒，所以又稱百眾學法。如比丘或比丘尼衣食住行的威儀不端正，就犯了此戒。

滅諍：當佛弟子生起爭執時，要面對面地互相表白，解除彼此的誤解，事後也不可再進行議論或搬弄是非。

殺生，就是不侵犯別人的生命；不偷盜，就是不侵犯別人的財產；不邪淫，就是不侵犯別人的名節；不妄語，就是不侵犯別人的名譽，所以說，守五戒也就是守法，不侵犯別人自然可以免除恐怖而獲得身心的自由與平安。

由上所述，佛教對於七眾的要求是不同的：對於出家的比丘和比丘尼，要求他們受具足戒；而對於在家的弟子，則只要求遵守五戒，這些因人而異的戒律充分考慮到了修行者的實際情況，既有法可依，又實際易行。

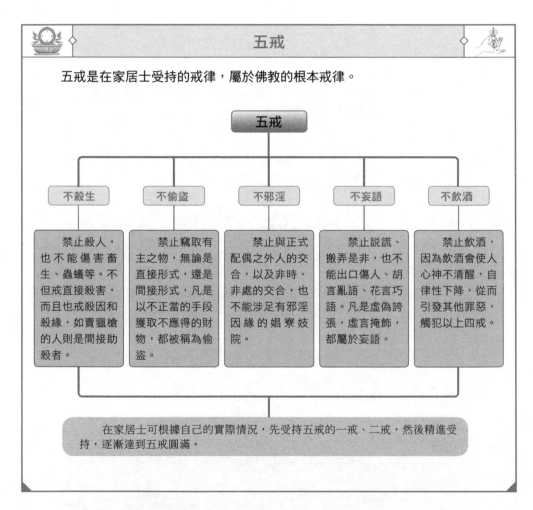

五戒

五戒是在家居士受持的戒律，屬於佛教的根本戒律。

```
                        五戒
    ┌────────┬────────┬────────┬────────┐
  不殺生    不偷盜    不邪淫    不妄語    不飲酒
```

不殺生
禁止殺人，也不能傷害畜生、蟲蟻等。不但戒直接殺害，而且也戒殺因和殺緣，如賣獵槍的人則是間接助殺者。

不偷盜
禁止竊取有主之物，無論是直接形式，還是間接形式，凡是以不正當的手段獲取不應得的財物，都被稱為偷盜。

不邪淫
禁止與正式配偶之外人的交合，以及非時、非處的交合，也不能涉足有邪淫因緣的娼寮妓院。

不妄語
禁止說謊、搬弄是非，也不能出口傷人、胡言亂語、花言巧語。凡是虛偽誇張，虛言掩飾，都屬於妄語。

不飲酒
禁止飲酒，因為飲酒會使人心神不清醒，自律性下降，從而引發其他罪惡，觸犯以上四戒。

在家居士可根據自己的實際情況，先受持五戒的一戒、二戒，然後精進受持，逐漸達到五戒圓滿。

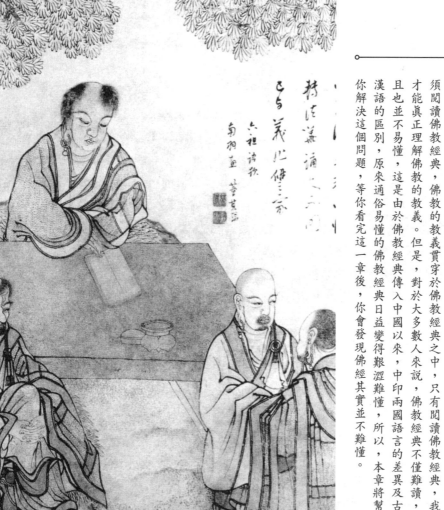

第二章

怎樣讀佛經

在瞭解佛教的一些基礎知識後，如果我們要深入地學習佛教知識，我們必須閱讀佛教經典，佛教的教義貫穿於佛教經典之中，只有閱讀佛教經典，我們才能真正理解佛教的教義。但是，對於大多數人來說，佛教經典不僅難讀，而且也並不易懂，這是由於佛教經典傳入中國以來，中印兩國語言的差異及古今漢語的區別，原來通俗易懂的佛教經典日益變得艱澀難懂，所以，本章將幫助你解決這個問題，等你看完這一章後，你會發現佛經其實並不難懂。

佛經
釋迦牟尼的教法教義

　　佛經是佛教經典的簡稱，主要是指釋迦牟尼佛所說的教法教義。在釋迦牟尼入滅後，他的弟子為了不讓他的佛法失傳，於是召集僧眾舉行聚會，這些僧眾依靠自己對釋迦牟尼言教的回憶，將其以文字記錄下來，由此形成文字版的佛經。

　　佛經依照不同的標準，可以分為以下的類別：

　　按照佛經內容分類，可以分為經、律、論，合稱為三藏。經是指釋迦牟尼所說的教法，被認為是佛教教義的基本依據，不過現存的佛經中，有很大一部分是後人根據佛教的基本思想所編寫的。律是指佛教僧團的行為準則及道德規範。論是指佛弟子對經、律的解釋，最初論藏只是對佛教一些特定名詞的解釋，後逐漸成為佛教各個派別對經、律的解釋，並形成了深奧的佛教思辨哲學。

　　按照佛教派別分類，可以分為小乘佛教三藏、大乘佛教三藏和密宗三藏。

　　按照佛經文字語言來分，可以分為漢文大藏經、蒙文大藏經、藏文大藏經、日文大藏經、巴利文大藏經等。大藏經，是將一切佛教典籍彙集起來編成的全集。起初稱為一切經，後來定名為大藏經，又稱藏經。因為大藏經的內容主要由經、律、論三部分組成，所以又稱為三藏經。目前，佛教大藏經中有三大系統，分別是漢文大藏經、藏文大藏經、巴利文大藏經。其中漢文大藏經和藏文大藏經都是誕生於中國，這也是中國佛教對世界佛教的巨大貢獻。

　　在佛經的諸多分類中，按照佛教典籍的內容分為經、律、論三藏是最常用的分類，也是最基本的一種分類方法。正因為三藏包含了佛教的一切典籍，所以我們也稱那些精通經、律、論的高僧為三藏法師，除了我們熟知的唐三藏玄奘法師外，中國佛教史上還有許多的高僧被尊稱為三藏法師，鳩摩羅什就是其中比較著名的一位。

根據佛陀說法的方式、內容及體裁的不同，佛弟子將經、律、論三藏分為十二部，統稱為三藏十二部經。

三藏十二部

修多羅	直說教義的長行經文，又稱長行經。
祇夜	以偈頌體裁讚頌前面的長行經文的佛經，又稱重頌經。
伽陀	直接以偈頌體裁顯示法義的佛經，又稱諷誦經。
和伽羅那	佛向菩薩傳授成佛的教義及六道眾生所受果報的佛經，又稱授記經。
優陀那	沒有佛弟子的請教而是佛直接宣說的佛經，又稱自說經。
尼陀那	解釋佛說法的本末因緣的佛經，又稱因緣經。
阿波陀那	用譬喻顯示法義的佛經，又稱譬喻經。
伊帝目多伽	講述佛弟子或菩薩過去事蹟的佛經，又稱本事經。
闍陀伽	講述修行及苦度眾生的因緣的佛經，又稱本生經。
毗佛略	一切大乘佛經，又稱方廣經。
阿浮陀達摩	述說諸佛不可思議的法力的佛經，又稱未曾有經。
優波提舍	以議論問答顯示法義的佛經，又稱論議經。

第二章　怎樣讀佛經

② 佛經的形成過程

小乘佛教三藏

佛經的形成過程是與佛教的發展相始終的，按照佛教發展的時間順序，最早成型的是小乘佛教三藏，之後是大乘佛教三藏，最後是密宗三藏。

根據小乘佛教典籍的記載，印度佛教史上共舉行過四次有名的結集。所謂結集，是指釋迦牟尼入滅之後，由佛教徒所舉行的回憶釋迦牟尼在世時的言論，並加以談論、核實的會議。經過這四次結集，小乘佛教三藏逐漸形成了一個完整的系統。

小乘佛經的第一次結集

釋迦牟尼去世90天後，為了防止僧團中出現更多的比丘破壞戒律，大迦葉尊者召集500位阿羅漢在七葉窟舉行佛經的第一次結集。

結集首先由優波離尊者背誦了佛家戒律，編成《律藏》，全名為《八十誦律大毗尼藏》，由於書中每條戒律都是經過大眾的詢問和解答而確定的，所以被視為佛陀所親製的戒律，為一切戒律

的根本。之後由阿難回憶佛陀的教法，集成《阿含經》，這是釋迦牟尼成道後，最初對五比丘所授之法，其中包含了四聖諦、八正道、十二因緣等佛教最根本的教義，被認為是最接近原始佛學的佛典。

第二次結集

釋迦牟尼圓寂110年後，以耶舍長老為首的700名僧眾，在毗舍離進行第二次結集。此次結集就毗舍離比丘提出的十條戒律（即十事）展開討論，集會上少數有地位的長老判定十事為非法。對於這次結集的決定，毗舍離的僧侶頗不信服，於是另舉行約有萬人參加的會議，並判定上述十事為合法，就此形成了大眾部和上座部。

第三次結集

釋迦牟尼圓寂226年後，在阿育王統治時期，由於阿育王推崇佛教，每天在雞園寺中供養上萬名出家人，其中也有許多外道，因而經常引起爭端。於是，目犍連子帝須召集1000名僧眾，在

華氏城（即波多厘子城）進行了第三次結集，重新整理了《阿含經》。會後，目犍連子帝須將各派不同的論點整理出來，編輯了《論事》，這是佛教史上第一部論著。

第四次結集

釋迦牟尼圓寂674年後，在迦膩色迦王統治時期，500名比丘以世友尊者為上座，在迦濕彌羅（今喀什米爾）舉行了第四次結集，會上對以前所有的經、律、論三藏進行了總結，並對三藏作了注釋。現在前兩種注釋已經失傳，只有後一種注釋保存下來，被稱為《大毗婆沙論》，至此小乘佛教的三藏基本成型。

大乘佛教三藏

在印度佛教史上，相傳大乘佛教經典的出現與龍樹菩薩有關。根據龍樹菩薩的傳記，龍樹在出家受戒後，不到三個月就已經讀完了小乘佛教全部典籍。後來，當他有一次路過雪山，在雪山的塔中遇見了一位老比丘，並從比丘那裏得到了《摩訶衍經》。雖然他仔細閱讀了《摩訶衍經》，仍未參悟佛法的奧義，因此他就在水晶房中靜坐深思，冥想佛法的玄妙。這時大龍菩薩憐憫他的處境，就帶他到海中的龍宮，並將諸部深奧的方等經典傳授給他。後來，龍樹菩薩在參悟了《摩訶衍經》和諸部方等經典後，創建了中觀學派，大乘佛教理論完全建立。

現在，我們將大乘佛教經典根據時間劃分為早期大乘經和續出的大乘經，早期大乘經主要是由方等經發展出的《般若經》、《華嚴經》、《法華經》等佛教經典，而續出的大乘經主要是西元4～5世紀左右出現的《涅槃經》、

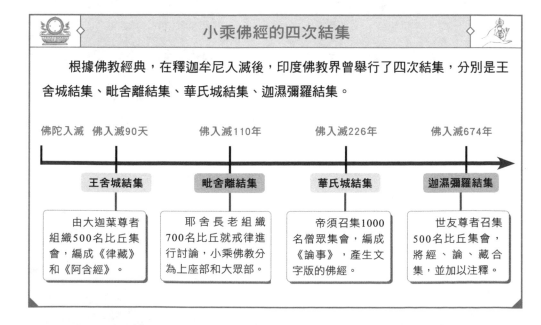

小乘佛經的四次結集

根據佛教經典，在釋迦牟尼入滅後，印度佛教界曾舉行了四次結集，分別是王舍城結集、毗舍離結集、華氏城結集、迦濕彌羅結集。

佛陀入滅 佛入滅90天	佛入滅110年	佛入滅226年	佛入滅674年
王舍城結集	**毗舍離結集**	**華氏城結集**	**迦濕彌羅結集**
由大迦葉尊者組織500名比丘集會，編成《律藏》和《阿含經》。	耶舍長老組織700名比丘就戒律進行討論，小乘佛教分為上座部和大眾部。	帝須召集1000名僧眾集會，編成《論事》，產生文字版的佛經。	世友尊者召集500名比丘集會，將經、論、藏合集，並加以注釋。

《勝鬘經》、《解深密經》、《楞伽經》佛教經典等。

🪷 密宗三藏

密宗是印度佛教的最後形態，以《大日經》和《金剛頂經》為主要經藏。

《大日經》形成於西元7世紀的中印度，相傳是大日如來在金剛法界宮為金剛手秘密宣說的佛經。此經主要為眾生開示了本有本覺曼荼羅，即眾生本有的淨菩提心，並宣講了身、語、意三密方便等密宗基本教義，另外還介紹了曼荼羅、灌頂、護摩、印契、真言等密宗修行方法。

《金剛頂經》是密宗金剛界的根本大經，相傳共有10萬頌。此經闡述了大聖釋迦牟尼佛祖的終極善性理念，顯示了宇宙真實的密法和密宗修行者的粗、細、微、精、妙諸脈，也闡明了即身成就、生命永恆的密宗要義。

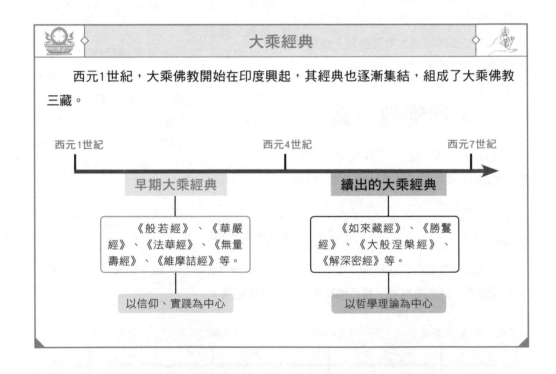

大乘經典

西元1世紀，大乘佛教開始在印度興起，其經典也逐漸集結，組成了大乘佛教三藏。

西元1世紀　　　　　西元4世紀　　　　　西元7世紀

早期大乘經典

《般若經》、《華嚴經》、《法華經》、《無量壽經》、《維摩詰經》等。

以信仰、實踐為中心

續出的大乘經典

《如來藏經》、《勝鬘經》、《大般涅槃經》、《解深密經》等。

以哲學理論為中心

3 佛經在中國的傳播
佛經的翻譯過程

 漢文佛經的翻譯

　　東漢明帝年間，朝廷派遣使者從西域請來了攝摩騰和竺法蘭兩位僧人，這兩位僧人不僅從西域帶來了佛像，還帶來了佛經。由於這些佛經是從印度傳入的梵文經書，為了便於傳教，攝摩騰和竺法蘭將佛經譯成了漢文。自此以後，中印兩國的僧人來往不斷，更多的佛經傳入中國，經過200多位譯師10個世紀的辛勤努力，由梵文翻譯過來的漢文三藏達到了1690餘部、6420餘卷，佛教的聲聞乘、性、相、顯、密各部學說都系統地介紹到中國，從而形成了中國佛教的巨大寶藏。

　　根據漢文佛經翻譯的歷程，我們可以將其分為四個階段。

第一階段：東漢初創時期

　　中國最早的漢譯佛經是《四十二章經》，相傳為攝摩騰和竺法蘭所譯，這是我國翻譯梵文佛經的開始。

　　東漢時期，大多數譯經僧來自西域，其中以來自安息的安世高王子和來自西域大月氏的支婁迦讖最為著名。這個時期，中國的佛經翻譯事業還處於初創時期，還不能進行有計劃有系統的翻譯，所譯的經書很少是全譯本，翻譯的經書也有很多問題，這時所譯的經書大小乘並行，佛教在中國思想界已佔據了一席之地。

第二階段：東晉至隋代 官譯時期

　　從東晉至隋代，梵文佛經大量傳入中國。這一時期，佛教得到了統治者的信奉，佛教翻譯也得到了官方的支持，由私人譯經轉為官方譯經。前秦初年，開始了官方組織的集體翻譯工作，由僧人道安主持譯場翻譯佛經，據說這是中國最早的大型譯場。20多年後，西域人鳩摩羅什在長安組織了官方譯場，集中了800名高僧共譯佛經。繼鳩摩羅什之後，外國譯師來者相繼，主要經論不斷譯出，形成了中國佛教的第一個譯經高潮。

第三階段：唐代 全盛時期

　　在唐代，梵文佛經得以全面系統地

翻譯，由官方組織的譯經場規模更加宏大，組織更為完備。這時，以玄奘組織的譯場最為著名，他系統的翻譯規模、嚴謹的翻譯作風和豐富的翻譯成果，在中國翻譯史上都留下了光輝的典範。

這個時期，中國佛教形成八大宗派，標誌著中國佛教理論的成熟，不但各大宗派都有自己的經典和著述，而且還產生中國唯一一部被稱為「經」的佛典，即禪宗的《壇經》，漢文佛經的數量日益增加。

第四階段：宋以後 刻本時代

北宋太平興國七年（西元982年），宋太宗重新組織譯場，恢復了自唐元和六年（西元811年）中斷了100餘年的佛經翻譯事業。

自宋以後，佛經翻譯逐漸減少，但由於雕版印刷技術的廣泛應用，佛經的印刷和流通速度得以加快。北宋開寶年間，宋朝官方主持完成了《開寶藏》，這是中國第一部刻本佛教大藏經。

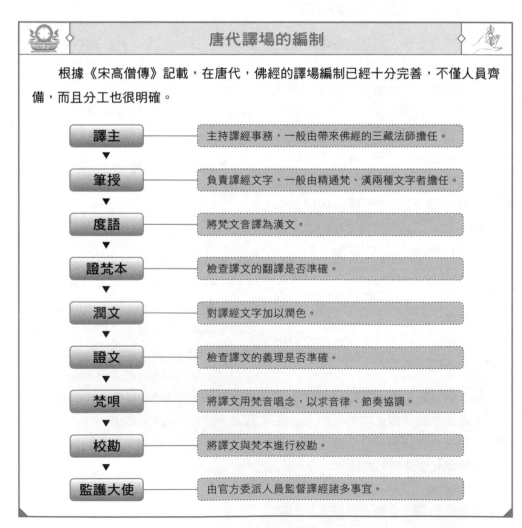

唐代譯場的編制

根據《宋高僧傳》記載，在唐代，佛經的譯場編制已經十分完善，不僅人員齊備，而且分工也很明確。

譯主 —— 主持譯經事務，一般由帶來佛經的三藏法師擔任。
▼
筆授 —— 負責譯經文字，一般由精通梵、漢兩種文字者擔任。
▼
度語 —— 將梵文音譯為漢文。
▼
證梵本 —— 檢查譯文的翻譯是否準確。
▼
潤文 —— 對譯經文字加以潤色。
▼
證文 —— 檢查譯文的義理是否準確。
▼
梵唄 —— 將譯文用梵音唱念，以求音律、節奏協調。
▼
校勘 —— 將譯文與梵本進行校勘。
▼
監護大使 —— 由官方委派人員監督譯經諸多事宜。

中國四大譯經家

在長達10個世紀的佛經翻譯過程中，有4位大師在譯經方面做出了卓越的貢獻，他們被尊稱為中國四大譯經家，分別是：

鳩摩羅什（西元344~413年）：西域龜茲國（今新疆庫車縣）人。他幼年隨母出家，初學小乘，後遍習大乘，尤善般若。後秦弘始三年（西元401年），姚興派人將其迎至長安（今陝西西安西北），尊為國師，成為我國一大譯經家。在長安期間，鳩摩羅什率弟子僧肇等800多人，譯出《摩訶般若經》、《妙法蓮華經》、《維摩詰經》、《阿彌陀經》、《金剛經》等經和《中論》、《百論》、《十二門論》和《大智度論》等論典，共計74部、384卷。就佛經翻譯而言，鳩摩羅什最重要的貢獻在於對由龍樹創立的中觀系統典籍的介紹；其次，他還翻譯了《成實論》，之後成實逐漸形成獨立學派，在南北朝時盛極一時，後人稱之為成實師。鳩摩羅什的譯經標誌著中國佛教的理論水準已經達到了一個新的境界。

真諦（西元499~569年）：西天竺（印度）人。他少時博訪眾師，學通內外，尤精於大乘之說。大同元年(西元546年)，他應梁武帝之邀來華，譯出無著的《攝大乘論》、世親的《釋論》和《俱舍論》。真諦在中國的20餘年雖歷經戰亂，但他仍於顛簸流離中譯出100多卷重要經論，形成了中國佛教的重要義學派別，是鳩摩羅什之後、玄奘之前的200年中貢獻最大的譯師。

玄奘（西元602~664年）：俗姓陳，中國洛州緱氏（今河南偃師）人。他10歲出家，20歲受具足戒。貞觀三年（西元629年）他自長安出發，前往印度求法。貞觀五年，他到達印度摩揭陀國，留學於印度最高學府那爛陀寺，學習大乘瑜伽佛法。貞觀十六年，玄奘成為那爛陀寺的講席，主持曲女城辯論大會，他以一人之力舌戰群僧，被印度大乘學者尊為「大乘天」，意為「大乘的神」，為中國贏得了當時兩大文明古國學術上的最高榮耀。貞觀十七年，他回到長安，組織了官方譯場，譯出經論1315卷。他不僅比較全面地系統地翻譯了大乘瑜伽有宗一派和空宗的根本大經《大般若經》，還把小乘說一切有部的重要經典幾乎全譯過來。另外，他又獨得印度一位天才大師的秘傳，翻譯了融合空有兩宗的《廣百論釋》和編入《成唯識論》的護法正義，這兩本佛經連印度都無傳本，他實際上已成為代表印度佛學最高峰的首屈一指的集大成者。

不空（西元705~774年）：獅子國（今斯里蘭卡）人。他幼年出家，14歲隨同師傅金剛智來華。20歲時，他在洛陽廣福寺受具足戒。開元三十年（西元742年），他以大唐使者的身份回到了斯里蘭卡，在佛牙寺學習密宗。天寶五年（西元746年），不空回到長安，在淨影寺從事佛經的翻譯和開壇灌頂事宜。安史之亂後，不空得到了朝廷的供奉，廣譯顯密經教，名聲極盛。他死後，更獲贈「司空」、「大辯正」的諡號。

藏文佛經的翻譯

在吐蕃王朝松贊干布統治時期，由於文成公主和金城公主的下嫁，佛教開始傳入西藏。在赤松德贊（西元741~792年）統治時期，迎請了當時印度最著名的顯教學者寂護、蓮花戒和密宗大師蓮花生，開始對梵文佛經進行系統翻譯。赤熱巴巾（西元815~838年）在位時，又下令迎請印度大德多人和西

四例五不翻

在梵文佛經的翻譯方面，玄奘法師提出了「四例五不翻」的原則，成為了後世譯者遵守的準則。

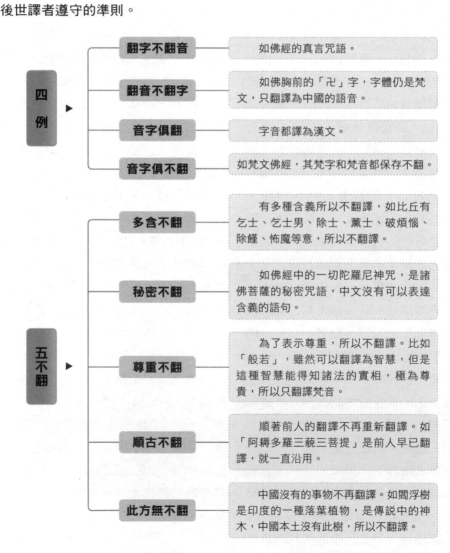

四例

- **翻字不翻音** —— 如佛經的真言咒語。
- **翻音不翻字** —— 如佛胸前的「卍」字，字體仍是梵文，只翻譯為中國的語音。
- **音字俱翻** —— 字音都譯為漢文。
- **音字俱不翻** —— 如梵文佛經，其梵字和梵音都保存不翻。

五不翻

- **多含不翻** —— 有多種含義所以不翻譯，如比丘有乞士、乞士男、除士、薰士、破煩惱、除饉、怖魔等意，所以不翻譯。
- **秘密不翻** —— 如佛經中的一切陀羅尼神咒，是諸佛菩薩的秘密咒語，中文沒有可以表達含義的語句。
- **尊重不翻** —— 為了表示尊重，所以不翻譯。比如「般若」，雖然可以翻譯為智慧，但是這種智慧能得知諸法的實相，極為尊貴，所以只翻譯梵音。
- **順古不翻** —— 順著前人的翻譯不再重新翻譯。如「阿耨多羅三藐三菩提」是前人早已翻譯，就一直沿用。
- **此方無不翻** —— 中國沒有的事物不再翻譯。如閻浮樹是印度的一種落葉植物，是傳說中的神木，中國本土沒有此樹，所以不翻譯。

藏學者一起釐定藏譯佛經的譯名，並校正、補譯了諸多經論。西元10世紀以後，西藏開始了佛法後弘期，在之後的300年間，印度和西藏兩地求法僧人往來不斷。其中最著名的僧人，是孟加拉的阿底峽尊者。作為印度當時最有知識的法師，他於1042年被迎請入藏，創立了迦當派，其學說後被宗喀巴所繼承而創立了格魯派。又有西藏的瑪爾巴三度赴印求學，創立了迦舉派。通過這些高僧的努力，自西元8世紀中葉至西元13世紀中葉，西藏共譯出藏文三藏經籍5900餘部，分量約合漢譯10000卷。

在藏文佛教典籍中，集大成者應屬藏文大藏經。藏文大藏經主要包括《甘珠爾》和《丹珠爾》兩部分，其中《甘珠爾》是釋迦牟尼的言教，涵蓋了經、律、論三藏和四續部，大致分為律、般若、華嚴、寶積、經部、續部、總目錄七大類；而《丹珠爾》是印度、西藏佛教大師、學者對《甘珠爾》的注疏和論著的合集，包含了哲學、文學、邏輯、天文、曆算等各方面的典籍，大致分為讚頌、續部、般若、中觀等十八類。

西元13世紀之前，藏文佛教主要靠抄寫本流傳。元皇慶二年（西元1313年）至延祐七年（西元1320年），江河尕布組織眾人搜集了各地經、律、密咒，將其整理刊刻，這也是西藏的第一部木刻本的大藏經。自此之後，明清兩朝都開始刊刻藏文佛經，形成了諸多版本的藏文大藏經，為藏文佛經的保存和流傳做出了貢獻。

與漢文大藏經相比，藏文大藏經重譯很少，所以實際內容大大超過了漢譯佛經，其中空有兩宗的論典以及因明、醫方、聲明的著作和印度晚期流行的密教經論，更為漢譯佛經所未有。此外，由於藏文佛經翻譯照顧到了梵語語法的詞尾變化和句法結構，所以極易還原為梵語原文，因此受到了佛學研究者的高度重視。

・名詞解釋・

阿底峽：孟加拉人，出身王族。11歲時，阿底峽前往那爛陀寺求學，先後師從事香蒂巴、那洛巴等印度著名大師，成為印度知名學者，並先後出任印度18座寺院的住持。西元1042年，阿底峽應西藏古格王朝智光王的邀請到達西藏，在托林寺駐席講經和翻譯經典。3年後，阿底峽來到衛藏傳法，標誌著佛教復興勢力由阿里進入衛藏，史稱「上路弘法」。在藏傳佛教後弘期，阿底峽是貢獻最大的印度高僧，被後人推崇為「佛尊」。

第二章 怎樣讀佛經

漢文大藏經和藏文大藏經都是佛教典籍中非常重要的組成部分，為了更好地認識佛經的發展歷程，我們有必要簡要介紹一下漢文大藏經和藏文大藏經的重要版本。

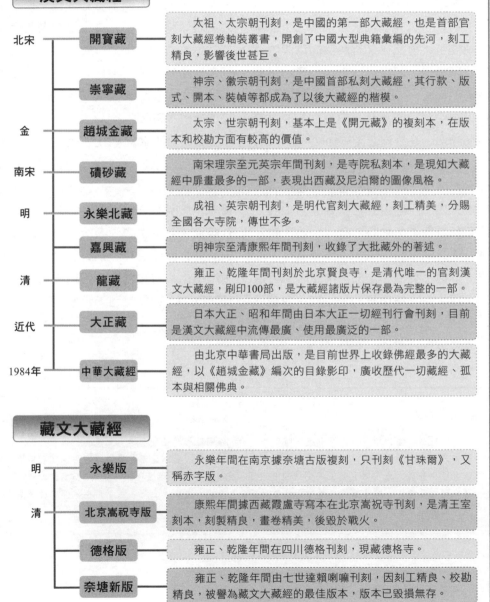

漢文大藏經

北宋	開寶藏	太祖、太宗朝刊刻，是中國的第一部大藏經，也是首部官刻大藏經卷軸裝叢書，開創了中國大型典籍彙編的先河，刻工精良，影響後世甚巨。
	崇寧藏	神宗、徽宗朝刊刻，是中國首部私刻大藏經，其行款、版式、開本、裝幀等都成為了以後大藏經的楷模。
金	趙城金藏	太宗、世宗朝刊刻，基本上是《開元藏》的複刻本，在版本和校勘方面有較高的價值。
南宋	磧砂藏	南宋理宗至元英宗年間刊刻，是寺院私刻本，是現知大藏經中扉畫最多的一部，表現出西藏及尼泊爾的圖像風格。
明	永樂北藏	成祖、英宗朝刊刻，是明代官刻大藏經，刻工精美，分賜全國各大寺院，傳世不多。
	嘉興藏	明神宗至清康熙年間刊刻，收錄了大批藏外的著述。
清	龍藏	雍正、乾隆年間刊刻於北京賢良寺，是清代唯一的官刻漢文大藏經，刷印100部，是大藏經諸版片保存最為完整的一部。
近代	大正藏	日本大正、昭和年間由日本大正一切經刊行會刊刻，目前是漢文大藏經中流傳最廣、使用最廣泛的一部。
1984年	中華大藏經	由北京中華書局出版，是目前世界上收錄佛經最多的大藏經，以《趙城金藏》編次的目錄影印，廣收歷代一切藏經、孤本與相關佛典。

藏文大藏經

明	永樂版	永樂年間在南京據奈塘古版複刻，只刊刻《甘珠爾》，又稱赤字版。
清	北京嵩祝寺版	康熙年間據西藏霞盧寺寫本在北京嵩祝寺刊刻，是清王室刻本，刻製精良，畫卷精美，後毀於戰火。
	德格版	雍正、乾隆年間在四川德格刊刻，現藏德格寺。
	奈塘新版	雍正、乾隆年間由七世達賴喇嘛刊刻，因刻工精良、校勘精良，被譽為藏文大藏經的最佳版本，版本已毀損無存。

佛經的基本結構
佛經分為哪幾個部分

佛經的構成

佛教經典雖然按內容來說有經、律、論之分，按派別有大乘、小乘、密宗之別，但這些典籍的基本結構是相同的，都是分為經題、翻譯者、正文、文體等幾個部分。

其中，經題、翻譯者、正文是佛經的組成部分，文體是佛經的體裁，它們是組成佛經的基本元素。

經題

經題是佛經的題目，一般由「人」（人名）、「法」（教法）、「喻」（譬喻）三個元素組成。這三個元素經過排列組合，共有七種命名方式：如以人名為佛經名的《維摩詰經》；以教法為名的《大般涅槃經》；以譬喻為名的《梵網經》；以人名和教法為名的《佛說人王般若經》；以教法和譬喻為名的《妙法蓮華經》；以人名和譬喻為名的《如來師子吼經》；同時用三者命名的《大方廣佛華嚴經》。

通過經題，我們可以大致瞭解佛經的內容，也可以初步判斷它是屬於經、律、藏的哪一部。

經：經題形式一般為《○○○經》，如《阿含經》。

律：經題形式一般為《○○○律》、《○○○戒本》，如《四分律》。

論：經題形式一般為《○○○論》、《○○○疏》、《○○○釋》，如《大智度論》。

另外，從經題我們還能大概判斷佛經的派別，可以看出它是顯教還是密教。

顯教佛經：大多能從經題文字看出教法的佛教經典，經題形式一般為《○○○經》、《○○○律》、《○○○論》。

密教佛經：無法從經題文字上看出內涵的佛教經典，經題形式一般為《○○○教王經》、《○○○陀羅尼》、《○○○儀軌》。

雖然我們通過經題可以大致瞭解佛經的分類，但更重要的是我們要從經題瞭解佛經的內涵。相傳天台宗的智者大

師在講解《妙法蓮華經》時，光解釋五個字的經題，就花費了三個月的時間，這是因為經題是經文的綱領，如果要解說經文，必須先要瞭解經題的含義，所以高僧大德解說佛經時，都是先從經題說起，這也是解經的第一步。

🪷 翻譯者

當初釋迦牟尼說法時，主要使用印度的方言俗語，不立文字，儘量做到簡單易懂。在釋迦牟尼入滅後，他的弟子將他的言教寫成巴利文的佛經。西元4世紀，印度普遍使用梵文，佛教徒就將巴利文佛經用梵文重新編寫，是為梵文佛經。

佛經傳入中國後，中國的僧眾所用的漢文佛經一般是由印度梵文翻譯而來，由巴利文到漢文，佛經的翻譯幾經周轉，再加上中印兩國語言和文化的差異，漢文佛經的翻譯絕非一件易事。現在，我們讀到的佛經大多文字優美、不可增刪，這個結果是經過中外200餘位譯師的10個世紀的努力方才完成。在梵

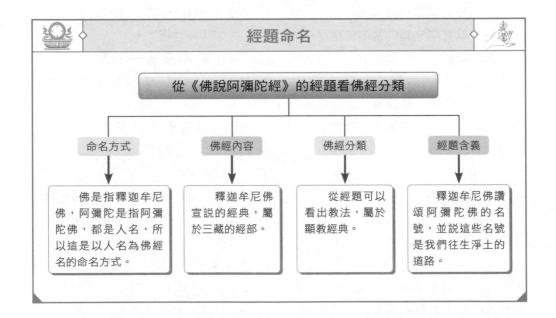

經題命名

從《佛說阿彌陀經》的經題看佛經分類

命名方式	佛經內容	佛經分類	經題含義
佛是指釋迦牟尼佛，阿彌陀是指阿彌陀佛，都是人名，所以這是以人名為佛經名的命名方式。	釋迦牟尼佛宣說的經典，屬於三藏的經部。	從經題可以看出教法，屬於顯教經典。	釋迦牟尼佛讚頌阿彌陀佛的名號，並說這些名號是我們往生淨土的道路。

·名詞解釋·

顯教、密教：顯教是指釋迦牟尼的說教，因為淺顯易懂，所以稱顯教，如大乘佛教和小乘佛教都屬於顯教；密教是指大日如來的說教，很難理解，所以稱密教。密教與顯教都是佛法中的重要組成部分，只是有入道之門的區別。顯教是通過可思議的講經言說而使人信奉佛教，因為力微功緩，所以很難成佛；而密教是從不可思議處入手，教人真言咒語，雖然深奧難懂，但是力偉功速，可以立地成佛。

文佛經的翻譯中，主要以鳩摩羅什和玄奘所翻譯的佛經流傳最廣。

鳩摩羅什，他一生翻譯了300多卷、近300萬字佛經，影響深遠。在語言和文風上，鳩摩羅什和他的譯經團隊一改以往佛經翻譯過於樸實的不足，不僅充分地傳達原文的旨意，而且文筆流暢優美，甚至成為文學名篇。如現在我們看到的《金剛經》、《維摩詰經》、《法華經》、《阿彌陀經》等佛經，最為流傳的還是鳩摩羅什的譯本。以鳩摩羅什為界，中國的佛教翻譯被分為兩個時期，在他之前翻譯的佛經被稱為舊譯，自他之後翻譯的佛經被稱為新譯。

唐代初期，因為漢語言的變化，魏晉南北朝時期所翻譯的佛經已經難以閱讀了，這讓當時的僧眾倍感困惑。於是玄奘前往印度求法，並帶回了印度佛教鼎盛時期的佛學精華，在他回到長安後，他組織了譯場對這些佛經進行翻譯。由於玄奘通曉中印兩國語言，他和他的團隊所翻譯的佛經更接近梵文經書的旨意，譯場所設立的潤文一職也保證了經書的可讀性。

正因為佛經的翻譯者人數眾多，水準各異，所以我們在閱讀佛經時一定要注意翻譯者，如果翻譯者不同，同一本經書的內容就很可能會有很大的差別，進而影響到我們的理解。比如在中國文化中影響最大的《金剛經》，從後秦到

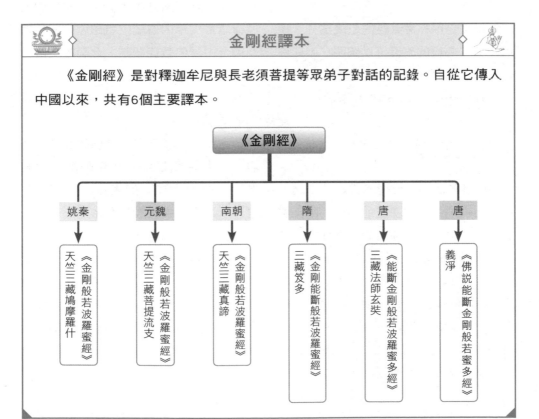

金剛經譯本

《金剛經》是對釋迦牟尼與長老須菩提等眾弟子對話的記錄。自從它傳入中國以來，共有6個主要譯本。

《金剛經》

姚秦	元魏	南朝	隋	唐	唐
天竺三藏鳩摩羅什《金剛般若波羅蜜經》	天竺三藏菩提流支《金剛般若波羅蜜經》	天竺三藏真諦《金剛般若波羅蜜經》	三藏笈多《金剛能斷般若波羅蜜經》	三藏法師玄奘《能斷金剛般若波羅蜜多經》	義淨《佛說能斷金剛般若蜜多經》

第二章 怎樣讀佛經

唐代，就有6種譯本，其中，我們最常用的是鳩摩羅什的譯本，其他版本就有些默默無聞了。

此外，從佛經的翻譯者我們還能看到佛經傳入和翻譯的歷史。如《大方廣圓覺修羅了義經》是佛為12位菩薩宣講圓覺的妙法和修行方法的經書，它的翻譯者是唐時罽賓沙門佛陀多羅，由此我們可以看到如下訊息：本經是在唐代，由「罽賓」〔卡菲爾斯坦（阿富汗烏魯茲甘省舊稱）至喀布爾河中下游之間的河谷平原一帶〕來的沙門「佛陀多羅」翻譯而成的。

正文

正文是佛經最重要的組成部分，通過正文，佛經的教義得以闡明，因此佛經的正文也是佛經結構中最重要的部分，我們將在下文加以重點解說。

文體

佛經的教義主要通過佛經的正文表現，而佛經的體裁就是通過佛經的文體表現。一般來說，佛經的文體通常分為長行、偈頌和密咒三種形式。

長行，是指直說佛教教義的長行散文。由於佛教的創始人釋迦牟尼極有文學底蘊，為了便於傳教，他廣泛利用了古印度的神話、傳說、格言等多種文學形式宣說教義，因此，他的傳教說法沒有一個固定的格式，大都是天馬行空、揮灑自如的說教。在釋迦牟尼涅槃後，他的弟子在整理佛經時，為了方便解說佛教教義，也採取了不限字數、文句的散文形式，這也是佛經中最重要的文體。

偈頌，是指與長行相對的韻文，主要分為應頌和諷頌。應頌是以韻文形式讚頌前面的長行詩文，重複前文的教義；而諷頌則是直接以偈頌體裁顯示教義，並不重複長行詩文的內容。一般來說，佛經中有二者混用的情況，並沒有過於明確地區分。此外，由於偈頌屬於詩歌形式，句式整齊，但並不十分重視平仄和押韻，一般分為三言、四言、五言、六言、七言、九言不等。佛經傳入中國後，為了適應中國文化，譯師們依據漢語言文學的傳統，將印度佛經翻譯為適合中國佛教徒閱讀、念誦的文體，於是許多佛經中的偈頌部分也由古印度的四言、五言的韻文轉變為五言、七言的韻文了。

密咒，又名真言，是佛教諸聖的密語。因為密咒是凡人無法瞭解的大智慧，漢語中也沒有能表達其含義的詞語，所以佛經中一般只有密咒的音譯，並不翻譯密咒的含義。在佛門密咒中，一般人最熟悉的應該是「觀音菩薩六字大明咒」，即「唵嘛呢叭咪吽」，大致意思就是「皈依觀世音菩薩！希望您的大力加持，使我顯現清淨無染、隨意變現的自性功德，到達我想去的任何境界！」

佛經主要由經題、翻譯者、正文、文體四個部分組成，其中，經題、翻譯者、正文是佛經的主體，文體是佛經的體裁，它們是組成佛經的基本元素。

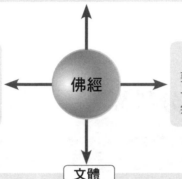

經題
佛經的題目，告訴我們這部經在講什麼。

翻譯者
　　告訴我們這部經書是誰翻譯的，有時，一部經書曾有多人翻譯，我們最好選擇較好的譯本閱讀。

佛經

正文
　　佛經論證、修行的主要部分，為了便於理解，一般將正文分為序分、正宗分、流通分。

文體
　　佛經的寫作體裁，一般為散文和韻文，其中散文用來說理，韻文用來讚頌。

第二章 怎樣讀佛經

5 三分科經
佛經正文是怎麼劃分的

 什麼是三分科經

佛經的正文部分是佛經的主體,由於許多佛經卷帙浩繁,閱讀起來比較困難,因此,為了更清楚地瞭解佛經的主旨,讓百姓容易接受深奧的佛理,東晉時期,道安法師將佛經的內容分為三個部分,即序分、正宗分、流通分,每一部分再細分下去,就像生物學中綱、目、種、屬的分類,這種將經文的內容分為序分、正宗分、流通分的劃分方法就是所謂的三分科經。自道安法師以後,三分科經的方法遂被僧眾所沿用,迄今不衰。

到了唐代,玄奘法師學法歸來,翻譯了《佛地經論》,書中將佛經正文分為教起因緣分、聖教所說分、依教奉行分三個部分,這與道安法師使用的序分、正宗文、流通分的分類內容大致相同,可見當時印度在佛經分類方面也有三分科經的傳統。

通過三分科經,我們大致將佛經正文分為三個部分進行研讀,這樣可以辨明佛經的文體,並且有助於我們對佛經進行提綱挈領的分析,井然有序而不混亂。

·名詞解釋·

道安(西元312~385年):俗姓衛,常山扶柳(今河北冀縣)人,中國佛教史上著名高僧。他出身士族,12歲出家,20歲受具足戒,開始他的遊學生涯。東晉興寧三年(西元365年),道安到達襄陽,在隨後的15年,他講經傳教,制定了僧規,是我國佛教寺院立律定規之始。前秦建元十四年(西元378年),符堅攻打襄陽,將道安迎請到長安,在符堅的支援下,道安組織道場,翻譯了小乘佛教一切有部經典,直至前秦建元二十一年(西元385年)圓寂。道安在佛教史上是以譯經家和理論家的形象出現的,他組織國家譯場,總結翻譯經驗,整理所譯經典,研究佛學理論,制定僧團戒律,對佛教的中國化進行了積極而又有益的探索。

古代三分科經

古代三分科經的劃分主要有代表字式和目錄式兩種。

代表字式，是指將佛經分為三個部分，然後以十天干的甲、乙、丙、丁、戊、己、庚、辛、壬、癸十字為符號，來為經文劃分層次。如果天干字數不足，就拿十二地支的子、丑、寅、卯、辰、巳、午、未、申、酉、戌、亥十二個字補足的劃分佛經的方法。

目錄式，是指將三分科經編為目錄，然後放在佛經的卷首，以便前後對照的劃分佛經的方法。

古代三分科經以代表字式和目錄式為佛經分門別類地劃分層次，隨著時變境遷，古代三分科經的方法已不適用於現在，在大多數人看來，這些劃分方法過於繁瑣，也很難理解，反而為佛經的研讀增添了難度，所以，現在我們三分科經只分到序分、正宗分、流通分這一分類，並未過於細分了。

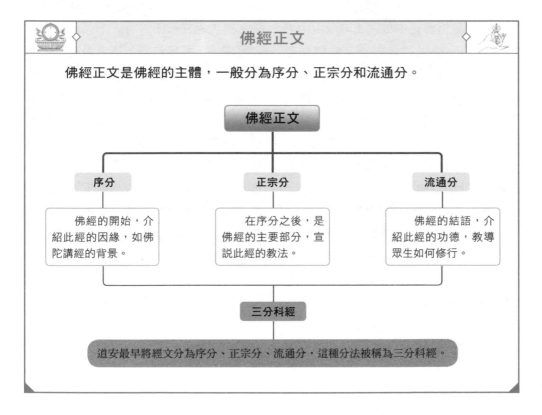

佛經正文

佛經正文是佛經的主體，一般分為序分、正宗分和流通分。

佛經正文

序分
佛經的開始，介紹此經的因緣，如佛陀講經的背景。

正宗分
在序分之後，是佛經的主要部分，宣說此經的教法。

流通分
佛經的結語，介紹此經的功德，教導眾生如何修行。

三分科經

道安最早將經文分為序分、正宗分、流通分，這種分法被稱為三分科經。

6 佛經的因緣
序分

通序

　　序分是指佛經中敘述本經產生由來的部分，一般位於佛經正文的開頭部分。佛經的序分部分，就是為讀經的人說明這部經文是因為什麼事情或什麼人而說，就是所謂的本經因緣。讀了序分部分，我們會大概瞭解一部經書的產生時間、地點、緣由等情況，有助於我們更好地理解佛經的主旨。

　　序分，主要分為通序和別序。

　　通序基本為每部佛經所共有，一般包括「信、聞、時、主、處、眾」六部分內容。這「六事」主要說明了釋迦牟尼講說此經的時間、地點、聽眾等資訊，如果這「六事」完全具備，則表明本經是真實可信，符合佛法的，所以通序又稱為「六成就」、「證信序」。此外，有的佛經為了傳誦方便，有時也省略通序部分，如《心經》就是典型的例子。

　　為了更清楚地瞭解通序的內容，我們以鳩摩羅什所譯的《佛說阿彌陀經》為例加以說明。它的通序部分是：「如是我聞。一時佛在舍衛國祇樹給孤獨園，與大比丘僧千二百五十人俱，皆是大阿羅漢，眾所知識：長老舍利弗、摩訶目犍連、摩訶迦葉、摩訶迦旃延、摩訶俱希羅、離婆多、周利槃陀伽、難陀、阿難陀、羅睺羅、憍梵波提、賓頭盧頗羅墮、迦留陀夷、摩訶劫賓那、薄拘羅、阿㝹樓陀，如是等諸大弟子。並諸菩薩摩訶薩：文殊師利法王子、阿逸多菩薩、乾陀訶提菩薩、常精進菩薩，與如是等諸大菩薩。及釋提桓因等無量諸天大眾俱。」

　　「如是」為「信」，指本經所記述的內容，確實為佛陀親口所說。

　　「我聞」為「聞」，指本經是我親耳聽見佛陀講說的，這裏的「我」是指阿難。

　　「一時」為「時」，指佛陀講說此《阿彌陀經》之時。

　　「佛」為「主」，指說法之人，即釋迦牟尼。

　　「在舍衛國祇樹給孤獨園」為

「處」，說法的地點，今尼泊爾南境。

「與大比丘僧……無量諸天大眾俱」為「眾」，聽法的弟子。

別序

所謂別序，為每部佛經的序分部分中所獨有的內容，是指一部佛經發起的因緣。由於不同的佛經，是釋尊在不同的時間與地點，對不同的人講說的，所以每部經的發起因緣都不相同，所以，別序又稱為「發起序」。

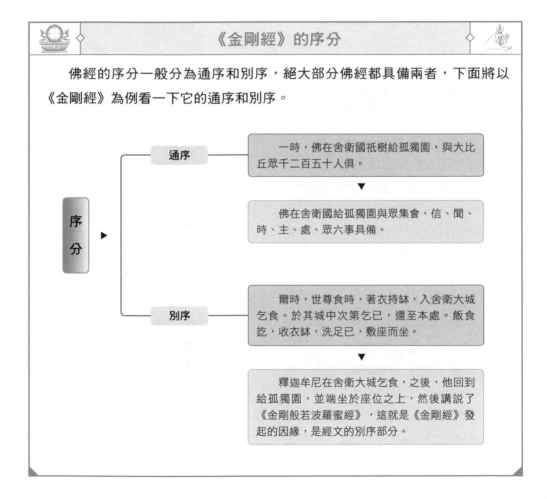

《金剛經》的序分

佛經的序分一般分為通序和別序，絕大部分佛經都具備兩者，下面將以《金剛經》為例看一下它的通序和別序。

序分

通序

一時，佛在舍衛國祇樹給孤獨園，與大比丘眾千二百五十人俱。

▼

佛在舍衛國給孤獨園與眾集會，信、聞、時、主、處、眾六事具備。

別序

爾時，世尊食時，著衣持缽，入舍衛大城乞食。於其城中次第乞已，還至本處。飯食訖，收衣缽，洗足已，敷座而坐。

▼

釋迦牟尼在舍衛大城乞食，之後，他回到給孤獨園，並端坐於座位之上，然後講說了《金剛般若波羅蜜經》，這就是《金剛經》發起的因緣，是經文的別序部分。

7 佛經的正文

正宗分

「佛答問題」解

正宗分是佛經的正文，所謂「正宗」，是佛的說法一定是正說，而且也是能證明經書的要義的意思。佛經的正宗分部分，一般包括了佛法教義的闡明、論證及修行法門，是一部佛經中最重要的部分。因為正宗分的重要性，所以歷代高僧都對正宗分非常重視，不惜花費諸多精力來進行分析，一般來說，佛經的正宗分的解法主要分為「佛答問題」解及「信、願、行」解。

佛經的正宗分一般都採取問答的體例，先是佛弟子提出問題，然後釋迦牟尼對這些問題進行回答，在問答的過程中，佛法義理得以闡述和論證，修行的法門也能有所體現，因此，我們可以通過對正宗分部分的佛與諸弟子的答問過程進行分析，進而對佛經進行解讀。

關於佛弟子的發問，佛經中一般分為以下五類：

不解故問，道理不明而發問。

試驗故問，為了考驗老師或長者而發問。

疑惑故問，見到問題有所疑惑而發問。

輕觸故問，突然想起，隨便提問。

利樂眾生故問，提問者沒有疑惑，只是為了眾生而發問。

對於佛弟子的這些發問，釋迦牟尼通常會予以讚歎，一般以「善哉善哉」表示，有的佛經會解釋讚歎的原因，有的則就此帶過。

在讚歎後，更重要的是釋迦牟尼的回答。在他傳法的45年內，他一直本著因人制宜的精神，對不同的人採取不同的教化方式，而對於眾生提出的各種的問題，釋迦牟尼的回答方式是各不相同的。在佛與諸弟子答問的過程中，佛法的教理得以闡發，我們不僅可以看到釋迦牟尼富含技巧的答案，更能看到他圓滿無礙、直達人心的智慧。

釋迦牟尼回答問題一般分為四種形式：

一向記，對問題予以肯定的回答而不躊躇。例如對於人最終會不會死的問

題，給以明確的回答，說人一定會死。

　　分別記，如果一個問題中含有幾個不同方面的問題，對於不同的問題，採取不同的回答。

　　反詰記，對問題不做正面或反面的回答，而是採用反問的方法來回答問題。

　　捨置記，對一些與修行無關的問題置之不理、保持沉默。

從《金剛經》看佛經問答

　　《金剛經》是佛陀弟子須菩提向佛請教眾生如何安住的佛經，是典型的問答形式。

　　一問：「世尊！善男子、善女人，發阿耨多羅三藐三菩提心，應云何住，云何降伏其心？」

　　如來讚歎：「善哉，善哉。須菩提！如汝所說，如來善護念諸菩薩，善付囑諸菩薩。」

　　一答：「善男子、善女人，發阿耨多羅三藐三菩提心，應如是住，如是降伏其心。」

　　二問：須菩提白佛言：「世尊！頗有眾生，得聞如是言說章句，生實信不？」

　　二答：「莫作是說。如來滅後，後五百歲，有持戒修福者，於此章句能生信心，以此為實。」

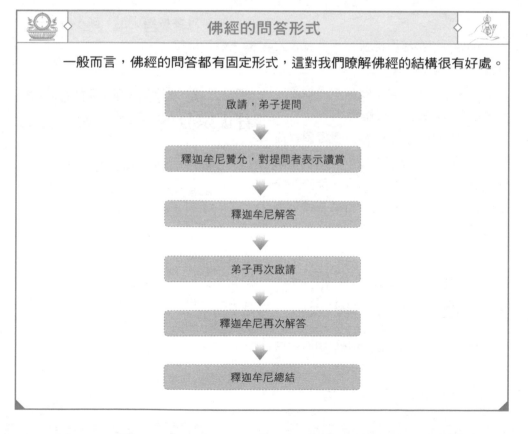

佛經的問答形式

一般而言，佛經的問答都有固定形式，這對我們瞭解佛經的結構很有好處。

啟請，弟子提問

↓

釋迦牟尼贊允，對提問者表示讚賞

↓

釋迦牟尼解答

↓

弟子再次啟請

↓

釋迦牟尼再次解答

↓

釋迦牟尼總結

第二章 怎樣讀佛經

三問：爾時，須菩提白佛言：「世尊！當何名此經，我等云何奉持？」

三答：「是經名為《金剛般若波羅蜜》，以是名字，汝當奉持。」

四問：爾時，須菩提白佛言：「世尊！善男子、善女人，發阿耨多羅三藐三菩提心，云何應住？云何降伏其心？」

四答：佛告須菩提：「善男子、善女人，發阿耨多羅三藐三菩提者，當生如是心，我應滅度一切眾生。滅度一切眾生已，而無有一眾生實滅度者。」

五問：爾時，惠命須菩提白佛言：「世尊！頗有眾生，於未來世，聞說是法，生信心不？」

五答：佛言：「須菩提！彼非眾生，非不眾生。」

六問：須菩提白佛言；「世尊！云何菩薩不受福德？」

六答：「須菩提！菩薩所受福德，不應貪著，是故說不受福德。」

如上所述，《金剛經》通過須菩提的發問和佛陀的回答，解釋了空的智慧，須菩提的提問逐層深入，佛陀的回答富含哲理，我們通過分析須菩提和佛陀的問答，本經的佛理也逐漸明了。

正宗分的「信、願、行」解法

信、願、行解法是淨土宗獨有的解經方法，所謂「信」，是指起信；所謂

「願」，是指發願；所謂「行」，是指立行。信、願、行，也稱「三資糧」，是往生淨土必備的條件，也是淨土法門修行的宗要。

起信是要深信按照佛經念佛一定能前往西方極樂世界。

發願是在相信佛法的奧妙後，發願要前往往生淨土。

立行是告訴眾生要怎樣修行，是修行的法門。

信、願、行出自淨土宗祖師藕益大師的「念佛法門別無奇特，只是深信、切願、力行為要耳」一語，對修行淨土宗的人來講，信、願、行三者是缺一不可的，這三者也是淨土宗典籍中必備的三個部分，所以，當我們研讀淨土宗的佛經時，就要按照「信、願、行」的分類來解讀佛經。

從《佛說阿彌陀經》看正宗分的「信、願、行」

《佛說阿彌陀經》是淨土三經之一，也是佛經中極少數的不是由佛陀弟子提問，而是佛陀不問自說的經典。本經的起信部分主要宣講了西方極樂世界的種種莊嚴以及阿彌陀佛佛號的由來與意義；發願部分則勸導眾生要立願往生西方極樂世界；立行部分告訴眾生修行的法門，即誦念阿彌陀佛的名號。

《佛說阿彌陀經》的正宗分

▼

爾時，佛告長老舍利弗：「從是西方，過十萬億佛土有世界名曰極樂，其土有佛，號阿彌陀，今現在說法。 舍利弗，彼土何故名為極樂？其國眾生，無有眾苦，但受諸樂，故名極樂。 又舍利弗。極樂國土，七重欄楯，七重羅網，七重行樹，皆是四寶，周匝圍繞，是故彼國名為極樂。 …… 舍利弗。彼佛國土，成就如是功德莊嚴。」	又舍利弗。極樂國土，眾生生者，皆是阿鞞跋致，其中多有一生補處，其數甚多，非是算數所能知之，但可以無量無邊阿僧祇說。 舍利弗。眾生聞者，應當發願，願生彼國，所以者何？得與如是諸上善人俱會一處。	舍利弗。不可以少善根福德因緣，得生彼國。舍利弗。若有善男子善女人，聞說阿彌陀佛，執持名號，若一日，若二日，若三日，若四日，若五日，若六日，若七日，一心不亂，其人臨命終時，阿彌陀佛，與諸聖眾，現在其前。 是人終時，心不顛倒，即得往生阿彌陀佛極樂國土。舍利弗。我見是利，故說此言。若有眾生，聞是說者，應當發願，生彼國土。
起信部分，介紹了極樂世界的莊嚴情境。	發願部分，發願前往極樂世界。	立行部分，怎樣才能到達極樂世界。

· 名詞解釋 ·

藕益（西元1599～1655年）：法名智旭，號西有，別號八不道人，是明末四大高僧之一，也是中國淨土宗的第九代祖師。他24歲出家，26歲受菩薩戒，31歲前往南京參學，研究禪宗教理，32歲後又專注於天台宗教義，35歲修建西湖寺，之後的20多年間主要在江西、安徽等地講學傳教。藕益的佛學思想無比豐富，他不僅精通禪學、律學、天台宗教義，還熟知儒家學說，他融合天台宗和禪、律宗教理歸於淨土宗，使淨土宗重新得以振興。藕益的一生，完成了許多佛教著作，在淨土宗師中無人能及。他曾花費了5年時間去注釋《佛說阿彌陀經》，編成《彌陀要解》，還著有《靈峰宗論》、《唯識心要》、《毗記事義集要》等諸多注疏。

第二章 怎樣讀佛經

佛經的結語
流通分

8

流通分的基本形式

流通分是佛經正文的結尾，在佛經教義陳述完結後，還要讓佛經在世間流傳，進而傳於後世，以便利益眾生，所以，佛經的結語一般被稱為流通分。所謂「流通」，是指佛法像水一樣往四處流動。譬如佛法從印度傳入中國，就叫流通到中國。總而言之，佛法傳到某地，就叫流通到某地。在許多寺院，都有供僧眾交流佛經的地方，這些地方一般也被命名為佛經流通處。

在佛經中，流通分大多是讚頌佛法的功德，說明修行的利益，也有的是與其他法門進行比較，讚歎佛經的獨一無二，從而引起信眾的興趣。

流通分的基本形式大多是「大眾聞佛所說，皆大歡喜，信受奉行」，意思是大家在聽了佛陀的說法後，內心無比歡喜，恭敬地接受了佛陀的教誨，並發願依照佛陀的教導而修行。

比如《金剛經》的流通分部分：「佛說是經已，長老須菩提及諸比丘、比丘尼、優婆塞、優婆夷，一切世間天、人、阿修羅，聞佛所說，皆大歡喜，信受奉行。」意思就是佛陀講經完畢後，須菩提長老和眾比丘、比丘尼、優婆塞、優婆夷及天、人、阿修羅等，因為聽了佛陀的法義，無不歡欣鼓舞，誠心信仰並恭敬奉行著佛陀的教誨。

對於一些篇幅較小的佛經，我們可以比較容易判斷流通分，但對於一些篇幅較大的佛經，我們就不能簡單分析判斷了。藕益大師在講解《佛說阿彌陀經》時說道：「經文稍涉義理，便判入正宗。致序及流通，僅存故套，安所稱初語亦善、後語亦善也哉？」意思就是三分科經時，一旦經文稍微涉及教義，就立刻將其劃入正宗分。這樣一來，序分和流通分就成了套路，變成了前面說好、後面也說好的形式。因為對這個模式不滿，藕益大師提出應該按照經文的功用來分科：如果是序分的功能，就應該判為序分；如果是流通分的功能，就判為流通分。序分、正宗分、流通分應該是同等重要，各有各的作用。

研讀佛經的基礎工具書

9

白話本

在瞭解了佛經的大概結構之後，為了更深入地掌握佛經的意旨，我們有必要準備一些實用的工具書來幫助我們閱讀佛經。

由於佛經都是文言文的形式，這對於已經習慣白話文的現代人而言，閱讀起來還是很費力的，所以，為了瞭解佛經的內容，我們可以先閱讀一些白話文的佛經。現在大多數佛經已經有了白話文的譯本，閱讀起來十分方便。

佛學辭典

雖然現在大多數佛經已經有了白話本，但如果要完全把握佛經的教義，我們有必要準備一些佛學辭典，以便隨時查找佛教的專門術語與名相。畢竟，佛經中的一些特定辭彙，如人名、地名、術語等，如果不查閱辭典，普通人是很難理解的，下面我們將介紹幾部比較有用的佛學辭典。

《佛學大辭典》：為近代丁福保先生轉譯日本僧人織田得能所著的《織田佛學大辭典》而成，於1922年正式出版。辭典共計360多萬字，收辭目3萬餘條，基本上囊括了佛教各種專門名詞、術語、典故、典籍、專著、名僧、史蹟等。辭典對於每條辭目先是注明詞性，然後再解釋其辭義及出處。此外，全書還編有詳細的辭條索引，檢索起來十分方便。

《佛學漢語辭典》：收錄漢字11348個，共能檢索常誦經文206部（689卷）、佛學詞語5000餘條，並收錄2000餘個只在古漢語和《大藏經》中使用的異體字、繁體字，這些異體字、繁體字在現有的字詞工具書是無法查詢的。此外，《佛學漢語字典》用語簡單易懂，十分實用，是許多知識界與佛教界人士必備的工具書之一。

《佛經音義與漢語辭彙研究》：是一部對漢文大藏經中的一些難懂的字詞進行解釋的音義類訓詁學著作。該書從辭彙、文字、音韻、古籍整理等方面對

佛經的音義進行了綜合研究，在文獻學、語言學、辭書史、辭書編纂等方面都有重要的學術價值。

佛經注疏

為了讓眾生更好地瞭解佛經，許多高僧大德都針對一些比較經典的佛經進行了解釋，留下了許多的佛經注疏。例如《金剛經》的注疏就有隋代智者所著的《金剛般若經疏》、隋代吉藏所著的《金剛般若疏》、唐代窺基所著的《金剛般若經贊述》及唐代宗密所著的《金剛般若經疏論纂要》四種，這些注疏都對《金剛經》一書提出自己的見解，如果我們要深入研究《金剛經》的教義，閱讀這些注疏不但能對經文加深理解，還能跨越歷史的長河而瞭解高僧大德的般若智慧。

第 **三** 章

般若智慧——《心經》

《心經》是佛教經典中字數最少的一部著作，只有兩百六十個字，卻包含了佛教的基本教義，被視為般若智慧的集大成者。它文字簡練，內涵豐富，在中國有著很大的影響力。

釋《心經》
《心經》的經題與翻譯

《心經》全稱《般若波羅蜜多心經》。所謂「般若」，就是指智慧，但是這種智慧不同於普通人的智慧，而是能顯示世間一切實相的無上智慧，為了顯示對般若智慧的尊重，所以古代譯師並沒有翻譯，而是選擇了音譯。在佛經中，「般若」又稱真性、實相、首楞嚴、中道、畢竟空等，但都是指了知一切法、通達一切法無有障礙的境界。一般而言，佛教的般若有三種，分別為實相般若、觀照般若、文字般若，而佛經是詮釋佛陀的言教，屬於文字般若。

「波羅蜜多」原意是完成目標、達到彼岸，後被佛教沿用，將佛教修行的完成稱為波羅蜜多。在《般若波羅蜜多心經》中，「波羅蜜多」指的是達到佛教修行的最高目標，也就是涅槃。根據古人對《心經》的注解，佛教把生死比作此岸，把涅槃比作彼岸，只有通過般若的智慧才能離開生死的此岸，證得大涅槃的彼岸。佛陀常說凡夫修行成佛必須經三大阿僧祇劫（佛教的計時單位，是當世界歷經三次成、住、壞、空所用

的時間，大約為12億8千萬年），當凡夫修行至初果，歷一個阿僧祇劫，這時道力低微，被煩惱所擾，稱為遠波羅蜜；從初地至七地，歷第二個阿僧祇劫，可以降伏煩惱，稱為近波羅蜜；從八地至十地，歷第三個阿僧祇劫，可以盡伏煩惱，稱為大波羅蜜。

「心」字則有兩層意思，既是強調本經的中心，也是說明調心的重要性。佛陀在成佛的剎那曾說到：「奇哉！奇哉！一切眾生皆具如來智慧德相。」就是說眾生都具備如來智慧德相的本心，因此佛教的所有經典都是幫助眾生恢復自己的妙明真心，《心經》的「心」就是掃除妄見、恢復眾生初心的意思。

簡而言之，「般若波羅蜜多心經」的意思就是通過無上智慧，找到通往涅槃的道路。

在佛教諸多經典中，《心經》是翻譯次數最多，最常被人念誦的佛經，光是從姚秦到宋代的600年間，就有8種譯本，分別是姚秦天竺三藏鳩摩羅什翻譯的《摩訶般若波羅蜜大明咒經》；唐三

藏法師玄奘翻譯的《般若波羅蜜多心經》；唐三藏沙門義淨翻譯的《佛說般若波羅蜜多心經》；唐摩揭提國三藏沙門法月翻譯的《普遍智藏般若波羅蜜多心經》；唐罽賓國三藏般若共利言翻譯的《般若波羅蜜多心經》；唐三藏沙門智慧輪翻譯的《般若波羅蜜多心經》；唐三藏沙門法成翻譯的《般若波羅蜜多心經》；宋西天譯經三藏施護翻譯的《佛說聖佛母般若波羅蜜多經》。

在《心經》的眾多版本中，以玄奘的譯本最為流行，他省去了原經的序分、流通分，使經文變得簡短精粹，十分容易持誦，因而廣為流傳。

《心經》的主要內容

《心經》是大乘佛教的重要經典之一，經文雖然短小，卻囊括了大乘佛教的基本義理，是佛教徒早晚必誦的佛教經典。

翻譯者 ▶

玄奘

玄奘10歲出家，20歲受具足戒。到了27歲，他自長安出發，前往印度求法。在經歷了2年的艱苦跋涉後，他到達印度。在印度期間，玄奘以一人之力舌戰群僧，被印度學者尊稱為「大乘的神」。回國後，他組織了譯場，系統地翻譯了大乘佛教經典《大般若經》和小乘佛教說一切有部的重要經典，成為一代翻譯大師。

翻譯時間 ▶ 唐貞觀二十三年（西元649年）

卷　　數 ▶ 1卷

主要內容 ▶

概括了整部《大般若經》的義理，體現了「諸法皆空」的大乘佛教精神。此外，《心經》還包含了五蘊、四諦、十二因緣等佛教的基本教理，在佛教經典中佔有十分重要的地位。

第三章　般若智慧——《心經》

成佛寶典
《心經》的主要內容

　　《心經》的緣起是佛陀在靈鷲山中部，為諸菩薩聲聞弟子所圍繞，當時觀自在菩薩正在修行般若波羅蜜多，舍利子就空性的問題對觀自在菩薩提出疑問，觀自在菩薩一一予以解答，佛陀對觀自在菩薩的回答非常讚同，並歡喜讚歎。

　　觀自在菩薩是玄奘法師對觀世音菩薩的翻譯名稱。觀世音菩薩是中國四大菩薩之一，相傳她大慈大悲，能觀照萬法，救助眾生的苦難，隨眾生的機緣拔苦與樂，自由自在，無所障礙，所以又稱觀自在。

　　《心經》經文只有260個字，卻闡述了佛教的基本教理，指出了般若智慧能度一切苦、得究竟涅槃的奧義，因而被譽為600卷《大般若經》的精髓。所謂《大般若經》，是宣說諸法皆空的大乘般若類經典的彙編。在此經中，提出了大乘即是般若，般若即是大乘的思想，並說明了諸法「性空幻有」的道理，即世間的萬事萬物都是因緣和合，並沒有真正的自性，只有通過「般若」對世俗認識的否定，才能把握佛教真理，達到解脫的境界，這也是大乘佛教的基礎理論。由於《大般若經》指出了大乘性空的理論，所以被認為是大乘佛教中甚深的妙法，被稱為是「諸佛之智母，菩薩之慧父」。

　　此外，《大般若經》是專為已發菩提心的菩薩宣說的法門，經中提出菩薩應以空性智慧覺悟一切事物的名相，不應急於涅槃，要以慈悲之心平等地救護一切眾生的要求，展現了大乘佛教普度眾生的精神，這也是《大般若經》開悟菩薩的主旨所在。

　　相傳釋迦牟尼在說法的40多年中，般若部的佛經最能展現他的教義，在藏傳佛教的經論中也經常提到：「佛說八萬四千法門中，般若法門最為殊勝。」在大乘佛法中，般若更是核心所在，古代高僧甚至有「佛法即般若，般若即佛法」的說法。

　　關於《心經》的構成，有學者指出經文的絕大部分出自《大般若經》第二會觀照品第三之二，而「般若波羅蜜多是大神咒……真實不虛」一段出自《大般若經》第二會功德品第三十二，密咒部分則出自《佛說陀羅尼集經》第三卷。正因為《心

經》集合了《大般若經》的精華，所以被認為是般若部的心要、《大般若經》的心髓。

《心經》雖然篇幅極短，卻包含了佛教的基本教義，如五蘊、十八界、四諦等理論，並囊括了大乘佛教的般若法門和緣起性空的精義，為眾生指出了成佛的道路，因此在佛教界有著舉足輕重的地位，被認為是成佛的寶典。此外，《心經》的簡短精粹、便於持誦的特性，也使其在中國僧眾中廣為流傳，被列為佛門必讀的經典之一。

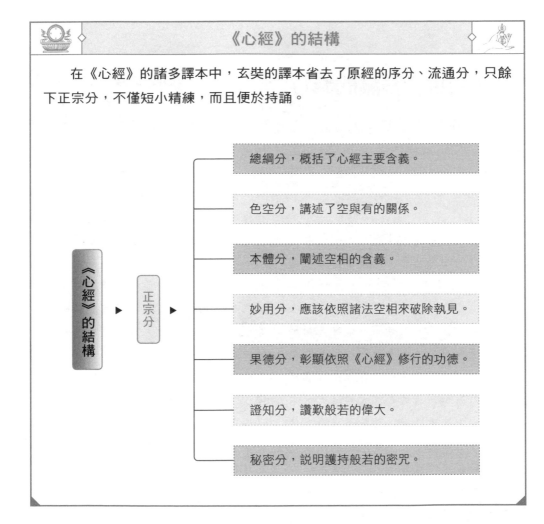

《心經》的結構

在《心經》的諸多譯本中，玄奘的譯本省去了原經的序分、流通分，只餘下正宗分，不僅短小精練，而且便於持誦。

《心經》的結構 ▶ 正宗分 ▶

總綱分，概括了心經主要含義。

色空分，講述了空與有的關係。

本體分，闡述空相的含義。

妙用分，應該依照諸法空相來破除執見。

果德分，彰顯依照《心經》修行的功德。

證知分，讚歎般若的偉大。

秘密分，說明護持般若的密咒。

第三章　般若智慧——《心經》

諸法皆空
佛弟子必讀的經典

觀世音菩薩的修行

觀自在菩薩①，行深般若波羅蜜多時②，照見五蘊皆空③，度一切苦厄④。

【注釋】

①觀自在菩薩：「觀」，不是我們平時所說的用眼睛看，而是用心靈去感知身心以及世界，不會執著於任何事物。「自在」指的是一種灑脫的態度，心裏無牽無掛，一切隨緣，這樣，對於身外之境和身外之緣也就可以做到隨心而動、自由自在了。「菩薩」是「菩提薩埵」的簡稱，指的是求大覺之人、求道之大心人，也就是以智慧上求無上佛道，以慈悲下化眾生，勤修普度眾生之道，並於未來成就佛果的修行者。綜合而言，觀自在菩薩的意思就是，能夠平心靜氣感知身心，不為外界事物所動，能耐得住寂寞，能用自己的智慧悲憫眾生，在自身已經得到解脫無礙的同時，還能助眾生解脫無礙的覺有情。從菩薩

的名號來說，觀自在菩薩，也就是我們平時所說的觀世音菩薩。觀世音菩薩的本願是以慈悲之心救濟眾生，只要聽到眾生悲苦的聲音，就會趕來救其脫離苦海。正因為觀世音菩薩與眾生特別有緣，隨類現身，聞聲救苦，所以觀世音菩薩的聖號被經常提及，這也說明了觀世音菩薩的慈悲之心及利生事業已經深入人心了。由於觀世音菩薩有大智，明曉一切事理，所以稱之為觀自在；又因為其有一顆慈悲之心，能夠聽聞眾生的悲苦，並及時救助，所以又稱之為觀世音。

②般若波羅蜜多：又譯作般羅若波羅蜜、般若波羅蜜，是六波羅蜜之一。「般若」的意思是智慧，這種智慧不同於普通的智慧，而是可以明了一切事物及其所含道理的深層次智慧。「波羅蜜多」的意思是度至彼岸或者到達彼岸，也就是菩薩通過自行化他之事，由生死之此岸到達涅槃之彼岸。綜合而言，「般若波羅蜜」的意思就是到達涅槃彼岸的智慧，是菩薩六種修行中最基本

的、最重要的一種，被稱為「諸佛之母」。

③照見：「照」就是觀照的意思，「見」就是徹見，綜合而言，是用般若的智慧洞察世間萬象都是因緣和合的。五蘊又被稱作五眾、五聚等。蘊是積累的意思，佛教中的五蘊指的是世間萬物及其精神的五種聚合，分別是色蘊、受蘊、想蘊、行蘊和識蘊。色蘊就是物質的聚集，包含內色和外色，內色是眼、耳、鼻、舌、身，外色是聲、色、味、香、觸。受蘊，即領受納取的意思，也就是從身體和精神上對外界的感知作用。想蘊指的是人在看到、聽到、接觸到外界事物時，在自己的心中所產生的對其外觀相貌的認知作用。行蘊是心驅使人造作諸業，也即是心與意志的作用。識蘊的意思就是了別與識知所感知的事物。「照見五蘊皆空」的意思就是，無論是物質世界，還是精神世界，都是因緣和合，沒有固定不變的，即使它的名字也不過是個代號而已。

④苦厄：「苦」是人心中的苦惱，「厄」就是人遇到的種種艱難禍患，綜合而言，就是說只要能照見五蘊皆空，就能達到彼岸，人世間的煩惱困苦都不存在了。

【譯文】

觀世音菩薩，在修般若行到了一個很深的高度時，能夠照見五蘊均是因緣和合的，沒有真正的實體，於是就在頓悟空門之後得到解脫，不但沒有煩惱，進而也脫離了所有的苦難和生死的折磨。

這是觀世音菩薩圖。觀世音菩薩是世人熟知的四大菩薩之首，她大慈大悲，救苦救難，當人們遇到災難時，只要稱頌她的名號，她便前往救度，所以稱為觀世音。上文提到的觀自在菩薩就是觀世音菩薩。

 ## 萬法皆空

舍利子[1]，色不異空，空不異色，色即是空，空即是色，受想行識，亦復如是。

【注釋】

①舍利子：是人名，也被譯作舍利弗多、舍利弗羅、奢利富多羅、奢利弗多羅、奢唎補怛羅、舍利弗怛羅、舍利弗多羅、設利弗哩羅等。作為佛陀的十大弟子之一，當佛陀講授《心經》的時候，他就在一旁。他的母親是摩伽陀國

王舍城婆羅門論師的女兒，因為出生的時候眼睛像舍利鳥，所以取名為舍利，而舍利弗因為是舍利的兒子，所以別人也叫他「舍利子」。舍利弗相貌端正，從小就勤習多種技藝，並且通讀婆羅門的四部聖典《四吠陀》。16歲就能在與眾人的辯論中勝出，他的族弟們都唯他馬首是瞻。在他年幼時，與鄰村的目犍連交情很好。有一次，他去參加只離渠呵山的祭奠，看到眾人雜遝不堪的樣子，心裏頓時生出世事無常的感覺，於是就和目犍連相約投奔頗具盛名的刪闍夜毗羅胝子，刪闍夜毗羅胝子也早就聽說了他們兩個人的名聲，於是就全心全意地教授他們，兩人只用了七天七夜的時間就通曉了刪闍夜毗羅胝子傳授的教旨。沒過多久，刪闍夜毗羅胝子就去世了。這時，佛陀剛剛得道，住在王舍城內的竹林精舍裏。一天，他遣弟子馬勝比丘到王舍城內化緣，正好遇見舍利子。舍利子看到馬勝比丘非同尋常的氣質，心裏暗自吃驚，於是就向馬勝比丘請教了幾個問題。馬勝比丘用佛陀教授給他的教旨做了回答，舍利子聽完十分佩服，於是便詢問他師從何人，馬勝比丘一一做了回答。於是，舍利子和目犍連就率領五百位弟子前去竹林精舍皈依了佛陀。後來常隨同佛陀傳經佈道、主持事務、讚美佛陀，很快就在眾弟子中脫穎而出。在佛陀的諸弟子中，舍利子被稱作「智慧第一」。舍利子一生對佛陀很是崇敬，多次受到佛陀的稱讚，後來先於佛陀圓寂，遺骨葬於祇園。

【譯文】

舍利子！世間萬物萬象與空是相互關聯、不可分離的，而作為萬物本性的空也是以世間萬象表現出來的。這樣說來，世間萬物萬象的實質就是空，空的

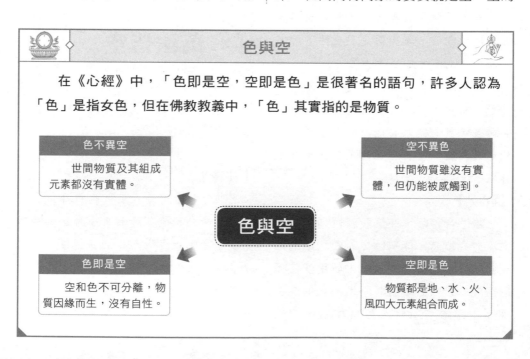

色與空

在《心經》中，「色即是空，空即是色」是很著名的語句，許多人認為「色」是指女色，但在佛教教義中，「色」其實指的是物質。

色不異空
世間物質及其組成元素都沒有實體。

空不異色
世間物質雖沒有實體，但仍能被感觸到。

色與空

色即是空
空和色不可分離，物質因緣而生，沒有自性。

空即是色
物質都是地、水、火、風四大元素組合而成。

圖為舍利弗。舍利弗出生於婆羅門，他初從六師外道的刪那毗羅胝子出家，後改學佛法，因為他敏捷智慧，善於說法，所以深受佛陀信任，在佛陀十大弟子中號稱「智慧第一」。

表象就是世間萬物。人的「受、想、行、識」也與色一樣，是空的表象而已。

　　舍利子，是諸法空相①，不生不滅，不垢不淨，不增不減②。

【注釋】

　　①諸法空相：「諸法」是指存在、現象，也稱為萬法。這裏的「諸法」主要是五蘊諸法。「空相」的意思是萬事萬物因緣而生、沒有實相。這裏是指五蘊諸法都沒有自性，都是空相。

　　②不生不滅，不垢不淨，不增不減：是指事物不生、不滅、不垢、不淨、不增、不減的狀態。世間萬物萬象，實相自性固定不變，既不能使其

生，也不能使其滅；即使以般若智慧來觀察，也不能改變萬事萬物的生或滅，所以說「不生不滅」。其次，世間萬物萬象，本就是空相，既不能染之使之垢，也不能潔之使之淨；既不能被惡的因緣所染而變為垢，也不能被善的因緣所薰習而變為淨，所以說「不垢不淨」。再次，世間萬物萬象，實相自性生來圓滿，既不能加之使其增，也不能損之使其減，所以說「不增不減」。當我們瞭解世間萬物萬象這種不生不滅、不垢不淨、不增不減的本性時，我們內心也就不再分別生、滅、垢、淨、增、減了，自然也不會執著而不能自拔了。

【譯文】

　　舍利子！五蘊諸法都是因緣聚合而成的，本就是空相，既不能使其生，也不能使其滅；既不能被惡的因緣染上污垢，也不能被善的因緣變得潔淨；既不能加之使其增，也不能損之使其減。

　　是故，空中無色，無受、想、行、識；無眼、耳、鼻、舌、身、意①；無色、聲、香、味、觸、法②；無眼界，乃至無意識界；無無明，亦無無明盡，乃至無老死，亦無老死盡③；無苦、集、滅、道④，無智亦無得⑤。

【注釋】

　　①眼、耳、鼻、舌、身、意：統稱為「六根」、「六情」，指的是人的六種感官。「眼」指眼根，也就是視覺；

「耳」指耳根，也就是聽覺；「鼻」指鼻根，也就是嗅覺；「舌」指舌根，也就是味覺；「身」指身根，也就是觸覺；「意」指意根，也就是人的思維。前五根屬於「色根」，因其是能夠被感觸到的表象。意根是人的心理作用，是無色根。

②色、聲、香、味、觸、法：統稱為「六塵」。「色」即色塵，也就是眼睛看到的景象，這些景象可以污染人的眼根，所以又稱之為「色賊」。「聲」即聲塵，也就是耳朵可以聽到的聲音，這些聲音可以污染人的耳根，所以又稱之為「聲賊」。「香」即香塵，也就是鼻子可以嗅到的氣味，這些氣味可以污

染人的鼻根，所以又稱之為「香賊」。「味」即味塵，也就是舌頭能夠嘗到的味道，這些味道能夠污染人的舌根，所以又稱之為「味賊」。「觸」即觸塵，也就是身體能夠感受的觸覺，這些觸覺能夠污染人的身根，所以又稱之為「觸賊」。「法」即法塵，也就是意志感知的對象，它們能污染人的意根，所以又稱之為「法賊」。因為這六塵剝奪人的善知，致使眾生造出種種業障，所以也稱為六賊。六根和六塵互相作用，使人造就惡業，進而得到種種報應。

③無無明，亦無無明盡，乃至無老死，亦無老死盡：這四句話是對十二因緣的概括，十二因緣包括：無明、行、

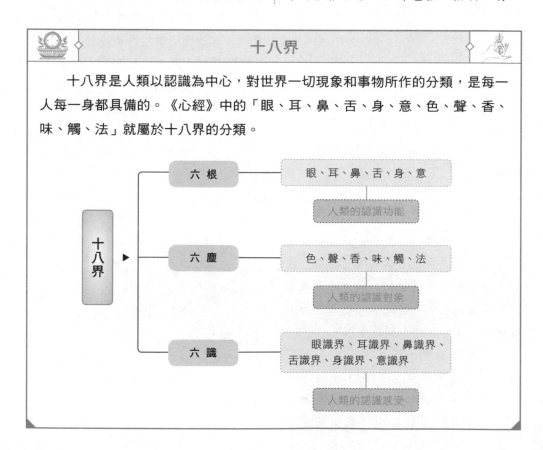

十八界

十八界是人類以認識為中心，對世界一切現象和事物所作的分類，是每一人每一身都具備的。《心經》中的「眼、耳、鼻、舌、身、意、色、聲、香、味、觸、法」就屬於十八界的分類。

十八界

六根　　眼、耳、鼻、舌、身、意

人類的認識功能

六塵　　色、聲、香、味、觸、法

人類的認識對象

六識　　眼識界、耳識界、鼻識界、舌識界、身識界、意識界

人類的認識感受

識、名色、六入、觸、受、愛、取、有、生和老死。這句話只列出了十二因緣中的「無明」和「老死」，省去了其他的十種因緣。

④無苦、集、滅、道：是指四諦，諦就是真實不虛之意，聖是聖人之意，因為這四個真實不虛的道理是聖人宣說的，所以稱之為四聖諦。四諦是佛陀在鹿野苑向五比丘的說法，也是佛陀的第一次說法，主要包括了苦諦、集諦、滅諦、道諦。苦諦指出了人生的本質是痛苦的，除了生苦、老苦、病苦、死苦這四種苦果之外，還有愛怨憎苦、愛別離苦、求不得苦、五蘊盛苦，這就是佛家所說的八苦。集諦就是集合眾生遭受種種苦果的原因和理由。眾生痛苦的根源是渴愛，渴愛的核心是由無明產生的妄想，進而也就有了生死輪迴的苦難。滅諦指的就是永遠斷絕人世之苦，從種種苦難中得到解脫，也就是佛家所說的涅槃。道諦指的是消除人生之苦的途徑，主要分為八種，即八正道。八正道具體是指正見、正思惟、正語、正業、正命、正精進、正念、正定。小乘佛教認

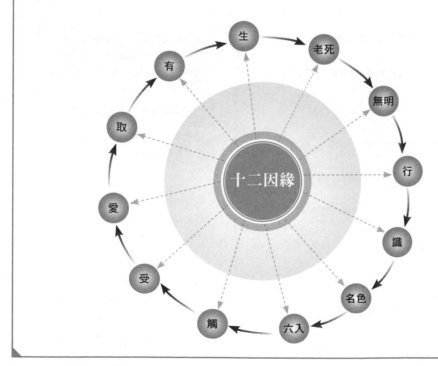

十二因緣

十二因緣是佛教的基本教義，是指人生的十二個環節，其中無明是眾生生死輪迴的根本原因，所以《心經》說斷除根本的無明，也就斷除之後的老死等因緣了。

為，修行要先明了人生的種種苦難，然後再消除造成苦難的原因，進而修行八種聖道來讓煩惱滅除，這就是四諦的意義。但是大乘菩薩已經明曉無無明之道，自然也就沒有了煩惱，更不會有所謂的苦，所以說是無苦、集、滅、道。

⑤無智亦無得：「智」即般若，也就是修行的深層次智慧。菩薩修行成佛就是把八識轉化為四智的過程，即成所作智、妙觀察智、平等性智和大圓鏡智。但是菩薩在成佛之後，就會達到無智的境界，也就是不為智所束縛，也就是「無智」。「得」就是得到「阿耨多羅三藐三菩提」，即至高無上的境界。「無智亦無得」就是說以般若來觀照，是沒有修行之事的，這樣也就無所謂證得。如果一定要以得到什麼的心態去修行，那已經脫離了佛家真空的境界。

【譯文】

所以，從根本上來看，空中並沒有

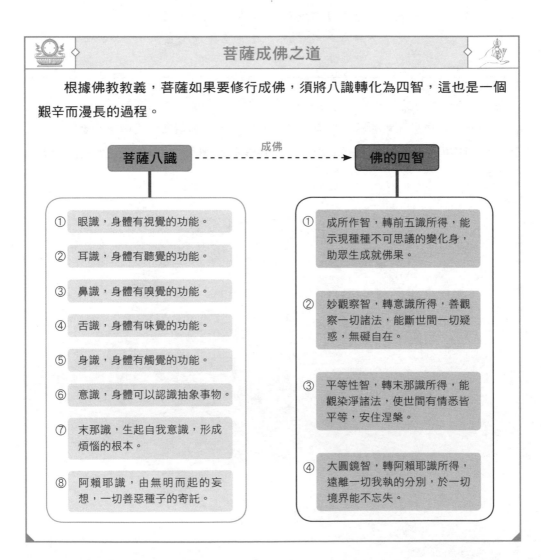

菩薩成佛之道

根據佛教教義，菩薩如果要修行成佛，須將八識轉化為四智，這也是一個艱辛而漫長的過程。

菩薩八識 - - - - - → 成佛 → **佛的四智**

菩薩八識：
① 眼識，身體有視覺的功能。
② 耳識，身體有聽覺的功能。
③ 鼻識，身體有嗅覺的功能。
④ 舌識，身體有味覺的功能。
⑤ 身識，身體有觸覺的功能。
⑥ 意識，身體可以認識抽象事物。
⑦ 末那識，生起自我意識，形成煩惱的根本。
⑧ 阿賴耶識，由無明而起的妄想，一切善惡種子的寄託。

佛的四智：
① 成所作智，轉前五識所得，能示現種種不可思議的變化身，助眾生成就佛果。
② 妙觀察智，轉意識所得，善觀察一切諸法，能斷世間一切疑惑，無礙自在。
③ 平等性智，轉末那所得，能觀染淨諸法，使世間有情悉皆平等，安住涅槃。
④ 大圓鏡智，轉阿賴耶識所得，遠離一切我執的分別，於一切境界能不忘失。

物質的種種表象、感受、想像、意志和意識；沒有眼、耳、鼻、舌、身、意六種官能；沒有作為眼、耳、鼻、舌、身、意認識對象的色、聲、香、味、觸、法；沒有眼界，乃至於沒有意識界；沒有無明，也就沒有滅除的無明，乃至於沒有老死，也沒有空了的老死。也沒有知苦、斷集、修道、證滅的四聖諦；沒有根本的智慧，也沒有所求的至高境界。

般若波羅蜜多的功德

以無所得故，菩提薩埵[①]，依般若波羅蜜多故，心無掛礙[②]。無掛礙故，無有恐怖。遠離顛倒夢想，究竟涅槃[③]。三世諸佛，依般若波羅蜜多故，得阿耨多羅三藐三菩提[④]。

【注釋】

①菩提薩埵：簡稱為菩薩，又稱菩提索多或菩提索埵，也有譯作大士、開士、高士的。「菩提」是頓悟的智慧的意思；「薩」是有眾生、有情的意思。「菩薩薩埵」指的是解救眾生、自覺覺他之人，也是上求無上菩提、下化眾生、修行般若智慧之人。

②掛礙：「掛」是牽掛或者被牽絆之意，也就是被俗世的種種煩惱所牽絆，真心被蒙蔽，得不到自由；「礙」就是妨礙或者被阻礙之意，因為執著於某一事物找不到正道以至於不能前進。「掛礙」之意就是因為執著於欲望等因素，所以得不到自由。

③涅槃：又譯作泥洹、涅槃那、涅隸盤那、扼縛南等，是幻滅、無生之意。在古代印度，「涅槃」原指被風吹散或者燈燭滅掉，但是自從這個詞語出

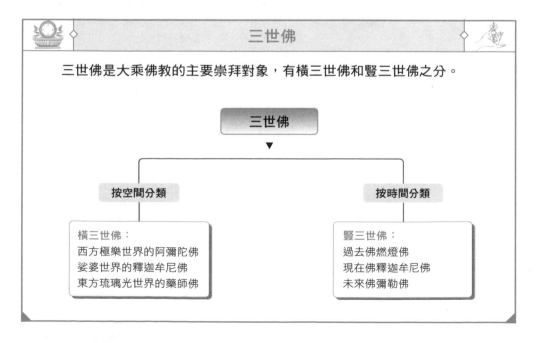

三世佛

三世佛是大乘佛教的主要崇拜對象，有橫三世佛和豎三世佛之分。

三世佛

按空間分類

橫三世佛：
西方極樂世界的阿彌陀佛
娑婆世界的釋迦牟尼佛
東方琉璃光世界的藥師佛

按時間分類

豎三世佛：
過去佛燃燈佛
現在佛釋迦牟尼佛
未來佛彌勒佛

現在佛教書籍上之後，又被賦予了新的意義，成為佛教特有且莊嚴的辭彙。在佛教中，涅槃的含義是消除災患煩惱，繼而達到寂靜、安樂的境界。在中文佛經中，涅槃被翻譯為圓寂，圓是指具有一切福德智慧；寂是指寂靜，遠離塵世的災患煩惱。總而言之，就是智慧福德達到圓滿的境界，脫離了塵世間所有的煩惱災患，也超脫了生死的境界，這樣也就得到了至善至美的解脫。

④阿耨多羅三藐三菩提：簡稱為阿耨菩提或者阿耨三菩提。「阿耨」是最高之意，就是說所領悟之道是至高無上

的；「三藐」是正德之意；「三菩提」為正覺之意。合起來，「阿耨多羅三藐三菩提」就是指佛的境界達到至高無上正等正覺的地步，領悟出來的道理是包含了宇宙之萬象的。佛從一切虛妄執著之間得到解脫，明了圓滿的無上智慧，遍悟所有最根本的真理，並使眾生得到開悟，進而達到了涅槃的境界。此外，也可音譯作「阿耨多羅三藐三佛陀」，來尊稱得阿耨多羅三藐三菩提的佛陀。

【譯文】

因為沒有所求的至高境界，所以菩薩依照般若波羅蜜多修行，身心不復有

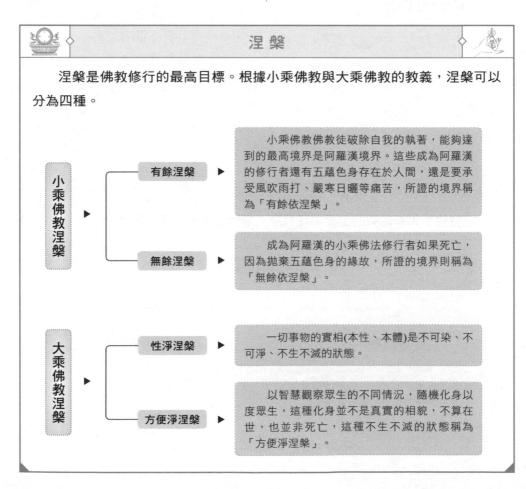

涅槃

涅槃是佛教修行的最高目標。根據小乘佛教與大乘佛教的教義，涅槃可以分為四種。

小乘佛教涅槃 → 有餘涅槃 ▶ 小乘佛教佛教徒破除自我的執著，能夠達到的最高境界是阿羅漢境界。這些成為阿羅漢的修行者還有五蘊色身存在於人間，還是要承受風吹雨打、嚴寒日曬等痛苦，所證的境界稱為「有餘依涅槃」。

無餘涅槃 ▶ 成為阿羅漢的小乘佛法修行者如果死亡，因為拋棄五蘊色身的緣故，所證的境界則稱為「無餘依涅槃」。

大乘佛教涅槃 → 性淨涅槃 ▶ 一切事物的實相(本性、本體)是不可染、不可淨、不生不滅的狀態。

方便淨涅槃 ▶ 以智慧觀察眾生的不同情況，隨機化身以度眾生，這種化身並不是真實的相貌，不算在世，也並非死亡，這種不生不滅的狀態稱為「方便淨涅槃」。

任何的牽掛阻礙。因為沒有了牽掛阻礙，自然也就沒有了任何恐懼，並且遠離了顛倒和幻想的事物，最終達到了涅槃的境界。世間所有的佛，也都是依照般若波羅蜜多修行，進而達到了至高無上正等正覺的境界。

《心經》密咒

故知般若波羅蜜多，是大神咒，是大明咒，是無上咒，是無等等咒①，能除一切苦，真實不虛。

【注釋】

①故知般若波羅蜜多，是大神咒，是大明咒，是無上咒，是無等等咒：「故知」，起承前啟後的作用，意思是從上面所說的可以知道，意在引起下面所說的般若利益。就是說修行般若波羅蜜多可以超脫生死困苦、解除一切煩惱災患，所以說般若波羅蜜多「是大神咒，是大明咒，是無上咒，是無等等咒」。在古代印度，咒語原是向神明祈禱，使敵患遭受災難或者驅逐自身所受到的種種困苦災禍、祈求好運福利時所念的咒語。佛教中所說的咒語則是指真言密咒，簡稱密咒或咒文。之所以稱之為密咒，是因為它的奧妙不是一般人的思維能理解，也不能用言語來說明的咒語。咒也被譯作總持，指的是能總持一切善法並且不會使其丟失，總持一切惡法使其不會生存。總而言之，咒是具有魔力的語言，具有除惡生善的能力。佛

陀禁止佛教徒以咒語謀生，但是可以用來治病或者護身。正因般若智慧有很大力量，可以助人滅去煩惱，超脫生死苦難，所以稱之為「大神咒」；般若智慧又有智光普照之相，無所遮蔽，所以稱之為「大明咒」；因般若智慧是以實相為本，能令人直至涅槃境界，沒有任何一種佛法能夠超越它，故稱之為「無上咒」；因般若智慧是佛修行最重要的部分，修行般若能達到無牽掛、見心性、證佛果的地步，沒有什麼能夠與其等同，所以稱之為「無等等咒」。所以說，修行般若，可以消除一切苦難困

這是釋迦牟尼佛。在大乘佛教中，有橫三世佛和豎三世佛之分。橫三世佛是指阿彌陀佛、釋迦牟尼佛、藥師佛，豎三世佛是指燃燈佛、釋迦牟尼佛、彌勒佛。上文的三世諸佛包括了橫三世佛和豎三世佛等一切佛。

厄，給修行者帶來切實之利，這是真實不虛的事實。

【譯文】

所以說，般若波羅蜜多是一種具有巨大神力的咒語，是一種智光普照的咒語，是一種不能超越的咒語，是一種絕世無雙的咒語，它可以消除一切苦難困厄，這是真實不虛的事實。

故說般若波羅蜜多咒，即說咒曰：揭諦，揭諦，波羅揭諦，波羅僧揭諦，菩提薩婆訶！①

【注釋】

①揭諦，揭諦，波羅揭諦，波羅僧揭諦，菩提薩婆訶：此句之前的經文是明說，此處為密咒。「揭諦」有度的意思；兩個「揭諦」包含了自度和度人兩重意思。「波羅」是彼岸之意；「波羅揭諦」是度到彼岸之意；「僧」為眾之意；「波羅僧揭諦」是度眾人到彼岸。「菩提」有智、覺之意，指的是無上佛果。「薩婆訶」有迅速、飛快之意。此句大意為依照心經便可得大智，進而證得佛果。根據密咒不譯的原則，所以此句咒語並不翻譯。

【譯文】

所以，這裏宣說的般若波羅蜜多的修持方法，就是念誦下面的咒語：

揭諦，揭諦，波羅揭諦，波羅僧揭諦，菩提薩婆訶！

第四章

空的智慧——《金剛經》

在大乘佛教經典中，《金剛經》是地位最高的一部佛經，它所受到的重視以及普及率，更是沒有任何經典可以比擬。自從《金剛經》傳入中國以來，持誦、抄寫者絡繹不絕，在中國佛教史上有著獨一無二的地位。

釋《金剛經》

《金剛經》的經題與翻譯

《金剛經》全稱《金剛般若波羅蜜經》。所謂「金剛」，既指世界上最堅硬、最珍貴的寶貝，又有威力廣大之意，在佛教中一般被用來比喻佛教教法的堅固，不但不會被外道所破壞，還能破斥外道。此外，《金剛般若波羅蜜經》中的「般若波羅蜜」與《般若波羅蜜多心經》中的「般若波羅蜜」的意思是相同的，都是通過無上智慧，找到通往涅槃的道路。所以，「金剛般若波羅蜜經」的全意就是靠著無上智慧的指引，成就金剛不壞的法身，超越三界，到達涅槃的彼岸。

據今人估算，《金剛經》約於西元前994年間（約當中國周穆王時期）在古印度成書，是阿難記載釋迦牟尼與長老須菩提等眾弟子的對話而成。

魏晉南北朝時期，《金剛經》傳入中國。當時，在中國文化界，玄學十分流行，這種老莊、虛無的學說與「緣起性空」的大乘般若學說頗為相似，於是玄學家紛紛開始研究般若學說，而一些僧人為了迎合時勢，也開始用老莊學說來詮釋般若思想，形成了般若學研究的浪潮。在這種浪潮的影響下，一些般若經論逐漸被譯為漢文，《金剛經》就是其中之一。

在中國佛教史上，《金剛經》有多個譯本，而最早的譯本是由鳩摩羅什翻譯。後秦年間，鳩摩羅什率弟子僧肇等800多人在長安翻譯了許多般若經典，《金剛經》、《妙法蓮華經》、《中論》、《百論》等經典都被翻譯出來。除了鳩摩羅什翻譯的《金剛經》外，《金剛經》還有多種譯本，現存就有元魏菩提流支翻譯的《金剛般若波羅蜜經》、陳真諦翻譯的《金剛般若波羅蜜經》、隋笈多翻譯的《金剛能斷般若波羅蜜經》、唐玄奘翻譯的《大般若波羅蜜經‧第九會能斷金剛分》、唐義淨翻譯的《佛說能斷金剛般若波羅蜜多經》。

在現存的六種譯本中，以鳩摩羅什翻譯的《金剛經》流傳最廣，無論在語言的簡練方面，還是義理的忠實方面，其他譯本都不能與之媲美，文人或喜歡

經文的優美文字，或鍾愛經文的豐富哲理，而修行者則將《金剛經》視為修心的寶典、念誦的功課。

自從《金剛經》譯出以後，有許多高僧為《金剛經》注疏，如三論宗吉藏的《金剛般若疏》、天台宗智者的《金剛般若經疏》、華嚴宗智儼的《佛說金剛般若波羅蜜經略疏》、唯識宗窺基的《金剛般若經贊述》等。在近現代，太虛、慈舟、印順、圓瑛等高僧也很重視此經，各有相關的論述和講記。

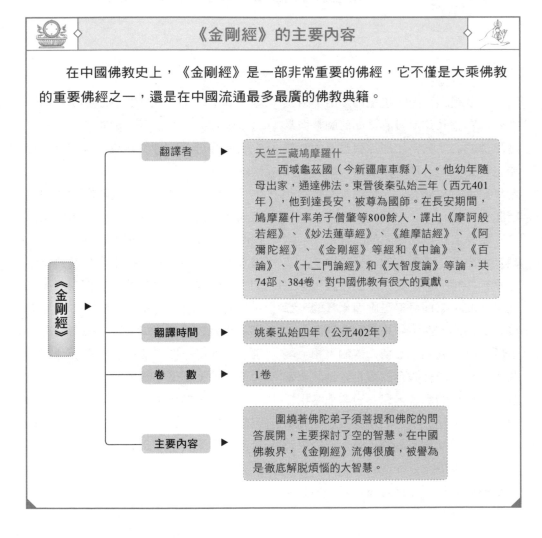

《金剛經》的主要內容

在中國佛教史上，《金剛經》是一部非常重要的佛經，它不僅是大乘佛教的重要佛經之一，還是在中國流通最多最廣的佛教典籍。

《金剛經》

翻譯者 ▶

天竺三藏鳩摩羅什
　　西域龜茲國（今新疆庫車縣）人。他幼年隨母出家，通達佛法。東晉後秦弘始三年（西元401年），他到達長安，被尊為國師。在長安期間，鳩摩羅什率弟子僧肇等800餘人，譯出《摩訶般若經》、《妙法蓮華經》、《維摩詰經》、《阿彌陀經》、《金剛經》等經和《中論》、《百論》、《十二門論經》和《大智度論》等論，共74部、384卷，對中國佛教有很大的貢獻。

翻譯時間 ▶ 姚秦弘始四年（公元402年）

卷　　數 ▶ 1卷

主要內容 ▶
　　圍繞著佛陀弟子須菩提和佛陀的問答展開，主要探討了空的智慧。在中國佛教界，《金剛經》流傳很廣，被譽為是徹底解脫煩惱的大智慧。

眾生空與法空
《金剛經》的主要內容

《金剛經》的緣起是佛陀弟子須菩提向佛陀請教如何發心？如何調整與掌控學佛的心？如何才能克服錯誤的認識和患得患失的心理？圍繞這些問題，釋迦牟尼進行了解答，《金剛經》也由此展開。

通過須菩提和佛陀的問答，《金剛經》提出了「凡所有相，皆是虛妄；若見諸相非相，即見如來」的理論，意思是事物的本來面目都是虛而不實的，都沒有實在的本體，如果眾生在意識中執著於肉身的表相、七情六欲的表相、團體的表相、因緣假合的表相等相狀，就會背離萬物的真實，只有對諸種名相採取不住、不執、不取的態度，才能見到如來，得到佛果，這種「虛幻」的學說也就是大乘佛教「性空幻有」的精神，《金剛經》也因此被認為是對空的智慧的介紹。

另外，在《金剛經》中，佛陀指出「一切賢聖，皆以無為法而有差別」，意思是說古今的一切聖賢，都已經得道，並沒有本質的區別，只有個人程度、傳化方式的不同。根據這一點，《金剛經》也被稱為「徹底破除了一切宗教的界限」，被認為是跨越了宗教界限的大智慧。

在修行實踐上，《金剛經》則提出應無所住而生其心的法門，即以空靈自在的心態應對世間的萬事萬物。如在布施方面，《金剛經》指出「三輪體空」的布施精神，意思是將能布施的我，受布施的人，所布施的財物這三輪（要素）都視為虛妄，如果對這三者心存分別，凡布施一物，就在心中算計積累的功德，就不是平等的布施。

此外，釋迦牟尼佛在《金剛經》指出盡虛空、遍法界的一切佛，以及他們證得的佛果，都可以自這部經獲得，甚至說理解、受持此經的四句偈詩並為他人解釋的福德非常多，不僅遠勝於布施恆河沙粒般三千大千世界的七寶，還勝於每天布施三恆河沙那麼多身體和生命的福德。如果修行者書寫、受持、讀誦、為人解說此經，更會獲得無比多的福德。由於此經的廣大福德，所以很受

修行者的重視，被視為極為殊勝的經典。

作為翻譯最早、流傳最廣、影響最深的佛經，《金剛經》雖然篇幅不長，但卻闡述了大乘佛教的重要理論，在佛教中屬於「不可說境界」，其文字結構不僅晦澀複雜，還在隻言片語中蘊涵了佛教至深的教義。正因為《金剛經》博大精深，所以世人將它與儒家的《論語》、道家的《道德經》、《南華經》合稱為釋儒道三家的宗經寶典。

《金剛經》自翻譯以來，就對中國宗教產生了非常大的影響，寺院僧尼日常的課誦和講經說法仍在使用此經。特別在中國禪宗的歷史上，六祖惠能就是經由《金剛經》而悟道，《金剛經》因此享有了崇高的地位，有著源遠流長的影響。

在中國文化史上，《金剛經》的影響更是隨處可見，即使是目不識丁的婦孺也知道《金剛經》，甚至有人能隨口背誦其中的一句或一段經文，各種各樣的《金剛經》的感應和應驗的傳說更是成為眾人口耳相傳的故事。在現代社會，《金剛經》更是受到眾人的推崇，它不僅指出了安定心靈的重要性，也對現代人的生活與工作都有所啟迪，被稱為「徹底解放煩惱心靈的大智慧」。

隨著《金剛經》的傳播，中國古代的印刷、雕刻、繪畫等藝術也都在不同程度上受到了它的影響。西元1900年，敦煌莫高窟出土了一部《金剛經》，此經印刷於唐咸通九年（西元868年），全經由7個印張粘接而成，長約1丈6尺，印刷墨色清晰，雕刻刀法純熟，是世界上現存的最早的雕版印刷品，也被稱為「世界上最早的書籍」，現藏於大英圖書館。

第四章　空的智慧——《金剛經》

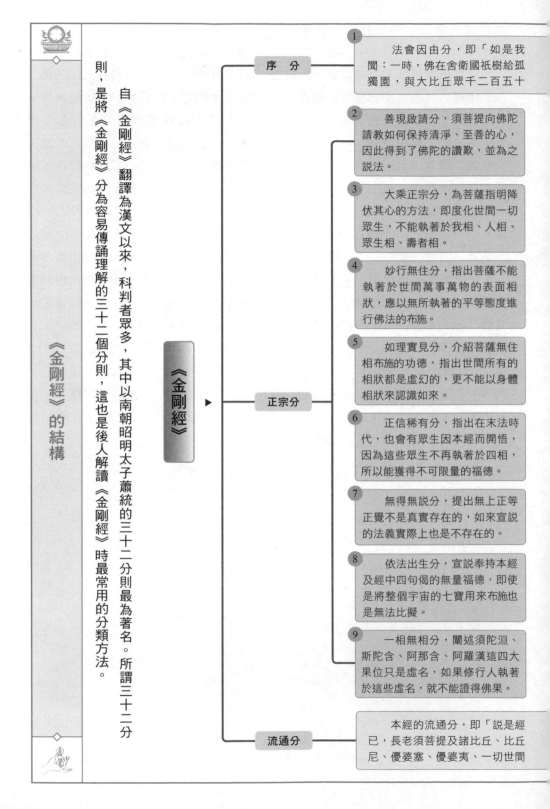

《金剛經》的結構

自《金剛經》翻譯為漢文以來，科判者眾多，其中以南朝昭明太子蕭統的三十二分則最為著名。所謂三十二分則，是將《金剛經》分為容易傳誦理解的三十二個分則，這也是後人解讀《金剛經》時最常用的分類方法。

《金剛經》

序　分

① 法會因由分，即「如是我聞：一時，佛在舍衛國祇樹給孤獨園，與大比丘眾千二百五十

正宗分

② 善現啟請分，須菩提向佛陀請教如何保持清淨、至善的心，因此得到了佛陀的讚歎，並為之說法。

③ 大乘正宗分，為菩薩指明降伏其心的方法，即度化世間一切眾生，不能執著於我相、人相、眾生相、壽者相。

④ 妙行無住分，指出菩薩不能執著於世間萬事萬物的表面相狀，應以無所執著的平等態度進行佛法的布施。

⑤ 如理實見分，介紹菩薩無住相布施的功德，指出世間所有的相狀都是虛幻的，更不能以身體相狀來認識如來。

⑥ 正信稀有分，指出在末法時代，也會有眾生因本經而開悟，因為這些眾生不再執著於四相，所以能獲得不可限量的福德。

⑦ 無得無說分，提出無上正等正覺不是真實存在的，如來宣說的法義實際上也是不存在的。

⑧ 依法出生分，宣說奉持本經及經中四句偈的無量福德，即使是將整個宇宙的七寶用來布施也是無法比擬。

⑨ 一相無相分，闡述須陀洹、斯陀含、阿那含、阿羅漢這四大果位只是虛名，如果修行人執著於這些虛名，就不能證得佛果。

流通分

本經的流通分，即「說是經已，長老須菩提及諸比丘、比丘尼、優婆塞、優婆夷、一切世間

人俱。爾時，世尊食時，著衣持缽，入舍衛大城乞食。於其城中，次第乞已，還至本處。飯食訖，收衣缽。洗足已，敷座而坐」部分，這是介紹本經的緣起，即佛陀在舍衛國給孤獨園與眾比丘集會。

10 莊嚴淨土分，為菩薩的修行指明道路，即不存有莊嚴佛土之心、不執著於事物的相狀、應無所住而生清淨心。

11 無為福勝分，宣說奉持本經及經中四句偈的無量福德，即使是用充滿恆河沙數三千大千世界的七寶用來布施也無法比擬。

12 尊重正教分，宣說本經的無量功德，凡是受持、讀誦此經者，都能成就最上稀有之法，都應受到供養。

13 如法受持分，指出奉持本經的方法，即按照「空觀」、「假觀」、「中觀」三觀的方法受持此經。

14 離相寂滅分，指出修菩薩行不能執著於四相，否則就會生嗔恨之心，不能平等布施，更不能成就佛果。

15 持經功德分，宣說受持、讀誦本經的不可思議的功德，即使用與恆河沙子相等的身命來布施也無法比擬。

16 能淨業障分，宣說奉持本經的果報，不但掃除淨盡前生的業障，更能證得無上正等正覺的佛果。

17 究竟無我分，指出菩薩、佛法都不存在，都是假名。只有不執著於四相，才是真的菩薩、真的佛法。

18 一體同觀分，介紹如來的五眼，指出如來用這五眼照見諸法實相，用智慧覺知眾生妄心。

19 法界通化分，解說真正的福德，眾生如果執著於有相的布施，就不能得到真正的福報。

20 離色離相分，指出眾生如果見到真正的法身如來，必須遠離一切色相，從無身中見一切身。

21 非說所說分，指出佛所說的一切法都是空的、皆無實體，只有「無法可說」、「非說所說」才是真正的佛法。

22 無法可得分，指出佛法是無法可說、無法可得的，眾生的自性和菩提心是本性固有的，無所失也無所得。

23 淨心行善分，解釋真正的善法，認為只有不抱持行善之念、沒有希求福德之心，才是真正的「淨心行善」。

24 福智無比分，宣說領受、奉持此經的福報，即不但能教化別人，還能成就自身的智慧，獲得遠勝財物布施的功德。

25 化無所化分，指出眾生因「我執」和妄念掩蓋了自性，一旦驅除妄念，就能自度成佛，並不需要如來的度化。

26 法身非相分，指出如果想以色相、音聲觀見如來，是永遠見不到如來的法身之體的，更不能達到真正的覺悟境界。

27 無斷無滅分，指出真正發心、欲證菩提的人是不說常法，也不說斷法的，只有無斷無滅，不落斷滅，才合乎佛法。

28 不受不貪分，宣說菩薩的福德，指出不貪不受世間的一切福德，就能得到世間無可比擬的福報。

29 威儀寂靜分，闡述如來的法身威儀，指出如來的法身常住寂滅，遍滿一切處，不但不生不死，而且不坐不臥。

30 一合理相分，對一合相進行解釋，指出這是物質世界的現象，是虛妄、空無的幻想，不能對此有所執著。

31 知見不生分，指出發願求無上菩提心的人應遠離世間的妄見，於一切佛法都不能執著於「知見」。

32 應化非真分，宣說受持、讀誦本經的功德，並指出不能執著於誦經、講經，更不能以此妄求福報。

天、人、阿修羅，聞佛所說，皆大歡喜，信受奉行」部分，這是本經的結語，講述了佛陀說法後，須菩提及諸比丘、比丘尼等眾生因為聞聽佛法，內心欣喜，並發願依法奉持的情況。

佛法入門

人怎樣破除自己的煩惱心

本經緣起

如是我聞①：

一時②，佛在舍衛國③祇樹給孤獨園④，與大比丘眾⑤千二百五十人俱。

爾時，世尊⑥食時⑦，著衣持鉢⑧，入舍衛大城乞食。於其城中，次第乞已⑨，還至本處。飯食訖⑩，收衣鉢。洗足已，敷座而坐。

【注釋】

①如是我聞：一般佛經都是這樣開頭。「如是」就是這樣說的意思；「我聞」表示著述經書的人自己曾親耳聽佛祖這樣說過。

②一時：代表某一個不確定的時間。

③舍衛國：古印度境內喬薩羅國的首都，是當時一個很大的城市。

④祇樹給孤獨園：又稱祇園精舍或給孤獨園，最初是舍衛國王太子陀的花園，後來賣給了給孤獨長者，給孤獨長者又把它施給了佛陀。給孤獨長者的原名是須達多，原本不信佛教，後來因一

個偶然的機會聽佛說法而開啟心智，後來就給佛陀建造了祇園精舍。

⑤大比丘眾：大比丘是指很有德行的和尚，大比丘眾就是許多有德行的和尚組成的團隊。

⑥世尊：又譯作薄伽梵、婆伽婆，就是為天下人敬仰的尊者，是佛陀的十大尊號之一。

⑦食時：「食」，吃飯；「食時」即吃飯的時候。

⑧持鉢：「鉢」，又譯作波多羅、鉢和羅，佛教徒多以鉢來進食，每餐固定一定的飯量。「持」，手裏拿著；「持鉢」就是手裏拿著飯鉢的意思。

⑨次第乞已：逐門逐戶地乞討過飯食以後。

⑩飯食訖：「訖」，結束、完畢之意。「飯食訖」就是吃完了飯的意思。

敷座而坐：「敷」，展開鋪好；「坐」，坐下。「敷座而坐」即鋪好座位坐下來之意。

【譯文】

我曾親耳聽佛陀這樣說過：

某時，佛陀住在舍衛國給孤獨長者

施捨給的祇樹給孤獨園中，還有1250個有德行的和尚與他住在一起。

有一天，快到中午吃飯的時候，佛陀穿戴整齊，手拿飯缽，到舍衛城中去乞食。在逐門逐戶地乞討完飯食後，世尊就回到了住處。吃完了飯，世尊又收起袈裟，洗好飯缽，然後用清水洗淨雙腳，鋪展開坐具，重新坐了下來。

時長老①須菩提②在大眾中，即從座起，偏袒右肩③，右膝著地④，合掌⑤恭敬而白佛言：

「稀有⑥世尊！如來善護念⑦諸菩薩，善付囑諸菩薩。」

【注釋】

①長老：指出家時間較長、德行較高的和尚，也可以用來代指有知識智慧或者德行較深的和尚，這類人又被稱作

這是佛陀持缽圖。缽是比丘乞食所用的食具，也是供養佛陀的器具，有治療眾生飢苦、受無上法味的寓意。上文中佛陀就是持缽乞食。

高僧。

②須菩提：舍衛國人，又名善現、妙生等。他是釋迦牟尼的十大弟子之一，被稱作「解空第一」。

③偏袒右肩：「偏袒右肩」指的是斜披著衣服，露出右肩，這是古代印度一種很常用的禮儀，表示對人的尊重，現在多為信佛者所用。

④右膝著地：右膝點地而跪，多為有德行的和尚在行較為莊重之禮時所用。

⑤合掌：又作「合十」，是佛教禮節之一。行禮的時候，兩手心相對，十指伸開，相對合攏，貼合在一起放置胸前，表示對對方的恭敬和虔誠。

⑥稀有：不常見的、珍貴罕有且難以遇到。

⑦護念：「護」，護持；「念」，眷念。「護持」在此處意指諸佛對眾生的保佑，使得信徒不受侵害。

【譯文】

這時候，一個叫須菩提的長老從圍繞世尊的眾僧人中站起來，他斜披著袈裟，坦露右肩，右膝跪地，雙手合十，向佛陀致敬並說道：「稀世難求的世尊啊！您總是善於護持諸位菩薩，善於囑咐諸位菩薩。」

 如何安心

「世尊！善男子、善女人發阿耨多羅三藐三菩提心，云何應住？云何降服其心？」

第四章 空的智慧——《金剛經》

【譯文】

「世尊啊！如果有善男子、善女人立下誓願，一心要追求無上正等正覺的佛道，那麼應該用什麼樣的方法原則來使心中的誓願落實而不消退，又應該用什麼辦法來降服其無明妄心呢？」

佛言：「善哉！善哉！須菩提！如汝所說，如來善護念諸菩薩，善付囑諸菩薩。汝今諦聽，當為汝說。善男子、善女人發阿耨多羅三藐三菩提心，應如是住，如是降服其心。」

【譯文】

佛陀聽完須菩提的話，說道：「善哉！善哉！正如你所說的那樣，如來是善於護持惦念諸菩薩的，也是善於叮嚀囑咐諸菩薩的。你現在認真聽我說，我會給你詳細地解說，如果有善男子、善女人一心要追求無上正等正覺的佛道，那麼他們應該按照我所說的原則來使心中的誓願落實而不消退，並按照我所說的來降服無明妄心。」

「唯然①，世尊！願樂欲聞。」

佛告須菩提：「諸菩薩摩訶薩應如是降服其心。所有一切眾生之類——若卵生、若胎生、若濕生、若化生、若有色、若無色、若有想、若無想、若非有想非無想，我皆令入無餘涅槃而滅度②之。」

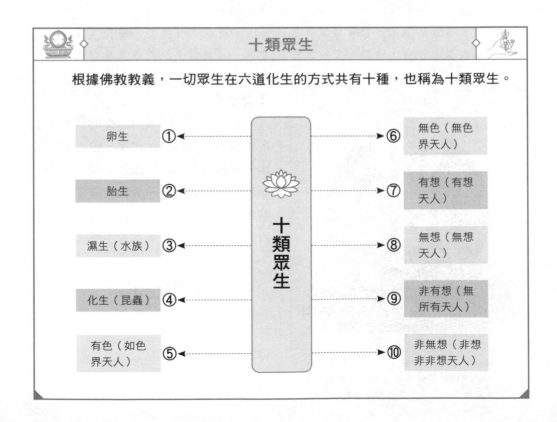

十類眾生

根據佛教教義，一切眾生在六道化生的方式共有十種，也稱為十類眾生。

十類眾生	
卵生 ①	⑥ 無色（無色界天人）
胎生 ②	⑦ 有想（有想天人）
濕生（水族）③	⑧ 無想（無想天人）
化生（昆蟲）④	⑨ 非有想（無所有天人）
有色（如色界天人）⑤	⑩ 非無想（非想非非想天人）

【注釋】

①唯然：表示同意、樂於如此的語氣詞。

②滅度：「滅」，滅盡；「度」，到彼岸。「滅度」就是滅盡一切煩惱，超越生死輪迴，達到涅槃的境界。

【譯文】

「好的，世尊，我非常樂於傾聽您的教誨！」

佛陀對須菩提說，「諸位普度眾生的大菩薩，應該像我所說的這樣來降服無明妄心：對一切眾生，無論是從卵殼中孵化出來的生命，還是從母胎中孕育而出的生命；無論是從水和濕氣中孕育而來的生命，還是僅僅依託業力凝結而成的生命；無論是欲界和色界之中由物質所形成的生命，還是無色界中沒有物質形體的生命；無論是有心識活動的眾生，還是沒有心識活動的眾生，還有那些不知道是不是有心識活動的眾生，我都會盡力使他們消除一切煩惱，超脫生死輪迴，進而達到涅槃的境界。」

🪷 菩薩的標準

「如是滅度無量無數無邊眾生，實無眾生滅度者。何以故？須菩提，若菩薩有我相、人相、眾生相、壽者相，即非菩薩。」

【譯文】

「雖然像我這樣滅度了無量、無數、無邊的眾生，使他們消除了煩惱，達到了涅槃的境界，實際上他們並沒有被我滅度，這是什麼原因呢？須菩提，如果菩薩有了自我的相狀、他人的相狀、眾生的相狀或者長壽的相狀，那麼菩薩也就不能稱為菩薩了！」

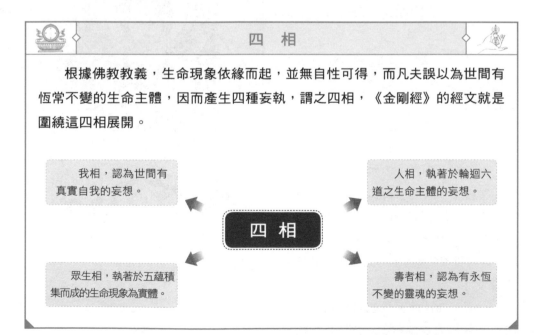

四　相

根據佛教教義，生命現象依緣而起，並無自性可得，而凡夫誤以為世間有恆常不變的生命主體，因而產生四種妄執，謂之四相，《金剛經》的經文就是圍繞這四相展開。

我相，認為世間有真實自我的妄想。

人相，執著於輪迴六道之生命主體的妄想。

四　相

眾生相，執著於五蘊積集而成的生命現象為實體。

壽者相，認為有永恆不變的靈魂的妄想。

「復次，須菩提，菩薩於法應無所住，行於布施。所謂不住色布施，不住聲、香、味、觸、法布施。須菩提，菩薩應如是布施，不住於相。」

【譯文】

「其次，須菩提，菩薩對於佛法應該是沒有執著的，更要以不執著和平等的態度來對所有事物進行布施，而不應以色相、聲音、氣味、味道、觸覺、意識的不同而實行不同的布施。須菩提，菩薩就應當如此，不宜執著於事物的相狀表象而進行布施。」

「何以故？若菩薩不住相布施，其福量不可思量。

「須菩提，於意云何？東方虛空可思量不？」

「不也，世尊！」

「須菩提，南西北方，四維①上下，虛空②可思量不？」

「不也，世尊！」

【注釋】

①四維：指的是東北、西北、東南、西南四個方位，這四個方位與東、西、南、北、上方、下方合稱為十方。

②虛空：就是空間的意思。在佛教中，「虛空」是指沒有邊際、沒有窮盡且不會更改的狀態，它顯示出一種虛無縹緲、沒有掛礙、充斥在一切地方的特性。

【譯文】

「這是為什麼呢？如果菩薩就像這樣不因色相而實施布施，那麼他的福量

就是沒有限量的。

「須菩提，你意下如何呢？整個東方的虛空可以丈量嗎？」

「世尊，我認為不可以！」

「須菩提，那麼南方、西方、北方以及東北方、西北方、東南方、西南方、上方和下方的虛空是可以丈量的嗎？」

「那也是不可以的，世尊！」

「須菩提，菩薩無住相布施，福德亦復如是不可思量。

「須菩提，菩薩但應如所教住。

「須菩提，於意云何？可以以身相見如來不？」

這是虛空藏菩薩。虛空藏菩薩又名虛空孕菩薩，因為他具有的福智二藏，無量無邊，如同虛空，所以稱為虛空藏。《金剛經》所說的虛空和虛空藏菩薩都有共同的特性。

【譯文】

「須菩提，菩薩如果能不執著於事物的表面色相而進行布施，才能得到像南方、西方、北方、東北方、西北方、東南方、西南方、上方和下方的虛空一樣不可思量的福德！

「須菩提，菩薩應該按照我所說的，不執著於色相也無所分別地進行布施！

「須菩提，你覺得怎麼樣呢？可以依照如來的相狀來認識如來的真實體性嗎？」

奉持功德

「不也，世尊！不可以身相得見如來。何以故？如來所說身相，即非身相。」

佛告須菩提：「凡所有相，皆是虛妄。若見諸相非相，則見如來。」

須菩提白佛言：「世尊，頗有眾生得聞如是言說章句，生實信不？」

【譯文】

「不可以，世尊！不可以依照如來的相狀來認知如來的真實體性。這是為什麼呢？因為我們所說的如來的身體相狀並不是實際上的身體相狀。」

佛祖於是對須菩提說：「世界所有的相狀，都是虛妄不真實的，如果能認識到世間相狀皆不是其真實的相狀，那麼也就能夠瞭解到如來的真實相狀了。」

須菩提又問佛祖：「世尊，如果有眾生聽說了今天我們所說的這些話語章句，能夠產生堅定不移的敬仰之心嗎？」

佛告須菩提：「莫作是說。如來滅後，後五百歲①，有持戒修福者，於此章句能生信心，以此為實。當知是人，不於一佛、二佛、三四五佛而種善根，已於無量千萬佛所②種諸善根。聞是章句，乃至一念生淨信者③。須菩提，如來悉知悉見，是諸眾生得無量福德。」

【注釋】

①後五百歲：這是大致的時間，表示佛法進入衰微的第一個五百年。

②佛所：就是佛居住的國土和感召的世界，又稱佛國、佛剎等。

③一念生淨信：「一念」就是一念之間，形容時間非常的短暫；「生淨心」就是產生清淨的信佛之心。綜合而言是在極短的時間內就可以產生出清淨的信心。

・名詞解釋・

諸相非相：所謂「非相」就是沒有相狀的意思，正因為世間事物都是沒有相狀，所以也就不會因相而產生區別的對待。佛陀認為如果做到了這一點，就是理解如來的佛法了。

【譯文】

佛祖對須菩提說：「你不要這麼說。如來圓寂之後進入佛道衰微的第一個五百年，就會有修持戒律、修集福德的人，他們會從今日我們這些言語章句中產生堅定不移的敬仰之心，並且堅信佛道為真實的教法。要知道，這些人不單單在一佛、二佛、三四五佛處種下了行善之根，還在不可計量的千萬佛國種下所有的善根。只要聽到我們所講述的這些章句，就會在極短暫的時間內產生清淨的信心。須菩提，如來完全可以預知並且堅信，這些眾生會在將來得到不可思量的福德。」

🪷 眾生的福德

「何以故？是諸眾生無復我相、人相、眾生相、壽者相，無法相，亦無非法相①。何以故？是諸眾生若心取相，即為著我、人、眾生、壽者；若取法相，即著我、人、眾生、壽者。」

【注釋】

①非法相：沒有法相，也就是否定了法相的存在。

【譯文】

「這是為什麼呢？是因為這些眾生心中已不會再執著於自我的相狀、他人的相狀、眾生的相狀或者長壽的相狀，也不再執著於事物表面的相狀，甚至不再執著事物沒有真實相狀的諸多見解了。

「這是為什麼呢？因為如果這些眾生心裏還執著於事物表面的相狀，那麼他們一定會對自我的相狀、他人的相狀、眾生的相狀或者長壽的相狀更為執著。」

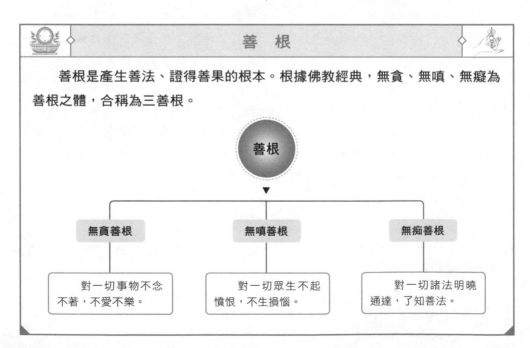

善　根

善根是產生善法、證得善果的根本。根據佛教經典，無貪、無嗔、無癡為善根之體，合稱為三善根。

善根

無貪善根	無嗔善根	無痴善根
對一切事物不念不著，不愛不樂。	對一切眾生不起憤恨，不生損惱。	對一切諸法明曉通達，了知善法。

「何以故？若取非法相，即取我、人、眾生、壽者。是故，不應取法，不應取非法。」

【譯文】

「這是為什麼呢？因為這些眾生如果還執著於事物的相狀，那麼就等於還執著於自我的相狀、他人的相狀、眾生的相狀或者長壽的相狀。因此，如果眾生能認識到事物本身並沒有真正的相狀，那麼就不會執著於事物的表面相狀。」

 # 佛法皆空

「以是義故，如來常說：汝等比丘知我說法，如筏喻者。法尚應捨，何況非法？

「須菩提，於意云何？如來得阿耨多羅三藐三菩提耶？如來有所說法耶？」

【譯文】

「正是因為這樣，如來才常常告誡比丘說：諸位比丘，你們應該瞭解我所宣講的一切佛法，就像是用船筏過河一樣，過了河就要把船筏遺棄。佛法也是一樣，它只是度化眾生的手段和方法，並不是目的本身。如來所講的佛法尚且如此，更何況是那些不是佛法的事物呢？

「須菩提，你覺得怎麼樣呢？如來真的得到無上正等正覺了嗎？如來是不是真正宣講過佛法呢？」

須菩提言：「如我解佛所說義，無有定法名阿耨多羅三藐三菩提，亦無有定法如來可說。何以故？如來所說法皆不可取、不可說，非法非非法。所以者何？一切聖賢①皆以無為法②而有差別。」

【注釋】

①聖賢：也就是佛教之中的賢者和聖者，狹義指的是佛與菩薩，廣義上包括大力菩薩和聲聞緣覺二乘，還有佛本身。

②無為法：與有為法相對而言，不是由因緣引起的，也沒有生死變易的存在。

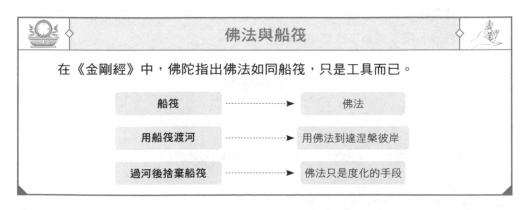

佛法與船筏

在《金剛經》中，佛陀指出佛法如同船筏，只是工具而已。

船筏	------▶ 佛法
用船筏渡河	------▶ 用佛法到達涅槃彼岸
過河後捨棄船筏	------▶ 佛法只是度化的手段

【譯文】

須菩提回答道：「根據我對佛陀所講佛法的認識，實際上是沒有一種叫阿耨多羅三藐三菩提的東西，也沒有佛祖所講授的固定佛法。這是什麼緣故呢？因為如來所講授的佛法從根本上來說是不可執著的，同時也是不能用話語和章句能夠表達出來的，它既不是法，又不能說它不是法，這是為什麼呢？這是因為所有的聖賢都是因無為法而證得正果，只有明了無為法的實質是無生無滅、清淨平等之後，才從隨俗的角度看出差別來。如果從根本上看佛法的本質，是沒有所謂的差別的。」

「須菩提，於意云何？若人滿三千大千世界七寶以用布施，是人所得福德寧為多不？」

須菩提言：「甚多！世尊！何以故？是福德①，即非復福德性。是故，如來說福德多。」

「若復有人於此經中受持，乃至四句偈②等，為他人說，其福勝彼。」

【注釋】

①福德：指的是修行中行善而所得的利益福澤，一般用來指所造善行。

②偈：又譯作「頌」、「歌謠」，是梵文佛經中的韻文，可分為通偈和別偈兩種。

【譯文】

「須菩提，依你看來，如果有人用可以裝滿三千大千世界的七寶來進行布施，這個人所得的福德是不是很多呢？」

須菩提答道：「世尊，很多呢！為什麼這麼說呢？因為這種福德本身並無自性，所以如來從世俗的角度來說福德很多。」

「但是如果有人能信奉並受持此經，即使是給別人講解一句四句偈，那麼他所得的福德也要比施捨七寶的人多得多。」

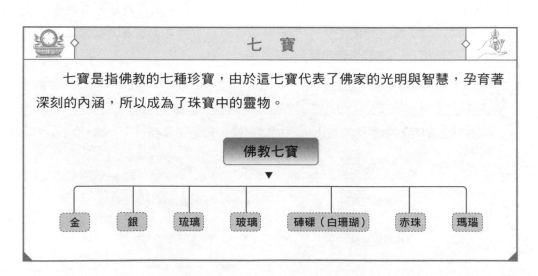

七　寶

七寶是指佛教的七種珍寶，由於這七寶代表了佛家的光明與智慧，孕育著深刻的內涵，所以成為了珠寶中的靈物。

佛教七寶

▼

| 金 | 銀 | 琉璃 | 玻璃 | 硨磲（白珊瑚） | 赤珠 | 瑪瑙 |

小乘修行的
四個階段

「何以故？須菩提，一切諸佛
及諸佛阿耨多羅三藐三菩提法，皆
從此經出。須菩提，所謂佛法者，
即非佛法。

「須菩提，於意云何？須陀洹
能作是念『我得須陀洹果』不？」

【譯文】

「為什麼這麼說呢？須菩提，十方
三世的一切諸佛和他們具有的叫做阿耨多
羅三藐三菩提的無上正等正覺，都是來自
於這部經書啊！須菩提，你還應該知道，
所謂的佛法，也不過是手段，不能執著於
佛法，所以說佛法也就不是佛法！

「須菩提，在你看來，修行得到須
陀洹的人會不會有『我證得須陀洹』的
想法呢？」

須菩提言：「不也，世尊。何
以故？須陀洹名為入流，而無所
入。不入色、聲、香、味、觸、
法，是名須陀洹。」

「須菩提，於意云何？斯陀含
能作是念『我得斯陀含果』不？」

【譯文】

須菩提說：「不會有這樣的想法，
世尊，為什麼這麼說呢？須陀洹的意思
是『入流』，也就是剛剛進入聖者之流
的意思，但是，實際上他根本是無流可
入，他不入色、聲、香、味、觸、法等
外塵境界，這樣才是真正的須陀洹。」

「須菩提，在你看來，達到斯陀含
果位的修行者會不會有『我證得斯陀含
果位』的想法呢？」

須菩提言：「不也！世尊。何
以故？斯陀含名一往來，而實無往
來，是名斯陀含。」

「須菩提，於意云何？阿那含
能作是念『我得阿那含果』不？」

【譯文】

須菩提說：「不會有這樣的想法，
世尊，為什麼這麼說呢？斯陀含的意思
是一往來，也就是得到斯陀含果位的人
還要再升天一次、生人間一次，但是實
際上他心中無所執著，是根本沒有什麼
往來之相，這樣才是真正的斯陀含。」

「須菩提，在你看來，達到阿那含
果位的修行者會不會有『我證得阿那含
果位』的想法呢？」

・名詞解釋・

一切諸佛：佛教認為，在東方、南方、西方、北方、東北方、西北方、東南方、西南方、
上方和下方的空間之內，還有前世、今生、來世之中有很多的、不可以計量的佛。

須菩提言：「不也！世尊。何以故？阿那含名為不來，而實無不來，是故名阿那含。」

「須菩提，於意云何？阿羅漢能作是念『我得阿羅漢道』不？」

【譯文】

須菩提說：「不會有這樣的想法，世尊，為什麼這麼說呢？阿那含的意思是不來，也就是說得到此果位的修行者已經斷絕了欲望，不會再生於世間，但是實際上他的心中根本沒有不來之相，這樣才是真正的阿那含！」

「須菩提，在你看來，達到阿羅漢

果位的修行者會不會有『我證得阿羅漢果位』的想法呢？」

須菩提言：「不也！世尊。何以故？實無有法名阿羅漢。世尊，若阿羅漢作是念『我得阿羅漢道』，即為著我、人、眾生、壽者。世尊，佛說我得無諍三昧，人中最為第一，是第一離欲阿羅漢。」

【譯文】

須菩提說：「不會有這樣的想法，世尊，為什麼這麼說呢？因為實際上根本沒有『阿羅漢』這種東西，如果阿羅漢有『我證得阿羅漢果位』的想法，那

 ## 小乘佛教的四果位

小乘佛教認為，人修行達到一定的程度就會有所得，這種所得就是「果位」。根據小乘佛教的教義，修行主要有四個果位。

> 須陀洹：初果，意譯為「入流」，凡夫初入「聖道」，斷盡三界見惑。

> 斯陀含：二果，意譯為「一往來」，證得此果位者明悟四諦之道，在脫離煩惱之後再升天一次、生人間一次，這樣一往來才可以真正得到此佛果。

> 阿那含：三果，意譯為「不還」、「不來」，就是說證得此果位者不會再重生世間。

> 阿羅漢：四果，意譯為「殺賊」、「應供」、「不生」，也就是「殺盡煩惱之賊，令煩惱不生，以至達到涅槃的境界」之意，是小乘佛教中最高的果位。

就等於他還在執著於自我的相狀、他人的相狀、眾生的相狀或者長壽的相狀。世尊，您說我已經證得了無諍三昧，是您的第一弟子，也是徹底斷絕欲念的阿羅漢。」

「世尊，我不作是念『我是離欲阿羅漢』，世尊，我若作是念『我得阿羅漢道』，世尊則不說須菩提是樂阿蘭那行者①。以須菩提實無所行，而名須菩提，是樂阿蘭那行。」

【注釋】

①阿蘭那行者：「阿蘭那」，是梵文的音譯詞，又譯作「阿蘭若」、「阿蘭若迦」等，中文意思為「樹林」，指的是清淨處、遠離喧囂處、無諍處，泛指適合佛教徒修行居住的地方。「阿蘭那行者」的意思就是修清淨行者、修無諍行者。

【譯文】

「世尊，我心中從來沒有『我是徹底斷絕欲望的阿羅漢』的想法。世尊，如果我心中有『我是徹底斷絕欲望的阿羅漢』這樣的想法，那就等於我的心中升起了妄念，那您也就不會說我是修清淨行者了。正是因為我的心中斷絕了執念，所以您才稱須菩提是修清淨行者啊！」

🪷 菩薩的清淨之心

佛告須菩提：「於意云何？如來昔在燃燈佛①所，於法有所得不？」

「不也！世尊。如來在燃燈佛所，於法實無所得。」

「須菩提。於意云何？如來莊嚴佛土②不？」

【注釋】

①燃燈佛：又譯作「錠光佛」，因為他出生的時候身邊光明無限，就像明燈一樣，所以稱之為燃燈佛。

②莊嚴佛土：「莊嚴」就是「使……莊嚴」的意思，有裝點、美化

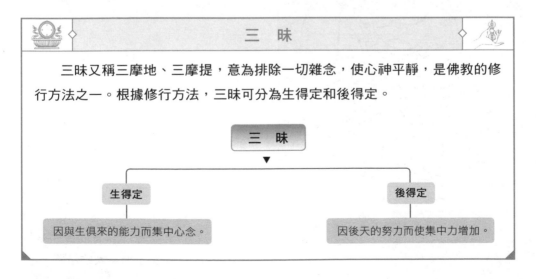

三　昧

三昧又稱三摩地、三摩提，意為排除一切雜念，使心神平靜，是佛教的修行方法之一。根據修行方法，三昧可分為生得定和後得定。

三　昧

▼

生得定
因與生俱來的能力而集中心念。

後得定
因後天的努力而使集中力增加。

之意；「佛土」，就是佛所居住和教化的地方。「莊嚴佛土」即為裝點美化，使佛土莊嚴的意思。

【譯文】

佛對須菩提說：「在你看來，如來原先在燃燈佛處修行時，有沒有得到什麼佛法？」

「沒有，世尊！您在燃燈佛處修行時實質上並沒有得到什麼佛法。」

「須菩提，在你看來，如來真的是廣修福德來使佛土更加莊嚴嗎？」

「不也！世尊。何以故？莊嚴佛土者，即非莊嚴，是名莊嚴。」

這是燃燈佛圖。燃燈佛又名錠光如來，據說他出生時，四方大放光明，所以稱為普光如來。在佛教經典中，經常以燃燈佛為中心，前後出現諸佛。《金剛經》上用佛陀在燃燈佛前的修行來論證並沒什麼佛法。

「是故，須菩提，諸菩薩摩訶薩應如是生清淨心——不應住色生心，不應住聲、香、味、觸、法生心，應無所住而生其心。」

【譯文】

「我認為不能啊，世尊！為什麼這麼說呢？您所說的廣修福德使佛土莊嚴，實際上就是在執著於一個境界相，只有不執著於莊嚴佛土，才是真正地在莊嚴佛土啊！」

「須菩提，由此看來，這些大菩薩應該都能夠像這樣生起清淨之心——不應執著於事物的表面相狀，不應該因聲、色、香、味、觸、法六塵而生起心念，應該生起對一切的有為之相皆不執著的清淨之心。」

🪷 修持本經的功德

「須菩提，譬如有人，身如須彌山王，於意云何？是身為大不？」

須菩提言：「甚大，世尊！何以故？佛說非身？是名大身。」

【譯文】

「須菩提啊！舉個例子來說，有個人的身體就像須彌山一樣巨大，在你看來，他的身子是不是真的很大呢？」

須菩提答道：「我認為很大了，世尊！為什麼這麼說呢？因為佛所說的身體並不是真實的身體，真實的身體是無所謂相狀的，因此才稱為大的身體。」

「須菩提，如恆河中所有沙數，如是沙等恆河。於意云何？是諸恆河沙寧為多不？」

須菩提言：「甚多，世尊。但諸恆河沙尚多無數，何況其沙！」

【譯文】

「須菩提，再比如說有像現在恆河中的沙粒數量的新恆河，那麼在你看來，這些恆河中所有沙粒的數量是不是很多呢？」

須菩提回答道：「我認為已經很多了，世尊！單是一條恆河中的沙粒數目就已經多得數不清了，更何況是像恆河中的沙粒數量的新恆河呢？」

「須菩提，我今實告汝，若有善男子善女人，以七寶滿爾所恆河沙數三千大千世界，用以布施，得福多不？」

須菩提言：「甚多，世尊！」

【譯文】

「須菩提，現在我實實在在地問你一句，如果有善男子和善女人，用能裝滿你居住的像恆河沙數目一樣的三千大千世界的七寶來進行布施，那麼他們所得到的福德是不是很多呢？」

須菩提答說道：「我認為已經很多了，世尊！」

佛告須菩提：「若善男子、善女人於此經中，乃至受持四句偈等，為他人說，而此福德勝前福德。」

【譯文】

佛於是又告訴須菩提：「如果有善男子和善女人能夠領受信奉此經，即使是向別人講解其中的一句四句偈，那麼他由此可以得到的福德比能以七寶布施的福德還要多呢！」

「復次，須菩提，隨說是經，乃至四句偈等，當知比處，一切世間①天、人、阿修羅②皆應供養③，如佛塔廟。何況有人盡能受持、讀誦。須菩提，當知是人，成就最上第一稀有之法。若是經典所在之處，即為有佛，若尊重弟子。」

【注釋】

①一切世間：「世」是「遷流、破壞」的意思；「間」是「中間、間隔」的意思。「一切世間」泛指世俗世界及

・名詞解釋・

四句偈：指由四句所成之偈頌。在佛教經典中，無論字數多寡，凡由四句組成的頌言都可稱為四句偈。一般而言，四句偈往往能涵蓋佛法的要義，以四句偈教人，或持受四句偈，都有很大的功德。

這是須彌山圖。須彌山又名妙高山，原是印度神話中的山名，後來佛教宇宙觀中把此山當做宇宙的中央，相傳此山周圍環繞著七山七海，東勝神洲、西牛賀洲、北俱蘆洲、南瞻部洲分佈在周圍。在《金剛經》中，佛陀用須彌山來比喻人的身材高大。

生活在其中的有情眾生。

②天、人、阿修羅：是六道眾生較有福報的三者，合稱為「三善道」。

③供養：又稱「施捨」或者「布施」，指眾生以香、花、燈盞、衣食等物品供給菩薩或者僧尼等。

【譯文】

「此外，須菩提，如果眾生之中有人能夠觀機隨緣地講解經書，哪怕只是講解經書中一個簡單的四句偈，那麼他講解此經的地方，所有的善道眾生，包括天、人、阿修羅都應該恭敬地奉養他，就像是在奉養佛塔廟宇一樣。更何況是能夠完全領受、信奉、讀誦這部經書的人呢？須菩提，你應該知道像這樣的人已經成就了至高無上的、稀世難有的佛法，只要是這部經書所在的地方，就有佛的存在，也就有尊重佛的弟子的存在。」

爾時，須菩提白佛言：「世尊！當何名此經？我等云何奉持①？」

佛告須菩提：「是經名為《金剛般若波羅蜜》，以是名字，汝當奉持。所以者何？須菩提，佛說般若波羅蜜，則非般若波羅蜜，是名般若波羅蜜。」

【注釋】

①奉持：信奉持受。

【譯文】

這時候須菩提對佛祖說：「世尊！我們該給這部經書起什麼名字嗎？我們應該如何信奉持受這本經書呢？」

佛對須菩提說：「我們給這部經書取名叫做《金剛般若波羅蜜》，這是經書的名字，你們就應該信守奉行這部經書。這是為什麼呢？須菩提，因為佛陀所說的般若波羅蜜，並不是真正的般若波羅蜜，所以稱之為般若波羅蜜。」

「須菩提，於意云何？如來有所說法不？」

須菩提白佛言：「世尊，如來無所說。」

「須菩提，於意云何？三千大千世界所有微塵是為多不？」

須菩提言：「甚多，世尊！」

【注釋】

①微塵：極其微小的塵埃。

【譯文】

「須菩提，你覺得怎麼樣呢？如來

講說了什麼佛法了嗎？」

須菩提答道：「世尊！如來並沒有講說什麼佛法。」

「須菩提，在你看來，三千大千世界裏的微塵稱不稱得上多呢？」

須菩提答道：「那就非常多了，世尊！」

🪷 三十二相

「須菩提，諸微塵，如來說非微塵；如來說世界非世界，是名世界。須菩提，於意云何？可以三十二相見如來不？」

「不也！世尊。不可以三十二相得見如來。何以故？如來說三十二相，即是非相，是名三十二相。」

這是阿修羅圖。阿修羅又名阿須羅，又譯為非天，是六道之一，也是八部眾之一。在古印度，阿修羅原是印度古老的惡神，常與帝釋天率領的天眾爭鬥，後被佛教收服為護法神，擁護正法。《金剛經》中阿修羅隨侍在佛陀身邊，聆聽佛陀的說法。

【譯文】

「須菩提，所有的這些微塵，在如來看來，並不是微塵，因為它們沒有自性，所以才稱之為微塵；所有世界上也並不是真正的世界，所以才稱之為世界。須菩提，在你看來，可不可以依照三十二相來認識如來的真實相狀呢？」

「不可以，世尊！不可以憑藉三十二相來認識如來的真實相狀。為什麼這麼說呢？因為如來所說的三十二相並不是如來的真實相狀，所以才稱之為三十二相。」

「須菩提，若有善男子、善女人，以恆河沙等身命布施；若復有人於此經中，乃至受持四句偈等，為他人說，其福甚多。

【譯文】

「須菩提，如果有善男子、善女人用像恆河沙的數量一樣多的生命和身體來做布施；還有人能夠領受信奉此經，即使是為他人解說經書中短短的一個四句偈等，相比而言，後者的福報比前者的福報要多得多。」

🪷 本經的殊勝

爾時，須菩提聞說是經，深解義趣[①]，涕淚悲泣而白佛言：「稀有世尊！佛說如是甚深經典。我從昔來，所得慧眼[②]，未曾得聞如是之經。

【注釋】

①義趣：義理，包含的思想。

②慧眼：智慧之眼，指的是得道以後所覺悟的諸法平等、性空之智慧，此智慧能度化眾生。

【譯文】

這時候，須菩提聽了這部《金剛般若波羅蜜多經》，明白了其中的義理，忍不住激動得淚流滿面。他對佛說：「稀世罕有的世尊啊，你講解的經典是多麼的深刻透徹啊！自我得到慧眼以來，從沒聽到過如此深刻透徹的經義啊！」

「世尊，若復有人得聞是經，信心清淨，即生實相①，當知是人，成就第一稀有功德。世尊，是實相者，即是非相，是故如來說名實相。

【注釋】

①實相：又譯作「無相」、「真相」等，意為真虛不虛的體相。

【譯文】

「世尊啊！如果有人聽到這樣的經義，並生出清淨之心，那麼他就會對世界萬事萬物的真相有所瞭解，像這樣的人就已經成就了至高無上、世間罕有的功德了。世尊啊，一切佛法的實相，其實並不是真實的佛法的實相，所以才稱之為實相。」

「世尊，我今得聞如是經典。信解①受持，不足為難。若當來世後五百歲，其有眾生得是經，信解受持，是人即為第一稀有。何以故？」

【注釋】

①信解：信奉並理解。

【譯文】

「世尊，我現在聽您講解經義，是可以完全信奉、理解、接受並且奉持的，這一點也不困難。但是如果等五百年之後，佛法進入末世，眾生中還有人夠完全信奉、理解、接受並且奉持這部經典的，那麼這個人就可以稱為是稀世難求的第一等人了，為什麼這麼說呢？」

「此人無我相、無人相、無眾生相、無壽者相。所以者何？我相即是非相；人相、眾生相、壽者相，即是非相。何以故？離一切諸相，即名諸佛。」

【譯文】

「這是因為這個人的心中已經完全領悟了般若的智慧，沒有了對於自我的相狀、他人的相狀、眾生的相狀或者長壽的相狀的執著。這是什麼原因呢？因為他已經明了自我的相狀、他人的相狀、眾生的相狀或者長壽的相狀都不是真正的實相。這是為什麼呢？正是因為這個人已經明曉了諸相非相的道理，也就可以稱之為佛了。」

佛告須菩提：「如是，如是。若復有人得聞是經，不驚、不怖、不

根據佛教經典，佛陀相貌不同凡響，共有三十二個顯著的特徵，故稱三十二相，但這三十二相並非佛陀專有，菩薩、轉輪聖王也具足三十二相。

三十二相

頂髻相，即頂上有肉，隆起如髻形之相，象徵教人受持十善法。

白毛相，即兩眉之間有白毛，見眾生修三學而稱揚讚歎。

真青眼相，即佛眼紺青如青蓮花，以慈心慈眼及歡喜心施與乞者。

牛眼睫相，指睫毛整齊而不雜亂，如父母觀一切眾生。

獅頰相，即兩頰隆滿如獅子頰，見此相者得滅百劫生死之罪。

四十齒相，即具有四十齒，整齊平滿如白雪，象徵制止眾生惡口業。

齒齊相，即牙齒齒間密接而不容一毫，象徵清淨和順之德。

齒白如雪相，即齒色鮮白光潔，銳利如鋒，象徵摧破一切眾生強盛堅固之三毒。

大舌相，即舌頭廣長薄軟，伸展可覆至髮際，象徵可滅百億八萬四千劫生死罪。

常得上味相，指佛口常得諸味中最上味，象徵佛之妙法能滿足眾生之願。

梵聲相，即佛清淨之梵音，洪聲圓滿，如天鼓響。

身廣長相，指佛身長與雙手的廣度相等，象徵法王尊貴自在之德。

兩腋下隆滿相，即佛兩腋下之骨肉圓滿不虛，象徵給予眾生醫藥、飯食。

上身如獅子相，指佛上半身廣大，行走坐臥威容端嚴，象徵威容高貴之德。

大直身相，即身體廣大，無比端直，能使見聞之眾生得正念。

兩肩平整相，即兩肩圓滿豐腴，象徵滅惑除業等無量功德。

手指長相，即兩手、兩足皆纖長端直，象徵壽命長遠、令眾生愛樂之德。

垂手過膝相，即立正站立時手可過膝，象徵降伏一切惡魔之德。

膞如鹿王相，指股骨如鹿王之纖圓，象徵罪障消滅之德。

陰藏相，即男根密隱於體內如馬陰之相，象徵壽命長遠，得多弟子之德。

足下平滿相，即腳底平直柔軟，能與地面平穩接觸。

足下二輪相，即足心現千輻寶輪之肉紋相，象徵照破愚癡與無明之德。

足跟廣平相，指足圓滿廣平，象徵化益未來一切眾生之德。

手足指縵網相，即手足指間皆有縵網交互連接，象徵離煩惱惡業之德。

手足柔軟相，即手足極柔軟，象徵以慈悲柔軟之手攝取親疏之德。

足趺高滿相，即足背隆起圓滿，象徵利益眾生之內德。

毛上向相，即一切毛髮皆向上右旋，能令瞻仰之眾生心生歡喜。

一孔一毛不相雜亂相，即每一毛孔各生一毛，為青琉璃色，毛孔皆出微妙香氣。

金色相，即佛身及手足都為金色，令瞻仰之眾生厭捨愛樂。

大光相，指佛身光明，四面各有一丈光輝，象徵滿足一切志願。

細薄皮相，即皮膚細薄潤澤，一切塵垢不染，象徵平等無垢之德。

七處隆滿相，即兩手、兩足下、兩肩、頸項等七處之內皆隆滿柔軟，象徵一切眾生得以滅罪生善之德。

第四章　空的智慧——《金剛經》

畏，當知是人甚為稀有。何以故？須菩提，如來說第一波羅蜜，即非第一波羅蜜，是名第一波羅蜜。」

【譯文】

佛祖對須菩提說：「的確如此，的確如此。如果有人聽到此經，能夠做到不驚恐、不害怕、不畏懼，那麼就可以推斷出這人是稀世罕見的了。這是為什麼呢？須菩提，如來所宣講的第一波羅蜜，並不是實質上的第一波羅蜜，所以才稱之為第一波羅蜜。」

遠離法相執著

「須菩提，忍辱波羅蜜，如來說非忍辱波羅蜜，是名忍辱波羅蜜。何以故？如我昔為歌利王截割身體，我於爾時，無我相、無人相、無眾生相、無壽者相。何以故？我於往昔節節支解時，若有我相、人相、眾生相、壽者相，應生瞋恨。」

【譯文】

「須菩提，佛陀所說的忍辱波羅蜜並不是實質上的忍辱波羅蜜，所以才稱之為忍辱波羅蜜。為什麼這麼說呢？須菩提，就像我未成佛時被歌利王截割身體，當時我並未執著於自我的相狀、他人的相狀、眾生的相狀或者長壽的相狀。如果我執著於這些相狀，那麼我就會生出瞋恨，進而造出惡果。」

「須菩提，又念過去作忍辱仙人，於爾所世無我相、無人相、無眾生相、無壽者相。是故，須菩提，菩薩應離一切相發阿耨多羅三藐三菩提心。」

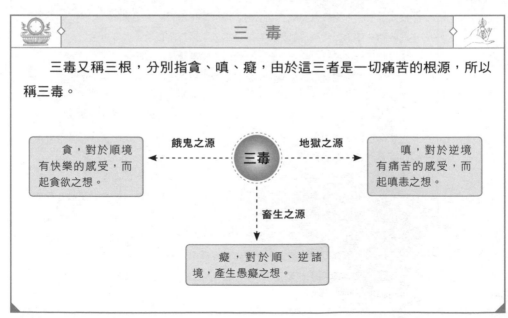

三　毒

三毒又稱三根，分別指貪、瞋、癡，由於這三者是一切痛苦的根源，所以稱三毒。

貪，對於順境有快樂的感受，而起貪欲之想。　←　餓鬼之源　──　**三毒**　──　地獄之源　→　瞋，對於逆境有痛苦的感受，而起瞋恚之想。

畜生之源　↓

癡，對於順、逆諸境，產生愚癡之想。

【譯文】

「須菩提，再回顧五百年前，當我是忍辱仙人之時，我也並未執著於自我的相狀、他人的相狀、眾生的相狀或者長壽的相狀，否則我也是會生出嗔恨的。因為這個緣故，須菩提，菩薩是應該遠離對一切法相的執著，進而生法出無上正等正覺的智慧之心。」

「不應住色生心，不應住聲、香、味、觸、法生心，立生無所住心。」

【譯文】

「這也就是說，不應該執著於事物的表面相狀，也不應該執著於事物的聲音、氣味、味道、觸感、念頭等外在的性徵，應當生起對一切相狀無所執著的清淨之心。」

「若心有住，即為非住，是故，佛說菩薩心不應住色布施。須菩提，菩薩為利益一切眾生故，應如是布施。如來說『一切諸相，即是非相』；又說『一切眾生，即非眾生』。」

【譯文】

「如果心中有所執著，那麼也就是被外相束縛的執著心了，所以，佛說菩薩不應執著於事物的表面相狀來布施。須菩提！菩薩為了讓一切眾生得到大利益，布施的時候應當是這樣的。而如來

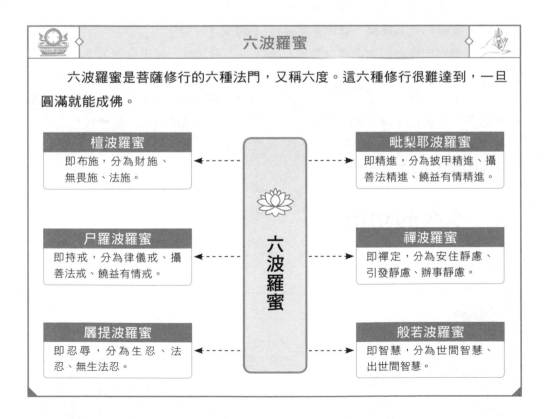

六波羅蜜

六波羅蜜是菩薩修行的六種法門，又稱六度。這六種修行很難達到，一旦圓滿就能成佛。

檀波羅蜜
即布施，分為財施、無畏施、法施。

毗梨耶波羅蜜
即精進，分為披甲精進、攝善法精進、饒益有情精進。

六波羅蜜

尸羅波羅蜜
即持戒，分為律儀戒、攝善法戒、饒益有情戒。

禪波羅蜜
即禪定，分為安住靜慮、引發靜慮、辦事靜慮。

羼提波羅蜜
即忍辱，分為生忍、法忍、無生法忍。

般若波羅蜜
即智慧，分為世間智慧、出世間智慧。

第四章　空的智慧——《金剛經》

所說的一切諸法相狀也都不是諸法的真實相狀；如來所說的一切眾生也都不是眾生的真實相狀。」

「須菩提，如來是真語者、實語者、如語者、不誑語者、不異語者。須菩提，如來所得法，此法無實無虛。須菩提，若菩薩心住於法而行布施，如人入暗，即無所見；若菩薩心不住法而行布施，如人有目，日光明照，見種種色。」

【譯文】

「須菩提，如來所講解的義理都是真實不虛的、實在不浮誇的、如實合理的、不欺誑人的，前後相符的。須菩提，如來所講解的佛法，是無法說明是實有還是虛無的。須菩提，如果菩薩心中執著於事物的表面相狀而進行布施，那麼就像是人走在黑暗之中，什麼都不能看見；如果菩薩心中並不執著於事物的表面相狀而進行布施，那麼就像是人走在光天化日之下，目光明亮，形形色色都能清清楚楚地看到。」

 ## 本經的功德

「須菩提，當來之世，若有善男子、善女人能於此經受持讀誦，即為如來以佛智慧，悉知是人、悉見是人，皆得成就無邊功德。」

【譯文】

「須菩提，將來進入末法時代後，如果眾生之中有善男子和善女人能夠接受、奉持、讀誦此經，那麼如來就能以智慧和法力來知曉這些人的存在，這些人更會成就不可計量的功德。」

「須菩提。若有善男子、善女人，初日分以恆河沙等身布施，中日分復以恆河沙等身布施，後日分以恆河沙等身布施，如是無量百千萬億劫以身布施。」

【譯文】

「須菩提，如果有善男子和善女人每天早上、中午、晚上都用恆河沙那麼多的身體來進行布施，甚至能持續千萬億個大劫之久的時間，那麼他們就應該得到無量的福報。」

「若復有人，聞此經典，信心不逆，其福勝彼，何況書寫、受持、讀誦、為人解說。須菩提，以要言之，是經有不可思議、不可稱

・名詞解釋・

當來之世：也就是未來的世界。佛經中預言，佛入滅後的頭一千年，為正法時代；次一千年，為像法時代；之後一萬年，為末法時代。再之後，佛法消亡，直到56億年後彌勒佛降世，再次傳法，普度眾生。

量無邊功德。」

【譯文】

「如果還有人，在聽到這部經典以後，深信不疑，並且能夠信守而不起違逆之心，那麼他應該得到比以恆河沙等身布施的眾生更多的福報。更何況是那些能夠書寫、接受、奉持、讀誦且為他人解說的人呢？他的福報更是無量無邊。須菩提，總而言之，此經有著不可思議、不可衡量的功德。」

「須菩提，如來為發大乘者說，為發最上乘者說。若有人能受持、讀誦、廣為人說，如來悉為是人，悉見是人皆得成就不可量、不可稱、無有邊、不可思議功德。如是人等，即為荷擔如來阿耨多羅三藐三菩提。」

【譯文】

「須菩提，如來本來是為啟發那些立志修行大乘者解說此經的，是為那些立志修行最上乘之佛法的人解說此經的。如果有人能夠領受、奉持、讀誦且能廣泛地為人解說此經，那麼如來就可以知道並洞悉此人將來的不可計量、不可估計、沒有邊際、不可思議的功德。像這樣的人，正是可以承擔無上正等正覺智慧的傳播責任的人。」

「何以故？須菩提，若樂小法者，著我見、人見、眾生見、壽者見，則於此經，不能受持、讀誦、為人解說。」

【譯文】

「這是為什麼呢？須菩提，那些只樂於修行小乘之道之人，執著於自己的見解、別人的見解、眾生的見解，還有永恆不變的見解，這樣就使得自己的見解有所滯礙，更不能領受、奉持、讀誦、為他人解說此經了。」

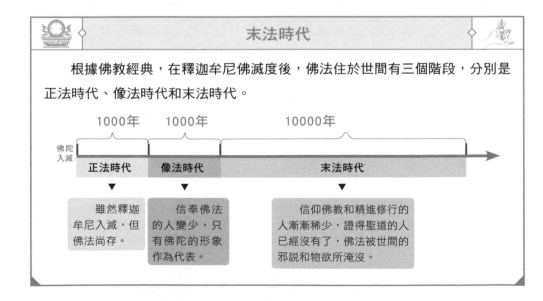

末法時代

根據佛教經典，在釋迦牟尼佛滅度後，佛法住於世間有三個階段，分別是正法時代、像法時代和末法時代。

	1000年	1000年	10000年
佛陀入滅	正法時代	像法時代	末法時代
	雖然釋迦牟尼入滅，但佛法尚存。	信奉佛法的人變少，只有佛陀的形象作為代表。	信仰佛教和精進修行的人漸漸稀少，證得聖道的人已經沒有了，佛法被世間的邪說和物欲所淹沒。

第四章　空的智慧——《金剛經》

「須菩提，在在處處，若有此經，一切世間天、人、阿修羅所應供養。當知此處，則為是塔，皆應恭敬，作禮圍繞，以諸花香而散其處。」

【譯文】

「須菩提，無論在任何時間、任何地點，只要有此經存在，那麼都應該得到世間所有的天、人、阿修羅等善道眾生的供養。應該知道，在此經存在的地方，就相當於佛陀所在的佛塔，所有善道眾生都應該恭恭敬敬地環繞著行禮，用花、香供養。」

「復次，須菩提，若善男子、善女人受持讀誦此經，若為人輕賤，是人先世罪業[1]，應墮惡道；以今世人輕賤故。先世罪業則為消滅，當得阿耨多羅三藐三菩提。」

【注釋】

①罪業：即惡業，眾生所造業分兩種，一為善業，一為惡業。

【譯文】

「此外，須菩提，如果有人領受、奉持、讀誦此經，但是卻被眾人輕視，那是因為此人前世所造惡業太多，如果按照此人的業報，原本應當墮入地獄，但是因為領受、奉持、讀誦此經，所以才只遭受了眾人的輕視，而他今生所受的輕視會抵消前世所造的惡業，因此也可以得到無上正等正覺。」

「須菩提，我念過去無量阿僧祇劫，於燃燈佛前，得值八百四千萬億那由他諸佛，悉皆供養承事，無空過者。若復有人於後末世，能受持讀誦此經，所得功德，於我所供養諸佛功德，百分不及一，千萬億分乃至算數、譬喻所不能及。」

【譯文】

「須菩提，回憶往昔，我在無量久遠的阿僧祇劫中，在燃燈佛住世之前，我遇到過八百四千萬億那由他的諸佛，他們的每一位我都是盡心盡力地奉養，從來不會錯過任何佛的供養。如果有人

 佛　塔

佛塔是佛教建築的代表。在古印度，佛教弟子為表示恭敬，遇到佛塔，要順時針圍繞佛塔繞行三匝或者更多匝。

| 佛塔 | ▶ | 最初是指為了安置佛陀舍利等物而以磚砌成的建築物，如釋迦牟尼圓寂後，火化得到一石六斗舍利，由八國造塔供奉。 | ▶ | 後來泛指佛陀生處、成道處、轉法輪、涅槃、經行處及安置諸佛菩薩像、祖師高僧遺骨的建築物。 |

在佛法末世的時候能夠領受、奉持、讀誦此經，那麼他所得的功德，是比我供奉諸佛的功德要大得多，甚至我供奉諸佛的功德還及不上他的百分之一、千分之一、萬分之一甚至億分之一，這其中的差別是不能夠用數字或者譬喻表達的。」

「須菩提，若善男子、善女人於後末世，有受持讀誦此經，所得功德，我若具說者，或有人聞，心即狂亂，狐疑不信。須菩提，當知是經義不可思議，果報亦不可思議。」

【譯文】

「須菩提，假如善男子、善女人在末法時代能夠領受、奉持、讀誦此經，那麼他所能得到的功德如要一一列明的話，別人聽到一定會神經錯亂，心有疑慮。

「須菩提，要知道此經的義理是不可思議的，當然領受、奉持、讀誦此經所能得到的功德也是不可思議的。」

🪷 阿耨多羅三藐三菩提心

爾時，須菩提白佛言：「世尊，善男子、善女人發阿耨多羅三藐三菩提心，云何應住？云何降伏其心？」

佛告須菩提：「善男子、善女人發阿耨多羅三藐三菩提心者，當生如是心：『我應滅度一切眾生，

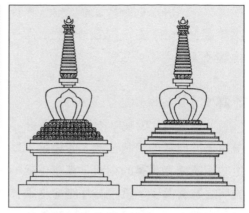

這是佛塔圖。佛塔是佛教建築的代表，最初是指為了安置佛陀舍利等物而以磚砌成的建築物，後來泛指佛陀生處、成道處、轉法輪、涅槃、經行處及安置諸佛菩薩像、祖師高僧遺骨的建築物，佛陀把《金剛經》的地位與佛塔相提並論。

滅度一切眾生已，而無有一眾生實滅度者。』」

【譯文】

這時，須菩提又對佛說：「世尊，如有善男子、善女人發心苦求無上正等正覺，那麼又該依照什麼原則使自己的誓願常住不退呢？又應該如何排除心中的雜亂煩惱呢？」

佛告訴須菩提：「如有善男子、善女人發心苦求無上正等正覺，那麼他應該先有這樣的信念：我要立志救度一切眾生，使他們脫離煩惱；即使救度眾生脫離了煩惱，實際上沒有什麼可以救度的眾生，也沒有什麼可以滅除的煩惱。」

「何以故？須菩提，若菩薩有我相、人相、眾生相、壽者相，則非菩薩。所以者何？須菩提，實無有發阿耨多羅三藐三菩提心者。

「須菩提，於意云何？如來於燃燈佛所，有法得阿耨多羅三藐三菩提不？」

【譯文】

「這是為什麼呢？須菩提，菩薩心中執著於自我的相狀、他人的相狀、眾生的相狀或者長壽的相狀，那麼也就不能稱之為菩薩了。這是為什麼呢？須菩提，實質上也沒有所謂無上正等正覺的東西。

「須菩提，在你看來，如來在燃燈佛那裏開悟的時候，是真的得到了無上正等正覺的佛法了嗎？」

「不也！世尊。如我解佛所說義，佛於燃燈佛所，無有法得阿耨

　　這是燃燈佛授記圖。相傳燃燈佛遊歷世界時，有一修持梵行的童子為了避免燃燈佛的雙足被泥道所污，就把自己的頭髮放在泥道之上讓燃燈佛路過，燃燈佛被童子的善心感動，預言他在來世成佛，這個童子就是釋迦牟尼佛的前世。《金剛經》用燃燈佛為釋迦牟尼佛授記來說明世上並無無上正等正覺。

多羅三藐三菩提。」

佛言：「如是，如是。須菩提，實無有法如來得阿耨多羅三藐三菩提。須菩提，若有法如來得阿耨多羅三藐三菩提，燃燈佛即不與我授記：『汝於來世，當得作佛，號釋迦牟尼。』」

【譯文】

「我認為不是的，世尊。按照我對您所講授的佛法的理解，佛在燃燈佛那裏開悟的時候，並沒有真的得到無上正等正覺的佛法。」

佛說：「的確如此！的確如此！須菩提，其實真正的佛法都是不固定的，也沒有得到一個叫阿耨多羅三藐三菩提的東西。如果如來悟道的時候真的得到了無上正等正覺的佛法，那麼燃燈佛也不會預言：『你會在未來成佛，佛號為釋迦牟尼了。』」

「以實無有法得阿耨多羅三藐三菩提，是故，燃燈佛與我授記，作是言：『汝於來世，當得作佛，號釋迦牟尼。』何以故？如來者，即諸法如義，若有人言如來得阿耨多羅三藐三菩提。須菩提，實無有法佛得阿耨多羅三藐三菩提。」

【譯文】

「實際上是沒有方法來得到無上正等正覺的，因此，燃燈佛為我授記說：『你會在來世成佛，佛號為釋迦牟尼。』這是為什麼呢？因為如來這個詞的意思，

就是真如，就是得知諸法的實相而無偏離之意。如果有人說如來得無上正等正覺，那麼須菩提啊！你應該明白實際上是沒有無上正等正覺這種東西的。」

🪷 菩薩並不存在

「須菩提，如來所得阿耨多羅三藐三菩提，於中無實無虛。是故，如來說一切法皆是佛法。須菩提，所言一切法者，即非一切法，是故名一切法。須菩提，譬如人身長大。」

須菩提言：「世尊，如來說人身長大，即為非大身，是名大身。」

【譯文】

「須菩提，如來所證得的無上正等正覺，本質上是不能說它是真實存在的，也不能說它是虛假不實的。所以，如來才說一切法都是佛法。須菩提，這裏所說的一切法，實質上也並不是一切法，只不過是稱它為一切法罷了。須菩提，這就好比說是人的身形高大。」

須菩提說：「世尊，如來說人的身形高大，並不是實質上的身形高大，只不過是稱之為身形高大而已。」

「須菩提，菩薩亦如是。若作是言『我當滅度無量眾生』，即不名菩薩。何以故？須菩提，實無有法名為菩薩。是故，佛說一切法無我、無人、無眾生、無壽者。」

【譯文】

「須菩提，菩薩也是這樣。如果有菩薩這樣說：『我自當滅度無量眾生的所有煩惱，不遺餘力地救度他們』，那麼他也就不能稱之為菩薩了。為什麼這麼說呢？須菩提，實質上並不存在菩薩這種東西。所以，佛說一切法是沒有自我的相狀、他人的相狀、眾生的相狀或者長壽的相狀。」

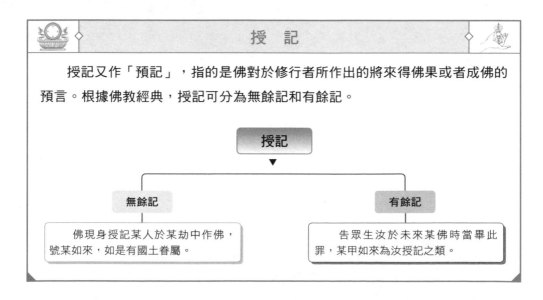

授　記

授記又作「預記」，指的是佛對於修行者所作出的將來得佛果或者成佛的預言。根據佛教經典，授記可分為無餘記和有餘記。

授記

無餘記

佛現身授記某人於某劫中作佛，號某如來，如是有國土眷屬。

有餘記

告眾生汝於未來某佛時當畢此罪，某甲如來為汝授記之類。

「須菩提，若菩薩作是言『我當莊嚴佛土』，是不名菩薩。何以故？如來說莊嚴佛土者，即非莊嚴，是名莊嚴。須菩提，若菩薩通達無我法者，如來說名真是菩薩。」

【譯文】

「須菩提，如果有菩薩說：『我應當使佛土莊嚴』，那麼他也就不能稱之為菩薩了。為什麼這麼說呢？須菩提，如果菩薩說使佛土莊嚴，那麼便不是真的莊嚴佛土了，所以才稱為莊嚴佛土。須菩提，如果菩薩徹悟無我法的法義，那麼才能成為如來所說的真菩薩。」

如來的相狀

「須菩提，於意云何？如來有肉眼不？」

「如是，世尊。如來有肉眼。」

「須菩提，於意云何？如來有天眼不？」

【譯文】

「須菩提，在你看來，如來是不是有肉眼呢？」

「的確如此，世尊，如來是有肉眼的。」

「須菩提，在你看來，如來是不是有天眼呢？」

「如是，世尊。如來有天眼。」

「須菩提，於意云何？如來有慧眼不？」

「如是，世尊。如來有慧眼。」

【譯文】

「的確如此，世尊，如來是有天眼的。」

「須菩提，在你看來，如來是不是有慧眼呢？」

「的確如此，世尊，如來是有慧眼的。」

「須菩提，於意云何？如來有法眼不？」

「如是，世尊。如來有法眼。」

「須菩提，於意云何？如來有佛眼不？」

「如是，世尊。如來有佛眼。」

「須菩提，於意云何？如恆河中所有沙，佛說是沙不？」

【譯文】

「須菩提，在你看來，如來是不是有法眼呢？」

・名詞解釋・

佛土：又稱佛界、佛國等，指佛所住之處，或佛教化之國土。一般而言，佛土不僅指淨土，即使是凡夫居住之現實世界（穢土），因其為佛教化之世界，亦稱佛土。

「的確如此，世尊，如來是有法眼的。」

「須菩提，在你看來，如來是不是有佛眼呢？」

「的確如此，世尊，如來是有佛眼的。」

「須菩提，在你看來，恆河中的沙粒，佛陀說它們是沙粒嗎？」

「如是，世尊。如來說是沙。」

「須菩提，於意云何？如一恆河中所有沙，有如是沙等恆河。是諸恆河所有沙數佛世界，如是寧為多不？」

「甚多，世尊。」

【譯文】

「的確如此，世尊，如來的確說它們是沙粒。」

「須菩提，在你看來，就像是恆河中沙粒的數目一樣多的恆河，那麼如果有這些恆河中的沙粒總數一樣多的佛土，它們的數目是不是很大呢？」

「的確很大，世尊。」

佛告須菩提：「爾所國土中所有眾生若干種心，如來悉知。何以故？如來說諸心，皆為非心。是名為心。所以者何？須菩提，過去心不可得，現在心不可得，未來心不可得。」

【譯文】

佛於是對須菩提說：「在如此眾多的佛土中的眾生，他們有著各種各樣的心意，如來卻能完全洞悉，這是什麼緣故呢？如來所說的各種各樣的心意，並不是實質上的各種各樣的心意，只不過是這麼稱呼它而已。為什麼這麼說呢？須菩提，過去的心意是沒辦法把握的，現在的心意是沒辦法把握的，將來的心意也是沒辦法把握的。」

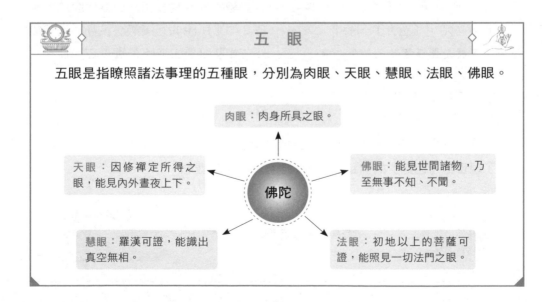

五　眼

五眼是指瞭照諸法事理的五種眼，分別為肉眼、天眼、慧眼、法眼、佛眼。

肉眼：肉身所具之眼。

天眼：因修禪定所得之眼，能見內外晝夜上下。

佛眼：能見世間諸物，乃至無事不知、不聞。

佛陀

慧眼：羅漢可證，能識出真空無相。

法眼：初地以上的菩薩可證，能照見一切法門之眼。

第四章　空的智慧——《金剛經》

「須菩提，於意云何？若有人滿三千大千世界七寶以用布施，是人以是因緣得福多不？」

「如是。世尊。是人以是因緣得福甚多。」

【譯文】

「須菩提，在你看來，如果有人用足以裝滿三千大千世界那樣多的七寶來布施，那麼此人因布施所得到的福報是不是很多呢？」

「的確如此，世尊，此人因布施所得的福德的確是很多。」

「須菩提，若福德有實，如來不說得福德多；以福德無故，如來說得福德多。

「須菩提，於意云何？佛可以具足色身①見不？」

【注釋】

①具足色身：「具」，具備；「足」，滿足；「色身」，物質之身。綜合而言就是圓滿無缺的物質之身。

【譯文】

「須菩提，如果福德是確實存在，那麼如來就不會說他得到的福德很多了；正因為福德並不是確實存在，所以如來才說他得到很多的福德。

「須菩提，在你看來，可以依照如來圓滿無缺、身形完美的外在相狀認識如來的真實相狀嗎？」

「不也！世尊。如來不應以具足色身見。何以故？如來說具足色身，即非具足色身，是名具足色身。」

「須菩提，於意云何？如來可以具足諸相①見不？」

【注釋】

①諸相：指的是如來所具有的三十二種大人相和八十種細微美好之相。

【譯文】

「我認為是不行的，世尊！不可以依照如來圓滿無缺、身形完美的外在相狀認識如來的真實相狀，為什麼這麼說呢？如來所說的圓滿無缺、身形完美的外在相狀實質上並不是實實在在存在的

 色 身

釋迦牟尼入滅後，其弟子出於對他的懷念，開始了佛陀崇拜的歷史，並產生了現實身（色身）的佛和永遠身（法身）的佛的觀念。

| 釋迦牟尼佛的身體，是有生滅的物質之身。 | ◄ 色身 | 佛身 | 法身 ► | 不滅的教法，是永恆不滅的，為佛弟子永遠的歸依。 |

圓滿無缺、身形完美的外在相狀，只不過這樣稱呼罷了。」

「須菩提，在你看來，可以依照如來的相貌特徵來認識如來的真實相狀嗎？」

「不也！世尊。如來不應以具足諸相見。何以故？如來說諸相具足，即非諸相具足，是名諸相具足。」

【譯文】

「我認為是不行的，世尊！不可以依照如來的相貌特徵來認識如來的真實相狀。為什麼這麼說呢？如來所說的相貌特徵，實質上並不是相貌特徵，只不過是假稱之為相貌特徵而已。」

「須菩提。汝勿謂如來作是念『我當有所說法』。莫作是念！何以故？若人言如來有所說法，即為謗佛，不能解我所說故。須菩提，說法者無法可說，是名說法。」

【譯文】

「須菩提，你不能想著如來有『我應當講解佛法』的念頭，千萬不要這麼想！為什麼這麼說呢？如果有人這麼說了，那麼就是對佛的誹謗，因為這個人並沒有真正地理解佛所說的法的真實意義。須菩提，所謂講解佛法，實質上並沒有可以講解的佛法，只不過是假稱之為講解佛法罷了。」

爾時。慧命須菩提白佛言：「世尊！頗有眾生於未來世聞說是法，生信心不？」

佛言：「須菩提，彼非眾生，非不眾生。何以故？須菩提，眾生眾生者，如來說非眾生，是名眾生。」

【譯文】

就在這時，視智慧為生命的須菩提對佛說：「世尊啊！在末法時代，如果眾生中有人聽到今日佛所講授的佛法，是不是會實實在在地產生信心呢？」

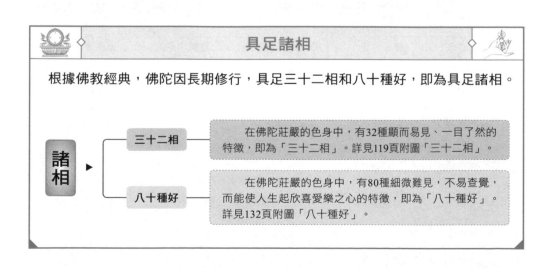

具足諸相

根據佛教經典，佛陀因長期修行，具足三十二相和八十種好，即為具足諸相。

諸相 ▶ 三十二相 — 在佛陀莊嚴的色身中，有32種顯而易見、一目了然的特徵，即為「三十二相」。詳見119頁附圖「三十二相」。

八十種好 — 在佛陀莊嚴的色身中，有80種細微難見，不易查覺，而能使人生起欣喜愛樂之心的特徵，即為「八十種好」。詳見132頁附圖「八十種好」。

第四章 空的智慧——《金剛經》

八十種好

　　八十種好是佛菩薩所具足的80種微美好之相，為佛、菩薩所獨有。《金剛經》中說如來的「具足諸相」包括了32相和80種好。

身威嚴具足。	身體堅固充實。	身體長大端直。	諸竅清淨圓好。	身力殊勝無與等者。
身相眾所樂觀。	面門不長不短。	髮修紺青，密而不白。	髮香潔細潤。	髮齊不交雜。
髮不斷落。	髮光滑殊妙，塵垢不著。	面如秋滿月。	顏貌舒泰。	面貌光澤無有顰蹙。
額廣平正。	雙眉長而細軟。	雙眉呈紺琉璃色。	眉高顯形如初月。	眼淨青白分明。
眼相修廣。	眼睫齊整稠密。	耳厚廣大修長。	兩耳齊平，離眾過失。	鼻高且直，其孔不現。
唇色光潤丹暉。	舌相軟薄廣長。	齒方整鮮白。	牙圓白光潔鋒利。	聲音威遠清澈。
音韵美妙如深谷響。	容儀令見者皆生愛敬。	身肢潤滑潔淨。	身容敦肅無畏。	身肢健壯。
身體安康圓滿。	身相猶如仙王。	身之周匝圓光。	指爪狹長，薄潤光潔。	手足之指圓而纖長、柔軟。
手足各等無差。	手足光澤紅潤。	手掌柔軟，足下安平。	手紋深長明直。	筋骨隱而不現。
兩踝俱隱。	步行威儀如龍象王。	威容齊肅如獅王。	行步如牛王。	進止如鵝王。
回顧如龍象王。	膚節均勻圓妙。	骨節交結猶若龍盤。	膝輪圓滿。	隱處之紋妙好清淨。
腹形方正莊嚴。	臍深右旋。	臍厚不凸不凹。	皮膚無疥癬。	身皮清淨無垢。
毛孔常出妙香。	面門常出香。	相周圓妙好。	身毛紺清淨。	法音應理無差。
頂相無能見者。	手足指網分明。	行時其足離地。	自持不待他衛。	威德攝一切眾。
音聲不卑不亢。	隨諸有情為說法。	一音演說正法。	說法依次第。	贊善毀惡無愛憎。
所為具足軌範。	相好無能觀盡。	項骨堅實圓滿。	顏容常少不老。	手足有吉祥相。

佛於是說：「須菩提，這裏我們所說的眾生，並不是眾生，也並非不是眾生，為什麼這麼說呢？須菩提，之所以稱眾生為眾生，是因為如來所說的眾生實質上並不是眾生，只不過是假稱為眾生罷了。」

諸法平等

須菩提白佛言：「世尊，佛得阿耨多羅三藐三菩提為無所得耶？」

佛言：「如是，如是。須菩提，我於阿耨多羅三藐三菩提，乃至無有少法可得，是名阿耨多羅三藐三菩提。」

【譯文】

須菩提對佛說道：「世尊，這樣說來，佛陀證得無上正等正覺之時，實際上是沒有得到無上正等正覺這種東西吧？」

佛說道：「的確如此！的確如此！須菩提，我心中完全沒有證得無上正等正覺的想法，甚至覺得自己沒有證得絲毫佛法，所以才稱為阿耨多羅三藐三菩提。」

「復次，須菩提，是法平等，無有高下，是名阿耨多羅三藐三菩提。以無我、無人、無眾生、無壽者，修一切善法，則得阿耨多羅三藐三菩提。須菩提，所言善法者，如來說即非善法，是名善法。」

【譯文】

「其次，須菩提，這裏所說的無上正等正覺，是平等無礙的，沒有什麼高低的區別，所以才稱之為阿耨多羅三藐三菩提。如果心中不再執著於自我的相狀、他人的相狀、眾生的相狀或者長壽的相狀，來修習一切善法，那麼就可以證得無上正等正覺。須菩提，這裏所說的善法，並不是實質上的善法，只不過是稱之為善法罷了。」

「須菩提，若三千大千世界中所有諸須彌山王，如是等七寶聚，有人持用布施；若人以此《般若波羅蜜經》，乃至四句偈等，受持、讀誦、為他人說，於前福德，百分不及一，百千萬億分，乃至算數、譬喻所不能及。」

【譯文】

「須菩提，如果眾生之中有人拿出如同世界中所有的須彌山那麼多的七寶來進行布施；又有人領受、奉持、誦讀此《般若波羅蜜經》，並且能為他人講述此經，即使只是講解經書中的一句四句偈，那麼後者的福報要遠遠地超過前者，甚至於布施七寶的人所得到的福報還比不上領受、奉持、誦讀此《般若波羅蜜經》者的百分之一、千分之一、萬分之一、億分之一，任何數字和譬喻都不能說明他們之間差別之巨大。」

世間無我

「須菩提，於意云何？汝等勿謂如來作是念『我當度眾生』。須菩提，莫作是念！何以故？實無有眾生如來度者。若有眾生如來度者，如來則有我、人、眾生、壽者。」

【譯文】

「須菩提，你認為怎樣呢？你們不要以為如來有『我應當救度眾生』的念頭。須菩提，千萬不要這麼想！為什麼這麼說呢？因為並沒有什麼需要如來救度的眾生。如果如來有救度眾生的想法，那麼如來就有對於自我的相狀、他人的相狀、眾生的相狀或者長壽的相狀的執著心了。」

「須菩提，如來說有我者，則非有我，而凡夫之人①以為有我。須菩提，凡夫者，如來說則非凡夫，是名凡夫。」

【注釋】

①凡夫之人：指的是對色相有所執著、尚未覺悟之人。

【譯文】

「須菩提，如來所說的自我，實質上也就是沒有自我，但是凡夫之人卻認識不到這一點，他們會認為存在真實的自我。須菩提，這裏所說的凡夫，在如來看來，也並不是真實的凡夫，只不過是這樣稱呼而已。」

不能見如來

「須菩提，於意云何？可以三十二相觀如來不？」

須菩提言：「如是，如是。以三十二相觀如來。」

佛言：「須菩提，若以三十二相觀如來者，轉輪聖王則是如來。」

【譯文】

「須菩提，在你看來，可以憑藉三十二種大人相來認識如來的真實相狀

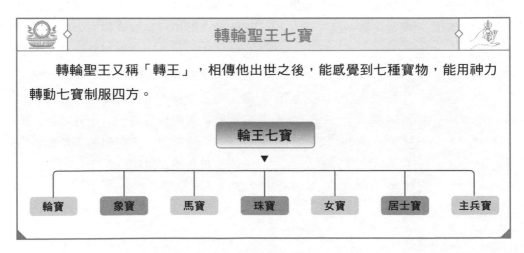

轉輪聖王七寶

轉輪聖王又稱「轉王」，相傳他出世之後，能感覺到七種寶物，能用神力轉動七寶制服四方。

輪王七寶

輪寶　象寶　馬寶　珠寶　女寶　居士寶　主兵寶

嗎？」

須菩提答道：「的確如此！的確如此，可以憑藉三十二種大人相來認識如來的真實相狀。」

佛又說：「須菩提，如果可以憑藉三十二種大人相來認識如來的真實相狀，那麼轉輪法王也就是如來了。」

須菩提白佛言：「世尊，如我解佛所說義，不應以三十二相觀如來。」

爾時，世尊而說偈言：
「若以色見我，以音聲求我；
是人行邪道，不能見如來。」

【譯文】

須菩提立刻更正自己剛剛所說的話：「世尊！按照我對佛所講授經典的

這是輪寶圖。相傳在轉輪聖王出現時，會有七寶出現，幫助轉輪聖王教化百姓，《金剛經》用轉輪聖王證明不能以三十二相來觀看如來。

理解，是不可以憑藉三十二種大人相來認識如來的真實相狀的。」

就在此時，佛祖又開口說出了下面的四句偈：
「如果有人憑藉外貌來認識我，
或者有人根據音色來尋求我，
那麼這個人就是不正確的，
更不能見到如來的真實相狀。」

「須菩提，汝若作是念『如來不以具足相故，得阿耨多羅三藐三菩提』。須菩提，莫作是念『如來不以具足相故，得阿耨多羅三藐三菩提』。須菩提，汝若作是念『發阿耨多羅三藐三菩提心者說諸法斷滅[1]』，莫作是念！何以故？發阿耨多羅三藐三菩提心者，於法不說斷滅相。」

【注釋】

[1]斷滅：對性空理論執著，進而也就斷然否定了因果系列。

【譯文】

「須菩提，如果你的心中有『如來並不是因為三十二相或者其他完美的諸相而證得了無上正等正覺』這樣的想法，須菩提啊！那麼現在就應該斷絕這樣的想法。須菩提，如果你的心中有『發心求取無上正等正覺者滅除法相』這樣的想法，那麼現在也應該斷絕這種想法。為什麼這麼說呢？因為證得無上正等正覺者追求的是超越諸相，破除對諸相的執著心，而不是滅除一切法相。」

「須菩提，若菩薩以滿恆河沙等世界七寶，持用布施。若復有人知一切法無我，得成於忍[1]，此菩薩勝前菩薩所得功德。何以故？須菩提，以諸菩薩不受福德故。」

【注釋】

[1]忍：忍辱、忍受的意思，指的是即使別人欺辱也不會產生惱怒之心。

【譯文】

「須菩提，如果有菩薩能以恆河沙那麼多的大千世界的七寶來進行布施；又如果有人能了悟一切佛法無自性的道理，進而達到無生無滅的境界，那麼後者所得的功德要遠遠地勝過前者，為什麼這麼說呢？須菩提，是因為一切菩薩都不會領受福德的啊！」

 # 菩薩不受福德

須菩提白佛言：「世尊，云何菩薩不受福德？」

「須菩提，菩薩所作福德，不應貪著[1]，是故說不受福德。

「須菩提，若有人言『如來若來若去、若坐若臥』，是人不解我所說義。」

【注釋】

[1]貪著：是貪愛執著的簡稱，佛家認為煩惱的根源在於貪著。

【譯文】

須菩提對佛說：「世尊，為什麼菩薩不能領受福德呢？」

「須菩提，菩薩行善不是為了領受

這是臥佛像。臥佛是橫臥的尊像，是釋迦牟尼佛逝世時的形象，一般見於寺院、壁畫中，多為泥塑、金屬材質。《金剛經》中用如來「若坐若臥」來形容不解佛法之人。

福德，更不能貪愛執著，所以說菩薩不會領受福德。

「須菩提，如果有人說『如來時來時去，時坐時臥』，那麼這個人就沒有真正理解我所講的佛法。」

「何以故？如來者，無所從來，亦無所去，故名如來。須菩提，若善男子、善女人以三千大千世界碎為微塵，於意云何？是微塵眾寧為多不？」

【譯文】

「這是為什麼呢？因為如來的含義就是無所從來，亦無所去，就是因為這樣，才能稱為如來。須菩提，如果有善男子、善女人將三千大千世界都碾碎成碎末細塵，那麼在你看來，這碎末細塵多不多呢？」

須菩提言：「甚多，世尊。何以故？若是微塵眾實有者，佛即不說是微塵眾。所以者何？佛說微塵眾，則非微塵眾，是名微塵眾。世尊，如來所說三千大千世界，則非世界，是名世界。」

【譯文】

須菩提回答道：「我認為很多了，世尊。為什麼這麼說呢？如果這些碎末細塵是真實存在著，那麼佛也就不會說碎末細塵很多了，為什麼這麼說呢？佛說碎末細塵多，並不是真的碎末細塵眾多，只不過是假稱為碎末細塵眾多罷了。世尊，如來所說的三千大千世界，並不是實質上的世界，只不過是假稱為世界罷了。」

❀ 佛陀的教義

「何以故？若世界實有者，則是一合相^①，如來說一合相，則非一合相，是名一合相。」

【注釋】

①一合相：指的是眾生因緣和合而形成的一種相狀。

【譯文】

「為什麼這麼說呢？如果真有人把世界看做是真實存在的，那麼世界實質上也只不過是由眾多的碎末細塵聚集而來的一種相狀。如來所說的眾多碎末細塵聚集而成的相狀，也不是聚集的相狀，也只不過是假稱為相狀罷了。」

第四章 空的智慧——《金剛經》

・名詞解釋・

如來：佛陀十號之一。「如」在佛經中又稱真如，指的是絕對真理；「如來」，指佛是掌握著絕對真理來到世上說法以普度眾生的聖者。在《金剛經》中，佛陀是用「無所從來，亦無所去」來詮釋如來的名號。

「須菩提，一合相者，則是不可說，但凡人之貪著其事。須菩提，若人言『佛說我見、人見、眾生見、壽者見』，須菩提，於意云何？是人解我所說義不？」

「不也！世尊！是人不解如來所說義。何以故？世尊說我見、人見、眾生見、壽者見，即非我見、人見、眾生見、壽者見，是名我見、人見、眾生見、壽者見。」

【譯文】

「須菩提，這個聚集而來的相狀實際上也是不能用語言說明的，但是凡夫俗子卻不明白這樣的道理，所以才執著於相狀。須菩提，如果有人說：『佛陀講到了自己的見解、他人的見解、眾生的見解、持久恆遠的見解』，須菩提，在你看來，這個人理解了我講授的教義嗎？」

【譯文】

「我認為沒有，世尊！這個人並沒有了悟如來所講授的教義。為什麼這麼說呢？世尊所說的自己的見解、他人的見解、眾生的見解、持久恆遠的見解，並不是真實的自己的見解、他人的見解、眾生的見解、持久恆遠的見解，只不過假稱為自己的見解、他人的見解、眾生的見解、持久恆遠的見解罷了。」

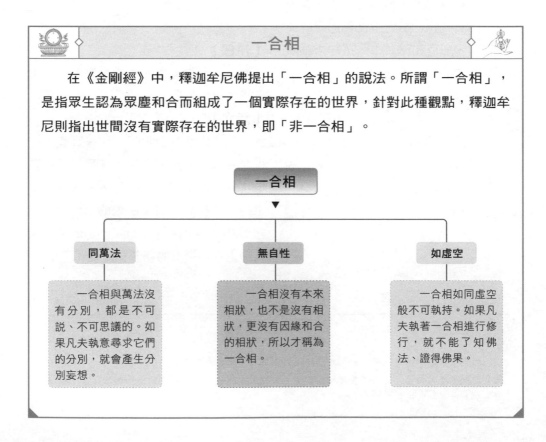

一合相

在《金剛經》中，釋迦牟尼佛提出「一合相」的說法。所謂「一合相」，是指眾生認為眾塵和合而組成了一個實際存在的世界，針對此種觀點，釋迦牟尼則指出世間沒有實際存在的世界，即「非一合相」。

一合相

同萬法	無自性	如虛空
一合相與萬法沒有分別，都是不可說、不可思議的。如果凡夫執意尋求它們的分別，就會產生分別妄想。	一合相沒有本來相狀，也不是沒有相狀，更沒有因緣和合的相狀，所以才稱為一合相。	一合相如同虛空般不可執持。如果凡夫執著一合相進行修行，就不能了知佛法、證得佛果。

「須菩提，發阿耨多羅三藐三菩提心者，於一切法，應如是知，如是見，如是信解，不生法相。須菩提，所言法相者，如來說即非法相，是名法相。」

【譯文】

「須菩提，凡是發心求取無上正等正覺者，對於一切法，都應該這樣去認識、去判斷、去瞭解、去信奉，而不應該執著於法相。須菩提，這裏所說的法相，在如來看來並不是真實的法相，只不過是這樣稱呼罷了。」

 ## 本經的講解

「須菩提，若有人以滿無量阿僧祇世界七寶持用布施；若有善男子、善女人，發菩提心者，持於此經，乃至四句偈者，受持、讀誦、為人演說，其福勝彼。」

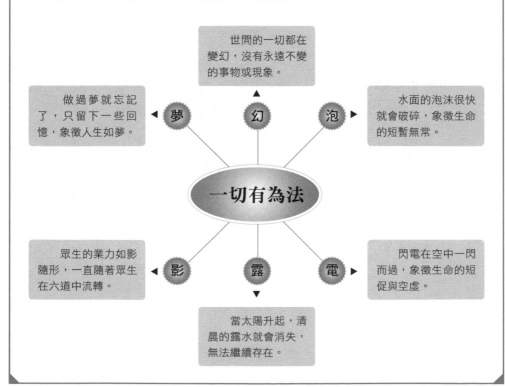

一切有為法

在《金剛經》的偈頌部分，釋迦牟尼指出「一切有為法，如夢幻泡影，如露亦如電，應作如是觀」，意思是世間的一切事物、物質、精神，以及所有現象都是短暫的，虛而不實的，這是《金剛經》最著名的偈頌。

世間的一切都在變幻，沒有永遠不變的事物或現象。

做過夢就忘記了，只留下一些回憶，象徵人生如夢。

夢　幻　泡

水面的泡沫很快就會破碎，象徵生命的短暫無常。

一切有為法

眾生的業力如影隨形，一直隨著眾生在六道中流轉。

影　露　電

閃電在空中一閃而過，象徵生命的短促與空虛。

當太陽升起，清晨的露水就會消失，無法繼續存在。

【譯文】

「須菩提，如果有人以能夠裝滿數不盡阿僧祇世界的七寶來進行布施；或者有善男子、善女人用菩提心來領受、奉持、誦讀甚至為他人講解此經，即使只是講解經書中的一個四句偈，那麼他所得之福報，也要比前者多得多。」

「云何為人演說？不取於相，如如不動。何以故？

「一切有為法，如夢幻泡影，如露亦如電，應作如是觀。」

【譯文】

「那麼究竟該怎樣為眾生講解此經呢？關鍵是要不執著於事物的表面相狀，以諸法的真實相狀來對待事物，這是為什麼呢？

「一切有為之法皆為虛妄，如同夢幻和泡影般無常，如同朝露和閃電般短暫，諸法都應該如此被認知。」

說是經已，長老須菩提及諸比丘、比丘尼①、優婆塞、優婆夷②，一切世間天、人、阿修羅，聞佛所說，皆大歡喜，信受奉行。

【注釋】

①比丘、比丘尼：指的是僧人和尼姑，即出家受過具足戒的佛教信徒。

②優婆塞、優婆夷：指的是男居士和女居士，即在家修行佛法的佛教信徒。

【譯文】

佛陀講解完此經，所有的長老須菩提及諸比丘、比丘尼、優婆塞、優婆夷，以及一切世間的天、人、阿修羅聽了佛所講的佛法，都非常歡欣高興，對此經產生了很大的信心，並從此領受、奉持、修行此經。

真言：

那謨婆伽跋帝　鉢喇壤　波羅彌多曳　唵伊利底　伊室利　輸盧迦　毗舍耶　毗舍耶　莎婆訶

第五章

破魔大全——《楞嚴經》

《楞嚴經》是一部十分重要的大經，此經以如來藏思想為核心，不但在內容上包含了顯、密、性、相各派的教理，在宗派上更橫跨禪、淨、密、律各宗，毫無宗派的偏倚，在修行上則充實、圓滿，是一部難得的無上法寶。

釋《楞嚴經》
《楞嚴經》的經題與翻譯

　　《楞嚴經》全稱《大佛頂如來密因修證了義諸菩薩萬行首楞嚴經》。所謂「大」，是稱讚之詞，是說經題中的「密因」能成菩提，是為大因；「了義」知曉萬法，是為大義；「萬行」是如實修行，是為大行；「楞嚴」堅固不破，是為大定。因為此經具有四大，所以稱為「大」。

　　「佛頂」是指佛陀之頂，是佛陀三十二相之一，象徵本經的尊貴猶如佛頂。「如來密因修證了義」是指成就如來的秘密因地，修行成佛的至高無上的義理；「諸菩薩萬行首楞嚴」是指諸菩薩的修持法門中，最為堅固、顛撲不破的真理。

　　相傳佛陀在宣說完《楞嚴經》後，此經就被收藏在龍宮之中，龍樹菩薩到龍宮說法時，因感歎此經的稀有難得，於是將全經背誦下來，並以文字記錄，呈給國王，國王也將此經視為國寶，收藏在國庫中。在唐代初期，此經的威名已傳到中國，據說天台宗大師曾設拜經台，西向拜經18年，但仍未親眼見到此經。

　　根據佛教史料，《楞嚴經》是在唐中宗統治時期，由中印度高僧般剌密諦傳入中國。相傳在唐代之前，《楞嚴經》被視為國寶，一直不能傳出。直至般剌密諦之時，他為利益中國僧眾，冒險攜帶《楞嚴經》過關，卻在邊界時被官吏查獲，未能過關。後來，般剌密諦用極細的白絹書寫此經，並割破自己的肩膀，將經文藏在身體之中，才得以順利過關。般剌密諦到達廣州後，就在光孝寺割破肩膀取出經文，開始將此經譯為漢文，由房融記錄。《楞嚴經》翻譯完畢後，國王已發現般剌密諦擅自攜帶經書出國，因此嚴加追查邊界的官吏，於是般剌密諦立即返回了本國，承擔了所有的責罰。但是對於這一說法，佛學界長期存有爭議，大多數佛教信眾都認為此經是佛陀所說，部分學者則認為此經是唐代人假託佛陀說法而作的偽經。

　　自《楞嚴經》出現，佛門就有無數的高僧大德為此經作注解，在中國，該經的注疏就有100多種，現存40多種，

大部分屬於賢首宗、天台宗和禪宗。從中唐到清末，僅禪宗對《楞嚴經》的注疏，就有覺範的《楞嚴經尊頂》、戒環的《楞嚴經要解》、惟則的《楞嚴經會解》、袾宏的《楞嚴經摸》、德清的《楞嚴經懸鏡》、《楞嚴經通議》、天然的《楞嚴經直指》、曾鳳儀的《楞嚴經宗通》等。

 《楞嚴經》的主要內容

　　《楞嚴經》是大乘佛教經典之一，相傳是唐代般刺密諦大師翻譯而成，被認為是佛教的「破魔大全」。

翻譯者	▶	般刺密諦大師 　　中印度人。唐中宗神龍元年（西元705年），般刺密諦大師於廣州翻譯出《楞嚴經》10卷。不久，因為他擅自帶出佛經，於是被國王追緝，他只好離華回國了。
翻譯時間	▶	唐神龍元年
卷數	▶	10卷
主要內容	▶	樹立了以如來藏思想為核心的佛性論、心性論、修行論等理論體系，是一部顯密結合、兼收並蓄的佛教經典。此經的內容包羅萬象，有「自從一讀楞嚴後，不看人間糟粕書」的説法。

第五章　破魔大全——《楞嚴經》

2 | 圓滿法門
《楞嚴經》的主要內容

　　《楞嚴經》的緣起是佛陀弟子阿難被淫戒所困，佛陀命文殊菩薩前往救助，並為阿難開示禪定、破魔神咒。由此，應阿難之請，佛陀示現了七處破妄、顯見、五陰、六入、七大、十二處、十八界、二十五聖自證境界及楞嚴法門。最後，佛陀又說五十種陰魔事，因此《楞嚴經》的基本結構正是「從破魔始，至破魔終」，被稱為「破魔大全的寶典，諸魔的剋星」。

　　在大乘佛教經典中，《楞嚴經》是一部開示修禪、二十五圓通、五蘊魔事等禪法要義的經典，此經從圓頓禪角度概述大乘心要的經典，說理透徹，清晰易懂，很容易閱讀，經文的文字也令人驚歎，被認為是古代文學的精品之作。

　　由於《楞嚴經》構築的體系十分宏大，幾乎涉及到了佛教的所有教義，所以它具備了相容並蓄、內容豐富的特點，被認為是沒有宗派偏見的圓滿法門。尤其是經文中提出了佛性論、心性論、修行論合一的嚴密的理論體系，更為修行者所看重，被奉為必修的無上圭桌。對中國漢地習禪者而言，楞嚴咒更是早課的必誦內容，在打禪七之前要先修七日到七七日的楞嚴會，用來消除修行的魔障。

　　《楞嚴經》自傳入以來，引起了許多高僧的重視。明代智旭稱此經是「宗教司南，性相總要，一代法門之精髓」。在近代，淨土宗的印光大師又將經中「大勢至念佛圓通章」與淨土四經合編為淨土五經，使《楞嚴經》更為流傳。宣化上人將《楞嚴經》與《妙法蓮華經》、《華嚴經》並稱為「經中之王」。清代，章嘉呼圖克圖等將其譯成藏文，並刊有漢、滿、藏、蒙四體合璧的《首楞嚴經》全帙。在日本，此經也廣泛流傳，影響很大。

在佛經科判中，《楞嚴經》一般被分為序分、正宗分、流通分三個部分，其中以第1卷為序分，第2卷至第9卷為正宗分，第10卷為流通分。

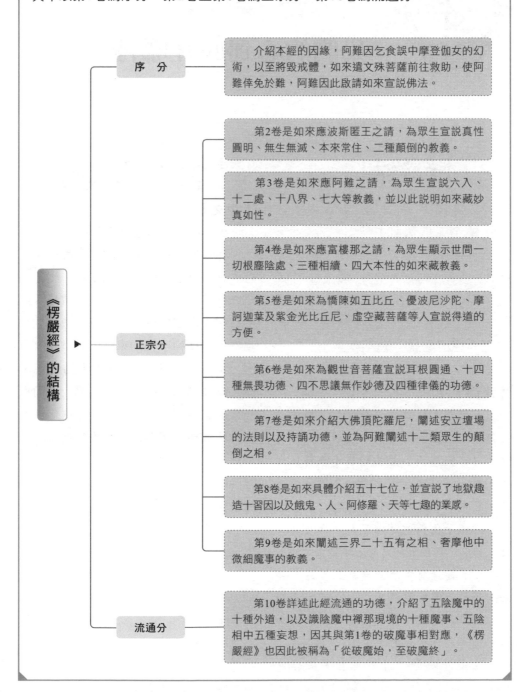

序　分

　　介紹本經的因緣，阿難因乞食誤中摩登伽女的幻術，以至將毀戒體，如來遣文殊菩薩前往救助，使阿難倖免於難，阿難因此啟請如來宣說佛法。

正宗分

　　第2卷是如來應波斯匿王之請，為眾生宣說真性圓明、無生無滅、本來常住、二種顛倒的教義。

　　第3卷是如來應阿難之請，為眾生宣說六入、十二處、十八界、七大等教義，並以此說明如來藏妙真如性。

　　第4卷是如來應富樓那之請，為眾生顯示世間一切根塵陰處、三種相續、四大本性的如來藏教義。

　　第5卷是如來為憍陳如五比丘、優波尼沙陀、摩訶迦葉及紫金光比丘尼、虛空藏菩薩等人宣說得道的方便。

　　第6卷是如來為觀世音菩薩宣說耳根圓通、十四種無畏功德、四不思議無作妙德及四種律儀的功德。

　　第7卷是如來介紹大佛頂陀羅尼，闡述安立壇場的法則以及持誦功德，並為阿難闡述十二類眾生的顛倒之相。

　　第8卷是如來具體介紹五十七位，並宣說了地獄趣造十習因以及餓鬼、人、阿修羅、天等七趣的業感。

　　第9卷是如來闡述三界二十五有之相、奢摩他中微細魔事的教義。

流通分

　　第10卷詳述此經流通的功德，介紹了五陰魔中的十種外道，以及識陰魔中禪那現境的十種魔事、五陰相中五種妄想，因其與第1卷的破魔事相對應，《楞嚴經》也因此被稱為「從破魔始，至破魔終」。

第五章　破魔大全——《楞嚴經》

心的本性

我們的心到底在哪裡

本經緣起

　　如是我聞。一時佛在室羅筏城祇桓精舍，與大比丘眾千二百五十人俱，皆是無漏①大阿羅漢，佛子住持②。善超諸有③，能於國土成就威儀，從佛轉輪，妙堪遺囑④，嚴淨毗尼⑤，弘範三界⑥。應身無量，度脫眾生，拔濟未來，越諸塵累。

【注釋】

　　①無漏大阿羅漢：「漏」，煩惱；「無漏」，指聖者已解脫煩惱、破除我執。「大阿羅漢」是指已從小乘轉向大乘，願出世間度生之聖者。他們已悟生死，已破一念無明，不入輪迴。

　　②佛子住持：「佛子」，即菩薩；「住持」，即住於佛之家，修持佛之法。

　　③善超諸有：善於超脫三界諸有為法，不被諸有所困。

　　④妙堪遺囑：指這些大阿羅漢有奇妙之能可勝任釋尊的遺命。

　　⑤嚴淨毗尼：「毗尼」，戒律。

　　「嚴淨毗尼」即淨心嚴守佛門戒律。

　　⑥弘範三界：可做三界眾生的典範。

【譯文】

　　我曾親耳聽佛陀這樣說過：

　　當時，世尊在舍衛國的祇園精舍，有大比丘等1250名僧人隨行。他們都是成就了無漏智的大阿羅漢，或是具備佛智在人世宏揚佛法的菩薩。他們能夠超越世間種種事物的束縛，不被諸有所困，能夠在俗塵中施現佛祖的威德儀律，推廣佛法以解脫世人煩惱，從而把如來遺訓發揚光大。他們淨心嚴守佛門的一切戒律，可做三界眾生的典範；以無數的化身顯現佛的智慧，引導世間生靈脫離生死輪迴，讓眾生擺脫未來的輪迴苦海，從而超越世間的束縛。

　　其名曰：大智舍利弗、摩訶目犍連、摩訶拘絺羅、富樓那彌多羅尼子、須菩提、優波尼沙陀等，而為上首。復有無量辟支無學①，並其初心②，同來佛所，屬諸比丘，休夏自恣③。十方菩薩，咨決心疑④，欽奉慈嚴⑤，將求密義。

【注釋】

①辟支無學：「辟支」，辟支佛；「無學」，指修行圓滿，對外無所學而能窮盡變化。「辟支無學」，指已證得辟支佛果位的修行者。

②初心：指剛剛發心學佛的人。

③休夏自恣：「休夏」，即結夏安居；「自恣」，自我懺悔或接受他人懺悔。

④咨決心疑：詢問解決內心之疑惑。

⑤慈嚴：指如來。

【譯文】

他們分別是：大智舍利弗、摩訶目犍連、摩訶拘絺羅、富樓那彌多羅尼子、須菩提、優波尼沙陀等人，這些都是如來佛的上首弟子。此外還有無數的辟支、無學等初入聖道的修行者，以及一些初發心學佛的修行者，他們與各位比丘一起來如來這裏坐禪修學、考查檢省。十方世界的菩薩們，為了諮詢心中最後的疑惑，也恭敬地觀見如來，尋求佛法的奧義。

即時如來敷座宴安①，為諸會中宣示深奧②。法筵清眾，得未曾有。迦陵仙音③，遍十方界。恆沙菩薩來聚道場④，文殊師利而為上首。

【注釋】

①宴安：寂靜安詳。

②深奧：深奧的佛法密意。

③迦陵：迦陵頻伽是一種人頭羽身的吉祥鳥，憑藉阿彌陀佛的願力所化成。迦陵鳥還沒出生就能唱歌，所發出的歌聲被稱為法音。

④道場：原指釋迦牟尼最初成道之處，後來供奉佛或宣講佛法之地亦稱為道場。

【譯文】

這時候，如來安然上座，為法會中大眾宣講佛法的深奧密義，令大眾得到前所未有的啟發。如同迦陵鳥的和美法音，傳遍十方諸天各界。數不清的菩薩們匯聚此處，而文殊師利菩薩為上首。

這是文殊菩薩圖。文殊菩薩又名曼殊師利、文殊師利法王子，他與普賢菩薩同為釋迦牟尼佛的脅侍，合稱「華嚴三聖」。根據佛教經典，文殊菩薩善於說法，是過去諸佛的老師，負責引導修行者證得佛果。在《楞嚴經》中，文殊菩薩也位居諸菩薩之上首。

時波斯匿王，為其父王諱日營齋，請佛宮掖①，自迎如來，廣設珍饈無上妙味，兼復親延諸大菩薩。城中復有長者、居士，同時飯僧，佇佛來應②。佛敕文殊，分領菩薩，及阿羅漢，應諸齋主。

【注釋】

①宮掖：王宮的左右偏殿。

②佇佛來應：等候釋尊來應供（受供養）。

【譯文】

那時，波斯匿王正為其父的忌日而設齋宴請諸佛。他在宮廷的齋筵上擺滿了美味珍餚，並親自迎候如來以及各位菩薩。城裏的一些長者、居士，也在設齋筵禮諸位僧人，他們也期待如來能夠光臨。如來就命文殊菩薩分率菩薩和阿羅漢去赴齋主們的筵請。

阿難遭劫

唯有阿難先受別請，遠遊未還，不遑僧次①。既無上座及阿闍黎。途中獨歸。其日無供，即時阿難執持應器，於所遊城次第循乞。

【注釋】

①不遑僧次：「不遑」，來不及；「次」，行列。意指阿難遠遊未歸，來不及歸隊。

【譯文】

只有如來的弟子阿難，因為已接受別處的邀請，遠遊還未歸隊。因為沒有比丘或軌範師一起同去，只有他一人獨行。在他返回這一天，並未得到供奉，只好手持食缽，在城裏沿街乞食。

心中初求最後檀越，以為齋主，無問淨穢剎利尊姓①及旃陀羅②，方行等慈③，不擇微賤，發意圓成一切眾生無量功德。

【注釋】

①剎利尊姓：印度的第二等級，為貴族。

②旃陀羅：印度種姓等級中最低下者。

③方行等慈：效法佛陀施行平等慈心。

【譯文】

阿難心裏盤算，等乞到最後一家施主時，不管是乾淨還是污穢，也不論是尊

· 名詞解釋 ·

檀越：指齋主，即施與僧眾衣食，或出資舉行法會等之信眾。在小乘佛教中，僧尼乞食時，通常先找官家，然後再找唱、屠（夫）、沽（酒家）、淫舍。此時官家和居士都已設齋供佛，不能再供養阿難，因此他只好尋求後三種施主。

貴還是卑賤，他就會在那家接受供奉，不僅會以同等的慈悲關懷眾生，還會竭力成就眾生的佛性智慧與無上功德。

阿難已知如來世尊訶須菩提及大迦葉為阿羅漢，心不均平。欽仰如來開闡無遮，度諸疑謗[1]。經彼城隍[2]，徐步郭門，嚴整威儀，肅恭齋法[3]。

【注釋】

①「欽仰如來」句：（阿難）欽慕如來能為他們闡明平等對待貧富的智慧，免除他人的疑惑與譭謗。大迦葉專找貧苦人乞食，人疑其清高；須菩提專找富人乞食，人謗其貪富。

②城隍：城樓。「城」，土築高牆；「隍」，乾涸無水的護城壕。

③嚴整威儀，肅恭齋法：整理儀容，恭敬地按行齋的律儀乞食。

【譯文】

阿難知道，如來世尊曾責備須菩提和大迦葉，批評他們雖為阿羅漢，卻仍然不能以平等心對待眾生。他欽慕如來能為他們闡述寬容平等的智慧，引導他們從迷惑怨忿中解脫。阿難邊想邊走過城樓，慢慢向街上走去。他面容莊重，恭敬地按行齋的律儀乞食。

爾時，阿難因乞食次，經歷淫室，遭大幻術。摩登伽女[1]以娑毗迦羅[2]先梵天咒，攝入淫席[3]。淫躬撫摩，將毀戒體[4]。

【注釋】

①摩登伽女：一個母姓為「摩登伽」的淫蕩女子。

②娑毗迦羅：古代印度外道中的一種，主要擅長幻術、神語符咒等。

③淫席：摩登伽女的床席。

④戒體：指出家持戒的身體。

【譯文】

當阿難到一處淫逸的住所乞食時，遭遇了大幻術，一個母姓為「摩登伽」的淫蕩女子，對他施用娑毗迦羅先梵天咒，將他按倒在床，正欲淫行浪蕩，眼看阿難的持戒之體難保。

這是阿難圖。阿難原是釋迦牟尼佛的堂弟，後隨佛陀出家，隨侍佛陀達25年。他記憶超群，熟知佛法，被稱為「多聞第一」。由於阿難博學多聞，面容俊秀，所以深得女性的尊敬。《楞嚴經》中的摩登伽女就是因為愛慕阿難，所以對他施加了魔咒。

如來以神咒救助阿難

如來知彼淫術所加，齋畢旋歸。王及大臣、長者、居士，俱來隨佛，願聞法要。於時，世尊頂放百寶無畏光明，光中出生千葉寶蓮，有佛化身結跏趺坐，宣說神咒，敕文殊師利將咒往護。

【譯文】

如來知道阿難遭到淫邪之術，很快用齋回來。波斯匿王和大臣、長者、居士們，也尾隨而至，等著聆聽佛法。此時，如來頭頂之上放射出百寶無畏大光明，光芒之中生出千葉寶蓮花，蓮中有一佛作跏趺坐，宣說神咒，並命文殊菩薩持此咒去護衛阿難。

惡咒消滅，提將阿難及摩登伽歸來佛所[1]。阿難見佛，頂禮悲泣，恨無始來。一向多聞，未全道力。殷勤啟請十方如來，得成菩提妙奢摩他、三摩禪那，最初方便。於時復有恆沙菩薩，及諸十方大阿羅漢、辟支佛等，俱願樂聞。退坐默然，承受聖旨。

【注釋】

①「提將阿難」句：提醒阿難，鼓勵摩登伽女一同來佛住所。

【譯文】

一時間，魔咒被破，阿難和摩登伽女都被帶到如來面前。阿難見佛，頂禮跪倒，放聲悲泣。他恨自己向來以「多聞」聞名於世，卻不能成就圓滿的道行。阿難懇請十方如來，幫助他開啟至無上智慧、至無上禪定、至無上正定正覺的修習功夫，以及最為方便快捷的成道法門。當時又有數不清的菩薩，以及十方世界的大阿羅漢、辟支佛等，都願聆聽佛的教誨。他們靜靜坐好，準備領受佛的至高要義。

阿難的學佛之心

佛告阿難：「汝我同氣[1]，情均天倫。當初發心，於我法中見何勝相，頓捨世間深重恩愛？」

阿難白佛：「我見如來三十二

這是釋迦牟尼佛坐蓮花像。根據印度傳說，蓮花是高貴聖潔的象徵。佛教誕生後，釋迦牟尼佛結跏趺坐於蓮花之上，象徵佛陀雖然身處穢土，卻能離塵清淨、法力無邊。在《楞嚴經》中因為阿難有難，於是佛陀坐於千葉寶蓮花上宣說神咒。

相勝妙殊絕，形體映徹，猶如琉璃。常自思惟：此相非是欲愛所生。何以故？欲氣粗濁，腥臊交媾，膿血雜亂，不能發生勝淨妙明[2]，紫金光聚。是以渴仰，從佛剃落。」

【注釋】

①汝我同氣：你我有共同的血脈，阿難與佛是堂兄弟。

②勝淨妙明：「勝淨」即最清淨；「妙明」，光明無倫。

【譯文】

如來對阿難說：「你我有同胞之脈，情同手足。你最初發心出家時，在我的佛法中看到了什麼景象，竟讓你能捨下世間的深重恩愛？」

阿難告訴如來：「那時我看到如來之身有三十二種美妙絕倫之相，形體澄澈透明如同水晶。我暗自思量，這樣的美妙之相一定不是因世間情欲而生。為什麼這樣說呢？因為世間的色欲之氣粗濁不堪，腥臭交織，膿血雜亂，絕不能生出這樣明淨無瑕、光明普照的相狀。因此我心裏非常渴仰愛慕，因此從佛剃度出家。」

佛言：「善哉！阿難！汝等當知：一切眾生從無始來，生死相續，皆由不知常住真心，性淨明體，用諸妄想。此想不真，故有輪轉。」

【譯文】

佛聽後便讚歎道：「真好，阿難。你應該知道，世間眾生一直在生死輪迴中掙扎，都是因為不明白自己的常住真心，是不動不搖、不生不滅、不增不減的。心的本性是明淨光潔的，但是若用於種種妄念，就變成顛倒的妄想，使眾生在生死煩惱中輪轉不停息。」

「汝今欲研無上菩提[1]，真發明性，應當直心[2]，酬我所問。十方如來同一道故，出離生死，皆以

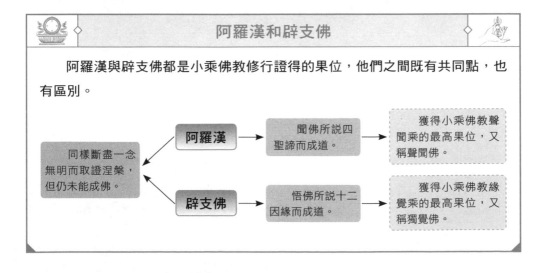

阿羅漢和辟支佛

阿羅漢與辟支佛都是小乘佛教修行證得的果位，他們之間既有共同點，也有區別。

同樣斷盡一念無明而取證涅槃，但仍未能成佛。

阿羅漢 → 聞佛所說四聖諦而成道。 → 獲得小乘佛教聲聞乘的最高果位，又稱聲聞佛。

辟支佛 → 悟佛所說十二因緣而成道。 → 獲得小乘佛教緣覺乘的最高果位，又稱獨覺佛。

第五章 破魔大全——《楞嚴經》

直心。心言直故，如是乃至終始地位，中間永無諸委曲相③。」

【注釋】

①無上菩提：至上的成佛之道，指修行的最高果位。

②直心：直接深入到本心。

③委曲相：種種起伏曲折之情形。

【譯文】

「你要是想修習無上智慧，真正地明曉真實的心性，那麼你應當以真誠之心回答我的問題。諸天十方佛的修行，其實並沒有什麼不同，之所以能夠脫離生死輪迴，都是直心修行的結果。當心依本性修行，口以誠實修煉，那麼你的修行過程就會非常順暢，永遠不會有任何起伏或曲折。」

「阿難，我今問汝。當汝發心緣於如來三十二相，將何所見？誰為愛樂？」

阿難白佛言：「世尊！如是愛樂，用我心目。由目觀見如來勝相，心生愛樂，故我發心，願捨生死。」

【譯文】

「阿難，我現在問你，當初你因為如來三十二種妙相的緣故而發心求無上智慧，那麼，你究竟是用什麼來看，又是用什麼感到歡喜的呢？」

阿難告訴如來：「世尊，我是用我的心和眼來感受歡喜的。當我的眼目睹到如來美妙絕倫的相狀，我的心就生起了歡喜，於是我發心求無上智慧，並願為此捨生棄死。」

 # 心和眼在哪裡

佛告阿難：「如汝所說，真所愛樂，因於心目。若不識知心目所在，則不能得降伏塵勞。譬如國王為賊所侵，發兵討除，是兵要當知

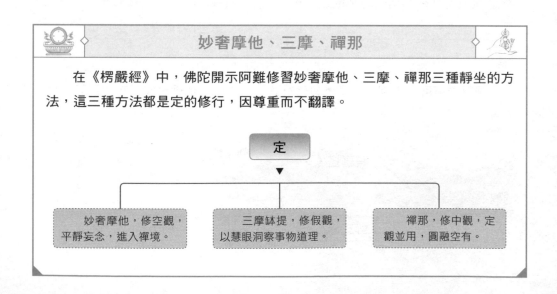

妙奢摩他、三摩、禪那

在《楞嚴經》中，佛陀開示阿難修習妙奢摩他、三摩、禪那三種靜坐的方法，這三種方法都是定的修行，因尊重而不翻譯。

定

妙奢摩他，修空觀，平靜妄念，進入禪境。

三摩缽提，修假觀，以慧眼洞察事物道理。

禪那，修中觀，定觀並用，圓融空有。

賊所在。使汝流轉，心目為咎，吾今問汝：唯心與目，今何所在？」

【譯文】

如來又對阿難說：「像你剛才所說，你用心和眼感覺到歡喜。如果你不知自己的心和眼在何處，就不能消除俗塵的煩惱。這就如同一個遭到敵人侵犯的國王，如果他發兵討伐侵犯的敵人，那他首先就要知道敵人的方位。而你之所以仍在生死輪迴中，就是受制於眼和心的緣故。我現在問你，你的心與眼到底在哪裡？」

阿難白佛言：「世尊，一切世間十種異生，同將識心居在身內。縱觀如來青蓮華眼，亦在佛面。我今觀此浮根四塵，只在我面；如是識心，實居身內。」

【譯文】

阿難回答說：「世尊啊！世間三界之內的十種異生，都將識心置於體內。

即使是如來的青蓮華眼，也是長在面上。而我的浮根，即眼根——乃四塵，即色、香、味、觸所形成，生長在我的面上；而能分辨事物的識心，卻是在我的身體內。」

佛告阿難：「汝今現坐如來講堂，觀祇陀林，今何所在？」

「世尊，此大重閣清淨講堂，在給孤園，今祇陀林實在堂外。」

「阿難，汝今堂中先何所見？」

「世尊，我在堂中先見如來，次觀大眾；如是外望，方矚林園。」

「阿難，汝矚林園，因何有見？」

「世尊，此大講堂戶牖開豁，故我在堂得遠瞻見。」

【譯文】

佛再問阿難：「你現在坐在如來講堂，你看陀林，究竟在何處？」阿難答道：「世尊！這重閣疊樓的清淨講堂，就在這祇園裏，而祇陀太子之林，就在講堂外邊。」

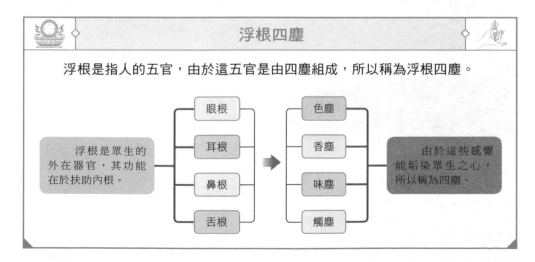

浮根四塵

浮根是指人的五官，由於這五官是由四塵組成，所以稱為浮根四塵。

浮根是眾生的外在器官，其功能在於扶助內根。

眼根
耳根
鼻根
舌根

色塵
香塵
味塵
觸塵

由於這些感覺能垢染眾生之心，所以稱為四塵。

佛對阿難說：「你現在在講堂中，最先見到什麼呢？」阿難回答：「世尊！我在講堂中，先看見如來，之後見大眾，然後往外看去，才看見那些林園。」

佛問阿難：「你是怎樣能看見林園的呢？」阿難回答：「世尊！因為講堂的門窗寬闊，四方洞開，所以我在講堂內便能望見外邊景物。」

❁ 心不在內

爾時世尊，在大眾中，舒金色臂，摩阿難頂，告示阿難及諸大眾：有三摩提，名大佛頂首楞嚴王，具足萬行，十方如來，一門超出妙莊嚴路。汝今諦聽。阿難頂禮，伏受慈旨。

【譯文】

這個時候，世尊伸展金色臂膀，撫摸阿難的頭，對阿難及大家說：「有一種

這是法堂圖。法堂，又稱講堂，是佛教寺院中僧人讀經的場所。根據《分別功德經》，佛陀所住的祇洹精舍有七十二座講堂，這也說明了釋迦牟尼佛在世時就已有講堂。《楞嚴經》中釋迦牟尼佛就在講堂為阿難說法。

止寂靜慮的境界，稱為大佛頂首楞嚴王，這一境界無量無邊，一切禪定、十方如來皆從此所出，才達到至上之高的法力。現在，你們都要仔細地聽著！」阿難隨即起身頂禮，伏受如來慈悲法旨。

佛告阿難：「如汝所言，身在講堂，戶牖開豁，遠矚林園。亦有眾生，在此堂中，不見如來，見堂外者。」

阿難答言：「世尊！在堂不見如來，能見林泉，無有是處。」

【譯文】

佛反問阿難：「如你所言，身在講堂時，窗戶打開，便可以看見外邊園林。但是，會不會也有眾生，身在堂中，而沒看見如來，只看見堂外之物呢？」

阿難答言：「世尊！身在堂中，看不見如來而只看見林泉，沒有這種道理。」

「阿難，汝亦如是。汝之心靈一切明了。若汝現前所明了心，實在身內，爾時，先合了知內身。頗有眾生，先見身中，後觀外物？

「縱不能見心、肝、脾、胃，爪生髮長，筋轉脈搖，誠合明了，如何不知？心不內知，云何知外？是故應知，汝言『覺了能知之心住在身內』，無有是處。」

【譯文】

佛說：「阿難！你也是如此。你的心靈，一切都能明了。既然這個明了的

心是居於體內，就應該先看到體內之事物。是否有眾生能先看見身中之物再看到外邊之物嗎？」

「你說心在內，見在外，為何心在內而不能先見心、肝、脾、胃呢？縱然看不見，那亦應該看見指甲的生、頭髮的長、筋絡的轉、脈搏的搖，你的心應該明了，如何會不知呢？既然不能知內，如何反能知外呢？所以應該明白，你所說的能知之心居於體內，是沒有道理的。」

🪷 心不在外

阿難稽首而白佛言：「我聞如來如是法音，悟知我心實居身外。所以者何？譬如燈光然於室中，是燈必能先照室內，從其室門，後及庭際。一切眾生，不見身中，獨見身外，亦如燈光，居在室外，不能照室。是義必明，將無所惑。同佛了義，得無妄耶？」

【譯文】

阿難行禮叩首說道：「聽了如來的佛法，頓時心中明了我的心其實是駐在身外的，為什麼呢？就像室內的燈光一般，必定是先照亮室內，接著照亮門戶，然後才是照亮庭院。一切眾生，如

果不能看清自身的內部，而只能看見身外之物，這就如同在室外的燈光不能照亮室內。瞭解了這個道理後，就不會心有疑惑，進而明白佛陀的法義，自然不會產生妄想吧？」

佛告阿難：「是諸比丘，適來從我室羅筏城，循乞搏食，歸祇陀林，我已宿齋。汝觀比丘，一人食時，諸人飽否？」

阿難答言：「不也，世尊！何以故？是諸比丘雖阿羅漢，軀命不同，云何一人能令眾飽？」

【譯文】

如來對阿難說：「剛才眾比丘，跟從我在室羅筏城沿門乞食，剛剛回到祇陀林，這時我已吃完飯了。阿難，你覺得一個比丘吃飯時，其他比丘會不會飽呢？」

阿難回答：「不會飽的，世尊！為什麼這麼說呢？因為眾比丘，雖是證得阿羅漢的果位，但是每人的軀體不同，怎麼能一人吃飯而眾人都會飽呢？」

佛告阿難：「若汝覺了，知見之心，實在身外，身心相外，自不相干，則心所知，身不能覺，覺在身際，心不能知。我今示汝兜羅綿手，汝眼見時，心分別否？」

第五章　破魔大全——《楞嚴經》

【譯文】

如來對阿難說：「你的覺察明了之心，實際是在身外，那麼，身和心自然分開，沒有關係，毫不相干，則心所知之事，身便沒有感覺，而身體有感覺，心卻不會知道。」

如來又說：「我現在伸手出來，當你看到我的手時，你的識知的心能辨別出來嗎？」

阿難答言：「如是，世尊。」

佛告阿難：「若相知者，云何在外？是故，應知汝言『覺了能知之心住在身外』，無有是處。」

【譯文】

阿難回答：「是的，世尊！」

如來告訴阿難：「當你眼睛看見時，心便會知道，怎可以說心在外邊呢？所以應該知道，你說覺察明了之心是住在身外，這道理是不對的。」

心不在眼底

阿難白佛言：「世尊，如佛所言，不見內故，不居身內，身心相知，不相離故，不在身外。我今思惟，知在一處。」佛言：「處今何在？」

【譯文】

阿難對佛說：「世尊，就像佛陀所說的那樣，由於不能夠看見身體的肝肺脾胃，心就不能說是在身內；既然心與身既能互相感知又不相離，那麼心就不會在身外。現在我想，識知之心是在某一個地方。」

佛說：「你所知的那一處是在哪裡？」

阿難言：「此了知心，既不知內而能見外，如我思忖，潛伏根裏。猶如有人，取琉璃碗，合其兩

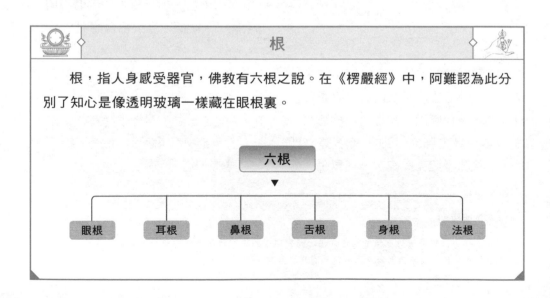

根

根，指人身感受器官，佛教有六根之說。在《楞嚴經》中，阿難認為此分別了知心是像透明玻璃一樣藏在眼根裏。

六根

▼

眼根　耳根　鼻根　舌根　身根　法根

眼，雖有物合而不留礙。彼根隨見，隨即分別。然我覺了能知之心，不見內者，為在根故。分明矚外，無障礙者，潛根內故。」

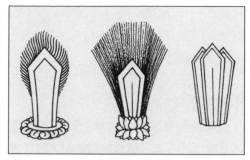

這是琉璃圖。琉璃是用人造水晶為原料，古代青銅脫蠟鑄造法高溫脫蠟製作而成的作品，一般都是晶瑩剔透的品質，多用於宮殿、廟宇、陵寢等重要建築，也是佛教七寶之一。《楞嚴經》中釋迦牟尼佛用琉璃碗遮眼的故事來啟示阿難。

【譯文】

阿難說：「這個能知之心，雖然不能看見身體內部，但卻能看見外面的世界，我再三揣摩，它一定潛伏在眼底。這好比有人拿琉璃碗蓋在眼上，雖然遮住了雙眼，但卻不妨礙眼能看見東西一樣。所以眼根一看見，便能分別是什麼。但為何我的識別之心不能看見身體的五臟六腑？這是因為它在根裏，之所以我清清楚楚能看見外邊的東西，一點都無障礙，因為是潛伏在眼根裏邊的緣故。」

佛告阿難：「如汝所言，潛根內者，猶如琉璃。彼人當以琉璃籠眼，當見山河，見琉璃否？」

「如是，世尊，是人當以琉璃籠眼，實見琉璃。」

【譯文】

佛問阿難：「若依你所說，識知之心藏在眼根裏，就像覆蓋著琉璃碗一樣。那麼當人們拿琉璃碗蓋在眼前時，是能夠看見山河大地的，但是否還可以看見琉璃呢？」

阿難說：「世尊，當人們用琉璃碗遮蓋眼前時，事實上看到的是琉璃啊。」

佛告阿難：「汝心若同琉璃合者，當見山河，何不見眼？若見眼者，眼即同境，不得成隨；若不能見，云何說言此了知心潛在根內，如琉璃合？是故應知汝言『覺了能知之心，潛伏根裏，如琉璃合』，無有是處。」

【譯文】

佛問阿難：「如果你的了知之心與琉璃在一處，那麼它可以看到遠處的山河大地，又可看見近處的琉璃，為何獨獨看不見眼睛呢？如果能看見自己的眼，那麼眼睛就是不屬於自身的外物，又怎麼能辨別其他的事物呢？如果不能看見自己的眼，又怎可說這了知之心是藏在眼根內呢，這與琉璃蓋在眼前是一樣的道理嗎？因此應知，你的這種說法是不對的。」

 兩個識知之心

阿難白佛言：「世尊，我今又作如是思惟，是眾生身，腑臟在中，竅

穴居外，有藏則暗，有竅則明。今我對佛，開眼見明，名為見外，閉眼見暗，名為見內，是義云何？」

【譯文】

阿難對佛說：「世尊，現在我又想到，眾生的身體，是以腑臟居中，眼耳等竅穴居外，藏在身體內就屬於暗，所以不能看見；露在外面的就屬於明，所以可以看見。我現在在佛陀面前，睜開眼就看見光明，就叫做見外，閉上眼睛看見黑暗，就叫做見內，這是為什麼呢？」

佛告阿難：「汝當閉眼見暗之時，此暗境界為與眼對？為不眼對？若與眼對，暗在眼前，云何成內？若成內者，居暗室中，無日月燈，此室暗中皆汝焦腑。若不對者，云何成見？」

【譯文】

如來告訴阿難：「當你閉眼看見黑暗的時候，這黑暗境界，是和你的眼相對，還是不相對？假若和你眼相對，那麼暗就在你眼前，怎可說在內呢？如果是見內，那麼你坐在暗室裏，沒有日光、月光、燈光來照明，那麼這暗室中的境界，都成為在內，都屬你的焦腑，豈有這種道理呢？那麼你所見的黑暗境界，不和眼相對，那怎麼能看得見呢？」

「若離外見，內對所成，合眼見暗，名為身中。開眼見明，何不見面？若不見面，內對不成。見面若成，此了知心及與眼根，乃在虛空，何成在內？若在虛空，自非汝體，即應如來。

「今見汝面，亦是汝身，汝眼已知，身合非覺。必汝執言，身眼兩覺，應有二知。即汝一身，應成兩佛。是故應知汝言『見暗』，名見內者，無有是處。」

【譯文】

「如果你離開對外之見，那就沒有與對外相對的對內，並沒有什麼見內見外的不同。如果說閉上眼能看見黑暗，那這種黑暗就應該說在身內，但為何開眼見外的時候，不能見到自己的臉呢？如果能看到自己的臉，那麼這個識知之心和你的眼根，都是在虛空中，怎可說是在內呢？如果你的心和眼根，都是在虛空之中，和你就沒有關係，而是原本存在的東西。

「雖然你的眼睛已知覺到了你的臉，但你的身體卻不能感覺到它們的統

· 名詞解釋 ·

焦腑：指人體的五臟六腑。五臟是指心、肝、脾、肺、腎，六腑是指膽、胃、大腸、小腸、膀胱、三焦，中醫用五臟六腑泛指人體的各種器官。

一，如果非要按你所說，心眼就是各自獨立的，那麼應有兩個識知之心，也就是說，你一個身體要成就兩個佛。因此，你應知道你所說的見暗即是見內，是不對的。」

心沒有本體

阿難言：「我嘗聞佛開示四眾，由心生故，種種法生。由法生故，種種心生。我今思惟，即思惟體實我心性。隨所合處，心則隨有，亦非內、外、中間三處。」

【譯文】

阿難又說：「我過去時常聽佛對四眾開示，由於心念的緣故，所以種種法生。由於萬事萬物的生成，又生起種種的心念。因此，我仔細揣摩，我的思維就是我的心性。隨著心性與萬事萬物的因緣，心念因緣合而成就，又因緣散而消失，所以說，我的心不在內，不在外，也不在中間。」

佛告阿難：「汝今說言，由法生故，種種心生，隨所合處。則心隨有者，是心無體，則無所合。若無有體，而能合者，則十九界，因七塵合。是義不然。

「若有體者，如汝以手自挃其體，汝所知心，為復內出？為從外入？若復內出。還見身中，若從外來，先合見面。」

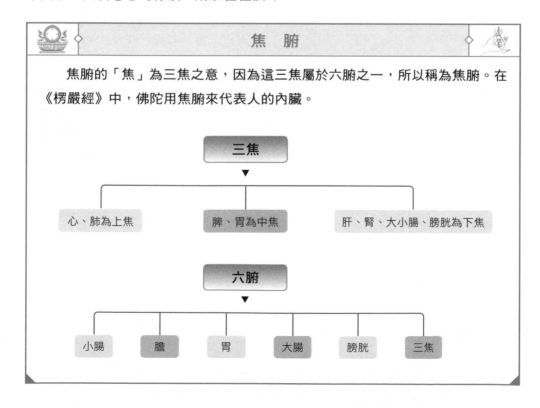

焦腑

焦腑的「焦」為三焦之意，因為這三焦屬於六腑之一，所以稱為焦腑。在《楞嚴經》中，佛陀用焦腑來代表人的內臟。

```
                    ┌─────────┐
                    │  三焦   │
                    └────┬────┘
                         ▼
        ┌────────────────┼────────────────┐
  ┌───────────┐   ┌─────────────┐   ┌──────────────────────┐
  │ 心、肺為上焦 │   │ 脾、胃為中焦  │   │ 肝、腎、大小腸、膀胱為下焦 │
  └───────────┘   └─────────────┘   └──────────────────────┘

                    ┌─────────┐
                    │  六腑   │
                    └────┬────┘
                         ▼
   ┌──────┬──────┬──────┬──────┬──────┬──────┐
 ┌────┐ ┌────┐ ┌────┐ ┌────┐ ┌────┐ ┌────┐
 │小腸│ │ 膽 │ │ 胃 │ │大腸│ │膀胱│ │三焦│
 └────┘ └────┘ └────┘ └────┘ └────┘ └────┘
```

【譯文】

如來告訴阿難：「如你所說，由於外物的影響，種種心念生出；因為與事物的因緣，心才隨之存在。若如此說，你這個心便沒有本體，則也無所謂與他物遇合，那麼這沒有本體的心已經超出六根、六塵及六識以外，根本無法說明了。

「如果心有體相，則你用自己的手觸摸自己的身體，應能感受到心的存在。你的這種感受是從體內感知的呢，還是從體外感知的呢？若從身體內部感知，應當見到身內的腑臟；如果是從身體外部感知，那麼就應當先看見自己的臉。」

阿難言：「見是其眼，心知非眼，為見非義。」

佛言：「若眼能見，汝在室中，門能見不？則諸已死，尚有眼存，應皆見物。若見物者，云何名死？」

【譯文】

阿難說：「能看見東西是眼睛的作用，能感知事物則是心的作用，所以說用心來看是不對的。」

佛陀說：「如果眼睛能見，那麼當你在室內時，門戶能看見你嗎？好比世間已經死去的人，他們的眼睛還存在，應該能看見東西，但如果能看見東西，怎可說是死呢？」

「阿難！又汝覺了能知之心，若必有體，為復一體？為有多體？今在汝身，為復遍體？為不遍體？若一體者，則汝以手挃一支時，四支應覺。若咸覺者，挃應無在。若挃有所，則汝一體自不能成。若多體者，則成多人，何體為汝？」

【譯文】

佛陀說道：「阿難！你那能知能覺的心，如果有自身的本體，那它是只有一個本體，還是有許多個本體？它在你的身上，是遍佈你的身體上呢，還是沒有遍佈？如果識知之心是一個本體，並且遍及你身，那麼你用手挃自己的身體時，四肢應同時有感覺。如果四肢都有感覺，那就不是觸摸了。如果觸摸身體某一處，只有這一處有感覺，那麼識知之心遍佈全身的說法就不成立了。進一步說，如果你的識知之心有許多個本體，那麼你就會有許多個意識，哪一個才是你呢？」

「以若遍體者，同前所挃。若不遍者，當汝觸頭，亦觸其足，

頭有所覺，足應無知。今汝不然，是故，應知『隨所合處，心則隨有』，無有是處。」

無知故，在內不成。身心相知，在外非義。今相知故，復內無見，當在中間。」

【譯文】

「若說心是遍及全體的，如前面所說，你怎麼能夠知道觸摸的是身體的哪個部分？若不是遍及全體，當你用手觸頭的時候，如果同時觸你的足，你只能感覺到頭被觸摸，而感覺不到觸摸了腳。可實際上並不是這樣，因此可知，因緣聚合而生起心念，這個理論是不對的。」

🪷 心不在中間

阿難白佛言：「世尊，我亦聞佛與文殊等諸法王子談實相時，世尊亦言，心不在內，亦不在外。如我思惟，內無所見，外不相知。內

【譯文】

阿難向佛說：「世尊，我也曾聽到佛陀與文殊菩薩等人談論實相的問題。那時世尊說，心不在內，亦不在外。我現在揣摩，心在內卻不能看見身體內部，心在外又與我不相關。既看不見身體內部，因此心不在內。但身體與心也是相知相識的，可見心與身也不能相離。既然身與心能互相感知，那麼心應當是處在內與外的中間吧？」

佛言：「汝言中間。中必不迷，非無所在。今汝推中，中何為在？為復在處？為當在身？若在身者，在邊非中，在中同內。若在處者，為有所表？為無所表？無表同

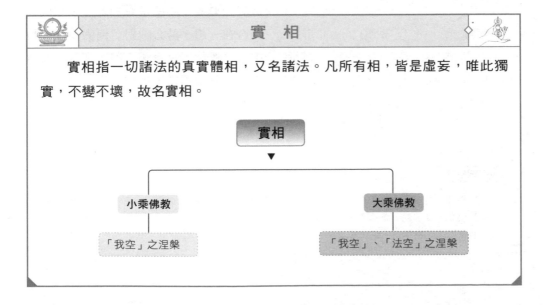

實　相

實相指一切諸法的真實體相，又名諸法。凡所有相，皆是虛妄，唯此獨實，不變不壞，故名實相。

實相

▼

小乘佛教 ─── 大乘佛教

「我空」之涅槃　　　「我空」、「法空」之涅槃

無，表則無定。何以故？如人以表，表為中時，東看則西，南觀成北。表體既混，心應雜亂。」

【譯文】

佛說：「你說心在內與外之間，這中間是個含糊的地方，應當有一個確切的地點。既然你現在說是在中間，那麼中間又在何處呢？是在外境之外呢？還是就在身體之中？如果在身體之中，那麼在身體表面與在身體之中是不同的。

「如果心在身體之中，就等於是在身體之內，就不在中間。如果是在身體表面，那麼是有標示還是沒標示呢？無法標記就等於沒有固定的地點。即使有標示，這標示也是無固定場所的。為什麼這樣說呢？就像把一個人當做居中的標示，如果你從東面看他，他則處在西面；從南面看他，他則處在北面。標示之物已然如此混亂模糊，那心更是雜亂無定了。」

阿難言：「我所說中，非此二種。如世尊言，眼色為緣，生於眼識，眼有分別，色塵無知。識生其中，則為心在。」

【譯文】

阿難說：「我所說的中間，不是這兩種。我的意思是，就像世尊曾說的，眼睛所以能夠因緣聚合而發生作用，那是因為當中生出了眼睛的識知作用。我們用眼睛辨別事物，其實這事物本身是無知覺，正因為我們感知到事物，我們的心就因此生起了。」

佛言：「汝心若在根塵之中，此之心體，為復兼二？為不兼二？若兼二者，物體雜亂。物非體知，成敵兩立，云何為中？兼二不成，非知不知，即無體性，中何為相？是故應知『當在中間』無有是處。」

【譯文】

佛說：「假如你的心是在眼根和事物中間，那麼這個心的本體，是聯繫著眼根與事物呢，還是不聯繫呢？如果這個心兼聯兩端，心體與物體混雜，物體是無知無覺，心體是有知有覺，知與無知合在一起，勢必敵對，何處能說成持中呢？既然不是兼聯二體，那麼，心就不能去認知事物，那麼心也就沒有了自己的本性，中也就沒有任何標誌了。所

• 名詞解釋 •

富樓那：迦毗羅衛人，佛陀的十大弟子之一。他先與朋友出家修苦行，後在釋迦牟尼成道後前往皈依。在佛陀的眾弟子中，富樓那善於分辨佛法教義，能因人施教，不懈不怠地宣揚佛法、教化眾生，被稱為「說法第一」。

以你應當知道，說心在內外的中間，也是不對的。」

心的本性

阿難白佛言：「世尊，我昔見佛與大目連、須菩提、富樓那、舍利弗四大弟子，共轉法輪。常言覺知分別心性，既不在內，亦不在外，不在中間。俱無所在，一切無著，名之為心。則我無著，名為心不？」

【譯文】

阿難對佛說：「世尊，我以前也曾聽見佛陀和大目連、須菩提、富樓那、舍利弗四大弟子共同說法教化眾生。世尊經常說，這個識知之心，不在內不在外，也不在中間，它不在任何地方，不執著於任何事物，這就是心的本性。那麼，我不執著於一切之上，這算不算心的本性呢？」

佛告阿難：「汝言覺知分別心性俱無在者。世間虛空，水陸飛行諸所物象，名為一切。汝不著者，為在為無？無則同於龜毛兔角，云何不著？有不著者，不可名無。無相則無，非無則相。相有則在，云何無著？是故應知，一切無著，名覺知心，無有是處。」

【譯文】

佛告訴阿難：「你說識知之心不在任何地方，可世間這所有天上、地下、水中的所有的物象，你都毫不執著，那

你的心是在世間還是不在世間呢？如果你的心離開一切物象之外，那麼就像龜生毛、兔長角一樣虛無，那還有什麼執不執著呢？既然說不執著，就不能說它不存在，只有毫無相狀才能說不存在，只要有形態外相就是存在，怎麼可以說是不執著於一切事物呢？因此應該知道，認定不執著一切事物就是知覺認識心的本性，這也是不對的。」

阿難請法

爾時阿難，在大眾中，即從座起，偏袒右肩，右膝著地，合掌

這是法輪圖。法輪原是古代印度的一種兵器，後被佛教吸收為法器，它一般為八根輻條，象徵釋迦牟尼傳教中的八件大事。因為法輪是佛法的代表，所以轉法輪有傳播佛法之意，也有佛法傳播、輾轉不停的含義。《楞嚴經》的轉法輪也是傳播佛教的意思。

恭敬而白佛言：「我是如來最小之弟，蒙佛慈愛，雖今出家，猶恃憍憐，所以多聞，未得無漏。不能折伏娑毗羅咒，為彼所轉，溺於淫舍。當由不知真際①所詣。」

【注釋】

①真際：指本真心體所在之處。

【譯文】

這時，阿難就在大眾中站了起來，偏袒右肩，右膝跪地，合掌恭敬地對佛說：「我是如來最小的弟子，向來承蒙佛的慈愛，現在雖已從佛出家，但心中仍是依仗自己的身份驕傲放縱，雖然號稱博學多聞，卻達不到消除一切煩惱的無上果位，以至於不能降伏娑毗迦羅咒，終被邪咒所迷，沉溺在淫室裏。這都是因為不知自己的真心在什麼地方，才有這種種過失。」

「惟願世尊，大慈哀愍，開示我等奢摩他路，令諸闡提①隳彌戾車。」作是語已，五體投地。及諸大眾，傾渴翹佇，欽聞示誨。

【注釋】

①闡提：即一闡提，指斷善根、不信因果、無慚愧心的人。

【譯文】

「祈望世尊發慈悲心，為我們指引無上正等正定的道路，讓那些斷絕善行、不信佛者，墮入那惡濁之地去吧！」說完後，阿難即匍匐在地，與在場眾人一起衷心祈求如來的教誨。

爾時世尊從其面門放種種光，其光晃耀如百千日。普佛世界六種震動，如是十方微塵國土，一時開現。佛之威神，令諸世界合成一

 闡　提

闡提又稱一闡提，是指永遠不得成佛的根機。根據《成唯識論掌中樞要》，闡提共有三種，分別是斷善闡提、大悲闡提、無性闡提。

闡提

| 斷善闡提，不信或誹謗佛教，斷除一切善根之人。雖然這些人並無成佛之期，但如果逢佛威力，發菩提心還是可以證得涅槃。 | 大悲闡提，憐憫眾生而發願不入涅槃的菩薩，他們為救濟眾生於生死流轉中，暫時不願成佛，但是因為他們大智增上與不斷善根之力，終能成佛。 | 無性闡提，缺少成佛的因緣，最終不能證得涅槃之人，即指定性二乘。 |

界。其世界中，所有一切諸大菩薩，皆住本國，合掌承聽。

【譯文】

這時，世尊的面上放出奇異的光彩，明亮耀眼，有如千百個太陽那樣輝煌。一時普天之下，大地震動，萬眾和悅，十方世界數不盡的國土，一一顯現出來，在瞬間顯現出佛陀的威儀，所有世界因佛陀的威力融為一界。在世界當中，所有大菩薩，都各在自己的國土上頂禮合掌，聆聽佛說楞嚴大定的妙法。

🪷 二種根本

佛告阿難：「一切眾生從無始來，種種顛倒，業種自然，如惡叉聚。諸修行人不能得成無上菩提，乃至別成聲聞緣覺，及成外道。諸天魔王及魔眷屬，皆由不知二種根本，錯亂修習，猶如煮沙欲成嘉饌。縱經塵劫，終不能得。」

【譯文】

佛對阿難說：「一切眾生自久遠以來，就有種種的妄想與顛倒，並造就了種種惡業，惡業相聚輪轉，從而使修行者，不能證得無上佛果，只能修成聲聞、緣覺，甚至成為天魔。這是為什麼呢？這皆是因為他們不知二種根本，胡亂修習，就像想把河裏沙子煮成美味一樣，縱然歷經萬千劫，也不能實現。」

「云何二種？阿難，一者，無始生死根本，則汝今者與諸眾生，用攀緣心為自性者。二者，無始菩提涅槃元清淨體，則汝今者，識精元明，能生諸緣，緣所遺者。由諸眾生遺此本明，雖終日行，而不自覺，枉入諸趣。」

【譯文】

「二種根本是什麼呢？」佛說，「阿難，第一種根本就是從無始劫以來，生死相續之根本，就是你與眾人以

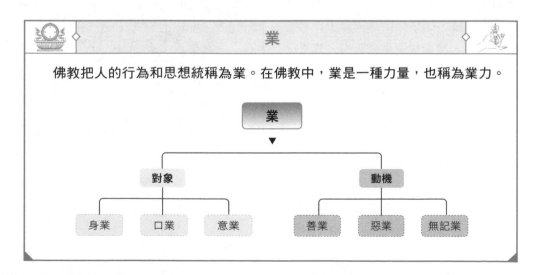

業

佛教把人的行為和思想統稱為業。在佛教中，業是一種力量，也稱為業力。

業
▼

對象			動機		
身業	口業	意業	善業	惡業	無記業

依持外物的認知心，自以為就是生死的本性。第二種是無始以來的元清淨體，它無來無去，是我們每人本來所具有的，它是不垢不淨，不增不減，不生不滅的真性。它本來是光明遍照，能生出種種因緣。但久而久之，眾生反而忘失自己的真心，用妄想攀緣心的力量來修行，雖然時時勤苦修習，終究不能有所覺悟，不免陷入那些各種不同的生死惡趣之中。」

本性眞心

「阿難，汝今欲知奢摩他路，願出生死，今復問汝。」即時世尊舉金色臂，屈五輪指，語阿難言：「汝今見不？」

阿難言：「見。」

佛言：「汝何所見？」

阿難言：「我見如來舉臂屈指，為光明拳，耀我心目。」

【譯文】

「阿難，如果你要尋求無上正等正定的道路，發願拔脫生死苦海，那麼，現在我要問你一個問題。」

說完，如來便舉起金色手臂，屈起手指成拳，問阿難說：「你現在看見嗎？」

阿難回答：「看見了。」

如來說：「你看見什麼？」

阿難回答：「我看到佛陀舉臂屈指握為光明拳，照耀著我的心和眼。」

佛言：「汝將誰見？」

阿難言：「我與大眾同將眼見。」

佛告阿難：「汝今答我，如來屈指為光明拳，耀汝心目，汝目可見，以何為心，當我拳耀？」

阿難言：「如來現今徵心所在。而我以心推窮尋逐，即能推者，我將為心。」

佛言：「咄！阿難，此非汝心。」

這是毗沙門（多聞）天王及其眷屬圖。毗沙門天王與廣目天王、持國天王、增長天王並稱四大天王，他是北方的守護神，是護持如來道場的天神，也被佛教徒稱為財神或福神。

佛問：「你是用什麼來看的？」

阿難答：「我跟大家一樣，都是用眼來看的。」

佛再問阿難：「你現在回答我，你剛才說如來屈指為光明拳照耀你的心目，那是你的眼看見的，但你又以什麼為心來承接我的拳光呢？」

阿難說：「現在世尊要我印證心在何處，而我已經用心仔細去推究，那麼這個能推究的東西，就是我心了。」

佛喝道：「胡說！阿難，這不是你的心！」

阿難矍然避座，合掌起立白佛：「此非我心，當名何等？」

佛告阿難：「此是前塵、虛妄相想，惑汝真性。由汝無始至於今生，認賊為子，失汝無常，故受輪轉。」

【譯文】

阿難驚懼不安，立刻離開座位，合掌恭敬地對佛說：「這如果不是我的心，那它應當叫什麼呢？」

佛陀告訴阿難：「這是根塵妄念的所思所想，是分別塵影的妄想心，它迷惑了你的真心自性。從無始至今，你便認賊作子，把妄想識心與虛妄之相當做本性真心，從而遺失了本元常住真心，因此無法超出生死輪迴之外。」

阿難白佛言：「世尊，我佛寵弟心愛佛故，令我出家。我心何獨供養如來，乃至遍歷恆沙國土，承事諸佛及善知識，發大勇猛，行諸一切難行法事，皆用此心。縱令謗法，永退善根，亦因此心。

「若此發明不是心者，我乃無心，同諸土木？離此覺知，更無所有。云何如來說此非心？我實驚怖！兼此大眾，無不疑惑。惟垂大悲，開示未悟。」

【譯文】

阿難向佛說：「佛一向寵愛弟子，因我心慕佛的三十二妙相，發心出家。我不僅用心供奉如來，也遍歷恆沙國土敬奉諸佛。我之所以能勇猛精進、不畏

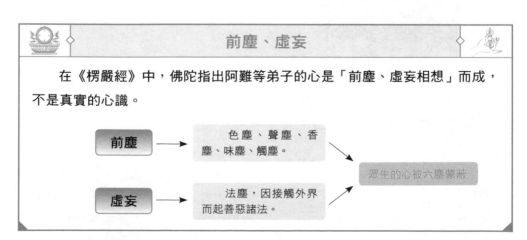

前塵、虛妄

在《楞嚴經》中，佛陀指出阿難等弟子的心是「前塵、虛妄相想」而成，不是真實的心識。

前塵 → 色塵、聲塵、香塵、味塵、觸塵。

虛妄 → 法塵，因接觸外界而起善惡諸法。

眾生的心被六塵蒙蔽

第五章 破魔大全——《楞嚴經》

艱難地修行，都是此心在推動著我。即使我歪曲了佛法，善根不存，都是因為有此心。

「如果此心是前塵妄相所起的妄想，不是真心，那麼我便是無心之人，與泥土草木一般。沒有這個能覺能知的心，我就什麼都沒有了。為何如來說，這不是我的真心呢？我實在驚慌恐怖，相信在座大眾也有同樣的疑惑，祈望如來開大悲心，開示我等未悟之人。」

萬物因心形成

爾時，世尊開示阿難及諸大眾，欲令心入無生法忍，於師子座摩阿難頂，而告之言：「如來常說，諸法所生，唯心所現。一切因果世界微塵，因心成體。」

【譯文】

這個時候，世尊就開示阿難和眾人，要讓他們都能開悟，而得證入無生

這是師子座圖。師子就是獅子，因為獅子是百獸之王，所以在佛教許多經典中，都用獅子來象徵佛陀的無畏與偉大，佛陀也被尊稱為「人師子」、「釋師子」，佛陀的座位，也通稱為「師子座」。《楞嚴經》中佛陀就是安坐在師子座上。

法忍。佛安坐獅子座上，拍了拍阿難的頭，並說道：「一切塵世器物都是心的現示，世間一切事物，都是由於心的作用而結成。」

「阿難，若諸世界一切所有，其中乃至草葉、縷結，詰其根元，咸有體性。縱令虛空，亦有名貌。何況清淨妙淨明心，性一切心而自無體？」

【譯文】

「阿難，諸方世界中的一切所有，甚至一草一葉，一絲一結，若追詰尋求它們的根源，都有自己的體性，就算虛空也有名相體貌。清淨、妙淨、妙明之真心，是能夠體察萬物體性之心，又怎麼會沒有本體呢？」

「若汝執吝，分別覺觀，所了知性必為心者，此心即應離諸一切色、香、味、觸諸塵事業，別有全性。如汝今者，承聽我法，此則因聲而有分別。縱滅一切見聞覺知，內守幽閒，猶為法塵，分別影事。」

【譯文】

「如果你堅持這個能分別、感知、觀看的知性就是心，那麼，此心就應該與色、香、味、觸等與覺知相關的塵世器物相分離，才能保持完整的心之本性。就如現在你聽我說法，是因為有聲塵，才有分別心產生；不能離開聲塵，而另外有一個心。縱然消滅所有能引起

見、聞、覺、知之物，向內觀望那寂靜空無的境界，這也依然是與塵世分別的種種幻影。」

「我非敕汝執為非心，但汝於心，微細揣摩，若離前塵，有分別性，即真汝心。若分別性，離塵無體，斯則前塵分別影事。塵非常住，若變滅時，此心則同龜毛兔角，則汝法身同於斷滅。其誰修證，無生法忍？」

【譯文】
「我沒有責怪你依持的不是真實的心，只要你仔細揣摩你的心，如果離棄了六塵外物，仍然有能分別的體性存在，那就是你的真心。如果這個能分別的體性，離開了六塵境界就不存在，那麼它就不過是六塵境界顯現的影像罷

了，你的心也只是塵世器物世界的種種分別的幻影罷了。」

 # 不能成佛的原因

即時阿難與諸大眾默然自失。
佛告阿難：「世間一切諸修學人，現前雖成九次第定，不得漏盡，成阿羅漢，皆由執此生死妄想，誤為真實。是故，汝今雖得多聞，不成聖果。」

【譯文】
聽到這裏，阿難和大家都受到震動而不能自持。
佛告訴阿難：「世間一切諸修行人，縱使能證得九次第定，但仍不能證得阿羅漢聖果，都是因為執著生死妄想，把它誤為自己的真實法心。就像你

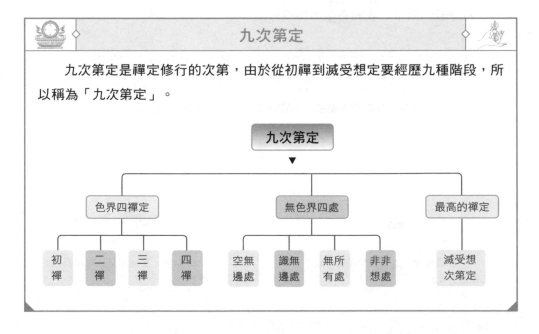

九次第定

九次第定是禪定修行的次第，由於從初禪到滅受想定要經歷九種階段，所以稱為「九次第定」。

九次第定

色界四禪定　　無色界四處　　最高的禪定

初禪　二禪　三禪　四禪　　空無邊處　識無邊處　無所有處　非非想處　　滅受想次第定

現在一樣，雖然博學多聞，但終不能修成正果。」

阿難聞已，重復悲淚，五體投地，長跪合掌而白佛言：「自我從佛發心出家，恃佛威神，常自思惟，無勞我修，將謂如來惠我三昧，不知身心本不相代，失我本心。雖身出家，心不入道，譬如窮子捨父逃逝。」

【譯文】

聽完如來說法，阿難不斷悲泣流淚，他五體投地叩頭，合掌長跪不起，並對如來說：「自從我發心追隨如來出家以來，向來依仗佛陀的無上威德神通，心中總想，不必我去勞苦修行，佛陀定會惠賜我獲至無上正持正定正覺的智慧，卻不知我的身心與佛的身心不可替代，反而喪失了我的真實本心。所以，我的身雖已出家，我的心卻始終沒有真正進入佛的聖道；這就好比兒子捨棄父親的財富，逃到外面做窮人一樣。」

「今日乃知雖有多聞，若不修行，與不聞等。如人說食，終不能飽。世尊，我等今者二障所纏，良由不知寂常心性，惟願如來，哀愍窮露，發妙明心，開我道眼。」

【譯文】

「我今日才知道，雖然我號稱博學多聞，但如果不依教修行佛法，知而不行，就與無知是一樣的全無用處；就好像只聽別人說食物美味，不能填飽自己的肚子一樣。世尊，現在我等被煩惱障和所知障所纏縛而不能解脫，都是因為不知道寂靜常明真心的本性，現在惟願如來垂憐我們貧窮孤露，指示啟發妙明真心，使我等得開佛眼，早證聖果。」

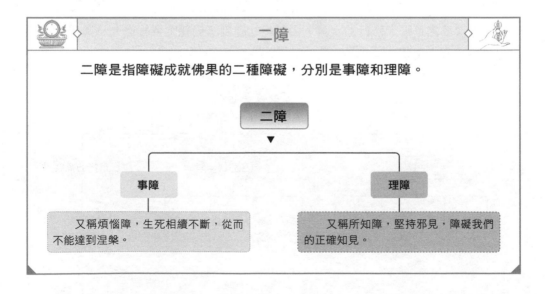

二障

二障是指障礙成就佛果的二種障礙，分別是事障和理障。

二障

事障 | 理障

事障：又稱煩惱障，生死相續不斷，從而不能達到涅槃。

理障：又稱所知障，堅持邪見，障礙我們的正確知見。

佛陀開示妙法

即時，如來從胸卍①蛀字，湧出寶光。其光晃昱，有百千色。十方微塵，普佛世界，一時周遍。遍灌十方所有寶剎。諸如來頂，旋至阿難及諸大眾。告阿難言：「吾今為汝建大法幢，亦令十方，一切眾生，獲妙微密，性淨明心，得清淨眼。」

【注釋】

①卍：原為佛胸部吉祥符號，武則天時期正式認定它為漢字，音萬，非常吉祥的意思，後世將其作為佛教的標誌。

【譯文】

當時，如來的胸間卍字上湧現出無量寶光，光彩奪目，耀眼輝煌，一時照遍十方與微塵世界，遍灌十方世界的寶剎，然後再從十方迴旋到如來頂上，瞬間普及阿難和眾人。

佛對阿難說：「現在我為你顯現可摧伏邪妄的妙法，也讓十方眾生了悟佛法的靜妙，獲得淨明的心性和辨別邪正的清淨智慧眼。」

「阿難，汝先答我，見光明拳，此拳光明因何所有？云何成拳？汝將誰見？」

阿難言：「由佛全體，閻浮檀金①，皎如寶山，清淨所生，故有光明。我實眼觀，五輪指端，屈握示人，故有拳相。」

這是釋迦牟尼圖。如圖所見，釋迦牟尼佛胸口有「卍」字，「卍」是梵文，是「吉祥之所集」之意，在佛教中，它被認為是釋迦牟尼佛胸部的瑞相，是「萬德吉祥」的標誌，一般是右旋，藏傳佛教則是左旋。《楞嚴經》中如來胸前的「卍」字能夠放照寶光，普照十方世界。

【注釋】

①閻浮檀金：指極為明亮的金色。「閻浮檀」，傳說是南瞻部洲的一種檀樹，此樹果汁入水，沙石皆成金。這種金子色澤遠勝過普通黃金，放在暗室中，光亮如白天。

【譯文】

佛再問阿難：「先前你說看見了我的光明拳，現你告訴我，此拳為何會放光明？又是為何成拳？你又是如何看見的？」

阿難回答：「佛的全身，猶如閻浮

檀樹林中的金子，光亮如寶山，佛身清淨，非愛欲所生，因此能放光明。我用眼睛所見，佛屈握五指，拳的外形由此而生。」

佛告阿難：「如來今日實言告汝，諸有智者，要以譬喻而得開悟。阿難，譬如我拳，若無我手，不成我拳。若無汝眼，不成汝見。以汝眼根，例我拳理，其義均不？」

阿難言：「唯然，世尊！既無我眼，不成我見，以我眼根，例如來拳，事義相類。」

【譯文】

佛對阿難說：「我今天不與你談玄說妙，我要說的是，對於有智慧的人來說，講法要用譬喻才能開悟。阿難，拿我的拳來說，若沒有我的手，就不能成拳，如果沒有你的眼，就不能看到拳的相狀。因此，以你的眼根，來比喻我的拳相，從義理上來說，是否一樣呢？」

阿難答道：「世尊，這是對的。若沒有我的眼，便不能看見拳的相狀。以我眼根所見，來比喻如來的光明拳，它們在事理上是近似的。」

盲人與燈光

佛告阿難：「汝言相類，是義不然。何以故？如無手人，拳畢竟滅。彼無眼者，非見全無。所以者何？汝試於途詢問盲人：『汝何所見？』彼諸盲人，必來答汝：『我今眼前，唯

見黑暗，更無他矚。』以是義觀，前塵自暗，見何虧損？」

【譯文】

佛對阿難說：「你說它們事理近似，其實並不對。為什麼呢？因為沒有手的人，自然無法成拳；但是，失去眼睛的人卻並非什麼也看不到。為什麼這麼說呢？你可以試著去詢問路上的盲人：『你看到了什麼？』那盲人必會回答你：『我的眼前只有一片黑暗，別無他物。』由此可見，眼前的塵境世界本就黑暗的，這對於盲人有什麼影響呢？」

阿難言：「諸盲眼前惟睹黑暗，云何成見？」

佛告阿難：「諸盲無眼，惟觀黑暗，與有眼人，處於暗室，二黑有別，為無有別？」

「如是，世尊，此暗中人與彼群盲，二黑較量，曾無有異。」

【譯文】

阿難問道：「佛祖，那些盲人的眼前只有一片黑暗，為什麼說他能看見呢？」

如來對阿難說：「那些盲人沒有眼睛，故只看得到黑暗而已，但這與正常人處在暗室中所看到的黑暗有沒有什麼不同呢？」

阿難回答：「是的，世尊，處在暗室的正常人所見到的黑暗，與那些盲人所看到的黑暗相比較，應該沒有什麼不同。」

「阿難，若無眼人全見前黑，忽得眼光，還於前塵，見種種色，名眼見者。彼暗中人，全見前黑，忽獲燈光，亦於前塵見種種色，應名燈見。

「若燈見者，燈能有見，自不名燈。又則燈觀，何關汝事？是故，當知燈能顯色，如是見者，是眼非燈；眼能顯色，如是見性，是心非眼。」

【譯文】

如來又說：「阿難，如果那些眼見全黑的盲人，在忽然間復明，看到眼前種種塵物世界，這叫做『眼見』；而那些處在暗室的明眼人，面前也只是黑暗，這時若有燈光亮起，眼前的種種景物也會一一呈現，因燈的照射而現示事物，這樣是不是可稱其為『燈見』呢？

「如果說是因為燈亮能看見事物，那麼燈既然能看見，就不應該叫做燈。既叫作燈，自然不能看見。又如果一定要說燈能見，那是燈的觀見，與你的眼睛有什麼關係？

「因此，你要知道，燈光只是能夠顯現事物，而能看見事物的，是眼睛而不是燈。眼睛能夠看見事物，但能識見分別事物的，卻是心的作用，而不是眼睛。」

阿難雖復得聞是言，與諸大眾，口已默然，心未開悟，猶冀如來，慈音宣示。合掌清心，佇佛悲誨。

【譯文】

此時阿難雖然再次聆聽如來教法，但他與大家一樣安靜聆聽，卻仍然未能開悟，所以大家都靜默不敢言語，只能恭敬地合掌，冀求如來慈悲，再宣法音。

🪷 開悟之因

爾時世尊，舒兜羅綿網相光手，開五輪指，誨敕阿難及諸大眾：「我初成道，於鹿園中，為阿若多五比丘等及汝四眾言：一切眾生，不成菩提及阿羅漢，皆由客塵煩惱所誤。汝等當時，因何開悟，今成聖果？」

這是閻浮樹圖。閻浮樹又名瞻部、琰浮，屬於落葉喬木，可開花結果，一般生長於印度、斯里蘭卡和馬來半島。根據佛教經典，印度有閻浮樹林，林間的河流多含有沙金，稱為閻浮檀金。《楞嚴經》中阿難將佛陀的身體比作閻浮檀金。

第五章 破魔大全——《楞嚴經》

【譯文】

那時候，世尊展開他的兜羅綿網相光手，伸開手指，向阿難和大家說：「我當初在菩提樹下開悟證果之後，曾對阿若多等五比丘和你們說過，世間一切眾生，不能成就聖果菩提和阿羅漢果位，都是由於久居塵世煩惱所致。那你們當時都是因何而開悟，得成聖果的呢？」

時，憍陳那起立白佛：「我今長老，於大眾中，獨得解名，因悟『客塵』二字成果。

「世尊，譬如行客，投寄旅亭，或宿或食。食宿事畢，俶裝前途，不遑安住；若實主人，自無攸往。如是思惟，不住名客，住名主人，以不住者，名為客義。

「又如新霽，清暘升天，光入隙中，發明空中，諸有塵相，塵質搖動，虛空寂然。如是思惟，澄寂名空，搖動名塵，以搖動者，名為塵義。」

【譯文】

這時候，憍陳那站起來。他向佛陀說：「我算是與會人中年紀最老的，在初受度的大眾之中，獨獨得到『解悟』的稱名。我是聽世尊說『客塵』二字，

而開悟證果的。

「世尊，就像行路的人投宿旅舍，或者住宿或者吃飯，食宿之後又要整頓前行，不會有閒心長住在旅店中。但若是主人，自然不會離開。這樣想來，妄想分別不能永久存在，所以叫它做客人；法性是常住永久的，所以叫做主人，因此明白不住是客塵的義理。

「又如雨後新晴之時，清晨的陽光射入門縫，可以清晰看見塵埃在空中飛揚。塵質輕搖流動，可是虛空是寂然不動的。這樣來看，澄明寂靜叫做『空』，搖動就叫做『塵』，那麼『塵』的含義就可叫做『搖動』。」

見性無常住

佛言：「如是！」

即時，如來於大眾中，屈五輪指，屈已復開，開已又屈，謂阿難言：「汝今何見？」

阿難言：「我見如來百寶輪掌，眾中開合。」

佛告阿難：「汝見我手，眾中開合，為是我手，有開有合？為復汝見，有開有合。」

【譯文】

佛陀說：「你說得對，正是這

客塵煩惱：旅客與塵埃都是飄泊不定，就像世間諸種塵相，變化無常，又似我們的心念，遷移不停，這些都是妄心，不是真心。如來以客塵說明識心無主。

樣。」這時，佛陀對著眾人合起他的五指又再放開，重複數次。然後，佛陀問阿難：「你看見什麼？」

阿難說：「我見如來的百寶輪掌，在大眾面前開合。」

佛陀問阿難：「你看見我的手在大眾前開合，是因為我的手有開有合呢，還是因為你的所見有開有合？」

阿難言：「世尊寶手眾中開合，我見如來手自開合，非我見性有開有合。」

佛言：「誰動？誰靜？」

阿難言：「佛手不住，而我見性尚無有靜，誰為無住？」

佛言：「如是。」

【譯文】

阿難說道：「世尊的千輻輪相寶手，在大眾面前開合。這是我用眼看見如來的手在自開自合，而不是我的觀見有開有合。」

佛陀問：「誰是動，誰是靜？」

阿難答：「佛手不斷地開合，而我自己的見性，也一直在隨之活動，究竟是誰在動呢？」

佛陀說：「正是如此！」

如來於是從輪掌中飛一寶光，在阿難右。即時阿難回首右盼。又放一光，在阿難左，阿難又則回首左盼。

佛告阿難：「汝頭今日何因搖動？」

阿難言：「我見如來出妙寶光來我左右，故左右觀，頭自搖動。」

「阿難，汝盼佛光，左右動頭，為汝頭動？為復見動？」

「世尊！我頭自動，而我見性，尚無有止，誰為搖動？」

佛言：「如是。」

【譯文】

佛想讓阿難更加明悟，於是從百寶輪掌中飛出一道寶光，射向阿難的右面。這時，阿難便轉頭向右看。佛又放一道寶光射向阿難左面，阿難又再回頭向左看。

佛對阿難說：「剛才你的頭為何左右搖動呢？」

阿難回答：「我看見如來放出妙寶金光，這光來到我左右兩邊，我要觀看，頭自然會左右搖動。」

如來說：「阿難，你看佛光時左右搖動頭，這究竟是你的頭在動呢，還是你的見性在動？」阿難回答：「世尊，

這是祥麟法輪圖。釋迦牟尼成道後，在鹿園為憍陳如五比丘初傳佛法，史稱「初轉法輪」。為了紀念此事，出現了雙鹿側伴法輪的徽相。《楞嚴經》中佛陀提到在鹿園傳法之事。

這是佛陀的塑像。根據佛教經典，佛陀的手掌被稱為百寶輪掌，這是由於他的手足中心各有一千輻輪相，所以用百寶來表示貴重。《楞嚴經》中佛陀用手掌的開合和手放寶光來啟發阿難。

這是我的頭在動，而我的觀見，也一直在活動，又怎說得上搖動呢？」

如來說：「你說得對，正是這樣。」

於是如來普告大眾：「若復眾

生以搖動者，名之為塵；以不住者，名之為客。汝觀阿難頭自動搖，見無所動。又汝觀我，手自開合，見無舒卷。」

「云何汝今以動為身？以動為境？從始洎終，念念生滅，遺失真性，顛倒行事。性心失真，認物為己，輪迴是中，自取流轉。」

【譯文】

這時候，如來便對眾人說：「如果還有不明白的眾生，以搖動的叫作『塵』，以不住的叫做『客』。那麼你們請看阿難，剛才他的頭雖在搖動，但見性本身並不會隨之而動。你們再看我的手，它雖有開合，但是見性本身也不會隨著舒卷。

「道理就是如此，為什麼你要以搖動的東西為本體，以搖動的東西為實境呢？從始至終，時時刻刻，你如果都用識心來做事，心念隨事物而生滅，就會遺失了本真心性，行事作為顛倒混亂，認他物為本己，自然難脫生死輪迴。」

4 顛倒妄想

我們的觀見到底在哪裡

🪷 波斯匿王的疑惑

爾時，阿難及諸大眾聞佛示誨，身心泰然。念無始來，失卻本心，妄認緣塵，分別影事。今日開悟，如失乳兒忽遇慈母。合掌禮佛，願聞如來顯出身心真妄虛實，現前生滅與不生滅二發明性。

【譯文】

現在，阿難和大眾聽聞佛陀的教誨後，一時身心安穩泰然。他們回想自己長久以來，因為失卻了本真心性，妄把幻影當真實，整日在六塵之中做虛妄之事。今日聽了如來的說法，頓時開悟，猶如迷失的嬰兒又回到慈母懷抱。他們一起合掌頂禮，祈願如來為眾人顯示身心的真實與虛妄，並現示身心的生生滅滅和不生不滅的二種真實性相。

時波斯匿王起立白佛：「我昔未承佛誨敕，見迦旃延、毗羅胝子，咸言此身死後斷滅，名為涅槃。我雖值佛，今猶狐疑，云何發揮證知此心不生滅地？今此大眾諸有漏者，咸皆願聞。」

【譯文】

此時，波斯匿王站起來對佛陀說：「在我還沒有領受到如來教誨之前，我曾拜見迦旃延和毗羅胝子兩位大師。他們告訴我，人死後一切斷滅，無因無果，沒有後世，這叫做不生不滅的涅槃。現在我雖然遇到佛教化，但是心中仍有疑惑，是不是人死後就為斷滅？怎樣才能找到我的真心自性，並達到不生不滅的涅槃呢？相信與會大眾和諸位有漏初學者，都想知道這個道理。」

佛告大王：「汝身現在，今復問汝，汝此肉身為同金剛常住不朽？為復變壞？」

「世尊，我今此身終從變滅。」

佛言：「大王，汝未曾滅，云何知滅？」

【譯文】

佛陀對波斯匿王說：「你聽過外道死後斷滅的說法，但如今你的肉身仍健在，那麼我問你，你這個肉身是像金剛石那樣常存不壞呢，還是會腐朽滅絕呢？」

王答：「世尊，我這個肉身終究會變壞毀滅的。」

佛陀說：「大王，你的肉身還未曾變滅，怎能知道將來必定會滅亡呢？」

「世尊！我此無常變壞之身，雖未曾滅，我觀現前，念念遷謝，新新不住，如火成灰，漸漸銷殞，殞亡不息，決知此身當從滅盡。」

佛言：「如是，大王。汝今年齡已從衰老，顏貌何如童子之時？」

【譯文】

波斯匿王說：「世尊，我這隨時會衰壞的身體，現在雖然還沒有毀滅，但是我已經看到面前的一切事物，都如心念一樣變化而不停息，如同燃香一般，灰落火新，漸銷漸殞，直至火熄。由此可知，我這肉身也一定會滅絕的。」

如來說：「的確如此，大王。如今你年已老邁，你的容顏與孩童之時相比有何不同呢？」

「世尊，我昔孩孺，膚腠潤澤，年至長成，血氣充滿，而今頹齡，迫於衰耄，形色枯悴，精神昏昧，髮白面皺，逮將不久，如何見比充盛之時？」

佛言：「大王，汝之形容應不頓朽。」

六師外道

六師外道是古印度反對婆羅門種姓的沙門思潮的六個主要派別，被佛教稱為「六師外道」。

翅舍欽婆羅	否認因緣果報，人應該在現世享盡快樂。
迦旃延	認為人生的罪與福，苦與樂都歸自在天神做主。
富蘭那	否定道德，無君臣父子忠孝之道。
末伽黎	邪命外道之祖、決定論者。
毗羅胝子	提倡苦行，認為苦行可以消除過去的罪業。
尼干子	修苦行，主張遠離世間之衣食束縛。

【譯文】

波斯匿王回答：「世尊，當我還是孩童之時，肌膚潤澤有光華；後來年紀漸長，血氣充盈；如今年老血衰，面容憔悴，精神昏沉，皮皺髮白，也活不了多久了，怎可以和壯盛之年相比較呢？」

如來說：「大王，你的外形與容貌，應該不是突然之間就變得衰老的吧？」

王言：「世尊，變化密移，我誠不覺。寒暑遷流，漸至於此。何以故？我年二十，雖號年少，顏貌已老初十歲時，三十之年又衰二十，於今六十又過於二，觀五十時宛然強壯。」

【譯文】

波斯匿王說：「世尊，這些變化都是隨著時間的流逝而產生的，我確實感覺不到。但是寒來暑往，經年累月，就變成如今這個衰頹模樣了。這是為何呢？當我二十歲時，雖說年少，但面貌已比十歲時大；到了三十歲，又比二十歲時衰老；現在我已是六十二歲，回想五十歲時可比現在強健得多。」

「世尊，我見密移，雖此殂落，其間流易且限十年。若復令我微細思維，其變寧惟一紀、二紀？實惟年變。豈惟年變，亦兼月化。何直月化？兼又日遷。沉思諦觀，剎那、剎那，念念之間，不得停住。故知我身，終從變滅。」

【譯文】

「世尊，當我回想身體的變化，從我年少到身體衰老的這段時間，一般都以十年為界限變化。如果我再仔細回想，會發現它的變化，何止以十年、二十年為限，而是年年有變、月月有變、日日有變的。若再沉靜觀察，這變化實在是每分每秒、念念之間，都不曾停止過。由此我知道，這個身體終歸要毀壞滅絕的。」

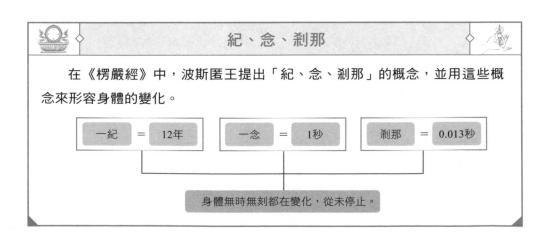

紀、念、剎那

在《楞嚴經》中，波斯匿王提出「紀、念、剎那」的概念，並用這些概念來形容身體的變化。

| 一紀 | = | 12年 | 一念 | = | 1秒 | 剎那 | = | 0.013秒 |

身體無時無刻都在變化，從未停止。

不生不滅的自性

佛告大王：「汝見變化遷改不停，悟知汝滅。亦於滅時，汝知身中有不滅耶？」

波斯匿王合掌白佛：「我實不知。」

佛言：「我今示汝不生滅性。大王！汝年幾時見恆河水？」

【譯文】

佛陀告訴波斯匿王：「你從這種不曾停息的變化上，悟知自己的身體定然會滅亡。但是，你可曾知道，就在變化的過程中，你的身體之中仍有一種不會滅絕的東西嗎？」

波斯匿王合掌對佛說：「這我真的是不知道。」

佛陀說：「既然如此，我現在就給你指明這不生不滅的自性。我問你，大王，你第一次見到恆河是幾歲呢？」

王言：「我生三歲，慈母攜我，謁耆婆天，經過此流，爾時即知是恆河水。」

佛言：「大王，如汝所說，二十之時，衰於十歲，乃至六十，日、月、歲、時，念念遷變，則汝三歲見此河時，至年十三，其水云何？」

【譯文】

波斯匿王回答：「在我三歲的時候，我的母親帶我去參拜耆婆天，經過恆河，那個時候我見過了恆河水。」

佛陀再問：「如你所說，二十歲時比十歲時衰老，之後日日月月、分分秒秒都在變老，現在到六十歲了，而你三歲時看見的恆河與十三歲時看見的恆河，它的河水有何變化？」

王言：「如三歲時宛然無異，乃至於今年六十二，亦無有異。」

佛言：「汝今自傷『髮白面皺』，其面必定皺於童年。則汝今時觀此恆河與昔童時，觀河之見，有童耄不？」

王言：「不也，世尊！」

【譯文】

波斯匿王說：「恆河水還是與我三歲時一樣，沒什麼變化；直到我六十二歲了，河水仍然沒有什麼變化。」

如來說：「現在你感傷自己的頭髮變白、面皮多皺，可見你的面容必然比童年時衰老得多，那麼現在你觀看恆河水的感受，與童年時觀看河水的感受，是不是有所不同呢？」

波斯匿王答：「世尊，完全沒有不同。」

・名詞解釋・

耆婆天：又稱長命天。相傳此天為帝釋天左右的侍衛。根據古印度和西域諸國的風俗，當孩子長到三歲時，即謁此天之廟，以求長命百歲。

佛言：「大王，汝面雖皺，而此見精，性未曾皺；皺者為變，不皺非變，變者受滅，彼不變者，元無生滅。云何於中受汝生死？而猶引彼末伽黎等，都言此身死後全滅？」

王聞是言，信知身後，捨生趣生。與諸大眾，踴躍歡喜，得未曾有！

【譯文】

佛陀又說：「大王，你的容貌雖已衰老，但你的認知觀見的精微本性並不曾隨之衰皺。所謂的衰皺就是變化，沒有衰皺就是指沒有變化，有變化的事物會滅絕，而那沒有變遷的事物，也就無所謂生也無所謂死了。既然如此，你為何會要把這原無生滅的見性置於那生生滅滅之中呢？為何還要隨順那些外道者的妄言，認為身體會在死後一切絕滅呢？」

聽了如來的說法，波斯匿王這才確信身體的死亡，並不是完全歸於寂滅，而是捨棄了過去的生命，迎來了新的生命。於是，他與大家一起歡呼起來，歡喜之情前所未有。

阿難即從座起，禮佛合掌，長跪白佛：「世尊，若此見聞必不生滅。云何世尊，名我等輩遺失真性，顛倒行事？願興慈悲，洗我塵垢。」

【譯文】

這時，阿難離座而起，合掌禮佛，長跪於地，對佛陀說道：「世尊，假若見聞真性是無生無滅的，那為何世尊剛才責備我們遺失了真性、顛倒了事物呢？希望如來興大慈悲，為我們解惑，以智言洗淨我們靈臺上的塵垢。」

身心顛倒

即時如來，垂金色臂，輪手下指，示阿難言：「汝今見我母陀羅手，為正為倒？」

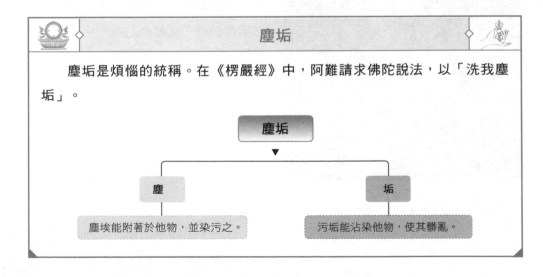

塵垢

塵垢是煩惱的統稱。在《楞嚴經》中，阿難請求佛陀說法，以「洗我塵垢」。

塵垢

塵　　　　　　　　　　　　垢

塵埃能附著於他物，並染污之。　　　　污垢能沾染他物，使其髒亂。

阿難言：「世間眾生以此為倒，而我不知誰正誰倒。」

佛告阿難：「若世間人以此為倒，即世間人將何為正？」

阿難言：「如來豎臂，兜羅綿手上指於空，則名為正。」

【譯文】

於是，如來就垂下他的手臂，將手指垂下，然後問阿難說：「你現在看我的手，是正的還是倒的？」

阿難說道：「世間眾生，都認為這樣下垂的手是倒的，但是我實在不知道，哪樣是正，哪樣是倒。」

如來再問阿難說：「如果世間眾生都以下垂的手為倒，那他們認為怎樣才是正呢？」

這是佛陀豎臂圖。根據三十二相，佛陀的手被稱為兜羅綿手，兜羅綿原是一種棉織品，在這裏表示佛手的柔軟，以此手來攝取親疏之德。《楞嚴經》中佛陀將手抬起放下表示世人的顛倒妄見。

阿難說：「如來將手臂豎直，把兜羅綿手指向天空，眾生認為這就叫做正。」

佛即豎臂，告阿難言：「若此顛倒，首尾相換。諸世間人，一倍瞻視，則知汝身與諸如來清淨法身，比類發明。如來之身名正遍知。汝等之身號性顛倒。隨汝諦觀，汝身、佛身，稱顛倒者，名字何處，號為顛倒？」

【譯文】

如來隨即就豎起手臂，對阿難說：「如果世間以此為正、以剛才為倒，這只不過是上下顛倒、首尾相換而已。世間眾生即便加倍凝視，也是迷中倍迷。他們根本不知道手臂本來沒有正和倒，只是自己迷惑執著於下垂為倒，上豎為正。你們可知，你們的身體與如來清淨的法身比較起來，如來的身叫正遍知，意思是了知世間一切法；而你們的身體，卻執著心在身內，執著法在心外，這就叫做性顛倒身。現在你再細心觀察，你的色身和佛的法身比較，你身既然叫做顛倒，這顛倒之處究竟在哪裡？又為什麼要被稱作顛倒呢？」

於時阿難，與諸大眾，瞪瞢瞻佛，目睛不瞬，不知身心顛倒所在。佛興慈悲，哀愍阿難及諸大眾，發海潮音，遍告同會諸善男子。

【譯文】

這時，阿難及與會眾生被佛一問，頓時目瞪口呆。他們茫然地看著如來，

均不知自己身心顛倒在哪裡。佛陀便興慈悲之心，憐憫阿難及諸大眾，發海潮音，普告同會諸位聽眾。

🪷 圓妙明心

「我常說言，色心諸緣，及心所使，諸所緣法，唯心所現。汝身汝心，皆是妙明真精妙心中所現物。云何汝等遺失本妙圓妙明心，寶明妙性，認悟中迷？」

【譯文】

「我常說，色法與心法諸緣，以及所有這種種由緣所生之法，都只是內心所顯現之物。你們的身和識，都是由妙明精妙之心顯現出來。為什麼說你們遺失了自己的妙圓妙明心和清淨妙明本體，而在妙悟中，自取迷昧呢？」

「晦昧為空，空晦暗中，結暗為色。色雜妄想，想相為身。聚緣內搖，趣外奔逸。昏擾擾相，以為心性。」

【譯文】

「你們把內心的昏暗不明當做虛空，因為內心的昏暗，種種妄想顛倒聚集在身體之內，造成五蘊之色身。所以內心因種種事物而搖動不息，跟隨外境到處追逐；終日昏昏擾擾，以昏亂擾動的內塵當做自己的心性。」

「一迷為心，決定惑為色身之內，不知色身，外洎山河虛空大

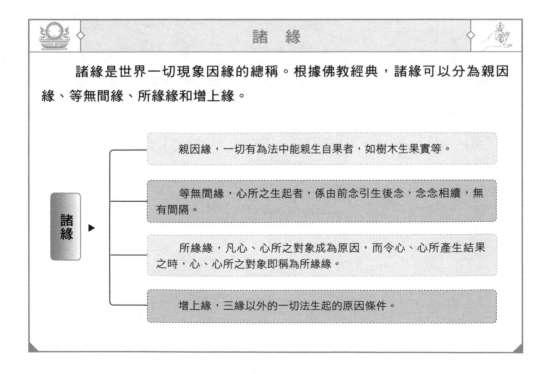

諸　緣

諸緣是世界一切現象因緣的總稱。根據佛教經典，諸緣可以分為親因緣、等無間緣、所緣緣和增上緣。

諸緣 ▶

親因緣，一切有為法中能親生自果者，如樹木生果實等。

等無間緣，心所之生起者，係由前念引生後念，念念相續，無有間隔。

所緣緣，凡心、心所之對象成為原因，而令心、心所產生結果之時，心、心所之對象即稱為所緣緣。

增上緣，三緣以外的一切法生起的原因條件。

一次完全讀懂佛經

地，咸是妙明真心中物。譬如澄清百千大海，棄之唯認一浮漚體，目為全潮，窮盡瀛渤。汝等即是迷中倍人，如我垂手，等無差別。如來說為可憐愍者！」

【譯文】

「本心一旦迷失，就會頑固地認為自己的真心是在身體之內，卻不知人的色身，那些山川、河流、天空、大地，全都是妙明本心所顯現的物象。這就好比，放棄了澄明無際的大海，而把水面上一個小泡沫當做真心。把這個小小泡沫看做整個海潮，當做天下之水。你們就是這種迷中加迷的人，就好像我垂手那樣的所謂顛倒，其實是沒有差別的，所以我說你們都是可憐憫的人啊！」

色法與心法

根據佛教教義，世間的一切法不外乎心法、色法、心所有法、心不相應行、無為法五種類別，其中以色法和心法最為重要。所謂色法，是指質礙或變礙之物，即一切物質現象，而心法是指精神活動的主體，即一切心理現象。此外，在大小乘佛教中，一切法的數量並不一致，大乘為五位百法，小乘為五位七十五法。

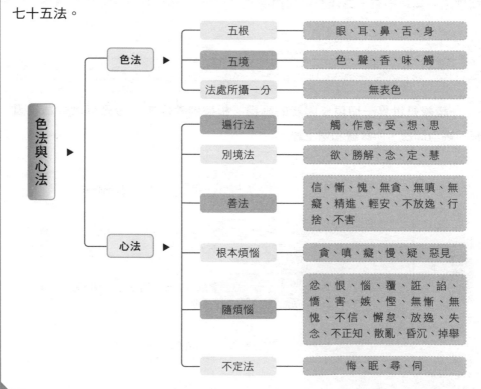

攀緣之心

阿難承佛悲救深誨，垂泣叉手而白佛言：「我雖承佛如是妙音，悟妙明心，元所圓滿，常住心地。而我悟佛現說法音，現以緣心，允所瞻仰，徒獲此心，未敢認為本元心地。願佛哀愍，宣示圓音，拔我疑根，歸無上道。」

【譯文】

阿難承蒙佛的慈悲救度和深切教誨，心中感激，不由垂手哭泣起來，並對佛說：「我雖然領承了佛的無比微妙的法音，也覺悟到妙明心原是圓滿無差別的，是常存不變的心靈境界。但我能領悟佛陀您現在所說的法音之義，正是用我的攀緣心來認知、瞻仰佛法，現在我雖有這攀緣心，但卻還未找到我圓滿常住心地的真心。希望佛陀哀憫，為我們宣示無礙之音，拔除我們心中的迷昧，引領我們歸至無上智慧之路。」

佛告阿難：「汝等尚以緣心聽法，此法亦緣，非得法性。如人以手指月示人，彼人因指當應看月。若復觀指，以為月體，此人豈唯亡失月輪，亦亡其指。何以故？以所標指為明月故。豈唯亡指，亦復不識明之與暗。何以故？即以指體為月明性，明暗二性，無所了故。」

【譯文】

如來告訴阿難：「你們還只是以攀緣之心來聽我宣示佛法，那麼，我所說的佛法對於你們，仍然只是緣物而已，你們仍沒有獲真正理解佛法的真體。就像有人用手指著月亮給別人看，那人順著手指的方向去看月亮，如果他只看手指的指示，那麼此人不僅看不到月亮，更看不到手指的指示了。為什麼呢？因為這人把指向月亮的手當做月亮，這不僅是看不到手的指示，更連明和暗也不能識別了。為什麼這麼說呢？因為他把手指當成了放出光明的月亮。可見，他對於明暗兩種不同特性，也毫無所知。」

「汝亦如是，若以分別我說法音，為汝心者，此心自應離分別音，有分別性。譬如有客，寄宿旅亭，暫止便去，終不常住。而掌亭人都無所去，名為亭主。」

【譯文】

「你也是如此。如果你把聽我說法的心當做是你的本心，卻不知兩者是有分別的。這就好像客人投宿在旅店，短

・名詞解釋・

冥諦：指古代印度六派哲學中之數論哲學派所立二十五諦之第一諦。如末伽黎等外道修行者把「八萬劫前，冥然不知」當作萬物之本源，是第一真理。

暫停留之後還要離開，不會常住不走。但是旅店的主人則不會離去，因為他是掌持人。」

「此亦如是：若真汝心，則無所去，云何離聲無分別性？斯則豈唯聲分別心？分別我容，離諸色相，無分別性。如是乃至分別都無，非色非空。拘舍離等昧為冥諦。離諸法緣無分別性，則汝心性各有所還，云何為主？」

【譯文】

「本心也是如此。假若它是你的真心就應該不會離去，又怎麼會離開我說法的聲音後就沒有分別了呢？實際上，

這是望月圖。在佛教教義中，月亮被認為是眾生菩提本心的象徵，也被用來比喻菩薩的十種特德。《楞嚴經》中佛陀用指月來證明妙明真心。

豈止對聲音的分別心，你用來觀看我容貌的心，離開種種色相，也是沒有分別性存在的。沒有了世間萬事萬物，心就不會產生分別，既沒有萬事萬物的相狀，也不算空無所有，這種道理是外道諸人不能理解的。既然你的心性既各有歸屬——分別聲音的心因聲音而來，分別容貌的心因色而來，這些心好像來往旅店的客人，哪一個才是主人呢？」

心的去處

阿難言：「若我心性各有所還，則如來所說妙明元心，云何無還？惟垂哀愍，為我宣說。」

【譯文】

阿難回答說：「如果我現在理解的心性，各有地方可回還，那麼佛陀所說的本元妙明真心，為何無處可還呢？懇請如來慈悲哀憫，為我們宣說其中的奧義。」

佛告阿難：「且汝見我，見精明元，此見雖非妙精明心，如第二月，非是月影。汝應諦聽！今當示汝，無所還地。

「阿難！此大講堂，洞開東方，日輪升天，則有明耀；中夜黑月，雲霧晦暝，則復昏暗；戶牖之隙，則復見通。牆宇之間，則復觀壅。分別之處，則復見緣。頑虛之中，遍是空性。鬱孛之象，則紆昏塵。澄霽斂氛，又觀清淨。

「阿難，汝咸看此諸變化相，吾今各還本所因處。」

【譯文】

佛告阿難：「你現在看見我的時候，這觀見是精明之元體，但還不是妙明真心，就像用手指指月，便看見第二個月亮。這第二個月和真月無分別，也並非水中幻影。你仔細聽吧！我現在就為你宣示心的無所返還的境界。

「阿難，這個大講堂的窗戶向東方敞開著，當太陽升起時，無比明亮；當夜間無月時，雲遮霧罩，昏暗不明。從窗戶的空隙處往外看去，面對著牆壁的地方，視線又被阻塞。在這間隔分開之處，又可以看到一些山水、花木等外物。但虛空之處，則一無所有，當灰塵飛揚時，虛空為一片混沌；當雨過天晴後，虛空則澄清明淨。

「阿難，你現在看見這種種的變化：明暗、通塞、同異、清濁，這八種相狀都是幻化不實的，我今各還本所因處，它從什麼地方來，就回到什麼地方去。」

「云何本因？阿難，此諸變化，明還日輪，何以故？無日不明，明因屬日，是故還日。暗還黑月，通還戶牖，壅還牆宇，緣還分別，頑虛還空，鬱𡋯還塵，清明還霽。則諸世間一切所有，不出斯類。

「汝見八種，見精明性，當欲誰還？何以故？若還於明，則不明時無復見暗。雖明暗等種種差別，見無差別。諸可還者，自然非汝，不汝還者，非汝而誰？則知汝心本妙明淨。汝自迷悶，喪本受輪於生死中，常被漂溺，是故如來，名可憐愍。」

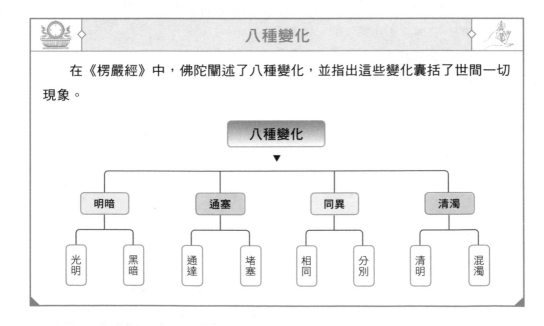

八種變化

在《楞嚴經》中，佛陀闡述了八種變化，並指出這些變化囊括了世間一切現象。

```
                    八種變化
                       ▼
    ┌──────────┬──────────┬──────────┐
  明暗        通塞        同異        清濁
  ┌─┴─┐      ┌─┴─┐      ┌─┴─┐      ┌─┴─┐
 光明 黑暗   通達 堵塞   相同 分別   清明 混濁
```

【譯文】

佛接著說：「什麼是本因？阿難，我們來看看這些變化之相。因為沒有太陽就沒有光明，太陽使光明產生，所以把光明歸於太陽。同時，把黑暗歸於月亮的昏沉，把通達歸於門窗的開敞，把堵塞歸於牆壁的阻礙，把塵緣歸於分別之心，把空無所有歸於虛空，把混沌歸於沙塵，把清明歸於雨過天晴。這樣，你會發現世間所有的一切現象，都脫不出這八種變化之相。

「你現在能見這八種變化之相，而這個見，就是妙明真性。它無來無去，不生不滅，應該歸於誰呢？是不是無得可還呢？為什麼呢？假若把此見歸於光明，那麼沒有光明，就不能看見黑暗。雖然有明去暗來、通去塞來等千差萬別，而我們的能見之性卻始終如一。

「因此，可以歸還的，自然不是你的。不能歸還的，不是你的又是誰呢？你全不明白，你的真心，本來就是神妙光明清淨的，然而你卻迷惑昏悶，喪失了自己的清淨自性而承受著輪迴，在生死的苦海中漂流沉溺。因此，十方三世的諸佛稱你們是可憐憫的眾生。」

🪷 眞心本性

阿難言：「我雖識此見性無還，云何得知是我真性？」

佛告阿難：「吾今問汝，汝今未得無漏清淨，承佛神力，見於初禪，得無障礙。而阿那律見閻浮提，如觀掌中庵摩羅果。諸菩薩等，見百千界，十方如來，窮盡微塵，清淨國土，無所不矚、眾生洞視，不過分寸。」

【譯文】

阿難說：「我現在雖然明白見性是無處可還的，可是仍有疑惑，我怎麼知道這便是我的本真心性呢？」

佛對阿難說：「那我問你，如今你還未證得無漏清淨之果，只是秉承了佛的神力幫助，開了智慧眼，這才到了初禪天境界。而阿那律尊者，在禪定中見閻浮提，就像觀看自己手掌上的庵摩羅果一般清楚，更何況諸界的菩薩能見百千世界，十方諸佛能見無窮盡如微塵的清淨國土呢。只有凡夫眾生呢，極盡眼力，不過見於方寸之間。」

「阿難！且吾與汝觀四天王所住宮殿，中間遍覽水陸空行，雖有昏明種種形像，無非前塵分別留礙。汝應於此，分別自他①，今吾將汝擇於見中，誰是我體？誰為物象？」

【注釋】

①自他：自己的本心與塵境的物象。

· 名詞解釋 ·

阿那律：釋迦牟尼的堂弟。他跟隨釋迦牟尼佛時，因貪睡被罵，因此發憤用功，七日不休不眠，雙眼因此失明。釋尊教他修法，使他證得天眼通。

【譯文】

「阿難，且讓我們一起去看看四大天王所住的宮殿！這些遍佈水裏、陸上、空中的事物，雖然也有昏暗與明亮等種種形象，但不過是眼前的境物塵影，你應當從中分別出自性和他物。現在，我就讓你在觀見之中選出哪個是本心，哪些是物象？」

「阿難！極汝見源，從日月宮，是物非汝；至七金山，周遍諦觀，雖種種光，亦物非汝；漸漸更觀，雲騰鳥飛，風動塵起，樹木山川，草芥人畜，咸物非汝。

「阿難！是諸近遠諸有物性，雖復差殊，同汝見精清淨所矚，則諸物類自有差別，見性無殊。此精妙明，誠汝見性。」

【譯文】

「阿難，窮盡你的見性能力去看，從你身邊直至日月宮，所見的都是物象而不是你的真性自體。當你到七金山時，你無論多麼仔細地觀察，雖能看見種種的光芒，但它也屬物象而不是你的見性。當你向遠處看，有雲在飄，有鳥在飛，有風兒吹，有塵土起，有樹木山河，有花草人畜。這些全都是物象，而不是你的見性啊！

「阿難，這些遠遠近近的東西，雖各有形態，千差萬別，但它們都被你的觀見一一看遍，這些物象有分別，可你的觀見本身卻是始終不變的。這精微妙明的觀見，就是你的見性。」

「若見是物，則汝亦可見吾之見。若同見者，名為見吾，吾不見時，何不見吾不見之處？若見不見，自然非彼不見之相。若不見吾不見之地，自然非物，云何非汝？」

【譯文】

佛陀接著說：「如果見性也是一種物象，那麼你必然可以看見我的見性。如果你我同時看見一種事物，等於我的觀見也被你看到，那麼當我閉上眼睛時，你又為什麼能看見我看不到的事物呢？如果你看見了我沒有看到的事物，

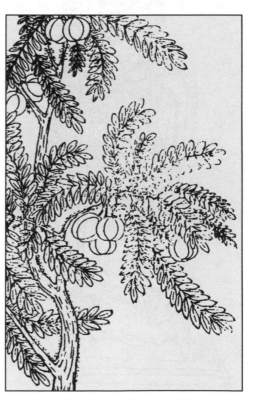

這是庵摩羅果圖。庵摩羅果是指芒果，也有人說是餘甘子，此果形狀似梨，味酸，具有藥用效果。在佛教經典中，庵摩羅果經常被象徵為明白之物。《楞嚴經》中用庵摩羅果比喻見到事物非常清晰。

自然說明這個事物不是沒有相狀的。如果你也看不見我看不到的事物，那事物也就並不存在，為何你還不承認那就是你自己的見性呢？」

見性就在心中

「又則汝今見物之時，汝既見物，物亦見汝。體性紛雜，則汝與

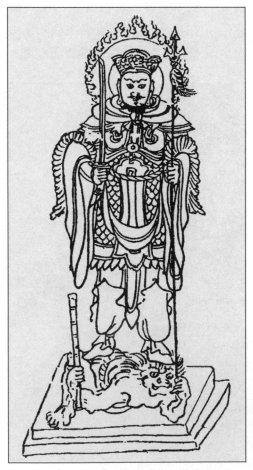

這是廣目天圖。廣目天又名西方天，為四大天王之一，此天王居住在善見城，是守護西方的護法神。在《楞嚴經》中佛陀為了啟發阿難，帶他參觀了四大天王的宮殿。

我並諸世間，不成安立。阿難，若汝見時，是汝非我。見性周遍，非汝而誰？云何自疑汝之真性？性汝不真，取我求實？」

【譯文】

「再者，當你看到事物的時候，你看到事物的同時，事物也看見了你。心和物的關係紛亂混雜，使得你我不能安然立於世間萬物之中。阿難，當你看見某物時，就是你的見性，而不是我的見性。見性廣遍十方，不屬於你又屬於誰呢？為什麼你還要懷疑你自己的本真心性呢？本來是自己的真性卻不敢肯定，反而向我尋求自己的真性在什麼地方？」

阿難白佛言：「世尊，若此見性，必我非餘。我與如來觀四天王勝藏寶殿，居日月宮，此見周圓，遍娑婆國。退歸精舍，只見伽藍，清心戶堂，但瞻檐廡。」

【譯文】

阿難又向佛說：「世尊，假若這個見性是我的真性而不在別處。可是我與佛陀遊覽四天王殊勝藏寶的宮殿和日月宮時，又遠望周遍諸方，遍觀娑婆世界，全無阻礙。但回到祇園精舍後，我就只能看到這伽藍寶座和清靜房舍，也只看到這房檐和走廊而已。」

見性的形狀

「世尊，此見如是，其體本來周遍一界，今在室中，惟滿一室。為復此見，縮大為小？為當牆宇，夾令斷絕？我今不知斯義所在，願垂弘慈，為我敷演。」

【譯文】

「世尊，這個能見的體性，本來是周遍虛空、廣觀一切精微世界的。但為何現在我坐在室內，就只能看見室內的事物，難道是這見性忽然縮小了嗎？還是因為見性被牆壁所隔斷了呢？我實在不明白此中的道理，祈願如來垂賜慈悲，為我宣說。」

佛告阿難：「一切世間大小內外諸所事業，各屬前塵，不應說言『見有舒縮』。譬如方器，中見方空，吾復問汝，此方器中所見方空，為復定方？為不定方？若定方者，別安圓器，空應不圓？若不定者，在方器中，應無方空？」

【譯文】

佛對阿難說：「一切有情與無情世間，或大或小，或內或外，種種形象都屬於眼前的塵相，與見性無關，因此不應說見性擴大或縮小。譬如一個方形的器具，內有方形的空間。那我問你，這個方形器具中的方形空間，是固定的方形呢，還是不定的形狀？

「若說方器中的方形空間是定形的，那我再放一個圓形的器具放在中間，那麼那個圓形器皿的空間就不應是圓形的；如果說是不固定的方形，那麼在方形器皿之中就不應當有方形空間啊？」

「汝言『不知斯義所在』，義性如是。云何為在？阿難！若復欲令入無方圓，但除器方，空體無方，不

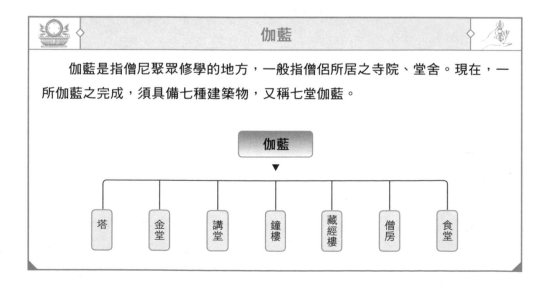

伽藍

伽藍是指僧尼聚眾修學的地方，一般指僧侶所居之寺院、堂舍。現在，一所伽藍之完成，須具備七種建築物，又稱七堂伽藍。

伽藍

▼

塔　｜　金堂　｜　講堂　｜　鐘樓　｜　藏經樓　｜　僧房　｜　食堂

第五章　破魔大全——《楞嚴經》

應說言『更除虛空方相所在』。若如汝問，入室之時，縮見令小，仰觀日時，汝豈挽見齊於日面？若築牆宇能夾見斷，穿為小竇，寧無續跡？是義不然。」

【譯文】

「你說不明白此中的道理，其實見性的義理就和這空間一樣，它隨塵相而有大小，為何會認為見性有大有小呢？阿難，如果想除去方形或圓形的空間，只要把方圓的器物拿走就可以了，在虛空中就沒有方或圓的形狀了，更沒有可供拆除的方形空間了。

「就像你剛才所問的那樣，當你在室內時，覺得見性就縮小，那麼當你抬頭看太陽時，你的見性有你和太陽的距離那麼遠嗎？你說牆壁把見性隔斷了，那麼在牆上鑽出一個小孔，見性是不是就可以不被阻隔而圓通無礙了？可實際上並不是如此，因此你的說法是不對的。」

「一切眾生從無始來，迷己為物，失於本心，為物所轉，故於是中觀大觀小。若能轉物，則同如來，身心圓明，不動道場。於一毛端遍能含受十方國土。」

【譯文】

「世間的一切眾生，從久遠的無始以來，便被無明遮蔽於塵世物象之中，令本真心性迷失，從而為外境之物象所牽引輪轉，一會兒看到大，一會兒看到小了。

「如果能不被外境物象所轉移，那麼便能像如來一樣，得到楞嚴大定，身心圓滿光明，隨處都是不動道場，便能在一個微細毛塵上面，放置十方廣大國土。」

觀見的實質

阿難白佛言：「世尊，若此見精，必我妙性。今此妙性現在我前，見必我真，我今身心復是何物？而今身心分別有實，彼見無別，分辨我身。若實我心，令我今見，見性實我，而身非我。何殊如來先所難言，物能見我？惟垂大慈，開發未悟。」

【譯文】

阿難對佛陀說：「世尊，假使這個能遍見萬物的觀見，定然是我的妙精明性，如今它已經清清楚楚地現示我的眼前。既然現前這個能見的就是我的真性，那麼我的身心，究竟又是什麼呢？而且我現今的身心，確實並不相同，各有實在的本性。但我的見性實在沒有分別的功能，既不能分辨我身，又怎能分辨萬物呢？如果說這個見性，實在就是我的真心，那麼見性就應該是我了，而這個身體反而不是我啊！這與如來之前對我說的，當我看物時，物也在看我，有哪些區別呢？懇請如來發大慈悲心，啟發我的迷疑不悟。」

佛告阿難：「今汝所言，見在汝前，是義非實。若實汝前，汝實見者，則此見精，既有方所，非無指示。且今與汝坐祇陀林，遍觀林渠及與殿堂，上至日月，前對恆河。汝今於我師子座前，舉手指陳是種種相：陰者是林，明者是日，礙者是壁，通者是空，如是乃至草木纖毫，大小雖殊，但可有形，無不指著。若必其見，現在汝前，汝應以手確實指陳，何者是見？」

【譯文】

佛陀對阿難說：「如果真心見性就在你的面前，並非說它本身便是實體；若它是一個實體，你確實可以看見，那麼這個見性必然有其形，又怎能指不出它的所在之處。

「現在，我和你坐在祇陀園裏，可遍觀近處的園林、河渠以及大殿與講堂，往上可以看到日宮月宮，往前可以看到恆河。你正坐在我的座前，用手指示著這種種物象：那昏暗的是樹林，那明亮的是太陽，那阻隔的是牆壁，那空闊的是天空，就算是草木纖毫之處，雖然大小各異，但只要它們有形有貌，都可以指示出來。

「如果你認為見性一定現示在你面前，那麼你應該用手把它指出來，說明到底是哪樣東西才是觀見。」

「阿難當知，若空是見，既已成見，何者是空？若物是見，既已是見，何者為物？汝可微細披剝萬象，析出精明淨妙見元，指陳示我。同彼諸物，分明無惑。」

【譯文】

「阿難，你應當知道，如果虛空就是觀見，既然觀見已經現在眼前，哪裡還是虛空啊？如果物象就是觀見，既然觀見已經現示出來，那麼物象又是什麼呢？

「你再用心仔細剖析世間萬物，將那個精明淨妙的見性指給我看看，看是否像其他各種物象一樣，歷歷分明，確定無疑。」

阿難言：「我今於此重閣講堂，遠泊恆河，上觀日月，舉手所指，縱目所觀，指皆是物，無是見者。世尊，如佛所說，況我有漏初學聲聞，乃至菩薩，亦不能於萬物象前剖出精見，離一切物，別有自性。」

佛言：「如是，如是。」

【譯文】

阿難說：「我如今坐在這重閣講堂裏，往遠可以看見恆河，往上可以看見日月，凡我舉手能指到的、用眼可以看見的，都是物象，而不是觀見。

「世尊，正如您剛才所說，我還只是一個剛剛學佛的修行者，怎能指出這見性？即使智慧如菩薩，也不能在萬物萬象之中，將這個離開萬物萬象、能獨立存在的精明觀見剖解出來。」

佛陀說：「是的，的確如此。」

佛復告阿難：「如汝所言，無有見精。離一切物別有自性，則汝所指是物之中無是見者。今復告汝，汝與如來坐祇陀林，更觀林苑，乃至日月，種種象殊，必無見精，受汝所指。汝又發明此諸物中，何者非見？」

【譯文】

佛又對阿難說：「就如你所說，沒有觀見能離開物象而獨立存在，但是，在你剛才指示的這些物象之中，也沒有哪一個就是觀見。我告訴你，你與如來同坐在祇陀林裏，觀看了園林、日月等萬種物象，肯定不能明確指出哪些是觀見，那麼，你能夠從這些物象之中，指出哪些不是觀見呢？」

阿難言：「我實遍見此祇陀林，不知是中何者非見。何以故？

若樹非見，云何見樹？若樹即見，復云何樹？如是乃至若空非見，云何見空？若空即見，復云何空？我又思惟，是萬象中，微細發明，無非見者。」

佛言：「如是，如是。」

【譯文】

阿難回答道：「我其實已經看遍了祇陀林的物象，但卻不知道這當中哪些物象不是我的觀見。為什麼呢？因為如果樹木沒有被看見，為什麼又說看見了樹？如果樹木就是觀見本身，那麼什麼才是樹木呢？這樣說來，假若虛空不是觀見，又怎麼能夠看見虛空？如果虛空就是觀見，那又如何能稱作虛空呢？我又發現到，這些萬物萬象無一不是觀見所顯示的。」

佛說：「是的，正是如此。」

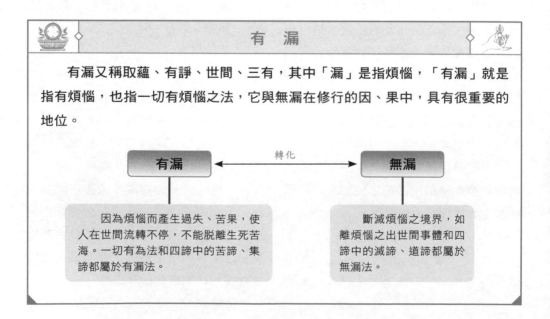

有　漏

有漏又稱取蘊、有諍、世間、三有，其中「漏」是指煩惱，「有漏」就是指有煩惱，也指一切有煩惱之法，它與無漏在修行的因、果中，具有很重要的地位。

有漏 ←轉化→ 無漏

有漏：因為煩惱而產生過失、苦果，使人在世間流轉不停，不能脫離生死苦海。一切有為法和四諦中的苦諦、集諦都屬於有漏法。

無漏：斷滅煩惱之境界，如離煩惱之出世間事體和四諦中的滅諦、道諦都屬於無漏法。

觀見與物象

於是，大眾非無學者，聞佛此言，茫然不知是義終始。一時惶悚，失其所守。如來知其魂慮變懾，心生憐愍，安慰阿難及諸大眾：「諸善男子，無上法王是真實語，如所如說，不誑不妄，非末伽黎四種不死矯亂論議。汝諦思惟，無忝哀慕！」

【譯文】

這時候，在座初學佛的大眾們，聽到佛陀這麼說，都茫然四顧，不知義理所在。他們頓時陷入惶惑，對奉持之道有了疑惑，不知何者為對，何者為錯。

佛知曉他們的焦慮與不安，於是心生憐憫，安慰他們說：「聰明智慧的人們啊，我所說的都是真實不虛的道理，並不像外道末伽黎用四種不死的胡亂理

論來迷惑聽眾。你們應去仔細思考，而不要再哀怨憂慮了！」

是時，文殊師利法王子愍諸四眾，在大眾中，即從座起，頂禮佛足，合掌恭敬而白佛言：「世尊，此諸大眾，不悟如來發明二種精見，色空是非是義。

「世尊，若此前緣色空等象，若是見者，應有所指；若非見者，應無所矚。而今不知是義所歸，故有驚怖！非是疇昔善根輕鮮。惟願如來大慈發明，此諸物象與此見精，元是何物？於其中間，無是非是。」

【譯文】

這時候，文殊師利菩薩憐憫與會大眾，於是就從座上站起，向佛致禮，並說道：「世尊，大家都不明白佛所說的

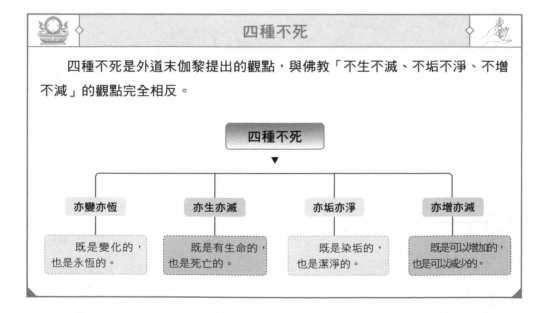

四種不死

四種不死是外道末伽黎提出的觀點，與佛教「不生不滅、不垢不淨、不增不減」的觀點完全相反。

四種不死

亦變亦恆：既是變化的，也是永恆的。

亦生亦滅：既是有生命的，也是死亡的。

亦垢亦淨：既是染垢的，也是潔淨的。

亦增亦減：既是可以增加的，也是可以減少的。

第五章 破魔大全——《楞嚴經》

『觀見之性既是物象，又不是物象』這種道理。

「世尊，如果這些物象是能見之性，那麼就應當可以被指明；假若它不是見性，就應該一無所見。大家都不知道這個道理，因此產生了驚疑和恐慌，並不是他們的智慧根器浮淺不深。

「我在這裏懇請如來發慈悲心，引導大眾瞭解這種種物象和精明見性，究竟是什麼東西？為什麼在這兩者之間，沒有是，也沒有不是？」

佛告文殊及諸大眾：「十方如來及大菩薩，於其自住三摩地中，見與見緣，並所想相，如虛空華，本無所有。此見及緣元是菩提妙淨明體，云何於中有是非是？文殊，吾今問汝，如汝文殊，更有文殊，是文殊者？為無文殊？」

「如是，世尊。我真文殊，無是文殊。何以故？若有是者，則二文殊，然我今日非無文殊，於中實無，是非二相。」

【譯文】

佛陀對文殊師利菩薩和與會眾人說道：「諸天十方如來和大菩薩們，常處於正等正覺的境界中，他們的觀見之性與所見的物象，以及心中所想，都像那虛空中的花，本就是虛幻的。這個見性和見性針對的物象，原本都是清淨圓滿的本性，既是一體，便沒有是和不是了。文殊啊，我且問你：你是文殊，是不是說還有一個文殊呢？是文殊呢？或者不是文殊？」

文殊回答：「是這樣，世尊。我就是真正的文殊，但也不是文殊，為什麼這麼說呢？因為說我是文殊，那麼就有一個人不是文殊，結果有了二個文殊了。而我現在自然就是文殊，沒有一個不是文殊的人，就沒有是與不是的區別了。」

佛言：「此見妙明與諸空塵，亦復如是。本是妙明無上菩提淨圓真心。妄為色空及與聞見，如第二月，誰為是月？又誰非月？文殊，但一月真，中間自無是月非月。是以汝今觀見與塵，種種發明，名為妄想，不能於中出是非是。由是真精妙覺明性，故能令汝出指非指。」

【譯文】

佛陀說：「這個靈妙光明之見性，與一切空幻六塵境象也是一樣的。原本是微妙光明、智慧無比、清淨圓滿的本源真心，只因一念無明，以至於成為六塵境象、知覺和知見了。

「這就好比你手指月亮而看見的第

・名詞解釋・

妙覺：指覺行圓滿之究竟佛果，故亦為佛果之別稱。在大乘菩薩修行中，妙覺是修行的五十二階位之一，得此妙覺位能斷盡一切煩惱，智慧圓妙，覺悟涅槃之理。

二個月，哪個是真月，哪個又是假月？文殊啊，世間只有一個真正的月，這中間沒有什麼月和非月的問題。

「因此，你今天對於觀見和種種物象的看法，雖經歷啟發和明曉的過程，但始終還是妄想啊，是不能指出是與不是的道理的。所以說只有這精明妙覺的真性，能讓你們跳出『見有所指』與『見非有所指』的困惑，而悟入真見。」

🪷 見性的本體

阿難白佛言：「世尊，誠如法王所說，覺緣遍十方界，湛然常住，性非生滅，與先梵志娑毗迦羅所談冥諦，及投灰等諸外道種，說有真我，遍滿十方，有何差別？世尊亦曾於楞伽山為大慧等敷演斯義。彼外道等，常說自然，我說因緣，非彼境界。」

【譯文】

阿難向佛陀說：「世尊啊！正如菩薩所說，覺緣見性是遍滿十方的，不僅湛然清淨，常住而不動，並且沒有生滅變化的。這與婆羅門外道修行者娑毗迦羅所說的昏昧道理，以及那些苦行修者所說的『真我遍滿十方世界』，究竟有什麼分別呢？世尊也曾在楞伽山為諸位菩薩宣說過這樣的道理，指出一切物象因緣而生，這和外道常說的事物是自生自滅的道理是截然不同的。」

「我今觀此覺性自然，非生非滅，遠離一切虛妄顛倒，似非因緣。與彼自然，云何開示不入群邪，獲真實心，妙覺明性？」

【譯文】

阿難說：「現在我看這見性就是自在自為的，它不生也不滅，遠離一切虛妄相和顛倒相，好像並不是因緣而生，

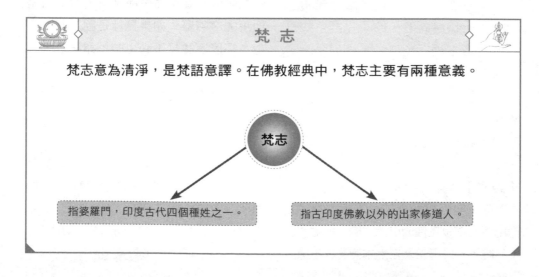

梵志

梵志意為清淨，是梵語意譯。在佛教經典中，梵志主要有兩種意義。

梵志

指婆羅門，印度古代四個種姓之一。

指古印度佛教以外的出家修道人。

也不是外道所說的自生自滅的。世尊，應該怎樣開啟智慧，才能使我們不會陷入他們的邪見，而能獲致本真心性，得知妙明覺知的本性呢？」

佛告阿難：「我今如是開示方便，真實告汝，汝猶未悟，惑為自然。阿難，若必自然，自須甄明有自然體。汝且觀此妙明見中，以何為自？此見為復？以明為自？以暗為自？以空為自？以塞為自？」

【譯文】

佛陀告訴阿難：「我如今用權巧方便來開啟你的智慧，而你卻仍然沒有開悟，仍被自生自滅的說法所迷惑。阿難，如果確定是自生自滅的，那它必然有一個本體。可是，你看在這妙明見性之中，它的本體是什麼呢？它是以明亮為本體，還是以昏暗為本體？以虛空為本體，還是以阻塞為本體？」

「阿難！若明為自，應不見暗；若復以空為自體者，應不見塞。如是乃至諸暗等相以為自者，則於明時，見性斷滅，云何見明？」

阿難言：「必此妙見，性非自然，我今發明，是因緣生。心猶未明，諮詢如來，是義云何合因緣性？」

【譯文】

佛又向阿難解釋道：「阿難啊，若你用明亮當做見性的自然本體，就應該看不見暗；若以虛空為自然本體，就不應該

見不到阻塞。依次類推，若以黑暗為自然本體時，那麼在光明遍照之時，見性就不復存在了，又怎麼看到光明呢？」

阿難說：「這個妙明的見性不是自生自滅的，我現在明白它是因緣而生的，但是心裏仍有疑惑。我想問如來，為什麼說見性是因緣而生呢？」

見性的因緣

佛言：「汝言因緣，吾復問汝，汝今因見，見性現前，此見為復，因明有見？因暗有見？因空有見？因塞有見？阿難！若因明有，應不見暗；如因暗有，應不見明。如是乃至因空、因塞，同於明暗。」

【譯文】

佛陀說：「既然你說到見性因緣而生，那麼我再問你，你因為要觀看事物，所以在你面前顯現了見性，這個見性是因為明亮而生呢？是因為黑暗而生呢？是因為虛空而生呢？還是因為阻塞而生呢？阿難，如果見性是因為明亮而生，那麼應該見不到黑暗；如果是因為黑暗而生，那麼應該見不到明亮，以此推斷，因空而生與因塞而生也是一樣的道理。」

「復次，阿難！此見又復緣明有見？緣暗有見？緣空有見？緣塞有見？阿難，若緣空有，應不見塞；如緣塞有，應不見空。如是乃至緣明、緣暗，同於空塞。」

「阿難，我再問你，這個見性是因為攀緣明亮而生成呢？是因為攀緣黑暗而生成呢？是因為攀緣虛空而生成呢？還是因為攀緣阻塞而生成呢？假若見性是因為攀緣虛空而生成，那麼就見不到阻塞；如果因為攀緣阻塞而生成，那麼就看不見虛空，以此推斷，攀緣明亮和攀緣黑暗也是一樣的道理。」

「當知如是精覺妙明，非因非緣，亦非自然，非不自然，無非不非，無是非是。離一切相，即一切法。汝今云何，於中措心，以諸世間，戲論名相，而得分別？如以手掌，撮摩虛空，祇益自勞，虛空云何，隨汝執捉？」

「因此，你應知道，這個精微妙明的觀見之性，它的本體不變，因此不是從因而生，或由緣而生；它的妙用是隨緣的，因此不是自然，也不是不自然。它沒有是或不是，也沒有非或不非。它離棄一切分別相，它就是一切法的本性。

「為什麼你現在還是在妄想中用功夫，用世間的自然和因緣，不實在的戲論名相，來分別我的妙法妙定？這就好像用手來握拿虛空，終是徒勞，虛空怎麼能夠被手捉得到？」

阿難白佛言：「世尊，必妙覺性，非因非緣，世尊云何常與比丘宣說，見性具四種緣，所謂因空、因明、因心、因眼？是義云何？」

佛言：「阿難，我說世間諸因

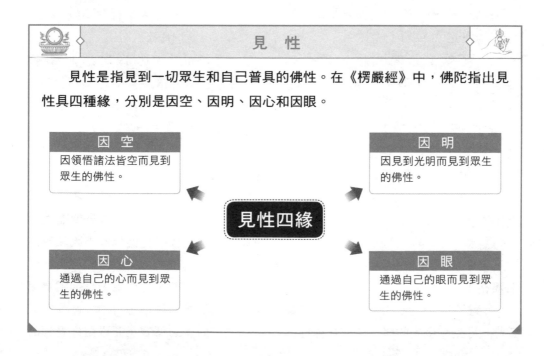

見　性

見性是指見到一切眾生和自己普具的佛性。在《楞嚴經》中，佛陀指出見性具四種緣，分別是因空、因明、因心和因眼。

因空
因領悟諸法皆空而見到眾生的佛性。

因明
因見到光明而見到眾生的佛性。

見性四緣

因心
通過自己的心而見到眾生的佛性。

因眼
通過自己的眼而見到眾生的佛性。

緣相，非第一義。阿難，吾復問汝，諸世間人說我能見，云何名見？云何不見？」

【譯文】

阿難向佛陀說：「世尊，這個妙明見性既然不是從因而生，也不是由緣而生，為何世尊往日常對比丘們說，這個見性具有四種因緣，說是因空、因明、因心和因眼而生？這又是為什麼呢？」

佛陀說：「阿難，我所說的世間一切皆因緣相，只是權巧方便，而不是佛法的第一義諦啊！我再問你，世間眾生都說我能觀見，那麼什麼叫觀見，什麼叫不能觀見呢？」

🪷 清淨實相

阿難言：「世人因於日、月、燈光、見種種相，名之為見。若復無此三種光明，則不能見。」

「阿難！若無明時，名不見者，應不見暗；若必見暗，此但無明，云何無見？

「阿難，若在暗時，不見明故，名為不見。今在明時，不見暗相，還明不見。如是二相，俱名不見。若復二相自相陵奪，非汝見性於中暫無。如是則知二俱名見，云何不見？」

【譯文】

阿難答道：「世間眾人，因為藉著日光、月光和燈光的緣，才看見種種物

象色相，這就是觀見。若沒有這三種光明，就不能看見事物。」

如來說：「阿難，你說若沒有明亮就叫不見，但也應該看不見黑暗。如果能看見黑暗，那只能說是看不見明亮而已，怎能說是不能看見呢？

「阿難，若在黑暗的地方看不見光明，就叫不見；那麼在光明處看不見黑暗，也應叫做不見。如此說來，這兩種情形都應叫做不見。

「如果這兩種現象此起彼伏交替出現，那不是說你的見性也忽有忽無？由此可知，無論是見明還是見暗，都應該叫做觀見，怎麼可以說是不見呢？」

「是故，阿難！汝今當知，見明之時，見非是明；見暗之時，見非是暗；見空之時，見非是空；見塞之時，見非是塞。四義成就，汝復應知，見見之時，見非是見，見猶離見，見不能及。

「云何復說因緣自然及和合相？汝等聲聞狹劣無識，不能通達清淨實相。吾今誨汝，當善思惟，無得疲怠妙菩提路。」

【譯文】

「所以阿難，你現在應該明白，看見光明的時候，見性並不因光明而生；看見黑暗的時候，見性也並不因黑暗而生；看見虛空時，見性也不因虛空而生；見到阻塞時，見性更不是因阻塞而生。從這四種義理推想可知，當你看見所見之物時，這個觀見並不是你看到的

事物，而是離開你看到的事物，也不可能被你發現，怎麼能說什麼因緣而生或自然而生這種話呢？你們的智慧只達聲聞，學識淺狹，還不能通達那清淨智慧的境界，因此不能證到清淨實相。我希望你們正確地進行思考，不要偷懶懈怠，妨礙自己通往無上菩提的道路。」

阿難白佛言：「世尊，如佛世尊為我等輩宣說因緣及與自然，諸和合相與不和合，心猶未開。而今更聞見見非見，重增迷悶。伏願弘慈，施大慧目，開示我等覺心明淨。」作是語已，悲淚頂禮，承受聖旨。

【譯文】

阿難向佛說：「世尊，剛才佛為我們解說關於因緣、自在自為以及緣和合而生與因緣不相和合的道理，但我心中

還是有些不明之處。現在又聽佛說『所見之見不是觀見之性』，則更加迷惘。願佛發大慈悲，施展大智慧眼目，為我們開示那妙覺明心。」說完這番話，阿難垂淚頂禮，準備領受如來的法旨。

爾時，世尊憐愍阿難及諸大眾，將欲敷演大陀羅尼諸三摩提妙修行路。

告阿難言：「汝雖強記，但益多聞，於奢摩他微密觀照，心猶未了。汝今諦聽，吾當為汝分別開示，亦令將來諸有漏者，獲菩提果。」

【譯文】

這時，世尊哀憫阿難和眾人，就準備宣揚大陀羅尼妙法和正等正定智慧，教導阿難及大眾如何修持妙覺的道路。

佛陀對阿難說：「雖然你博聞強記，但這只能增強你的見聞知識，對於妙

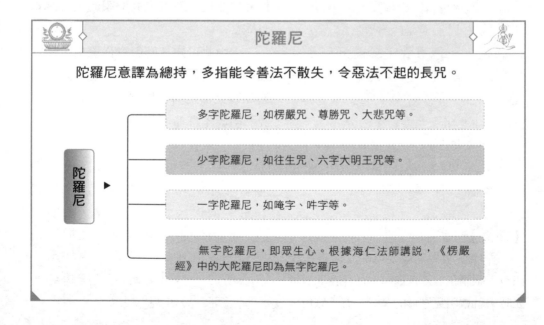

陀羅尼

陀羅尼意譯為總持，多指能令善法不散失，令惡法不起的長咒。

多字陀羅尼，如楞嚴咒、尊勝咒、大悲咒等。

少字陀羅尼，如往生咒、六字大明王咒等。

一字陀羅尼，如唵字、吽字等。

無字陀羅尼，即眾生心。根據海仁法師講說，《楞嚴經》中的大陀羅尼即為無字陀羅尼。

陀羅尼 ▶

不可言的定力，卻仍然不能領悟。你仔細聽著，我將為你詳盡演示，也讓那些不能解脫的凡夫都能證得那無上果位。」

「阿難，一切眾生輪迴世間，由二顛倒，分別見妄。當處發生，當業輪轉。云何二見？一者，眾生別業妄見；二者，眾生同分妄見。」

【譯文】

「阿難，世間眾生之所以在生死煩惱中輪迴流轉不能停息，都是因他們產生了兩種顛倒分別的妄念，這些妄念隨時隨地生出，並隨身心一起輪迴流轉。那麼是哪兩種顛倒妄見呢？一是眾生的別業妄見，即單獨所造之業；二是眾生同分的妄見，即眾生一起所造之業。」

別業妄見

「云何名為別業妄見？阿難，如世間人目有赤眚，夜見燈光，別有圓影，五色重疊。於意云何？此夜燈明所現圓光，為是燈色？為當見色？

「阿難！此若燈色，則非眚人，何不同見，而此圓影，唯眚之觀。若是見色，見已成色，則彼眚人，見圓影者，名為何等？」

【譯文】

「什麼叫做別業妄見呢？阿難，譬如有人眼睛生有紅色翳膜，他在夜間看燈光時，就會看見圓形的燈影，五光雜色，

重重疊疊。這意味著什麼呢？這五彩相雜的圓形燈影，到底是燈本身放出的顏色呢，還是這個人的見性的顏色呢？

「阿難，這如果是燈本身的顏色，為何普通人無法看見，而只有長有翳膜的人才能看見？如果這是此人的見性的顏色，見性就是獨立的事物，那麼這個人看見的圓形燈影又是什麼呢？」

「復次阿難，若此圓影離燈別有，則合傍觀屏帳几筵，有圓影出。離見別有，應非眼矚，云何眚人目見圓影？是故當知，色實在燈，見病為影。影見俱眚，見眚非病。」

【譯文】

「再深入分析，若這圓影是離開燈而獨立的，那麼去看旁邊的屏帳、桌椅，應該也都會有圓影出現。如果說圓影離開觀見還能存在，那應該不是眼睛所能看見的，為何長有翳膜的人又能看見呢？

「由此可知，圓影實從燈生，長有翳膜的人因為是眼睛有病才能看到，圓影和觀見都是因為長有翳膜的緣故，觀見和翳膜本身都沒有什麼問題。」

「終不應言，是燈是見，於是中有，非燈非見。如第二月，非體非影。何以故？第二之觀，捏所成故。諸有智者不應說言。此捏根元是形非形，離見非見。此亦如是。目眚所成，今欲名誰，是燈是見？何況分別非燈非見？」

【譯文】

「因此不應該執著圓影是燈光所生或是眼睛所見，也不能說既不是燈光也不是眼睛所見。就像那第二個月亮既不是月亮的本性也不是月亮的影子。為什麼這樣說？因為那第二個月亮本是由於手指指向月亮而產生。你們這些有智慧的人，不應該去分辨這個月亮是真月還是假月？是分別出來的觀見還是真正的觀見？燈影也是這個道理，圓影是因為長有翳膜所致，為什麼還要去分辨什麼是燈，什麼是見？什麼不是燈，什麼不是見呢？」

同分妄見

「云何名為同分妄見？阿難，此閻浮提除大海水，中間平陸有三千洲。正中大洲，東西括量，大國凡有二千三百。其餘小洲在諸海中，其間或有三兩百國，或一或二，至於三十、四十、五十。」

【譯文】

「什麼叫做同分妄見呢？阿難，比如我們所居住的閻浮提洲，除了四周的海水以外，陸地共有三千洲，正中間的大洲，從東而西大概有二千三百個大國。其他的小洲散佈於各個海域中，當中較大的洲上可能有兩三百個國家，較小的洲上可能只有幾十個國家。」

「阿難，若復此中有一小洲，只有兩國。惟一國人同感惡緣，則彼小洲當土眾生，睹諸一切不祥境界，或見二日，或見兩月。其中乃至暈適佩玦、彗孛飛流、負耳虹霓，種種惡相。但此國見，彼國眾

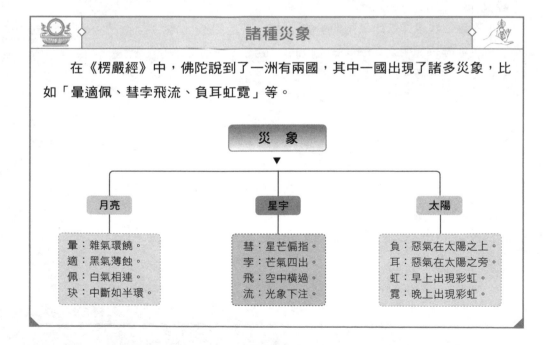

諸種災象

在《楞嚴經》中，佛陀說到了一洲有兩國，其中一國出現了諸多災象，比如「暈適佩、彗孛飛流、負耳虹霓」等。

災象

月亮	星宇	太陽
暈：雜氣環繞。 適：黑氣薄蝕。 佩：白氣相連。 玦：中斷如半環。	彗：星芒偏指。 孛：芒氣四出。 飛：空中橫過。 流：光象下注。	負：惡氣在太陽之上。 耳：惡氣在太陽之旁。 虹：早上出現彩虹。 霓：晚上出現彩虹。

生，本所不見，亦復不聞。」

【譯文】

「阿難！假若就在這閻浮提洲的一個小洲上，只有兩個國家。其中一國的眾人同感惡緣，那麼這個小洲的所有眾生都應該看到不祥的徵兆，或是看到天有二日，或是看到夜有二月，甚至看到日食月暈、流星飛星、彩虹當空等種種不吉惡相。可是只有一國的眾生看到異相，而另一國眾人卻沒有看見，也不曾聽到。」

「阿難，吾今為汝以此二事，進退合明。阿難，如彼眾生別業妄見，矚燈光中所現圓影，雖現似境，終彼見者目眚所成。眚即見勞，非色所造。然見眚者，終無見咎。」

【譯文】

「阿難，我現在就用這兩件事的因緣，來為你詳細顯明妄見的問題。世間眾生正如那些有眼病的人們，因心中有了別業妄見，所以看見的燈光中就現出五色圓影，雖然它看上去像真實事物，其實只是因為眼中有了疾病，而不是事物本身所導致。然而，當見到那些有眼病的人，也不能去責備他們。」

「例汝今日以目觀見山河、國土，及諸眾生，皆是無始見病所成。見與見緣，似現前境，元我覺明，見所緣眚。覺見即眚。本覺明心，覺緣非眚。覺所覺眚，覺非眚中，此實見見，云何復名覺聞知見？」

【譯文】

「就像你今天用眼睛能看到山河國土以及世間眾生，這都是從無始以來的見病所造成的影，正如眼病之人所見的圓影一般。這些能看到的物相與它們之間的區別之相，清晰展現在面前。因為眼睛長有翳膜，所以觀見也成了翳膜。其實上我們清淨明悟的心性，本來就沒長有翳膜。當你感覺到觀見的翳膜時，觀見不會被翳膜所妨礙，這才是真正的觀見，為什麼說觀見是因覺聞認知而生出的呢？」

「是故，汝今見我及汝，並諸世間十類眾生，皆即見眚非見眚者。彼見真精，性非眚者，故不名見。

「阿難，如彼眾生同分妄見，例彼妄見別業一人。一病目人同彼一國。彼見圓影，眚妄所生。此眾同分所見不祥，同見業中瘴惡所起，俱是無始見妄所生。」

・名詞解釋・

惡緣：指誘我為惡的外界事物。《西方要決》曰：「六惡緣伴，阻壞淨心。」《往生要集》則曰：「煩惱內催，惡緣外牽。」指出了惡緣是外在的使人為惡的事物。

【譯文】

佛陀接著說：「因此，你現在看見我及世間十類眾生，都用的是你長了翳膜的觀見，而並非能夠看見翳膜的本真見性，那本真的觀見是不受翳膜阻滯的，因此你現在的觀見還不能稱之為真實的觀見。」

「阿難！眾生的同分妄見與一人的別業妄見是不同的。正如一國眾生同時見到種種災象，如同那病人獨自看見五色圓影一般，都是由於翳膜和妄見所導致的。一個人見到圓影，是因眼病而致；一國人同見不祥的災象，是因共同業力的惡緣所致，這些惡業纏結了虛空，障蔽了日月星光，是無始以來生出的種種妄見。」

「例閻浮提三千洲中，兼四大海、娑婆世界，並洎十方諸有漏國及諸眾生，同是覺明無漏妙心，見聞覺知虛妄病緣，和合妄生，和合妄死。若能遠離諸和合緣及不和合，則復滅除諸生死因，圓滿菩提，不生滅性，清淨本心，本覺常住。」

【譯文】

「這就好比這閻浮提洲的三千洲、四大海水、娑婆世界、十方國土以及所有眾生，他們本來都是無漏的妙明真心、本覺明體，只因受了無明遮蔽，現出種種虛妄見分，於是有了見聞覺知的顛倒景象。如果能離開惑業俱全的和合緣以及有惑無業的不和合緣，就能滅除這兩種生死本因，從而成就圓滿菩提，找到自己不生滅性的清淨本心和常住不變的自性。」

🪷 因緣和合

「阿難，汝雖先悟本覺妙明，性非因緣，非自然性；而猶未明如是覺元，非和合生及不和合。」

【譯文】

「阿難，雖然你先前悟解到妙明覺見的本性不在因緣，也不是自在自為，但你還不明白這個妙覺真心，也並非妄念的因緣和合所生或者不因和合而生。」

「阿難，吾今復以前塵問汝：汝今猶以一切世間妄想，和合諸因緣性，而自疑惑。證菩提心和合起者。則汝今者妙淨見精，為與明和？為與暗和？為與通和？為與塞和？」

第五章　破魔大全——《楞嚴經》

【譯文】

「阿難，我仍以世間的塵相來問你，因為你現在仍然以為世間一切都是眾生妄念的因緣和合，你心中仍有迷惑，甚至想要證明那菩提妙心也是因緣和合而生。

「那麼我問你，你那妙明本心到底是與光明和合而生，還是與黑暗和合而生？是與通達和合而生，還是與阻塞和合而生？」

「若明和者，且汝觀明，當明現前。何處雜見？見相可辨，雜何形像？若非見者，云何見明？若即見者，云何見見？

「必見圓滿，何處和明？若明圓滿，不合見和，見必異明，雜則失彼性明名字。雜失明性，和明非義。彼暗與通及諸群塞，亦復如是。」

【譯文】

「阿難，如果你的見性是與光明相合而生，那麼請你觀察光明，當光明在你眼前之時，見性又在何處呢？在光明之相中，應該可以分辨得出見性，它又是以什麼形象出現的呢？如果說見性並沒有混在光明之中，那怎麼能看見光明？如果說看到了觀見，那是拿什麼看到觀見的呢？

「如果觀見之性是圓滿不可分的，那麼它如何與光明相合的呢？若光明是圓滿不可分的，它怎麼可能與見性相和？如果說見性與光明不同，那麼兩者混合後必然會失去彼此的本性和名字；如果說見性與光明相同，那麼兩者混合就失去原本所說的一個光明的本義。

「所以，說『見性與光明因緣和合而生』並不正確。至於見性與通、暗、空、塞相合，也是一樣的道理。」

阿難白佛言：「世尊，如我思惟，此妙覺元與諸緣塵及心念慮，非和合耶？」

佛言：「汝今又言覺非和合，吾復問汝：此妙見精非和合者，為非明和，為非暗和？為非通和，為

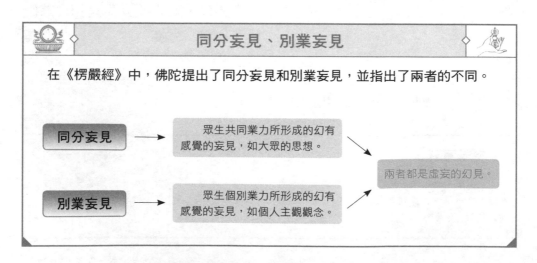

同分妄見、別業妄見

在《楞嚴經》中，佛陀提出了同分妄見和別業妄見，並指出了兩者的不同。

同分妄見 → 眾生共同業力所形成的幻有感覺的妄見，如大眾的思想。

別業妄見 → 眾生個別業力所形成的幻有感覺的妄見，如個人主觀觀念。

兩者都是虛妄的幻見。

非塞和？若非明和，則見與明必有邊畔。汝且諦觀，何處是明，何處是見？在見在明，自何為畔？」

【譯文】

阿難又向佛說：「我再三思考，這妙覺元明之見性與明暗通塞之塵相，以及心念思慮等六處識心似乎並不相關，那麼見性並非因緣相合而生吧？」

佛說：「你現在又懷疑到你的妙覺真心與世間的一切是不相和合的嗎？那我再問你，你的見性是不與光明相和合，還是不與黑暗相和合？是不與通達相和合，還是不與阻塞相和合？如果不與光明相和合，那麼見性和明相之間一定有界限。你不妨仔細觀察，看哪邊是光明，哪邊是見性呢？見性與光明之間，是以何處為它們的界限呢？」

「阿難！若明際中，必無見者，則不相及，自不知其明相所在，畔云何成？彼暗與通及諸群塞，亦復如是。又妙見精非和合者，為非明合？為非暗合？為非通合？為非塞合？

「若非明合，則見與明性相乖角，如耳與明了不相觸。見且不知明相所在，云何甄明合非合理？彼暗與通及諸群塞，亦復如是。」

【譯文】

「阿難，如果以光明為界限，那麼就沒有見性，光明與見性就各不相及，又怎能看到光明呢，怎麼能說光明和見

性之中有界限呢？同理，它與黑暗、通達、阻塞的不相合，也是一樣的道理。

「再說這妙明見性的根本不與因緣和合，那麼是不與光明和合呢？是不與黑暗和合呢？是不與通達和合呢？還是不與阻塞和合呢？如果說不與光明和合，觀見與光明就是互相背離的，如同耳朵與光明，是互不接觸、沒有關聯的。見性已然不知道光明在哪裡，還去辨什麼合與不合的道理呢？這個道理，對於說不與黑暗、通達、阻塞相和合，也是一樣的。」

🪷 五蘊即本性

「阿難，汝猶未明一切浮塵，諸幻化相，當處出生，隨處滅盡。幻妄稱相，其性真為妙覺明體。如是乃至五陰六入，從十二處至十八界，因緣和合，虛妄有生。因緣別離，虛妄名滅。殊不能知生、滅、去、來，本如來藏，常住妙明，不動周圓，妙真如性。性真常中，求於去來、迷悟、生死，了無所得。」

【譯文】

「阿難啊！你還是不明白，世間一切浮塵和諸般物相，它們在哪裡出現，隨即就在哪裡滅盡。幻象妄念只是外相，它們的本性，都是從常住真心妙覺明體所生。如五蘊、六入、十二處、十八界，所有的法都是因緣和合，虛妄而生；因緣離合，虛妄滅絕。世人完全不知一切的生起滅去之相，原來都是如

來藏性，都是常住妙明之中，不動入山，都是妙明真實的本性。要在這如來真性之中，尋求生死、去來、迷悟、生滅等等，純屬妄想啊。」

「阿難，云何五陰，本如來藏妙真如性？阿難，譬如有人以清淨目觀晴明空，惟一晴虛，迥無所有。其人無故不動目睛，瞪以發勞，則於虛空別見狂華。復有一切狂亂非相。色陰當知，亦復如是。」

【譯文】

「阿難，為什麼我說色、受、想、行、識這五蘊，就是眾生原本所具的妙明真實的本性呢？如果有人用清明無垢之眼去看晴朗的天空，除了一片晴明虛空外，什麼也看不到。如果他目不轉睛繼續瞪視，眼睛就會出現疲勞之相，就會在天空中看到搖動的光華，生出種種

奇怪的幻相。因此應知，就像眼花後看到的幻華一般，色蘊也是如此產生的虛妄之相。」

「阿難！是諸狂華非從空來，非從目出。如是，阿難，若空來者，既從空來，還從空入，若有出入，即非虛空，空若非空，自不容其華相起滅，如阿難體不容阿難。

「若目出者，既從目出，還從目入。即此華性從目出故，當合有見。若有見者，去既華空，旋合見眼。若無見者，出既翳空，旋當翳眼。又見華時，目應無翳，云何晴空，號清明眼？是故當知，色陰虛妄，本非因緣，非自然性。」

【譯文】

「阿難，這些搖盪光華既不是生於虛空，也不是從眼睛中而生。如果光華

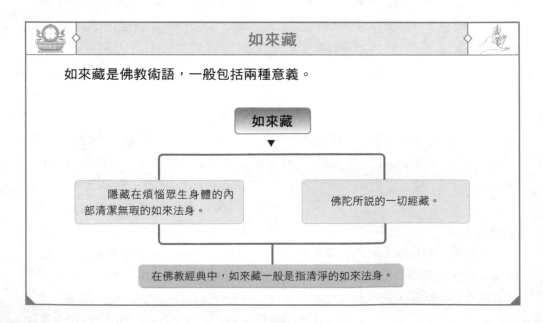

如來藏

如來藏是佛教術語，一般包括兩種意義。

如來藏

隱藏在煩惱眾生身體的內部清潔無瑕的如來法身。

佛陀所說的一切經藏。

在佛教經典中，如來藏一般是指清淨的如來法身。

是從天空中產生，就應該仍返回到天空，但是這能夠進出的天空，就不能稱為天空了。如果天空不再虛曠，那麼天空就是實體了，怎麼會有虛幻的光華在其中生滅，這就比如你阿難的身體，不能再容下一個阿難一樣。

「假如光華是從眼睛產出，那麼也應該能返回到眼睛之中。既然光華從眼睛裏產生，就應當能夠被看見。如果能看見光華的實體，將光華除去後，就應該只看得到眼睛了；如果看不到光華，如果眼睛沒有可以看到的東西，那這眼睛是長翳膜，但是，當眼睛又看到光華時，說明這眼睛應當是沒有長有翳膜的。如此說來，還說什麼清明虛廓的天空，說什麼清明無礙的眼睛呢？

「因此你應知道，所有一切色蘊只是虛妄，和光華幻相一樣，既不是因緣和合而生，也不是自在自為。」

「阿難，譬如有人，手足宴安，百骸調適，忽如忘生，性無違順。其人無故，以二手掌於空相摩。於二手中妄生澀、滑、冷、熱諸相。受陰當知，亦復如是。

「阿難，是諸幻觸不從空來，不從掌出。如是，阿難，若空來者，既能觸掌，何不觸身？不應虛空，選擇來觸。若從掌出，應非待合？又掌出故，合則掌知，離則觸入，臂腕骨髓應亦覺知入時蹤跡。必有覺心，知出知入，自有一物身中往來，何待合

知，要名為觸？是故當知受陰虛妄，本非因緣，非自然性。」

【譯文】

「阿難，譬如有一個人，他本來手足安然，身體舒適，自然順達，不知苦樂。忽然之間，這人無故摩擦雙手，結果就無端生出澀、滑、冷、熱等感受。阿難，受蘊也是如此啊。

「這身體所感受到的種種觸覺，既不是從空無中來，也不是從手掌中產生。因為若是從虛空而來，既然能觸到手掌，為何就不能觸到你的身體？虛空本無知覺，因此也不會選擇只接觸到你的手掌而不接觸你的身體。如果這種種觸覺是從手掌產生，那麼用不著等到手掌摩擦時才能發現呀！而且如果是從手掌產生，那麼雙掌摩擦時就知道它怎樣出來；當雙掌分開時，也知道它怎樣消失。它也應該能進入到種種有觸覺的地方，如手腕、手臂、骨髓等，都會感覺到它進入時的蹤跡。如果說這當中定有能覺知的心，知道觸受的產生和進出，那它必定會在身體中自來自往，又何必要等到雙掌相觸時才能喚醒觸受呢？因此應知道，受蘊也都是虛妄的，既不是因緣和合而生，也不是自在自為。」

「阿難，譬如有人，談說酢梅，口中水出；思蹋懸崖，足心酸澀。想陰當知，亦復如是。

「阿難，如是酢說，不從梅

生，非從口入。如是，阿難，若梅生者，梅合自談，何待人說？若從口入，自合口聞，何須待耳？若獨耳聞，此水何不耳中而出？思蹋懸崖，與說相類。是故當知，想陰虛妄，本非因緣，非自然性。」

【譯文】

「阿難，譬如當人們說到梅子時，口中就會生出口水來；當人們想到是站在懸崖邊上時，不自覺會腳心發軟。想蘊也是如此。

「阿難，像上面所說的口生酸意的感覺，既不是從酸梅而生，也不是從口中所生。若說是酸梅所生，它自己就會去說，何必要人去說？若說酸意是從口而生，口應該自己品嚐得到，何必要等耳朵聽到酸梅後才有酸意？若說是因為耳朵聽到酸梅才生出口水，那麼這口水何不從耳中流出？想著站在懸崖上就有心驚腳軟之感，也是同樣的道理。因此，應該知道想蘊也是虛妄的，既不是因緣和合而生，也不是自在自為。」

「阿難，譬如暴流波浪相續，前際後際，不相踰越。行陰當知，亦復如是。

「阿難，如是流性，不因空生，不因水有，亦非水性，非離空水。如是，阿難，若因空生，則諸

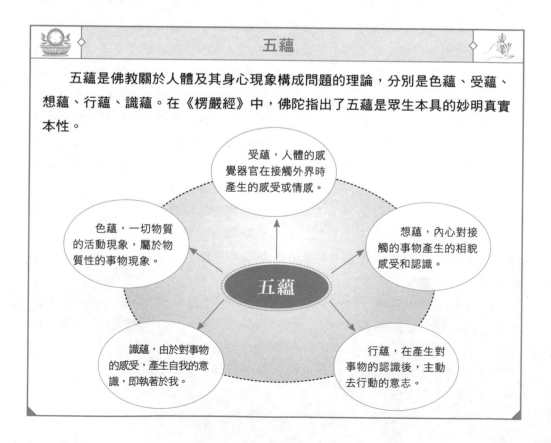

五蘊

五蘊是佛教關於人體及其身心現象構成問題的理論，分別是色蘊、受蘊、想蘊、行蘊、識蘊。在《楞嚴經》中，佛陀指出了五蘊是眾生本具的妙明真實本性。

受蘊，人體的感覺器官在接觸外界時產生的感受或情感。

色蘊，一切物質的活動現象，屬於物質性的事物現象。

想蘊，內心對接觸的事物產生的相貌感受和認識。

五蘊

識蘊，由於對事物的感受，產生自我的意識，即執著於我。

行蘊，在產生對事物的認識後，主動去行動的意志。

十方無盡虛空，成無盡流，世界自然俱受淪溺！若因水有，則此暴流，性應非水。有所有相，今應現在。若即水性，則澄清時應非水體！若離空水，空非有外，水外無流。是故當知，行陰虛妄，本非因緣，非自然性。」

【譯文】

「阿難，譬如急流的波浪相續，後浪推前浪，相續不斷。行蘊也是如此。

「阿難，水的流動之性，不是從空無中產生，也不是水自身所生成的。流動既不是水的自然本性，也不能離開空無和水流獨立存在的。如果流動是因空無而生，則十方世界的無窮盡虛空當中，就會湧流著無窮盡的急流，十方世界自然都被淹沒其中了。如果說流性是從水中產生的，那它就應有自己獨特的自性，能夠顯示在外被人所見。若流性就是水的自然本性，那麼當水流澄清平靜之時，這個澄清的就不是水的本體了。如果說流性是離開空無和水獨立存在的，那麼空無是圓滿周遍，沒有外邊的，豈能離空而有水？水外無流，豈能離開水而有流？

「所以應該知道，行蘊也是虛妄不實的，既不是因緣而生，也不是自在自為的。」

「阿難，譬如有人取頻伽瓶①，塞其兩孔，滿中擎空，千里遠行，用餉他國。識陰當知，亦復如是。

「阿難，如是虛空，非彼方來，非此方入。如是，阿難，若彼方來，則本瓶中，既貯空去，於本瓶地，應少虛空。若此方入，開孔倒瓶，應見空出。

「是故當知，識陰虛妄，本非因緣，非自然性。」

【注釋】

①頻伽瓶：一種形似頻伽鳥的瓶子。頻伽，印度一種鳥名，聲音十分美妙。

【譯文】

「阿難，譬如有人拿頻伽瓶，塞住兩端的小孔，瓶裏蓄滿了當地的虛空，然後把瓶拿到千里以外，送給別的國家。識蘊也是如此。

「阿難，瓶子裏的虛空，不是從另一方帶來，也不是從這一方盛入的。因為，若說這瓶中的虛空是從另一方帶來的，瓶中既然裝了一瓶虛空，那一方就應少了一瓶虛空才對啊！若說瓶中的虛空是從此地裝入的，那麼打開瓶子就應可以倒出虛空來。

「因此應知道，識蘊也是虛妄的，既不是因緣和合而生，也不是自在自為的。」

第五章 破魔大全——《楞嚴經》

在《楞嚴經》中，佛陀用五個例子說明了五蘊都是虛妄的教義，不僅十分貼切，而且生動形象。

五蘊皆虛妄

色蘊

如果有人目不轉睛地瞪視天空，眼睛就會出現疲勞之相，就會在天空中看到搖動的光華，生出種種奇怪的幻相。如果這光華是從眼睛產出，那麼也應該能返回到眼睛之中，也應當能夠被看見。事實上光華並不是生於虛空，也不是產自眼睛，色蘊就像這光華一樣，既不是因緣而生，也不是自在自為。

受蘊

一個人無故摩擦雙手，結果就無端生出澀、滑、冷、熱等感受。如果這些感受若是從虛空而來，那麼也應該接觸到身體；如果這種觸覺是從手掌產生，那麼用不著等到手掌摩擦時才能發現。事實上這觸覺既不是生於虛空，也不是產自手掌，受蘊就像這觸覺一樣，既不是因緣而生，也不是自在自為。

想蘊

當人們說到梅子時，口中就會生出口水來。如果這些感覺從口而生，口應該自己品嚐得到，那麼何必要等耳朵聽到酸梅後才有酸意。事實上酸意既不是從酸梅而生，也不是從口中所生，想蘊就像酸意一樣，既不是因緣而生，也不是自在自為。

行蘊

當急流波浪相續不斷時，這些水就具備了流動之性。如果這種流動性是因空無而生，則十方世界的無窮盡虛空當中，就會湧流著無窮盡的急流；如果流動性是從水中產生的，那它就應有自己獨特的自性，能夠顯示在外被人所見。事實上流動性既不是從空無中產生，也不是水自身所生成，行蘊就像這流動性一樣，既不是因緣而生，也不是自在自為。

識蘊

有人拿頻伽瓶裝滿了當地的虛空，然後把瓶拿到千里以外。如果這瓶子裏的虛空是從另一方帶來的，瓶中既然裝了一瓶虛空，那一方就應少了一瓶虛空；如果瓶中的虛空是從此地裝入的，那麼打開瓶子就應可以倒出虛空來。事實上這虛空既不是從另一方帶來，也不是從這一方盛入，識蘊就像瓶子的虛空一樣，既不是因緣而生，也不是自在自為。

第六章

根本法輪——《華嚴經》

　　《華嚴經》是釋迦牟尼成佛後宣講的第一部佛經。它不但義理豐富、邏輯嚴密，而且圓融無礙、意味深長。在佛教界，相傳如果明曉《楞嚴經》，就能了知佛的頂；如果明曉《法華經》，就能了知佛的身；如果明曉《華嚴經》，就能了知佛的全身和慧命。

釋《華嚴經》
《華嚴經》的經題與翻譯

《華嚴經》全稱為《大方廣佛華嚴經》。所謂「大」是包含的意思；「方」是儀軌的意思；「廣」是周遍的意思；「華」是成就佛果的意思；「嚴」是開演因位，嚴飾佛果的意思。所謂「大方廣佛華嚴經」，既用法譬喻因果，又是理智人法，囊括了經文的要旨。

根據佛教傳說，佛陀用21天說完《華嚴經》後，此經就被龍王請到龍宮供養。直到佛陀入滅600年後，龍樹菩薩發心到龍宮讀經，才見到了《華嚴經》，並從經文中真正認識到佛陀的無上智慧。在龍樹菩薩離開龍宮時，本想將《華嚴經》全部帶出，但考慮到上本與中本數量巨大、內容深奧，非一般人所能理解，因此只帶出了下本《華嚴經》，這就是十萬偈之《華嚴經》。自此之後，《華嚴經》才流傳於世間。

關於《華嚴經》的編集時間，學術界普遍認為是在西元2～4世紀中葉。在此之前，此經只是分散的斷章，當它從南印度傳播到中國西域地區時，才彙集成大本的《華嚴經》。

自《華嚴經》傳入中國以來，主要有3種譯本，分別是：東晉佛陀跋陀羅翻譯的《舊（晉）譯華嚴》，共60卷34品，又稱《六十華嚴》；唐實叉難陀翻譯的《新譯華嚴》，共80卷39品，又稱《八十華嚴》；唐貞元中般若翻譯的《大方廣佛華嚴經入不思議解脫境界普賢行願品》，共40卷，又稱《四十華嚴》。

在《華嚴經》的諸多譯本中，以唐實叉難陀翻譯的《八十華嚴》最為完整，義理也最為完備，所以流傳最廣。

除了全文譯本外，《華嚴經》某一品或一部分的譯文也有很多，根據法藏的《華嚴經傳記》，自從東漢支婁迦讖翻譯《華嚴經》別行本《兜沙經》（《如來名號品》）開始，一直到唐代，這種別行譯本就有35部。其中比較重要的有聶道真翻譯的《諸菩薩求佛本業經》（《淨行品》）、竺法護翻譯的《菩薩十住行道品》（《十住品》）、鳩摩羅什翻譯的《十住經》（《十地

品》）、聖賢譯《羅摩伽經》（《入法界品》）、地婆訶羅譯《大方廣佛華嚴經》（《入法界品》）等。

　　《華嚴經》成書之後，很快就得到了大乘學者的重視，龍樹為之作《大不思議論》，世親作《十地經論》。此經傳入中國後，更有許多高僧為之注疏，如吉藏的《華嚴經遊意》、杜順的《華嚴五教止觀》、智儼的《華嚴搜玄記》、法藏的《華嚴經探玄記》、宗密的《華嚴原人論》等，杜順、法藏法師更依據此經立宗。

 《華嚴經》的主要內容

　　《華嚴經》是釋迦牟尼成佛後對文殊菩薩、普賢菩薩等菩薩宣講法界情況的佛經，是大乘佛教很重要的一部經典。

翻譯者 ▶
實叉難陀
　　于闐（今新疆和田）人。唐代武周時，武則天派人去于闐尋求《華嚴經》全本，他應邀於萬歲元年（西元695年）到達洛陽，並重譯《華嚴經》，歷經四年完成。武則天對此經極為重視，親製了佛經的序文。此《華嚴經》也是所有譯本中流傳最廣的版本。

翻譯時間 ▶ 唐天冊萬歲元年

卷數 ▶ 80卷39品

主要內容 ▶
　　以菩薩發菩提心為因，修行成佛為果，顯示了一個圓通無礙、莊嚴無比的華嚴世界，並為菩薩的修行指明了道路。自從此經傳入中國以來，以其圓滿的哲學體系及優美的語句，在中國佛教史上佔據了非常重要的地位，更是佛教徒必學的經典之一。

佛家富貴
《華嚴經》的主要內容

《華嚴經》是大乘佛教經典中最長的一部，是釋迦牟尼成佛後對文殊菩薩、普賢菩薩等菩薩宣講法界的情況，是對佛教世界觀最完整的介紹。此經描繪了一個寥廓無礙、不可思議的佛國淨土，並敘述了菩薩修行的因果，顯示了一個心性無量、時空行願、緣起無盡的勝境，彰顯了佛陀廣大圓滿的功德，因此有「不讀華嚴，不知佛家之富貴」的說法。

此外，《華嚴經》以「法性本淨」理論為中心，闡述了法界諸法等同一昧、無盡緣起等理論，並在實踐上指明了修行的道路，即以「三界唯心」為依據，強調心的作用，並指出了大乘菩薩從初發菩提心到修行圓滿成佛的十法階次，即十信、十住、十行、十回向、十地、等覺、妙覺等52個等級。最後提出依普賢願十地修行，終能進入佛果境界的理論。在《華嚴經》中提出的十信、十住、十行、十回向、十地法門行相和修行成果差別的教義，既發揮了大乘瑜伽思想，也對大乘佛教理論的發展有很大影響。

作為釋迦牟尼成佛後宣講的第一部經典，《華嚴經》邏輯嚴密、體系宏博，體現了大乘佛教圓融的法義，在大乘佛教諸經典中素有「經中之王」的美譽。雖然《法華經》也被稱作「經中之王」，但《華嚴經》以其博大精深、圓通無礙的教義，更被稱為「經王中之王」，被認為是諸經之母。

由於《華嚴經》以普賢大願為因、以毗盧遮那佛法身為果、以華藏世界為化境、以華嚴大法為法門，教義浩瀚，融匯了宇宙的種種性想，所以自從此經傳入中國以來，就流傳很廣，特別在隋唐時期極為興盛，諸家紛紛為之注疏，如吉藏的《華嚴經遊意》、杜順的《華嚴五教止觀》、法藏的《華嚴經探玄記》、智儼的《華嚴搜玄記》、澄觀的《華嚴經疏》、宗密的《華嚴原人論》。在僧俗二界的推崇下，《華嚴經》的地位日益提高，甚至在唐代出現了以《華嚴經》研究為宗旨的華嚴宗。在西元7~8世紀，《華嚴經》更流傳到朝鮮、日本，朝鮮華嚴宗和日本華嚴宗據此立宗。

《華嚴經》共80卷39品，是大乘佛教經典中最長的一部。唐代澄觀在科判此經時，以前5卷為序分，中間55卷半為正宗分，後19卷半為流通分，並按照經文的內容提出七處九會之說，即以地上三處、天宮四處的九次法會貫通《華嚴經》的經文，清楚明了，很是流行。

華嚴九會 ▶

　菩提場法會，由普賢菩薩宣說毗盧遮那佛因果法門，共有六品，即世主妙嚴品、如來現相品、普賢三昧品、世界成就品、華藏世界品、毗盧遮那品。

　普光明殿法會，由文殊師利菩薩等宣說十信法門，共有六品，即如來名號品、四聖諦品、光明覺品、菩薩問明品、淨行品、賢首品。

　忉利天宮法會，由法慧菩薩宣說十住法門，共有六品，即升須彌山頂品、須彌山頂偈讚品、十住品、梵行品、初發心功德品、明法品。

　夜摩天宮法會，由功德林菩薩宣說十行法門，共有四品，即升夜摩天宮品、夜摩宮中偈讚品、十行品、十無盡藏品。

　兜率天宮法會，由金剛幢菩薩宣說十迴向法門，共有三品，即兜率天宮品、兜率天宮偈讚品、十迴向品。

　他化天宮法會，由金剛藏菩薩宣說十地法門，共有一品，即十地品。

　普光明殿法會，由毗盧遮那佛宣說因圓果滿法門，共有十一品，即十定品、十通品、十忍品、阿僧祇品、如來壽量品、諸菩薩住處品、佛不思議法品、如來十身相海品、如來隨好光明功德品、普賢行品、如來出現品。

　普光明殿法會，由普賢菩薩宣說普賢大行法門，共有一品，即離世間品。

　逝多林法會，由文殊師利菩薩等宣說入法界法門，共有一品，即入法界品。

第六章　根本法輪——《華嚴經》

華藏世界

佛家的莊嚴淨土

 ## 華藏莊嚴世界海

爾時,普賢菩薩復告大眾言:

「諸佛子!此華藏莊嚴世界海①,是毗盧遮那②如來,往昔於世界海微塵數劫修菩薩行時,一一劫中,親近世界海微塵數佛,一一佛所,淨修世界海微塵數大願之所嚴淨。」

【注釋】

①華藏莊嚴世界海:即華藏世界,是毗盧遮那如來的佛土,也是無生無滅、清淨常住的絕對世界。

②毗盧遮那:梵文音譯,意思是光明普照。毗盧遮那如來是華藏世界的教主,與普賢菩薩、文殊師利菩薩並稱為「華嚴三聖」。

【譯文】

這時候,普賢菩薩對聽法的大家說:

「各位佛子!這是無生無滅、清淨常住的絕對世界,是毗盧遮那佛過去歷經劫難修行菩薩時的地方。他在修行的過程

中經歷了微塵一樣多的劫難,親近了無量無邊多的佛陀,許下了不可勝數的心願,最後才達到了莊嚴潔淨的境界。」

「諸佛子!此華藏莊嚴世界海,有須彌山微塵數風輪所持。其最下風輪名『平等住』,能持其上一切寶焰熾然莊嚴。次上風輪名『出生種種寶莊嚴』,能持其上淨光照耀摩尼①王幢。次上風輪名『寶威德』,能持其上一切寶鈴。次上風輪名『平等焰』,能持其上日光明相摩王輪。」

【注釋】

①摩尼:珠、珠寶,古代印度人認為它能消災祛病,澄清污水。

【譯文】

「各位佛子!這是無生無滅、清淨常住的絕對世界,需要須彌山中灰塵一樣多的風輪護法。最下面的風輪叫『平等住』,它能保護上面一切熾熱燃燒著的火焰。再往上的風輪名叫『出生種種

寶莊嚴』，它能保護它上面淨光照耀著的摩尼王幢。再往上的風輪叫做『寶威德』，它能保護上面所有的風輪。再上面的風輪叫做『平等焰』，能保護上面發出日光的相摩王輪。」

「次上風輪名『種種普莊嚴』，能持其上光明輪華①。次上風輪名『普清淨』，能持其上一切華焰師子座。次上風輪名『聲遍十方』，能持其上一切珠王幢。次上風輪名『一切寶光明』，能持其上一切摩尼王樹華。次上風輪名『速疾普持』，能持其上一切香摩尼須彌雲。次上風輪名『種種宮殿遊行』，能持其上一切寶色香台雲。」

【注釋】

①輪華：寶珠名，意為明耀珠。

【譯文】

「再往上的風輪叫做『種種普莊嚴』，它能保護上面的光明輪華。再上面的是『普清淨』，它能保護它上面一切像火焰那般華美的師子座。再上面的是『聲遍十方』，它能保護上面所有的珠王幢。再往上的風輪是『一切寶光明』，它能保護上面一切的摩尼王樹華。再上面的風輪是『速疾普持』，它能保護上面一切香摩尼須彌雲。再往上是『種種宮殿遊行』，它能保護上面一切寶色香彩雲。

「諸佛子！彼須彌山微塵數風輪最在上者，名殊勝威光藏，能持

普光摩尼莊嚴香水海。此香水海有大蓮華，名種種『光明蕊香幢』，華藏莊嚴世界海住在其中。四方均平，清淨堅固，金剛輪山周匝圍繞，地海眾樹，各有區別。」

【譯文】

「各位佛子！像須彌山微塵一樣多的眾多風輪中，排在最上面的是殊勝威光藏風輪，它能保護普光摩尼莊嚴香水海。這個香水海裏有大蓮花，它的名字叫做『光明蕊香幢』，華藏世界就在蓮花之中。華藏世界四方平坦，環境清淨，大地堅固，金剛輪山環繞著它，其中的土地、大海、樹木都有各自的界限。」

這是毗盧遮那佛圖。毗盧遮那佛又名光明遍照、淨滿佛，他在佛教各宗派中地位不同。在密宗中，毗盧遮那佛就是大日如來，是密宗的根本佛；在法相宗中毗盧遮那佛被認為是佛陀的自性身；在天台宗中毗盧遮那佛被認為是佛陀的法身。《華嚴經》中的蓮花藏世界就是以毗盧遮那佛為教主。

是時普賢菩薩欲重宣其義，承佛神力，觀察十方，而說頌言：

「世尊往昔於諸有，微塵佛所修淨業，

故獲種種寶光明，華藏莊嚴世界海。

廣大悲雲遍一切，捨身無量等剎塵。

以昔劫海修行力，今此世界無諸垢。

放大光明遍住空，風力所持無動搖。

佛藏摩尼普嚴飾，如來願力令清淨。

普散摩尼妙藏華，以昔願力空中住。

種種堅固莊嚴海，光雲垂佈滿十方。

諸摩尼中菩薩雲，普詣十方光熾然。

光焰成輪妙華飾，法界周流靡不遍。

一切寶中放淨光，其光普照眾生海。

十方國土皆周遍，咸令出苦向菩提。

寶中佛數等眾生，從其毛孔出化形。

梵主帝釋輪王等，一切眾生及諸佛。

化現光明等法界，光中演說諸佛名。

種種方便示調伏，普應群心無不盡。

華藏世界所有塵，一一塵中見法界。

寶光現佛如雲集，此是如來剎自在。

廣大願雲周法界，於一切劫化群生。

普賢智地行悉城，所有莊嚴從此出。」*

華藏世界的莊嚴

爾時，普賢菩薩復告大眾言：

「諸佛子！此華藏莊嚴世界海，大輪圍山，住日珠王蓮華之上。旃檀摩尼以為其身，威德寶王以為其峰，妙香摩尼而作其輪，焰藏金剛，所共成立。一切香水，流注其間，眾寶為林，妙華開敷，香草布地，明珠間飾，種種香華，處處盈滿。摩尼為網，周匝垂覆。如是等有世界海微塵眾妙莊嚴。」

---

*：上文中普賢菩薩的頌言屬於偈頌的祇夜。所謂祇夜，又稱應頌、重頌，主要是再次強調前文的內容，並對前面的長行進行概括總結，由於其內容是對前文的重複，所以在此處和下文並不多做翻譯。

【譯文】

這時候，普賢菩薩又告訴眾人說：

「諸位佛子！華藏世界周圍有大輪山包圍，下有日珠王蓮華托浮。大輪山以栴檀摩尼為身，以威德寶玉為峰，以妙香摩尼為輪，火焰中包藏著金剛，它們共同構成了山脈的輪廓。所有的香水都往這裏流，所有的寶物矗立成林，各種奇異的花草遍佈著整個大地，粒粒明

珠點綴其間，這些使得這裏既充滿了芬芳的香氣，又讓人眼花撩亂。摩尼在這裏縱橫交錯，密密麻麻覆蓋著整個大地。如此勝景，華藏世界中到處都是，如同世界的微塵一樣多。」

這是普賢菩薩圖。普賢菩薩是大乘菩薩的代表，他依菩提心起願，身、口、意皆平等，具備眾德，所以稱為普賢。在《華嚴經》中，普賢菩薩具有重要的地位，一切菩薩行都是普賢行，當修行菩薩行達到圓滿時，就會成為普賢菩薩。

爾時，普賢菩薩欲重宣其義，承佛神力、觀察十方，而說頌言：

「世界大海無有邊，寶輪清淨種種色；

所有莊嚴盡奇妙，此由如來神力起。

摩尼寶輪妙香輪，及以真珠燈焰輪；

種種妙寶為嚴飾，清淨輪圍所安住。

堅固摩尼以為藏，閻浮檀金作嚴飾；

舒光發焰遍十方，內外映徹皆清淨。

金剛摩尼所集成，復雨摩尼諸妙寶；

其寶精奇非一種，放淨光明普嚴麗。

香水分流無量色，散諸華寶及栴檀；

眾蓮競發如衣布，珍草羅生悉芬馥。

無量寶樹普莊嚴，開華發蕊色熾然；

種種名衣在其內，光雲四照常圓滿。

無量無邊大菩薩，執蓋焚香充法界；

悉發一切妙音聲，普轉如來正法輪。

諸摩尼樹寶末成，一一寶末現光明；

毗盧遮那清淨身，悉入其中普令見。

諸莊嚴中現佛身，無邊色相無央數；

悉往十方無不遍，所化眾生亦無限。

一切莊嚴出妙音，演說如業本願輪；

十方所有淨剎海，佛自在力咸令遍。」

爾時，普賢菩薩復告大眾言：

「諸佛子！此世界海大輪圍山內，所有大地，一切皆以金剛所成。堅固莊嚴，不可沮壞。清淨平坦，無有高下。摩尼為輪，眾寶為藏。一切眾生種種形狀，諸摩尼寶，以為間錯。散眾寶末，布以蓮華，香藏摩尼分置其間。」

【譯文】

這時候，普賢菩薩又對大家說：

「各位佛子！華藏世界被大輪山包圍著，這個世界整個大地都是由金剛鑄成的，既堅固又莊嚴，不能毀壞。這裏的大地既清淨又平坦，沒有高下起伏的現象。摩尼是這個世界的輪子，眾多珠寶是它的儲藏。萬物有什麼形狀，摩尼珍寶也是都有什麼形狀，這些具有千奇百怪形狀的摩尼就錯落有致地分佈在整個世界。整個大地上還散落著摩尼寶的碎末，四處佈滿了蓮花，散發香味的摩尼寶就分佈在蓮花中間。」

「諸莊嚴具，充遍如雲。三世一切諸佛國土，所有莊嚴而為校飾，摩尼妙寶以為其網，普現如來所有境界，如天帝釋，於中布列。

「諸佛子！此世界海地，有如是等世界海微塵數莊嚴。」

【譯文】

「這些寶物都非常莊嚴，它們就像雲佈滿天空一樣佈滿了華藏世界。過去、現在、未來三世所有的佛國淨土，莫不用這些莊嚴的寶物來裝飾，摩尼妙寶星羅棋佈地織成一張大網，上面映現著如來的所有智慧和神力，好像帝釋天宮殿中陳列的珠寶一樣神奇。

「各位佛子！在這華藏世界裏，到處都有這樣莊嚴的景象，它們好像世間的微塵一樣多。」

爾時，普賢菩薩欲重宣其義，承佛神力，觀察十方，而說頌言：

「其地平坦極清淨，安住堅固無能壞。

摩尼處處以為嚴，眾寶於中相間錯。

金剛為地甚可悅，寶輪寶網具莊嚴。

蓮華布上皆圓滿，妙衣彌覆悉周遍。

菩薩天冠寶瓔珞，悉布其地為

嚴好。

栴檀摩尼普散中，咸舒離垢妙光明。

寶華發焰出妙光，光焰如雲照一切。

散此妙華及眾寶，普覆於地為嚴飾。

密雲興佈滿十方，廣大光明無有盡。

普至十方一切土，演說如來甘露法。

一切佛願摩尼內，普現無邊廣大劫。

最勝智者昔所行，於此寶中無不見。

其地所有摩尼寶，一切佛剎咸來入。

彼諸佛剎一一塵，一切國土亦入中。

妙寶莊嚴華藏界，菩薩遊行遍十方。

演說大士諸弘願，此是道場自在力。

摩尼妙寶莊嚴地，放淨光明備眾飾。

充滿法界等虛空，佛力自然如是現。

諸有修治普賢願，入佛境界大智人。

能知於此剎海中，如是一切諸神變。」

華藏香水海的神通

爾時，普賢菩薩復告大眾言：

「諸佛子！此世界海大地中，有十不可說佛剎微塵數香水海。一切妙寶莊嚴其底，妙香摩尼莊嚴其岸，毗盧遮那摩尼寶王以為其網，香水映徹，具眾寶色，充滿其中。種種寶華，旋布其上，栴檀細末，澄垽其下。」

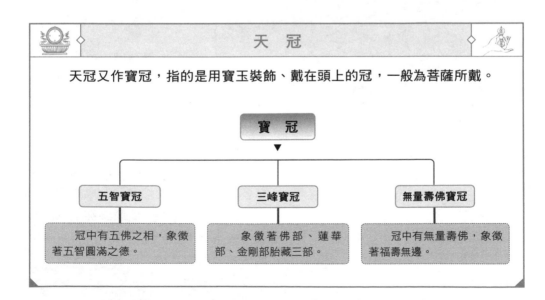

天　冠

天冠又作寶冠，指的是用寶玉裝飾、戴在頭上的冠，一般為菩薩所戴。

寶　冠

▼

五智寶冠	三峰寶冠	無量壽佛寶冠
冠中有五佛之相，象徵著五智圓滿之德。	象徵著佛部、蓮華部、金剛部胎藏三部。	冠中有無量壽佛，象徵著福壽無邊。

第六章　根本法輪——《華嚴經》

【譯文】

這時候，普賢菩薩又對大家說：

「各位佛子！在華藏世界裏，有像微塵那樣多的香水海，它們有十種無法形容的美妙。所有的妙寶都陳列在海底作為裝飾，散發著奇妙芳香的摩尼裝飾著海岸，毗盧遮那如來的摩尼寶玉排列成網，與香水海相互映照，所有寶物的顏色全部顯現出來，充斥整個海上世界。很多珍奇的花兒在海上盛開，旃檀細末流淌於海底。」

「演佛言音，放寶光明。無邊菩薩持種種蓋，現神通力。一切世界所有莊嚴，悉於中現。十寶階陛，行列分佈。十寶欄楯，周匝圍

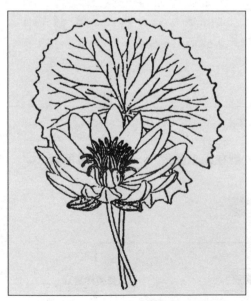

這是芬陀利花圖。芬陀利花又名芬陀利迦，譯為白蓮花，是白色睡蓮的一種。它花色如雪，光彩奪目，只生長於天上。在佛教經典中，芬陀利花常被用來形容佛法的清淨無染。《華嚴經》用芬陀利花來形容華藏世界的美好。

繞。四天下微塵數、一切寶莊嚴芬陀利華敷榮水中。」

【譯文】

「佛法的聲音在這裏迴蕩，所有的珍寶都在閃光，使得這裏明亮異常。多得不可勝數的菩薩拿著各種寶蓋，表現出無與倫比的神通。一切世界應有的莊嚴，這裏無所不有。臺階是由十寶做成的，它們有序地分階陳列，欄杆也是由十寶環繞而成。像四大洲微塵一樣多的白蓮花盛開在水中。」

「不可說百千億那由他數十寶尸羅幢，恆河沙數一切寶衣鈴網幢，恆河沙數無邊色相寶華樓閣，百千億那由他數十寶蓮華城，四天下微塵數眾寶樹林、寶焰摩尼以為其網，恆河沙數旃檀香諸佛言音光焰摩尼。不可說百千億那由他數眾寶垣牆，悉共圍繞，周遍嚴飾。」

【譯文】

「這裏還有億萬多個由清涼美玉做成的經幢，它們也有十種不可言說的美妙。有像恆河的沙粒那樣多的寶衣、寶鈴、寶網、寶幢，像恆河沙粒一樣多的寶石雕花樓閣，數也數不清的、具有十寶那樣美妙的蓮華城，像四大洲微塵那樣多的寶樹林、寶焰摩尼做成的網，像恆河沙粒那樣多的、能發出佛祖說法的聲音的旃檀香摩尼。還有多得不可勝數的寶物做成的城牆，寶物圍繞著城牆，裝飾其身。」

🪷 普賢的頌言

爾時，普賢菩薩欲重宣其義，承佛神力，觀察十方，而說頌言：

「此世界中大地上，有香水海摩尼嚴。

清淨妙寶布其底，安住金剛不可壞。

香藏摩尼積成岸，日焰珠輪布若雲。

蓮華妙寶為瓔珞，處處莊嚴清無垢。

香水澄渟具眾色，寶華旋布放光明。

普震音聲聞遠近，以佛威神演妙法。

階陛莊嚴具眾寶，復以摩尼為間飾。

周回欄楯悉寶成，蓮華珠網加雲布。

摩尼寶樹列成行，華蕊敷榮光赫奕。

種種樂音恆競奏，佛神通力令如是。

種種妙寶芬陀利，敷布莊嚴香水海。

香焰光明無暫停，廣大圓滿皆充遍。

明珠寶幢恆熾盛，妙衣垂布為嚴飾。

摩尼鈴網演法音，令其聞者趣佛智。

妙寶蓮華作城廓，眾彩摩尼所嚴瑩。

真珠雲影布四隅，如是莊嚴香水海。

垣牆繚繞皆周匝，樓閣相望布其上。

無量光明恆熾燃，種種莊嚴清淨海。

毗盧遮那於住昔，種種剎海皆嚴淨。

如是廣大無有邊，悉是如來自在力。」

爾時，普賢菩薩復告大眾言：

「諸佛子！一一香水海，各有四天下微塵數香水河，右旋圍繞。一切皆以金剛為岸，淨光摩尼以為嚴飾，常現諸佛寶色光雲，及諸眾生所有言音。其河所有漩澓之處，一切諸佛所修因行，種種形相皆從中出。」

這是摩尼寶珠圖。摩尼寶珠又名如意寶珠，它端嚴殊妙，能明照四方，滿足一切心願，具有諸多神通。在佛教經典中，摩尼寶珠是眾生清淨菩提心的象徵。在《華嚴經》中，摩尼寶珠多用於形容華藏世界的莊嚴富貴。

【譯文】

這時候，普賢菩薩又告訴大家說：「諸位佛子！香水海是由像四大洲微塵那樣多的香水河從右邊盤旋交匯而成。河岸是由金剛做成的，裝飾它的是淨光摩尼寶，它經常呈現出所有佛寶的色澤、光亮和雲霞，經常發出眾生的聲音。香水河的漩澓之處，諸位佛子的修行和因緣情況都從這裏的水中顯現出來。」

「摩尼為網，眾寶鈴鐸，諸世界海所有莊嚴悉於中現。摩尼寶雲以覆其上，其雲普現華藏世界毗盧遮那十方化佛及一切佛神通之事，復出妙音，稱揚三世佛菩薩名。其香水中常出一切寶焰光雲，相續不絕，若廣說者，一一河各有世界海微塵數莊嚴。」

【譯文】

「摩尼寶做成的網上面掛滿了寶鈴鐸，香水海中所有的莊嚴全部映現出來。摩尼寶雲覆蓋其上，雲中映現出華藏世界中毗盧遮那十方化佛及一切佛神通廣大的事蹟，又發出妙不可言的聲音，讚歎三世諸佛和諸菩薩的名字。香水中絡繹不絕地出現很多寶焰光雲，像是為眾生說法——香水河中到處都是這樣莊嚴的情形，像微塵那樣多得不可勝數。」

爾時，普賢菩薩欲重宣其義，承佛神力。觀察十方，而說頌言：

「清淨香流滿大河，金剛妙寶為其岸。

寶末為輪布其地，種種嚴飾皆珍好。

寶階行列妙莊嚴，欄楯周回悉殊麗。

真珠為藏眾華飾，種種纓鬘共垂下。

香水寶光清淨色，恆吐摩尼競疾流。

眾華隨浪皆搖動，悉奏樂音宣

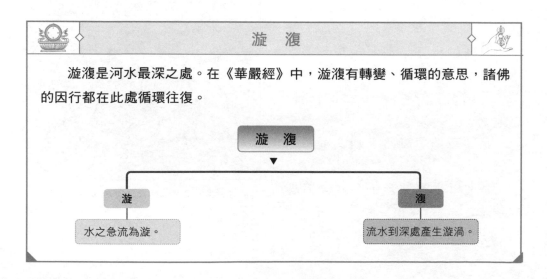

漩澓

漩澓是河水最深之處。在《華嚴經》中，漩澓有轉變、循環的意思，諸佛的因行都在此處循環往復。

漩澓

漩

水之急流為漩。

澓

流水到深處產生漩渦。

妙法。

　　細末栴檀作泥塗，一切妙寶同
涸澓。

　　香藏氛氳布在中，發焰流芬普
周遍。

　　河中出生諸妙寶，悉放光明色
熾燃。

　　其光布影成台座，華蓋珠瓔皆
具足。

　　摩尼王中現佛身，光明普照十
方剎。

　　以此為輪嚴飾地，香水映徹常
盈滿。

　　摩尼為網金為鐸，遍復香河演
佛音。

　　克宣一切菩提道，及以普賢之
妙行。

　　寶岸摩尼極清淨，恆出如來本
願音。

　　一切諸佛曩所行，其音普演皆
令見。

　　其河所有漩流處，菩薩如雲常
踊出。

　　悉往廣大剎土中，乃至法界咸
充滿。

　　清淨珠王布若雲，一切香河悉
彌覆。

　　其珠等佛眉間相，炳然顯現諸
佛影。」

華藏香水海的莊嚴

　　爾時，普賢菩薩復告大眾言：

　　「諸佛子！此諸香水河兩間之
地，悉以妙寶種種莊嚴，一一各有
四天下微塵數眾寶莊嚴。芬陀利華
周匝遍滿，各有四天下微塵數眾寶
樹林，次第行列。一一樹中，恆出
一切諸莊嚴雲，摩尼寶王照耀其
間。種種華香，處處盈滿。」

【譯文】

　　這時，普賢菩薩又對大家說：

　　「諸位佛子！所有香水河之間的大
地，都以種種妙寶作為裝飾——每一塊
大地上都有四大洲微塵那樣多的妙寶裝
飾。周圍佈滿了白蓮花，像四大洲微塵
那樣多的寶樹林按照次序排列著——寶
樹林中永遠映現所有莊嚴的雲霞，摩尼
寶王的光亮照耀著這裏，各種各樣的花
香充斥其中。」

　　「其樹復出微妙音聲，說諸如
來一切劫中所修大願。復散種種摩
尼寶王，充遍其地，所謂蓮華輪摩
尼寶王、香焰光雲摩尼寶王、種種
嚴飾摩尼寶王、現不可思議莊嚴色
摩尼寶王、日光明衣藏摩尼寶王、
周遍十方普垂布光網雲摩尼寶王、

・名詞解釋・

　　菩提道：菩提是指一種大徹大悟、到達涅槃的境界，而菩提道就是指通往覺悟、證得佛果
的道路。在《華嚴經》中，普賢菩薩就「克宣一切菩提道」，並最終成就佛果。

現一切諸佛神變摩尼寶王、現一切眾生業報海摩尼寶王，如是等有世界海微塵數。其香水河兩間之地，一一悉具如是莊嚴。」

【譯文】

「寶樹林還能發出奇妙的聲音，說出如來為普度眾生在一切劫中所立下的宏願。寶樹林還能散落下各種摩尼寶王，整個大地為此佈滿了摩尼寶王，有蓮華輪摩尼寶王、香焰光雲摩尼寶王、種種嚴飾摩尼寶王、現不可思議莊嚴色摩尼寶王、日光明衣藏摩尼寶王等。周圍遍佈著十方普垂布光網雲摩尼寶王、現一切諸佛神變摩尼寶王、現一切眾生業報海摩尼寶王，這樣的摩尼寶王有世間微塵那樣多的數目，香水河兩岸之間的土地，莫不是如此莊嚴。」

爾時，普賢菩薩欲重宣其義，承佛神力，觀察十方而說頌言：

「其地平坦極清淨，真金摩尼共嚴飾。

諸樹行列蔭其中，聳幹垂條華若雲。

枝條妙寶所莊嚴，華焰成輪光四照。

摩尼為果如雲布，普使十方常現睹。

摩尼布地皆充滿，眾華寶末共莊嚴。

復以摩尼作宮殿，悉現眾生諸影像。

諸佛影像摩尼王，普散其地靡不周。

如是赫奕遍十方，一一塵中咸見佛。

妙寶莊嚴善分佈，真珠燈網相間錯。

處處悉有摩尼輪，一一皆現佛神通。

眾寶莊嚴放大光，光中普現諸化佛。

一一周行靡不遍，悉以十力廣開演。

摩尼妙寶芬陀利，一切水中咸遍滿。

其華種種各不同，悉現光明無盡歇。

三世所有諸莊嚴，摩尼果中皆顯現。

體性無生不可取，此是如來自在力。

此地一切莊嚴中，悉現如來廣大身。

彼亦不來亦不去，佛昔願力皆令見。

此地一一微塵中，一切佛子修行道。

各見所記當來剎，隨其意樂悉清淨。」

華藏世界的功德

爾時，普賢菩薩復告大眾言：

「諸佛子！諸佛世尊世界海，莊嚴不可思議。何以故？諸佛子！

此華藏莊嚴世界海一切境界，一一皆以世界海微塵數清淨功德之所莊嚴。」

【譯文】

這時，普賢菩薩又對大家說：

「各位佛子！佛的世界裏到處都有這樣不可思議的莊嚴，這是為什麼呢？諸位佛子啊！這是因為華藏世界中的一切境界，都是用像世間微塵那樣多的功德來裝飾的。」

爾時，普賢菩薩欲重宣其義，承佛神力，觀察十方，而說頌言：

「此剎海中一切處，悉以眾寶為嚴飾。

發焰騰空布若雲，光明洞徹常彌覆。

摩尼吐雲無有盡，十方佛影於中現。

神通變化靡暫停，一切菩薩咸來集。

一切摩尼演佛音，其音美妙不思議。

毗盧遮那昔所行，於此寶內恆聞見。

清淨光明遍照尊，莊嚴具中皆現影。

變化分身眾圍繞，一切剎海咸周遍。

所有化佛皆如幻，求其來處不可得。

以佛境界威神力，一切剎中如是現。

如來自在神通事，悉遍十方諸國土。

以此剎海淨莊嚴，一切皆於寶中見。

十方所有諸變化，一切皆於鏡中像。

但由如來昔所行，神通願力而出生。

若有能修普賢行，入於菩薩勝智海。

能於一切微塵中，普現其身淨眾剎。

不可思議億大劫，親近一切諸如來。

化 佛

在《華嚴經》中，普賢菩薩指出香水河兩岸「普現諸化佛」，並以此來闡述華藏世界的莊嚴。

化佛 ▶ 佛陀為救度眾生而變現另一種姿態，又稱為變化身。

即佛、菩薩以神通力，由因緣而突然幻化成佛的相狀。

如其一切之所行，一剎那中悉能現。

諸佛國土如虛空，無等無生無有相。

為利眾生普嚴淨，本願力故住其中。」

華藏世界的形狀

爾時，普賢菩薩復告大眾言：「諸佛子！此中有何等世界住，我今當說。諸佛子！此不可說佛剎微塵數香水海中，有不可說佛剎微塵數世界種安住。一一世界種復有不可說佛剎微塵數世界。」

【譯文】

這時，普賢菩薩又告訴大家：

「諸位佛子！華藏世界中還有什麼樣世界存在呢，我現在講給大家聽。諸位佛子！無法形容的美妙佛國像香水海中的微塵那樣多，因此也有像微塵那樣多的無法形容的世界——華藏世界中又有像微塵那樣多的妙不可言的世界。」

「諸佛子！彼諸世界種於世界海中，各各依住，各各形狀，各各體性，各各方所，各各趣入，各各莊嚴，各各分齊，各各行列，各各無差別，各各力加持。」

【譯文】

「各位佛子！華藏世界中又有很多這樣的世界，它們存在於不同的地方，呈現出不同的形狀，表現出不同的外形和性質；各個世界有各個世界的不同處所，各有不同的樂趣，各有不同的裝飾，各有各自的界限劃分，各有各自的排列方法，各有各自的公平，各有各自的神力保護。」

「諸佛子！此世界種或有依大蓮華海住，或有依無邊色寶華海住，或有依一切真珠藏寶瓔珞海住，或有依香水海住，或有依一切華海住，或有依摩尼寶網海住，或有依漩流光海住，或有依菩薩寶莊嚴冠海住，或有依種種眾生身海住，或有依一切佛音聲摩尼王海住。如是等若廣說者，有世界海微塵數。」

【譯文】

「各位佛子！這眾多的世界，有的在大蓮花海上，有的在無邊色寶華海上，有的在一切真珠藏寶瓔珞海上，有的在香水海上，有的在一切華海上，有的在摩尼寶網海上，有的在依漩流光海上，有的在依菩薩寶莊嚴冠海上，有的在種種眾生身海上，有的在一切佛音聲摩尼王海上，等等。如果一一列舉，有世間微塵那樣多的數目。」

「諸佛子！彼一切世界種，或有作須彌山形，或作江河形，或作回轉形，或作漩流形，或作輪輞形，或作壇墠形，或作樹林形，或作樓閣形，或作山幢形，或作普方

形，或作胎藏形，或作蓮華形，或作佉勒迦形，或作眾生身形，或作雲形，或作諸佛相好形，或作圓滿光明形，或作種種珠網形，或作一切門闥形，或作諸莊嚴具形。如是等若廣說者，有世界海微塵數。」

【譯文】

「各位佛子！這眾多的世界，有的像須彌山那樣的形狀，有的像江河，有的像漩流，有的像輪輞，有的像壇墠，有的像樹林，有的像樓閣，有的像山幢，有的像普方，有的像母親懷中胎兒的形狀，有的像蓮華，有的像佉勒迦，有的像眾生的身形，有的像雲，有的像諸佛喜歡的東西，有的像圓滿光明，有的像種種珠網，有的像一切門戶，有的像莊嚴的景象。如果一一列舉出來，有世間微塵那樣多的數目。」

華藏世界的實體

「諸佛子！彼一切世界種，或有以十方摩尼雲為體，或有以眾色焰為體，或有以諸光明為體，或有以寶香焰為體，或有以一切寶莊嚴多羅華為體，或有以菩薩影像為體，或有以諸佛光明為體，或有以佛色相為體，或有以一寶光為體，或有以眾寶光為體。」

【譯文】

「各位佛子！這眾多的世界，有的以十方世界的摩尼雲霞為體，有的以眾

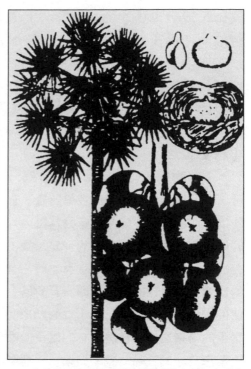

這是多羅樹圖。多羅樹是椰子的一種，也稱大王椰子。它屬於棕櫚科喬木，樹幹高直。可結果，果實像石榴，多生長於東印度。在紙張發明之前，印度人常用多羅樹葉來刻寫佛經等典籍。《華嚴經》用多羅樹來形容華藏世界的諸多形狀。

色光焰為體，有的以各種光明為體，有的以寶香光焰為體，有的以一切寶莊嚴多果樹鮮花為體，有的以菩薩影像為體，有的以諸佛光明為體，有的以諸佛相狀為體，有的以一寶光焰為體，有的以眾寶光焰為體。」

「或有以一切眾生福德海音聲為體，或有以一切眾生諸業海音聲為體，或有以一切佛境界清淨音聲為體，或有以一切菩薩大願海音聲為體，或有以一切佛方便音聲為體，或有以一切剎莊嚴具成壞音聲

為體，或有以無邊佛音聲為體，或有以一切佛變化音聲為體，或有以一切眾生善音聲為體，或有以一切佛功德海清淨音聲為體。如是等若廣說者，有世界海微塵數。」

【譯文】

「有的以一切眾福德海的音聲為體，有的以一切眾生行海音聲為體，有的以一切佛陀境界清淨的音聲為體，有的以一切菩薩慈悲大願海的音聲為體，有的以一切佛方便說法的音聲為體，有的以廣大無邊佛的聲音為體，有的以一切佛變化無窮的音聲為體，有的以一切眾生的善良之音聲為體，有的以一切佛功德海清淨的音聲為體。如果一一列舉出來，有世界微塵那樣多的數目。」

爾時，普賢菩薩欲重宣其義，承佛神力，觀察十方而說頌言：

「剎種堅固妙莊嚴，廣大清淨光明藏。

依止蓮華寶海住，或有住於香海等。

須彌城樹壇墠形，一切剎種遍十方。

種種莊嚴形相別，各種布列而安住。

或有體是淨光明，或是華藏及寶雲。

或有剎種焰所成。安住摩尼不壞藏。

燈雲焰彩光明等，種種無邊清淨色。

或有言音以為體，是佛所演不思議。

或是願力所出音，神變音聲為體性。

一切眾生大福業，佛功德音亦如是。

剎種一一差別門，不可思議無有盡。

如是十方皆遍滿，廣大莊嚴現神力。

十方所有廣大剎，悉來入此世界種。

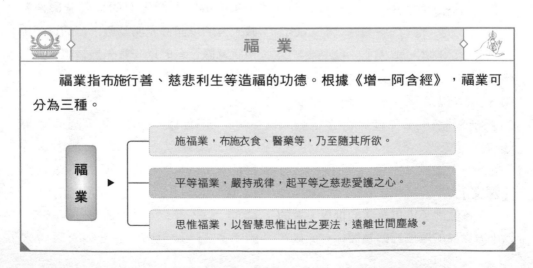

福業

福業指布施行善、慈悲利生等造福的功德。根據《增一阿含經》，福業可分為三種。

福業
- 施福業，布施衣食、醫藥等，乃至隨其所欲。
- 平等福業，嚴持戒律，起平等之慈悲愛護之心。
- 思惟福業，以智慧思惟出世之要法，遠離世間塵緣。

雖見十方普入中，而實無來無所入。

以一剎種入一切，一切入一亦無餘。

體相如本無差別，無等無量悉周遍。

一切國土微塵中，普見如來在其所。

願海言音若雷震，一切眾生悉調伏。

佛身周遍一切剎，無數菩薩亦充滿。

如來自在無等倫，普化一切諸含識。」

華藏世界的分佈

爾時，普賢菩薩復告大眾言：「諸佛子！此不可說佛剎微塵數香水海，在華藏莊嚴世界海中，如天帝網分佈而住。」

【譯文】

這時候，普賢菩薩又告訴大家說：

「諸位佛子！這樣具有不可言說奧妙的佛國有香水海中的微塵那麼多的數目，它們像天帝網上的珠寶那樣星羅棋佈著。」

「諸佛子！此最中央香水海名無邊妙華光，以現一切菩薩形摩尼王幢為底。出大蓮華，名一切香摩尼王莊嚴。有世界種而住其上，名普照十方熾然寶光明，以一切莊嚴具為體，有

不可說佛剎微塵數世界於中布列。」

【譯文】

「諸位佛子！中間的香水海叫做『無邊妙華光』，它以能顯現出一切菩薩形狀的摩尼王經幢為底。海中浮現著一個叫做『一切香摩尼王莊嚴』的大蓮花，上有名為『普照十方熾然寶光明』的世界之種。它以一切莊嚴的物體為體，有像微塵那樣多的、妙不可言的佛國分佈其中。」

這是帝釋天圖。帝釋天是三十三天之主，是四天王天和龍、夜叉的首領，也是佛教重要的守護神之一。他住在善見城，周圍環繞著三十三天宮。《華嚴經》中的天帝網就是指帝釋天天宮的珠寶網。

「其最下方有世界名最勝光遍照，以一切金剛莊嚴光耀輪為際，依眾寶摩尼華而住，其狀猶如摩尼寶形，一切寶華莊嚴雲彌覆其上。佛剎微塵數世界周匝圍繞，種種安住，種種莊嚴。佛號淨眼離垢燈。」

【譯文】

「在它的下方，有一個叫做『最勝光遍照』的世界，它是以金剛莊嚴光耀輪為邊界，依靠著眾寶摩尼華而存在的，它的形狀好像摩尼寶的樣子，一切寶華莊嚴雲覆蓋在這個世界的上面。它的周圍有像佛國微塵那樣多的世界環繞著，它們有著各種各樣的住處和莊嚴。這裏的佛名號為淨眼離垢燈。」

「此上過佛剎微塵數世界，有世界名種種香蓮華妙莊嚴，以一切莊嚴具為際，依寶蓮華網而住，其狀猶如師子之座，一切寶色珠帳雲彌覆其上。二佛剎微塵數世界周匝圍繞。佛號師子光勝照。」

【譯文】

「這個世界的上面有像微塵那樣多的世界，其中有一個叫做『種種香蓮華妙莊嚴』的世界，它以一切莊嚴之物為邊界，依靠寶蓮華網而存在，它的形狀像師子座，一切寶色珠帳雲覆蓋在這個世界的上面。它的周圍有像兩個佛國微塵那樣多的世界環繞著。這裏的佛名號為師子光勝照。」

「此上過佛剎微塵數世界，有世界名一切寶莊嚴普照光。以香風輪為際，依種種寶華瓔珞住。其形八隅，妙光摩尼日輪雲而覆其上，三佛剎微塵數世界周匝圍繞。佛號淨光智勝幢。」

【譯文】

「再往上，經過像佛國微塵一樣多的世界之後，是一個叫做『一切寶莊嚴普照光』的世界。這個世界以香風輪為邊界，依靠著寶華瓔珞而存在，它的形狀像一個八邊形，一切妙光摩尼日輪雲覆蓋在這個世界的上面。它的周圍有三個佛國微塵那樣多的世界環繞著。這個世界的佛名號為淨光智勝幢。」

「此上過佛剎微塵數世界，有世界名種種光明華莊嚴，以一切寶王為際，依眾色金剛尸羅幢海住。其狀猶如摩尼蓮華，以金剛摩尼寶光雲而覆其上。四佛剎微塵數世界周匝圍繞，純一清淨。佛號金剛光明無量精進力善出現。」

【譯文】

「再向上，經過像佛國微塵一樣多的世界之後，是一個叫做『種種光明華莊嚴』的世界。這個世界以一切寶王為邊界，依靠著眾色金剛尸羅幢海而存在，它的形狀像摩尼蓮華，一切金剛摩尼寶光雲覆蓋在這個世界的上面。它的

周圍有四個佛國微塵那樣多的世界環繞著，清淨污染。這個世界的佛名號為金剛光明無量精進力善出現。」

「此上過佛剎微塵數世界，有世界名普放妙華光，以一切寶鈴莊嚴網為際，依一切樹林莊嚴寶輪網海住。其形普方而多有隅角，梵音摩尼王雲以覆其上，五佛剎微塵數世界周匝圍繞。佛號香光喜力海。」

【譯文】

「再向上，經過像佛國微塵一樣多的世界之後，是一個叫做『普放妙華光』的世界。這個世界以一切寶鈴莊嚴網為邊界，依靠著一切樹林莊嚴寶輪網海而存在，它的形狀呈方形，有很多隅角，一切梵音摩尼王雲覆蓋在這個世界的上面。它的周圍有五個佛國微塵那樣多的世界環繞著。這個世界的佛名號為香光喜力海。」

「此上過佛剎微塵數世界，有世界名淨妙光明，以寶王莊嚴幢為際，依金剛宮殿海住。其形四方，摩尼輪髻帳雲而覆其上，六佛剎微塵數世界周匝圍繞。佛號普光自在幢。」

【譯文】

「再向上，經過像佛國微塵一樣多的世界之後，是一個叫做『淨妙光明』的世界。這個世界以寶王莊嚴幢為邊界，依靠著金剛宮殿海而存在，它是四方形的，一切摩尼輪髻帳雲覆蓋在這個世界的上面。它的周圍有六個佛國微塵那樣多的世界環繞著。這個世界的佛名號為普光自在幢。」

「此上過佛剎微塵數世界，有世界名眾華焰莊嚴，以種種華莊嚴為際，依一切寶色焰海住。其狀猶如樓閣之形，一切寶色衣真珠欄楯

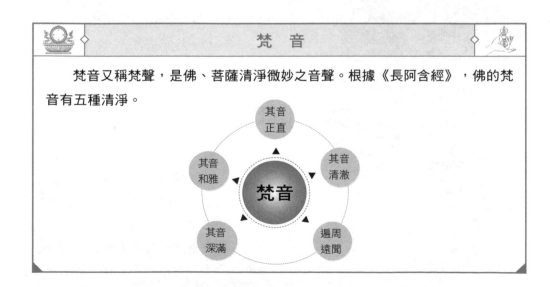

梵　音

　　梵音又稱梵聲，是佛、菩薩清淨微妙之音聲。根據《長阿含經》，佛的梵音有五種清淨。

梵音

- 其音正直
- 其音清澈
- 遍周遠聞
- 其音深滿
- 其音和雅

雲而覆其上。七佛剎微塵數世界，周匝圍繞，純一清淨。佛號歡喜海功德名稱自在光。」

【譯文】

「再向上，經過像佛國微塵一樣多的世界之後，是一個叫做『華焰莊嚴』的世界。這個世界以種種華莊嚴為邊界，依靠著一切寶色焰海而存在，它的形狀猶如樓閣，一切寶色衣真珠欄楯雲覆蓋在這個世界的上面。它的周圍有七個佛國微塵那樣多的世界環繞著，純潔無瑕。這個世界的佛名號為歡喜海功德名稱自在光。」

「此上過佛剎微塵數世界，有

這是大梵天王圖。大梵天王又名梵天、梵王，他是婆羅門教的最高神，被視為是宇宙的創造者。相傳佛陀在入滅前，收服了梵天，使他成為佛教的護法神，在佛教經典中也能經常看到梵天深信佛法的事蹟。《華嚴經》將「出妙音聲世界」比喻為梵天身形。

世界名出生威力地。以出一切聲摩尼王莊嚴為際，依種種寶色蓮華座虛空海住，其狀猶如因陀羅網，以無邊色華網雲而覆其上，八佛剎微塵數世界周匝圍繞。佛號廣大名稱智海幢。」

【譯文】

「再向上，經過像佛國微塵一樣多的世界之後，是一個叫做『出生威力地』的世界。這個世界以出一切聲摩尼王莊嚴為邊界，依靠著種種寶色蓮華座虛空海而存在，它的形狀如天帝網，一切無邊色華網雲覆蓋在這個世界的上面。它的周圍有八個佛國微塵那樣多的世界環繞著。這個世界的佛名號為廣大名稱智海幢。」

「此上過佛剎微塵數世界，有世界名出妙音聲，以心王摩尼莊嚴輪為際，依恆出一切妙音聲莊嚴雲摩尼王海住。其狀猶如梵天身形，無量寶莊嚴師子座雲而覆其上，九佛剎微塵數世界周匝圍繞。佛號清靜月光明相無能摧伏。」

【譯文】

「再向上，經過像佛國微塵一樣多的世界之後，是一個叫做『出妙音聲』的世界。這個世界以心王摩尼莊嚴輪為邊界，依靠著恆出一切妙音聲莊嚴雲摩尼王海而存在，它的形狀如梵天的體型，一切無量寶莊嚴師子座雲覆蓋在這個世界的上面。它的周圍有九個佛國微

塵那樣多的世界環繞著。這個世界的佛名號為清靜月光明相無能摧伏。」

「此上過佛剎微塵數世界，有世界名金剛幢，以無邊莊嚴真珠藏寶瓔珞為際，依一切莊嚴寶師子座摩尼海住。其狀周圓十須彌山微塵數一切香摩尼華須彌雲彌覆其上，十佛剎微塵數世界周匝圍繞，純一清淨。佛號一切法海最勝王。」

【譯文】

「再向上，經過像佛國微塵一樣多的世界之後，是一個叫做『金剛幢』的世界。這個世界以無邊莊嚴真珠藏寶瓔珞為邊界，依靠著一切莊嚴寶師子座摩尼海而存在，它的形狀呈圓形，十須彌山微塵數一切香摩尼華須彌雲覆蓋在這個世界的上面。它的周圍有十個佛國微塵那樣多的世界環繞著，清潔而純潔。這個世界的佛名號為一切法海最勝王。」

「此上過佛剎微塵數世界，有世界名恆出現帝青寶光明，以極堅牢不可壞金剛莊嚴為際，依種種殊異華海住。其狀猶如半月之形，諸天寶帳雲而覆其上，十一佛剎微塵數世界周匝圍繞。佛號無量功德法。」

【譯文】

「再向上，經過像佛國微塵一樣多的世界之後，是一個叫做『恆出現帝青寶光明』的世界。這個世界以極堅牢不可壞金剛莊嚴為邊界，依靠著種種

殊異華海而存在。它呈半月形，一切諸天寶帳雲覆蓋在這個世界的上面。它的周圍有十一個佛國微塵那樣多的世界環繞著。這個世界的佛名號為無量功德法。」

「此上過佛剎微塵數世界，有世界名光明照耀，以普光莊嚴為際，依華旋香水海住。狀如華旋，種種衣雲而覆其上，十二佛剎微塵數世界周匝圍繞。佛號超釋梵。」

【譯文】

「再向上，經過像佛國微塵一樣多的世界之後，是一個叫做『光明照耀』的世界。這個世界以普光莊嚴為邊界，依靠著華旋香水海而存在。它的形狀如旋轉的花，種種衣雲覆蓋在這個世界的上面。它的周圍有十二個佛國微塵那樣多的世界環繞著。這個世界的佛名號為超釋梵。」

「此上過佛剎微塵數世界，至此世界名娑婆，以金剛莊嚴為際，依種種色風輪所持蓮華網住。狀如虛空，以普圓滿天宮殿莊嚴虛空雲而覆其上，十三佛剎微塵數世界周匝圍繞。其佛即是毗盧遮那如來世尊。」

【譯文】

「再向上，經過像佛國微塵一樣多的世界之後，是一個叫做『娑婆』的世界。這個世界以金剛莊嚴為邊界，依靠著佈滿種種色風輪的蓮花網上而存在。它的形狀如同虛空，一切普圓滿天宮殿

莊嚴虛空雲覆蓋在這個世界的上面。它的周圍有十三個佛國微塵那樣多的世界環繞著。娑婆世界的佛就是毗盧遮那如來世尊。」

「此上過佛剎微塵數世界，有世界名寂靜離塵光，以一切寶莊嚴為際，依種種寶衣海住。其狀猶如執金剛形，無邊色金剛雲而覆其上，十四佛剎微塵數世界周匝圍繞。佛號遍法界勝音。」

【譯文】

「再向上，經過像佛國微塵一樣多的世界之後，是一個叫做『寂靜離塵光』的世界。這個世界以一切寶莊嚴為邊界，依靠著種種寶衣海而存在。它的形狀如手持金剛，無邊無量的色金剛雲覆蓋在這個世界的上面。它的周圍有十四個佛國微塵那樣多的世界環繞著。這個世界的佛名號為遍法界勝音。」

「此上過佛剎微塵數世界，有世界名眾妙光明燈，以一切莊嚴帳為際，依淨華網海住。其狀猶如卍字之形，摩尼樹香水海雲而覆其上，十五佛剎微塵數世界周匝圍繞，純一清淨。佛號不可摧伏力普照幢。」

【譯文】

「再向上，經過像佛國微塵一樣多的世界之後，是一個叫做『眾妙光明燈』的世界。這個世界以一切莊嚴帳為邊界，依靠著淨華網海而存在。它的形

狀如『卍』形，摩尼樹香水海雲覆蓋在這個世界的上面。它的周圍有十五個佛國微塵那樣多的世界環繞著，純潔無瑕。這個世界的佛名號為不可摧伏力普照幢。」

「此上過佛剎微塵數世界，有世界名清淨光遍照，以無盡寶雲摩尼王為際，依種種香焰蓮華海住。其狀猶如龜甲之形，圓光摩尼輪栴檀雲而覆其上，十六佛剎微塵數世界周匝圍繞。佛號清淨日功德眼。」

【譯文】

「再向上，經過像佛國微塵一樣多的世界之後，是一個叫做『清淨光遍照』的世界。這個世界以無盡寶雲摩尼王為邊界，依靠著種種香焰蓮華海而存在。它的形狀如同龜殼一般，圓光摩尼輪栴檀雲覆蓋在這個世界的上面。它的周圍有十六個佛國微塵那樣多的世界環繞著。這個世界的佛名號為清淨日功德眼。」

「此上過佛剎微塵數世界，有世界名寶莊嚴藏，以一切眾生形摩尼王為際，依光明藏摩尼王海住。其形八隅，以一切輪圍山寶莊嚴華樹網彌覆其上，十七佛剎微塵數世界周匝圍繞。佛號無礙智光明遍照十方。」

【譯文】

「再向上，經過像佛國微塵一樣多的世界之後，是一個叫做『寶莊嚴藏』的世界。這個世界以一切眾生形摩尼王

為邊界，依靠著光明藏摩尼王海而存在。它呈八邊形，一切輪圍山寶莊嚴華樹網覆蓋在這個世界的上面。它的周圍有十七個佛國微塵那樣多的世界環繞著。這個世界的佛名號為無礙智光明遍照十方。」

「此上過佛剎微塵數世界，有世界名離塵，以一切殊妙相莊嚴為際，依眾妙華師子座海住。狀如珠瓔，以一切寶香摩尼王圓光雲而覆其上，十八佛剎微塵數世界周匝圍繞，純一清淨。佛號無量方便最勝幢。」

【譯文】
「再向上，經過像佛國微塵一樣多的世界之後，是一個叫做『離塵』的世界。這個世界以一切殊妙相莊嚴為邊界，依靠著眾妙華師子座海而存在。它的形狀如珍珠串成項圈，一切寶香摩尼王圓光雲覆蓋在這個世界的上面。它的周圍有十八個佛國微塵那樣多的世界環繞著，純潔無瑕。這個世界的佛名號為無量方便最勝幢。」

「此上過佛剎微塵數世界，有世界名清淨光普照，以出無盡寶雲摩尼王為際，依無量色香焰須彌山海住。其狀猶如寶華旋布，以無邊色光明摩尼王帝青雲而覆其上，十九佛剎微塵數世界周匝圍繞。佛號普照法界虛空光。」

【譯文】

「再向上，經過像佛國微塵一樣多的世界之後，是一個叫做『清淨光普照』的世界。這個世界以出無盡寶雲摩尼王為邊界，依靠著無量色香焰須彌山海而存在。它的形狀如同寶花旋轉著盛開，無邊色光明摩尼王帝青雲覆蓋在這個世界的上面。它的周圍有十九個佛國微塵那樣多的世界環繞著，純潔無瑕。這個世界的佛名號為普照法界虛空光。」

「此上過佛剎微塵數世界，有世界名妙寶焰，以普光明日月寶為際，依一切諸天形摩尼王海住。其狀猶如寶莊嚴具，以一切寶衣幢雲及摩尼燈藏網而覆其上，二十佛剎微塵數世界周匝圍繞，純一清淨。佛號福德相光明。」

【譯文】
「再向上，經過像佛國微塵一樣多的世界之後，是一個叫做『妙寶焰』的世界。這個世界以普光明日月寶為邊界，依靠著一切諸天形摩尼王海而存在。它的形狀如同寶莊嚴具，一切寶衣幢雲及摩尼燈藏網覆蓋在這個世界的上面。它的周圍有二十個佛國微塵那樣多的世界環繞著，純潔無瑕。這個世界的佛名號為福德相光明。」

「諸佛子！此遍照十方熾然寶光明世界種，有如是等不可說佛剎微塵數廣大世界。各各所依住，各各形狀，各各體性，各各方所，各各趣入，各各莊嚴，各各分齊，各各行

列，各各無差別，各各力加持。」

【譯文】

「各位佛子啊！佛光遍照的華藏世界中有這樣無法言說美妙的世界多得像佛國的微塵那樣，它們存在於不同的地方，呈現出不同的形狀，表現出不同的外形和性質；各個世界有各個世界的不同處所，各自有各自不同的樂趣，各自有各自不同的裝飾，各自有各自的界限劃分，各自有各自的排列方法，它們毫無差別，都被神力加持保護著。」

「周匝圍繞所謂十佛剎微塵數回轉形世界，十佛剎微塵數江河形世界，十佛剎微塵數旋流形世界，十佛剎微塵數輪輞形世界，十佛剎微塵數壇墠形世界，十佛剎微塵數樹林形世界，十佛剎微塵數樓觀形世界，十佛剎微塵數尸羅幢形世界，十佛剎微塵數普方形世界，十佛剎微塵數胎藏形世界。」

【譯文】

「這裏四周環繞著十佛國微塵那樣多的回轉形世界，十佛國微塵那樣多的江河形世界，十佛國微塵那樣多的旋流世界，十佛國微塵那樣多的輪形世界，十佛國微塵那樣多的祭祀世界，十佛國微塵那樣多的寶樹林世界，十佛國微塵那樣多的閣樓世界，十佛國微塵那樣多的經幢世界，十佛國微塵那樣多的方形世界，十佛國微塵那樣多的胎體形狀的世界。」

「十佛剎微塵數蓮華形世界，十佛剎微塵數佉勒迦形世界，十佛剎微塵數種種眾生形世界，十佛剎微塵數佛相形世界，十佛剎微塵數圓光形世界，十佛剎微塵數雲形世界，十佛剎微塵數網形世界，十佛剎微塵數門闥形世界。」

【譯文】

「十佛國微塵那樣多的蓮花形世界，十佛國微塵那樣多的竹籬形世界，十佛國微塵那樣多的眾生體形世界，十佛國微塵那樣多的佛相形世界，十佛國微塵那樣多的圓光形世界，十佛國微塵那樣多的雲形世界，十佛國微塵那樣多的網形世界，十佛國微塵那樣多的門戶形世界。」

「如是等有不可說佛剎微塵數。此一一世界，各有十佛剎微塵數廣大世界，周匝圍繞。此諸世界，一一復有如上所說微塵數世界而為眷屬。如是所說一切世界皆在此無邊妙華光香水海，及圍繞此海香水河中。」

【譯文】

「如此等等無法言說的美妙世界如同佛國的微塵那樣多。每一世界，均有十佛國微塵那樣多的廣大世界在周邊圍繞。這些世界，又有像上述所說的像微塵一樣多的世界相伴隨。因此可以說，一切世界都在無量無邊的十佛國微塵那樣多的妙花香水海及圍繞香水海的香水河中。」

4 歡喜地
菩薩應該怎樣修行

他化天王宮法會

　　爾時，世尊在他化自在天王宮摩尼寶藏殿，與大菩薩眾俱其諸菩薩，皆於阿耨多羅三藐三菩提不退轉，悉從他方世界來集。住一切菩薩智所住境，入一切如來智所入處。勤行不息，善能示現種種神通。諸所作事，教化調伏一切眾生而不失時。

　　為成菩薩一切大願，於一切世、一切劫、一切剎，勤修諸行，無暫懈息。具足菩薩福智助道，普益眾生而恆不匱，到一切菩薩智慧方便究竟彼岸。示入生死及以涅槃，而不廢捨修菩薩行。

【譯文】

　　那時候，世尊釋迦牟尼佛在他化自在天王宮的摩尼寶藏殿內，與大菩薩們在一起。那些處在正等正覺不退轉地的菩薩們，也全都從所在世界來此聚集。他們進駐無上智慧所成之境地，進入無上如來智慧所能進入之境界。眾菩薩們勤奮修行不已，展現種種神通。他們所做的一切事，都是為了及時地教化和調伏世間眾生。

　　為了成就菩薩的大願，他們在所有輪迴之世、所有劫、一切剎那之中，勤奮修習種種道行，從來不曾懈怠和停息。他們具備了幫助菩薩成功的福德和智慧，以永久不變的恆心普益眾生，引導他們到達一切菩薩智慧的彼岸世界。他們向人們示明生死之惑以及涅槃的境界，但也不曾忘記繼續修菩薩道行。

　　善入一切菩薩禪定，解脫三昧三摩缽底[1]。神通明智，諸所施為，皆得自在，獲一切菩薩自在神力，於一念頃，無所動作，悉能往詣一切如來道場眾會，為眾上首，請佛說法，護持諸佛正法之輪，以廣大心供養承事一切諸佛。常勤修習一切菩薩所行事業，其身普現一切世間，其音普及十方法界。心智無礙，普見三世一切菩薩所有功德，

悉已修行而得圓滿。於不可說劫，說不能盡。

【註釋】

①三摩缽底：指禪定時身心經由定的勢力所領受的平等安和之相，又稱三摩缽提、三摩拔提、三摩跋提、三摩提，音譯為等至、正受或正定現前。

【譯文】

眾菩薩們能進入一切菩薩禪定，從而脫離世間煩惱，得到自在的三昧和平等安和之相，能從中悟到神通和明智，能夠做到隨意自在，獲得了一切菩薩隨意自在的神通力，能在一念之間無所動作隨意前往任何一處佛的道場。

他們在道場法會中，是大眾的首領，請求諸佛為大眾講說無上佛法。他們護持諸佛的正法，以廣大心供養和效力一切諸佛。菩薩們勤奮修習一切菩薩所作的事業行，在一切世間中普現其身，他們的聲音遍及一切十方法界，他們的心智圓融無礙，在過去、現在、未

這是他化自在天及天女圖。他化自在天又名自在天、他化天，是欲界最高處的第六天。因為此天能在變化出的欲境自在受樂，所以叫他化自在。他化自在天的天主是天魔波旬，常騷擾佛陀及修道者的修行。《華嚴經》中佛陀就在他化自在天的宮殿中為諸菩薩說法。

來三世中普遍展現，他們在無量無邊的劫時中已經圓滿修得一切菩薩的功德，這些功德永遠也無法說盡。

其名曰：金剛藏菩薩，寶藏菩薩，蓮華藏菩薩，德藏菩薩，蓮華德藏菩薩，日藏菩薩，蘇利耶藏菩薩，無垢月藏菩薩，於一切國土普現莊嚴藏菩薩，毗盧遮那智藏菩薩，妙德藏菩薩，旃檀德藏菩薩，華德藏菩薩，俱蘇摩德藏菩薩，優鉢羅德藏菩薩，天德藏菩薩，福德藏菩薩，無礙清淨智德藏菩薩，功德藏菩薩，那羅延德藏菩薩，無垢藏菩薩，離垢藏菩薩，種種辯才莊嚴藏菩薩，大光明網藏菩薩，淨威德光明王藏菩薩，金莊嚴大功德光明王藏菩薩，一切相莊嚴淨德藏菩薩，金剛焰德相莊嚴藏菩薩，光明焰藏菩薩，星宿王光明藏菩薩，虛空無礙智藏菩薩，妙音無礙藏菩薩，陀羅尼功德持一切眾生願藏菩薩，海莊嚴藏菩薩，須彌德藏菩薩，淨一切功德藏菩薩，如來藏菩薩，佛德藏菩薩，解脫月菩薩，如是等無數無量無邊無等，不可數，不可稱，不可思，不可量，不可說諸菩薩摩訶薩眾。金剛藏菩薩而為上首。

【譯文】

這些菩薩的名字分別是：金剛藏菩薩、寶藏菩薩、蓮華藏菩薩、德藏菩薩、蓮華德藏菩薩、日藏菩薩、蘇利耶藏菩薩、無垢月藏菩薩、於一切國土普現莊嚴藏菩薩、毗盧遮那智藏菩薩、妙德藏菩薩、旃檀德藏菩薩、華德藏菩薩、俱蘇摩德藏菩薩、優鉢羅德藏菩薩、天德藏菩薩、福德藏菩薩、無礙清淨智德藏菩薩、功德藏菩薩、那羅延德藏菩薩、無垢藏菩薩、離垢藏菩薩、種種辯才莊嚴藏菩薩、大光明網藏菩薩、淨威德光明王藏菩薩、金莊嚴大功德光明王藏菩薩、一切相莊嚴淨德藏菩薩、金剛焰德相莊嚴藏菩薩、光明焰藏菩薩、星宿王光明藏菩薩、虛空無礙智藏菩薩、妙音無礙藏菩薩、陀羅尼功德持一切眾生願藏菩薩、海莊嚴藏菩薩、須彌德藏菩薩、淨一切功德藏菩薩、如來藏菩薩、佛德藏菩薩、解脫月菩薩，像這些無量無邊的菩薩，可謂是數不完、

這是金剛藏菩薩圖。金剛藏菩薩又名金剛王菩薩、不空王菩薩，是賢劫十六尊之一。因為他的善根中以力為最上，猶如金剛，所以稱金剛藏菩薩。《華嚴經》十地品中以金剛藏菩薩為諸菩薩的上首。

稱不盡、不可思量、不可言說。在這些菩薩之中，金剛藏菩薩位居上首。

金剛藏菩薩的神力

爾時，金剛藏菩薩承佛神力，入菩薩大智慧光明三昧。入是三昧已，即時十方，各過十億佛剎微塵數世界外，各有十億佛剎微塵數諸佛，同名金剛藏，而現其前，作如是言：「善哉，善哉。金剛藏乃能入是菩薩大智慧光明三昧。善男子，此是十方各十億佛剎微塵數諸佛，共加於汝。」

【譯文】

那時侯，金剛藏菩薩在佛陀的神力幫助下，進入菩薩大智慧光明禪定。入定之後，即刻十方中數以億計如微塵般數不清的世界裏，有數以億計如佛剎微塵般數不清的佛，他們都叫金剛藏，均顯現在他的面前，並向他說道：「不錯，不錯，你進入了這菩薩大智慧光明禪定，我們這十方諸佛特地前來加持於你。」

「以毗盧遮那如來應正等覺本願力故，威神力故，亦是汝勝智力故，欲令汝為一切菩薩說不思議諸佛法光明故，所謂令智地故，攝一切善根故，善簡擇一切佛法故，廣知諸法故，善能說法故，無分別智清淨故，一切世法不染故，出世善根清淨故，得不思議智境界故。」

【譯文】

「我們這樣做，是因為毗盧遮那如來佛為了回應你的正等正覺的根本願力，所以有這樣的威神力，也是因為你本身就具有了能勝任的智力，為了讓你為一切菩薩講說不可思議的種種佛法光明，所以才讓你進入這智慧境地，攝收一切堅固的善業，擇取一切佛法，廣知種種法義，善於講說法義，讓你得清淨的無分別智慧，使你不沾染一切世法，使你得到出世的善業清淨，得到不可思議的智慧境界。」

「得一切智人智境界故，又令得菩薩十地始終故，如實說菩薩十地差別相故，緣念一切佛法故，修習分別無漏法故，善選擇觀察大智光明巧莊嚴故，善入決定智門故，隨所住處次第顯說無所畏故，得無礙辯才光明故，住大辯才地善決定故，憶念菩薩心不忘失故，成熟一切眾生界故，能遍至一切處決定開悟故。」

・名詞解釋・

本願：全稱為本弘誓願，又作本誓、宿願，指佛、菩薩於過去世未成佛果之前，為救度眾生所發起之誓願。於因位發願至今日得其果，故對果位而稱本願。

【譯文】

「得到一切有智慧的人的境界，得從始至終行菩薩十地境界，使你講說菩薩十地之間的差別境象，使你緣念一切佛法，修習脫離煩惱垢染的清淨法，善於選擇觀察大智慧光明的巧妙莊嚴，善於進入堅住不動的智慧之門，順次顯說歷諸階次而無所畏；使你得到無礙的光明辯才，住在辯才的地位而穩固不動；使你憶念菩薩的心永不忘失；使你的菩提道能在一切眾生界成熟，使你能在一切地方都得開悟。」

「善男子，汝當辯說此法門差別善巧法。所謂承佛神力，如來智明所加故，淨自善根故，普淨法界故，普攝眾生故，深入法身①智身故，受一切佛灌頂故，得一切世間最高大身故，超一切世間道故，清淨出世善根故，滿足一切智智故。」

【注釋】

①法身：指佛所說之正法、佛所得之無漏法，及佛之自性真如如來藏，二身之一，三身之一。又作法佛、理佛、法身佛、自性身、法性身、如如佛、實佛、第一身。

【譯文】

「善男子，你應當辯說這法門中各種善巧法的差別，承接佛的神力，得如來佛的智慧光明所加持，清淨自己的善業，普淨法界，普遍攝收眾生，深入法身智身，接受一切佛的灌頂，得一切世間最高大身，超越一切世間的道，具備清淨的出世善業之根，完備圓滿一切聰明才智。」

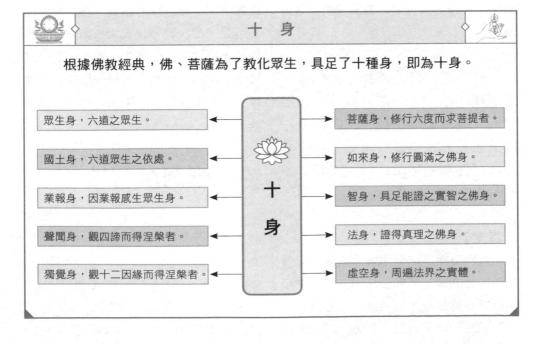

十　身

根據佛教經典，佛、菩薩為了教化眾生，具足了十種身，即為十身。

眾生身，六道之眾生。

國土身，六道眾生之依處。

業報身，因業報感生眾生身。

聲聞身，觀四諦而得涅槃者。

獨覺身，觀十二因緣而得涅槃者。

十身

菩薩身，修行六度而求菩提者。

如來身，修行圓滿之佛身。

智身，具足能證之實智之佛身。

法身，證得真理之佛身。

虛空身，周遍法界之實體。

第六章　根本法輪──《華嚴經》

金剛藏菩薩的功德

爾時，十方諸佛與金剛藏菩薩無能映奪身，與無礙樂說辯，與善分別清淨智，與善憶念不忘力，與善決定明了慧，與至一切處開悟智，與成道自在力，與如來無所畏，與一切智人觀察分別諸法門辯才智，與一切如來上妙身語意具足莊嚴。

【譯文】

那時，十方的諸佛贊許金剛藏菩薩的光明之身，贊許他雄辯無礙的口才、善分別清淨智慧、善記不忘的記憶力、果斷堅定明了的智慧，贊許他在一切處都能開悟的能力和成就道行的自在力、如來佛般的大無畏、具足一切智慧的人那種能分別觀察種種法門的辯才與智慧，以及身、語、意三業俱備的上妙莊嚴。

何以故？得此三昧法如是故，本願所起故，善淨深心故，善淨智輪故，善積集助道故，善修治所作故，念其無量法器故，知其清淨信解故，得無錯謬總持故，法界智印善印故。

【譯文】

為什麼呢？這是因為金剛藏菩薩獲得了如此的禪定三昧法，因為他本來願望所導致的緣故，因為他的深心清淨，因為他善於清淨自己的智慧，因為他善於積集助道的事情，善於修治所作的事情；因為佛念其具備了無量的法器，因為佛知道他的信解清淨不雜；因為他修持佛法而沒有錯誤，因為他獲得觀照實相的智印而善於印證的緣故。

爾時，十方諸佛各伸右手摩金剛藏菩薩頂。摩頂已，金剛藏菩薩從三昧起，普告一切菩薩眾言：「諸佛子，諸菩薩願善決定，無雜不可見，廣大如法界，究竟如虛空，盡未來際，遍一切佛剎，救護一切眾生，為一切諸佛所護，入過去、未來、現在諸佛智地。」

【譯文】

那時，十方諸佛各自伸出右手為金剛藏菩薩摩頂。摩頂完畢，金剛藏菩薩從禪定中起身，遍告一切菩薩眾：「諸位佛子與菩薩，願心善良，堅定無雜而不可見，如法界一樣廣大，如虛空一樣無染，歷盡未來的邊際，遍及一切佛剎國土，救護一切眾生，被一切諸佛所護持，能夠進入過去、未來、現在諸佛智地。」

摩訶薩智地

「佛子，何等為菩薩摩訶薩智地？佛子，菩薩摩訶薩智地有十種。過去、未來、現在諸佛已說、當說、今說，我亦如是說。何等為十？一者，歡喜地；二者，離垢地；三者，發光地；四者，焰慧地；五者，難勝

地；六者，現前地；七者，遠行地；八者，不動地；九者，善慧地；十者，法雲地。」

【譯文】

「佛子們，什麼是菩薩摩訶薩智地呢？它共有十種境界，這是過去、未來、現在的諸佛都已說過的，或應當說的，今天仍在說的，我現在也要這樣說的。

「是哪十種境地呢？第一，歡喜地；第二，離垢地；第三，發光地；第四，焰慧地；第五，難勝地；第六，現前地；第七，遠行地；第八，不動地；第九，善慧地；第十，法雲地。」

「佛子，此菩薩十地，三世諸佛已說、當說、今說。佛子，我不見有諸佛國土，其中如來不說此十地者。何以故？此是菩薩摩訶薩向菩提最上道，亦是清淨法光明門，所謂分別演說菩薩諸地，佛子，此處不可思議，所謂諸菩薩隨證智。」

【譯文】

「佛子們，這菩薩的十種境地，三世諸佛都已經說過，或未來應當會說，或今天仍在宣說。佛子們，我從不曾見過諸佛國土中的如來不說這菩薩十地的。為什麼呢？因為這是菩薩摩訶薩修行向道的最上乘道，也是清淨法光明的大門，它分別演說了菩薩修證的各個境地。佛子們，這境地是不可思議的，諸菩薩隨其修行的功力而證入不同的智地。」

解脫月菩薩的請求

爾時，金剛藏菩薩說此菩薩十地名已，默然而住，不復分別。是時一切菩薩眾，聞菩薩十地名，不聞解釋，咸生渴仰，作如是念：何

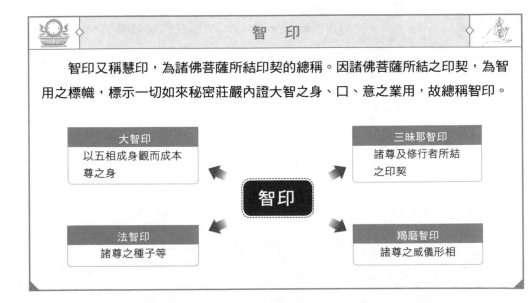

智 印

智印又稱慧印，為諸佛菩薩所結印契的總稱。因諸佛菩薩所結之印契，為智用之標幟，標示一切如來秘密莊嚴內證大智之身、口、意之業用，故總稱智印。

大智印	三昧耶智印
以五相成身觀而成本尊之身	諸尊及修行者所結之印契

智印

法智印	羯磨智印
諸尊之種子等	諸尊之威儀形相

因何緣，金剛藏菩薩惟說菩薩十地名而不解釋？

【譯文】

不一會兒，金剛藏菩薩說完了這菩薩十地之名，然後默默無言，不再分別講說。當時，在場的一切菩薩們聽說了菩薩十地的名稱，卻還沒有聽到進一步的解釋，頓時心中生出渴仰之情，心中均在想：金剛藏菩薩為何只說菩薩十地的名稱，而不作具體解釋呢？

解脫月菩薩知諸大眾心之所念，以頌問金剛藏菩薩曰：

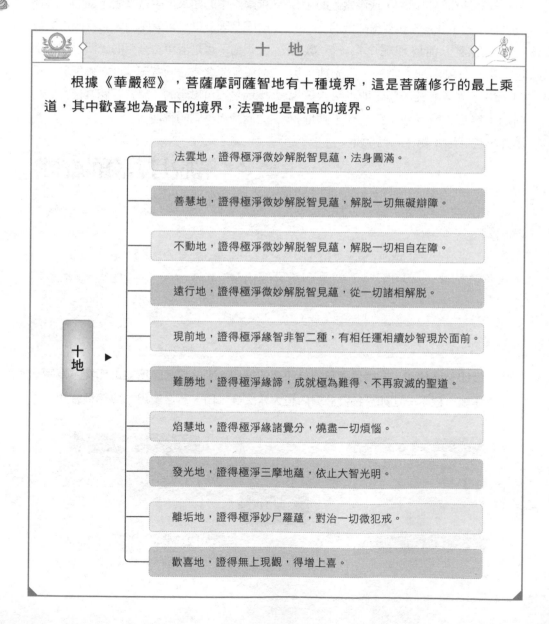

十　地

根據《華嚴經》，菩薩摩訶薩智地有十種境界，這是菩薩修行的最上乘道，其中歡喜地為最下的境界，法雲地是最高的境界。

十地 ▶

法雲地，證得極淨微妙解脫智見蘊，法身圓滿。

善慧地，證得極淨微妙解脫智見蘊，解脫一切無礙辯障。

不動地，證得極淨微妙解脫智見蘊，解脫一切相自在障。

遠行地，證得極淨微妙解脫智見蘊，從一切諸相解脫。

現前地，證得極淨緣智非智二種，有相任運相續妙智現於面前。

難勝地，證得極淨緣諦，成就極為難得、不再寂滅的聖道。

焰慧地，證得極淨緣諸覺分，燒盡一切煩惱。

發光地，證得極淨三摩地蘊，依止大智光明。

離垢地，證得極淨妙尸羅蘊，對治一切微犯戒。

歡喜地，證得無上現觀，得增上喜。

「何故淨覺人，念智功德具。說諸上妙地，有力不解釋。

一切咸決定，勇猛無怯弱。何故說地名，而不為開演。

諸地妙義趣，此眾皆欲聞。其心無怯弱，願為分別說。

眾會悉清淨，離懈怠嚴潔。能堅固不動，具功德智慧。

相視成恭敬，一切悉專仰。如蜂念好蜜，如渴思甘露。」

爾時，大智慧無所畏金剛菩薩，聞說是已，欲令眾會心歡喜故，為諸佛子而說頌言：

「菩薩行地事，最上諸佛本。顯示分別說，第一稀有難。

微細難可見，離念超心地。出生佛境界，聞者悉迷惑。

持心如金剛，深信佛勝智。知心地無我，能聞此勝法。

如空中彩畫，如空中風相。牟尼智如是，分別甚難見。

我念佛智慧，最勝難思議。世間無能受，默然而不說。」

爾時，解脫月菩薩聞是說已，白金剛菩薩言：「佛子，今此眾會皆悉已集善淨深心，善潔思念，善修諸行，善集助道，善能親近百千億佛，成就無量功德善根，捨離疑惑，無有垢染，深心信解於佛法中不隨他教。善哉，佛子！當承佛神力而為演說，此諸菩薩於如是等甚深之處，皆能證知。」

【譯文】

解脫月菩薩聽完這頌言，便向金剛藏菩薩說道：「佛子，今天菩薩們眾集一堂，都已清淨內心，潔淨思念，修齊諸行，集齊助道，能親近百千億佛，成就無量功德的善業，捨棄了癡暗迷惑，身心沒有污垢雜染，內心堅信佛法而無疑慮，堅守佛法而不追隨別的教法。佛子啊，你應當承接佛的神力而為大家演說，讓諸位菩薩在這樣緊要處，都能得其證知。」

爾時，解脫月菩薩欲重宣其義而說頌曰：

「願說最安隱，菩薩無上行，分別於諸地，智淨成正覺。此眾無諸垢，志解悉明潔，承事無量佛，能知此地義。」

爾時，金剛藏菩薩言：「佛子，雖此眾集，善淨思念，捨離愚癡及以疑惑，於甚深法不隨他教。然有其餘劣解眾生，聞此甚深難思議事，多生疑惑，於長夜中受諸衰惱。我愍此等，是故默然。」

【譯文】

金剛藏菩薩說道：「佛子啊，雖然與會眾菩薩都已經清淨所思所念，大家也都捨棄了愚昧癡暗和疑惑，深研佛法而不跟隨其他的教義。但是，那些偏信偏見的眾生們，聽了這些深奧而難懂之事，則會生出許多疑惑不解之心，在漫漫的長夜裏遭受這疑惑帶來的苦惱。我因憐憫他們，所以沉默而不講。」

爾時，金剛藏菩薩欲重宣其義而說頌曰：

「雖此眾淨廣智慧，甚深明利能決擇，其心不動如山王，不可傾覆猶大海。有行久未解未得，隨識而行不隨智，聞此生疑墮惡道，我愍是等故不說。」

爾時，解脫月菩薩重白金剛藏菩薩言：「佛子，願承佛神力，分別說此不思議法，此人當得如來護念而生信受。何以故？說十地時，一切菩薩法應如是得佛護念。得護念故，於此智地能生勇猛。

「何以故？此是菩薩最初所行，成就一切諸佛法故。譬如書字數說，一切皆以字母為本，字母究竟無有少分離字母者。佛子，一切佛法，皆以十地為本。十地究竟修行，成就得一切智。是故，佛子，願為演說，此人必為如來所護，令其信受。」

【譯文】

解脫月菩薩又向金剛藏菩薩說道：「佛子啊，願你承接佛的神力而為大家分說這不可思議之境界，讓大家得到如來的護持而生出受法的信心。為什麼呢？因為講說菩薩十地境界時，一切菩薩法都會得到佛的念力護持。有了這護持，眾人便能在這些智地中勇猛精進。

「為什麼呢？因為這是眾菩薩們最初發心以及修證佛法的根本。比如寫字，一切字詞都以字母為其根本，無論什麼字詞都不能脫離字母而存在。佛子，既然一切的佛法也都是以十地為其根本，若明白了十地境界，那麼大家修行也便成功了，從而得到佛的一切智慧。所以，佛子，希望你為大家演說，你必然得到如來的護持，讓大家對佛法的信心更加堅定。」

爾時，諸大菩薩眾，一時同聲向金剛藏菩薩而說頌言：

「上妙無垢智，無邊分別辯。宣暢深美言，第一義相應。

念持清淨行，十力集功德。辯才分別義，說此最勝地。

定戒集正心，離我漫邪見。此眾無疑念，惟願聞善說。．

如溫思冷水，如饑念美食。如病憶良藥，如蜂貪好蜜。

我等亦如是，願聞甘露法。善哉廣大智，願說入諸地。

成十力無礙，善逝一切行。」

·名詞解釋·

甘露法：指如來教法，由於如來的言教清淨無染，能長養眾生身心，譬如甘露之德。根據《佛地論》：「如來聖教，於諸外道一切世間邪劣教中，最為真實殊勝清淨。猶如醍醐，亦如甘露，令得涅槃永不死故」，指出如來教法極為殊勝，可使眾生證得涅槃。

佛陀的神通

爾時，世尊從眉間出清淨光明，名菩薩力焰明。百千阿僧祇光明以為眷屬，普照十方一切世界，靡不周遍，三惡道苦皆得休息。又照一切如來眾會，顯現諸佛不思議力。又照十方一切世界，一切諸佛所加說法菩薩之身。

【譯文】

此時，世尊釋迦牟尼佛從眉宇間放出清淨大光明，這光明叫做菩薩力焰光明。又有成百上千的阿僧祇光明伴隨著這大光明，一起普照著十方一切世界。光明周遍照耀各處，連地獄、獄鬼、畜生三惡道也因這光芒而暫得消解。這光明又照耀一切如來講法的與會大眾，顯現出種種不可思議的佛神力。這光明又

 如來十力

根據佛教教義，如來能證得實相之智，並能了達一切，因為這種智慧無人可以超越，所以也稱之為「力」，總稱為「如來十力」。

如來十力

- 知是處非處智力：了知一切事物的道理的智力。
- 知過現未來業報智力：了知眾生三世因果業報的智力。
- 知諸禪解脫三昧智力：了知禪定及解脫三昧的智力。
- 知諸根勝劣智力：了知眾生根性和業果的智力。
- 知種種解智力：了知眾生見解的智力。
- 知種種界智力：了知眾生境界的智力。
- 知一切至所道智力：了知眾生行道因果的智力。
- 知天眼無礙智力：以天眼見眾生生死及善惡業緣的智力。
- 宿命無漏智力：了知眾生宿命和無漏涅槃的智力。
- 知永斷習氣智力：了知一切妄惑餘氣的智力。

照耀到十方一切世界中，照耀到一切佛說法加持之處和一切菩薩現身之處。

作是事已，於上虛空中成大光明雲網台而住。時十方諸佛悉亦如是，從眉間出清淨光明。其光名號眷屬作業，悉同於此。又亦照此娑婆世界佛及大眾，並金剛藏菩薩身師子座已。於上虛空中，成大光明雲網台。

【譯文】

大光明照耀完畢，又在世尊上方的虛空之中，形成華光燦爛的雲網高臺。與此同時，十方諸佛也都從眉間放射出清淨毫光，這光明叫做菩薩力焰光明的伴侶，同樣集結於此處。這光明也照耀著娑婆世界中的佛及大眾，也照耀著金剛藏菩薩就座的獅子座，然後在大虛空中呈現大光明雲網台。

時光台中，以諸佛威神力故，而說頌言：

「佛無等等如虛空，十力無量勝功德。人間最勝世中上，釋師子法加於彼。

佛子當承諸佛力，開此法王最勝藏。諸地廣智勝妙行，以佛威神分別說。

若為善逝力所加，當得法寶入其心。諸地無垢次第滿，亦其如來十種力。

雖住海水劫火中，堪受此法必得聞。其有生疑不信者，永不得聞如是義。

應說諸地勝智道，入住輾轉次修習。從行境界法智生，利益一切眾生故。」

🪷 金剛藏菩薩說法

爾時，金剛藏菩薩觀察十方，欲令大眾增淨信故，而說頌曰：

「如來大仙道，微妙難可知。非念離諸念，求見不可得。

無生亦無滅，性淨恆寂然。離垢聰慧人，彼智所行處。

自性本空寂，無二亦無盡。解脫於諸趣，涅槃平等住。

非初非中後，非言辭所說。出過於三世，其相如虛空。

寂滅佛所行，言說莫能及。地行亦如是，難說難可受。

智起佛境界，非念離心道。非蘊界處門，智起意不及。

如人中鳥跡，難說難可示。如是十地義，心意不能了。

慈悲及願力，出生入地行。次第圓滿心，智行非慮境。

是境界難見，可知不可說。佛力故開演，汝等應敬受。

如是智入行，億劫說不盡。我今但略說，真實義無餘。

一心恭敬待，我承佛力說。勝法微妙音，譬喻字相應。

無量佛神力，咸來入我身。此處難宣示，我今說少分。」

佛子，若有眾生深種善根，善修諸行，善集助道，善供養諸佛，

善集白淨法，為善知識善攝，善清淨深心，立廣大志，生廣大解，慈悲現前。

【譯文】

佛子呀，若有眾生深深地種植了堅固善業，修持種種善行，創造修道的條件，供養諸佛之行，積集一切善法，做一個見解善好的修道人，聽取好的知見，使自己身心清淨無雜，樹立廣大的志願，生出廣大的見解和信心，時時以慈悲為懷。

為求佛智故，為得十力故，為得大無畏故，為得佛平等法故，為救一切世間故，為淨大慈悲故，為得十力無餘智故，為淨一切佛剎無障礙故，為一念知一切三世故，為轉大法輪無所畏故。

【譯文】

之所以要這樣，是為了求得佛的智慧，為了獲得如來的十種知見力，為了得到佛的大無畏心，為了得到佛的平等法，為了拯救世間一切苦難，為了淨化大慈悲心，為了獲得佛的十力無餘智慧，為了清淨一切佛的國土而沒有障礙，為了能在一念之間便知道過去、未來、現在三世，為了能夠勇猛無懼地去傳播佛法。

佛子，菩薩起如是心，以大悲為首，智慧增上，善巧方便，所攝最上深心，所持如來力，無量善觀察分別勇猛力智力，無礙智現前，隨順自然智，能受一切佛法，以智慧教化。廣大如法界，究竟如虛空，盡未來際。

【譯文】

佛子啊，菩薩起了這些心願，以大慈大悲心為根，再加上無上的智慧，以及巧設各種隨緣的方法，所持有的是最純最深之心，所持的是如來無量大力、

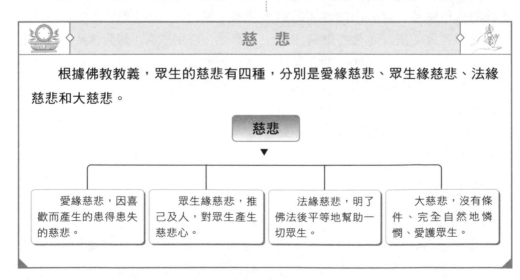

慈　悲

根據佛教教義，眾生的慈悲有四種，分別是愛緣慈悲、眾生緣慈悲、法緣慈悲和大慈悲。

慈悲

愛緣慈悲，因喜歡而產生的患得患失的慈悲。

眾生緣慈悲，推己及人，對眾生產生慈悲心。

法緣慈悲，明了佛法後平等地幫助一切眾生。

大慈悲，沒有條件、完全自然地憐憫、愛護眾生。

善於觀照分別的勇猛之力和智慧之力，於是無礙的智慧隨現眼前，有順其自然的智慧，能領受一切佛法，能以智慧去教化眾生。他的願心如同法界一樣廣大，如同虛空一樣清淨無雜，能窮盡未來的邊際。

🪷 菩薩歡喜地

佛子，菩薩始發如是心，即得超凡夫地，入菩薩位，生如來家，無能說其種族過失，離世間趣，入出世道，得菩薩法，住菩薩處，三世平等。於如來種中，決定當得無上菩提。菩薩住如是法，名住菩薩歡喜地，以不動相應故。

【譯文】

佛子啊，菩薩一開始發這樣的願心，就得到了超越凡夫俗子的境地，而進入了菩薩的果位，就生在佛的家族之中，超越其出生種族的種種過失，脫離了世間種種塵趣，進入出離世間的正道，獲得菩薩的道法，住在菩薩的處所，進入過去、未來、現在三世平等無別的境界。在如來家族之中，下定決心得到無上的菩提覺悟之道。菩薩住在這樣的法中，名叫做菩薩歡喜地，在不動中便能同佛相應。

佛子，菩薩住歡喜地，成就多歡喜，多淨信，多愛樂，多適悅，多欣慶，多踴躍，多勇猛，多無鬥諍，多無惱害，多無瞋恨。佛子，菩薩住此歡喜地，念諸佛故，生歡喜。念諸佛法故，生歡喜。念諸菩薩故，生歡喜。念諸菩薩行故，生歡喜。念清淨諸波羅蜜故，生歡喜。念諸菩薩地殊勝故，生歡喜。念菩薩不可壞故，生歡喜。念如來教化眾生故，生歡喜。念能令眾生得利益故，生歡喜。念入一切如來智方便故，生歡喜。

【譯文】

佛子啊，住在歡喜地的菩薩，成就了無數的歡喜，無數的清淨信心，無數的愛樂，無數的悅愉，無數的歡欣，無數的踴躍，無數的勇猛，無爭鬥之心，無煩惱害懼，無瞋恨之心。佛子呀，菩薩住在這歡喜地中，想到諸佛，心生歡喜；想到諸佛法，心生歡喜；想到諸菩薩，心生歡喜；想到諸菩薩道行，心生歡喜。想到清淨無雜的種種到達彼岸的大行，心生歡喜；想到種種菩薩地中的殊勝法力境象，心生歡喜；想到菩薩的不壞不滅之身，心生歡喜；想到如來教化眾生，心生歡喜；想到佛法能夠使眾生得到利益，心生歡喜；想到進入佛的智慧和方便之門，因此心生歡喜。

復作是念：我轉離一切世間境界故，生歡喜。親近一切佛法故，生歡喜。遠離凡夫地故，生歡喜。近智慧地故，生歡喜。永斷一切惡趣故，生歡喜。與一切眾生作依止處故，生歡喜。見一切如來故，生歡喜。生佛境界中故，生歡喜。入

一切菩薩平等性中故，生歡喜。遠
離一切怖畏毛豎等事故，生歡喜。

【譯文】

菩薩又想到：我能在一切世間流轉
中而不沾塵埃，因此心生歡喜；能夠親
近一切佛法，因此心生歡喜；能夠遠離
凡俗境了地，心生歡喜；能夠接近智慧
境地，心生歡喜；永斷一切惡趣，因此
心生歡喜；能與眾生平等泰然相處，因
此心生歡喜；能見到一切如來，因此心
生歡喜；能生活在佛的境界中，因此心
生歡喜；能進入一切菩薩無差別障礙之
法性，因此心生歡喜；能遠離一切恐怖
畏懼之事，因此心生歡喜。

歡喜地的功德

何以故？此菩薩得歡喜地已，
所有怖畏悉得遠離，所謂不活畏，
惡名畏，死畏，惡道畏，大眾威德
畏，如是怖畏皆得永離。

【譯文】

為什麼這樣說呢？因為這個菩薩獲
得歡喜地之後，所有的恐怖與畏懼自然
全都遠離他。因怕無法生活而不敢施捨
自己所有之物；因怕沾上他人譏謗，而
不敢與民同處；能捨棄財物，卻害怕捨
棄自己生命；在對治不善之事時，畏懼
自己墮入惡道；在大眾面前或有威德之

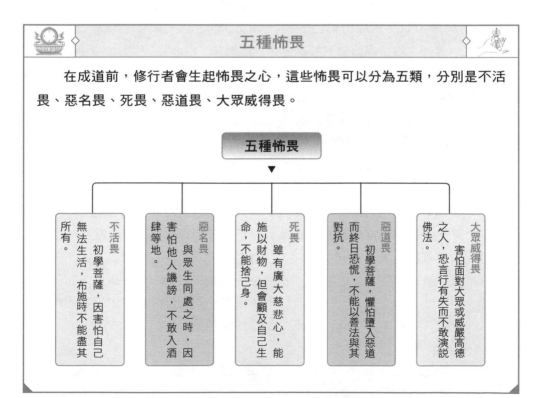

五種怖畏

在成道前，修行者會生起怖畏之心，這些怖畏可以分為五類，分別是不活
畏、惡名畏、死畏、惡道畏、大眾威得畏。

五種怖畏

不活畏
初學菩薩，因害怕自己無法生活，布施時不能盡其所有。

惡名畏
與眾生同處之時，因害怕他人譏謗，不敢入酒肆等地。

死畏
雖有廣大慈悲心，能施以財物，但會顧及自己生命，不能捨己身。

惡道畏
初學菩薩，懼怕墮入惡道而終日恐慌，不能以善法與其對抗。

大眾威得畏
害怕面對大眾或威嚴高德之人，恐言行有失而不敢演說佛法。

人的面前，恐言行失當不敢演說佛法。這五種畏懼，都因進了歡喜地而永遠得以脫離。

何以故？此菩薩離我想故，尚不愛自身，何況資財，是故無有不活畏。不於他所希求供養，惟專給施一切眾生，是故無有惡名畏。遠離我見，無有我想，是故無有死畏。自知死已決定不離諸佛菩薩，是故無有惡道畏。我所志樂，一切世間無與等者，何況有勝？是故無有大眾威德畏。菩薩如是遠離驚怖毛豎等事。

【譯文】

為什麼會這樣呢？因菩薩已經脫離了自我的局限，他不再顧惜自己的肉身，何況是身外之物？因此他不再畏懼無法生活；因他不再尋求他人的供養，只一心將菩薩善法施與一切眾生，心無所求自然不再懼怕壞名聲；因他已遠離我見，沒有自我的妄想，自然不會怕死；因他知道死後必定會和諸佛菩薩在一起，因此他沒有惡道畏；因我所志向，我所樂意的，是一切世間無法與之相比的偉業，因此他不會畏懼世間那些有威德之人或普羅大眾。

就這樣，菩薩遠離了一切驚惶、恐怖等事。

佛子，此菩薩以大悲為首，廣大志樂，無能沮壞，轉更勤修一切善根，而得成就。所謂信增上故，

多淨信故，解清淨故，信決定故，發生悲愍故，成就大慈故，心無疲懈故，慚愧莊嚴故，成就柔和故。

【譯文】

佛子啊，這菩薩以大慈悲心為首，有廣大的志願，沒有什麼讓他灰心或轉念，他勤奮修持一切善業，最終取得成就——信心更加深厚，見解更加清純；有了清淨無雜的見解，信心自然愈加堅定，從而內心悲憫眾生，成就大慈悲心。他的菩提心永不疲倦懈怠，有慚愧之心和威儀之象，於是成就了柔軟和順之心。

敬順尊重諸佛教法故，日夜修集善根無厭足故，親近善知識故，常愛法樂故，求多聞無厭足故，如所聞法正觀察故，無依著故，不耽著利養、名聞、恭敬故，不求一切資生之物故，生如寶心無厭足故。

【譯文】

他敬仰尊重佛的種種教法，日夜修習善業從不滿足，親近一切樂於修佛之人，對佛法有愛樂之心，追求知識而不滿足，依所學佛法去端正觀照與認識，內心不依附與執著他物，不沉溺於利益、供養、名聲、榮譽和世人的恭敬，不追求一切物質財富，內心猶如寶石般純淨堅強。

求一切智地故，求如來力無畏不共佛法故，求諸波羅蜜助道法

菩提分法是原始佛教與部派佛教最具代表性的實踐論，是小乘佛教的修行法，總共有三十七種，所以又稱為三十七道品。

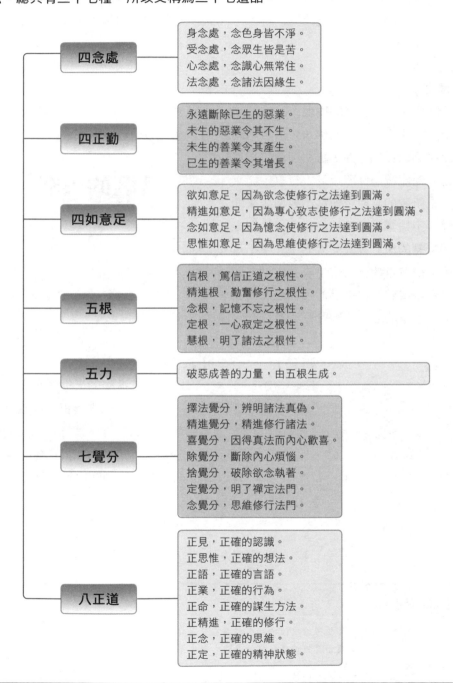

四念處
身念處，念色身皆不淨。
受念處，念眾生皆是苦。
心念處，念識心無常住。
法念處，念諸法因緣生。

四正勤
永遠斷除已生的惡業。
未生的惡業令其不生。
未生的善業令其產生。
已生的善業令其增長。

四如意足
欲如意足，因為欲念使修行之法達到圓滿。
精進如意足，因為專心致志使修行之法達到圓滿。
念如意足，因為憶念使修行之法達到圓滿。
思惟如意足，因為思維使修行之法達到圓滿。

五根
信根，篤信正道之根性。
精進根，勤奮修行之根性。
念根，記憶不忘之根性。
定根，一心寂定之根性。
慧根，明了諸法之根性。

五力
破惡成善的力量，由五根生成。

七覺分
擇法覺分，辨明諸法真偽。
精進覺分，精進修行諸法。
喜覺分，因得真法而內心歡喜。
除覺分，斷除內心煩惱。
捨覺分，破除欲念執著。
定覺分，明了禪定法門。
念覺分，思維修行法門。

八正道
正見，正確的認識。
正思惟，正確的想法。
正語，正確的言語。
正業，正確的行為。
正命，正確的謀生方法。
正精進，正確的修行。
正念，正確的思維。
正定，正確的精神狀態。

第六章　根本法輪──《華嚴經》

故，離諸諂誑故。如說能行故，常護實語故，不污如來家故，不捨菩薩戒故，生一切智心如山王不動故，不捨一切世間事成就出世間道故，集助菩提分法無厭足故，常求上上殊勝道故。

【譯文】

他追求一切智慧的境地，追求如來的十力、四不畏等不共佛法，追求幫助修證涅槃的種種條件，離開種種諂媚與誑言。他能按照佛所說的去行事，能秉承如來所說的真理，他從不敗壞如來的名聲，不捨棄菩薩所持的戒行，他追求一切智慧的決心像最高大的山一樣不可動搖，捨離世間一切俗事成就出世之聖道，聚集成就菩提道品的種種分法而不滿足，不懈地追求最上乘的大道。

佛子，菩薩成就如是淨治地法，名為安住菩薩歡喜地。佛子，菩薩住此歡喜地，能成就如是大誓願，如是大勇猛，如是大作用。所謂生廣大清淨決定解，以一切供養之具，恭敬供一切諸佛，令無有餘。廣大如法界，究竟如虛空，盡未來際，一切劫數無有休息。

【譯文】

佛子呀，菩薩成就了這樣的淨治地法，所以安住菩薩歡喜地。佛子呀，菩薩能住在這歡喜地，成就這樣的大誓願，這樣的大勇猛，這樣的大作用，這是因為他生出廣大清淨而堅定的見解，用一切可供養之具，恭敬地供養一切佛，沒有餘漏。他的供養之心，廣大猶如法界，浩瀚如同虛空，窮盡未來永恆，在一切劫數中都不曾停息。

菩薩的大願

又發大願，願受一切佛法輪，願攝一切佛菩提，願護一切諸佛教，願持一切諸佛法。廣大如法界，究竟如虛空，盡未來際，一切劫數無有休息。

【譯文】

菩薩立下這樣的大願：願領受一切佛法，願追求一切佛菩提，願護持一切諸佛教誨，願持守一切諸佛法。此願心廣大猶如法界，浩瀚如同虛空，窮盡未來永恆，在一切劫數中都不曾停息。

又發大願，願一切世界佛興於世。從兜率天宮沒，入胎、住胎、

・名詞解釋・

菩薩戒：大乘菩薩受持的戒律，其內容為三聚淨戒，即攝律儀戒、攝善法戒、饒益有情戒等三項，此三項聚集了遵持律儀、修持善法、普度眾生等三大門之一切佛法，具體有十重四十八輕戒。

初生、出家、成道、說法、示現涅
槃。皆悉住詣親近供養，為眾上
首，受行正法。於一切處，一時而
轉。廣大如法界，究竟如虛空，盡
未來際，一切劫數無有休息。

【譯文】

　　菩薩立下這樣的大願：願一切世界
都有佛住世，願這些佛從兜率天宮下生
人間，入胎、住胎、降生人世、出家修
行、成道說法、示現涅槃。願自己能親
自前往供奉，願在一切大眾中成為他們
的首領，受持修行正法，無論何時何地
都可實踐佛法。此願心廣大猶如法界，
浩瀚如同虛空，窮盡未來永恆，在一切
劫數中都不曾停息。

　　又發大願，願一切菩薩行，廣
大無量，不壞不雜，攝諸波羅蜜，
淨治諸地，總相，別相，同相，異
相，成相，壞相[①]。所有菩薩行，
皆如實說，教化一切，令其受行，
心得增長。廣大如法界，究竟如虛
空，盡未來際，一切劫數無有休
息。

【注釋】

　　①總相一句：總相、別相、同相、
異相、成相、壞相合稱六相，華嚴宗重
要教義之一。這六相既同時存在於一切
事物之中，又同時表現在每一事物之
上。六相既是相反的，又是相成的，圓
通自在，無礙融融。

【譯文】

　　菩薩立下這樣的大願：願一切菩薩
之行，廣大無邊，不壞不雜，攝取彼岸
之法，清淨菩薩行地，存在一切事物之
中，表現每一事物之上。所有的菩薩之
行，都能平等看待這法界緣起的、事事
無礙的六相，以此來教化一切眾生，使
他們能知法受行，心智得到增長。此願
心廣大猶如法界，浩瀚如同虛空，窮盡
未來永恆，在一切劫數中都不曾停息。

　　又發大願，願一切眾生界，有
色，無色，有想，無想，非有想，
非無想，卵生，胎生，濕生，化
生，三界所繫，入於六趣，一切生
處，名色所攝，如是等類，我皆教
化，令入佛法，令永斷一切世間
趣，令安住一切智智道。廣大如法
界，究竟如虛空，盡未來際，一切
劫數無有休息。

這是兜率天圖。兜率天又譯作妙足天、知足
天，是欲界六天的第四天，在此天的眾生欲少知
足，多生喜樂之心，是即將成佛者居住的淨土，
所以《華嚴經》說菩薩從兜率天降生在人間。

第六章　根本法輪——《華嚴經》

【譯文】

菩薩立下這樣的大願：願一切眾生，有色界的，無色界的，有想界的，無想界的，非有想界的，非無想界的，卵生的，胎生的，濕生的，化生的，凡是這色界、欲界、無色界三界所繫的，出入於地獄、餓鬼、畜生、阿修羅、人、天這六道的，總之，在一切處所各色所攝的一切眾生，都能得到我的教化，都能因我而入佛法，讓他們永離一切世間的輪迴，讓他們安住一切智智道。此願心廣大猶如法界，浩瀚如同虛空，窮盡未來永恆，在一切劫數中都不曾停息。

又發大願，願一切世界廣大無量粗細，亂住，倒住，正住，若入，若行，若去，如帝網差別，十方無量種種不同智，皆明了現前知見。廣大如法界，究竟如虛空，盡未來際，一切劫數無有休息。

【譯文】

菩薩立下這樣的大願：願一切廣大無量世界，無論粗細，無論是亂住、倒住、正住，還是若入、若行、若去，它們就像帝釋天宮之光網交相輝映，有種種不同，願我都能智慧明了，現前知見。此願心廣大猶如法界，浩瀚如同虛空，窮盡未來永恆，在一切劫數中都不曾停息。

又發大願，願一切國土入一國土，一國土入一切國土，無量佛土，普皆清淨，光明眾具以為莊嚴，離一切煩惱，成就清淨道，無量智慧眾生充滿其中，普入廣大諸佛境界，隨眾生心而為示現，皆令歡喜。廣大如法界，究竟如虛空，盡未來際，一切劫數無有休息。

【譯文】

菩薩立下這樣的大願：願一切的國土融入一國之土，每一國土融入一切國土，願這無量的佛土全都清淨光明，全具備莊嚴之相，遠離一切的煩惱，成就清淨佛道；願有無數無量的智慧眾生生活於其中，廣大的諸佛境界能隨眾生的心願而現示，使眾生皆得大歡喜。此願心廣大猶如法界，浩瀚如同虛空，窮盡未來永恆，在一切劫數中都不曾停息。

又發大願，願與一切菩薩同一志行，無有怨嫉，集諸善根，一切菩薩平等一緣，常共集會，不相捨離。隨意能現種種佛身，任其自心

・名詞解釋・

盡未來際：窮盡無限未來的生涯、邊際，多用於發願。一般而言，為了表示「法」之常住而假說盡未來際，如《大乘本生心地觀經》中「一切信心善男子，出家修道亦如是，為濟父母及眾生，（中略）當證無上菩提果，盡未來際常不滅，能度眾生作歸依」，就是為了發願。

能知一切如來境界，威力智慧，得不退如意神通，遊行一切世界，現形一切眾會，普入一切生處，成就不思議大乘，修菩薩行。廣大法界，究竟如虛空，盡未來際，一切劫數無有休息。

【譯文】

菩薩立下這樣的大願：願和所有菩薩有同樣的志願，沒有怨言和嫉妒，聚集種種善業，所有菩薩平等如一，大家經常聚會，不相捨離；願能隨心示現種種佛身，憑心獲知一切如來境界與智慧、威力，獲得不會退轉的如意神通，能遊行於一切世界中，在一切眾生中顯現其形，能與一切眾生相處，成就不可思議大乘道，修持菩薩行。此願心廣大猶如法界，浩瀚如同虛空，窮盡未來永恆，在一切劫數中都不曾停息。

又發大願，願乘不退輪，行菩薩行，身語意業悉不唐捐。若暫見者，則必定佛法；暫聞音聲，則得實智慧；才生淨信，則永斷煩惱。得如大藥王樹身，得如意寶身，修行一切菩薩行。廣大如法界，究竟如虛空，盡未來際，一切劫數無有休息。

【譯文】

菩薩立下這樣的大願：願乘著永不退轉的法輪，實踐菩薩之行，身、語、意三業全都不離菩薩清淨。願一開始遇見的就必定是佛法，願最初聽聞佛的聲音便獲得真理智慧，願剛生出純淨信心便永遠脫離煩惱，願獲得救苦救難的大藥王樹身，願得能滿足一切眾生願望的如意寶身，願修持一切菩薩之行。此願心廣大猶如法界，浩瀚如同虛空，窮盡未來永恆，在一切劫數中都不曾停息。

又發大願，願於一切世界，成阿耨多羅三藐三菩提，於一切毛端處，皆悉示現初生、出家、詣道場、成正覺、轉法輪、入涅槃，得佛境界大智慧力。於念念中隨一切眾生心，示現成佛，令得寂滅。以一三菩提，知一切法界即涅槃相，以一音說法，令一切眾生心皆歡喜，示入大涅槃而不斷

這是藥王菩薩圖。藥王菩薩曾燃燒自身供養諸佛，是給予眾生良藥、醫治身心病苦的菩薩。在《華嚴經》中菩薩發願得藥王樹身。

菩薩行，示大智慧地，安立一切法。以法智通、神足通、幻通自在變化，充滿一切法界。廣大如法界，究竟如虛空，盡未來際，一切劫數無有休息。

【譯文】

　　菩薩立下這樣的大願：願在一切世界中成就正等正覺的無上智慧，在如毛髮尖端般細微的世界中也能顯示出從佛世尊降生、出家、坐道場、成就正等正覺、開轉法輪、進入涅槃的過程，從而獲得佛境界的大智慧力。願在每時每念中，隨一切眾生的心願而示現成佛，使他們得入寂滅境界。願以三菩提之智慧，悟知一切法界即是涅槃相，用無差別之聲音來講法，使一切眾生都心生歡喜；願能示現大涅槃境界又不脫離菩薩行，示現大智慧地又能安立一切法；用法智通、神足通、幻通，在一切法界中隨意自在。此願心廣大猶如法界，浩瀚如同虛空，窮盡未來永恆，在一切劫數中都不曾停息。

　　佛子，菩薩住歡喜地，發如是大誓願，如是大勇猛，如是大作用，以此十願門為首，滿足百萬阿僧祇大願。佛子，此大願以十盡句

而得成就。何等為十？所謂眾生界盡、世界盡、虛空界盡、法界盡、涅槃界盡、佛出現界盡、如來智界盡、心所緣界盡、佛智所入境界界盡、世間轉法轉智轉界盡。

　　若眾生界盡，我願乃盡。若世界乃至世間轉法轉智轉界盡，我願乃盡。而眾生界不可盡，乃至世間轉法轉智轉界不可盡，故我此大願善根無有窮盡。

【譯文】

　　佛子啊，菩薩住在這歡喜地，立下這樣的大願，這樣的大勇猛，作出這樣的大功用，以這十個大願為首，滿足了百萬阿僧祇的大誓願。佛子啊，這大誓願以十盡句而得其成就。是哪十盡呢？即眾生界盡、世界盡、虛空界盡、法界盡、涅槃界盡、佛出現界盡、如來智界盡、心所緣界盡、佛智所入境界界盡、世間轉法轉智轉界盡。

　　若眾生界盡已成佛，我的誓願才算完成；若世界以至世間轉法轉智轉界盡皆成佛，我的誓願才算完成。若是眾生界還有未能成佛的，或是世間轉法轉智轉界還有未能成佛的，那麼我的大願善業便沒有完成。

・名詞解釋・

　　眾生界盡：即一切眾生皆已成佛，故稱盡。虛空界就是虛空界的一切眾生皆已成佛盡、世界近盡、法界盡等，義同。《華嚴經》用眾生界盡來形容歡喜地菩薩的誓願。

佛子，菩薩發如是大願已，則得利益心、柔軟心、隨順心、寂靜心、調伏心、寂滅心、謙下心、潤澤心、不動心、不濁心。成淨信者，有信功用，能信如來本行所入，信成就諸波羅蜜，信入諸勝地，信成就力，信具足無所畏，信生長不可壞不共佛法，信不思議佛法，信出生無中邊佛境界，信隨入如來無量境界，信成就果。舉要言之，信一切菩薩行，乃至如來智地說力故。

【譯文】

佛子啊，菩薩發了這樣的大誓願之後，便得到了利益心、柔軟心、隨順心、寂靜心、調伏心、寂滅心、謙下心、澤潤心、不動心、不濁心，成為清淨無雜的堅信者，有信仰的功德大用，能夠堅信如來本行所入，堅信成就種種波羅蜜，堅信能進入種種勝地，堅信成就佛力，堅信能具足無畏懼之心，堅信不可壞不共之佛法，堅信不可思議的佛法，堅信能出生在無中邊佛的境界，堅

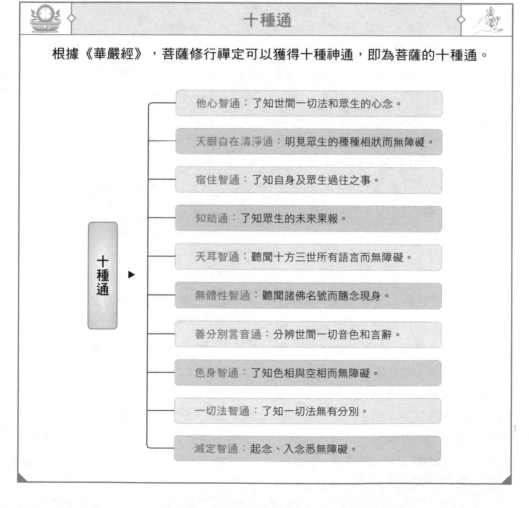

十種通

根據《華嚴經》，菩薩修行禪定可以獲得十種神通，即為菩薩的十種通。

十種通 ▶

- 他心智通：了知世間一切法和眾生的心念。
- 天眼自在清淨通：明見眾生的種種相狀而無障礙。
- 宿住智通：了知自身及眾生過往之事。
- 知劫通：了知眾生的未來果報。
- 天耳智通：聽聞十方三世所有語言而無障礙。
- 無體性智通：聽聞諸佛名號而隨念現身。
- 善分別言音通：分辨世間一切音色和言辭。
- 色身智通：了知色相與空相而無障礙。
- 一切法智通：了知一切法無有分別。
- 滅定智通：起念、入念悉無障礙。

信能進入如來無量的境界，堅信能成就正果。總之，堅信一切菩薩道行，堅信如來的智慧、境地、說法與神力。

🪷 菩薩的慈悲心

佛子，此菩薩復作是念：諸佛正法如是甚深，如是寂靜，如是寂滅，如是空，如是無相，如是無願，如是無染，如是無量，如是廣大。而諸凡夫心墮邪見，無明覆翳，立憍慢高幢，入渴愛網中，行諂誑稠林不能自出，心與慳嫉相應不捨，恆造諸趣受生因緣，貪恚愚癡，積集諸業。日夜增長，以忿恨風吹心識火，熾然不息。日凡所作業，皆顛倒相應，欲流、有流、無明流、見流相續，起心意識種子，三界田中復生苦芽。所謂名色共生不離，此名色增長，生六處聚落，於中相對生觸，觸故生受；因受生愛；愛增長故，生取；取增長故，生有；有生故，有生老死憂悲苦惱。

【譯文】

佛子啊，菩薩又想到：諸佛的正法是如此深奧，如此寂靜，如此寂滅，如此空虛，如此無相，如此無願，如此無染，如此無量，如此廣大，而凡夫俗子的心卻墮入邪見，被無明所蒙蔽，立在偏見執著的高壘中，陷在渴想愛欲的網中，行走在諸媚誑妄的密林中，不能自行脫出。他們的心中充滿吝嗇與嫉妒而不知捨棄，一直造下種種輪迴惡道的因

緣，貪欲、忿嗔、愚昧、癡迷，在心中日夜積累，以憤怒與仇恨之風吹燃心識之火，燃燒不熄，他們所作的一切都是顛倒的，欲流、有流、無明流、見流這四種無明見惑，連續不斷在他們心中成為種子，在三界田中又生出胚芽。這就造成受、想、行、識、色五蘊共生不離，不斷增長，在眼、耳、鼻、舌、身、意六處中生長聚集起落，在其中相對生觸，因觸而生受，因受而生愛，因愛增長而生取，取增長故而生有，因而便有了生、老、病、死、悲、憂等苦惱。

如是眾生，生長苦聚，是中皆空，離我我所，無知無覺，無作無受，如草木石壁，亦如影像。然諸眾生，不覺不知。菩薩見諸眾生於如是苦聚不得出離，是故即生大悲智慧。復作是念：此諸眾生，我應救拔置於究竟安樂之處。是故即生大慈光明智。

【譯文】

這些眾生，生活在苦難聚集之處，一切都是空幻，離開肉身和身外之物，便如同草木土石一般無知無覺，或者如幻影虛像一樣無作無受。然而，眾生卻對此毫無覺察。菩薩看到眾生在苦海之中無法脫離，便生出大慈悲心，於是心想：這些眾生如此苦難，我應當去救度他們，讓他們住在永恆安樂的地方。於是菩薩便生出大慈光明來。

佛子，菩薩摩訶薩隨順如是大悲大慈，以深重心住初地時，於一切物無所吝惜，求佛大智，修行大捨。凡是所有一切能施，所謂財穀、倉庫、金銀、摩尼、真珠、琉璃、珂貝、璧玉、珊瑚等物，珍寶瓔珞、嚴身之具，象馬、車乘、奴婢、人民、城邑、聚落、園林、台觀、妻妾、男女、內外眷屬，及餘所有珍玩之具，頭目手足，血肉骨髓，一切身分，皆無所惜。為求諸佛廣大智慧，是名菩薩住於初地大捨成就。

佛子，菩薩以此慈悲大施心，為欲救護一切眾生，轉更推求世出世間諸利益事。無疲厭故，即得成就無疲厭心。得無疲厭心已，於一切經論，心無怯弱，無怯弱故，即得成就一切經論智，獲是智已，善能籌量應作不應作，於上中下一切眾生，隨應隨力隨其所習，如是而行。

【譯文】

佛子啊，菩薩懷有如此的大慈大悲之心，以深重之心住在初地之時，對一切事物毫不吝惜，只是追求佛的大智慧，修行大捨之心，凡是一切能夠布施的物品，比如財物、糧食、黃金、白銀、摩尼寶珠、琉璃、珂貝、璧玉、珊瑚等物，比如珍寶、瓔珞等身上的裝飾之物，比如象車、馬車、奴僕、人民、城邑、市井、園林、樓臺、妻妾、兒女、內外眷屬，以及所有的珍貴玩物，甚至自己的頭、目、手、足、血、肉、骨、髓，一切身外身內之物，都毫不吝惜，只為了求得諸佛的廣大智慧，這被稱為菩薩住在初地的大捨成就。

佛子啊，菩薩以此慈悲大施捨之心，只為救護一切眾生，在轉化中進一步推求世間和出世的種種利益之事，而從不知疲厭，因此成就了無疲厭心。因為這無疲厭心，對於一切經論，他的心中就不會

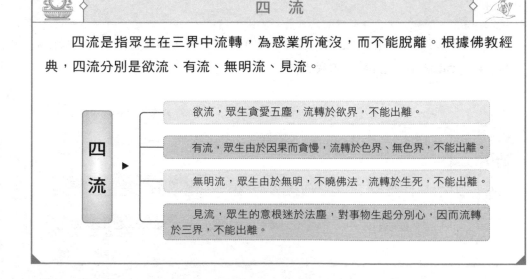

四　流

四流是指眾生在三界中流轉，為惑業所淹沒，而不能脫離。根據佛教經典，四流分別是欲流、有流、無明流、見流。

四流 ▸

欲流，眾生貪愛五塵，流轉於欲界，不能出離。

有流，眾生由於因果而貪慢，流轉於色界、無色界，不能出離。

無明流，眾生由於無明，不曉佛法，流轉於生死，不能出離。

見流，眾生的意根迷於法塵，對事物生起分別心，因而流轉於三界，不能出離。

生怯弱；因為沒有怯弱，因此得以成就一切經論智慧；因為有了這樣的智慧，便善於籌量應做和不應做之事，在一切眾生中，根據他們上、中、下的不同根基，隨其相應，隨其力量，隨其所造的業習而加教化，來行菩薩之道。

是故，菩薩得成世智。成世智已，知時知量，以慚愧莊嚴勤修自利利他之道。是故成就慚愧莊嚴。於此行中勤修出離，不退不轉，成堅固力。得堅固力已，勤供諸佛，於佛教法能如說行。

【譯文】
因此，菩薩得成世智。既得成世智，知時知量，就能以慚愧莊嚴之心去勤修自利、利他之道，因此而成就慚愧莊嚴善法。在這道行之中勤修出離之道，不退縮不放棄，成就堅固的信念；

有了這樣堅固的信念，勤以供養諸佛，對佛的教法就能遵照實行。

菩薩的清淨法

佛子，菩薩如是成就十種淨諸地法。所謂慈悲喜捨，無有疲厭，知諸經論，善解世法，慚愧堅固力，供養諸佛，依教修行。佛子，住此歡喜地已，以大願力得見多佛。所謂見多百佛，多千佛，多百千佛，多億佛，多百億佛，多千億佛，多百千億佛，多億那由他佛，多百億那由他佛，多千億那由他佛，多百千億那由他佛。

悉以大心深心恭敬尊重，承事供養，衣服、飲食、臥具、醫藥，一切資生悉以奉施，亦以供養一切眾僧。以此善根皆悉回向無上菩提。

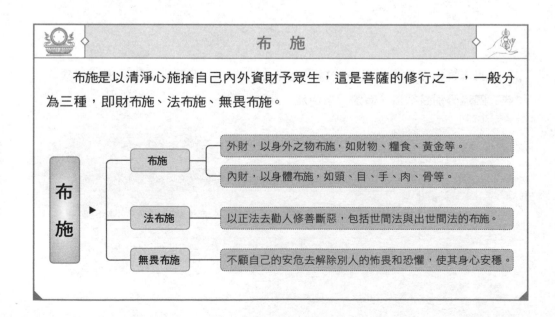

布　施

布施是以清淨心施捨自己內外資財予眾生，這是菩薩的修行之一，一般分為三種，即財布施、法布施、無畏布施。

布施
　布施
　　外財，以身外之物布施，如財物、糧食、黃金等。
　　內財，以身體布施，如頭、目、手、肉、骨等。
　法布施
　　以正法去勸人修善斷惡，包括世間法與出世間法的布施。
　無畏布施
　　不顧自己的安危去解除別人的怖畏和恐懼，使其身心安穩。

【譯文】

佛子啊，菩薩就如此成就了十種清淨的法，也就是包括慈、悲、喜、捨、無有疲厭、知各種經論、善解世法、慚愧、堅固力、供養諸佛等十種法，依照修行。佛子啊，菩薩住此歡喜地之後，因他的大誓願而得以見到許多佛，即上百的佛，上千的佛，上萬的佛，上億的佛，比百億還多的佛，比千億還多的佛，比百千億還多的佛，比億那由他數還多的佛，比百億那由他數還多的佛，比千億那由他數還多的佛，比百千億那由他數還多的佛。

菩薩都以其大心、深心去恭敬、尊重、承事、供養他們，衣服、食物、臥具、藥品等一切的用品，全都用來奉獻給佛事，也用來供養一切眾僧，就以這樣的善業來回饋無上菩提道。

佛子，此菩薩因供養諸佛故，得成就眾生法。以前二攝攝取眾生，謂布施、愛語；後二攝法，但以信解力故，行未善通達。是菩薩十波羅蜜中，檀波羅蜜增上，餘波羅蜜非不修行，但隨力隨分。是菩薩隨所勤修，供養諸佛，教化眾生。皆以修行清淨地法，所有善根悉以回向一切智地，轉轉明淨，調柔成就，隨意堪用。

【譯文】

佛子啊，菩薩因為供養諸佛而成就拯救眾生的法門，用前二攝法來攝取眾生，即布施、愛語；後二攝法則是用信心見解的力量來克服未善之處。這菩薩在十波羅蜜中，以布施波羅蜜為主，其餘的波羅蜜並不是不修，只是隨力隨分修行而已。這菩薩依隨所處之地，勤修供養諸佛，教化眾生都修行清淨地法，把所有的善根全用來追求一切智慧境地，讓內心變得純淨、調柔，成就隨意而能勝用的法力。

佛子，譬如金師善巧煉金，數數入火，轉轉明淨，調柔成就，隨意堪用。菩薩亦復如是，供養諸佛，教化眾生，皆為修行清淨地法，所有善根，悉以回向，一切智地。轉轉明淨，調柔成就，隨意堪用。

【譯文】

佛子啊，這就好像金匠師冶煉金屬，一次次入火淬煉，讓金屬變得純淨、柔軟，從而可任意打造。菩薩之道也是如此，供養諸佛，教化眾生，都是為了修行清淨地法，所有的善根都是用來歸向一切智慧境界。因此要不斷煉化，讓內心變得純淨、柔順，從而成就隨意而用之法。

✿ 初地菩薩的修行

佛子，菩薩摩訶薩住於初地，應從諸佛菩薩善知識所，推求請問於此地中相及得果，無有厭足；為欲成就此地法故，亦應從諸佛菩薩善知識

所，推求請問第二地中相及得果，無有厭足；為欲成就彼地法故，亦應如是推求請問第三、第四、第五、第六、第七、第八、第九、第十地中相及得果，無有厭足。

【譯文】

佛子啊，菩薩摩訶薩住在初地，應從諸佛、菩薩、有學識者那裏請教此地中的法相及得取正果，不能自求滿足。為了成就此地修行，也應該向諸佛、菩薩和有學識者那裏請教第二地法相，繼續得取正果，而不能滿足停步。為了成就下一地法，應像這樣來請求尋問第三、第四、第五、第六、第七、第八、第九、第十地中的法相，以求繼續得取正果，而不能滿足停步。

為欲成就彼地法故，是菩薩善知諸地障對治。善知地成壞，善知地相果，善知地得修，善知地法清淨，善知地地轉行，善知地地處非處，善知地地殊勝智，善知地地不退轉，善知淨治一切菩薩地，乃至轉入如來地。佛子，菩薩如是善知地相，始於初地，起行不斷。如是乃至入第十地無有斷絕。由此諸地智光明故，成於如來智慧光明。

【譯文】

為了成就諸地法，菩薩應善於知道諸地中會出現的困難及應對之策。善於知道諸地中的成壞，善於知道諸地的相果，善於知道諸地的必修之道，善於知道諸地法清淨，善於知道諸地是不斷轉行的，善於知道地中的處與非處，善於

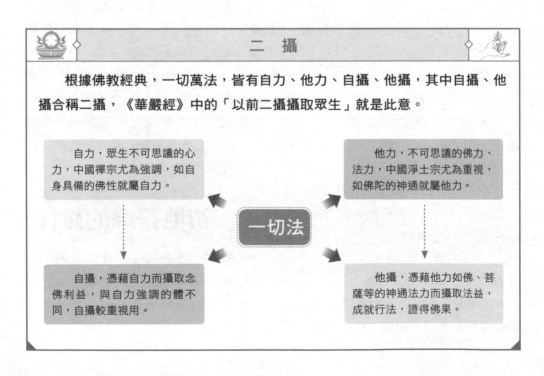

二　攝

根據佛教經典，一切萬法，皆有自力、他力、自攝、他攝，其中自攝、他攝合稱二攝，《華嚴經》中的「以前二攝攝取眾生」就是此意。

自力，眾生不可思議的心力，中國禪宗尤為強調，如自身具備的佛性就屬自力。

他力，不可思議的佛力、法力，中國淨土宗尤為重視，如佛陀的神通就屬他力。

一切法

自攝，憑藉自力而攝取念佛利益，與自力強調的體不同，自攝較重視用。

他攝，憑藉他力如佛、菩薩等的神通法力而攝取法益，成就行法，證得佛果。

知道諸地的殊勝智慧，善於知道諸地不退轉之法，善於知道修持清淨一切菩薩地，以至轉入如來地。

佛子啊，菩薩就這樣知曉了菩薩十地之法，從初始地起不斷修行，就這樣一直進入第十地而從不停止。由於這諸地的智慧光明，最終成就了如來智慧光明。

佛子，譬如商主善知方便，欲將諸商人住詣大城，未發之時，先問道中功德、過失及住止之處、安危可不；然後具道資糧，作所應作。佛子，彼大商主雖未發足，能知道中所有一切安危之事，善以智慧籌量觀察，備其所須，令無乏少。將諸商眾乃至安隱到彼大城。身及人人悉免憂患。

【譯文】

佛子啊，這就好比商人擅長經商之法，在準備去其他城市做生意前，臨出發之際，必定要先問清楚此行將會有的利益、過失、住處和危險，可做之事與不可做之事，然後才備足途中所需食物、盤纏等，做好所有應有的準備。佛子啊，最成功的商人雖然還未出發，就已經瞭解了途中所有安危之事，因他善

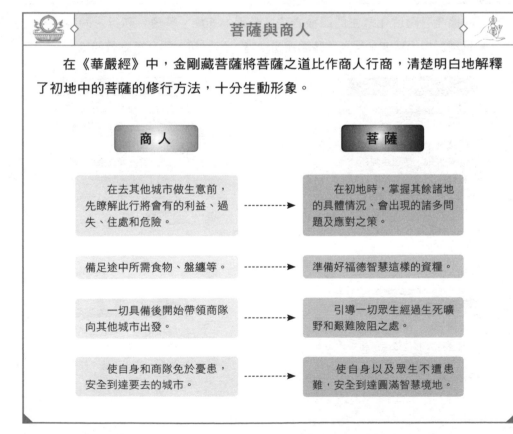

菩薩與商人

在《華嚴經》中，金剛藏菩薩將菩薩之道比作商人行商，清楚明白地解釋了初地中的菩薩的修行方法，十分生動形象。

商　人

在去其他城市做生意前，先瞭解此行將會有的利益、過失、住處和危險。

備足途中所需食物、盤纏等。

一切具備後開始帶領商隊向其他城市出發。

使自身和商隊免於憂患，安全到達要去的城市。

菩　薩

在初地時，掌握其餘諸地的具體情況、會出現的諸多問題及應對之策。

準備好福德智慧這樣的資糧。

引導一切眾生經過生死曠野和艱難險阻之處。

使自身以及眾生不遭患難，安全到達圓滿智慧境地。

第六章　根本法輪——《華嚴經》

於用智慧來籌措、觀察,準備所有必需品,以免途中有所缺乏。只有這樣,商人才能安全到達要去的大城,才能保證商隊免於憂患。

佛子,菩薩商主亦復如是,住於初地,善知諸地障對治,乃至善知一切菩薩地清淨轉入如來地。然後乃具福智資糧,將一切眾生經生死曠野險難之處,安隱得至薩婆若城,身及眾生不經患難。是故菩薩常應匪懈,勤修諸地殊勝淨業,乃至趣入如來智地。

【譯文】

佛子啊,菩薩之道與商人做生意也是一樣的。當他住在初地中時,便一手掌握了諸地的障礙以及應對之策,知曉了如何才能讓菩薩地清淨無雜,如何才能轉入如來地;然後準備好福德智慧這樣的資糧,引導一切眾生經過生死曠野和艱難險阻之處,從而安全地到達薩婆若城這個圓滿智慧境地,而他自身以及眾生也不遭患難。因此菩薩應該堅持不懈地修行諸地中的殊勝清淨善業,直至成就如來智地。

四 攝

四攝是菩薩度化眾生的四種方法,分別為布施、愛語、利行、同事。在《華嚴經》中,釋迦牟尼為菩薩闡述初地時,指出初地的菩薩應行四攝。

布 施
以財法施捨眾生。 ①財施,施捨財物。 ②法施,施捨佛法。 ③無畏施,使眾生無所畏懼。

愛 語
以慈和、愛悅之語說法。 ①慰喻語,眾生痛苦時給予安慰和勸勉。 ②慶悅語,眾生有所進步時給予讚歎和鼓勵。 ③勝益語,眾生行善時給予勉勵。

一切法

利 行
身體力行,作種種身口意善行,利益眾生,使眾生歡喜受教,安住大乘正道。

同 事
隨類化身,與眾生同學同修,使眾生樂於接受教化,依附菩薩,精進修行。

佛子，是名略說菩薩摩訶薩入菩薩初地門，廣說則有無量無邊百千阿僧祇差別事。佛子，菩薩摩訶薩住此初地，多作閻浮提王，豪貴自在，常護正法，能以大施攝取眾生，善除眾生慳貪之垢，常行大施無有窮盡，布施愛語，利行同事，如是一切諸所作業，皆不離念佛，不離念法，不離念僧，不離念同行菩薩，不離念菩薩行，不離念諸波羅蜜，不離念諸地，不離念力，不離念無畏，不離念不共佛法，乃至不離念具足一切種、一切智智。

【譯文】

佛子啊，我這只是簡略地講說菩薩摩訶薩進入菩薩初地的法門，若詳細地講述，則會無窮無盡，因千萬阿僧祇各有各的細微不同。佛子啊，凡住此地的菩薩摩訶薩，多是富豪自在閻浮提王，能經常護持正法，能作大施捨攝持眾生，善於除去眾生的吝嗇貪婪之心，他們常行大施而無窮盡，以布施、愛語、利行、同事這四者作種種善業，他們的心中從來不離諸佛，不離佛法，不離僧眾，不離同行的菩薩，不離菩薩之行，不離種種波羅蜜，不離諸菩薩地，不離

念力，不離四無畏，不離別不共佛法，不離去備足一切種、一切智。

復作是念：我當於一切眾生中為首、為勝、為殊勝、為妙、為微妙、為上、為無上、為導、為將、為帥，乃至為一切智智依止者。是菩薩若欲捨家，於佛法中勤行精進，便能捨家妻子五欲，依如來教出家學道。既出家已，勤行精進，於一念傾得百三昧。

【譯文】

菩薩又想到：我應當在一切眾生中作其首領，作其中的優秀者，作最優秀者，作其中的妙者，作微妙者，作上者，作無上者，作導師，作將軍，作元帥，最後成為一切智智依止者。因此，這菩薩若想捨棄家庭，在佛法中勤修精進，便能捨棄家庭與妻子兒女，便能捨離世間五欲，追隨如來的教法出家修道；出家之後，也能精進勤修，在一念之間便得到百三昧。

得見百佛，知百佛神力，能動百佛世界，能過百佛世界，能照百佛世界。能教化百世界眾生，能住

・名詞解釋・

一切智智：一切智中最殊勝者，指佛陀自證的盡知一切的智慧。在《仁王護國般若波羅蜜多經》中提到：「自性清淨名本覺性，即是諸佛一切智智」，這是以自性清淨為一切智智

壽百劫，能知前後際各百劫事，能入百法門，能示現百身，於一一身，能示百菩薩以為眷屬。若以菩薩殊勝願力自在示現，過於是數，百劫、千劫、百千劫，乃至百千億那由他劫不能數知。

【譯文】

得見到百佛，知道百佛的神力，能感動百佛的世界，能經過百佛世界，能照見百佛的世界，能教化百世界中的眾生，能長壽達百劫，能知前後百劫之事，能進入百法門，能現示百種身，能在每一身前示現出百菩薩為其陪伴。若以菩薩殊勝大願力隨意示現，更是可以遠超此限，那就是百劫、千劫、百千劫，甚至於百千億劫，無法窮盡，不可計數。

經中之王——《法華經》

《法華經》是釋迦牟尼佛晚年所說的教法，是開權顯實的圓融教法。由於此經宣講了不分貧富貴賤，人人皆可成佛的思想，被認為是至高無上的佛法。此外，為了弘揚佛陀的真實精神，《法華經》採用了偈頌、譬喻等多種方法，在佛教思想史和文學史上都具有很高的價值，是自古以來流佈最廣的經典之一。

釋《法華經》

《法華經》的經題與翻譯

《法華經》全稱為《妙法蓮華經》，「妙法」是指本經所說之法精深微妙，「蓮華」是用蓮花來形容經典的純潔無瑕。雖然《妙法蓮華經》的經題只有五個字，但是其內涵十分深刻，據說唐代智者大師光解釋這五個字的經題就曾用了三個月之久。

關於《法華經》的編集時間，學術界主要認為此經是在紀元前後、不遲於西元1世紀在西北印度結集，是和《華嚴經》一樣逐漸結集、增編而成。

龍樹菩薩在西元1世紀著作的《中論》、《大智度論》已引用此經的文義，《楞嚴經》、《大般涅槃經》也都有此經的引述部分，可見《法華經》的成書時間要早於以上諸經。

關於《法華經》的彙集，大多數學者認為先有序品、方便品、譬喻品，然後是見寶塔品、勸持品，之後是從地湧出品、如來壽量品、如來神力品，再後是分別功德品、常不輕菩薩品。在上述諸品中，見寶塔品反映了菩薩行者以佛塔為中心之信仰，如來壽量品則將佛陀視為壽命無量的聖者，這與大乘佛教出現的背景相吻合，是佛教發展的產物。在《法華經》諸品中，提婆達多品最後出現，經中指出像提婆達多這樣犯了五無間罪的罪人，因傳授此經的功德，也能成就佛果，反映了此經的廣大功德。

《法華經》最早由晉代竺法護翻譯為《正法華經》，共10卷27品；後秦鳩摩羅什翻譯為《法華經》，共7卷28品。隋代闍那崛多和達摩笈多重新按梵文勘定為《添品妙法蓮華經》，共7卷27品。此外，根據《開元錄》記載，還有6卷的《法華三昧經》、6卷的《薩芸芬陀利經》、5卷《方等法華經》的譯本，可能只是誤傳。

在諸多譯本中，以鳩摩羅什翻譯的《法華經》流傳最廣。在此譯本的基礎上，後人將南齊法獻的《提婆達多品》、闍那崛多翻譯的《普門品偈》和玄奘翻譯的《藥王菩薩咒》一併編入，共計7卷28品，這也是現行的流通本。

《法華經》傳入中國後，許多高僧為之注疏，現存的注疏主要有南朝宋竺

道生的《法華經疏》、梁法雲的《法華經義記》、智者的《法華玄義》、吉藏的《法華經玄論》、窺基的《法華經玄贊》、明智旭的《法華經會義》、清通理的《法華經指掌疏》等。

《法華經》的主要內容

　　《法華經》是大乘佛教的重要經典之一，內容涉及大乘佛教的諸多教義，被奉為「大乘之王」。

翻譯者	▶	天竺三藏鳩摩羅什
翻譯時間	▶	姚秦弘始八年（西元406年）
卷數	▶	7卷28品
主要內容	▶	此經以大乘佛教的般若理論為基礎，彙集了大乘思想的諸多教義，是大乘佛教初期經典之一。經中提出聲聞、緣覺、大乘「三乘合一」的教義，調和了大小乘佛教的教義。因為此經義理深遠，語言文雅，所以也被譽為「經中之王」，在中國佛教史、中國文學史上都佔有重要的地位。

眾生皆能成佛
《法華經》的主要內容

　　《法華經》是釋迦牟尼佛晚年在王舍城靈鷲山所說的教法，是大乘佛教早期的經典之一。此經闡述了「開權顯實」、「會三歸一」的思想，即融會聲聞、緣覺、菩薩為一乘的理論，並提出一切眾生皆能成佛的理念，又為眾生指明了成佛的道路，對於大乘和小乘的融合有著重要的作用。另外，《法華經》提出了釋迦牟尼佛法身與報身的二重意義，同時闡明了釋迦牟尼佛是無量應化身之一的思想，對於確立新的佛陀觀和菩薩乘信仰有重要的意義，也促進了大乘佛教教義的成熟和完善。

　　由於《法華經》的成書是在大乘佛法興起的時代，當時盛行以聲聞、緣覺為二乘或小乘，以菩薩為大乘的說法。在這種背景下，《法華經》提出了融會三乘為一，以聲聞、緣覺二乘為方便，以成佛為最終目標的思想，這在當時是一種嶄新的學說，在佛教思想史上佔有至關重要的地位。

　　在佛教諸多經典中，《法華經》的主要思想為空無相的空性說，是與《般若經》相通；此經提出的歸宿目標，是與《涅槃經》相通，不僅歸於淨土，還廣弘濟世之觀，可以說是集大乘思想之大成。因此此經號稱是「諸佛如來秘密之藏，於諸經中最在其上」，所以也被稱為「大乘之王」。

　　在大乘經典中，《法華經》屬於開權顯實的圓融教法，經中宣說了人人皆可成佛的理念，提出無論是什麼人，只要講說、誦讀、書寫、奉持此經，就會獲得無量功德，所以《法華經》的內容被認為是至高無上，被稱為「經中之王」。

　　自從《法華經》傳入中土，就受到了中國僧俗的喜愛。在《高僧傳》記載的眾多大德中，以講、誦此經的人數為最多，光是南北朝注釋此經學者就達70餘家，敦煌寫經中也是以此經比重最大。到了隋代，智顗大師更依據此經創立了天台宗。

關於《法華經》，自古就有諸家學者為之科判分釋，其中，天台宗智顗大師將本經分為二門三分，是比較流行的科判。

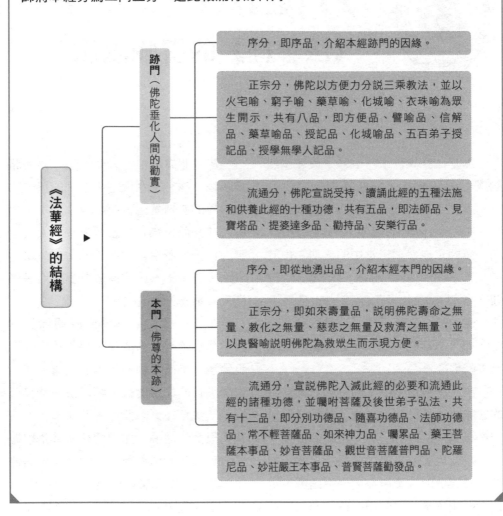

《法華經》的結構

跡門（佛陀垂化人間的勸實）

序分，即序品，介紹本經跡門的因緣。

正宗分，佛陀以方便力分說三乘教法，並以火宅喻、窮子喻、藥草喻、化城喻、衣珠喻為眾生開示，共有八品，即方便品、譬喻品、信解品、藥草喻品、授記品、化城喻品、五百弟子授記品、授學無學人記品。

流通分，佛陀宣說受持、讀誦此經的五種法施和供養此經的十種功德，共有五品，即法師品、見寶塔品、提婆達多品、勸持品、安樂行品。

本門（佛尊的本跡）

序分，即從地湧出品，介紹本經本門的因緣。

正宗分，即如來壽量品，說明佛陀壽命之無量、教化之無量、慈悲之無量及救濟之無量，並以良醫喻說明佛陀為救眾生而示現方便。

流通分，宣說佛陀入滅此經的必要和流通此經的諸種功德，並囑咐菩薩及後世弟子弘法，共有十二品，即分別功德品、隨喜功德品、法師功德品、常不輕菩薩品、如來神力品、囑累品、藥王菩薩本事品、妙音菩薩品、觀世音菩薩普門品、陀羅尼品、妙莊嚴王本事品、普賢菩薩勸發品。

・名詞解釋・

智顗（西元538～597年）：俗姓陳，法名智顗，是陳隋時代的高僧，他自幼崇信佛法，於18歲出家，20歲受具足戒。陳天嘉元年（西元560年），智顗入光州大蘇山參謁慧思禪師，開始修行「法華三昧」。7年後，他到南朝陳都金陵弘法，在瓦官寺宣講《法華經》，度人無數。太建七年（西元575年），智顗隱居天台山，10年後才再次出山。此後，智顗多次進入皇宮大殿，為陳後主說法，並為隋煬帝傳授菩薩戒，被尊稱為「智者大師」，最具中國佛教思想特色的天台宗就是由他創立的。

方便法門

《法華經》的譬喻說法

佛陀在宣說佛法時，為了使聽眾能夠輕鬆理解教義，往往採取一些打比方、講故事的方法，如利用故事的人物、時空、情節的起承轉合，引出高潮，讓聽眾自然領悟當中的義理。由於這些故事大多通俗易懂，所以很受歡迎，並逐漸成為了佛陀說法的常用手法，譬喻故事也經常出現在佛教經典之中，如《法華經》就是一部以譬喻說法為主的佛經。

在《法華經》中，佛陀以七個精彩的譬喻故事，貼切地宣說了微妙法門。如在《譬喻品》中有一個故事：有一天，一位長者家中失火，長者逃離出來後，發現他的孩子還在火宅中嬉戲，當長者呼叫孩子們離開時，孩子們卻只顧著玩耍，完全沒有反應。長者為了吸引孩子，只有暫時告訴他們外面有好玩的羊車、鹿車和牛車，等到這些孩子離開火宅，長者便將更好的大白牛車送給他們。

在這個故事中，火宅比喻三界的諸多煩惱、痛苦，在火宅中遊戲的孩子比喻三界的有情眾生，而羊車、鹿車和牛車比喻聲聞、緣覺、菩薩三乘，大白牛車則代表一乘之法門。通過這個故事，佛陀教導弟子不應流連於三界，而是應進入大乘修行的道路。

作為一部文學氛圍濃厚的佛教經典，《法華經》廣泛運用譬喻故事來宣說佛法，不僅使佛經的內容極富哲理，也使佛經的文字變得生動活潑、優美流暢，《法華經》因此在佛教文學史上佔有了很高的地位，如中國禪宗就是根據《法華經》的譬喻故事，創造了妙語連珠的禪宗公案和意境深遠的禪宗詩歌。

除了在佛教文學方面的影響外，《法華經》的譬喻故事還對唐詩的藝術韻味和表現形式產生了積極的影響，如唐代詩人在詩歌中大量運用這些譬喻故事，創造了一批蘊意獨特的詩歌，促進了唐詩的興盛繁榮。

法華七喻是《法華經》所說的七種譬喻，分別為火宅喻、窮子喻、藥草喻、化城喻、衣珠喻、髻珠喻、良醫喻。

法華七喻

火宅喻，出自《譬喻品》第三，用大宅被火所燒，比喻眾生在三界中煎熬而不得安穩，說明佛教運用種種方便法門，使眾生脫離苦海。

窮子喻，出自《信解品》第四，用貧窮之子缺乏衣食之資，不知自身已擁有父親的資產的故事，說明眾生不知道自身的寶藏而迷失本性，佛陀運用方便法門來引導眾生，使他們發現自身的佛性。

藥草喻，出自《藥草喻品》第五，用藥草雖有大中小的不同，但如果有雲雨的滋潤，就能茁壯成長的故事，說明佛陀的智慧圓通無礙，就像雲雨一樣滋潤地上不同種性的藥草，治療眾生的疾病。

化城喻，出自《化城喻品》第七，用尋寶者疲勞懈怠之時，蒙引導人告知有休息之處的故事，說明小乘佛果只是修行的中轉站，大乘佛果才是目的地。

衣珠喻，出自《五百弟子授記品》第八，用寶珠繫於衣中而不自知，自受貧苦的故事，說明不應滿足於阿羅漢的小乘果位，而應追求大乘佛法的無上智慧。

髻珠喻，出自《安樂行品》第十四，用轉輪聖王在戰爭勝利後，賜予群臣金銀，唯有自己頭上的明珠不作賞賜的故事，說明《法華經》像明珠一樣珍貴，是經中第一，應該恭敬奉持。

良醫喻，出自《如來壽量品》第十六，用良醫為了醫治自己的孩子，而詐稱死亡的故事，說明佛陀的涅槃並不是去世，佛陀仍在人間，教化眾生。

第七章 經中之王——《法華經》

4 三乘教法
佛用火宅開示眾生

 ## 舍利弗讚歎佛陀

爾時，舍利弗踴躍歡喜，即起合掌，瞻仰尊顏，而白佛言：

「今從世尊聞此法音，心懷踴躍，得未曾有。所以者何？我昔從佛聞如是法，見諸菩薩授記作佛，而我等不豫①斯事，甚自感傷，失於如來無量知見。」

【注釋】

①豫：同「預」，意為參預。

【譯文】

聽到這裏，舍利弗等人激動興奮不已。於是舍利弗起身行禮，帶著敬仰之情仰視佛陀，說道：

「今日聽到佛祖的說法，我心中歡喜不已，這是從來沒有過的事情。為什麼會有這種感覺呢？以前我也從佛那裏聽到過這樣的妙法，見到過諸位菩薩接受佛的授記，只是我們還沒有授記成佛，心中暗自神傷，為無法聆聽到佛陀精妙的說法而遺憾。」

「世尊！我常獨處山林樹下，若坐若行。每作是念：『我等同入法性，云何如來以小乘法而見濟度？』是我等咎，非世尊也！」

【譯文】

「世尊啊！我常常獨自在山林修行，無論是修禪打坐還是在林中徘徊逗留，經常會產生這樣的想法：『我們同入涅槃，佛陀為什麼只用小乘超度我們呢？』現在我才知道是自己錯了，不能怪罪於世尊您啊！」

「所以者何？若我等待說所因成就阿耨多羅三藐三菩提者，必以大乘而得度脫。然我等不解方便隨宜所說，初聞佛法，遇便信受，思惟取證。世尊！我從昔來，終日竟夜，每自克責；而今從佛，聞所未聞未曾有法，斷諸疑悔。身意泰然，快得安隱。今日乃知真是佛子——從佛口生，從法化生，得佛法分！」

【譯文】

「為什麼會這麼說？因為根據佛陀的說法，要想成就無上正等正覺的因緣，就一定要修行大乘佛法，否則不能得到解脫和超度。我現在才知道當我們初學佛法時，為了適應我們的根性，佛陀採取了各種法門來隨機教導我們。而我遙想自己最初接觸佛法時，對所聽所見到的深信不疑，自以為這是得到解救的唯一方法。世尊啊！從那以後，我就按照自己所理解的方法，終日修行，不斷進行自我反省。直到現在聽了您的說法，才知道世間還有這樣的妙法，心中再也沒有疑慮了，身心得到了完全的淨化，真是快意至極！今天才覺得自己成了真正的佛子——出生於佛之口中，化生於佛法，得到了佛法！」

爾時，舍利弗欲重宣此義，而說偈言：

「我聞是法音，得所未曾有，
心懷大歡喜，疑網皆已除。
昔來蒙佛教，不失於大乘，
佛音甚稀有，能除眾生惱，
我已得漏盡，聞亦除憂惱。
我處於山谷，或在林樹下，
若坐若經行，常思惟是事，
嗚呼深自責，云何而自欺？
我等亦佛子，同入無漏法，
不能於未來，演說無上道。
金色三十二，十力諸解脫，
同共一法中，而不得是事。
八十種妙好，十八不共法，
如是等功德，而我皆已失。
我獨經行時，見佛在大眾，
名聞滿十方，廣饒益眾生。
自惟失此利，我為自欺誑。
我常於日夜，每思惟是事，
欲以問世尊，為失為不失。
我常見世尊，稱讚諸菩薩，
以是於日夜，籌量如是事。
今聞佛音聲，隨宜而說法，
無漏難思議，令眾至道場。
我本著邪見，為諸梵志師，
世尊知我心，拔邪說涅槃。
我悉除邪見，於空法得證，
爾時心自謂，得至於滅度。
而今乃自覺，非是實滅度，
若得作佛時，具三十二相，
天人夜叉眾，龍神等恭敬，
是時乃可謂，永盡滅無餘。
佛於大眾中，說我當作佛，
聞如是法音，疑悔悉已除。
初聞佛所說，心中大驚疑，
將非魔作佛，惱亂我心耶？
佛以種種緣，譬喻巧言說，
其心安如海，我聞疑網斷。
佛說過去世，無量滅度佛，

· 名詞解釋 ·

十八不共法：不共意為獨特，不共法是指佛或菩薩的獨特能力或特性，是與共法相對而言。在《大毗婆沙論》中有十八不共法，分別是十力、四無所畏、大悲、三念住。

安住方便中，亦皆說是法。
現在未來佛，其數無有量，
亦以諸方便，演說如是法。
如今者世尊，從生及出家，
得道轉法輪，亦以方便說。
世尊說實道，波旬無此事，
以是我定知，非是魔作佛。
我墮疑網故，謂是魔所為。
聞佛柔軟音，深遠甚微妙，
演暢清淨法，我心大歡喜。
疑悔永已盡，安住實智中。
我定當作佛，為天人所敬。
轉無上法輪，教化諸菩薩。」

這是婆迦羅龍王圖。根據佛教經典，釋迦牟尼佛在說法時，常有龍神在一旁聽法，這些龍王信奉佛教，守護佛法，其中以五大龍王和八大龍王最為著名。婆迦羅龍王是八大龍王之一，是降雨之龍神。在《法華經》中提到天、人、夜叉、龍神恭敬奉佛，其中的龍神就是八大龍王。

 # 《法華經》的功德

爾時，佛告舍利弗：

「吾今於天、人、沙門、婆羅門等大眾中說，我昔曾於二萬億佛所，為無上道故，常教化汝。汝亦長夜隨我受學。我以方便引導汝故，生我法中。」

【譯文】

說到這裏，佛陀就對舍利弗說：

「我現在為天神、世人、出家僧尼、婆羅門等大眾說法，我過去曾經在二萬億佛前求取了無上道，憑藉於此教你說法。你也曾晝夜跟我學法，我便以種種簡單的方法教化你，使你成為我佛中人。」

「舍利弗！我昔教汝志願佛道，汝今悉忘，而便自謂已得滅度。我今還欲令汝憶念本願所行道故，為諸聲聞說是大乘經，名《妙法蓮華》，教菩薩法，佛所護念。舍利弗！汝於未來世，過無量無邊不可思議劫，供養若干千萬億佛，奉持正法，具足菩薩所行之道，當得作佛。」

【譯文】

「舍利弗！我曾經教導過你要立下成就佛道的志願，你今天已經全部忘記了，但卻還自稱已經到了滅度這一層。現在我希望你回想起你本來的志願及應修的佛法，所以我要為你們這些聲聞弟

子講說大乘法，它的名字就是《妙法蓮華》，通過此經，我會把菩薩乘的方法傳授給你，這也是我對你的愛護和掛念。舍利弗！你在將來會度過無量無邊不可思議的劫，然後供養千萬億數的佛，只要你遵奉《妙法蓮華》的正法，得到菩薩的修行之道，你便能成佛。」

🪷 佛陀為舍利弗授記

「號曰華光如來、應供、正遍知、明行足、善逝、世間解、無上士、調御丈夫、天人師、佛、世尊。國名離垢，其土平正，清靜嚴飾，安隱豐樂，天人熾盛。琉璃為地，有八交道，黃金為繩，以界其側。其傍各有七寶行樹，常有華果。華光如來亦以三乘教化眾生。」

【譯文】

「你的名號是華光如來、應供、正遍知、明行足、善逝、世間解、無上士、調御丈夫、天人師、佛、世尊等。另外，你的國名為離垢，在你的國土中土地平整，環境清淨莊嚴，平穩而富樂，是謂人間天堂。那裏會以琉璃為地，條條道路縱橫交錯；以黃金為繩，組成了路邊的標界。在路旁則種上用七寶裝飾的樹，四季花果不斷。那裏的華光如來也經常用三乘教來普度眾生。」

「舍利弗！彼佛出時雖非惡世，以本願故，說三乘法。其劫名大寶莊嚴，何故名曰大寶莊嚴？其國中以菩薩為大寶故。彼諸菩薩無量無邊不可思議，算數譬喻所不能及，非佛智力無能知者。」

【譯文】

「舍利弗！你成佛的時候雖然不是惡世，但是因為你的本願，所以還是要為眾生講三乘教義。這一劫就叫做大寶莊嚴。什麼是大寶莊嚴？因為那時會將菩薩視為大寶，菩薩的數量又是無量無邊、不可思議，不但難以計算，還無法譬喻，除非有佛陀的智慧和能力，否則無法知道他們的具體數量。」

「若欲行時，寶華承足。此諸菩薩非初發意，皆久殖德本，於無量百千萬億佛所淨修梵行。恆為諸佛之所稱歎。常修佛慧，具大神通，善知一切諸法之門，質直無偽，志念堅固。如是菩薩充滿其國。」

・名詞解釋・

離垢：遠離煩惱，不再為塵世的污垢所染。《維摩詰經》說道：「遠塵離垢，得法眼淨」，是指佛陀對佛弟子說法，使佛弟子證得遠塵離垢之法眼。在《法華經》中，佛陀授記舍利弗未來會成佛，其國名為離垢。

【譯文】

「當他們想要有所行動時，足下會有蓮花承載。這裏的菩薩並不是才開始修行佛道的，而是已經擁有悠久的善根。他們曾經在不可計數的劫時中、在成百上千萬億佛前潛心修習佛法，贏得了眾佛的稱讚。他們經常修行佛的智慧，因此神通廣大，知道宇宙萬物之道。他們各個質樸正直，意志堅定，從不虛偽做作。諸如此類的菩薩，大寶莊嚴處到處都是。」

❀ 華光佛的授記

「舍利弗！華光佛壽十二小劫，除為王子未作佛時。其國人民壽八小劫。華光如來過十二小劫，授堅滿菩薩阿耨多羅三藐三菩提記。告諸比丘，是堅滿菩薩次當作佛，號曰華足安行多陀阿伽度、阿羅訶、三藐三佛陀。其佛國土亦復如是。

「舍利弗！是華光佛滅度之後，正法住世三十二小劫，像法住世亦三十二小劫。」

【譯文】

「舍利弗！華光佛除了他當王子未成佛的時期，壽命是為十二小劫時，此時他國土上的人民的壽命為八小劫。等到過了十二小劫後，華光佛將直接為堅滿菩薩授記成佛，並且告知眾比丘，堅

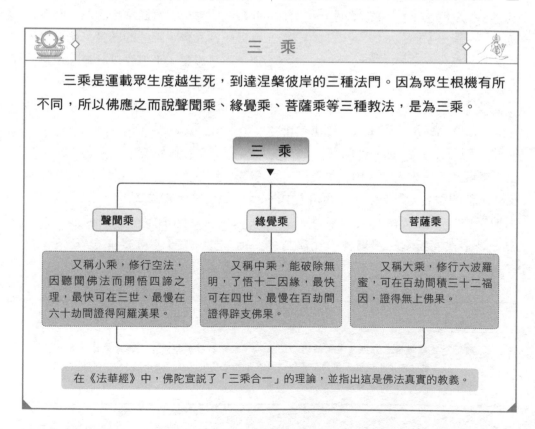

三 乘

三乘是運載眾生度越生死，到達涅槃彼岸的三種法門。因為眾生根機有所不同，所以佛應之而說聲聞乘、緣覺乘、菩薩乘等三種教法，是為三乘。

```
              三 乘
                ▼
   ┌────────────┼────────────┐
```

聲聞乘	緣覺乘	菩薩乘
又稱小乘，修行空法，因聽聞佛法而開悟四諦之理，最快可在三世、最慢在六十劫間證得阿羅漢果。	又稱中乘，能破除無明，了悟十二因緣，最快可在四世、最慢在百劫間證得辟支佛果。	又稱大乘，修行六波羅蜜，可在百劫間積三十二福因，證得無上佛果。

在《法華經》中，佛陀宣說了「三乘合一」的理論，並指出這是佛法真實的教義。

滿菩薩將為新的佛，名號為華足安行多陀阿伽度、阿羅訶、三藐三佛陀。華足安行佛的國土，同華光佛的國土是一樣的景觀。

「舍利弗！華光佛滅度之後，就是正法時代了，這個時期有三十二小劫時，然後是三十二小劫時長的像法時代。」

爾時，世尊欲重宣此義，而說偈言：

「舍利弗來世，成佛普智尊，
號名曰華光，當度無量眾。
供養無數佛，具足菩薩行，
十力等功德，證於無上道。
過無量劫已，劫名大寶嚴，
世界名離垢，清淨無瑕穢。
以琉璃為地，金繩界其道，
七寶雜色樹，常有華果實。
彼國諸菩薩，志念常堅固
神通波羅蜜，皆已悉具足。
於無數佛所，善學菩薩道，
如是等大士，華光佛所化。

佛為王子時，棄國捨世榮，
於最末後身，出家成佛道。
華光佛住世，壽十二小劫，
其國人民眾，壽命八小劫。
佛滅度之後，正法住於世，
三十二小劫，廣度諸眾生。
正法滅盡已，像法三十二。
舍利廣流布，天人普供養。
華光佛所為，其事皆如是。
其兩足聖尊，最勝無倫匹。
彼即是汝身，宜應自欣慶。」

爾時，四部眾——比丘、比丘尼、優婆塞、優婆夷，天龍、夜叉、乾闥婆、阿修羅、迦樓羅、緊那羅、摩睺羅伽等大眾，見舍利弗於佛前受阿耨多羅三藐三菩提記，心大歡喜，踊躍無量，各各脫身所著上衣，以供養佛。釋提桓因、梵天王等，與無數天子，亦以天妙衣、天曼陀羅華、摩訶曼陀羅華等，供養於佛。

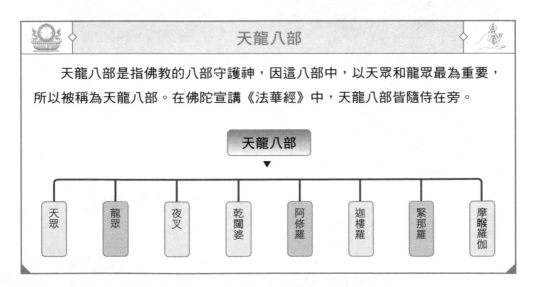

天龍八部

天龍八部是指佛教的八部守護神，因這八部中，以天眾和龍眾最為重要，所以被稱為天龍八部。在佛陀宣講《法華經》中，天龍八部皆隨侍在旁。

天龍八部
▼
天眾｜龍眾｜夜叉｜乾闥婆｜阿修羅｜迦樓羅｜緊那羅｜摩睺羅伽

【譯文】

這時候，比丘、比丘尼、優婆塞、優婆夷等四部眾，天龍、夜叉、乾闥婆、阿修羅、迦樓羅、緊那羅、摩睺羅伽等大眾，看見舍利弗在佛前接受無上正等正覺的成佛標記，都非常欣喜而踴躍，他們脫下自己身上的衣服來供奉他。釋提垣因、梵天王等及其他無數天子也拿出天神的美衣及天上的小曼陀羅花、大曼陀羅花來供奉他。

這是迦樓羅圖。迦樓羅又名金翅鳥，是印度神話中一種威猛的大鳥，也是天龍八部眾之一。根據佛教經典，迦樓羅的翅膀由眾寶組成，張開時能達千百萬里，它以龍為食，非常兇狠。在《法華經》中，迦樓羅也參加了這次法會。

所散天衣，住虛空中，而自回轉。諸天伎樂，百千萬種，於虛空中，一時俱作，雨眾天華。而作是言：「佛昔於波羅奈，初轉法輪，今乃復轉無上最大法輪。」

【譯文】

此時，天衣飄舞在空中，兀自旋轉。百千萬種天樂同奏，空中蕩漾著種種美妙的聲響，這時天花如雨點般紛紛墜落。大家一起說道：「佛祖您曾在波羅奈國宣講四諦法教義，現在您則為我們宣講了無上大法。」

爾時，諸天子欲重宣此義，而說偈言：

「昔於波羅奈，轉四諦法輪。
分別說諸法，五眾之生滅。
今復轉最妙，無上大法輪，
是法甚深奧，少有能信者。
我等從昔來，數聞世尊說，
未曾聞如是，深妙之上法。
世尊說是法，我等皆隨喜。
大智舍利弗，今得受尊記，
我等亦如是，必當得作佛。
於一切世間，最尊無有上。
佛道叵思議，方便隨宜說。
我所有福業，今世若過世，
及見佛功德，盡回向佛道。」

 舍利弗求法

爾時，舍利弗白佛言：
「世尊，我今無復疑悔，親於

佛前得受阿耨多羅三藐三菩提記。是諸千二百心自在者，昔住學地，佛常教化，言我法能離生老病死，究竟涅槃。」

【譯文】

此時，舍利弗對佛祖說道：

「世尊啊！我現在再也沒有疑慮了，我已經在您的面前接受了無上正等正覺的成佛標記。

「我們這一千二百個證得自在境界的弟子，佛陀教化說，佛法能超脫我們於生老病死，最終達到涅槃的境界。」

「是學無學人，亦各自以離我見及有無見等，謂得涅槃。而今於世尊前，聞所未聞，皆墮疑惑。善哉！世尊，願為四眾說其因緣，令離疑悔。」

【譯文】

「因此不管是處於有學階段還是無學階段，我們都認為自己已經脫離了我見、有見與無見，獲得了涅槃。今天聆聽了佛祖的妙法，反而卻重新陷入迷惑。大慈大悲的世尊啊！請您為我們講述這其中的因緣吧，使我們脫離迷惑。」

🪷 火宅的故事

爾時，佛告舍利弗：

「我先不言，諸佛世尊以種種因緣、譬喻言辭、方便說法，皆

為阿耨多羅三藐三菩提耶。是諸所說，皆為化菩薩故。然舍利弗，今當復以譬喻，更明此義。諸有智者，以譬喻得解。

【譯文】

講到這裏，佛祖對舍利弗說：

「我之前不告訴你嗎？諸佛的種種因緣、種種譬喻、種種妙語及種種法門，最終都是為了無上正等正覺的目標。我的隨機說法，都是為了教化引導菩薩啊。現在，舍利弗，我會仍然以比喻的方法為你解釋其中的因緣，這樣聽到說法的一切智者都會豁然開悟的。」

「舍利弗！若國邑聚落，有大長者，其年衰邁，財富無量，多有田宅及諸僮僕。其家廣大，唯有一

這是摩羅伽圖。摩羅迦又名摩呼羅伽，它是人身蛇首的蟒神，常與其他部眾參加法會。《法華經》中摩羅迦也參加了法會。

門，多諸人眾，一百、二百乃至五百人，止住其中。堂閣朽故，牆壁頹落，柱根腐敗，梁棟傾危，周匝俱時。」

【譯文】

「舍利弗！假如在一個國家的城鎮村落中生活著一位大富之人，他已經年邁體衰，但卻有多到難以計量的財富、田宅僕從。此外，他還有面積廣大的住宅，有一百、二百乃至五百人住在其中，但是他的住宅只有一扇門，而且因為年久失修，牆壁破損，房梁腐敗，眼看屋子的梁棟就要倒塌，非常危險。」

「欻然火起，焚燒舍宅。長者諸子，若十、二十，或至三十，在此宅中。長者見是大火從四面起，即大驚怖，而作是念：『我雖能於此所燒之門，安隱得出，而諸子等，於火宅內，樂著嬉戲，不覺不知，不驚不怖，火來逼身，苦痛切已，心不厭患，無求出意。』」

【譯文】

「有一天，房子裏忽然起了大火，房屋瞬間燃燒起來。而這長者的十個，也可能是二十個或者三十個的孩子們卻還在房間中玩耍。這時長者看著四處蔓延的大火，心中十分驚恐。他想到：『即使我能平安地離開屋子，但我的孩子還在這火宅之內高興地玩耍，他們並不知道大火的恐怖，沒有絲毫的驚慌和恐懼，他們無憂無慮，沒有逃出來的意思。』」

「舍利弗！是長者作是思惟：『我身手有力，當以衣裓，若以几案，從舍出之。』復更思惟：『是舍唯有一門，而復狹小。諸子幼稚，未有所識，戀著戲處，或當墮落，為火所燒。我當為說怖畏之事，此舍已燒，宜時疾出，無令為火之所燒害。』」

【譯文】

「舍利弗呀！長者是這樣想的：『我還有力氣，可以用衣裓、桌案等把我的孩子從火宅中救出。』但又一想：『我的房子只有這一個狹小的門，孩子們年齡都還小不懂事，只想著玩，不願意離開。如果房梁墮落，孩子們肯定會被大火燒傷。我應該立刻把大火的恐怖和房子燃燒的事情告訴他們，讓他們馬上逃離，千萬不要被大火燒到了。』」

「作是念已，如所思惟，具告

・名詞解釋・

衣裓：古代印度人掛在肩膀上的盛花用具，其形狀是直徑25釐米的一個淺皿狀，種類很多，包括竹編、金屬網，或者是在金屬薄板上有花紋透雕的，甚至還有木制、紙胎塗漆製成的。在佛教法會中，衣裓可用來盛放散花，以供養佛、菩薩。

諸子：『汝等速出。』父雖憐愍，善言誘喻，而諸子等樂著嬉戲，不肯信受，不驚不畏，了無出心。亦復不知何者是火，何者為舍，云何為失，但東西走戲，視父而已。」

【譯文】

「想到這裏，長者便將房子要燒壞的消息告訴孩子們，並囑託他們說：『你們馬上快快逃離。』然而，孩子們並不在意父親的好意及勸說，依舊嬉戲玩樂，不肯相信，更沒有逃出去的意思。他們根本不知道什麼是火，什麼叫房屋著火了以及為什麼會失火，只是四處嬉戲，若無其事地看著自己的父親而已。」

「爾時長者即作是念：『此舍已為大火所燒，我及諸子若不時出，必為所焚，我今當設方便，令諸子等得免斯害。』

「父知諸子，先心各有所好，種種珍玩奇異之物，情必樂著。而告之言：『汝等所可玩好，稀有難得，汝若不取，後必憂悔。如此種種羊車、鹿車、牛車，今在門外，可以遊戲。汝等於此火宅，宜速出來，隨汝所欲，皆當予汝。』」

【譯文】

「當時，長者心想：『房子已經燒著了，我和我的孩子若不能及時逃出去，必然會被大火吞沒，我應當想一個巧妙的計策令我的孩子得免於難。』

「他知道孩子們各有喜歡的東西，瞭解那些珍玩及奇異之物也必然會得到他們的喜愛。於是他對孩子們說：『房子外面有你們喜歡的東西，都非常罕見難得的，你們若不快些拿到手中，將來一定會遺憾。外面有各種各樣的羊車、鹿車、牛車供你們玩樂，你們應該快點走出這火宅，到外面隨心所欲地取這些東西，想要什麼我就給你們什麼。』」

「爾時，諸子聞父所說珍玩之物，適其願故，心各勇銳，互相推排，競共馳走，爭出火宅。」

「是時長者見諸子等安隱得出，皆於四衢道中，露地而坐，無復障礙，其心泰然，歡喜踊躍。時諸子等各白父言：『父先所許玩好之具——羊車、鹿車、牛車，願時賜與。』」

【譯文】

「當孩子聽說有自己喜歡的好玩東西時，都非常高興，於是推推攘攘，爭先恐後地跑出火宅。

「長者見孩子們全部平安地逃出火宅，在十字路口上席地而坐。看著孩子們沒有什麼危險了，終於安下心來，內心非常欣慰。這時候，孩子們紛紛問父親：『先前您不是答應給我們羊車、鹿車、牛車等好玩的東西嗎？請您現在就給我們吧！』」

「舍利弗！爾時長者各賜諸子等一大車，其車高廣，眾寶莊校，周匝欄楯，四面懸鈴。又於其上張設幰蓋，亦以珍奇雜寶而嚴飾之，

寶繩交絡，垂諸華纓，重敷婉筵，安置丹枕。駕以白牛，膚色充潔，形體姝好，有大筋力，行步平正，其疾如風。又多僕從，而侍衛之。所以者何？是大長者，財富無量，種種諸藏，悉皆充溢。」

【譯文】

「舍利弗啊！這時候，長者便送給每個孩子一輛高大氣派的大車，車上裝飾著各種珍寶，四周有華麗的欄杆支撐，欄杆上面還覆蓋著幃蓋，幃蓋也用各種珍奇的寶貝裝飾著，連縱橫交錯的繩子也都是珍寶做成的，華麗的幡蓋垂下，車內更是鋪著重重疊疊的褥墊，放著紅色的枕頭。此車由白牛駕駛，此牛膚色純正潔白，體型健壯，步伐矯健，走起路來又快又平穩。隨車而行的還有很多侍從。為什麼會有如此勝景呢？因為長者非常富有，各種寶藏都多得快溢出來了。」

「而作是念：『我財物無極，不應以下劣小車，與諸子等。今此幼童，皆是吾子，愛無偏黨，我有如是七寶大車，其數無量，應當等心，各各與之，不宜差別。所以者何？以我此物，周給一國，猶尚不匱，何況諸子？』是時諸子各乘大車，得未曾有，非本所望。」

【譯文】

「長者是這樣想的：『我有多得不可勝數的財寶，不該給我的孩子們低劣的小車。這些孩子都是我的子女，我不應該有所偏袒。出於公正，這樣的七寶大車，我應該送給他們每人一輛，不能區別對待。為什麼呢？因為我的財富即便是提供一個國家的補給，尚且不會匱乏，何況給我的子女們呢？』所以，長者的每個孩子都得到了一輛前所未見、原本想都不敢想的豪華大車。」

🪷 佛陀的譬喻說法

「舍利弗，於汝意云何？是長者等予諸子珍寶大車，寧有虛妄否？」

舍利弗言：「不也，世尊。是長者但令諸子得免火難全其軀命，非為虛妄。何以故？若全身命，便為已得玩好之具，況復方便，於彼火宅而拔濟之。世尊！若是長者，乃至不予最小一車，猶不虛妄。何以故？是長者先作是意：『我以方

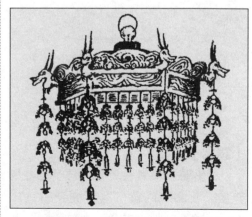

這是幡蓋圖。幡蓋是為遮日防雨所用的傘，在佛教中一般用幡蓋來作為法王的象徵，或是高懸佛座之後來莊嚴佛堂。《法華經》中用幡蓋來形容大車的華麗。

便，令子得出！』以是因緣，無虛妄也！何況長者自知財富無量，欲饒益諸子，等予大車。」

【譯文】

「舍利弗，你是怎麼想的呢？最初長者許諾給每個孩子以豪華大車，是否在說謊呢？」

舍利弗回答道：「不是的，世尊。長者只是為了使他的孩子倖免於難，為了保全他們的性命而已，並不是說謊。為什麼要這樣說呢。因為性命就是最好的東西，何況他還巧妙地使用了計策才把他們救出來的呢！世尊啊！我認為即使這位長者不賜予孩子任何小車，也算不上說謊。為什麼這麼說？因為長者曾經這樣想過：『我要用巧妙的計策使孩子逃離火宅。』因為這一念頭，自然就不算說謊了。何況他自己清楚自己有無以計數的財富，可以公正公平地分給每位孩子一輛華麗的大車。」

佛告舍利弗：「善哉！善哉！如汝所言。舍利弗，如來亦復如是，則為一切世間之父。於諸怖畏、衰惱、憂患、無明暗蔽，永盡無餘，而悉成就無量知見、力無所畏。有大神力及智慧力，具足方便、智慧波羅蜜，大慈大悲，常無懈倦，恆求善事，利益一切。」

【譯文】

佛陀告訴舍利弗說：「善哉！善哉！正如你所言。舍利弗，佛陀也是這樣的，只不過他是世間萬物之父。他有無量的知見、神力及智慧力及巧妙的計策，他會使眾生遠離恐懼、衰老、煩惱、憂慮及無明蒙蔽的苦海，到達幸福的彼岸。佛祖又是大慈大悲的，他毫不鬆懈地教化眾生，使這些眾生受益。」

「而生三界朽故火宅，為度眾生生、老、病、死、憂悲、苦惱、愚

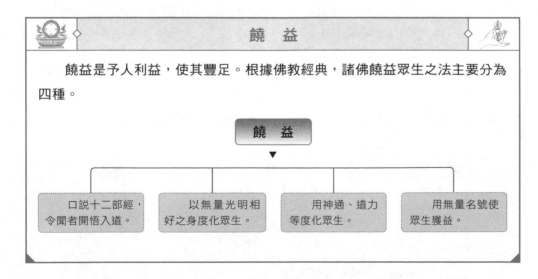

饒　益

饒益是予人利益，使其豐足。根據佛教經典，諸佛饒益眾生之法主要分為四種。

```
饒　益
  ▼
```

| 口說十二部經，令聞者開悟入道。 | 以無量光明相好之身度化眾生。 | 用神通、道力等度化眾生。 | 用無量名號使眾生獲益。 |

癡、暗蔽、三毒之火，教化、令得阿耨多羅三藐三菩提。見諸眾生為生老病死、憂悲、苦惱之所燒煮，亦以五欲財利故、受種種苦；又以貪著追求故，現受眾苦，後受地獄、畜生、餓鬼、之苦；若生天上、及在人間，貧窮困苦、愛別離苦、怨憎會苦，如是等種種諸苦。」

【譯文】

「三界就是那陳舊腐朽的火宅，佛為了普度眾生，使眾生遠離生、老、病、死、憂悲、苦惱、愚癡、暗蔽、三毒之苦並最終獲得無上正等正覺的佛果，這才降生於世。佛看到的是，眾生為生、老、病、死、憂悲、苦惱、愚癡、三毒之火所焚燒，因為五欲而受苦，因為貪欲而受苦，死後又受地獄、畜生、餓鬼之苦，即使眾生生活在天上或人間，也要飽受貧窮的困苦和愛別離苦、怨憎會苦等種種苦難。」

「眾生沒在其中，歡喜遊戲，不覺不知，不驚不怖，亦不生厭，不求解脫。於此三界火宅、東西馳走，雖遭大苦，不以為患。舍利弗，佛見此已，便作是念：『我為眾生之父，應拔其苦難，與無量無邊佛智慧樂，令其遊戲。』」

【譯文】

「眾生就在這種種苦難中嬉戲歡樂，毫不明白其中的痛苦，毫不驚慌也毫不害怕，他們從不感到厭煩，也從沒想過解脫，只是在這三界之火中東奔西走，即使遭受著巨大的痛苦，也絲毫不以為意。舍利弗，佛陀見此情景，心中便想到：『我是眾生的父親，應使他們遠離苦難，並賜予他們無量無邊的佛道智慧和歡樂，讓他們在歡樂中嬉戲。』」

三乘教法

「舍利弗！如來復作是念：『若我但以神力及智慧力，捨於方便，為諸眾生讚如來知見力無所畏者，眾生不能以是得度。所以者何？是諸眾生，未免生、老病、

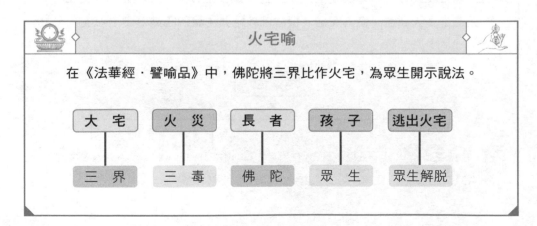

火宅喻

在《法華經·譬喻品》中，佛陀將三界比作火宅，為眾生開示說法。

大宅	火災	長者	孩子	逃出火宅
三界	三毒	佛陀	眾生	眾生解脫

死、憂悲、苦惱，而為三界火宅所燒，何由能解佛之智慧？』」

【譯文】

「舍利弗啊！佛陀又想到：『如果我只用神力、智慧力，而不用巧妙的計策，雖然我已經為眾生讚歎了佛陀的無量無邊的智慧和神力，仍不能使他們得到解脫。為什麼這麼說呢？因為眾生仍然不能遠離生老病死、憂悲、苦惱，依然被三界之火焚燒，怎麼能知道我佛的智慧呢？』」

「舍利弗！如彼長者，雖復身手有力，而不用之，但以殷勤方便，勉濟諸子火宅之難，然後各予珍寶大車。如來亦復如是，雖有力、無所畏，而不用之，但以智慧方便，於三界火宅，拔濟眾生，為說三乘——聲聞、辟支佛、佛乘。」

【譯文】

「舍利弗啊！這就好比那位長者，他雖然有力量將孩子拖離火海，但卻沒有使用，而是使用巧妙的計策使孩子們倖免於難，然後賜予他們每人豪華的大車。佛陀也是這樣的，雖然他有神力和無邊的智慧，但卻不使用，只是採取充滿智慧的巧妙計策，最終使眾生遠離三界之火，並為他們解說聲聞乘、緣覺乘、佛乘這三乘。」

「而作是言：『汝等莫得樂住三界火宅，勿貪粗弊，色、聲、香、味、觸也。若貪著生愛，則為所燒。汝速出三界，當得三乘——聲聞、辟支佛、佛乘，我今為汝保任此事，終不虛也。汝等但當勤修精進。』」

【譯文】

「然後，佛陀對眾生說：『你們不要高興地住在這三界之火中，不要貪戀這粗陋破朽的火宅，不要貪戀色、聲、香、味、觸等五欲。如果貪戀著這些，就會被三界之火焚燒。你們要快點離開這裏，去獲得聲聞、緣覺、佛乘等三乘，我保證你們會得到的，絕不會食言。只是你們要勤奮修行罷了。』」

「如來以是方便，誘進眾生，復作是言：『汝等當知此三乘法，皆是聖所稱歎，自在無繫，無所依求。乘是三乘，以無漏根、力、覺、道、禪定、解脫、三昧等，而自娛樂，便得無量安隱快樂。』」

・名詞解釋・

佛乘：又名一乘，唯一能使人成佛的教法。《法華經·方便品》說道：「十方佛土之中，唯有一乘法，無二亦無三，除佛方便說。」指出佛乘是三乘中唯一能成佛的教法。

【譯文】

「佛陀便採取巧妙的計策，誘導眾生遠離火海，又這樣說道：『你們應當知道這三乘都是被諸佛稱讚的，它們可以使你們從此自由自在，不再依靠其他外物。乘坐這三輛大車，用無漏根、五力、七覺支、八正道、禪定、解脫、三昧等方法修行，你們便可以自娛自樂，脫離苦海，獲得無量無邊的快樂。』」

「舍利弗！若有眾生，內有智性，從佛世尊聞法信受，殷勤精進，欲速出三界，自求涅槃，是名聲聞乘，如彼諸子，為求羊車出於火宅。若有眾生，從佛世尊聞法信受，殷勤精進，求自然慧，樂獨善寂，深知諸法因緣，是名辟之佛乘。如彼諸子，為求鹿車出於火宅。」

【譯文】

「舍利弗呀！如果有些眾生，不但本性聰慧，還對佛祖的教誨深信不疑，於是堅持不懈地修行，想要快速脫離三界之苦，最終獲得解脫，這種人就是聲聞乘了。他好比長者的那些孩子們，為了得到羊車而脫離火宅。如果有些眾生，對佛祖的教誨深信不疑，堅持不懈地修行，期望獲得內在本覺的智慧，喜歡獨處的寂靜，也知道世間的因緣，這種人就是辟支乘了。他就好比長者的那些孩子們，為了得到鹿車而脫離火宅。」

「若有眾生，從佛世尊聞法信受，勤修精進，求一切智、佛智、自然智、無師智、如來知見、力、無所畏，憫念安樂無量眾生，利益天人，度脫一切，是名大乘。菩薩求此乘故，名為摩訶薩。如彼諸子，為求牛車出於火宅。」

【譯文】

「如果有些眾生聆聽並相信佛陀的教誨，堅持不懈地修行，期望獲得一切智、佛智、自然智、無師智、佛祖知見、十力、四無畏及普度無量眾生，並使天上及世間的眾生受益，這種人就是大乘了。因為這是菩薩所追求的大乘境

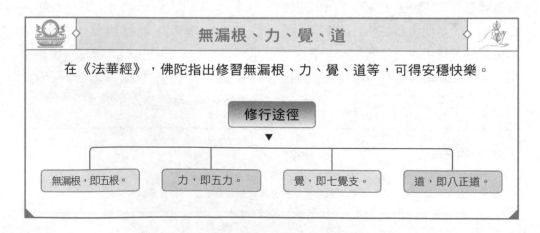

無漏根、力、覺、道

在《法華經》，佛陀指出修習無漏根、力、覺、道等，可得安穩快樂。

修行途徑
▼

| 無漏根，即五根。 | 力，即五力。 | 覺，即七覺支。 | 道，即八正道。 |

界，所以菩薩又稱為大乘菩薩。這種人就好比長者的那些孩子們，為了得到牛車而脫離火宅。」

佛陀的慈悲

「舍利弗！如彼長者見諸子等安隱得出火宅，到無畏處，自惟財富無量，等以大車而賜諸子。如來亦復如是，為一切眾生之父，若見無量億千眾生，以佛教門，出三界苦，怖畏險道，得涅槃樂。如來爾時便作是念：我有無量無邊智慧、力、無畏等。」

【譯文】

「舍利弗呀！像那位長者看到孩子們平安地脫離火宅，來到沒有危險的地方，想到自己無量無邊的財富，便每人賜予他們一輛華麗的牛車。佛陀也是這樣的，他作為眾生之父，看到億萬眾生脫離三界之苦，入我佛門，終於越過危險，獲得涅槃的快樂。佛陀於是想到：我有無量無邊的智慧、十力、四無畏等神力。」

「諸佛法藏，是諸眾生，皆是我子，等與大乘，不令有人獨得滅度，皆以如來滅度而滅度之。是諸眾生脫三界者，悉予諸佛禪定解脫等娛樂之具，皆是一相、一種，聖所稱歎，能生淨妙第一之樂。」

【譯文】

「佛陀有無量無邊的法藏，芸芸眾生都是我的子女，我當公平地賜予他們

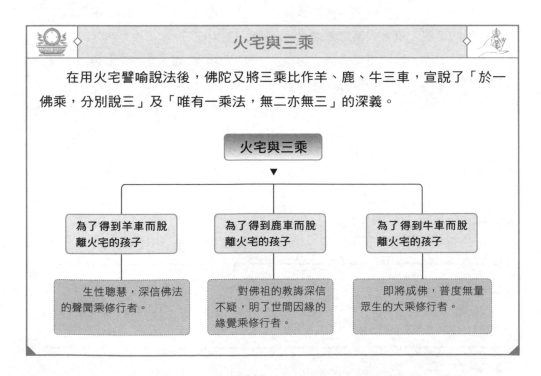

火宅與三乘

在用火宅譬喻說法後，佛陀又將三乘比作羊、鹿、牛三車，宣說了「於一佛乘，分別說三」及「唯有一乘法，無二亦無三」的深義。

火宅與三乘

▼

為了得到羊車而脫離火宅的孩子

為了得到鹿車而脫離火宅的孩子

為了得到牛車而脫離火宅的孩子

生性聰慧，深信佛法的聲聞乘修行者。

對佛祖的教誨深信不疑，明了世間因緣的緣覺乘修行者。

即將成佛，普度無量眾生的大乘修行者。

每個人大乘之車，不能單獨令某個人獨自得到滅度，而是令眾生都得到成佛的滅度。所以眾生完全脫離三界之後，佛會賜予他們禪定解脫的工具。這種工具就是一相、一種，這是眾佛一致稱歎的修行法門，通過修行，眾生就能得到清淨無比、美好絕妙的快樂。」

「舍利弗！如彼長者，初以三車誘引諸子，然後但與大車，寶物莊嚴，安隱第一，然彼長者無虛妄之咎。如來亦復如是，無有虛妄，初說三乘引導眾生，然後但以大乘而度脫之。」

【譯文】

「舍利弗呀！就像那位長者那樣，他先以羊、鹿、牛三車引誘孩子們脫離火宅，然後公平地賜予他們裝滿珍寶且行走平穩的華麗大車，大富之人並沒有被人指責為說謊。佛陀也是這樣，也沒有犯這樣的過錯，他先以三乘誘導眾生，然後以大乘來超度眾生。」

「何以故？如來有無量智慧、力、無所畏、諸法之藏，能與一切眾生大乘之法，但不盡能受。舍利弗！以是因緣，當知諸佛方便力故，於一佛乘分別說三。」

【譯文】

「這是為什麼呢？因為佛陀有無邊無量的智慧、十力、四無畏，有無邊無量的法藏，能夠教給眾生大乘的修行法門。但是，這大乘法門並不是所有人都能接受。舍利弗！你應當知道這其中的原因了，所以諸佛運用了種種巧妙計策，將這唯一的佛乘分為聲聞、辟支、佛乘三乘來為大眾開示。」

佛陀的偈言

佛欲重宣此義，而說偈言：

「譬如長者，有一大宅，其宅久故，而復頓弊。

堂舍高危，柱根摧朽，梁棟傾斜，基陛隤毀，

牆壁圮坼，泥塗褫落。覆苫亂墜，椽梠差脫，

周障屈曲，雜穢充遍。有五百人，止住其中。

鴟梟雕鷲，烏鵲鳩鴿，蚖蛇蝮蠍，蜈蚣蚰蜒，

守宮百足，鼬狸鼷鼠，諸惡蟲輩，交橫馳走。

屎尿臭處，不淨流溢，蜣蜋諸蟲，而集其上。

狐狼野干，咀嚼踐踏，齧嚙死

屍，骨肉狼藉。

由是群狗，競來搏撮，饑羸慞惶，處處求食，

鬥諍齕掣，睚喋嗥吠，其舍恐怖，變狀如是。

處處皆有，魑魅魍魎，夜叉惡鬼，食啖人肉，

毒蟲之屬，諸惡禽獸，孚乳產生，各自藏護。

夜叉競來，爭取食之，食之既飽，惡心轉熾，

鬥諍之聲，甚可怖畏。鳩盤茶鬼，蹲踞土埵，

或時離地，一尺二尺，往返遊行，縱逸嬉戲，

捉狗兩足，撲令失聲，以腳加頸，怖狗自樂。

復有諸鬼，其身長大，裸形黑瘦，常住其中，

發大惡聲，叫呼求食。復有諸鬼，其咽如針。

復有諸鬼，首如牛頭。或食人肉，或復啖狗，

頭髮蓬亂，殘害兇險，饑渴所逼，叫喚馳走。

夜叉餓鬼，諸惡鳥獸，饑急四向，窺看窗牖，

如是諸難，恐畏無量。是朽故宅，屬於一人。

其人進出，未久之間，於後舍宅，忽然火起，

四面一時，其焰俱熾。棟樑椽柱，爆聲震裂，

摧折墮落，牆壁崩倒。諸鬼神等，揚聲大叫。

雕鷲諸鳥，鳩盤茶等，周慞惶怖，不能自出。

惡獸毒蟲，藏竄孔穴，毗舍闍鬼，亦住其中。

薄福德故，為火所逼，共相殘害，飲血啖肉。

野干之屬，並已前死，諸大惡獸，競來食啖，

臭煙蓬㶿，四面充塞。蚖蛇蚖蜒，毒蛇之類，

為火所燒，爭走出穴，鳩盤茶

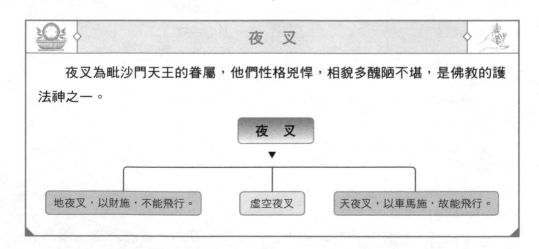

夜叉

夜叉為毗沙門天王的眷屬，他們性格兇悍，相貌多醜陋不堪，是佛教的護法神之一。

夜叉

地夜叉，以財施，不能飛行。　虛空夜叉　天夜叉，以車馬施，故能飛行。

鬼,隨取而食。

又諸餓鬼,頭上火燃,饑渴熱惱,周惶悶走。

其宅如是,甚可怖畏,毒害火災,眾難非一。

是時宅主,在門外立,聞有人言,汝諸子等,

先因遊戲,來入此宅,稚小無知,歡娛樂著。

長者聞已,驚入火宅,方宜救濟,令無燒害。

告喻諸子,說眾患難,惡鬼毒蟲,災火蔓延,

眾苦次第,相續不絕。毒蛇蚖蝮,及諸夜叉。

鳩盤茶鬼,野干狐狗,雕鷲鵰梟,百足之屬,

饑渴惱急,甚可怖畏,此苦難處,況復大火。

諸子無知,雖聞父誨,猶故樂著,嬉戲不已。

是時長者,而作是念,諸子如此,益我愁惱。

今此舍宅,無一可樂,而諸子等,耽湎嬉戲,

不受我教,將為火害。即便思惟,設諸方便,

告諸子等,我有種種,珍玩之具,妙寶好車。

羊車鹿車,大牛之車,今在門外,汝等出來,

吾為汝等,造作此車,隨意所樂,可以遊戲。

諸子聞說,如此諸車,即時奔競,馳走而出,

到於空地,離諸苦難。長者見子,得出火宅,

住於四衢,坐師子座,而自慶言,我今快樂。

此諸子等,生育甚難,愚小無知,而入險宅。

多諸毒蟲,魑魅可畏,大火猛焰、四面俱起,

而此諸子,貪著嬉戲,我已救之,令得脫難。

是故諸人,我今快樂。爾時諸子,知父安坐,

皆詣父所,而白父言,願賜我等,三種寶車。

如前所許,諸子出來,當以三車,隨汝所欲,

今正是時,惟垂給與。長者大富,庫藏眾多,

金銀琉璃,硨磲瑪瑙,以眾寶物,造諸大車。

莊校嚴飾,周匝欄楯,四面懸鈴,金繩交絡。

真珠羅網,張施其上,金華諸瓔,處處垂下,

眾彩雜飾,周匝圍繞,柔軟繒纊,以為茵蓐。

上妙細氎,價值千億,鮮白淨潔,以覆其上。

有大白牛,肥壯多力,形體姝好,以駕寶車。

多諸儐從,而侍衛之。以是妙車,等賜諸子。

諸子是時,歡喜踴躍,乘是寶

車，遊於四方，
　嬉戲快樂，自在無礙。告舍利
弗，我亦如是，
　眾聖中尊，世間之父。一切眾
生，皆是吾子，
　深著世樂，無有慧心。三界無
安，猶如火宅，
　眾苦充滿，甚可怖畏，常有生
老，病死憂患，
　如是等火，熾然不息。如來已
離，三界火宅，
　寂然閒居，安處林野。今此三
界，皆是我有，
　其中眾生，悉是吾子。而今此
處，多諸患難，
　唯我一人，能為救護。雖復教
詔，而不信受，
　於諸欲染，貪著深故。以是方
便，為說三乘，
　令諸眾生，知三界苦，開示演
說，出世間道。
　是諸子等，若心決定，具足三
明、及六神通，
　有得緣覺，不退菩薩。汝舍利
弗，我為眾生，

　以此譬喻，說一佛乘，汝等若
能，信受是語，
　一切皆當，成得佛道。是乘微
妙，清淨第一，
　於諸世間，為無有上，佛所悅
可，一切眾生，
　所應稱讚，供養禮拜。無量
億千，諸力解脫，
　禪定智慧，及佛餘法，得如是
乘，令諸子等，
　日夜劫數，常得遊戲，與諸菩
薩，及聲聞眾，
　乘此寶乘，直至道場。以是因
緣，十方諦求，
　更無餘乘，除佛方便。告舍利
弗，汝諸人等，
　皆是吾子，我則是父。汝等累
劫，眾苦所燒，
　我皆濟拔，令出三界。我雖先
說，汝等滅度，
　但盡生死，而實不滅，今所應
作，唯佛智慧。
　若有菩薩，於是眾中，能一心
聽，諸佛實法，
　諸佛世尊，雖以方便，所化眾

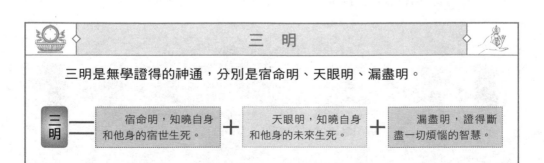

三　明

三明是無學證得的神通，分別是宿命明、天眼明、漏盡明。

| 三明 | 宿命明，知曉自身和他身的宿世生死。 | + | 天眼明，知曉自身和他身的未來生死。 | + | 漏盡明，證得斷盡一切煩惱的智慧。 |

第七章　經中之王——《法華經》

生，皆是菩薩。

若人小智，深著愛欲，為此等故，說於苦諦。

眾生心喜，得未曾有，佛說苦諦，真實無異。

若有眾生，不知苦本，深著苦因，不能暫捨，

為是等故，方便說道。諸苦所因，貪欲為本，

若滅貪欲，無所依止，滅盡諸苦，名第三諦。

為滅諦故，修行於道，離諸苦縛，名得解脫。

是人於何，而得解脫，但離虛妄，名為解脫，

其實未得，一切解脫。佛說是人，未實滅度，

斯人未得，無上道故，我意不欲，令至滅度。

我為法王，於法自在，安隱眾生，故現於世。

汝舍利弗，我此法印，為欲利益，世間故說，

在所遊方，勿妄宣傳。若有聞者，隨喜頂受，

當知是人，阿鞞跋致。若有信受，此經法者，

是人已曾，見過去佛，恭敬供養，亦聞是法。

若人有能，信汝所說，則為見我，亦見於汝，

及比丘僧，並諸菩薩。斯法華經，為深智說，

淺識聞之，迷惑不解，一切聲聞，及辟支佛，

於此經中，力所不及。汝舍利弗，尚於此經，

以信得入，況餘聲聞。其餘聲聞，信佛語故，

隨順此經，非己智分。又舍利弗，憍慢懈怠，

計我見者，莫說此經。凡夫淺識，深著五欲，

聞不能解，亦勿為說。若人不

 法　印

法印是指佛教徒用以鑒別佛法真偽的標準，可分為三種。

真佛法 ◀ 符合 ◀

諸行無常，世間所有的事物和現象都不是固定不變的，而是一直在運動和變化。

諸法無我，世間本沒有自我的存在，眾生的身心是因緣聚合的產物。

涅槃寂靜，涅槃是遠離一切妄想、不能用言語解釋的狀態，是本自寂靜的。

▶ 不符合 ▶ 非佛法

信，謗謗此經，

則斷一切，世間佛種。或復顰
蹙，而懷疑惑，

汝當聽說，此人罪報。若佛在
世，若滅度後，

其有誹謗，如斯經典，見有讀
誦，書持經者，

輕賤憎嫉，而懷結恨，此人罪
報，汝今復聽，

其人命終，入阿鼻獄，具足一
劫，劫盡更生，

如是輾轉，至無數劫，從地獄
出，當墮畜生，

若狗野干，其影頷瘦，黧黮疥
癩，人所觸嬈，

又復為人，之所惡賤，常困饑
渴，骨肉枯竭，

生受楚毒，死被瓦石，斷佛種
故，受斯罪報。

若作駱駝，或生驢中，身常負
重，加諸杖捶，

但念水草，餘無所知，謗斯經
故，獲罪如是。

有作野干，來入聚落，身體疥
癩，又無一目，

為諸童子，之所打擲，受諸苦
痛，或時致死。

於此死已，更受蟒身，其形長
大，五百由旬，

聾騃無足，宛轉腹行，為諸小
蟲，之所咂食，

晝夜受苦，無有休息，謗斯經
故，獲罪如是。

若得為人，諸根暗鈍，矬陋攣
躄，盲聾背傴，

有所言說，人不信受，口氣常
臭，鬼魅所著，

貧窮下賤，為人所使，多病瘠
瘦，無所依怙，

雖親附人，人不在意，若有所
得，尋復忘失。

若修醫道，順方治病，更增他
疾，或復致死。

若自有病，無人救療，設服良
藥，而復增劇。

若他反逆，抄劫竊盜，如是等
罪，橫羅其殃。

如斯罪人，永不見佛，眾聖之
王，說法教化，

如斯罪人，常生難處，狂聾心
亂，永不聞法。

於無數劫，如恆河沙，生輒聾
啞，諸根不具，

常處地獄，如遊園觀，在餘惡
道，如己舍宅，

駝驢豬狗，是其行處，謗斯經
故，獲罪如是。

若得為人，聾盲喑啞、貧窮諸
衰，以自莊嚴，

水腫乾痟，疥癩癰疽，如是等
病，以為衣服，

身常臭處，垢穢不淨，深著我
見，增益瞋恚，

淫欲熾盛，不擇禽獸，謗斯經
故，獲罪如是。

告舍利弗，謗斯經者，若說其
罪，窮劫不盡，

以是因緣，我故語汝，無智人

中，莫說此經。

若有利根，智慧明了，多聞強識，求佛道者，

如是之人，乃可為說。若人曾見，億百千佛，

植諸善本，深心堅固，如是之人，乃可為說。

若人精進，常修慈心，不惜身命，乃可為說。

若人恭敬，無有異心，離諸凡愚，獨處山澤，

如是之人，乃可為說。又舍利弗，若見有人，

捨惡知識，親近善友，如是之人，乃可為說。

若見佛子，持戒清潔，如淨明珠，求大乘經，

如是之人，乃可為說。若人無瞋，質直柔軟，

常愍一切，恭敬諸佛，如是之人，乃可為說。

復有佛子，於大眾中，以清淨心，種種因緣，

譬喻言辭，說法無礙，如是之人，乃可為說。

若有比丘，為一切智，四方求法，合掌頂受，

但樂受持，大乘經典，乃至不受，餘經一偈，

如是之人，乃可為說。如人至心，求佛舍利，

如是求經，得已頂受，其人不復，志求餘經，

亦未曾念，外道典籍，如是之人，乃可為說。

告舍利弗，我說是相，求佛道者，窮劫不盡，

如是等人，則能信解，汝當為說，妙法華經。」

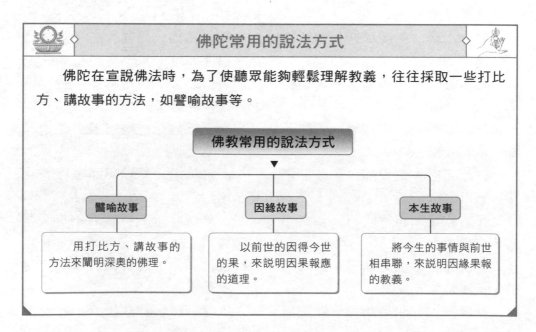

佛陀常用的說法方式

佛陀在宣說佛法時，為了使聽眾能夠輕鬆理解教義，往往採取一些打比方、講故事的方法，如譬喻故事等。

佛教常用的說法方式

譬喻故事	因緣故事	本生故事
用打比方、講故事的方法來闡明深奧的佛理。	以前世的因得今世的果，來說明因果報應的道理。	將今生的事情與前世相串聯，來說明因緣果報的教義。

大乘佛法
佛用窮子開示眾生

諸弟子的懺悔

爾時，慧命須菩提、摩訶迦旃延、摩訶迦葉、摩訶目犍連，從佛所聞未曾有法，世尊授舍利弗阿耨多羅三藐三菩提記，發稀有心，歡喜踴躍。即從座起，整衣服，偏袒右肩，右膝著地，一心合掌，屈躬恭敬，瞻仰尊顏，而白佛言：

【譯文】

這時，慧命須菩提、摩訶迦旃延、摩訶迦葉、摩訶目犍連等弟子，從佛祖那裏聆聽了這從所未聞的妙法，看到了佛祖為舍利弗授予了無上正等正覺的標記，心中都非常高興和歡喜，各個躍躍欲試。他們都從座位上站起來，整理了自己的衣服，袒露右肩，右膝跪地，虔誠地合掌行禮，恭敬地仰視佛祖的容顏，並對佛祖說道：

「我等居僧之首，年並朽邁，自謂已得涅槃，無所堪任，不復進求阿耨多羅三藐三菩提。世尊往昔說法既久，我時在座，身體疲懈，但念空、無相、無作①。」

【注釋】

①空、無相、無作：即三三昧、三空，是禪定的一種。

【譯文】

「我們都是眾弟子之首，自以為年邁體朽，已經達到了涅槃，不用再擔當大任了，也沒想過求得無上正等正覺的佛性智慧。佛祖以前曾長時間為我們說法，當時我們也安坐聆聽，但身體疲乏，只想求得空、無相、無作三空而已。」

「於菩薩法，遊戲神通，淨佛國土，成就眾生，心不喜樂。所以者何？世尊令我等出於三界，得涅槃證。又今我等年已朽邁，於佛教化菩薩阿耨多羅三藐三菩提，不生一念好樂之心。」

【譯文】

「對於大乘菩薩的佛法，拯救眾生的歡樂，成就潔淨莊嚴的國土，我等心中並沒有真正的渴求和喜歡。為什麼這麼說？佛祖只說使我們遠離三界，達到涅槃的境界。況且我等已經年邁體朽，對於教化眾生並獲得無上正等正覺的大乘菩薩佛法，並沒有產生喜愛之心。」

「我等今於佛前，聞授聲聞阿耨多羅三藐三菩提記，心甚歡喜，得未曾有。不謂於今忽然得聞稀有之法，深自慶幸，獲大善利，無量珍寶，不求自得。世尊！我等今者樂說譬喻，以明斯義。」

【譯文】

「現在我們聽了佛陀的妙法，親眼看見佛陀授予舍利弗聲聞乘成佛標記，心中歡喜不已，這是從未有過的感動。不想今天我們還有機會聽到這樣罕見的佛法，內心深感慶幸，感覺自己得到了很大的益處，就好像沒有刻意求取就得到了無邊無量的珍寶一樣。世尊啊！現在我們很樂意聽你譬喻說法，為的是明曉其中的佛理。」

🪷 窮子的故事

「譬若有人，年既幼稚，捨父逃逝，久住他國，或十、二十，至五十歲，年既長大，加復窮困，馳騁四方，以求衣食，漸漸遊行，遇向本國。其父先來，求子不得，中止一城。」

【譯文】

「假如說有這樣一個人，他從小就離開了父親，遠走他鄉。直到十年、二十年、五十年過去了，他已經年高，但仍舊非常窮困，不得不四處奔走以求得溫飽。就這樣漂泊下去，不知不覺竟然回到了自己的國家。這時他的父親到處尋找兒子，卻一直沒有找到，只好先在本國的一個城市安頓下來。」

「其家大富，財寶無量，金、銀、琉璃、珊瑚、琥珀、玻璃珠等，其諸倉庫，悉皆盈溢，多有僮僕、臣佐、吏民，象、馬、車乘、牛、羊無數，出入息利，乃遍他國，商估賈客，亦甚眾多。時貧窮子遊諸聚落，經歷國邑，遂到其父所止之城。」

【譯文】

「實際上，這位父親非常富有，財寶多得不可勝數，家中的金、銀、琉璃、珊瑚、琥珀、玻璃珠等堆滿了倉庫，甚至已經溢出來，另外他還擁有很多家僕、大臣和官吏，更別提象、馬、車乘、牛、羊了。他出入都會盈利，常常周遊列國，甚至其他國家的商人都常進出其家。這時候那位從小漂泊的兒子在走了很多地方，去過很多國家城市之後，來到了父親所在的這座城市。」

「父每念子，與子離別五十餘年，而未曾向人說如此事，但自思惟，心懷悔恨。自念老朽，多有財物，金銀珍寶，倉庫盈溢，無有子息，一旦終沒，財物散失，無所委付，是以殷勤每憶其子。復作是念：『我若得子，委付財物，坦然快樂，無復憂慮。』」

【譯文】

「父親已經與兒子分離了五十多年了，雖然他經常思念著兒子，但卻從來沒有向人提起過此事，只是自己心中悔恨和遺憾罷了。他想到自己這樣一位老人家，如此富有，金銀財寶倉庫都盛不下，但卻沒有孩子，他日一旦老去，財物必然無所托，所以經常思念自己的兒子，並這樣打算：『如果我找到我的孩子，一定將我的財物全部委託於他，這樣的結局就是最令人欣慰了，我再也沒有什麼擔憂的事情了。』」

「世尊！爾時窮子，傭賃輾轉，遇到父舍，住立門側。遙見其父踞師子床，寶几承足，諸婆羅門、剎利、居士，皆恭敬圍繞。以真珠瓔珞，價值千萬，莊嚴其身。吏民僮僕，手執白拂，侍立左右。覆以寶帳，垂諸華幡，香水灑地，散眾名華。」

【譯文】

「世尊啊！這時候那位常年在外的兒子正輾轉漂泊為人當雇工，偶然間來到父親的府邸。他矗立在父親的大門外，遠遠望去，看見父親正坐在師子床上，腳踩飾有寶物的案几，身邊圍繞著畢恭畢敬的婆羅門、剎帝利、居士等。他身戴價值千萬的瓔珞，使他看起來非常威嚴，官吏和僕從手持塵拂伺候在左右。他所坐的師子床周圍掛著寶帳，華幡優美地垂下來。地上灑滿了香水，散放著名貴的鮮花。」

「羅列寶物，出內①取與，有如是等種種嚴飾，威德特尊。窮子見父有大力勢，即懷恐怖，悔來至此。竊作是念：『此或是王，或是

居士

　　在古印度，居士原指工商業中的富人，因其信佛者頗多，所以佛教用居士來稱呼在家的佛教徒。在佛教史上，居士一詞還有多種含義。

| 居士 ▶ | 《長阿含經》中，將四大階級的吠舍種姓稱為居士。 ▶ | 《維摩詰經》中，將在家信徒尊稱為居士，含有大菩薩的意味。 ▶ | 佛教傳入中國後，泛稱有道之處士為居士，如李白號稱青蓮居士。 ▶ | 現在，居士多被用來稱呼在家信佛的修行者。 |

第七章 經中之王——《法華經》

王等，非我傭力得物之處，不如往至貧里，肆力有地，衣食易得。若久住此，或見逼迫，強使我作。』作是念已，疾走而去。」

【注釋】

①出內：意為向外支出，向裏納藏。

【譯文】

「屋內陳列著種種珍寶，財物的支出和收入也像房間的裝飾那樣嚴肅認真，令人感到威嚴和尊貴。兒子看到父親如此有錢有勢，心中感到恐慌，十分後悔來到這裏。他暗想：『他要麼是國王，要麼與國王的地位相似，這裏非我這樣的傭工久待之地，我還不如去以前習慣的窮地方，更容易獲得衣食。如果我經常待在這個地方，很可能被逼迫做自己不願意做的活。』想到這裏，他趕快離開了。」

「時富長者於師子座，見子便識，心大歡喜！即作是念：『我

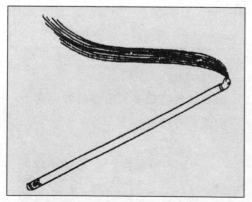

這是拂塵圖。拂塵是用來驅除蚊蟲的拂子，其中最為貴重的是白拂，多用白牛尾和白馬尾製成。《華嚴經》用白拂來形容父親的富有。

財物庫藏，今有所付。我常思念此子，無由見之，而忽自來，甚適我願，我雖年朽，猶故貪惜。』即遣旁人，急追將還。爾時使者疾走往捉，窮子驚愕，稱怨大喚：『我不相犯，何為見捉！』使者執之愈急，強牽將還。於時窮子自念無罪而被囚執，此必定死，轉更惶怖，悶絕躄地①。」

【注釋】

①悶絕躄地：昏倒，仆倒在地。

【譯文】

「此時坐在師子座上的富貴父親也看到了站在門外的兒子，他一眼就認出了自己的兒子，心中大喜，馬上想到：『我的財產終於有所託付了。我經常思念我的兒子，但總沒辦法見到，今天他突然出現在我面前。雖然我已經年邁，但仍然貪戀父子之情。』於是，他馬上吩咐周圍侍從將自己的兒子追回來。侍從飛快地跑出來捉住了兒子，兒子害怕，大聲地為自己申冤：『我與你們無怨無仇，為什麼要捉我！』侍從見他掙扎，便強行把他拖回來。兒子心想自己無罪卻被強行扣押，一定是必死無疑，心中更加害怕，於是氣絕昏倒在地。」

「父遙見之，而語使言：『不需此人，勿強將來，以冷水灑面，令得醒悟，莫復與語。』所以者何？父知其子，志意下劣，自知豪貴，為子所難，審知是子，而以方便，不語他人，云是我子。使者語

之：『我今放汝，隨意所趨。』窮子歡喜，得未曾有，從地而起，往至貧里，以求衣食。」

【譯文】

「父親遠遠看到此情景，便對侍從說道：『不要再去抓他，也不要逼迫他，先用冷水灑在他的臉上使他清醒過來，不要對他說什麼。』為什麼要這樣做？因為父親知道兒子地位卑劣，自己地位尊貴，他暫時肯定難以與我相處。父親仔細地端詳著自己的兒子，心想一定要想個好辦法來改變這種狀況，現在還不能告訴別人這是自己的兒子。於是他讓侍從對兒子說：『現在我放了你，你可以隨心所欲去任何地方。』兒子欣喜萬分，好像一生從來沒有這麼高興過，於是趕緊爬起來，跑到以往自己做傭工的地方繼續為衣食奔波了。」

「爾時長者將欲誘引其子，而設方便，密遣二人，形色憔悴，無威德者：『汝可詣彼，徐語窮子，此有作處，倍與汝直。窮子若許，將來使作。若言欲何所作，便可語之，雇汝除糞，我等二人，亦共汝作。』時二使人即求窮子，既已得之，具陳上事。」

【譯文】

「父親準備誘導兒子回來，他想出了一個妙法。他秘密派了兩個侍從，讓他們裝作窮困潦倒的樣子，並對他們說：『你們找到剛才那個人，告訴他說這裏需

要雇工，工錢是別處的幾倍。他要是答應來做工的話，就請他來。如果他問要做什麼活兒，你們就告訴他說，是清潔糞便的活兒，你們跟他一樣也做這樣的工作。』於是，這兩位侍從便找到兒子，將父親囑咐他們的話講給兒子聽。」

「爾時窮子先取其價，尋與除糞。其父見子，愍而怪之。又以他日，於窗牖中，遙見子身。羸瘦憔悴，糞土塵坌，污穢不淨。即脫瓔珞、細軟上服，嚴飾之具，更著粗敝垢膩之衣，塵土坌身①，右手執持除糞之器。」

【注釋】

①塵土坌身：自己用塵土灑自己身上。

【譯文】

「兒子答應了這個工作，並先索要了工錢，然後就與這兩個侍從來清潔糞便了。父親看到兒子，心中既是憐憫又是責怪。過了幾天，父親從窗戶中遠遠地看見自己的兒子，兒子看起來瘦弱憔悴，滿身糞土，非常骯髒。於是，父親就脫下身上華貴的衣服，摘掉身上的珠寶裝飾，穿上粗陋骯髒的衣服，並往自己身上灑了些土，右手拿著清潔糞便的工具走了過去。」

「狀有所畏。語諸作人：『汝等勤作，勿得懈息。』以方便故，得近其子。後復告言：『咄！男子，汝常此作，勿復餘去，當加汝

第七章　經中之王——《法華經》

價。諸有所需，盆器、米、麵、鹽、醋之屬，莫自疑難，亦有老敝使人，需者相給，好自安意，我如汝父，勿復憂慮。』」

【譯文】

他還扮著畏畏縮縮的樣子對其他幹活的人說：『你們要努力幹活，可不能偷懶啊。』用這樣的方法，他慢慢接近了自己的兒子。他對兒子說：『這位男子，你經常在這裏幹活，就不要回去了，我會給你加工錢的。你需要的像盆器、米、麵、鹽、醋之類的生活用品，完全不用擔心，我會派人給你送來，你就安心地工作吧，就把我當成你父親，不要再憂慮了。』」

「『所以者何？我年老大，而汝少壯，汝常作時，無有欺怠瞋恨怨言，都不見汝有此諸惡，如餘作人。自今已後，如所生子。』即時長者，更與作字，名之為兒。

「爾時窮子，雖欣此遇，猶故自謂客作賤人。由是之故，於二十年中常令除糞。過是已後，心相體信，入出無難，然其所止，猶在本處。」

【譯文】

「父親又說道：『為什麼呢？我年齡已經大了，你還正年輕，我觀察你做工時，從不像其他雇工那樣偷懶或者口出怨言，也沒有其他壞習慣。從今以後，我就把你當做我的親生孩子了。』從此以後，富貴的父親果然就以『兒子』來稱呼他。

「這位漂泊窮困了一生的兒子對於自己的運氣也暗自慶幸，但他仍然認為自己是卑賤之人。之後很長一段時間，他雖然仍舊清潔糞便，但已經逐漸習慣了『兒子』的稱呼，與父親相處已經比較和睦了，隨便進出於父親家中，只是仍舊住在自己的破房子裏。」

「世尊！爾時長者有疾，自知將死不久。語窮子言：『我今多有金銀珍寶，倉庫盈溢，其中多少、所應取

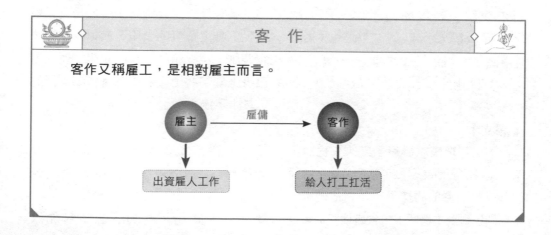

客　作

客作又稱雇工，是相對雇主而言。

雇主 —雇傭→ 客作

雇主 → 出資雇人工作

客作 → 給人打工扛活

與，汝悉知之，我心如是，當體此意。所以者何？今我與汝，便為不異，宜加用心，無令漏失。』」

【譯文】

「世尊啊！後來這位父親生病了，他知道自己已不久於人世，於是就對自己的兒子說：『我這輩子有很多金銀財寶，多得倉庫都放不下。至於總共有多少，平常的收入和花費又是多少，你要全部清楚明白。希望你能理解我的心意。為什麼這樣說呢？因為現在我把它們託付給你，那就是不把你當做外人，你應當用心管理，不要讓財產有任何的遺漏和丟失。』」

「爾時，窮子即受教敕，領知眾物，金銀珍寶及諸庫藏，而無希取①一餐之意，然其所止，故在本處，下劣之心，亦未能捨。復經少時，父知子意，漸已通泰，成就大志，自鄙先心。臨欲終時，而命其子，並會親族、國王、大臣、剎利、居士，皆悉已集，即自宣言：『諸君當知，此是我子，我之所生。』」

【注釋】

①希取：即希求獲得意。

【譯文】

「兒子聽到這裏，便接受了他的吩咐，然後清點了全部家產，再也沒有那種得到一頓飯就心滿意足的想法了。只是他仍住在破房子中，原來的狹小的心態，也並未完全遺棄。又過了一段時間，父親見他已經逐漸心胸開闊，胸有大志，並鄙視自己先前的低劣之心。於是父親臨終時，召集了親族、國王、大臣、剎帝利、居士，當所有人員到齊後，父親當眾宣佈：『大家知道嗎？他就是我的兒子，是我親生的兒子。』」

「『於某城中捨我逃走，伶俜①辛苦，五十餘年。其本字某，我名某甲，昔在本城，懷憂推覓，忽於此間，遇會得之，此實我子，我實其父。今我所有一切財物，皆是子有，先所出內，是子所知。』世尊！是時窮子聞父此言，即大歡喜，得未曾有，而作是念：『我本無心有所希求，今此寶藏自然而至。』」

【注釋】

①伶俜：孤單無依。

【譯文】

「『他小時候在某座城市離家出走，五十年來一直過著孤單無依的生活。他本來叫某某，我叫某某，過去我在那個城市裏找了他很久，沒想到竟然在這裏與他相會了，他確實是我的兒子，我確實是他的父親。現在我所有的財富，都屬於他的了，一切的花銷和收入，都經由他管理。』世尊啊！兒子聽到這裏，心中湧出從未有過的歡喜，他心想：『我本不敢奢望什麼，沒想到今天財寶自己送上門了。』」

小乘與大乘

「世尊！大富長者，則是如來，我等皆似佛子，如來常說我等為子。世尊！我等以三苦故，於生死中，受諸熱惱，迷惑無知，樂著小法。今日世尊令我等思惟蠲除諸法戲論之糞。」

【譯文】

「世尊啊！那位父親就是佛陀，我等就好像那位兒子，佛陀也是經常說我們就是他的兒子啊。世尊啊！我們因為三苦的緣故，生活在水深火熱之中，飽受煩惱的煎熬而一無所知，一直沉溺於自己所得的小乘之法而不能解脫。現在世尊讓我們知道了，我們過去修行之法無異於應該清除的糞便。」

「我等於中勤加精進，得至涅槃一日之價。既得此已，心大歡喜，自以為足，便自謂言『於佛法中勤精進故，所得宏多。』然世尊先知我等心著敝欲，樂於小法，便見縱捨，不為分別，汝等當有如來知見寶藏之分。」

【譯文】

「過去我們為了得到一天的涅槃而日夜勤奮地修行，只要達到一天的涅槃境界，心中就歡喜萬分，自我滿足，還對自己說『我日夜修習佛法，已經從中悟到了很多』。但是佛陀早就知道我們志向低劣，沉迷於小法，就縱容我們先修習小法，暫時不宣講大法，反而說：你們應當有佛陀那樣多的能力和寶藏。」

「世尊以方便力，說如來智慧，我等從佛，得涅槃一日之價，以為大得，於此大乘無有志求。我等又因如來智慧，為諸菩薩開示演說，而自於此無有志願。所以者何？」

【譯文】

「世尊用巧妙的方法來講佛陀的智慧，而我們跟隨佛陀學習，只是得到一日的涅槃，就自以為得到了很多，從沒有修行大乘佛法的志向。即使我們中有人能依靠佛陀的智慧，為諸菩薩宣講大乘佛法，但實際上自己並沒有修習大乘的志向。這是什麼原因呢？」

「佛知我等心樂小法，以方便力、隨我等說，而我等不知真是佛子。今我等方知世尊於佛智慧無所吝惜。所以者何？我等昔來真是佛子，而但樂小法。」

【譯文】

「佛陀知道我們長期沉溺於小乘佛

・名詞解釋・

三苦：即苦苦、壞苦、行苦，分別指苦緣所生之苦、逆境所生之苦、無償變化之苦。《法華經・信解品》說道：「以三苦故，於生死中，受諸熱惱。」指出三苦是眾生煩惱之源。

法，所以採取了種種巧妙的方法來為我們說法，只是我們不知道自己是佛陀的真正佛子。現在我們才知道佛陀對自己的智慧和慈悲是毫不吝嗇賜予佛弟子的，這又是為什麼呢？雖然我們過去是真正的佛子，但只是沉溺於小乘佛法，所以佛陀才不得不採取種種的方便法門來教化我們。」

若我等有樂大之心，佛則為我說大乘法，於此經中，唯說一乘。而昔於菩薩前，毀呰①聲聞樂小法者，然佛實以大乘教化，是故我等說本無心有所希求，今法王大寶自然而至，如佛子所應得者，皆已得之。

【注釋】

①毀呰：誹謗，詆毀。

【譯文】

「如果我們有修行大乘佛法的志向，佛陀就會為我們宣講大乘佛法之妙，在《法華經》中為我們宣講這唯一的佛法。過去曾在菩薩前誹謗聲聞、沉迷於小乘佛法的那些人，佛陀就以大乘佛法教化他們，因此我們說本來無心修行大乘佛法，卻不經意間獲得了最大的佛法，只要是佛子應當得到的功德，我們已經全部得到了。」

🪷 迦葉的偈言

爾時摩訶迦葉欲重宣此義，而說偈言：

「我等今日，聞佛音教，歡喜踊躍，得未曾有。

佛說聲聞，當得作佛，無上寶

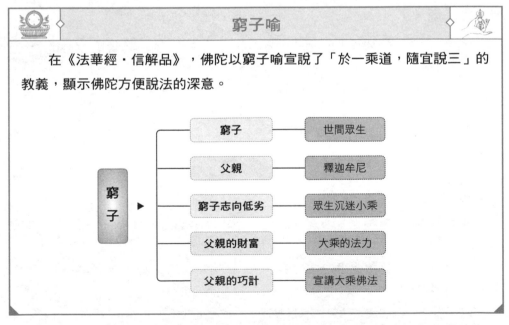

窮子喻

在《法華經・信解品》，佛陀以窮子喻宣說了「於一乘道，隨宜說三」的教義，顯示佛陀方便說法的深意。

窮子 ▶
窮子	世間眾生
父親	釋迦牟尼
窮子志向低劣	眾生沉迷小乘
父親的財富	大乘的法力
父親的巧計	宣講大乘佛法

聚,不求自得。

譬如童子,幼稚無識,捨父逃逝,遠到他土,

周流諸國,五十餘年。其父憂念,四方推求,

求之既疲,頓止一城,造立舍宅,五欲自娛。

其家巨富,多諸金銀,硨磲瑪瑙,真珠琉璃,

象馬牛羊,輦輿車乘,田業僮僕,人民眾多,

出入息利,乃遍他國,商估賈人、無處不有,

千萬億眾,圍繞恭敬,常為王者,之所愛念,

群臣豪族,皆共宗重。以諸緣故,往來者眾,

豪富如是,有大力勢。而年朽邁,益憂念子,

夙夜惟念,死時將至,癡子捨我,五十餘年,

庫藏諸物,當如之何。爾時窮子,求索衣食,

從邑至邑,從國至國,或有所得,或無所得,

饑餓羸瘦,體生瘡癬,漸次經歷,到父住城,

傭賃輾轉,遂至父舍。爾時長者,於其門內,

施大寶帳,處師子座,眷屬圍繞,諸人侍衛,

或有計算,金銀寶物,出內財產,注記券疏。

窮子見父,豪貴尊嚴,謂是國王,若國王等,

驚怖自怪,何故至此。覆自念言,我若久住,

或見逼迫,強驅使作。思惟是已,馳走而去,

借問貧里,欲往傭作。長者是時,在師子座,

遙見其子,默而識之,即敕使者,追捉將來。

窮子驚喚,迷悶躄地,是人執我,必當見殺,

何用衣食,使我至此。長者知子,愚癡狹劣,

不信我言,不信是父。即以方便,更遣餘人,

眇目矬陋,無威德者,汝可語之,云當相雇,

除諸糞穢,倍與汝價。窮子聞之,歡喜隨來,

為除糞穢,淨諸房舍。長者於牖,常見其子,

念子愚劣,樂為鄙事。於是長者,著敝垢衣,

執除糞器,往到子所,方便附近,語令勤作。

既益汝價,並塗足油,飲食充足,薦席厚暖,

如是苦言,汝當勤作,又以軟語,若如我子。

長者有智,漸令入出,經二十年,執作家事,

示其金銀,真珠玻璃,諸物出入,皆使令知。

猶處門外,止宿草庵,自念貧

事，我無此物。

父知子心，漸已廣大，欲與財物，即聚親族，

國王大臣，剎利居士。於此大眾，說是我子，

捨我他行，經五十歲，自見子來，已二十年，

昔於某城，而失是子，周行求索，遂來至此。

凡我所有，舍宅人民，悉以付之，恣其所用。

子念昔貧，志意下劣，今於父所，大獲珍寶，

並及舍宅，一切財物，甚大歡喜，得未曾有。

佛亦如是，知我樂小，未曾說言，汝等作佛，

而說我等，得諸無漏，成就小乘，聲聞弟子。

佛敕我等，說最上道，修習此者，當得成佛。

我承佛教，為大菩薩，以諸因緣，種種譬喻，

若干言辭，說無上道。諸佛子等，從我聞法，

日夜思惟，精勤修習。是時諸佛，即授其記，

汝於來世，當得作佛，一切諸佛，秘藏之法，

但為菩薩，演其實事，而不為我，說斯真要。

如彼窮子，得近其父，雖知諸物，心不希取。

我等雖說，佛法寶藏，自無志願，亦復如是。

我等內滅，自謂為足，唯了此事，更無餘事。

我等若聞，淨佛國土，教化眾生，都無欣樂。

所以者何，一切諸法，皆悉空寂，無生無滅，

無大無小，無漏無為，如是思惟，不生喜樂。

我等長夜，於佛智慧，無貪無著，無復志願，

而自於法，謂是究竟。我等長夜，修習空法，

得脫三界，苦惱之患，住最後身，有餘涅槃。

佛所教化，得道不虛，則為已得，報佛之恩。

我等雖為，諸佛子等，說菩薩法，以求佛道，

而於是法，永無願樂。導師見捨，觀我心故，

初不勸進，說有實利。如富長者，知子志劣，

以方便力，柔伏其心，然後乃付，一切財物。

佛亦如是，現稀有事，知樂小者，以方便力，

調伏其心，乃教大智。我等今日，得未曾有，

非先所望，而今自得，如彼窮子，得無量寶。

世尊我今，得道得果，於無漏

法，得清淨眼。

我等長夜，持佛淨戒，始於今日，得其果報，

法王法中，久修梵行，今得無漏，無上大果。

我等今者，真是聲聞，以佛道聲，令一切聞。

我等今者，真阿羅漢，於諸世間，天人魔梵，

普於其中，應受供養。世尊大恩，以稀有事，

憐愍教化，利益我等，無量億劫，誰能報者。

手足供給，頭頂禮敬，一切供養，皆不能報。

若以頂戴，兩肩荷負，於恆沙劫，盡心恭敬，

又以美膳，無量寶衣，及諸臥具，種種湯藥，

牛頭栴檀，及諸珍寶，以起塔廟，寶衣布地，

如斯等事，以用供養，於恆沙劫，亦不能報。

諸佛稀有，無量無邊，不可思議，大神通力，

無漏無為，諸法之王，能為下劣，忍於斯事，

取相凡夫，隨宜為說。諸佛於法，得最自在，

知諸眾生，種種欲樂，及其志力，隨所堪任，

以無量喻，而為說法，隨諸眾生，宿世善根，

又知成熟，未成熟者，種種籌量，分別知已，

於一乘道，隨宜說三。」

第八章

禪宗聖經——《六祖壇經》

《六祖壇經》是中國禪宗六祖惠能言教的彙編。由於此經主要宣揚了『自性清淨、見性成佛』的思想，對禪宗的發展有著重要作用，是禪宗最主要的思想依據，在禪宗史上被視爲無上的寶典。在中國佛教諸多著作中，被尊稱爲『經』的，僅《六祖壇經》一部。

釋《六祖壇經》

《六祖壇經》的經題與版本

《六祖壇經》全稱為《六祖大師法寶壇經》，其中「六祖大師」指的是惠能，因為他是中國禪宗的第六代祖師，所以被稱為六祖；「壇」是指眾人為了迎請惠能到韶州大梵寺說法，就封土為壇，供惠能說法。《六祖壇經》就是惠能的弟子法海記錄惠能在大梵寺的說法編集而成。

惠能（西元638～713年），俗姓盧，今河北范陽人。他幼年喪父，母子二人相依為命，生活很是清苦。相傳惠能並不識字，只是在一次砍柴的時候聽到佛門弟子誦念《金剛經》，突然有所感悟，於是他前去參拜禪宗五祖弘忍，因為一句「佛性無南北」而得到弘忍的賞識。後因為「明台本無物」而擊敗神秀，成為禪宗第六代傳人；後為避免神秀的追殺而逃亡南方，因「幡動風動」的爭論而名揚天下。

在中國佛教史上，惠能是一個重要人物，他提出了心性本淨、佛性本有、直指人心、見性成佛的理論，主張教外別傳、不立文字的修行方法，並創造了

適合中國佛教的簡易法門，是中國佛教的重大改革。在惠能以前，雖然已經有了禪宗組織的萌芽，但思想體系尚不完善，本質上只是印度佛學思想的翻版，只能說是禪學，是眾多禪學思想中的其中一家，影響相對較小。惠能在南方傳法的過程中，對達摩以來的禪學思想進行了系統的整理和總結，惠能也因此被稱為禪宗理論的確立者和集大成者。惠能去世後，其後代弟子根據他的言行語錄，將其編成《六祖壇經》，此經也成為了除釋迦牟尼語錄以外唯一被稱作「經」的禪師著作，確立了禪宗立宗的理論基礎。

目前，《六祖壇經》主要有四個版本，分別是敦煌本、惠昕本、曹溪古本、宗寶本。

敦煌本，是近代在敦煌發現的《六祖壇經》手抄本，全稱為《南宗頓教最上大乘摩訶般若波羅蜜經六祖惠能大師於韶州大梵寺施法壇經》，共計1卷，被認為是最古老的版本。

惠昕本，又稱宋本，由於此本是日

本學者在日本京都的興盛寺發現，所以又名興盛寺本。

曹溪古本，又稱契嵩本，全稱為《六祖大師法寶壇經曹溪原本》，收藏於明代《嘉興藏》。

宗寶本，又稱流布本，是元代僧人宗寶彙集諸多版本而成，由於此本比敦煌本字數多出一倍，因而廣受爭議。在《六祖壇經》的諸多版本中，宗寶本是流傳最廣的版本。與其他版本相比，宗寶本增加了惠能弟子與惠能的問答部分，集中反映了惠能的禪學造詣，對認識和理解禪宗很有幫助，所以流通很廣，這也是本書採用的版本。

 《六祖壇經》的主要內容

《六祖壇經》是中國佛教著作中唯一被稱為「經」的佛教論典，它集中國禪宗理論之大成，對中國佛教甚至中國傳統文化都產生了廣泛而深遠的影響。

編者 ▶	惠能 　　中國禪宗第六代祖師。他幼時家境貧寒，以賣柴為生，後發心出家，拜禪宗五祖弘忍為師，並繼承了弘忍的衣缽，成為禪宗六祖。在禪宗歷史上，惠能享有極高的地位，被認為是禪宗真正的創始人。
成書時間 ▶	唐代
卷數 ▶	不分卷，共10品
主要內容 ▶	禪宗六祖惠能在繼承衣缽後回到南方曹溪寶林寺任住持期間，應韶州刺史的邀請，在韶州大梵寺舉行法會說法，其門下弟子對這次的說法進行了整理，編成《壇經》。在此經中，惠能講述了他學法的經歷及禪學思想，提出了「直指人心、見性成佛」的禪宗宗旨，因此，此經也是禪宗的思想指南。

見性成佛
《六祖壇經》的主要內容

《六祖壇經》的主要內容是記載惠能一生得法傳法的事蹟及啟導門徒的言教，是禪宗思想的集大成之作。在《六祖壇經》中，惠能提出「見性成佛」、「菩提自性，本來清淨，但用此心，直了成佛」的思想，意思是每個人的本性都是清淨的，只要明見自己的本性，即能成佛，這與《涅槃經》中「一切眾生悉有佛性」的理論一脈相承。另外，在明心見性方面，《六祖壇經》闡發了頓悟說，認為「不悟即佛是眾生，一念悟時眾生是佛」、「迷聞經累劫，悟在剎那間」，意思是在學佛過程中不是必須漸次修行，只要參悟到佛學的真諦，就可以突然達到覺悟的境界。這種頓悟的學說在佛教中有很大的影響，甚至對中國的哲學思想都有啟迪。

此外，在修行實踐方面，《六祖壇經》提出了「無念為宗，無相為體，無住為本」的修行法門，指出如要成就佛果，就要破除虛妄和執著，無心於外物，一心修行，才能明見本性，得到解脫，由凡轉聖。

在禪宗發展史上，《六祖壇經》被認定為禪宗正式形成的標誌，此經不但完整地介紹了惠能的禪宗思想，還為禪宗的發展奠定了理論基礎，是研究禪宗思想淵源的重要依據。因為《六祖壇經》，惠能也被譽為中國禪宗的真正創始人，享有至高無上的地位。

惠能去世後，其弟子繼承了他的禪法，到各地去廣傳南宗法門。晚唐、五代時，禪宗形成了潙仰、臨濟、曹洞、雲門、法眼五個門派，雖然它們禪風各有特色，但各禪系都是以《壇經》為歸止。元代僧人德異曾說到：「一門深入，五派同源，歷遍爐錘，規模廣大，原其五家綱要，盡出《壇經》」，正因為五派都以《壇經》為指導，積極在實踐中貫徹惠能的禪學理論，惠能的禪法得才以發揚光大，其創立的南宗也成為了禪門的正宗。

即使在佛教諸多經典中，《六祖壇經》也被評為無上的寶典，這是中國僧人的著作中唯一被稱為「經」的作品，被認為是中國佛教界承前啟後的著作。

在近代，國學大師錢穆更將《六祖壇經》與《論語》、《孟子》並稱為探索中國文化的經典。

此外，《壇經》中蘊含的禪法思想，與中國傳統文化中的老莊思想有共通之處，迎合了中國文人的需要，中國古代很多哲學家，宋、明理學的代表人物如周敦頤、朱熹、程頤、程顥、陸九淵、王守仁都曾從禪宗中汲取營養，近代資產階級思想家譚嗣同等也曾以禪宗的理念融入自己的思想體系。

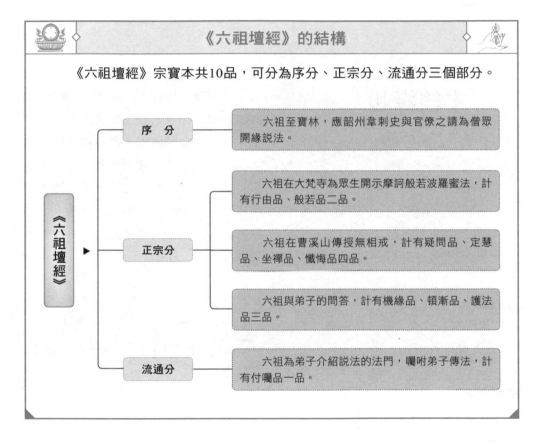

《六祖壇經》的結構

《六祖壇經》宗寶本共10品，可分為序分、正宗分、流通分三個部分。

《六祖壇經》

序 分
六祖至寶林，應韶州韋刺史與官僚之請為僧眾開緣說法。

正宗分
六祖在大梵寺為眾生開示摩訶般若波羅蜜法，計有行由品、般若品二品。

六祖在曹溪山傳授無相戒，計有疑問品、定慧品、坐禪品、懺悔品四品。

六祖與弟子的問答，計有機緣品、頓漸品、護法品三品。

流通分
六祖為弟子介紹說法的法門，囑咐弟子傳法，計有付囑品一品。

3 大梵寺說法
六祖是怎樣得道的

 本經緣起

時①，大師至寶林②，韶州韋刺史③與官僚入山請師出，於城中大梵寺講堂，為眾開緣說法。師升座④次，刺史、官僚三十餘人，儒宗學士⑤三十餘人，僧尼道俗⑥一千餘人，同時作禮，願聞法要。

【注釋】

①時：是指唐高宗儀鳳二年（西元677年）的春天。

②寶林：指寶林寺，在今天的廣東韶關南華山。

③韋刺史：指韋璩，是唐朝掌管州府的官員。

④升座：即登高座。

⑤儒宗學士：指儒者之師和一些學者。

⑥僧尼道俗：是指比丘、比丘尼、敬奉道教的人和未入佛門的人。

【譯文】

唐高宗儀鳳二年春天，六祖大師來到曹溪南華山寶林寺，韶州刺史韋璩和其他官僚入山請六祖到城裏的大梵寺講堂，為大眾廣開佛法，講說佛法要義。六祖登上高座後，韋刺史和官僚三十多人，儒學大師、學者三十多人，比丘、比丘尼、道士和一些俗人一千餘人，都向六祖大師作禮，希望聽六祖講解佛法要義。

大師告眾曰：「善知識①！菩提自性②，本來清淨③；但用此心，直了成佛。善知識！且聽惠能行由得法事意。」

【注釋】

①善知識：一般是指德高望重、學時淵博的僧人或佛教信徒，這裏是大師對眾人的讚譽性稱謂。

②自性：眾生不改變的、不滅絕的本性。

③本來清淨：「本來」，是指元始以來；「清淨」，指遠離身、口、意三業煩惱的污染。

【譯文】

　　六祖對大眾說：「善知識！每個人的菩提自性本來就是清淨的，只要堅持用清淨的菩提心，就能覺悟成佛。善知識！先且聽我惠能求法、得法的因緣與經歷吧！」

🪷 六祖發心

　　「惠能嚴父，本貫范陽①，左降流於嶺南，作新州②百姓。此身不幸，父又早亡，老母孤遺，移來南海③，艱辛貧乏，於市賣柴。時有一客買柴，使令送至客店。客收去，惠能得錢，卻出門外，見一客誦經。惠能一聞經語，心即開悟。遂問客誦何經。客曰：『《金剛經》④。』復問：『從何所來，持此經典？』客云：『我從蘄州黃梅縣⑤東禪寺來。其寺是五祖忍大師⑥在彼主化，門人一千有餘；我到彼中禮拜，聽受此經。大師常勸僧俗，但持《金剛經》，即自見性，直了成佛。』惠能聞說，宿昔有緣。乃蒙一客取銀十兩與惠能，令充老母衣糧，教便往黃梅參禮五祖。惠能安置母畢，即便辭違⑦。不經三十餘日，便至黃梅，禮拜五祖。」

【注釋】

　　①范陽：地名，在今北京大興、宛平一帶。

　　②新州：今廣東的新興縣。

　　③南海：今屬廣東省佛山地區。

　　④《金剛經》：此處係指鳩摩羅什所譯版本。

　　⑤蘄州黃梅縣：今天湖北省的蘄春縣和黃梅縣。

　　⑥五祖忍大師：即弘忍大師。他師從道信，為禪宗五祖。

　　⑦辭違：辭別，離開。

【譯文】

　　「我的父親籍貫在范陽，後被降職流放到嶺南，於是便在新州安居。我從小很不幸，父親早逝，留下母親和我相依為命。後來遷移到南海，每天靠賣柴來維持生計，日子過得艱難困苦。

　　「有一天，我在集市上賣柴，有一

這是惠能圖。惠能本籍范陽，生於嶺南新州（今廣東新興縣），他是禪宗的第六代祖師，被譽為是禪宗的真正創始人。《六祖壇經》就是將惠能的說法和問答編集而成的佛經。

位顧客來買柴，讓我把柴送到他的店裏去。客人把柴收下我拿了錢後，正好看見一位客人正在讀誦佛經。我一聽那位客人所誦的經文，心裏頓時豁然開悟，於是問那位客人說：『請問您誦念的是什麼經？』

「客人答說：『《金剛經》。』」

「我再問他：『您從哪裡來？怎樣得到這部經的？』」

「客人答說：『我從蘄州黃梅縣東禪寺來，弘忍大師在那裏住持教化眾生，跟隨他學習的有一千餘人。我去東禪寺禮拜五祖，並在那裏聽受此經的。大師經常勸僧俗二眾，只要一心持誦《金剛經》，自然就能夠見到自心本性，當下就能了悟成佛。』」

「我聽客人說完，也想去參拜五祖。由於過去結下的善緣，承蒙一位客人給了我十兩銀子，讓我安頓母親的生活所需，然後就到黃梅縣參拜五祖。我將母親安頓好，辭別母親，不到三十多天，就到了黃梅並禮拜了五祖。」

六祖拜師

祖問曰：「汝何方人？欲求何物？」惠能對曰：「弟子是嶺南新州百姓。遠來禮師，惟求作佛，不求餘物。」祖言：「汝是嶺南人，又是獦獠，若為堪作佛？」惠能曰：「人雖有南北，佛性本無南北；獦獠身與和尚不同，佛性有何差別？」五祖更欲與語，且見徒眾總在左右，乃令隨眾作務。

【譯文】

五祖問：「你是哪裡人？來這兒想求什麼東西？」我回答說：「弟子是嶺南新州一代的平民百姓。遠道而來禮拜大師，只求作佛，不求別的。」五祖說：「你是嶺南人，又是獦獠，如何能作佛呢？」我說：「人雖有南北的分別，佛性根本沒有南北的分別！獦獠身與和尚身雖然不同，但是本自具有的佛性又有什麼差別呢？」五祖還想和我多談些話，但看見徒眾隨侍在左右，不方便多談，只好命令我隨大眾去作道場事務。

惠能曰：「惠能啟和尚，弟子自心常生智慧①，不離自性，即是福田②。未審和尚教作何務？」祖云：「這獦獠根性大利！汝更勿言！著槽廠③去！」惠能退至後院，有一行者④差惠能破柴踏碓。經八月餘，祖一日忽見惠能，曰：「吾思汝之見可用，恐有惡人害汝，遂不與汝言，汝

· 名詞解釋 ·

獦獠：因南方少數民族多以攜犬行獵為生，獠是對這些人的一種侮稱。在《六祖壇經》中，獠泛指沒有開化，或者沒有知識的人。在唐代，廣東一帶還是比較荒涼，所以弘忍稱惠能為獠。

知之否？」惠能曰：「弟子亦知師意，不敢行至堂前，令人不覺。」

【注釋】

①智慧：這裏指般若正智。

②福田：即指能生福德之田，凡敬侍佛、僧、父母、悲苦者都能得福德，如同播種田地，能有收穫。

③槽廠：馬房。

④行者：指寺院內還沒有剃髮出家的人。

【譯文】

我說：「惠能稟告和尚，弟子的自心常生智慧，這些智慧不離自性，自性本身就是福田，不知道和尚叫我做什麼事務呢？」五祖說：「這獦獠的根機很明利！你不要多說了，就到後院馬房幹活吧！」我退出後，來到後院，有一位行者叫我劈柴、舂米，就這樣八個多月的時間過去了。有一天，五祖到後院來，看到我就說：「我很贊同你的見解，只是恐怕有惡人對你不利，所以沒有和你多說。你知道嗎？」我回答說：「弟子知道師父的心意，所以一直不敢走到法堂前來，以免引人生疑。」

🪷 五祖發難

祖一日喚諸門人總來：「吾向汝說。世人生死事大。汝等終日只求福田，不求出離生死苦海，自性若迷，福何可救？汝等各去自看智慧，取自本心般若之性。各作一偈，來呈吾看。若悟大意，付汝衣

這是弘忍圖。弘忍祖籍江西潯陽，後遷居湖北黃梅，他開創了東山法門，被尊為禪宗五祖。禪宗到了弘忍時期，進入了發展階段，相傳弘忍的弟子數以萬計，其中能弘法者達25人。惠能就是弘忍的弟子，並繼承了弘忍的衣缽。

法，為第六代祖。火急速去。不得遲滯！思量即不中用，見性之人，言下須見。若如此者，輪刀上陣，亦得見之。」

【譯文】

有一天，五祖召集所有的門下弟子，「我跟你們說，世間眾生的生死是頭等大事，你們整天只知道尋求福報的因緣，不知道要求出離生死苦海。你們如果迷失自己本有的佛性，只是修福，又如何能解脫呢？你們各自回去觀照自己的本性，然後以本性出發，每人作一首偈頌給我看，如果有誰能悟得佛法大意，我就把衣缽和佛法傳給你，讓你作第六代祖師。大家趕快去！不得拖延時

間，佛法一經思量就不中用！如果是覺悟自性的人，說話之時自能頓悟。這樣的人，就是操刀上戰場，也能明見自己的本性。」

眾得處分①，退而遞相謂曰：「我等眾人，不須澄心用意作偈，將呈和尚，有何所益？神秀上座現為教授師，必是他得；我輩謾作偈頌，枉用心力。」諸人聞語，總皆息心，咸言：「我等已後依止秀師，何煩作偈？」

神秀思惟：「諸人不呈偈者，為我與他為教授師。我須作偈將呈和尚，若不呈偈，和尚如何知我心中見解深淺？我呈偈意，求法即善；覓祖即惡，卻同凡心，奪其聖位奚別？若不呈偈，終不得法。大難！大難！」

【注釋】

①處分：叮囑，吩咐。

【譯文】

大眾聽了五祖的吩咐後退下，彼此互相商量說：「我們大家不必去澄靜思慮，費盡心力地作偈子，呈給和尚看，有什麼用呢？神秀上座現在是我們的教授師，不用說，一定是他當選。如果我們輕率冒昧地去作偈子，也只是枉費心力。」眾人聽到這些話，都沒有了作偈子的念頭，大家都說：「我們以後就依止神秀上座好了，何必要麻煩作偈子呢？」

神秀心想：「大眾不呈作偈頌的原因，是因為我是他們的教授師。我應當做首偈語上呈師父；如果不做的話，師父怎麼能知道我心中見解的深淺呢？更何況我上呈偈語的本意如果是為了求法的心態，那就是善業；如果只是為了獲得祖師的地位，那就是邪念，這和那些想奪取聖人位置的凡夫心態，有什麼區別呢？但是如果我不作偈頌的話，也就不能得到師父的真傳佛法。實在讓人太頭疼了！」

五祖堂前，有步廊三間，擬請供奉①盧珍畫《楞伽經變相》②，及《五祖血脈圖》，流傳供養。神秀作偈成已，數度欲呈；行至堂前，心中恍惚，遍身汗流，擬呈不得。前後經四日，一十三度呈偈不得。秀乃思惟：「不如向廊下書著，從他和尚看見。忽若道好，即出禮拜，云是秀作；若道不堪，枉向山中數年，受人禮拜，更修何道？」

【注釋】

①供奉：官名，指擁有文學、美術等才華，被皇室或朝廷所選的在內廷供職的官員。

②《楞伽經變相》：描繪佛陀宣講《楞伽經》時的人、事、物的彩繪圖。

【譯文】

在五祖法堂前，有三間走廊，原本準備延請供奉盧珍居士來繪畫《楞伽經變相》及《五祖血脈圖》，以便後世有所流傳，有所供養。神秀做好了偈頌以後，曾經數度想呈交給五祖，但走到法堂前，總是心中恍惚，汗流全身，想要呈上去，卻又猶豫不決。就這樣前後過了四天，十三次都沒有勇氣呈交。神秀於是想到：「不如把偈頌寫在法堂前的走廊牆上，這樣師父出來後就可以看見，如果師父看了以後說好，我就出來禮拜，說是我神秀作的；如果說不好，那就只能怪自己白白在山中數年，妄受眾人恭敬，還修什麼道呢？」

神秀作偈

是夜三更，不使人知，自執燈，書偈於南廊壁間，呈心所見。偈曰：

身是菩提樹，心如明鏡台。
時時勤拂拭，勿使惹塵埃。

秀書偈了，便卻歸房，人總不知。秀復思惟：「五祖明日，見偈歡喜，即我與法有緣；若言不堪，

這是達摩圖。達摩全名為菩提達摩，是南印度人。他於南朝梁武帝時來到中國，曾面見梁武帝，之後北上少林寺面壁九年，傳衣缽於慧可後遊化終身。因為達摩在中國始傳禪宗，所以被尊為中國禪宗初祖。《六祖壇經》中提到的《五祖血脈圖》就是描繪禪宗初祖達摩大師到五祖弘忍的師承脈絡的彩繪圖。

自是我迷，宿業障重①，不合得法。聖意難測。」房中思想，坐臥不安，直至五更。

【注釋】

①宿業障重：宿業在佛教中指以往過世所做的善惡業因，障是煩惱的異名。這裏譯作過去世所作的惡業煩惱深重。

【譯文】

於是，這天的半夜三更時，神秀趁別人不知，悄悄地走出房門，自己掌燈將想好的偈頌寫在南廊的牆壁上，以表露他

第八章　禪宗聖經——《六祖壇經》

心中對佛法的見解。偈頌是這樣寫的：

　　身是菩提樹，心如明鏡台，

　　時時勤拂拭，勿使惹塵埃。

　　神秀寫好偈頌以後，便悄悄回到自己的房間，所有人都不知道這件事。神秀又想：「明天五祖看見這首偈語，如果很高興，就是我與佛法有緣；如果說寫得不好，一定是我還執迷不悟，往昔業障太過深重，所以不該得法。五祖的心意實在是難以揣測啊！」神秀在房中左思右想，坐臥不安，一直到五更時分。

　　祖已知神秀入門未得，不見自性。

　　天明，祖喚盧供奉來，向南廊壁間繪畫圖相，忽見其偈。報言：

這是菩提樹圖。菩提樹又名覺樹、思維樹，是桑科常綠喬木，外形類似無花果樹，多生長在中印度和孟加拉一帶。相傳釋迦牟尼佛是在菩提樹下成道，因此菩提樹備受佛教徒的尊崇。《六祖壇經》中神秀就用菩提樹來比喻身體的潔淨無染。

「供奉卻不用畫，勞爾遠來。經云：『凡所有相，皆是虛妄。』但留此偈，與人誦持。依此偈修，免墮惡道；依此偈修，有大利益。」令門人焚香禮敬，盡誦此偈，即得見性。門人誦偈，皆歡善哉！

【譯文】

　　其實，五祖早已知道神秀還未入門，不曾得見自性。天亮後，五祖請盧供奉來，準備在南邊走廊牆上繪畫圖像。忽然看到神秀那首偈頌，就對盧供奉說：「供奉！不用畫了，勞駕你遠道而來。經上說：『世間的一切有相狀的事物都是虛妄不實的。』您不必再繪圖了，還是留下這首偈頌，讓大眾誦念受持吧。如果能夠依照這首偈頌修行，可以不再墮入三惡道，更能獲得大利益。」五祖於是吩咐弟子們對偈語焚香恭敬禮拜，並讓他們持誦此偈，以此來明見自性。弟子們讀誦此偈後，紛紛稱讚不已。

　　祖三更喚秀入堂，問曰：「偈是汝作否？」秀言：「實是秀作，不敢妄求祖位，望和尚慈悲，看弟子有少智慧否？」祖曰：「汝作此偈，未見本性，只到門外，未入門內。如此見解，覓無上菩提，了不可得。無上菩提，須得言下識自本心，見自本性，不生不滅；於一切時中，念念自見，萬法無滯；一真一切真，萬境自如如[①]。如如之心，即是真實。若如

是見，即是無上菩提之自性也。汝且去，一兩日思惟，更作一偈，將來吾看。汝偈若入得門，付汝衣法。」神秀作禮而出。又經數日，作偈不成，心中恍惚，神思不安，猶如夢中，行坐不樂。

【注釋】

①萬境自如如：萬法通融，萬境如一。

【譯文】

在一天的深夜，五祖把神秀叫進法堂，問道：「那首偈頌是不是你寫的？」

神秀答道：「確實是弟子所作，弟子不敢妄求得祖位，只希望師傅能慈悲為懷為我開示，看弟子是否有一點佛智？」

五祖說：「你作的這首偈子還沒有見到自身本性，只到了門外，還是沒能入門。這樣的見解，要想用它來尋求無上菩提，還是不可能的。無上菩提必須言下就能認識自己的本心，見到自己的本性是不生不滅的。你要隨時隨地都能在一切萬法中見到自己的真心本性，如果能達到這種境界，那麼你所見的一切法皆真實不虛，圓融無礙，這如如不動的心，也就是真如實相。如果能有這樣的見地，才是證得無上菩提的自性了。你暫且回去再領悟兩天，再作一偈子送來給我看，如果你的偈子能說明你入門了，我就把衣鉢和佛法傳付於你。」神秀行禮後退出。又過了好幾天，仍然沒有做成偈子，他的心中一直恍惚不定，就好像在夢中一樣，行坐不安，鬱鬱寡歡。

 # 惠能作偈

復兩日，有一童子①於碓坊過，唱誦其偈。惠能一聞，便知此偈未見本性；雖未蒙教授，早識大意。遂問童子曰：「誦者何偈？」童子曰：「爾這獦獠不知，大師言：『世人生死事大，欲得傳付衣法，令門人作偈來看；若悟大意，即付衣法，為第六祖。』神秀上座於南廊壁上書無相偈，大師令人皆誦。依此偈修，免墮惡道；依此偈修，有大利益。」惠能曰：「我亦要誦此，結來生緣。上人！我此踏碓八個餘月，未曾行到堂前，望上人引至偈前禮拜！」

【注釋】

①童子：是對寺院中一些沒有出家的青少年的統稱。

【譯文】

又過了兩天，有一位童子經過舂米房時，念誦著神秀的那首偈頌。惠能一聽，就知道這首偈頌還沒有見到自性，雖然自己還沒有承蒙別人的講解傳授，但心中早已識得佛法大意。於是就問那童子說：「你唱誦的是什麼偈子呀？」童子回答：「你這獦獠不曉得，五祖大師說世人的生死是第一大事，大師要傳付衣鉢佛法，所以命門人作偈來看，如果有人明見自性，大師就會傳付衣法，讓他做第六代祖師。所以神秀上座在南邊走廊的牆壁上寫了這首無相偈，大師

第八章 禪宗聖經——《六祖壇經》

讓眾人都誦念此偈，以免墮落三惡道，依這首偈去修持，還可得大利益。」惠能說：「我也要念誦此偈頌，為來生結好因緣！上人！我在這裏舂米已經八個多月了，不曾到過法堂前，還請上人引導我到偈頌前去禮拜。」

童子引至偈前禮拜。惠能曰：「惠能不識字，請上人為讀。」時有江州別駕[1]，姓張，名日用，便高聲讀。惠能聞已，遂言：「亦有一偈，望別駕為書。」別駕言：「汝亦作偈？其事稀有！」惠能向別駕言：「欲學無上菩提，不可輕於初學。下下人有上上智，上上人有沒意智；若輕人，即有無量無邊罪。」別駕言：「汝但誦偈，吾為汝書；汝若得法，先須度吾，勿忘此言。」惠能偈曰：

菩提本無樹，明鏡亦非台。
本來無一物，何處惹塵埃？

【注釋】

①別駕：官名，是地方行政長官的屬僚，州刺史的佐吏。

【譯文】

童子於是帶著惠能到神秀的偈頌前禮拜。惠能說：「惠能不認識字，請上人給我讀一遍吧！」這時一位叫張日用的江州別駕走過來，高聲讀了一遍。惠能聽完後，就說：「我也有一首偈子，請別駕幫我書寫下來。」張別駕說：「你也會作偈？真是稀奇事！」惠能向張別駕說：「要學無上菩提正覺，不可輕視初學者。下下等的人也會有上上等的智能；上上等的人也會有沒心智的時候。如果隨便輕視人，就會有無量無邊的罪過。」張別駕說：「你只管誦偈吧，我幫你寫在牆壁上。你如果能得到五祖傳授的心法，一定要先來度我，不要忘記了這話！」惠能的偈頌是：

菩提本無樹，明鏡亦非台。
本來無一物，何處惹塵埃？

書此偈已，徒眾總驚，無不嗟訝，各相謂言：「奇哉！不得以貌取人，何得多時，使他肉身菩薩[1]。」祖見眾人驚怪，恐人損害，遂將鞋擦了偈，曰：「亦未見性。」眾以為然。

【注釋】

①肉身菩薩：指生身菩薩，即父母所生之肉身而至菩薩深位的人。佛教認為，肉身菩薩圓寂後可得全身舍利，舍利就是身骨，是有別於凡夫死人之骨，

・名詞解釋・

上人：對比丘的尊稱，因比丘內涵德智，外有勝行，在人之上。《釋氏要覽》稱：「智德，外有德行，在人之上、名上人。」在《六祖壇經》中，惠能將童子稱為上人，提高了童子地位，是一種讚譽性稱謂。

可分為三種：即白色骨舍利、黑色髮舍利、赤色肉舍利。

【譯文】

寫完這首偈頌後，眾弟子都感到很驚訝，都讚歎不已，大家都議論說：「真奇怪！我們不應以貌取人，還沒有多長時間，他竟然成了一位肉身菩薩呀！」五祖看見眾人大驚小怪，恐怕有人會對惠能不利，於是用鞋子擦掉偈子，並且說道：「也沒有見性。」眾人聽五祖這樣說，也就不以為怪了。

🪷 六祖開悟

次日，祖潛至碓坊，見能腰石舂米。語曰：「求道之人，為法忘軀，當如是乎？」乃問曰：「米熟也未[1]？」惠能曰：「米熟久矣！猶欠篩在。」祖以杖擊碓三下而去。惠能即會祖意，三鼓入室。祖以袈裟遮圍，不令人見，為說《金剛經》。至「應無所住，而生其心」，惠能言下大悟一切萬法不離自性。遂啟祖言：「何期[2]自性，本自清淨；何期自性，本不生滅；何期自性，本自具足；何期自性，本無動搖；何期自性，能生萬法。」祖知悟本性，謂惠能曰：「不識本心，學法無益。若識自本心，見自本性，即名丈夫、天人師[3]、佛。」

【注釋】

①米熟也未：這裏暗示「覺悟了嗎」。

②何期：何必期求。

③丈夫、天人師：丈夫是佛的十大

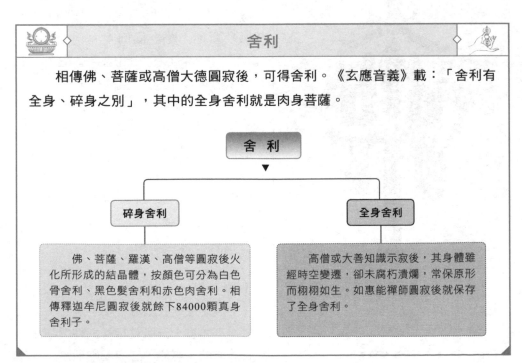

舍利

相傳佛、菩薩或高僧大德圓寂後，可得舍利。《玄應音義》載：「舍利有全身、碎身之別」，其中的全身舍利就是肉身菩薩。

舍利

碎身舍利

佛、菩薩、羅漢、高僧等圓寂後火化所形成的結晶體，按顏色可分為白色骨舍利、黑色髮舍利和赤色肉舍利。相傳釋迦牟尼圓寂後就餘下84000顆真身舍利子。

全身舍利

高僧或大善知識示寂後，其身體雖經時空變遷，卻未腐朽潰爛，常保原形而栩栩如生。如惠能禪師圓寂後就保存了全身舍利。

名號之一的調御丈夫的簡稱。天人師是佛的十大名號之一，意思是六趣中的天與人無不以佛為師，所以稱天人師。

【譯文】

第二天，五祖悄悄地來到舂米的磨坊，看見惠能腰間綁著石頭正在舂米。五祖讚歎道：「追求佛道者為了佛法忘記了自己的身軀，就當像你這樣啊！」於是問惠能：「米熟了嗎？」惠能答：「米早已經熟了！只差篩濾了。」五祖用禪杖在磨盤上敲了三下就離開了。惠能當下就領會了五祖的用意，在當天夜裏三更時去了弘忍大師的房內。五祖用袈裟遮掩了門窗，秘密為惠能講說了

這是禪杖圖。禪杖又名有聲杖、錫杖，是比丘十八物之一。相傳最初是比丘為了乞食時不驚嚇施主所做，一般分為三個部分：杖頭由錫、鐵等金屬製成，附有大環，會發出錫錫聲；中部是木制；下部或為金屬，或為牙、角製成。《六祖壇經》中弘忍就是用禪杖來暗示惠能。

《金剛經》。講到「應無所住，而生其心」這句話時，惠能頓時開悟：所有萬法都不離自性。於是惠能稟告五祖說：「何必向外期求自性呢？我們的自性本來就是如此清淨的！自性本來就是沒有生滅的！自性本來就是圓滿具足的！自性本來就是沒有動搖的！自性本來就能顯現萬法的呀！」五祖聽後得知惠能已悟見本性，就對惠能說：「如果不能認識自己的本來心，就算聽聞再多的佛法也是沒有什麼用的。如果能認識自己的本來心，見到自己原本的自性，就可稱為調御丈夫、天人師甚至佛。」

🪷 禪宗法脈

三更受法，人盡不知，便傳頓教及衣缽，云：「汝為第六代祖，善自護念，廣度有情，流布將來，無令斷絕！聽吾偈曰：

有情來下種，因地果還生；
無情亦無種，無性亦無生。

祖復曰：「昔達摩大師，初來此土，人未之信，故傳此衣，以為信體，代代相承。法則以心傳心，皆令自悟自解。自古佛佛惟傳本體，師師密付本心。衣為爭端，止汝勿傳；若傳此衣，命如懸絲。汝須速去，恐人害汝。」

【譯文】

半夜三更五祖傳授給惠能心法，大家都不知道，五祖就這樣把禪門頓法和衣缽傳給了惠能，五祖囑咐他說：「你

現在是第六代祖師，要好好地護持禪門法脈，廣度天下眾生，將我們的禪門心法代代流傳，永不斷絕！現在我說一首偈頌你聽一下吧：

有情來下種，因地果還生；

無情亦無種，無性亦無生。

五祖又說：「過去達摩祖師最初來到東土時，人們都不相信禪宗，所以禪宗才傳承這衣缽作為憑證，以此來代代相傳。其實禪門佛法只是以心傳心，重在讓人自己開悟，自己得到解脫。自古以來，各佛都只是傳授自性本體，諸師只是密付自性本心。衣缽一直是爭奪的禍端，只傳到你這裏，不要再傳下去了！如果繼續再傳衣缽，必將危及生命。你必須迅速離開這裏，恐怕有人要傷害你。」

惠能啟曰：「向甚處去？」

祖云：「逢懷則止，遇會則藏。」

惠能三更，領得衣缽，云：「能本是南中人，素不知此山路，如何出得江口？」五祖言：「汝不須憂，吾自送汝。」祖相送直至九江驛。祖令上船，五祖把櫓自搖。

惠能言：「請和尚坐，弟子合搖櫓。」

祖云：「合是吾渡汝。」

【譯文】

惠能聽完後問五祖說：「我應該向什麼地方去呢？」

五祖說：「你到廣西懷集時就可停留，到廣東四會時就隱藏起來。」

惠能在三更時分領得衣缽後，對五祖說：「我原是南方人，一直都不熟悉這裏的山路，如何才能走到江口呢？」

五祖說：「你不必擔心，我會親自送你去。」

五祖一直送惠能到九江驛，命令惠能上船後，五祖親自把櫓搖船。惠能說：「大師請坐！應該是弟子搖櫓。」

五祖說：「應該是我渡你。」

惠能曰：「迷時師度，悟了自度；度名雖一，用處不同。惠能生在邊方，語音不正，蒙師傳法，今已得悟，只合自性自度。」祖云：「如是！如是！以後佛法，由汝大行。汝去三年，吾方逝世。汝今好去，努力向南，不宜速說，佛法難起。」

【譯文】

惠能說：「在迷茫的時候要師父度化，頓悟之後就要自己度脫。雖然這兩種方法都稱為『度』，但是並不相同。弟子出生在偏遠的地方，說話語音不標

第八章 禪宗聖經——《六祖壇經》

・名詞解釋・

逢懷則止，遇會則藏：「懷」指廣州懷集縣，「會」指廣州四會縣。根據學者研究，惠能應在唐龍朔元年（西元661年）出發，在第二年到達四會，並在四會藏匿了15年。

準，但承蒙師父傳授心法，現在已經開悟，就應該自性自度。」五祖說：「是的，是的，以後就要依靠你來發揚禪宗。你南下三年後，我就會辭世。你要保重！儘量向南方走，不要急於說法，禪宗心法是很難興盛起來的。」

六祖避難

惠能辭違祖已，發足南行。兩月中間，至大庾嶺[①]。逐後數百人來，欲奪衣缽。一僧俗姓陳，名惠明，先是四品將軍，性行粗糙。極意參尋，為眾人先，趁及惠能。

這是僧衣圖。依佛制，初期的出家者須過質樸的僧團生活，在個人物品方面僅可以持有三衣一缽、座具和濾水囊，其中，以三衣一缽為最重要的持物。而在禪宗傳承方面，釋迦牟尼佛傳衣缽於迦葉，迦葉遂為印度禪宗始祖，自此之後，中國禪宗也以衣缽為法脈傳承的象徵，所以弘忍傳衣缽於惠能，惠能遂為禪宗六祖。

惠能擲下衣缽於石上，曰：「此衣表信，可力爭耶？」即隱草莽中。惠明至，提掇不動，乃喚云：「行者！行者！我為法來，不為衣來。」惠能遂出，盤坐石上。惠明作禮云：「望行者為我說法。」惠能云：「汝既為法而來，可屏息諸緣，勿生一念，吾為汝說。」

【注釋】

①大庾嶺：在江西大庾縣南、廣東南雄縣北的地段。

【譯文】

惠能辭別五祖，動身向南行走。大約經過兩個月，在惠能到達大庾嶺一帶時，有數百人從後面追趕而來，想要奪取衣缽。有一位俗家姓陳、法號惠明的僧人，以前曾做過四品將軍，他性情非常粗魯，出家後參禪求道的心卻很積極。他比其他人先一步追上惠能。惠能把衣缽扔在石頭上，說：「這袈裟是代表傳法的信物，可以用暴力來爭奪嗎？」說完就隱避到草叢中。惠明趕到石頭處，想要提起衣缽時卻無法拿動，於是大聲喊道：「行者！行者！我是為求法而來，不是爭奪衣缽」。於是惠能從草叢出來，盤腿坐在石頭上。惠明先對惠能作禮，然後說：「希望行者能為我說法。」惠能說：「你既然是為了求法而來，那就要先摒棄一切因緣，不可生一絲雜念，然後我就為你說法。」

明良久，惠能云：「不思善不

思惡，正與麼時，哪個是明上座本來面目？」惠明言下大悟。復問云：「上來密語密意外，還更有密意否？」惠能云：「與汝說者，即非密也；汝若返照，密在汝邊。」明曰：「惠明雖在黃梅，實未省自己面目。今蒙指示，如人飲水，冷暖自知。今行者即惠明師也！」惠能曰：「汝若如是，吾與汝同師黃梅，善自護持。」明又問：「惠明今後向甚處去？」惠能曰：「逢袁①則止，遇蒙②則居。」明禮辭。

【注釋】

①袁：指江西宜春。

②蒙：指江西上高。

【譯文】

惠能思量了很久，對惠明說：「不起善心，不起惡念，這個時候，哪個才是你惠明上座的本來面目呢？」惠明聽後立即就開悟了，接著問：「除了已經說過的密語、密意以外，還更有其他的密意嗎？」惠能說：「既然已經對你講了，就不是秘密。你如果能反觀自照，究明自性的本源，密意就在你身邊。」惠明說：「我雖在黃梅五祖下學習很久了，但確實沒有能省悟自己的本來面目，現在我承蒙你的指示，就像人喝水一樣，冷暖只有自己知道。現在行者就是我惠明的師父了！」惠能說：「如果你真像你所說，我與你同在黃梅五祖之下為徒，應該好好護持五祖的法脈。」惠明又問：「我今後該向什麼地方去？」惠能說：「你到江西袁州一地就停下來，到蒙山一地就安住下來。」惠明聽後作禮辭別了。

惠能後至曹溪①，又被惡人尋逐。乃於四會，避難獵人隊中，凡經一十五載，時與獵人隨宜說法。獵人常令守網，每見生命，盡放之。每至飯時，以菜寄煮肉鍋。或問，則對曰：「但吃肉邊菜。」

【注釋】

①曹溪：在廣東省曲江縣東南五十里。

【譯文】

後來惠能到了曹溪，又被惡人追趕，於是他就在四會避難，隱藏在獵人的隊伍中長達十五年。這期間，經常隨機向獵人們講法。獵人們常讓惠能看守捕捉禽獸的網，而惠能每次看到禽獸落入網時，就全把它們放走了。每到吃飯的時候，惠能就把蔬菜放在肉鍋裏煮。有人問時，惠能就回答說：「我只吃肉邊的蔬菜罷了。」

風動幡動

一日思惟：「時當弘法，不可終遁。」遂出至廣州法性寺①，值印宗法師②講《涅槃經》。時有風吹幡動。一僧曰：「風動。」一僧曰：「幡動。」議論不已。惠能進曰：「不是風動，不是幡動，仁者心動。」一眾駭然。

【注釋】

①法性寺：廣州光孝寺。

②印宗法師：當時法性寺的住持。

【譯文】

有一天惠能想到：「現在是弘法的時候了，我不能一直隱遁下去！」於是他來到廣州的法性寺，正好印宗法師正在宣講《涅槃經》。這時有一陣風吹著幡旗飄動。一個僧人說風在動，另一個僧人說旗在動，兩人一直爭論不休。惠

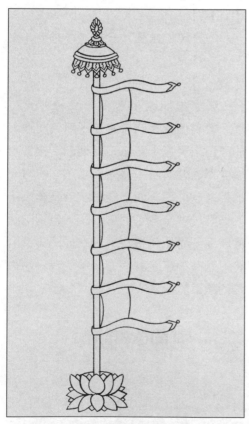

這是幡的圖像。幡是旌旗的總稱，是供養佛、菩薩的莊嚴器具，象徵佛、菩薩的威德。在佛教經典中，造幡被認為可以建福德、避苦難，所以寺院、道場經常使用。《六祖壇經》中惠能以「仁者心動」來回應「風動幡動」的爭論，這也是禪宗的著名典故之一。

能走上前去說：「既不是風動，也不是旗動，是二位仁者的心在妄動！」大眾聽到這話後都十分驚訝。

印宗延①至上席，征詰②奧義，見惠能言簡理當，不由文字。宗云：「行者定非常人，久聞黃梅衣法南來，莫是行者否？」惠能曰：「不敢！」宗於是作禮，告請傳來衣缽，出示大眾。

【注釋】

①延：請。

②征詰：徵詢。

【譯文】

印宗法師立刻請惠能坐到上席，詢問佛法的奧義。他見惠能話語簡單但說理透徹，並未引經據典。印宗法師說：「您一定不是平常人，我很久前就聽說黃梅五祖的衣法已經傳到南方，或者就是您吧？」惠能說：「不敢當！」於是印宗法師恭敬作禮，並請惠能將從五祖那裏傳來的衣缽，出示給大眾觀看。

六祖弘法

宗復問曰：「黃梅付囑，如何指授？」惠能曰：「指授即無，惟論見性，不論禪定解脫。」宗曰：「何不論禪定解脫？」能曰：「為是二法。不是佛法；佛法是不二之法。」宗又問：「如何是佛法不二之法？」惠能曰：「法師講《涅槃

經》，明佛性是佛法不二之法。如高貴德王菩薩白佛言：『犯四重禁①，作五逆罪②及一闡提③等，當斷善根佛性否？』佛言：『善根有二：一者常，二者無常；佛性非常非無常，是故不斷，名為不二。一者善，二者不善；佛性非善非不善，是名不二。蘊之與界，凡夫見二；智者了達，其性無二。無二之性，即是佛性。』」

【注釋】

①四重禁：指殺生、偷盜、邪淫、妄語等四種禁戒。

②五逆罪：指殺父、殺母、殺阿羅漢、破和合僧及出佛身血五種重罪。

③一闡提：不信佛法之人，無佛性者，為一闡提。

【譯文】

印宗法師又接著問：「黃梅五祖傳衣鉢時是怎麼傳授佛法的呢？」惠能說：「沒有什麼指示傳授，只講自性，並不講說禪定解脫。」印宗法師問道：「為什麼不說禪定解脫呢？」惠能說：「因為講禪定解脫，就有能求、所求二法，這就不是佛法；佛法是沒有分別對待的不二之法。」印宗法師再問：「佛法的不二法門是什麼呢？」惠能說：「法師所講的《涅槃經》，闡述講明了佛性就是佛法的不二之法。比如高貴德王菩薩問佛陀說：『犯了四重禁、五逆罪及不信佛法的一闡提，是不是就永遠斷了善根佛性呢？』佛陀回答說：『善根有兩種：一是常；二是無常，佛性不是常也不是無常，因此為不斷，這就是不二法門；一是善，二是不善，而佛性

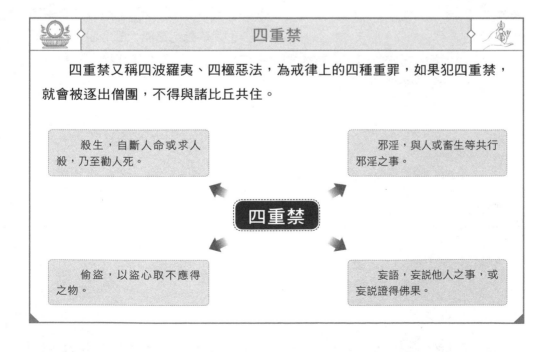

四重禁

四重禁又稱四波羅夷、四極惡法，為戒律上的四種重罪，如果犯四重禁，就會被逐出僧團，不得與諸比丘共住。

殺生，自斷人命或求人殺，乃至勸人死。

邪淫，與人或畜生等共行邪淫之事。

四重禁

偷盜，以盜心取不應得之物。

妄語，妄說他人之事，或妄說證得佛果。

既非善，也非不善，因此叫不二之法門。五蘊與十八界，凡夫以為是不同的境界，而有智慧的人通達事理，知道它們並沒有什麼不同。這種沒有無別的本性就是佛性。』」

印宗聞說，歡喜合掌，言：「某甲講經，猶如瓦礫；仁者論義，猶如真金。」於是為惠能剃髮，願事為師。惠能遂於菩提樹下，開東山法門。

【譯文】
　　印宗法師聽惠能的說法後，心生歡喜，合掌恭敬地說：「我給別人講經，好像瓦片石礫；而您論述義理，猶如精純的真金一般。」於是印宗法師為惠能剃髮，並且願尊奉惠能做師父。惠能於是就在光孝寺的菩提樹下開演東山禪宗頓教法門。

惠能於東山得法，辛苦受盡，命似懸絲。今日得與使君、官僚、僧尼道俗，同此一會，莫非累劫之緣，亦是過去生中供養諸佛，同種善根，方始得聞如上頓教得法之因。教是先聖所傳，不是惠能自智。願聞先聖教者，各令淨心；聞了各自除疑，如先代聖人無別。一眾聞法，歡喜作禮而退。

【譯文】
　　「我自從在東山得到傳承法脈之後，歷盡千辛萬苦，生命無時無刻不處於危險之中。今天能夠和刺史、官僚、比丘、比丘尼、道人及信眾同聚在這裏，這是因為長久以來所累積的法緣，也是過往供養諸佛，共同種下的善根，才能聽聞頓教得法的因緣。這頓教法門是歷代的聖人代代傳承下來的，並非我惠能一人的聰明智能。願聽聞古聖教法的諸位，都能清淨自心，消除內心的疑惑，這樣諸位也和過去的聖人沒有區別了。」大眾聽完惠能大師的說法後，心生歡喜，恭敬地作禮後都離去了。

・名詞解釋・
　　東山法門：禪宗五祖弘忍繼承四祖道信的禪法，於湖北黃梅縣的東山上弘法，所傳之法「法妙人尊」，因此被稱為東山法門。由於惠能繼承了弘忍的衣缽，所以說他「開東山法門」。

一念成佛
般若智慧和般若行

六祖說法

次日，韋使君請益[①]，師升座，告大眾曰：「總淨心念摩訶般若波羅蜜多。」復云：「善知識！菩提般若之智，世人本自有之。只緣心迷，不能自悟；須假[②]大善知識，示導見性。當知愚人智人，佛性本無差別；只緣迷悟不同，所以有愚有智。吾今為說摩訶般若波羅蜜法，使汝等各得智慧。志心諦聽，吾為汝說。」

【注釋】

①請益：已經受戒，再有所請教，稱為請益。

②假：藉助。

【譯文】

第二天，韋刺史又來向六祖大師請求開示。六祖大師登上法座，對大眾說：「大家都先要清淨自心，然後以清淨心來體會無上智慧。」接著六祖說道：「善知識！世間的眾生本都有成佛的無上智慧，只是因為自心被迷惑，不能自己開悟，必須藉助高僧大德的開示，才能見到自己的本性。大家都要知道，愚人和智者的佛性原本是沒有差別的，只因為有迷昧和省悟的不同，才有了愚人和智人之分。我今天要為你們宣講『摩訶般若波羅蜜』大法，使你們都能領悟到成佛的智慧。你們要仔細傾聽，我現在就為你們說法。」

「善知識！世人終日口念般若，不識自性般若，猶如說食不飽。口但說空，萬劫不得見性，終無有益。

「善知識！『摩訶般若波羅蜜』是梵語[①]，此言『大智慧到彼岸』。此須心行，不在口念。口念心不行，如幻如化，如露如電；口念心行，則心口相應[②]，本性是佛，離性無別佛。」

【注釋】

①梵語：印度標準語言，又稱雅語。古印度人認為自己所說的語言是裏

承天王所說而來的，所以稱梵語。

②相應：相契合。

【譯文】

「善知識！世人成天只知口中念誦般若，卻不能認識到自己本性所具有的智慧，就像是空口說吃飯而不進食，始終不會覺得飽一樣。如果只是口裏空說，就算歷經萬劫也終不能見得自性的，最終只是學而無益。

「善知識！『摩訶般若波羅蜜』是梵文，翻譯為中文就是『用大智慧度到彼岸』。這必須要從內心去實行，而不是簡單地用口念誦就可以了。如果只是口裏空念，而內心不去行持，就如同夢幻、朝露閃電一樣地空虛；而如果能口中邊念內心邊行，心口相契合，這時就能體會到自己的本性就是佛，離開自性就成不了佛。」

摩訶之意

「何名『摩訶』？摩訶是大。心量廣大猶如虛空，無有邊畔，亦無方圓大小，亦非青黃赤白，亦無上下長短，亦無嗔無喜，無是無非，無善無惡，無有頭尾，諸佛剎土，盡同虛空。世人妙性本空，無有一法可得。自性真實，亦復如是。善知識！莫聞吾說空，便即著空。第一莫著空，若『空心靜坐』，即著『無記空』。」

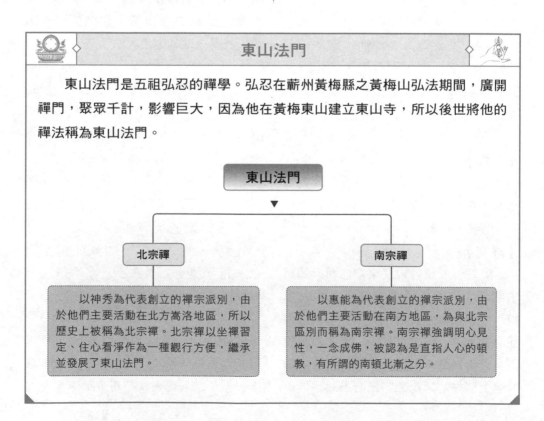

東山法門

東山法門是五祖弘忍的禪學。弘忍在蘄州黃梅縣之黃梅山弘法期間，廣開禪門，聚眾千計，影響巨大，因為他在黃梅東山建立東山寺，所以後世將他的禪法稱為東山法門。

```
              東山法門
                 │
                 ▼
      ┌──────────┴──────────┐
   北宗禪                 南宗禪
```

北宗禪：以神秀為代表創立的禪宗派別，由於他們主要活動在北方嵩洛地區，所以歷史上被稱為北宗禪。北宗禪以坐禪習定、住心看淨作為一種觀行方便，繼承並發展了東山法門。

南宗禪：以惠能為代表創立的禪宗派別，由於他們主要活動在南方地區，為與北宗區別而稱為南宗禪。南宗禪強調明心見性，一念成佛，被認為是直指人心的頓教，有所謂的南頓北漸之分。

【譯文】

「什麼叫做『摩訶』呢？『摩訶』就是『大』的意思，是指心量廣大，好像虛空一樣，沒有邊際，沒有大小方圓、赤黃青白、上下長短，也沒有嗔怒喜樂、是非善惡、開始結束等分別。一切諸佛國土，都如同虛空一樣。世人的靈妙真性本來是空的，並沒有一法可得。所謂自性真空，也是一樣的！善知識啊！千萬不要聽我說『空』，就只執著於空。修行的第一個注意事項就是要不要執著空相。如果心裏什麼念頭都沒有就只是靜坐，那就是『無記空』了。」

「善知識！世界虛空，能含萬物色像，日月星宿、山河大地、泉源溪澗、草木叢林、惡人善人、惡法善法、天堂地獄、一切大海、須彌諸山，總在空中。世人性空，亦復如是。」

【譯文】

「善知識！虛空世界包羅了萬物的種種色相，例如日月星辰、山河大地、泉源溪澗、草木叢林、惡人善人、惡法善法、天堂地獄、一切大海、須彌諸山，都在這虛空之中，世人的妙性真空，也同樣能包容萬法。」

「善知識！自性能含萬法是大，萬法在諸人性中。若見一切人惡之與善，盡皆不取不捨，亦不染著，心如虛空，名之為大，故曰『摩訶』。善知識！迷人口說，智者心行。又有迷人，空心靜坐，百無所思，自稱為大；此一輩人，不可與語，為邪見故。」

【譯文】

「善知識啊！自性能包含萬法，這就稱為『大』，而萬法就在每個人的自性當中。如果見到任何人，無論善惡，都能做到不取不捨，也不沾染執著，心淨如虛空，這也就是『大』，所以梵語叫做摩訶。善知識啊！愚癡迷惑的人只是用口誦念，而智者則用心行。還有一些執迷不悟之人，空心靜坐，什麼也不想，自以為這就是『大』了，這樣的人就不足以和他論法了，因為他們的見解是邪知邪見呀！」

般若之意

「善知識！心量廣大，遍周法界。用即了了分明，應用便知一切。一切即一，一即一切，去來自由，心體無滯，即是般若。

「善知識！一切般若智，皆從

・名詞解釋・

邪見：指不正之見，凡不合正法的外道之見都可以稱為邪見。《六祖壇經》中的邪見是指「著於無記空」而不合正法者說的。所謂「無記空」是指於善不善者皆不可記別的空。

自性而生，不從外入，莫錯用意，名為真性自用。一真一切真。心量大事①，不行小道。口莫終日說空，心中不修此行，恰似凡人自稱國王，終不可得，非吾弟子。」

【注釋】

①心量大事：「心量」，指遠離一切所緣、能緣，而無住於心的真如心量；「大事」，指轉迷開悟之事。「心量大事」是說開發真如心量，是轉迷開悟、見性成佛的大事。

【譯文】

「善知識啊！自性心量廣大，包含著整個世界萬物，運用的時候就歷歷分明，就知道了一切萬法。一切萬法就是同一本法，一本法就能顯現一切萬法，不但來去自由，而且心與身體之間毫無障礙，這就是般若智慧。

「善知識！所有般若智慧，都是從自性中生出的，而不是從外面得來，你們不要錯用了心思！這就叫作真性自用。一法真即一切法皆真。心要開悟真如自性，轉迷為悟的大事，而不要用在空心靜坐這種小道上，更不要整天口中說空，而心中卻不能修行！就好像一個平民百姓，總自稱為王，卻終究不能為王。這種人不是我的弟子。」

「善知識！何名『般若』？般若者，唐言①智慧也。一切處所，一切時中，念念不愚，常行智慧，即是『般若行』！一念②愚即般若絕，

一念智即般若生。世人愚迷，不見般若；口說般若，心中常愚。常自言我修般若，念念說空，不識真空。般若無形相，智慧心即是。若作如是解，即名『般若智』。」

【注釋】

①唐言：即漢語、華語，唐朝時中國於世界聲威遠揚，所以出國僑居的中國人都自稱為唐人。

②一念：一瞬間，在佛教中指心思活動中最短的時間單位。

【譯文】

「善知識啊！什麼叫『般若』？中文翻譯為智慧。無論何時何地，能心心念念不愚不癡，常用智慧行事，這就是般若行。如果一念愚妄，就斷失了般若；一念正智，就會生出般若。世間凡夫，執迷不悟，不能見到智慧。雖然口說般若，心中卻常被愚迷所惑；儘管常常說我在修行般若，心心念念地談論空相，卻不能體會真正的性空智慧。般若原本沒有形相，人的智慧心就是此無形無相而又淨空相繼的般若相。如果能這樣理解，就稱為般若智慧。」

波羅蜜之意

「何名『波羅蜜』？此是西國語，唐言到彼岸，解義離生滅。著境生滅起，如水有波浪，即名為此岸；離境無生滅，如水常通流，即名為彼岸，故號波羅蜜。」

【譯文】

「什麼叫『波羅蜜』呢？這是印度話，中文翻譯為『到彼岸』，意思是斷絕生滅。心若執著外境，就有生滅現起，如同水中波浪起伏不定，這叫做『此岸』；如果心不思量外境，就像流水暢通無礙，生滅便無由現起，這叫『彼岸』，所以稱為『波羅蜜』。」

「善知識！迷人口念，當念之時，有妄有非；念念若行，是名真性。悟此法者，是『般若法』；修此行者，是『般若行』。不修即凡；一念修行，自身等佛。

「善知識！凡夫即佛，煩惱即菩提。前念迷即凡夫，後念悟即佛；前念著境即煩惱，後念離境即菩提。」

【譯文】

「善知識啊！愚昧的人只知道在口中空念，當口念的時候，心中卻有妄想、是非的紛擾。如果能念念心行，才是真實不虛的真如法性。悟得這個法的是『般若法』，而修持這種行的是『般若行』。不能像這樣修行，就是凡夫俗子；如果能一念修行，頓地成佛。

「善知識！凡人本來自性是佛，煩惱自性就是菩提。前念迷惑，就是凡夫；後念覺悟，就是佛陀。前念執著於外境，就是煩惱；後念超離境相，就是菩提。」

「善知識！摩訶般若波羅蜜，最尊最上最第一，無住無往亦無來，三世諸佛從中出。當用大智慧，打破五蘊煩惱塵勞，如此修行，定成佛道，變三毒為戒定慧。」

【譯文】

「善知識啊！摩訶般若波羅蜜是最尊貴、至高無上的第一佛法，既沒有往也沒有來，過去世、現在世、未來世的諸佛

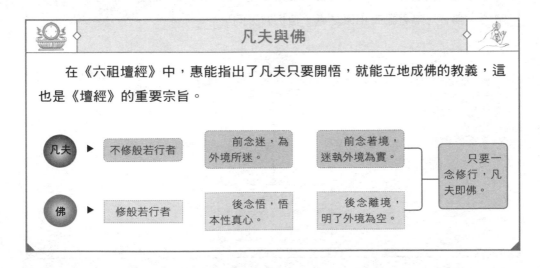

凡夫與佛

在《六祖壇經》中，惠能指出了凡夫只要開悟，就能立地成佛的教義，這也是《壇經》的重要宗旨。

凡夫 ▶ 不修般若行者　｜　前念迷，為外境所迷。　｜　前念著境，迷執外境為實。

佛 ▶ 修般若行者　｜　後念悟，悟本性真心。　｜　後念離境，明了外境為空。

只要一念修行，凡夫即佛。

都是從這最尊最高的法生出。我們應當運用這種大智慧去打破色、受、想、行、識五蘊及一切的煩惱塵勞。如果能這樣修行，一定可以成就佛道，轉變貪、嗔、癡三毒為戒、定、慧三無漏學。」

🪷 見性成佛

「善知識！我此法門，從一般若生八萬四千智慧。何以故？為世人有八萬四千塵勞[1]；若無塵勞，智慧常現，不離自性。無念、無憶、無著，不起誑妄。用自真如性，以智慧觀照，於一切法不取不捨，即是見性成佛道。」

【注釋】

[1] 塵勞：佛教徒所說的世俗事務的煩惱。

【譯文】

「善知識！要知道我這一法門，從一實相般若能生出八萬四千種智慧，這是為什麼呢？因為世人有八萬四千種煩惱塵勞。如果沒有塵勞煩惱，般若智慧就能時常顯現，念念不離菩提自性。悟得這一法門的人，就不會有妄念，沒有思量、執著，也不起誑妄顛倒之心，應用真如自性，以般若智慧來觀察事物，對於一切諸法不執著也不捨離，這就是見性成佛。」

「善知識！若欲入甚深法界[1]及般若三昧者，須修般若行；持誦《金剛般若經》，即得見性。當知此經功德，無量無邊，經中分明讚歎，莫能具說。此法門是最上乘，為大智人說，為上根人說；小根小智人聞，心生不信。何以故？譬如

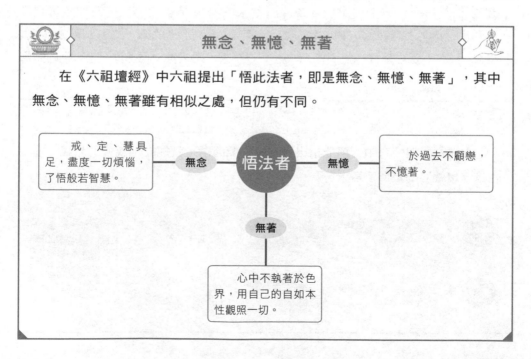

無念、無憶、無著

在《六祖壇經》中六祖提出「悟此法者，即是無念、無憶、無著」，其中無念、無憶、無著雖有相似之處，但仍有不同。

戒、定、慧具足，盡度一切煩惱，了悟般若智慧。

無念

悟法者

無憶

於過去不顧戀，不憶著。

無著

心中不執著於色界，用自己的自如本性觀照一切。

天龍下雨於閻浮提，城邑聚落，悉皆漂流，如漂草葉；若雨大海，不增不減。若大乘人，若最上乘人，聞說《金剛經》，心開悟解。故知本性自有般若之智，自用智慧常觀照故，不假文字。譬如雨水，不從無有，元是龍能興致，令一切眾生、一切草木、有情無情，悉皆蒙潤；百川眾流，卻入大海，合為一體。眾生本性般若之智，亦復如是。」

【注釋】

①甚深法界：指極其幽妙深廣的實相境界。

【譯文】

「善知識啊！如果想進入甚深法界和般若正定的人，必須修持般若行；而持誦《金剛般若經》，就能夠明見自性。由此可以知道《金剛經》的功德是無量無邊的，雖然經文中已經很明確地對此經的功德給予讚歎，但仍不能完全說盡。這頓教法門是最上乘的法門，是專門為有大智慧的人和上等根性的人講說的；而小根器、小智慧的人一旦聽到此法後，心中就會生出疑惑，這是為什麼呢？就好像天神龍神為娑婆世界降雨，城市村落都順水漂流，如同水上漂流的小草樹葉一樣；如果降雨在大海裏，雨再大也不會看見海水增加；但如果是大乘人，聽到《金剛經》時，就能立即能開悟。所以說本性裏面自有般若智慧，這一般若智慧不需要任何文字，卻能觀照世事。比如雨水，它不是從無

而有，原是天龍能興雲佈雨，讓一切眾生、所有花草樹木，有情無情，都能蒙受潤澤；雨水隨百川流入大海，合成一體。眾生本性中原有的般若智慧也是這樣的。」

「善知識！小根之人，聞此頓教，猶如草木。根性小者，若被大雨，悉皆自倒，不能增長。小根之人，亦復如是。元有般若之智，與大智人更無差別，因何聞法不自開悟？緣邪見障重，煩惱根深。猶如大雲覆蓋於日，不得風吹，日光不現。般若之智亦無大小，為一切眾生自心迷悟不同。迷心外見①，修行覓佛，未悟自性，即是小根。若開悟頓教，不執外修，但於自心中常起正見，煩惱塵勞，常不能染，即是見性。」

【注釋】

①心外見：認為除了自心以外還有其餘可求的菩提的邪見。

【譯文】

「善知識啊！小根器的人聽到這般若頓教法門，如同根莖弱小的草木，一旦遇到大雨，都會被沖倒，不能繼續生長。小根器的人也是這樣，他們原有的般若智慧，與大根智的人本沒有區別，為什麼在聽聞頓教法門時不能開悟呢？因為他們執迷於邪知邪見，障礙和煩惱在心內結下太深的根基的緣故。這就好比烏雲遮住了太陽，如果沒有風吹散烏雲，日光就不能顯現一樣。般若智慧本無大小之分，卻因眾生自心的迷悟而各

有不同。當心有迷惑時，就向外求法，離心覓佛，不能悟見自性，這就是小根性的人。如果領悟頓教法門，就不會執著於修行求法，而在自己心中常生正見，一切煩惱塵勞自然都不會沾染，這就是明心見性。」

「善知識！內外不住，去來自由，能除執心，通達無礙，能修此行，與《般若經》本無差別。善知識！一切修多羅[①]及諸文字，大小二乘、十二部經[②]，皆因人置；因智慧性，方能建立。若無世人，一切萬法本自不有。故知萬法本自人興；一切經書，因人說有。緣其人中，有愚有

智：愚為小人，智為大人。愚者問於智人，智者與愚人說法，愚人忽然悟解心開，即與智人無別。」

【注釋】

①修多羅：譯為契經，指佛教經典。

②十二部經：印度佛教經典按內容可分為十二類，總稱為十二部經。

【譯文】

「善知識！如果能不執著內境也不不執著外境，生死來去自由，能消除心中的執著，就能通達順暢，沒有障礙，這樣的修行，就和《般若經》所說的沒有差別。

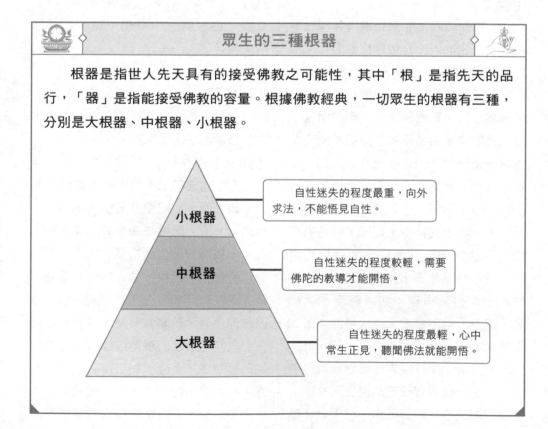

眾生的三種根器

根器是指世人先天具有的接受佛教之可能性，其中「根」是指先天的品行，「器」是指能接受佛教的容量。根據佛教經典，一切眾生的根器有三種，分別是大根器、中根器、小根器。

小根器 —— 自性迷失的程度最重，向外求法，不能悟見自性。

中根器 —— 自性迷失的程度較輕，需要佛陀的教導才能開悟。

大根器 —— 自性迷失的程度最輕，心中常生正見，聽聞佛法就能開悟。

「善知識！一切經典、所有文字、大小二乘教、十二部經，都是因人而設的，由於眾生智慧深淺有所不同，才能建立起來。如果沒有世人，也就不會有一切萬法。由此可知，一切萬法原本是由世人所興設；所有經書也都是有人說法才會有。因為世人有愚智的分別，愚昧的為小人，有智慧的為大人。愚昧的人向有智慧的人請教，有智慧的人對愚昧的人說法；癡愚的人如果能忽然領悟、明心見性，就和有智慧的人沒有差別。」

🪷 一念成佛

「善知識！不悟即佛是眾生；一念悟時，眾生是佛。故知萬法盡在自心。何不從自心中頓見真如本性？《菩薩戒經》云：『我本元自性清淨，若識白心見性，皆成佛道。』《淨名經》云：『即時豁然，還得本心。』」

【譯文】

「善知識！一念不能覺悟，佛也會成為眾生；一念覺悟時，眾生也能成佛。所以我們可以知道，萬法都在自己的心中。那為什麼不從自己的心中去領悟頓之真如本性呢？《菩薩戒經》中說：『我本來的自性是清淨無染的。若能識得自心，見到自性，都能夠成就佛道。』《淨名經》中說：『頓時開悟，返見自己清淨的本心。』」

「善知識！我於忍和尚處，一聞言下便悟，頓見真如本性。是以將此教法流行，令學道者頓悟菩提，各自觀心，自見本性。若自不悟，須覓大善知識，解最上乘法者，直示正路。是善知識有大因緣，所謂化導①令得見性；一切善法，因善知識能發起故。三世諸佛、十二部經，在人性中本自具有。不能自悟，須求善知識指示方見。若自悟者，不假外求。若一向執謂須他善知識，望得解脫者，無有是處。何以故？自心內有知識自悟。若起邪迷，妄念顛倒，外善知識雖有教授，救不可得。若起正真般若觀照，一剎那間，妄念俱滅。若識自性，一悟即至佛地。」

【注釋】

①化導：教化導示。

【譯文】

「善知識啊！我在五祖弘忍和尚那兒，一聽到他說法當下就開悟，見到了

第八章 禪宗聖經——《六祖壇經》

• 名詞解釋 •

修多羅：意譯為契經、正經等，原指由線與紐串連的花簇，後引申為能貫串前後法意使不散失，即指佛教經典。就文體與內容而言，佛陀所說之教法，凡屬直說之長行者，皆屬於修多羅。

真如本性。所以才將這種頓教法門流傳廣布，讓學佛道的人頓見菩提，各自觀照自心，自見本性。如果自己不能領悟，就要尋訪大明大德之師，也就是理解最上乘法的人，直接指示正路。這些大師與眾生有大事因緣，教化示導令眾生得見自性，世間的一切善法也是因為大師們的傳授才得以流傳。實際上，過去、現在、未來三世一切諸佛及十二部經在人的自性本心中本來就圓滿具足，如果不能自己開悟，就要恭求大師的指示方能明見自性。如果能自己開悟的人，不需要藉助外力，如果一味地執著於必須依靠大師的指導才得到解脫的想法，那就是錯誤的，為什麼這樣說呢？自己的本心之中本來就有般若智慧，本來就能自己開悟。如果心生邪見，有了

妄念，顛倒是非，那麼即使有大師的指導，也不能解脫，如果內心生有正見，就有般若智慧之心觀照，一瞬間所有的妄念都會消失；如果能見到自性，一開悟就能立地成佛。」

🪷 無念與邊見

「善知識！智慧觀照，內外明徹，識自本心。若識本心，即本解脫。若得解脫，即是般若三昧；般若三昧，即是『無念』。何名『無念』？知見一切法，心不染著[①]，是為『無念』。用即遍一切處，亦不著一切處。但淨本心，使六識出六門，於六塵中無染無雜，來去自由，通用無滯，即是般若三昧，自

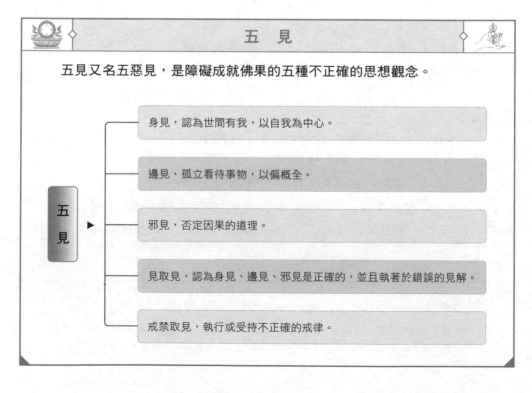

五 見

五見又名五惡見，是障礙成就佛果的五種不正確的思想觀念。

五見 ▶

身見，認為世間有我，以自我為中心。

邊見，孤立看待事物，以偏概全。

邪見，否定因果的道理。

見取見，認為身見、邊見、邪見是正確的，並且執著於錯誤的見解。

戒禁取見，執行或受持不正確的戒律。

在解脫，名『無念行』。若百物不思，當令念絕，即是法縛，即名『邊見』。

【注釋】

①染著：沾染外物。

【譯文】

「善知識啊！用般若智慧觀照世間一切，就能使心內外光明澄澈，認識自己的自性本心。如果認識到自己的本心，就會明了本來無礙的自在解脫。如果得解脫自在，即是進入般若正定中，般若三昧就是對一切諸法無念。什麼叫『無念』呢？就是雖知見一切萬法，而心不染著。應用時即遍一切地方，卻又不染著一切。只要內心清淨，使六識通過六根，在六塵之中不起絲毫雜染妄念，來去自由，通暢自如，運用自如，無滯無礙，這就是般若三昧，就是自在解脫，這叫『無念行』。如果什麼不去思考，應該使得心念斷絕，這就是法縛，也叫『邊見』。」

「善知識！悟無念法者，萬法盡通；悟無念法者，見諸佛境界；悟無念法者，至佛地位。善知識！後代得吾法者，將此頓教法門，於同見同行，發願受持如事佛故，終身而不退

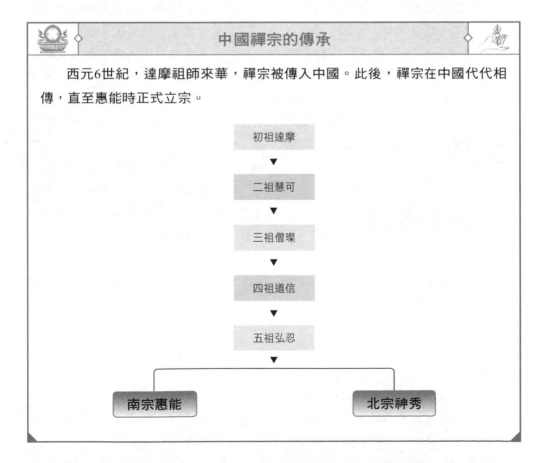

中國禪宗的傳承

西元6世紀，達摩祖師來華，禪宗被傳入中國。此後，禪宗在中國代代相傳，直至惠能時正式立宗。

初祖達摩
▼
二祖慧可
▼
三祖僧璨
▼
四祖道信
▼
五祖弘忍
▼

南宗惠能　　　　　　北宗神秀

者，定入聖位。然須傳授從上以來默傳分付，不得匿其正法。若不同見同行，在別法中不得傳付，損彼前人，究竟無益。恐愚人不解，謗此法門，百劫千生，斷佛種性。」

【譯文】

「善知識！能夠悟得無念法的人，萬法盡通，能親見諸佛的境界，就能達到諸佛的果位。善知識！後代得到我這個無念法門的人，能將這個頓教法門，與見解相同、心行相同的人共同發願信受奉持佛陀，終生精進而不退轉的人，必定能達到聖人的境地。但是，必須傳授歷代祖師的默傳咐囑，不可隱匿宗門正法。如果不是屬於同一禪門、沒有共同的行持，在別的宗派法門中修行的人，就不得妄自傳授法門給他，以免有損禪門歷代祖師的傳承，對他個人也沒有什麼好處。又怕有些愚癡的人因為不能瞭解禪宗法門，反而誹謗法門，招致罪孽，斷絕佛緣。」

無相偈頌

「善知識！吾有一《無相頌》，各須誦取。在家出家，但依此修；若不自修，惟記吾言，亦無有益。」

【譯文】

「善知識啊！我有一首《無相頌》，你們要各自去讀誦。無論是在家弟子還是出家弟子，都要依這首頌去修

行。如果不能去修行，只是記住我所說的話，也是沒有什麼用的。」

聽吾頌曰：
「說通及心通，如日處虛空；①
唯傳見性法，出世破邪宗。②
法即無頓漸，迷悟有遲疾；③
只此見性門，愚人不可悉。④
說即雖萬般，合理還歸一；⑤
煩惱暗宅中，常須生慧日。⑥
邪來煩惱至，正來煩惱除；⑦
邪正俱不用，清淨至無餘。」⑧

【注釋】

①說通及心通，如日處虛空：是說人的智慧如虛空中的太陽，遍照一切。

②唯傳見性法，出世破邪宗：六祖無上妙法傳於世人破除眾生妄想執著和外道法。

③法即無頓漸，迷霧有遲疾：佛說在一切法中是沒有高下之分的，沒有頓漸，癡迷不開悟後才有快慢的差別。

④只此見性門，愚人不可悉：只是這個見性法門，愚癡的人是不能理解領悟的，也不適合修行。

⑤說即雖萬般，合理還歸一：佛說法雖有八萬四千法門之多，但其宗旨都是教人明心見性，返本歸原。

⑥煩惱按宅中，常須生慧日：煩惱就是無明，就好像在暗室中，只需一盞智慧之燈即可照亮。

⑦邪來煩惱至，正來煩惱除：人之所以有煩惱是因為有邪思邪見，如果能心存正念，所有的煩惱都自會消除。

⑧邪正俱不用，清淨至無餘：如果邪念正念都不著，方能達到清淨至極的境界。

【譯文】

現在請專心聽我說頌：

「說法通及自心通，就好像是處在虛空中的太陽普照萬物。

只有六祖所傳的見性大法，才能普度眾生破除邪道。

大法本是不分頓與漸的，只因為久久癡迷不開悟才有了快慢之分。

只是這個能夠使自己見性的法門，那些愚癡的人是不能瞭解的。

佛陀的說法縱然有千萬種，但宗旨都是讓人的身心合一，返本歸原的。

煩惱在暗宅中，應當常生起智慧之燈。

人的內心一旦有了邪思邪見，就會有煩惱紛至沓來。

邪念正念都不用，就能達到涅槃的境界。」

「菩提本自性，起心即是妄；①
淨心在妄中，但正無三障。②
世人若修道，一切盡不妨；③
常自見己過，與道即相當。」④

【注釋】

①菩提本自性，起心即是妄：菩提就是自性，內心動念就是妄。

②淨心在妄中，但正無三障：淨心就在妄念之中，只要藉正就能達到正知正見。三障是指業障、報障、煩惱障。

③世人若修道，一切盡不妨：世間之

這是慧可圖。慧可俗姓姬，虎牢人。他少時博聞強記，廣涉群書，中年時為求得禪法，立雪斷臂，遂得拜達摩為師，修得禪法，被尊為中國禪宗二祖。在《六祖壇經》中，六祖認為不能隨便向外傳付法門，這法門就是達摩、慧可、僧璨、道信、弘忍、惠能一脈相承的禪宗。

人如能淨心修道，那麼一切都不是妨礙。

④常自見己過，與道即相當：經常能看見自己的過失，那麼就離菩提解脫之道不遠了。

【譯文】

「菩提智慧本來就是眾生的自性，但在那起心動念的一剎那就墮入了妄相。

而我們的清淨本心就在當下的妄念之中，只要藉助修行的三種障礙，就能當即得到解脫。

世間人如果能修行這無上之道，那麼所有的障礙都能被消除。

如果能經常看到自己的過錯，那就與菩提道更加接近了。」

「色類自有道，各不相妨惱；①
離道別覓道，終身不見道。②
波波度一生，到頭還自懊；③
欲得見真道，行正即是道。」④

【注釋】

①色類自有道，各不相妨惱：色即有形有相。道就在我們的所見所知之處，不能妨礙惱亂。

②離道別覓道，終身不見道：不需要離開現實生活中的道而另外去尋找

這是僧璨圖。根據禪宗經典，僧璨原為居士，因慧可為之說「是心是佛，是心是法」而開悟，後拜慧可為師，繼承了禪宗法脈，被尊為禪宗三祖。

道，那麼終身都找不到。

③波波度一生，到頭還自懊：波波是形容忙忙碌碌、四處奔波的樣子。一生忙忙碌碌的尋找，到頭來還是自己懊惱。

④欲得見真道，行正即是道：想要見真正的道，只需要行為正當即可。

【譯文】

「世間萬象各自有道，互不相妨礙。

如果離開這世間之道，而去尋找別的道，是終其一生都難以找到的。

忙忙碌碌地度過一生，到頭來只能自己懊惱。

想要見到真道，就要讓自己行為端正，這就是菩提之道。」

「自若無道心，暗行不見道；①
若真修道人，不見世間過。」②

【注釋】

①自若無道心，暗行不見道：如果自己沒有修道之心，只是在黑暗中行走是不可能見道的。

②若真修道人，不見世間過：如果是真的修道之人，是不會見到世間的過失的。

【譯文】

「如果一個修道人，自己沒有上求無上菩提的心願，那麼就好像在黑暗中行走沒有方向，這樣是不可能得道的。

如果是真正的修道人，他就會發菩提心立志學佛，內心清淨，是見不到眾生過失相的。」

「若見他人非，自非卻是左；
他非我不非，我非自有過。
但自卻①非心，打除煩惱破；
憎愛不關心，長伸兩腳臥。」

【注釋】

①卻：除卻。

【譯文】

「如果知道他人有過錯，那你也能知道自己的錯了。他人的是非過錯我不去分辨，我如果去分辨了，就會在意識中，迷昧本心，這也是過失啊！

只要能自己體悟到是非並能除卻善惡的心念，就能破除煩惱，不關心世間所有的憎愛，做一個身心兩閒的無為道人，自在得很。」

「欲擬化他人，自須有方便①；
勿令彼有疑，即是自性現。」

【注釋】

①方便：善巧的智慧。

【譯文】

「如果想要教化他人，自己首先要有足夠的智慧，才能對症下藥度化他人。不要讓他人心生疑惑，才能使他的自性顯現出來。」

「佛法在世間，不離世間覺；
離世覓菩提，恰如求兔角①。
正見名出世，邪見名世間；
邪正盡打卻，菩提性宛然②。」

【注釋】

①兔角：這裏比喻不存在的東西。
②宛然：即顯然可見的樣子。

【譯文】

「佛法在世間廣泛流傳，離不開世間一切的般若智慧，若離開世間去尋找菩提，那就相當於去尋找兔角，根本找不到。

正見就叫出世法，而有邪見就叫世間凡夫迷執。

如果把正見或者邪見都能除卻，菩提自性也就自然顯現出來了。」

「此頌是頓教，亦名大法船①；
迷聞②經累劫，悟則剎那間。」

【注釋】

①大法船：是指能承載無數眾生從生死此岸到解脫彼岸的智慧。
②迷聞：迷迷糊糊地聽說，但不能省悟。

【譯文】

「這首《無相頌》，是頓教的法門，是成佛的法門，也叫大法船，承載眾生經煩惱中流到涅槃的彼岸。你若是迷惑不明白，那就要經過很長時間的修持，才能開悟；而你若能頓悟，剎那就能見性成佛。」

師復曰：「今於大梵寺說此頓教，普願法界眾生言下見性成佛。」

時韋使君與官僚、道俗，聞師所說，無不省悟。一時作禮，皆歎：「善哉！何期嶺南有佛出世。」

【譯文】

六祖大師又說：「今天在大梵寺講說這各頓教法門，我發願：願法界一切眾生能在這首《無相頌》中一起見性成佛。」當時韋刺史和官僚、道士、俗人等，聽六祖大師講說之後，都能反省頓悟。並一起向大師頂禮謝法，心生歡喜地讚歎：「太好了！想不到嶺南一帶，竟然有佛出世！」

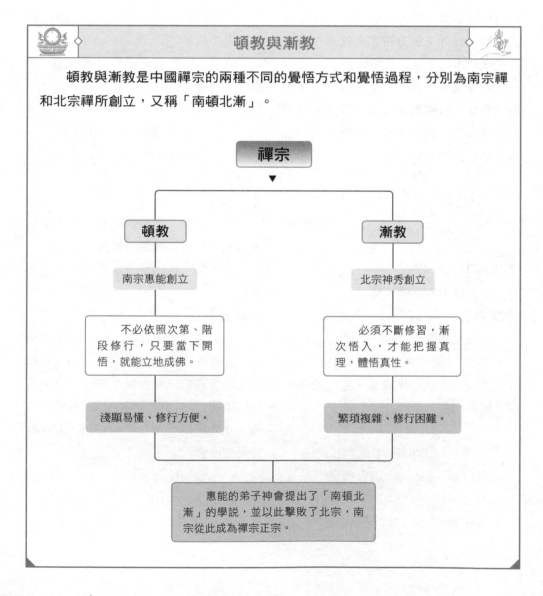

頓教與漸教

　　頓教與漸教是中國禪宗的兩種不同的覺悟方式和覺悟過程，分別為南宗禪和北宗禪所創立，又稱「南頓北漸」。

禪宗

頓教

南宗惠能創立

不必依照次第、階段修行，只要當下開悟，就能立地成佛。

淺顯易懂、修行方便。

漸教

北宗神秀創立

必須不斷修習，漸次悟入，才能把握真理，體悟真性。

繁瑣複雜、修行困難。

　　惠能的弟子神會提出了「南頓北漸」的學說，並以此擊敗了北宗，南宗從此成為禪宗正宗。

佛的寓言——《百喻經》

《百喻經》是一部以譬喻故事宣講佛法的佛教經典。全書共編撰了九十八篇譬喻故事，多以生活事件為題材，闡述了豐富的人生哲理與生活智慧，寓莊嚴隆重於幽默諧趣之中，是藉譬喻故事以申教誡的佛經。

譬喻說法
佛法與故事的完美結合

《百喻經》全稱《百句譬喻經》，其中「百喻」就是指100篇譬喻故事，這與原經的98篇譬喻故事的數目有些出入。之所以稱為「百」，主要有兩種說法，一是指為了湊足整數，二是98篇譬喻故事加上卷首引言和卷尾偈頌合稱百篇。

西元5世紀，《百喻經》由印度高僧僧伽斯那彙集而成，此時正是印度寓言文學的盛時，也是著名的《五卷書》（婆羅門學者撰寫的用來教授貴族子弟的一部梵文寓言集）流行的時代，所以《百喻經》的成書可謂是應時之作。

《百喻經》原名為《癡華鬘》，其中「華鬘」就是花環，後來古印度人以此象徵講故事的體裁，就是像以花結環一樣將小故事彙集成篇，所謂《癡華鬘》也就是關於愚人的寓言故事的彙集。這些寓言故事共有兩萬餘字，每一篇都是先講故事，然後再打比方，進而闡述佛學義理。全書將佛教的教義與譬喻故事巧妙地進行融合，不僅通俗易懂，而且幽默詼諧，富含了豐富的生活智慧和人生哲理，是佛法與譬喻故事的完美結合。

根據內容和意趣，《百喻經》的故事大致可以分為三類：第一類寓言對治煩惱，如愚人食鹽喻治戒禁取、歎父德行喻治癡、牧羊人喻對治以自我為中心的身見、嘗庵婆羅果喻治疑、灌甘蔗喻治貪、人喜瞋喻治瞋、婦貿鼻喻治慢、梵天弟子造物因喻治邊見、兩子分財喻治邪見、婦詐稱死喻治見取等；第二類寓言對治惡行，如愚人集牛乳喻治慳吝、死欲停置家中喻治犯戒、以梨打頭破喻治邪命、醫與王女藥令卒長大喻治懈怠等；第三類寓言開示法義，如小兒爭分別毛喻開示空義、海取沉水喻開示一乘等。

通過這些寓言，經書闡明了佛法的要義。正如僧迦斯那在此經的跋頌所言：「此論我所造，合和喜笑語，多損正實說，觀義應不應，如似苦毒藥，和合於石蜜，藥為破壞病，此論亦如是，正法中戲笑，譬如彼狂藥，佛正法寂定，明照於世間，如服吐下藥，以酥潤

體中，我今以此義，顯發於寂定，如阿伽陀藥，樹葉而裹之，取藥塗毒竟，樹葉還棄之，戲笑如葉裏，實義在其中，智者取正義，戲笑便應棄」，指出此經像用苦藥和石蜜下藥一樣，雖然石蜜更為好吃，但重點在於可以治病的苦藥，讀者應永取佛法之藥，而拋棄戲笑的樹葉。

在漢文佛教經典中，譬喻類經書除了《百喻經》外，還有道略集的《雜譬喻經》和《眾經撰雜譬喻》等書，但是像《百喻經》一樣齊整並彙集成冊的譬喻故事集，就很是難得了。自從《百喻經》傳入中國以來，最早是由南朝蕭齊天空三藏法師求那毗地翻譯為漢文，此後就散落在佛教典籍中了。直至1914年，魯迅將《百喻經》斷句點校，並出資刊刻。1926年，王品青又校訂了《百喻經》，並改名為《癡花鬘》在上海印行，魯迅又為之作題記，其中寫道「佛藏中經，以譬喻為名者，亦可五六種，唯《百喻經》最有條貫」，足見他對《百喻經》的評價之高。

作為一部佛教經典，《百喻經》的目的仍是宣揚佛法，教誡眾人不要貪著世間的物相與欲樂，但是從文學角度而言，《百喻經》的文字通俗流暢，不失為一部精彩的文學作品。自從翻譯為漢文以來，就廣受喜愛而流傳於世。

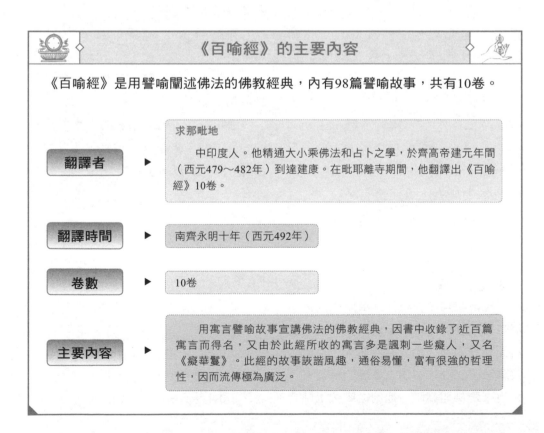

《百喻經》的主要內容

《百喻經》是用譬喻闡述佛法的佛教經典，內有98篇譬喻故事，共有10卷。

翻譯者 ▶ 求那毗地

中印度人。他精通大小乘佛法和占卜之學，於齊高帝建元年間（西元479～482年）到達建康。在毗耶離寺期間，他翻譯出《百喻經》10卷。

翻譯時間 ▶ 南齊永明十年（西元492年）

卷數 ▶ 10卷

主要內容 ▶ 用寓言譬喻故事宣講佛法的佛教經典，因書中收錄了近百篇寓言而得名，又由於此經所收的寓言多是諷刺一些癡人，又名《癡華鬘》。此經的故事詼諧風趣，通俗易懂，富有很強的哲理性，因而流傳極為廣泛。

2 佛家故事
眾生修行的迷思

🪷 佛陀與外道論戰

聞如是：一時佛住王舍城，在鵲封竹園，與大比丘、菩薩摩訶薩及諸八部三萬六千人俱。

是時會中有異學梵志五百人俱，從座而起，白佛言：「吾聞佛道洪深，無能及者，故來歸問。唯願說之。」

佛言：「善哉！」

問曰：「天下為有為無。」

答曰：「亦有亦無。」

梵志曰：「如今有者，云何言無？如今無者，云何言有？」

答曰：「生者言有，死者言無。故說『或有或無』。」

【譯文】

我曾親耳聽到過釋迦牟尼佛講述：那時佛陀住在印度王舍城，在鵲封竹園給大比丘、菩薩和天龍八部等三萬六千人講法。正在那時遇上婆羅門信徒五百人也來聽佛祖講說，他們從座位上站起來，問佛：「我聽說佛道深厚廣大，無人能及，所以來向您請教，希望您能給我們講解一下。」

佛陀說：「好啊！」

又問：「天下的東西是實際存在呢？還是不存在呢？」

佛陀答：「說有也有，說無也無。」

又問：「你說有，怎麼說？無又怎麼講呢？」

佛陀答：「對於活著的人來說是有的，死了的人來說就是沒有，所以說有也有，說無也無。」

問曰：「人從何生？」

答曰：「人從穀而生。」

問曰：「五穀從何而生？」

答曰：「五穀從四大火風而生。」

問曰：「四大火風從何而生？」

答曰：「四大火風從空而生。」

問曰：「空從何生？」

答曰：「從無所有生。」

問曰：「無所有從何而生？」

答曰：「從自然生。」

問曰：「自然從何而生？」

答曰：「從泥洹而生。」

問曰：「泥洹從何而生？」

佛曰：「汝今問事何以爾深？泥洹者是不生不死法。」

問曰：「佛泥洹未？」

答曰：「我未泥洹。」

問曰：「若未泥洹，云何得知泥洹常樂？」

佛言：「我今問汝，天下眾生為苦為樂？」

問：「空從哪兒生的呢？」

答：「從無所有生。」

問：「無所有從哪兒生呢？」

答：「從自然生。」

問：「自然從哪兒生呢？」

答：「從涅槃而生。」

問：「涅槃從哪兒生來呢？」

答：「你為什麼要追根到底呢？涅槃就是不生不死的大法啊！」

問：「那麼，你進入涅槃了嗎？」

答：「我還沒有入涅槃。」

問：「既然你還沒入涅槃，怎麼知道涅槃的境界為常樂呢？」

答：「我現在問你，你知道天下的眾生是苦還是樂嗎？」

【譯文】

問：「人是從哪兒來的呢？」

答：「人從五穀而生。」

問：「五穀從哪兒生出來呢？」

答：「五穀從地、水、火、風四大而生。」

問：「那四大從哪兒生呢？」

答：「四大從空而生。」

答曰：「眾生甚苦。」

佛言：「云何名苦？」

答曰：「我見眾生死時，苦痛難忍，故知死苦。」

佛言：「汝今不死，亦知死

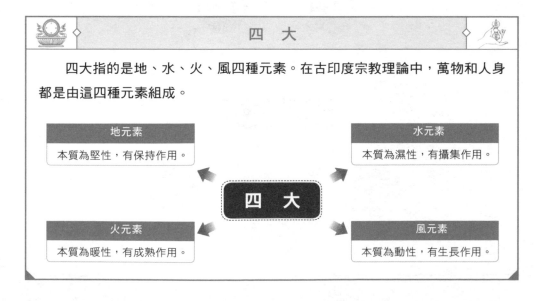

四 大

四大指的是地、水、火、風四種元素。在古印度宗教理論中，萬物和人身都是由這四種元素組成。

地元素
本質為堅性，有保持作用。

水元素
本質為濕性，有攝集作用。

四 大

火元素
本質為暖性，有成熟作用。

風元素
本質為動性，有生長作用。

第九章 佛的寓言——《百喻經》

苦；我見十方諸佛不生不死，故知泥洹常樂。」

五百梵志心開意解，求受五戒，悟須陀洹果，復坐如故。

佛言：「汝等善聽，今為汝廣說眾喻。」

【譯文】

答道：「眾生是很苦的啊！」

佛說：「什麼叫做苦呢？」

答道：「我看見眾生臨死時，痛苦得難以忍受，所以知道死一定是很苦的。」

佛說：「你現在還沒有死，也知道死亡之苦。我也看到十方世界的佛都是不生不死的，所以知道涅槃是常樂的。」

聽完佛的講說後，五百婆羅門的心頓時開朗，理解了其中的深意，接受了五戒，領悟到須陀洹的道果，又重新坐下來聽佛陀的講演。佛陀說：「你們現在願意好好地聽，我現在就為你們講些譬喻故事。」

愚人食鹽喻

昔有愚人，至於他家。主人與食，嫌淡無味。主人聞已，更為益鹽。

既得鹽美，便自念言：「所以美者，緣有鹽故。少有尚爾，況復多也？」

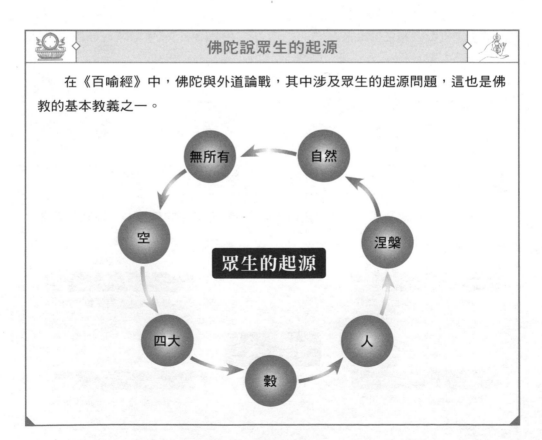

佛陀說眾生的起源

在《百喻經》中，佛陀與外道論戰，其中涉及眾生的起源問題，這也是佛教的基本教義之一。

眾生的起源

無所有　自然　涅槃　人　穀　四大　空

愚人無智，便空食鹽。食已口爽，反為其患。

譬彼外道，聞節飲食可以得道，即便斷食。或經七日，或十五日，徒自困餓，無益於道。

如彼愚人，以鹽美故，而空食之，致令口爽，此亦復爾。

【譯文】

從前有個愚蠢的人，一天，他到朋友家去串門。朋友與他一起吃飯時，他覺得飯菜味淡沒有味道，主人聽後，就往飯菜裏多放了點鹽。

加鹽後飯菜味道好多了，於是這個人心想：「飯菜之所以好吃，是因為有鹽的緣故啊，少放一點點就這麼美味，多一點不就更好吃了嗎？」他沒有用腦多想，於是大口大口地吃鹽而很少吃菜。最終因吃鹽過多，而損壞了口腔。

這就如同外道邪說，說什麼節食可以得道成仙，於是很多人就斷食，有的甚至持續一周或兩周的時間不吃飯。結果只是白白地讓自己受餓，折磨自己的身體，對修行毫無益處。

這些人就像故事中的愚人一樣，因為鹽可以使飯菜美味，所以空口吃鹽，最終導致口腔敗壞。聽信外道邪說並節食的人們和這位愚昧無知的人一樣愚笨啊！

愚人集牛乳喻

昔有愚人，將會賓客，欲集牛乳，以擬供設，而作是念：「我今若預於日日中取牛乳，牛乳漸多，卒無安處，或復酢敗。不如即就牛腹盛之，待臨會時。當頓轂取。」作是念已，便捉牸牛母子，各繫異處。

卻後一月，爾乃設會，迎置賓客，方牽牛來，欲轂取乳，而此牛乳即乾無有。時為賓客，或嗔或笑。

愚人亦爾。欲修布施，方言待我大有之時，然後布施。未及聚頃，

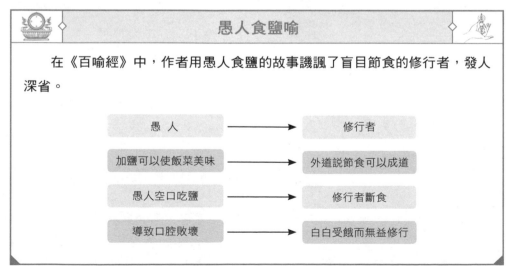

愚人食鹽喻

在《百喻經》中，作者用愚人食鹽的故事譏諷了盲目節食的修行者，發人深省。

愚人 ——→ 修行者

加鹽可以使飯菜美味 ——→ 外道說節食可以成道

愚人空口吃鹽 ——→ 修行者斷食

導致口腔敗壞 ——→ 白白受餓而無益修行

第九章 佛的寓言——《百喻經》

或為縣官、水火、盜賊之所侵奪，或卒命終，不及時施。彼亦如是。

【譯文】

從前有個愚人請客，邀請了眾親朋好友來參加，他想要收集牛乳製品供賓客食用，於是想到：「如果我現在起就天天擠牛奶，牛奶就會漸漸增多，就沒有地方安放，過幾天就會發酸變壞。不如把牛奶先儲存在牛的肚子裏，等到宴請賓客那天，再擠出來。」想到這裏，他就把所有的母牛和小牛分開拴在不同的地方。

又過了一個月後，他才迎請賓客赴宴。這時，他將母牛牽來，要當場擠奶，可這時牛乳一點都擠不出來了。賓客有的非常生氣，有的忍不住笑話他。

愚人也是這樣，想要行布施，但又說等我積累足夠多的財物，再一起布施給他人。然而，還沒有等到財富聚集，

在印度，牛是很高貴的動物，具足威儀和智慧，像佛教中就稱如來為「牛王」，並以「人中牛王」來比喻佛陀德行的廣大無邊。《百喻經》中以集牛乳的故事來嘲諷愚人。

或者被縣官、水火、盜賊所侵奪，或者突然去世，也來不及布施了。這是同樣的愚癡啊！

🪷 以梨打彼頭喻

昔有愚人，頭上無毛。時有一人，以梨打頭，乃至二三，悉皆傷破。

時此愚人，默然忍受，不知避去。旁人見之，而語之言：「何不避去？乃住受打，致使頭破。」

愚人答言：「如彼人者，憍慢恃[1]力，癡無智慧。見我頭上無有髮毛，謂為是石，以梨打我，頭破乃爾。」

旁人語言：「汝自愚癡，云何名彼以為癡也？汝若不癡，為他所打，乃至頭破，不知逃避。」

比丘亦爾，不能具修信戒[2]聞慧，但整威儀，以招利養，如彼愚人，被他打頭，不知避去，乃至傷破，反謂他癡。此比丘者亦復如是。

【注釋】

①恃：依賴。

②信戒：三寶及戒之四證淨法總收於信戒之二種。蓋三寶淨者，以信為體，戒淨即為戒也。

【譯文】

從前有一個愚人，頭上光禿沒有毛髮。有一個人用梨打他的頭，接連打了二三下，愚人的頭都被打傷了。而這時這個愚人卻默然忍受著，不知躲避離去。旁邊的人見了對他說：「你為什麼

不避開呢？還一動不動地受打，頭都被打破了。」

愚人答道：「像他那種人，驕橫侮慢，只是憑藉力氣而已，其實是愚癡的。他看見我頭上沒有髮毛，就以為是石頭，就用梨打我，讓我的頭破成這個樣子。」

旁邊的人說道：「你自己愚癡，怎麼還反說他愚癡呢？你要是不愚癡，怎麼會被他打得頭破，卻不知逃避呢？」

某些出家人也是這樣，不能堅信佛法並持戒修行，更不能聽聞佛法而生慧解，只是整理容儀法度，以求獲得布施，這和那個愚人一樣，被別人打了頭，卻不知躲避離去，反而說別人愚癡。這樣的出家人也像那愚人一般啊。

❀ 歎父德行喻

昔時有人，於眾人眾歎己父德，而作是言：「我父仁慈，不害不盜，直做實語，兼行布施。」

時有愚人，聞其此語，便作是言：「我父德行，復過汝父。」

諸人問言：「有何德行，請道其事。」

愚人答曰：「我父小來，斷絕淫欲，初無染污①。」

眾人語言：「若斷淫欲，云何生汝？」

深為時人之所怪笑。

猶如世間無智之徒，欲贊人德，不識其實，反致毀訾②。如彼愚者，意好歎父，言成過失，此亦如是。

【注釋】

①初無染污：從未與異性有過接觸。

②毀訾：詆毀議論。

【譯文】

從前有個人在大家的面前讚歎自己父親品德，他這樣說道：「我父親仁慈

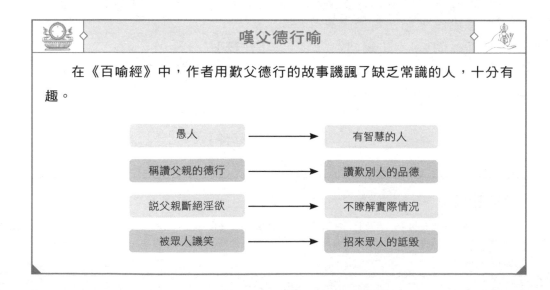

歎父德行喻

在《百喻經》中，作者用歎父德行的故事譏諷了缺乏常識的人，十分有趣。

愚人	→	有智慧的人
稱讚父親的德行	→	讚歎別人的品德
說父親斷絕淫欲	→	不瞭解實際情況
被眾人譏笑	→	招來眾人的詆毀

寬厚，不損害他人，不拿不義之財，做事直接，說話老實，並能夠關心和幫助他人。」

這時有一個愚蠢的人聽到這些話，就接著講：「我父親的品行比你的父親還要高尚。」

大家便問：「你的父親有什麼品行呢？具體是什麼呢？」

這個愚人就答道：「我父親從小就斷絕了淫欲，從未與異性接觸，從未做出不乾淨的事。」

大家反問道：「如果他斷絕了淫欲，怎麼會有你呢？」大家紛紛譏笑愚人。

這就像社會上沒有常識的人，想稱讚別人的品德，但不瞭解實際情況，反而會招來人們的詆毀和議論。像這個愚蠢的人，本來是要讚譽父親，卻由於表達不當，惹人譏笑的道理一樣。

🪷 三重樓喻

往昔之事，有富愚人，癡無所知。到餘富家，見三重樓，高廣嚴麗，軒敞疏朗①，心生渴仰②，即作是念：「我有財錢，不減於彼，云何頃來而不造作如是之樓？」即喚木匠而問言曰：「解③作彼家端正舍不？」

木匠答言：「是我所作。」

即便語言：「今可為我造樓如彼。」

是時，木匠即便經地壘墼④作樓。

愚人見其壘墼作舍，猶懷疑惑，不能了知，而問之言：「欲作何等？」

木匠答言：「作三重屋。」

愚人復言：「我不欲作下二重之屋，先可為我作最上屋。」

木匠答言：「無有是事！何有不作最下重屋，而得造彼第二之層？不造第二，云何得造第三重屋？」

愚人固⑤言：「我今不用下二重屋，必可為我作最上者。」

時人聞已，便生怪笑，咸作是言：「何有不造下第一層而得上者！」

譬如世尊，四輩弟子⑥，不能精勤修敬三寶，懶惰懈怠，欲求道果，而作是言：「我今不用餘下三果，唯求得阿羅漢果。」亦為時人所嗤笑，如彼愚者等無所異。

【注釋】

①軒敞疏朗：高大寬敞，空氣流通而明亮。

②仰：羨慕。

③解：會。

·名詞解釋·

道果：道是指覺悟，果是指涅槃，道果就是由覺悟之道而證涅槃之果。《法華經》指出：「漸次修行，皆得道果」，道果就是指通過修行而脫離世俗，斷滅一切煩惱，使自我達到解脫的涅槃境界。

④經地壘墼：「經」是丈量；「壘墼」是堆砌磚塊、磚坯。

⑤固：固執，堅持。

⑥四輩弟子：即比丘、比丘尼、優婆塞、優婆夷等信眾。

【譯文】

從前有一個富人，非常無知。一天他到了其他富人的家裏，看見了三重樓，這三層樓高大莊嚴，富麗堂皇，寬敞明亮，他頓時心生羨慕之情，並有了這樣一個想法：「我擁有的錢財，不比他的少。為什麼不立刻來建造這樣的高大明亮的樓房呢？」

於是，他就叫來木匠問道：「你會建像他家這樣的房子嗎？」

木匠答道：「他家的房子就是我建造的。」

愚人又說：「那你能否為我也建造這樣的樓房呢？」

這時，木匠就開始丈量基地，準備堆砌磚石，建造樓房。

愚人看見木匠做地基建樓舍，充滿了疑惑，不知道要做什麼，就問道：「你為什麼在地上壘磚石呢？」

木匠答道：「我在建造三重樓啊。」

愚人說道：「我不想要下面的兩層屋子，你可以先為我建造最上面的那一層屋子嗎？」木匠答道：「沒有這種事！哪有不建下面的屋子而直接建上面的第二層、第三層屋子呢？」

愚人卻堅持說：「我就是不要下面的兩層，你一定要為我建造最上面的一層屋子。」

世人聽說這件事後，都笑他愚癡，

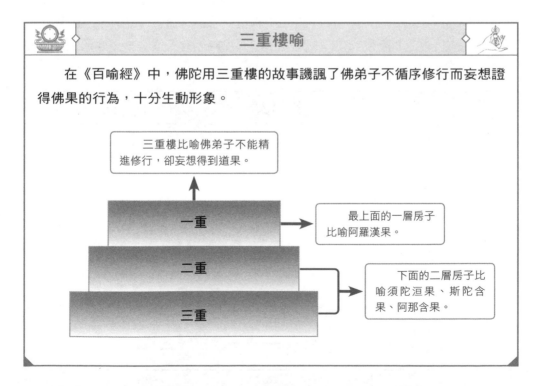

三重樓喻

在《百喻經》中，佛陀用三重樓的故事譏諷了佛弟子不循序修行而妄想證得佛果的行為，十分生動形象。

三重樓比喻佛弟子不能精進修行，卻妄想得到道果。

一重 → 最上面的一層房子比喻阿羅漢果。

二重

三重 → 下面的二層房子比喻須陀洹果、斯陀含果、阿那含果。

說：「哪有不建下面的第一層而能得到最上面的屋子呢？」

如果佛的弟子，不能精勤修持，禮敬三寶，懶惰懈怠，想要求得道果，並說道：「我現在不用其餘的三果，只想要求得阿羅漢果。」他也會被人們認為和那個富人一樣的愚癡無知。

🪷 牧羊人喻

昔有一人，巧於牧羊；其羊滋多，乃有千萬。極大慳貪，不肯外用。

時有一人，善於巧詐，便作方便，往共親友，而語之言：「我今共汝極成親愛，便為一體，更無有異。我知彼家有一好女，當為汝求，可用為婦。」

牧羊之人，聞之歡喜，便大與羊及諸財物。

其人復言：「汝婦今日已生一子。」

牧羊之人，未見於婦，聞其已生，心大歡喜，重與彼物。

其人後復而語之言：「汝兒已生，今死矣！」

牧羊之人聞此人語，便大啼泣，噓欷不已。

世間之人，亦復如是，既修多聞，為其名利，秘惜其法，不肯為人教化演說，為此漏身之所誑惑，妄期世樂，如己妻息，為其所欺，喪失善法，後失身命，並及財物，便大悲泣，生其憂苦。如彼牧羊之人，亦復如是。

【譯文】

從前有一個人，很善於放羊，他養的羊繁殖得很快，多到成千上萬。但是他貪財吝嗇，從不肯給別人一點東西。

那時，有一個非常奸詐的人，他使

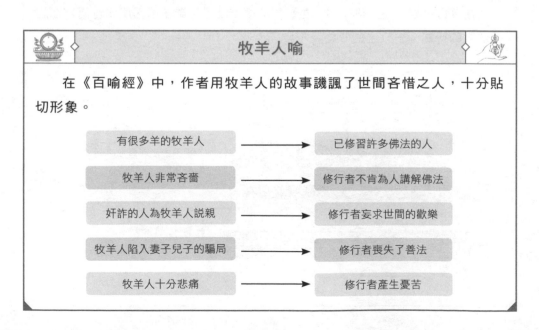

在《百喻經》中，作者用牧羊人的故事譏諷了世間吝惜之人，十分貼切形象。

有很多羊的牧羊人	→	已修習許多佛法的人
牧羊人非常吝嗇	→	修行者不肯為人講解佛法
奸詐的人為牧羊人說親	→	修行者妄求世間的歡樂
牧羊人陷入妻子兒子的騙局	→	修行者喪失了善法
牧羊人十分悲痛	→	修行者產生憂苦

用很多方法和牧羊人成為朋友。有一天，他對牧羊人說：「我和你現在已經成了最要好的朋友，就像一個人一樣不分彼此。我得知有戶人家有一位好姑娘，替你介紹來給你做妻子吧。」

牧羊人聽了十分高興，給了他很多羊和各種財物。

過了一段時間，這人又對他說：「你的妻子今天已經生了一個孩子。」

牧羊人從來沒有見過妻子，只是聽說她已經生了孩子，便更加歡喜，又給他好多東西。

之後，這人又告訴牧羊人說：「你的孩子出生了，但現在死了！」

牧羊人聽了這些話，大哭起來，悲痛不已。

世上的人也是這樣，已經修習很多佛法了，卻出於名利，將這些佛法隱藏起來，不肯為大家講解教化，他們被有漏身體所迷惑，妄求世間的歡樂，為所謂的妻子兒女的騙局所欺誑，喪失了善法，後來更喪失了生命及財物，於是悲泣起來，產生了憂苦，就如同那個牧羊人一樣。

🪷 欲食半餅喻

譬如有人，因其饑故，食七枚煎餅。食六枚半已，便得飽滿。

其人恚悔，以手自打，而作是言：「我今飽足。由此半餅。然前六餅，唐自捐棄，設知半餅能充足者，應先食之。」

世間之人，亦復如是。從本以來，常無有樂，然其癡倒，橫生樂想。如彼癡人，於半番餅，生於飽想。世人無知，以富貴為樂。夫富貴者，求時甚苦；既獲得已，守護亦苦；後還失之，憂念復苦；於三時中，都無有樂。猶如衣食，遮故名樂；於辛苦中，橫生樂想。諸佛說言：「三界無安，皆是大苦；凡夫倒惑，橫生樂想。」

【譯文】

有一個人肚子餓了，買了七塊餅吃。他很快地吃完了六塊，吃到最後一塊時，剛吃到一半就覺得吃飽了，這時他很憤怒，便責怪自己，用手打自己說道：「我現在飽了，是因為吃了這半塊餅，前面的六塊餅豈不是都白白浪費了！早知道這半個餅能吃飽，就應該先吃這半塊餅。」

世上的人也是這樣的。自古以來，本來沒有什麼快樂的事情，然而世人卻愚癡顛倒，橫空想出快樂，就像那個癡

· 名詞解釋 ·

三時：在佛教體系中，三時有很多含義，如教法發展的正法、像法、末法三個時期；佛陀教化的種、熟、脫三時等。在《欲食半餅喻》中，三時是指早、中、晚三個時段。

人有吃了半塊餅就會填飽肚子的想法。世人因為無知，就以富貴為樂。然而追求富貴的過程是很辛苦的，如果得到富貴了，又要很費精力地守護富貴，直到哪天失去了富貴，就會憂愁思念，豈不是又增加痛苦嗎？一天到晚都是感受不到快樂。這就好比有可以遮寒袪饑的衣食就認為是快樂，這是在辛苦的過程中自己創造出快樂的感受。所以佛陀說道：「欲界、色界、無色界這三界中都沒有什麼安樂，都是苦難而已。世上的人都被顛倒所迷惑，才橫空生出了快樂的感受。」

✾ 奴守門喻

譬如有人，將欲遠行，敕①其奴言：「爾好守門，並看驢索。」

在佛教故事中，驢是比較常見的動物，常被用來比喻根器下劣者。比如天台宗說十乘觀法，就以壞驢車比喻不具足能觀的十法。在《百喻經》中，奴守門喻用驢來象徵人的無明。

其主行後，時鄰里家有作樂者，此奴欲聽，不能自安。尋以索繫門，置於驢上，負至戲處，聽其作樂。

奴去之後，舍中財物賊盡持去。

大家②行還，問其奴言：「財物所在？」

奴便答言：「大家先付門、驢及索，自是以外，非奴所知。」

大家復言：「留爾守門，正為財物。財物既失，用於門為？」

生死愚人為愛奴僕，亦復如是。如來教誡，常護根門，莫著六塵。守無明驢，看於愛索。而諸比丘不奉佛教，貪求利養，詐現清白，靜處而坐，心意流馳，貪著五欲，為色、聲、香、味之所惑亂，無明覆心，愛索纏縛，正念、覺、意，道品財寶，悉皆散失。

【注釋】

① 敕：吩咐。

② 大家：主人。

【譯文】

有一個人將要出門遠行，吩咐他的奴僕道：「你要好好地看門，並看護好驢子和繩索。」主人遠行後，鄰村家有人唱戲，奴僕很想去聽，但又放心不下家門，於是他就找了繩索將門板繫住，放在驢背上去聽人唱戲。在奴僕離開家之後，家中的財物就都被盜賊拿走了。

主人遠行回來後，問他的僕人：「家中的財物都哪裡去了？」

僕人說：「主人之前吩咐照看的門、驢子和繩索都在，其他的我就不知

道了。」

主人又說：「留下你看門，就是為了看護財物，財物已經丟失了還要門做什麼用呢？」

世間流轉於生死的愚人和貪戀著愛欲的僕人，都是如此。如來教誡眾生說道：要經常守護六根，不要被六塵遮蔽，也不能只是守住不通事理的驢，以至於被愛欲這條繩索所牽絆。然而有些比丘不聽佛陀的教誨，貪求利益和供養，表面上很清白，也在幽靜處坐禪，但是他的內心已經被色聲香味所迷惑，心中充滿煩惱，被愛欲的繩索所纏縛，以至於將正念、覺意、道品這類的財寶都散失掉了。

🪷 五百歡喜丸喻

昔有一婦，荒淫無度，欲情既盛，嫉惡其夫；每思方策，頻欲殘害。種種設計，不得其便。

會值其夫，聘使鄰國。婦密為計，造毒藥丸，欲用害夫。詐語夫言：「爾今遠使，慮有乏短。今我作五百歡喜丸，用為資糧，以送與爾。爾若出國至他境界，饑困之時，乃可取食。」

夫用其言，至他界已，未及食之，於夜暗中，止宿林向。畏懼惡獸，上樹避之。

其歡喜丸忘置樹下，即以其夜值五百偷賊，盜彼國王五百匹馬，並及寶物，來止樹下。由其逃突，盡皆饑渴，於其樹下，見歡喜丸，諸賊取已，各食一丸。藥毒氣盛，五百群賊一時俱死。

時樹上人至天明已，見此群賊死在樹下，詐以刀箭斫射死屍，收其鞍馬，並及財寶驅向彼國。

【譯文】

從前有一個婦女，她荒淫無度，情

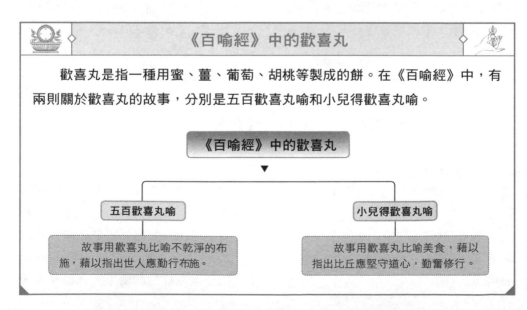

《百喻經》中的歡喜丸

歡喜丸是指一種用蜜、薑、葡萄、胡桃等製成的餅。在《百喻經》中，有兩則關於歡喜丸的故事，分別是五百歡喜丸喻和小兒得歡喜丸喻。

《百喻經》中的歡喜丸

▼

五百歡喜丸喻 —— 故事用歡喜丸比喻不乾淨的布施，藉以指出世人應勤行布施。

小兒得歡喜丸喻 —— 故事用歡喜丸比喻美食，藉以指出比丘應堅守道心，勤奮修行。

欲旺盛，對他的丈夫充滿厭惡，經常想方設法來殺害她的丈夫。但始終沒有找到機會。

有一次，他丈夫要出訪鄰國，這位婦人就偷偷做了放有毒藥的歡喜丸，想要害死他的丈夫。她假裝對丈夫說：「你現在要遠行，我考慮到你沒有吃的，就做了五百個歡喜丸給你帶在路上，你饑餓時就拿出來吃吧。」

丈夫聽了她的話，到了他國的國界時，還沒有來得及吃就到了黑夜，於是他就在樹林裏休息。因為害怕林中有惡獸，他就爬到樹上躲避，把歡喜丸忘在了樹下。

當天夜裏正好有五百名盜賊，他們從國王那裏偷得五百匹馬和寶物，也來到樹下。因為趕路趕得很急，都十分饑渴。正好在樹下看見了歡喜丸，每個人各吃了一個。因為歡喜丸中有很厲害的毒藥，五百位盜賊沒有多久就全部死去了。

天亮之後，這位丈夫看到盜賊都死在樹下，就以刀箭斫射死屍，並收領了鞍馬和財寶，向國城驅趕而去。

時彼國王，多將人眾，案跡來逐。會於中路，值於彼王。

彼王問言：「爾是何人？何處得馬？」

其人答言：「我是某國人，而於道路值此群賊，共相斫射。五百群賊今皆一處死在樹下。由是之故，我得此馬，乃以珍寶，來投王國。若不見信，可遣往看賊之瘡痍殺害處所。」

王時即遣親信往看，果如其言。王時欣然，歎未曾有。既還國已，厚加爵賞，大賜珍寶，封以聚落。

彼王舊臣，顯生嫉妒，而白王言：「彼是遠人，未可服信。如何卒爾寵遇過厚？至於爵賞，逾越舊臣。」

遠人聞已，而作是言：「誰有勇健，能共我試？請於品平原校其伎能。」舊人愕然，無敢敵者。

後時彼國大曠野中，有惡獅子，截道殺人，斷絕王路。時彼舊臣詳共議之：「彼遠人者，自謂勇健，無能敵者，今復若能殺彼獅子，為國除害，真為奇特。」

作是議已，便白於王。

王聞是已，給賜刀杖，尋即遣之。

爾時遠人既受敕已，堅強其意，向獅子所。獅子見之，奮激鳴吼，騰躍而前。遠人驚怖，即便上樹。獅子張口，仰頭向樹。其人怖急，失所捉刀，值獅子口。獅子尋死。

爾時遠人歡喜踴躍，來白於王，王倍寵遇。時彼國人卒爾敬服，咸皆讚歎。

【譯文】

這時國王也帶了眾多兵將追隨盜賊蹤跡而來，恰好在中途遇上了這位丈夫。國王問道：「你是什麼人？從哪裡得來的馬？」這人答道：「我是某國人，我在路上正好碰到這群盜賊，就與他們打鬥起來，將五百個盜賊都殺死了，現在就在前面的樹下，我正要帶著

馬和珍寶來投奔大王的都城。如果您不相信，可派人去樹下查看！」

國王立即派親信前去，情況果然像他所說，這讓國王很高興，連連讚歎說從沒有見過這麼勇敢的壯士。等回到都城後，就給他封了爵位，賞賜了很多珍寶，還劃了領地給他。

這時國王的舊臣都心生嫉妒，就對國王說道：「他是外國人，不可深信，您一下子給他這麼豐厚的寵遇，封爵加賞竟然超過了老臣？」

這個人聽到這些話後，說道：「誰有勇氣與我到平曠之處比試一下？」老臣們很驚愕，沒人敢與他比試。

之後，在這個國家的曠野中，有一頭兇惡的獅子，它在路上攔截路人，阻斷了往王國的道路。這時，這個國家的老臣共同商議說：「那個外國人，既然自稱勇健無比，那麼現在他要是能殺了那頭獅子，為國家除害，他就是真正的奇特之人。」

眾臣商量好後，就上奏給國王，國王聽後，就賜給這個外國人刀仗，讓他去殺死獅子。

外國人接受了王命，就鼓起勇氣，去找獅子了。當獅子見到他後，大吼地向他撲去。這人十分害怕，就爬到樹上去了。獅子就張著大口盯著樹上。這人正覺得恐慌，手中捉著的刀就掉下去了，恰好插進獅子的口中，獅子立刻死了。

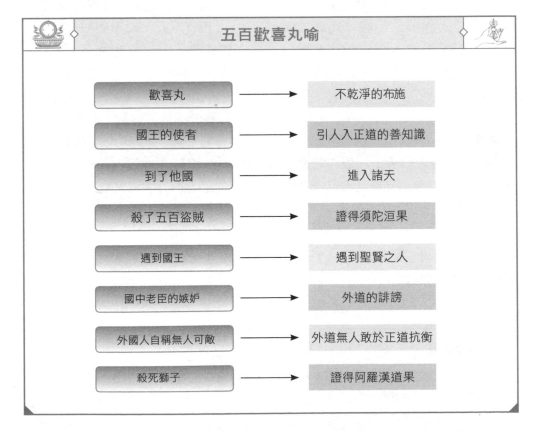

五百歡喜丸喻

歡喜丸	→ 不乾淨的布施
國王的使者	→ 引人入正道的善知識
到了他國	→ 進入諸天
殺了五百盜賊	→ 證得須陀洹果
遇到國王	→ 遇到聖賢之人
國中老臣的嫉妒	→ 外道的誹謗
外國人自稱無人可敵	→ 外道無人敢於正道抗衡
殺死獅子	→ 證得阿羅漢道果

第九章　佛的寓言——《百喻經》

於是他十分高興，回去稟告國王，國王因此更加寵幸他。

國中的人民也都對他敬服、讚歎不已。

其婦人歡喜丸者，喻不淨施；王遣使者，喻善知識；至他國者，喻於諸天；殺群賊者，喻得須陀洹，強斷五欲，並諸煩惱；遇彼國王者，喻遭值賢聖；國舊人等生嫉妒者，喻諸外道見有智者能斷煩惱及以五欲，便生誹謗，言無此事。

遠人激厲而言舊臣無能與我共為敵者，喻於外道無敢抗衡；殺獅子者，喻破魔；既斷煩惱，又伏惡魔，便得無著道果封賞；每常怖怯者，喻能以弱而制於強；其於初時雖無淨心，然彼其施遇善知識便獲勝報，不淨之施，猶尚如此，況復善心歡喜布施。是故應當於福田所勤心修施。

【譯文】

這個外國人的妻子所製作的歡喜丸，比喻不乾淨的布施；國王派遣使者，比喻引人入正道的善知識；到了他國，比喻進入諸天；殺了五百盜賊，比喻得到須陀洹道，堅定地斷除了五欲；遇到國王，比喻遇到聖賢之人；國中老

臣心生嫉妒，則比喻外道中遇見有智者斷滅了煩惱及五欲就進行誹謗，認為並沒有此事；外國人說舊臣中沒有人是他的對手，比喻外道無人敢與正道抗衡；殺死獅子，比喻破除了惡魔，得到不執著於事物的阿羅漢道果的封賞；經常會恐怖退卻，比喻能以弱制強。雖然最初沒有淨心，但是正好遇到善知識，就得了獲勝的果報；不淨施尚且如此，何況是善心布施呢？所以應當在福田上勤奮修行布施。

🪷 夫婦食餅共為要喻

昔有夫婦，有三番餅，夫婦共分，各食一餅；餘一番在，共作要言：「若有語者，要不與餅。」

既作要已，為一餅故，各不敢語。

須臾有賊，入家偷盜，取其財物；一切所有盡畢賊手。

夫婦二人以先要故，眼看不語。

賊見不語，即其夫前，侵略其婦，其夫眼見，亦復不語。

婦便喚賊，語其夫言：「云何癡人，為一餅故，見賊不喚？」

其夫拍手笑言：「咄！婢，我定得餅，不復與爾。」

世人聞之，無不嗤笑。

· 名詞解釋 ·

三途：又稱三塗，為佛教用語，即火途（地獄道）、血途（畜生道）、刀途（餓鬼道），也就是三惡道。根據佛教經典，凡犯十惡者，死後則墮地獄、畜生、惡鬼三惡道。

凡夫之人亦復如是。為小名利故，詐現靜默，為虛假煩惱種種惡賊之所侵略，喪其善法，墜墮三途，都不怖畏。求出世道，方於五欲，耽著嬉戲，雖遭大苦，不以為患。如彼愚人等無有異。

【譯文】

從前有一對夫婦，拿了三個餅一起分享，他們各自吃了一個，還剩下一個餅，就約定說：「誰先說話，就不能吃餅。」

約定好後，為了一個餅，兩個人都不敢說話。

過了一會兒，有個盜賊進到他們家，拿走了他們的財物，眼看所有的財物都到了盜賊的手裏。

夫婦二人卻因為約定在先的緣故，只是眼睜睜地看著盜賊拿走財物而不敢說話。

小偷看見兩人都不說話，就走到那個男人面前，要將他妻子占為己有，這時丈夫看到這一切，仍然不說話。

於是婦人就大聲呼喊，並對他丈夫說：「你這愚癡的人，就因為一個餅，見到盜賊而不呼喊？」

丈夫聽到婦人說話後，高興地拍手大叫：「好了，這個餅是我的了，不給你了。」

聽到這個事情的人，沒有一個不嗤笑他們的。

凡夫俗子也是這樣，有時為了一個小小的名利，假裝安靜沉默，卻被虛假的各種煩惱惡賊侵略，喪失了正知正覺，以至於墮落到三惡道，卻不急於求出，而終日沉淪於色、聲、香、味、觸五種欲念之中，只顧著玩耍嬉戲，即使遭到了痛苦，也不以為患，就如同這個愚人一樣。

🪷 嘗婆羅果喻

昔有一長者，遣人持錢至他園中買菴婆羅果[①]而欲食之，而敕之言：「好甜美者，汝當買來。」

即便持錢往買其果。果主者：「我此樹果，悉皆美好，無一惡者。汝嘗一果，足以知之。」

買果者言：「我今當一一嘗之，然後當取。若但嘗一，何以可知？」尋即取果一一皆嘗。

持來歸家，長者見已，惡而不食，便一切都棄。

【注釋】

①婆羅果：即芒果。

【譯文】

從前，曾有一位長者，有一天，他很想吃芒果，就使喚傭人帶著錢去別家的果園去買，並對他說：「我喜歡吃又甜又鮮美的芒果，你去幫我買回來吧。」

聽完主人的話後，傭人立刻帶著錢來到果園。果園的主人對他說道：「我的果樹上的芒果，沒有不好的，都是又甜又鮮美，你可以先嘗一個，就知道我沒有說謊了。」

這時，傭人說道：「我如果只嘗一個芒果，怎麼知道其餘的果子是好是壞

呢？我一定要一個一個嘗過去，然後再決定要不要買。」說完後，傭人就一一品嘗了果園的芒果。

傭人把芒果買回去後，主人看到每一個果子都被嘗過，感到十分厭惡，於是就把所有的芒果都扔掉了。

世間之人亦復如是。聞持戒施得大富貴，身常安隱，無有諸患。不肯信之，便作是言：「布施得福，我自得時然後可信。」目睹現世貴賤貧窮，皆是先業所獲果報，不知推一以求因果，方懷不信，須已自經。一旦命終，財物喪失，如彼嘗果，一切都棄。

【譯文】

世間一些人也經常做這樣的事。當他們聽說「持戒、布施能使人大富大貴，身心安穩、沒有憂患」時，從不肯相信，總是說：「布施得到福報的道理，我必須親自經歷才能相信。」於是這些人雖然看到現世的現世貴賤貧窮都是過去世業力所感的果報，但卻不能通過一件事情或現象來推求因果，反而抱持著毫不相信的態度，非要自己親自試過才肯確信，等到了命終之時，他們的一切財物都不再歸其所有，也從未獲得過福報。這就像傭人品嘗芒果，結果主人卻把芒果全部扔掉了。

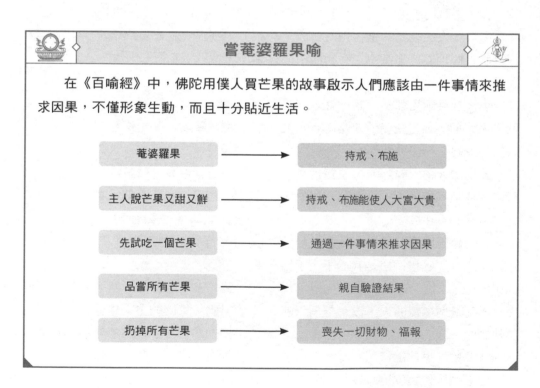

嘗菴婆羅果喻

在《百喻經》中，佛陀用僕人買芒果的故事啟示人們應該由一件事情來推求因果，不僅形象生動，而且十分貼近生活。

菴婆羅果	持戒、布施
主人說芒果又甜又鮮	持戒、布施能使人大富大貴
先試吃一個芒果	通過一件事情來推求因果
品嘗所有芒果	親自驗證結果
扔掉所有芒果	喪失一切財物、福報

第十章

往生淨土——《無量壽經》

《無量壽經》是淨土宗的根本經典。此經介紹了阿彌陀佛所發的大願和西方極樂世界的大概樣貌，是淨土宗的主要理論依據。《無量壽經》自從傳入中國以後，就影響很大，被認爲是『淨土之因』，注釋、講習者甚眾。

釋《無量壽經》

《無量壽經》的經題與翻譯

《無量壽經》全稱《佛說無量壽經》。所謂「佛」是指釋迦牟尼佛；「無量壽」是指阿彌陀佛，因為阿彌陀佛光明無量，壽命無量，無始無終，所以也稱無量壽佛。相傳阿彌陀佛在久遠劫前，曾是一位國家的國主，後出家為僧，名為法藏。根據佛教經典，阿彌陀佛曾在世自在佛前立下四十八願，立誓要以無盡願力普度一切眾生，以無量光明普照獨行之人，使眾生的業障重罪皆可消滅，凡持其名號者，不僅生前獲佛護佑，消除一切災禍業苦；死後更可化生其極樂淨土，得享一切安樂。正是這些殊勝誓願，阿彌陀佛最終成為西方極樂世界的教主，與觀音菩薩、大勢至菩薩合稱「西方三聖」。 在大乘佛教中，阿彌陀佛的地位非常崇高，他悲願廣大，法門簡易，所以在信仰大乘的國家十分流行。簡而言之，「佛說無量壽經」的意思就是釋迦牟尼佛讚歎阿彌陀佛功德的佛經。

關於《無量壽經》的成書時間，學術界一般認為是在西元1～2世紀印度貴霜王朝時期，後流行於犍陀羅地區（今西北印度喀布爾河下游，五河流域之北）。三國時期，《無量壽經》傳入中國，很快就引起了僧眾的重視，譯本極多，有「五存七欠」之說，是指5種現存和7種佚失的譯本，共計12種，其中的「五存」分別是東漢支婁迦讖翻譯的4卷本《無量清淨平等覺經》、三國吳支謙翻譯的2卷本《阿彌陀三耶三佛薩樓佛檀過度人道經》、曹魏康僧鎧翻譯的2卷本《佛說無量壽經》、唐菩提流志翻譯的2卷本《大寶積經·無量壽如來會》、北宋法賢翻譯的3卷本《大乘無量壽莊嚴經》。而「七欠」則是東漢安世高翻譯的2卷本《無量壽經》、三國吳支謙翻譯的2卷本《阿彌陀三耶三佛薩樓佛檀過度人道經》、曹魏白延翻譯的2卷本《無量清淨平等覺經》、西晉竺法護翻譯的2卷本《無量壽經》、東晉竺法力翻譯的1卷本《無量壽至真等正覺經》、東晉佛陀跋陀羅翻譯的2卷本《新無量壽經》、劉宋寶雲翻譯的2卷本《新無量壽經》。

在諸多譯本中，以曹魏康僧鎧翻譯的2卷本《無量壽經》較為通行，關於它的講誦疏注也最多，現存的注疏主要有隋慧遠的《無量壽經義疏》、吉藏的《無量壽經義疏》、清彭際清的《無量壽經起信論》等，靈裕、知玄、法位、義寂等高僧的注疏已經佚失。

《無量壽經》的主要內容

《無量壽經》是釋迦牟尼佛讚歎阿彌陀佛功德的佛經，是淨土宗的根本經典之一。

翻譯者	▶	康僧鎧 相傳為印度人。曹魏嘉平四年（西元252年），他到達洛陽，於白馬寺翻譯了《郁伽長者經》2卷、《無量壽經》2卷、《四分雜羯磨》2卷等佛經。
翻譯時間	▶	三國曹魏年間
卷數	▶	2卷
主要內容	▶	闡述了阿彌陀佛在成佛前所做的無量功德，並描述了阿彌陀佛成佛後所建立的西方極樂淨土世界的莊嚴景象。《無量壽經》在中國佛教史上有很大的影響，被稱為「淨土第一經」，是淨土宗所依據的主要經典之一。

西方極樂世界
《無量壽經》的主要內容

《無量壽經》的緣起是釋迦牟尼佛在王舍城耆闍崛山，為大比丘眾12000人及普賢、慈氏等大菩薩說法，之後敘述了阿彌陀佛成佛前的四十八大願及其無量功德，並對西方極樂世界進行了介紹。此經講到：西方極樂世界是阿彌陀佛建立的佛國，是十方三世諸佛共同讚歎並護念的淨土，這一淨土以七寶為地，有宮殿樓閣、無數香潔的蓮花以及諸種美麗的鳥類，不但常作天樂，常見天花，還能隨時親見諸佛，親耳聞法。這一世界不僅具足莊嚴，而且無比殊勝，一旦往生此處，就會擺脫生死輪迴，沒有生老病死、怨憎別離的痛苦，永享幸福安樂。在描繪極樂世界的勝境後，釋迦牟尼佛又為眾生指明往生西方淨土的道路，即在臨終之時心不顛倒及一心不亂地持念阿彌陀佛聖號，就能得到阿彌陀佛和眾菩薩的接引。

在中國八大宗派中，淨土宗以簡要易行而廣為傳播，在民間非常盛行，是最為流傳、普及的宗派。在明清時期，在中國甚至出現了「家家有彌陀，戶戶觀世音」的說法。作為淨土宗的基本經典，《無量壽經》主要闡述了阿彌陀佛成佛前的四十八願，介紹了阿彌陀佛的無量光明與無量壽命，並詳細地開示了他力與自救的法門以及諸多修行方法，被認為是淨土第一經。淨空法師在其《無量壽經解》中甚至指出「在諸經中華嚴第一，華嚴與無量壽經相比，無量壽經第一」，將《無量壽經》的地位置於《華嚴經》之上，可見《無量壽經》在淨土宗的重要地位。道隱大師則稱此經是「專中之專，頓中之頓，真中之真，圓中之圓」，認為《無量壽經》不僅是淨土綱要，還是釋迦牟尼佛教義的指歸。

在中國佛教史上，《無量壽經》也有很高的地位。東晉竺法曠認為「無量壽為淨土之因」，慧遠在廬山依此經創立白蓮社，廣弘念佛法門。自從東魏曇鸞作《往生論注》之後，更有許多高僧大德為此經注疏，出現了許多《無量壽經》的注疏名家。

自從《無量壽經》傳入中國以來，就有許多高僧大德為之科判注疏，大多是將此經分為序分、正宗分、流通分來進行解說。

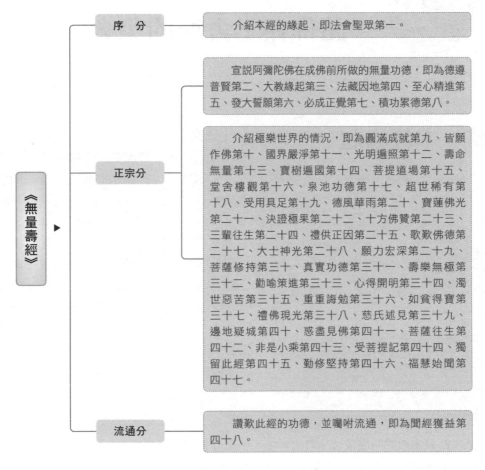

| 序　分 | 介紹本經的緣起，即法會聖眾第一。 |

　　宣說阿彌陀佛在成佛前所做的無量功德，即為德遵普賢第二、大教緣起第三、法藏因地第四、至心精進第五、發大誓願第六、必成正覺第七、積功累德第八。

　　介紹極樂世界的情況，即為圓滿成就第九、皆願作佛第十、國界嚴淨第十一、光明遍照第十二、壽命無量第十三、寶樹遍國第十四、菩提道場第十五、堂舍樓觀第十六、泉池功德第十七、超世稀有第十八、受用具足第十九、德風華雨第二十、寶蓮佛光第二十一、決證極果第二十二、十方佛贊第二十三、三輩往生第二十四、禮供正因第二十五、歌歎佛德第二十七、大士神光第二十八、願力宏深第二十九、菩薩修持第三十、真實功德第三十一、壽樂無極第三十二、勸喻策進第三十三、心得開明第三十四、濁世惡苦第三十五、重重誨勉第三十六、如貧得寶第三十七、禮佛現光第三十八、慈氏述見第三十九、邊地疑城第四十、惑盡見佛第四十一、菩薩往生第四十二、非是小乘第四十三、受菩提記第四十四、獨留此經第四十五、勤修堅持第四十六、福慧始聞第四十七。

　　讚歎此經的功德，並囑咐流通，即為聞經獲益第四十八。

正宗分

流通分

《無量壽經》

3 本經緣起
諸佛在王舍城的集會

 ## 本經緣起

如是我聞。一時佛在王舍城，耆闍崛山中，與大比丘眾萬二千人俱，一切大聖，神通已達。其名曰：尊者憍陳如、尊者舍利弗、尊者大目犍連、尊者迦葉、尊者阿難等，而為上首。又有普賢菩薩、文殊師利菩薩、彌勒菩薩及賢劫中一切菩薩，皆來集會。

【譯文】

我曾親耳聽佛陀這樣說過：

那時候，釋迦牟尼佛在王舍城的耆闍崛山中講經，與會的大比丘僧有一萬二千人。這些弟子地位都修得了神足通、天眼通、天耳通、他心通、宿命通、漏盡通六種神通。在會的眾僧以憍陳如長老、舍利弗長老、大目犍連長老、迦葉長老、阿難長老等為上首。還有普賢菩薩、文殊師利菩薩、彌勒菩薩以及現在世的所有菩薩，也來到這裏聽佛講經。

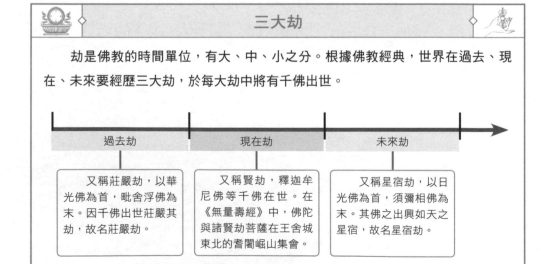

三大劫

劫是佛教的時間單位，有大、中、小之分。根據佛教經典，世界在過去、現在、未來要經歷三大劫，於每大劫中將有千佛出世。

過去劫	現在劫	未來劫
又稱莊嚴劫，以華光佛為首，毗舍浮佛為末。因千佛出世莊嚴其劫，故名莊嚴劫。	又稱賢劫，釋迦牟尼佛等千佛在世。在《無量壽經》中，佛陀與諸賢劫菩薩在王舍城東北的耆闍崛山集會。	又稱星宿劫，以日光佛為首，須彌相佛為末。其佛之出興如天之星宿，故名星宿劫。

菩薩神通
普賢菩薩和諸菩薩的功德

普賢菩薩的大願

又賢護等十六正士①，所謂善思惟菩薩、慧辯才菩薩、觀無住菩薩、神通華菩薩、光英菩薩、寶幢菩薩、智上菩薩、寂根菩薩、信慧菩薩、願慧菩薩、香象菩薩、寶英菩薩、中住菩薩、制行菩薩、解脫菩薩，而為上首。

【注釋】

①正士：菩薩的另一種稱謂。

【譯文】

還有賢護等十六位大居士菩薩，分別是善思惟菩薩、慧辯才菩薩、觀無住菩薩、神通華菩薩、光英菩薩、寶幢菩薩、智上菩薩、寂根菩薩、信慧菩薩、願慧菩薩、香象菩薩、寶英菩薩、中住菩薩、制行菩薩、解脫菩薩，這些菩薩是一切在家居士的領袖。

咸共遵修普賢大士之德，具足無量行願，安住一切功德法中，遊步十方，行權方便①，入佛法藏②，究竟彼岸。

【注釋】

①權方便：指佛與菩薩在濟度眾生時，根據不同的場合和人物，而採用相應的方法。

②佛法藏：「如來藏」的異稱。佛教謂「真如」在煩惱中稱為「如來藏」。

【譯文】

所有菩薩都以普賢為榜樣，發下了諸多圓滿的誓願。他們通過六度四攝的修行功夫，周遊世界各地，隨機應變，以一切善巧穩妥的方法，教化和濟度眾生，努力使眾生脫出五濁惡世，達到覺悟的境界。

願於無量世界成等正覺①。捨兜率②、降王宮、棄位出家、苦行學道。作斯示現，順世間故，以定慧力，降伏魔怨③，得微妙法，成最正覺。天人歸仰，請轉法輪④。

【注釋】

①等正覺：有兩種含義，可以是等覺菩薩，也可以是佛。本經中是指佛。

②兜率：天有多層，此為欲界的第四天，是菩薩成佛前的最後住處，全稱「兜率天」。

③以定慧力，降伏魔怨：「定」指禪定；「慧」指慧思；「魔」指給修道的人設置的煩惱、障礙。

④轉法輪：佛把心中的法傳到眾生的心裏邊去。

【譯文】

普賢菩薩發下誓願，要在世間修行成佛，於是他仿效釋迦牟尼佛八相成道，捨棄了在兜率天宮中的安樂生活，托胎降生於人間的王宮中，然後拋棄榮華寶貴，出家修道。為什麼要這樣做呢？因為眾生不解佛法，所以他為了教導世間眾生，就顯現出這樣的行為。普賢菩薩在修行中用「禪定」和「慧思」的方法，克服了欲望、感覺與諸多魔障，得到難以表達的如來微妙大智，成為不生不滅、無掛無礙的佛。天神們也都恭敬皈依他，懇請他宣講佛法。

這是目犍連圖。目犍連是古印度摩揭陀國王舍城人，屬婆羅門種姓。他與舍利弗是好友，一同皈依釋迦牟尼，是佛陀十大弟子之一。由於目犍連神通廣大，在佛陀的諸弟子中被尊為「神通第一」。佛陀在宣說《無量壽經》時，目犍連也隨同聽法。

 # 普賢菩薩的功德

常以法音覺諸世間，破煩惱城，壞諸欲塹，洗濯垢污，顯名清白。調眾生、宣妙理、貯功德、示福。

【譯文】

普賢菩薩接受了諸天神的請求，時時刻刻宣講教法，教導三界一切眾生，努力破除眾生的貪、嗔、癡、慢、疑等所有煩惱，努力破壞那些誘使眾生墮落的欲望壕塹，並洗淨眾生心靈上的污垢，以顯示本來的清白無染之心。菩薩用佛法來調和眾生，向他們宣講真實不虛的真理，使眾生積累善功善德，就像在田裏播種一樣，以便在來世收穫善德。

以諸法藥，救療三苦，升灌頂階，授菩提記；為教菩薩，作阿闍黎；常習相應，無邊諸行；成諸菩薩，無邊善根。無量諸佛咸共護念。

【譯文】

　　普賢菩薩為超度眾生，以佛法為妙藥去治療眾生沉淪於三界生死苦海的厄難，並達到了證得佛果的階位，接受了未來成佛的授記。他為了教導諸菩薩，成為諸菩薩的教授師，並以身作則，時時修習無量無邊的相應行德，圓滿成就了大菩薩的功德，受到了諸佛的庇護和眷顧。

諸菩薩的神通

　　諸佛剎中，皆能示現。譬善幻師，現眾異相，於彼相中，實無可得。此諸菩薩，亦復如是，通諸法性，達眾生相，供養諸佛。

【譯文】

　　普賢菩薩在任何佛剎中都能隨時顯現，就像魔法師一樣顯示出不同的形象，但這些形象都是他的化身，並不是真實的形象。與會的各位菩薩也是如此，他們通達諸法實相，並能幻化出各種各樣的形象，來服侍奉養諸佛。

　　開導群生，化現其身；猶如電光，裂魔見網，解諸纏縛，遠超聲聞辟支佛地，入空無相無願法門。

【譯文】

　　菩薩們為普度眾生而幻化的各種形象，如同閃電一樣威猛，能撕裂魔見邪業之網，使眾生從煩惱的纏縛中解脫出來。菩薩們的功德和神通，遠超出了聲聞、緣覺的見地，而進入無自性我執、無名相法執、無妄想取執之心的境界。

　　善立方便①，顯示三乘②。於此中下，而現滅度，得無生、無滅諸三摩地，及得一切陀羅尼門，隨

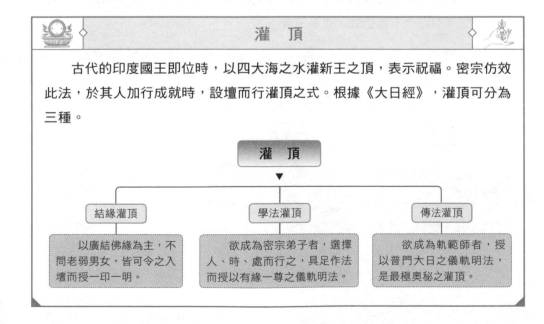

灌　頂

　　古代的印度國王即位時，以四大海之水灌新王之頂，表示祝福。密宗仿效此法，於其人加行成就時，設壇而行灌頂之式。根據《大日經》，灌頂可分為三種。

灌　頂

結緣灌頂：以廣結佛緣為主，不問老弱男女，皆可令之入壇而授一印一明。

學法灌頂：欲成為密宗弟子者，選擇人、時、處而行之，具足作法而授以有緣一尊之儀軌明法。

傳法灌頂：欲成為軌範師者，授以普門大日之儀軌明法，是最極奧秘之灌頂。

時悟入華嚴三昧，具足總持百千三昧，住深禪定，悉睹無量諸佛。於一念頃，遍遊一切佛土。

【注釋】

①方便：意為善權、權益。這裏有兩種含義：一是為教化眾生，可以根據各種環境和人物的不同採取各種相宜的方法，二是大乘菩薩不能像小乘一樣自利，還必須運用各種手段讓他人受益。

②三乘：指羅漢乘、辟支乘、菩薩乘。

【譯文】

菩薩們以種種方法來引導讓眾生開悟，他們或說羅漢經，或說辟支佛經，或說菩薩法教，並在聲聞、緣覺之中達到涅槃境界，得以成就超離生死的正定智慧，由此總持種種善法，可以隨時隨地悟到由一真法界為本體的華嚴正智，並修習微深幽玄的禪定方法，能於禪定中看見無以數計的諸佛，更能在一剎那的短暫時間遊遍一切佛國淨土。

得佛辯才，住普賢行，善能分別眾生語言，開化顯示真時之際，超過世間諸所有法。心常諦住度世之道，於一切萬物，隨意自在。

【譯文】

與會的菩薩都能像普賢菩薩一樣，具有宣說法義的雄辯才能，他們不僅會使用各國語言，還能隨眾生的根機，靈

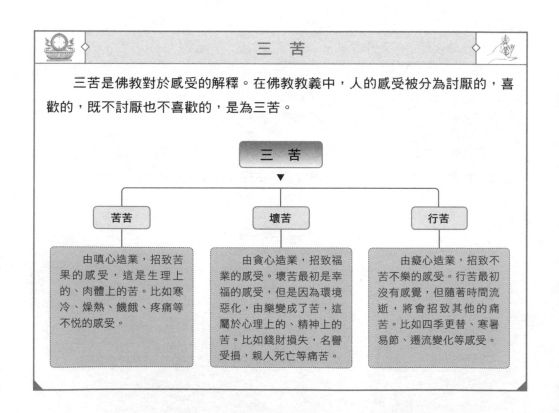

三苦

三苦是佛教對於感受的解釋。在佛教教義中，人的感受被分為討厭的，喜歡的，既不討厭也不喜歡的，是為三苦。

三苦

苦苦 | 壞苦 | 行苦

由嗔心造業，招致苦果的感受，這是生理上的、肉體上的苦。比如寒冷、燥熱、饑餓、疼痛等不悅的感受。

由貪心造業，招致福業的感受。壞苦最初是幸福的感受，但是因為環境惡化，由樂變成了苦，這屬於心理上的、精神上的苦。比如錢財損失，名譽受損，親人死亡等痛苦。

由癡心造業，招致不苦不樂的感受。行苦最初沒有感覺，但隨著時間流逝，將會招致其他的痛苦。比如四季更替、寒暑易節、遷流變化等感受。

活巧妙地選擇不同的方式宣法，使聽者心悅誠服，樂於接受。他們為人們演說一切法的真理實相，不但超越世間所有法，也超過了出世間的所有法。他們的心一直在思考超度眾生的方法，對待世間的萬事萬物，都隨心所欲、自由自在。

為諸庶類，作不請之友。受持如來甚深法藏，護佛種性常始不絕。興大悲、愍有情、演慈辯、授法眼、杜惡趣、開善門。

【譯文】
菩薩們不等眾生請求，主動來幫助眾生。他們憑藉如來的高深佛法，不辭辛勞地教化眾生，極力護持著眾生的菩提心，不使其斷絕。他們以大慈大悲之心，憐憫濟度苦海之中的有情眾生，為眾生廣說佛法，教導眾生明辨是非黑白，杜絕眾生墮入畜牲、惡鬼、地獄這三惡道的機緣，為眾生開啟進入菩提涅槃的道路。

於諸眾生，視若自己，拯濟負荷，皆度彼岸，悉獲諸佛無量功德，智慧聖明，不可思議。

【譯文】
菩薩們對待所有的有情眾生，就像對待自己一樣，不但為他們卸下沉重的負荷，還引導他們到達覺悟的彼岸，從而明悉諸佛的不可思議的無量功德和智慧聖明。

如是等諸大菩薩，無量無邊，一時來集。又有比丘尼五百人、清信士七千人、清信女①五百人、欲界天、色界天、諸天梵眾，悉共大會。

【注釋】
①清信士、清信女：即優婆塞、優婆夷。

【譯文】
像上述這些有偉大功德的大菩薩，數量不可計數，他們同時來到了耆闍崛山匯集。此外還有比丘尼五百個、男居士七千個、女居士五百個，以及欲界天和色界天上的所有天神，也都來參加這次的法會。

這是普賢菩薩圖。普賢菩薩是我國四大菩薩之一，他不僅遍身十方，還能廣贊諸佛無盡功德，成就廣大佛事，其智慧之高，願行之深，唯佛能知，在佛教諸菩薩中具有很高的地位。《無量壽經》中的王舍城集會就以普賢菩薩為上首。

佛教將世界分為三界，其中欲界有六天，色界有十八天，在諸天界有二十天尊，他們大多是印度教的天神，後被佛教吸收，成為佛教的護法神，合稱為「護法二十諸天」。

二十諸天▶

- **大梵天**，原是印度教的主神，後成為色界初禪天之主。
- **帝釋天**，忉利天之主，主要職責是保護佛陀、佛法和出家人。
- **多聞天王**，守護北俱蘆洲，能制服魔眾、護持人民財富。
- **持國天王**，守護東勝神州，能保佑眾生、護持國土。
- **增長天王**，守護南瞻部洲，能令眾生增長善根。
- **廣目天王**，守護西牛賀洲，能以淨天眼隨時觀察世界。
- **金剛密跡**，執金剛杵現大威勢擁護佛法之天神。
- **摩醯首羅**，住在色界之頂，為三千大千世界之主。
- **散脂大將**，北方多聞天王的八大藥叉將之一。
- **大辯才天**，主管智慧福德的天神，也是音樂之神。
- **大功德天**，相傳是多聞天王之妹，主掌財富。
- **韋馱天神**，佛教護法天神，能驅除邪魔，保護佛法。
- **堅牢地神**，居於南瞻部洲，能保護土地及地上的一切植物。
- **菩提樹神**，守護菩提樹之天女，是最早的佛教護法神之一。
- **鬼子母神**，守護幼兒的慈悲女神，在中國被視為送子娘娘。
- **摩利支天**，原是古印度的光明女神，後成為帝釋天的部屬。
- **日宮天子**，觀音菩薩的變化身，住於太陽宮殿之中。
- **月宮天子**，大勢至菩薩的變化身，住於月宮之中。
- **娑竭龍王**，管理水域的天神，也是西方守護之神。
- **閻摩羅王**，主掌生死罪福之業，主守八熱八寒地獄以及諸小獄等。

至心精進
法藏比丘的大誓願

佛陀讚歎阿難

爾時世尊，威光赫奕，如融金聚，又如明鏡，影暢表裏，現大光明，數千百變。尊者阿難，即自思惟：「今日世尊，色身諸根，悅豫清淨，光顏巍巍，寶剎莊嚴。」

【譯文】

這時，釋迦牟尼佛神采奕奕，容顏就像黃金塑造的一樣，散發著明耀強盛的光，又像是一面明亮的鏡子，不但映照了外表，也映照出內心的光明。釋迦牟尼佛所發出的神光，瞬息萬變，無比美妙。

阿難長老看到佛陀身上的光芒，心中暗自感慨：「今天世尊的容顏神采是如此地清靜且愉悅，周身散發的神光，足以映照十方佛土，使其更加威嚴莊重。」

「從昔以來，所未曾見。喜得瞻仰，生稀有心，」即從座起，偏袒右肩，長跪合掌，而白佛言：「世尊，今日入大寂定。」

【譯文】

「我跟隨釋迦牟尼佛以來，首次見到這種情景。今天我能見到如此光明之像，真是無比稀有。」想到這裏，他從內心生出前所未有的誠懇恭敬之心，於是從座位上站起，袒露右肩，雙手合十地跪在釋迦牟尼佛面前，對佛陀說：「世尊，您今天進入大寂定境界。」

「住奇特法，住諸佛所住導師之行，最勝之道，去來現在佛佛相念，為念過去未來諸佛耶？為念現在他方諸佛耶？何故威神顯耀，光瑞殊妙乃爾？願為宣說。」

【譯文】

「您展示出一種世間未有的相狀，您那慈祥和藹的表情就像要接引眾生到他們的佛國淨土一樣，您那超然的表情是真正解脫的證明，您領導、憶念著過

385

去、現在、未來三世諸佛。但是現在您是在憶念過去和將來的諸佛呢？還是在憶念現在的各方佛國的諸佛呢？不然您為什麼會如此明亮光耀、極其光明呢？請您給我們講一講這其中的奧妙吧。」

於是世尊告阿難言：「善哉善哉，汝為哀愍利樂諸眾生故，能問如是微妙之義。汝今斯問，勝於供養一天下阿羅漢、辟支佛，布施累劫諸天人民、蜎飛蠕動之類，功德百千萬倍。何以故？當來諸天人民，一切含靈，皆因汝問而得度脫故。」

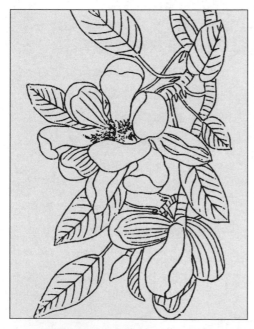

這是優曇花圖。優曇花又名優曇跋羅華、烏曇羅花，屬於桑科，可作觀賞用，樹枝可入藥，多生長於喜馬拉雅山、德干高原一帶。在佛教經典中，優曇花是代表吉祥的靈瑞，三千年才出現一次，此花出現時，會有佛出世。《無量壽經》中用優曇花來形容如來的難遇。

【譯文】

釋迦牟尼佛對阿難道：「善哉！善哉！你有一顆慈悲憐憫眾生的心，為了利益一切眾生，所以提出這樣玄妙的問題。你的這個提問功德無量，不僅勝過於供養天下的阿羅漢和辟支佛，更勝過若干世的布施。為什麼這樣說呢？因為諸天中的眾生，包括飛蠅、爬蟲，以及一切有生命的動物，全都會因為你的這個提問而得到度脫。」

「阿難，如來以無盡大悲，矜哀三界，所以出興於世，光闡道教，欲拯群萌，惠以真時之利，難值難見，如優曇花，稀有出現。汝今所問，多所饒益。」

【譯文】

「阿難，我以無窮無盡的大悲心，因為憐憫三界的一切眾生，所以才降生在這人世間。我廣泛傳播佛法，是為了拯救這世間無知的有情眾生，使他們曉知佛學的真正的好處。佛法的難遇難見，就像優曇花一樣，難得出現一次。今天你提出的這個問題，對三界眾生有著無窮的好處。」

「阿難當知，如來正覺其智難量，無有障礙。能於念頃，住無量億劫，身及諸根，無有增減。所以者何？如來定慧，究暢無極，於一切法，而得最勝自在故。阿難諦聽，善思念之，吾當為汝分別解說。」

【譯文】

「阿難，你要知道，如來的智慧是深不可測的，通達諸法而毫無障礙。如來能在起念頭的一剎那，便度過不可計數的時間，並且身體上的任何器官、部位都不會發生任何變化。這是為什麼呢？因為如來的禪定智慧，已經達到無極的深度，是一切法中最殊勝最自在的法門。阿難，你要認真聆聽，要深入地去思考，我現在把佛的智慧境界為你逐一講述。」

法藏比丘發心

佛告阿難：「過去無量不可思議無央數劫，有佛出世，名世間自在王如來、應供、等正覺、明行足、善逝、世間解、無上士、調御丈夫、天人士、佛、世尊，在世教授四十二劫，時為諸天及世人民說經講道。」

【譯文】

釋迦牟尼佛對阿難說道：「在無數劫時之前，有一尊佛在人間顯現，他的名字叫作世間自在王如來，又叫應供、等正覺、明行足、善逝、世間解、無上士、調御丈夫、天人師、佛、世尊。這尊佛在世間弘法已有四十二劫，時時為眾生講經說法，開示正道。」

「有大國主名世饒王，聞佛說法，歡喜開解尋發無上真正道意，棄國捐王，行作沙門，號曰法藏，修菩薩道，高才勇哲，與世超異，信解明記，悉皆第一。」

【譯文】

「當時，有一個大國王，名叫世饒王。他在聽到世間自在王如來說法後，內心十分歡喜，豁然開悟。為了尋求無上的正道，他捨棄國家與王位，出家成為沙門，並取法名為法藏。這位法藏沙

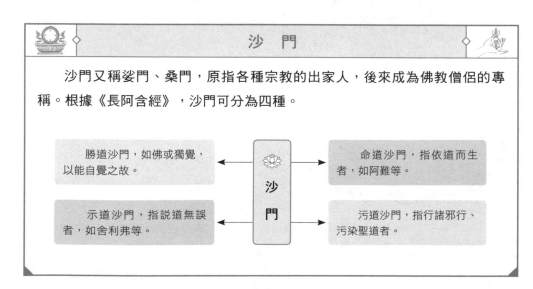

沙 門

沙門又稱娑門、桑門，原指各種宗教的出家人，後來成為佛教僧侶的專稱。根據《長阿含經》，沙門可分為四種。

勝道沙門，如佛或獨覺，以能自覺之故。		命道沙門，指依道而生者，如阿難等。
	沙門	
示道沙門，指說道無誤者，如舍利弗等。		污道沙門，指行諸邪行、污染聖道者。

門修習菩薩道，他不但才能過人，而且勇猛精進，心智明朗，無論是理解力和記憶力都是無人能及。」

「又有殊勝行願，及念慧力，增上其心，堅固不動，修行精進，無能逾者。往詣佛所，頂禮長跪，向佛合掌，即以伽他讚佛，發廣大願，頌曰：

【譯文】

「再加上他具有超凡絕俗的偉大行願，還有消除邪念的念力和消解思維困惑的慧力，因而他從不為邪念困惑等雜念所動搖。由於法藏比丘專心修行，不懈不怠，很快在當時所有的修行者之中，沒有一個人能與他相提並論，更沒

這是世自在王佛圖。世自在王佛又名世饒王佛，他能救度世間眾生，使眾生得到自在，是過去佛之一。在《無量壽經》中世自在王佛是法藏比丘的法師。

有人能超過他了。」

法藏比丘自認為修行到一定的程度了，於是他來到世間自在王如來那裏，恭敬地跪在佛足前，雙手合十，向佛行禮，然後用偈頌來稱讚世間自在王如來的功德，並立下了寬廣宏大的誓願。他在稱頌世間自在王如來佛的偈頌中讚道：

法藏比丘贊佛

「如來微妙色莊嚴，一切世間無有等；

光明無量照十方，日月火珠皆匿曜；

世尊能演一音聲，有情各各隨類解；

又能現一妙色身，普使眾生隨類見；

願我得佛清淨聲，法音普及無邊界；

宣揚戒定精進門，通達甚深微妙法。」

【譯文】

「您的容貌是那樣的端正莊嚴，一切世間萬物都無法與您相比，

您的無量光明普照了十方世界，日月星辰都因此而黯然無光，

您能用一種語言演說佛經，讓一切眾生各得其解，

還能顯現微妙的色身，使眾生得以見到您的光明形象。

現在我也發下宏願，如果能得到佛

的音聲，就去一切世界宣說妙法，

宣揚戒定等諸法，逐漸通達佛法智慧。」

「智慧廣大深如海，內心清淨絕塵勞；

超過無邊惡趣門，速到菩提究竟岸；

無明貪嗔皆永無，惑盡過亡三昧力；

亦如過去無量佛，為彼群生大導師；

能救一切諸世間，生老病死眾苦惱；

常行布施及戒忍，精進定慧六波羅。」

【譯文】

「您的智慧高深莫測，您的內心清淨無塵，

您可以超越無量無邊的惡趣門，迅速到達涅槃彼岸。

您無貪無嗔無癡，能憑藉三昧的力量消除三惑，

就像往日的無量諸佛一樣教導一切眾生，

您救助眾生，使他們擺脫了生老病死等諸多痛苦，

您時時布施和戒忍，修持禪定、智慧等六大般若蜜。」

「未度有情令得度，已度之者使成佛；

假令供養恆沙聖，不如堅勇求正覺；

願得安住三摩地，恆放光明照一切；

感得廣大清淨居，殊勝莊嚴無等倫；

輪迴諸趣眾生類，速生我剎受安樂；

常運慈心拔有情，度盡無邊苦

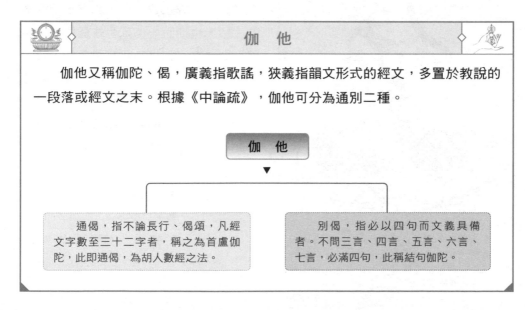

伽 他

伽他又稱伽陀、偈，廣義指歌謠，狹義指韻文形式的經文，多置於教說的一段落或經文之末。根據《中論疏》，伽他可分為通別二種。

伽 他
▼

通偈，指不論長行、偈頌，凡經文字數至三十二字者，稱之為首盧伽陀，此即通偈，為胡人數經之法。

別偈，指必以四句而文義具備者。不問三言、四言、五言、六言、七言，必滿四句，此稱結句伽陀。

眾生；

我行決定堅固力，唯佛聖智能證知；

縱使身止諸苦中，如是願心永不退。」

【譯文】

「您度化不能解脫的眾生，您幫助已經超脫生死輪迴的眾生圓滿成佛。

與其虔誠地供養著諸佛、菩薩與羅漢，不如自己堅定地追求佛道。

法藏願自己住在三摩地中，用寂定光明恆照十方世界的一切眾生，

並成就無與倫比的殊勝莊嚴德清靜佛國。

這是法藏菩薩圖。法藏菩薩又名法藏比丘，他能蘊藏佛法，護持法教而不失散，所以稱為法藏。《無量壽經》記載法藏比丘向世自在王佛學法，最終成為阿彌陀佛。

想要度脫六道輪迴的眾生，都快到我的淨土來享受安樂。

我以慈悲心來 明有情眾生，我願盡度受苦受難的六道眾生。

我的心願堅定不移，只有您的智慧才能為我證明。

即使我自身處於災難苦海中，我普度眾生的大願也決不退縮。」

☸ 法藏比丘立願

法藏比丘說此偈已，而白佛言：「我今為菩薩道，已發無上正覺之心，取願作佛，悉令如佛。願佛為我廣宣經，我當奉持，如法修行，拔諸勤苦生死根本，速成無上正等正覺。」

【譯文】

法藏比丘頌完此偈後，對世間自在王如來說：「我現在修行菩薩道，並發下了無上正等正覺之心，我立下了成佛的大願，也期盼一切眾生皆能成佛。希望世間自在王如來為我宣說佛法，我一定對您所講的經法信奉受持，並按經法的要求去修行，努力消除一切無休止的生、死之根，斷除貪、癡等煩惱，迅速修成無上正等正覺佛果。」

「欲令我作佛時，智慧光明，所居國土，教授名字，皆聞十方，諸天人民及蜎蠕類，來生我國，悉作菩薩。我立是願，都勝無數諸佛國者，寧可得否？」

【譯文】

「如果我成了佛，我的智慧光明，我所居住的佛國淨土，我作為接引導師的名號一定會傳遍十方諸佛國土。十方世界的眾生，以及飛蠅、爬蟲等生靈，都來我的佛國生活，全都成為菩薩。我立此誓，是要讓我的佛土要遠勝過一切諸佛的國土，不知您認為我這個誓願能不能實現？」

🪷 世間自在王佛說法

世間自在王佛，即為法藏而說經言：「譬如大海一人斗量，經歷劫數，尚可窮底。人有至心求道，精進不止，會當克果。」

【譯文】

世間自在王如來聽到法藏比丘的這番話後，回答道：「就像那無比深廣的大海，但是有一個人堅持不懈地用斗來舀大海的水，那麼經過若干時間，也還是能夠舀到海底的。所以說如果有人堅定求道的志願，毫不鬆懈地一心追求正道，必定能夠證得佛果。」

「何願不得？汝自思惟，修何方便，而能成就佛剎莊嚴。如所修行，汝自當知。清淨佛國，汝應自攝。」

【譯文】

「即使是海水尚且能夠舀乾，還有什麼誓願不能夠實現呢？你要認真思考

自己到底要修行哪種方便的法門，才能夠建成如你所說的那麼美好的佛國淨土？其實怎樣如法修行，你自己心裏是明白的。那美妙神奇的佛國淨土，也是通過你自己的判斷和努力去獲取的。」

法藏白言：「斯義弘深，非我境界，惟願如來應正遍知，廣演諸佛無量妙剎。若我得聞，如是等法，思惟修習，誓滿所願。」

【譯文】

法藏比丘回答道：「您的這些話非常深奧，以我現在的水準還難以理解。希望如來能盡您所知所能，為我廣泛地介紹諸佛那無量無邊的莊嚴佛土。如果我聽了佛為我講說的妙法之後，一定會認真地去思考修行，以求能圓滿成就我的佛國淨土的大願。」

世間自在王佛知其高明，志願深廣，即為宣說二百一十億諸佛剎土功德嚴淨，廣大圓滿之相，應其心願，悉現與之。說是法時，經千億歲。

【譯文】

世間自在王佛知道法藏比丘品德高尚，才能高超，志向遠大，誓願深廣，就為他介紹了十方諸佛國淨土的種種功德、嚴淨、廣大、圓滿的無邊妙相。如來為了滿足法藏比丘的心願，還運用神力，把這些佛國淨土全部展現在他的面前。世間自在王如來為法藏比丘的這次說法，長達千億年之久。

法藏比丘的修行

爾時法藏聞佛所說,皆悉睹見,起發無上殊勝之願,於彼天人善惡,國土粗妙,思惟究竟,便一其心,選擇所欲,結得大願。

這是阿彌陀佛圖。阿彌陀佛又名無量壽佛,是西方極樂世界的教主。在大乘佛教中,阿彌陀佛地位非常重要,他以觀世音菩薩、大勢至菩薩為脅侍,接引眾生前往極樂世界。在《無量壽經》中,法藏比丘成就的佛國淨土就是西方極樂世界。

【譯文】

那時候,法藏比丘聽完了世間自在王如來的說法,又遍覽了諸多的佛國淨土,於是他在如來的面前立下最莊嚴宏大的誓願,並對那些天界眾生的善惡以及佛國淨土的粗陋美妙之別,都有了深入的瞭解,並一一作了比較,然後專心致志地選擇了理想中的清淨美好的世界,作為自己修行的誓言願心。

精勤求索,恭慎保持。修習功德,滿足五劫,於彼二十一具胝佛土,功德莊嚴之事,明了通達,如一佛剎。所攝佛國,超過於彼。

【譯文】

法藏比丘立下誓言後,勇猛精進,勤奮求索,沒有半刻鬆懈地奉持佛的教導,修習成佛的功德。經過了五個時劫的時間,他完全明白了二百一十億個佛國淨土的功德莊嚴、因緣果報,並對諸多佛國淨土的認知達到了像認識一個佛國一樣全面和透徹。他修行攝取的佛國淨土,遠勝過以往的諸佛淨土。

既攝受已,復詣世間自在王如來所,稽首禮足,繞佛三匝,合掌而住。白言:「世尊!我已成就莊嚴佛土清淨之行。」

【譯文】

法藏比丘完成了攝取佛國的具體大願後,又來到世間自在王如來佛面前,匍匐在佛足跟前稽首行禮,然後繞佛三圈,

雙手合十地向佛說道：「世尊，我已經完成了莊嚴修飾佛國淨土的修行。」

佛言：「善哉！今正是時，汝應具說，令眾歡喜。亦令大眾，聞是法已，得大善利。能於佛剎，修習攝受，滿足無量大願。」

【譯文】

世間自在王如來對他說：「善哉！現在機緣已經成熟，你要好好地宣揚你那佛國淨土的好處，使大眾欣然接受，也應該讓一切眾生知道了淨土法門後，得到廣大的利益，使他們能到你的佛國淨土去修行學習，滿足一切眾生往生淨土的願望。」

🪷 法藏比丘的大願

法藏白言：「唯願世尊大慈聽察。我若證得無上菩提，成正覺已，所居佛剎，具足無量不可思議，功德莊嚴。」

【譯文】

法藏比丘對世間自在王說：「世尊，敬請您用大慈大悲的心為我明辨是非。我如果證得了無上正覺的智慧，並正式成佛後，我所居住的佛國淨土，就具有了無量無邊、無窮無盡的功德和清淨莊嚴。」

「無有地獄、餓鬼、禽獸、蜎飛蠕動之類。所有一切眾生，以及焰摩羅界，三惡道中，來生我剎，受我法化，悉成阿耨多羅三藐三菩提，不復更墮惡趣。得是願，乃作佛；不得是願，不取無上正覺。」

【譯文】

「我的佛國沒有地獄、餓鬼、禽獸，也沒有飛蠅和爬蟲，所有的一切眾生，以及在焰摩羅世界和三惡趣道中受苦受難的所有生靈，只要在我的佛國淨土裏接受教化，便都能成就無上正等正覺，並超出六道輪迴，不會再墮到三惡趣裏去。我的這個願望能實現，我才成佛；如果這個願望不能實現，我誓不成佛。」

「我作佛時，十方世界，所有眾生，令生我剎，皆具紫磨真金色身，三十二種大丈夫相，端正淨潔，悉同一類。若形貌差別，有好醜者，不取正覺。」

【譯文】

「我作佛的時候，要使十方世界的一切眾生，都能往生於我的佛國淨土，

・名詞解釋・

焰摩羅界：焰摩羅又稱炎摩、琰摩、閻羅王等，是地獄的主宰。此王負責登錄、治理世間生死罪福之業，於五趣中，追攝罪人。焰摩羅界就是閻羅王所轄的地獄。

都能具有永遠不變不壞的紫磨真金之體，都能具有三十二種大丈夫相。佛國的一切眾生都容貌端正、身心清潔，平等無差。如果我的佛國中，眾生的身形相貌有好壞、美醜之分，我誓不成佛。」

「我作佛時，所有眾生，生我國者，自知無量劫時宿命，所作善惡，皆能洞視、徹聽，知十方去來現在之事。不得是願，不取正覺。」

【譯文】

「我作佛的時候，要使投生在我的佛國的所有眾生，都能夠知道自己在過去無量劫中曾做過的行為，對自己造成的一切善惡因果報應都一覽無遺，對十方世界過去、現在、未來發生的所有事情都能清楚明白。如果這些誓願不能實現，我誓不成佛。」

「我作佛時，所有眾生，生我國者，皆得他心智通，若不悉知億那由他[1]百千佛剎眾生心念者，不取正覺。」

【注釋】

①那由他：數量詞，表示數目特別大。

【譯文】

「我作佛的時候，要使投生在我的佛國的所有眾生，都能得到他心智的神通，如果眾生不能透徹地知道無量無邊的佛國淨土的眾生心念，我誓不成佛。」

佛。」

「我作佛時，所有眾生，生我國者，皆得神通自在波羅蜜多。於一念頃，不能超過億那由他百千佛剎，周遍巡歷，供養諸佛者，不取正覺。」

【譯文】

「我作佛的時候，要使投生在我的佛國的所有眾生，都能獲得自在神通，得大圓滿。如果眾生在起念的一剎那，不能到達所有的佛國淨土，不能供養全部佛國的諸佛，我誓不成佛。」

「我作佛時，所有眾生，生我國者，遠離分別[1]，諸根[2]寂靜。若不決定成等正覺，證大涅槃者，不取正覺。」

【注釋】

①分別：指以虛妄思量識別一切的事與理的分別。

②諸根：即六根。

【譯文】

「我作佛的時候，要使投生在我的佛國的所有眾生，都遠離一切分別心，六根清淨，如果有眾生不能證得正等正覺，不能達到涅槃境界，我誓不成佛。」

「我作佛時，光明無量，普照十方，絕勝諸佛，勝於日月之明，千萬億倍。若有眾生，見我光明，照觸其身，莫不安樂，慈心作善，來生我國。若不爾者，不取正覺。」

【譯文】

「我作佛的時候，要放射無量的光明，普照十方世界。那光芒絕對勝過他方佛剎的一切佛光，並勝過日月的光明千萬億倍。見到我的光明的眾生，只要光芒照觸到他的身上，都會感到安樂，生出想到我這佛國淨土的善念。如果這兩個誓願不能實現，我誓不成佛。」

「我作佛時，壽命無量。國中聲聞天人無數，壽命亦皆無量。假令三千大千世界眾生，悉成緣覺，於百千劫，悉共計校，若能知其量數者，不取正覺。」

【譯文】

「我作佛的時候，我的壽命將無量無邊，我佛國中的無數天人、聲聞，他們的壽命也會不可計數。如果能夠用百千劫的時間來計算我的佛國中緣覺眾生的數量，我誓不成佛。」

「我作佛時，十方世界無量剎中，無數諸佛，若不共稱歎我名，說我功德國土之善者，不取正覺。」

【譯文】

「我作佛的時候，如果十方世界無量無數的諸佛不能共同稱歎我的名號，不能共同稱讚我的功德和佛國淨土的好處，我誓不成佛。」

「我作佛時，十方眾生，聞我名號，至心信樂。所有善根，心心回向，願生我國，乃至十念，若不生者，不取正覺。唯除五逆，誹謗正法。」

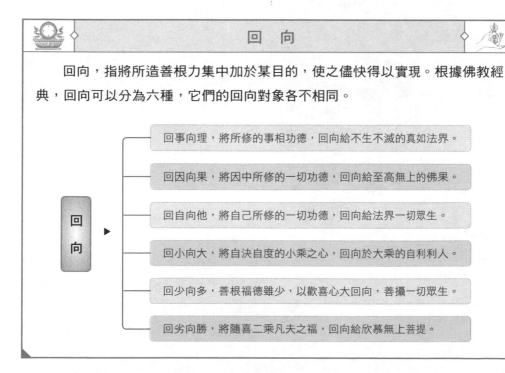

回　向

回向，指將所造善根力集中加於某目的，使之儘快得以實現。根據佛教經典，回向可以分為六種，它們的回向對象各不相同。

回向 ▶

- 回事向理，將所修的事相功德，回向給不生不滅的真如法界。
- 回因向果，將因中所修的一切功德，回向給至高無上的佛果。
- 回自向他，將自己所修的一切功德，回向給法界一切眾生。
- 回小向大，將自決自度的小乘之心，回向於大乘的自利利人。
- 回少向多，善根福德雖少，以歡喜心大回向，善攝一切眾生。
- 回劣向勝，將隨喜二乘凡夫之福，回向給欣慕無上菩提。

第十章　往生淨土——《無量壽經》

【譯文】

「我作佛的時候，十方世界的眾生聽到我的名號，只要以至誠之心信奉受持，那麼他們的善根就會心心回向，立願生於我的佛國淨土。除了犯有五逆之罪和誹謗佛法的人，其餘眾生如果在十句佛號之內不能轉生於我的佛國，我誓不成佛。」

「我作佛時，十方眾生，聞我名號，發菩提心，修諸功德，奉行六波羅蜜，堅固不退。復以善根回向，願生我國，一心念我，晝夜不斷，臨壽終時，我與諸菩薩眾現迎其前，經

這是極樂世界聖眾接引眾生圖。根據佛教經典，眾生如果一心念佛，發心前往西方極樂世界，阿彌陀佛就會率諸菩薩前來接引。《無量壽經》以阿彌陀佛及菩薩接引眾生作為法藏比丘的大願之一。

須臾間，即生我剎，作阿惟越致^①菩薩。不得是願，不取正覺。」

【注釋】

①阿惟越致：是菩薩的一種階位，意思是在修行成佛的道路上意志堅定，不退轉。

【譯文】

「我作佛的時候，十方世界的眾生聽到我的名號，就能生發求佛的菩提心，並堅定不移地以清靜心修行各種功德，奉行布施、持戒、忍辱、精進、禪定、般若六波羅蜜，然後用這些善根回向，立願生於我的佛國。這些專心致志、日夜不斷時念誦我的佛號的眾生，當他們臨終之時，我與淨土中的諸菩薩們會前去出現在他們面前，接引他們在瞬間到達我的佛國。如果這個誓願不能實現，我誓不成佛。」

「我作佛時，十方眾生，聞我名號，繫念我國，發菩提心，堅固不退，植眾德本，至心回向，欲生極樂，無不遂者。若有宿惡，聞我名字，即自悔過，為道作善，便持經戒，願生我剎，命終不復更三惡道，即生我國。若不爾者，不取正覺。」

【譯文】

「我作佛的時候，如果有十方世界的眾生聽到我的名號，專心地憶念我的佛國淨土，並發菩提心，堅定不退地以念佛來培植功德，再誠心實意地將自己

修行的功德回向眾生，期待可以往生我佛國淨土的人，沒有一個人會不遂心願。即使有人在過去世中造有極重的罪惡，但他在聽到我的名號後，就立刻懺悔改過，並為佛法做善事，奉持佛的言教和戒律，發願往生我的佛國淨土。這樣的人，死後不會再墮入三惡道，會立即往生到我的佛國。如果這個誓願不能實現，我誓不成佛。」

「我作佛時，國無婦女。若有女人，聞我名字，得清淨信，發菩提心，厭患女身，願生我國，命終即化男子，來我剎土。十方世界諸眾生類，生我國者，皆於七寶池蓮華中化生。若不爾者，不取正覺。」

【譯文】

「我作佛的時候，我的佛國中沒有婦女。如果有女人，聽到我的名號，就能得清淨之心，再以淨信發菩提心，厭惡憂患女身，希望捨離女身往生極樂世界的，那麼，在她逝世的那一刻，就能立即轉化為男子之身，來到我的佛國。十方世界的所有眾生，凡是往生我的淨土的，都能夠從七寶池的蓮花中化生。如果這些願望不能實現，我誓不成佛。」

「我作佛時，十方眾生，聞我名字，歡喜信樂，禮拜歸命，以清淨心，修菩薩行，諸天世人，莫不致敬。若聞我名，壽終之後，生尊貴家，諸根無缺，常修殊勝梵行。若不爾者，不取正覺。」

【譯文】

「我作佛的時候，十方世界的眾生聽聞我的名號，就能心生歡喜，向我行禮敬拜，把命運寄託給我，用清淨心修習菩薩三福、六和、三學、六度、普賢

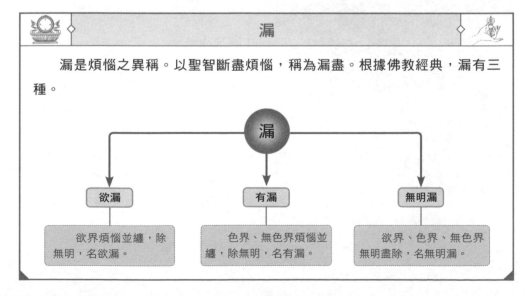

漏

漏是煩惱之異稱。以聖智斷盡煩惱，稱為漏盡。根據佛教經典，漏有三種。

漏

欲漏	有漏	無明漏
欲界煩惱並纏，除無明，名欲漏。	色界、無色界煩惱並纏，除無明，名有漏。	欲界、色界、無色界無明盡除，名無明漏。

十願的大行之法。天界諸天神和世間諸世人，都會對這些人的行持產生敬意。如果這些人聽聞我的名號，心生歡喜，但是為了在穢土救濟眾生，今生不得往生我佛國的，那麼他壽終之後，也能投胎到尊貴人家，不但身體健康，相貌出眾，還能修習殊勝的法門。如果這些願望不能實現，我誓不成佛。」

「我作佛時，國中無不善名。所有眾生，生我國者，皆同一心，住於定聚，永離熱惱，心得清涼，所受快樂，猶如漏盡①比丘。若起想

這是那羅延天圖。那羅延天又名堅固力士、金剛力士，在婆羅門教中被認為是梵天之母，在佛教中被認為是佛教的守護神，他有神力，常與阿修羅作戰。《無量壽經》中以那羅延身為四十八願之一。

念，貪計身者，不取正覺。」

【注釋】

①漏盡：「漏」，佛經中指煩惱。「漏盡」即是煩惱像水一樣從眼、耳、鼻、舌、身、意中流出，只剩下真正的快樂。

【譯文】

「我作佛的時候，我的佛國中沒有不善的概念和說法，投生在我的佛國的所有眾生，他們都具有同樣的專注而寧靜的意識狀態，都能不退轉菩薩的正定之聚，都能永離一切煩惱，心境清涼，都能享受到斷盡諸漏的阿羅漢般的快樂。如果有眾生生起貪念，執著自身，我誓不成佛。」

「我作佛時，生我國者，善根無量，皆得金剛那羅延身，堅固之力。身頂皆有光明照耀，成就一切智慧，獲得無邊辯才，善談諸法秘要，說經行道，語如鐘聲。若不爾者，不取正覺。」

【譯文】

「我作佛的時候，要使投生在我的佛國的所有眾生，都具有無量善根，他們不僅身體堅如金剛鑽石，力量強而有力，而且全身都有光明照耀，具有圓滿的智慧及佛陀一般的雄辯才能，能為眾生演說諸多佛法的精要，聲如洪鐘。如果這些願望不能實現，我誓不成佛。」

「我作佛時，所有眾生，生我

國者，究竟必至一生補處①，除其本願為眾生故。被弘誓鎧，教化一切有情，皆發信心，修菩提行，行普賢道。雖生他方世界，永離惡趣。或樂說法，或樂聽法，或現神足，隨意修行，無不圓滿。」

【注釋】

①一生補處：菩薩階位的最高位，即等覺位，意思是以一生的修習補到佛位。

【譯文】

「我作佛的時候，要使投生在我的佛國的所有眾生，都能達到一生補處的候補佛位。若有菩薩為了拯濟眾生，以堅固的弘誓為鎧甲教化一切眾生，並使其信奉佛教，進而修學普賢菩薩道，那麼雖然這些如普賢菩薩一樣修菩薩行的菩薩生活在他方世界裏，但也永遠不會受六道輪迴之苦。不論他們是樂於說法，還是樂於聽法，還是現神足等神通隨意樂而修習，都最終達到圓滿。如果這些願望不能實現，我誓不成佛。」

「我作佛時，生我國者，所須飲食、衣服、種種供具，隨意即至，無不滿願。十方諸佛，應念受其供養。若不爾者，不取正覺。」

【譯文】

「我作佛的時候，要使投生在我的佛國的所有眾生，無論是需要飲食、服飾，還是需要種種用具，都能隨心所欲，無不滿足於他們的願望。如果想供

養十方世界的諸佛，諸佛也能應他們的意念而接受供養。如果這些願望不能實現，我誓不成佛。」

「我作佛時，國中萬物，嚴淨、光麗，形色殊特，窮微極妙，無能稱量。其諸眾生，雖具天眼，有能辨其形色、光相、名數，及總宣說者，不取正覺。」

【譯文】

「我作佛的時候，我佛國淨土內的

阿彌陀佛

這是阿彌陀佛與極樂世界圖。圖正中是阿彌陀佛，他是西方極樂世界的教主。在阿彌陀佛頭上有大樹，身下有宮殿，皆是寶相莊嚴。在《無量壽經》中，法藏比丘立下嚴飾佛國淨土的大願，諸願不成，誓不成佛。

一切器物，都莊嚴清淨、光潔華麗、形色奇特，微妙至極，無法用語言來形容和表達。在極樂世界的眾生，雖然都具足天眼神通，但都不能分辨出這些神奇器物的形狀、質地、光澤、名字、數量，如果有人能夠宣說，我誓不成佛。」

「我作佛時，國中無量色樹，高或百千由旬[①]，道場[②]樹高四百萬里。諸菩薩中，雖有善根劣者，亦能了知。欲見諸佛淨國莊嚴，悉於寶樹間見，猶如明鏡，睹其面像。若不爾者，不取正覺。」

【注釋】

①由旬：測量距離的里程單位，是指古代行軍一日的路程，各書記載不同，說法從31里至80里不同。

②道場：佛、菩薩講經說法的地方，一般指廟宇。

【譯文】

「我作佛的時候，我的佛國淨土中生長著無數棵大樹，它們有的高達數百由旬，有的甚至達到數千由旬。那些在寺廟附近種的菩提樹，更高達四百萬里。我國土的諸位菩薩，即使是悟性稍差的，也能明了這些寶樹的莊嚴。如果有眾生要想看到其他的佛國淨土，那麼從這些寶樹行間便能清楚看見，就像從明亮的鏡子裏看到自己的面容一樣清晰。如果這些願望不能實現，我誓不成佛。」

「我作佛時，所居佛剎，廣博嚴淨，光瑩如鏡，徹照十方無量無數，不可思議諸佛世界。眾生睹者，生稀有心。若不爾者，不取正覺。」

【譯文】

「我作佛的時候，我的佛國淨土寬廣無邊，莊嚴清淨，光明晶瑩，如同明鏡一樣，可以普照十方無邊無際、不可想像的諸佛世界。這些世界裏的眾生，如果看到了我佛國的光明，必定生出求取真理正道之心。如果這些願望不能實現，我誓不成佛。」

「我作佛時，下從地際，上自虛空，宮殿、樓觀、池流、華樹，國土一切萬物，皆以無量寶香合成，其香普薰十方世界。眾生聞者，皆修佛行。若不爾者，不取正覺。」

【譯文】

「我作佛的時候，我的佛國淨土從

・名詞解釋・

清淨解脫、普等三昧：清淨解脫三昧是指所住之三昧，無垢清淨，離一切之繫縛而自在。普等三昧是指住此三昧而普見一切諸佛，故名普等三昧。

地面到天空，所有的宮殿、樓觀、池塘、溪流、花草樹木以及所有的一切萬物，全部都由無數的寶香來合成，其香味能薰遍十方世界，一切眾生只要聞到了這種香味，自然身心清淨，進而修行佛道。如果這些願望不能實現，我誓不成佛。」

「我作佛時，十方佛剎，諸菩薩眾，聞我名已，皆悉逮得清淨、解脫、普等三昧，諸深總持，住三摩地，至於成佛。定中常供無量無邊一切諸佛，不失定意。若不爾者，不取正覺。」

【譯文】

「我作佛的時候，十方諸佛世界的所有菩薩，只要聽到我的名號，就能證得清淨三昧、解脫三昧和普等三昧，能安住於念佛三昧之中，就能住於正定，直到圓滿成佛。在禪定中供養無量無邊的一切諸佛，而且身不離本處就能遍至十方。如果這些願望不能實現，我誓不成佛。」

「我作佛時，他方世界，諸菩薩眾，聞我名者，證離生法，獲陀羅尼，清淨歡喜，得平等住，修菩薩行，具足德本。應時不獲一二三忍，於諸佛法，不能現證不退轉者，不取正覺。」

【譯文】

「我作佛時，其他世界的菩薩們，聽到我的名號，就能證得脫離生死之

法，並獲得陀羅尼明咒神通。他們身心清淨，精神愉悅，入無差別境界，以菩薩的修行利益眾生，具足一切佛果功德的根本。這樣的菩薩們立刻獲得忍、柔順忍和無生法忍，就能圓滿證得不退轉成正覺的果位。如果這些願望不能實現，我誓不成佛。」

🪷 法藏比丘的偈頌

佛告阿難。爾時法藏比丘說此願已，以偈頌曰：
「我建超世志，必至無上道，
斯願不滿足，誓不成等覺。
復為大施主，普濟諸窮苦，
令彼諸群生，長夜無煩惱。」

【譯文】

釋迦牟尼佛告訴阿難，那時法藏比丘說完誓願後，又用偈頌作了總結：
「我發下了超越一切世間的志願，決定成就無上佛道，
如果這四十八願不能圓滿實現，我誓不成佛。
我修行成佛的同時還要為眾生布施，普濟三界正在受苦的眾生，
讓眾生在生死長夜中，永遠快樂而沒有煩惱。」

「出生眾善根，成就菩提果，
我若成正覺，立名無量壽。
眾生聞此號，俱來我剎中，
如佛金色身，妙相悉圓滿。

亦以大悲心，利益諸群品，
離欲深正念，淨慧修梵行。」

【譯文】

「眾生受教生出種種善根，成就菩提妙果。

如果我成了佛，就取名為無量壽佛。

十方眾生聽到我的名號，都歡喜信受來到我的佛國。

到了我佛國的眾生都能具足三十二種大丈夫相。

我佛國的眾生都具有大慈大悲之心，誓為一切眾生謀求真實之利，

自己遠離一切世間情欲，用清淨的智慧修菩薩行。」

「願我智慧光，普照十方刹，
消除三垢①冥，明濟眾厄難。
悉捨三塗苦，滅諸煩惱暗，
開彼智慧眼，獲得光明身。」

【注釋】

①三垢：即貪、嗔、癡三種煩惱。所有煩惱中，這三者被視為最毒害眾生、最根本的煩惱。

【譯文】

「願我無量的智慧光明，普照到十方的一切佛刹，

消除一切眾生貪嗔癡所產生的黑暗，救濟眾生的所有苦難，

讓一切眾生免於輪迴之苦，不受煩

阿彌陀佛四十八願

根據《無量壽經》，法藏比丘在成佛前立下了四十八願，積累了無量德行，終於在十劫前成佛。在此經的注疏《無量壽經鈔》中，日僧了慧道光為這四十八願各立名號，使之清楚明了。

無三惡趣願	不更惡趣願	委皆金色願	無有好醜願	宿命智通願	天眼智通願
天耳智通願	他心智通願	神境智通願	速得漏盡願	住正定聚願	光明無量願
壽命無量願	聲聞無數願	眷屬長壽願	無諸不善願	諸佛稱揚願	念佛往生願
來迎引接願	繫念定生願	三十二相願	必至補處願	供養諸佛願	供具如意願
說一切智願	那羅延身願	所須最淨願	見道場樹願	得辯才智願	智辯無窮願
國土清淨願	國土嚴飾願	觸光柔軟願	聞名得忍願	女人往生願	常修梵行願
人天致敬願	衣服隨念願	受樂無染願	見諸佛土願	諸根具足願	住定供佛願
生尊貴家願	具足德本願	住定見佛願	隨念聞法願	得不退轉願	得三法忍願

惱和黑暗的困擾，

使眾生顯現心中的慧眼，看到如來的光明法身。」

「閉塞諸惡道，通達善趣門，
為眾開法藏，廣施功德寶。
如佛無礙智，所行慈愍行，
常作天人師，得為三界雄。」

【譯文】

「堵塞一切輪迴惡道的通路，打開通往善道之門，

為眾生開示佛法寶藏，廣泛施與無上功德法之寶。

我願有如佛一樣自在無礙的佛智和慈悲普利眾生之行，

成為天人的導師，在三界之中稱為聖雄。」

「說法師子吼，廣度諸有情，
圓滿昔所願，一切皆成佛。
斯願若克果，大千應感動，
虛空諸天神，當雨珍妙華。」

【譯文】

「宣說佛法就像獅子吼一樣，使眾生震動；

圓滿我的四十八大願，令一切眾生都能成佛。

如果我所發的誓願能夠成就，三千大千世界的一切聖眾都應受感動，

祈求天神諸天示現瑞象，天上降下珍奇美妙的花。」

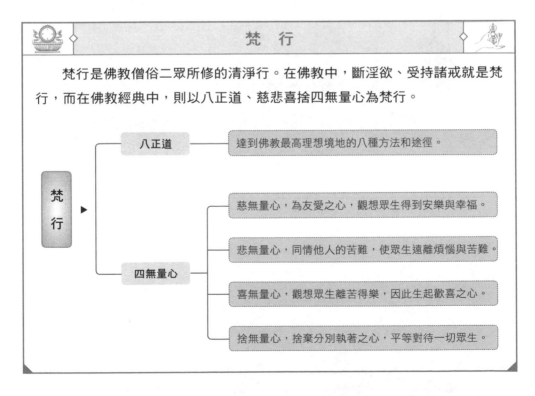

梵　行

梵行是佛教僧俗二眾所修的清淨行。在佛教中，斷淫欲、受持諸戒就是梵行，而在佛教經典中，則以八正道、慈悲喜捨四無量心為梵行。

梵行 ▸

八正道 ── 達到佛教最高理想境地的八種方法和途徑。

四無量心

慈無量心，為友愛之心，觀想眾生得到安樂與幸福。

悲無量心，同情他人的苦難，使眾生遠離煩惱與苦難。

喜無量心，觀想眾生離苦得樂，因此生起歡喜之心。

捨無量心，捨棄分別執著之心，平等對待一切眾生。

第十章 往生淨土──《無量壽經》

佛告阿難：法藏比丘說此頌已，應時普地六種震動，天雨妙華，以散其上。自然音樂空中讚言，決定必成無上正覺。

【譯文】

釋迦牟尼這時又告訴阿難：法藏比丘剛說完此頌，便出現了瑞相：大地震動，出現了動、起、湧、震、吼、擊六種異常現象，天空中降下了美妙的花瓣，紛紛揚揚如下雨一樣散落在地上，空中自然響起了音樂，並且讚說：「法藏比丘必然成佛。」

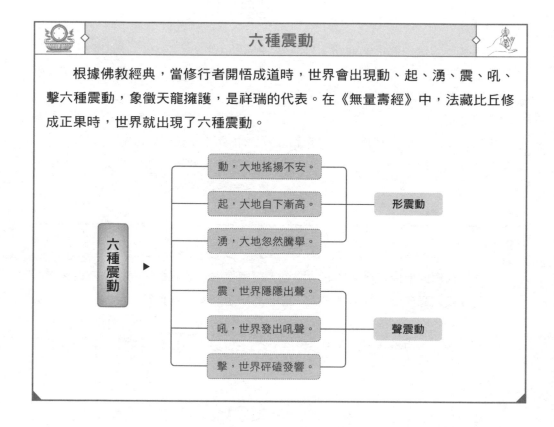

六種震動

根據佛教經典，當修行者開悟成道時，世界會出現動、起、湧、震、吼、擊六種震動，象徵天龍擁護，是祥瑞的代表。在《無量壽經》中，法藏比丘修成正果時，世界就出現了六種震動。

六種震動

> 動，大地搖揚不安。
> 起，大地自下漸高。
> 湧，大地忽然騰舉。

形震動

> 震，世界隱隱出聲。
> 吼，世界發出吼聲。
> 擊，世界砰磕發響。

聲震動

法身玄堂——《大般涅槃經》

《大般涅槃經》是大乘佛教的根本經典之一，是大乘五大部經的涅槃部之首。此經針對小乘佛教的消極涅槃觀，提出了法身常住、眾生皆有佛性的思想，被認爲是大乘佛教的極談。

釋《大般涅槃經》

《大般涅槃經》的經題與翻譯

《大般涅槃經》又稱《大涅槃經》、《涅槃經》、《大經》。其中「涅槃」是指不生不滅的清淨境界，而「大般涅槃」是指「煩惱完全消除，極端平淨的狀態」。所謂「大般涅槃經」就是對佛陀的涅槃思想的詮釋。

西元3～4世紀，是佛教衰微的時期，《大般涅槃經》就於此時在喀什米爾地區形成，之後傳入中國。東漢年間，支婁迦讖翻譯了《梵般泥洹經》，這是《大般涅槃經》最早傳入中國的部分。曹魏時，安法賢譯有《大般涅槃盤經》，支謙譯有《大般泥洹經》，但早已失傳。至東晉時，法顯在摩揭提國得到《大本涅槃盤》前分，並在建康道場寺翻譯出6卷《大般泥洹經》，內容相當於《大般涅槃經》的前5品，為此經現存最早的異譯本。

直到西元5世紀，曇無讖從白頭禪師處，得樹皮《大般涅槃經》，之後他攜《大般涅槃經》前分10卷來到敦煌。北涼玄始十年（西元412年），河西王沮渠蒙遜迎請曇無讖入姑臧，曇無讖在中土學習3年漢語後，在高僧慧嵩、道朗的筆受助譯下，開始翻譯《大般涅槃經》初分10卷，之後又尋得本中分、後分續譯。根據曇無讖的敘述，此經梵本為3萬5千偈，翻譯為漢文者為1萬餘偈，主要分為40卷13品，即壽命品、金剛身品、名字功德品、如來性品、一切大眾所問品、現病品、聖行品、梵行品、嬰兒行品、光明遍照高貴德王菩薩品、師子吼菩薩品、迦葉菩薩品、槃陳如品，是為北本《涅槃》。

南朝宋時，宋文帝命名僧慧嚴、慧觀和謝靈運依據北本《涅槃》，並參考了東晉法顯與佛陀跋陀羅翻譯的6卷本《大般泥洹經》，重新翻譯了《大般涅槃經》，從北本《涅槃》的壽命品中分出了經敘、純陀、哀歎、長壽4品，由如來性品中分出了四相、四依、邪正、四諦、四倒、如來性、文字、鳥喻、月喻、菩薩10品，刪訂為36卷25品，是為南本《涅槃》。

南本《涅槃》與北本《涅槃》相比，在內容、品目上都有很多不同，南本因為經過謝靈運的潤色，更為精煉，但是流通較少，反而是北本《涅槃》一直流傳於世。

《大般涅槃經》的主要內容

《大般涅槃經》是闡述佛陀涅槃思想的佛經，被譽為「大乘極談」，在中國有很大的影響力。

翻譯者 ▶	**天竺三藏曇無讖** 中印度人。他精通大小乘經典，尤其熟知《涅槃經》。北涼玄始十年（西元421年），他被河西王迎到姑臧，開始翻譯《大般涅槃經》，還譯出《方等大集經》30卷、《悲華經》10卷、《方等大雲經》6卷等佛經，現存本及缺本共計11部112卷。
翻譯時間 ▶	北涼玄始十年以後
卷數 ▶	40卷13品
主要內容 ▶	針對小乘佛教的涅槃說，提出佛身常住不滅、永恆存在的觀念，此外，本經還針對大乘佛教的三乘五姓說，指出一切眾生皆有佛性。由於此經是佛陀涅槃前所說的最後一部佛經，所以也被認為是佛陀最後最高的教說，是大乘五大經之一。自從此經傳入中國以來，在中國影響很大，對中國宋明理學的形成有著一定的作用。

第十一章 法身玄堂——《大般涅槃經》

法身常住
《大般涅槃經》的主要內容

《大般涅槃經》的緣起是釋迦牟尼佛將要涅槃，眾弟子為之哀痛，這時純陀疑惑佛陀為何不能久住世間，並就此問題向佛陀提問，佛陀則以世間眾生都要死亡來回答，並為眾弟子開示涅槃的真正意義，於是形成此經。

作為宣說涅槃思想的大乘經典之一，《大般涅槃經》的中心是針對灰身滅智的小乘涅槃說和大乘佛教的三乘五姓說提出了「涅槃不滅，佛有真我；一切眾生，皆有佛性」，即法身常住不滅、眾生皆有佛性的教義，經中強調了佛身是常樂清淨的，並不會消失，而一切眾生都有佛性，即使是一闡提和聲聞、辟支都能成就大覺。此外，《大般涅槃經》還廣說了與涅槃有關的一切菩薩法義，包含了大乘佛教的教法，被認為是大乘佛教的極談。

在印度本土，《大般涅槃經》並不是十分流行，但是它傳入中國以後，卻影響重大。經文提出的一闡提可能成佛的觀點，給中國佛學界以很大的震動，甚至有道生說《大般涅槃經》，連頑石也點頭的典故。隨著《大般涅槃經》的傳播，為此經注釋、注疏的高僧絡繹不絕，自道生在廬山大講《大般涅槃經》以來，在中國出現了專門研究此經的僧人，他們被稱為涅槃師，並形成了涅槃學派。

在南朝梁時，梁武帝蕭衍更親講《大般涅槃經》，並為之注疏，著有《涅槃講疏》、《涅槃義疏》。根據此經，梁武帝撰《斷酒肉文》，命高僧在華林殿前宣講，明文禁止中國僧尼食肉，這也是中國僧尼素食之始。

在僧俗兩界的大力宣導下，《大般涅槃經》的地位日益提高，在南北朝及隋唐盛極一時，被譽為「法身之玄堂，正覺之實稱，眾經之淵鏡，萬流之宗極」，甚至被認為是佛陀所說的最高教法。

西元6世紀，元魏達摩菩提傳譯出了印度世親對《大般涅槃經》的注疏，開始引用世親的七分說科判此經，後為北方學者講述此經所沿用。

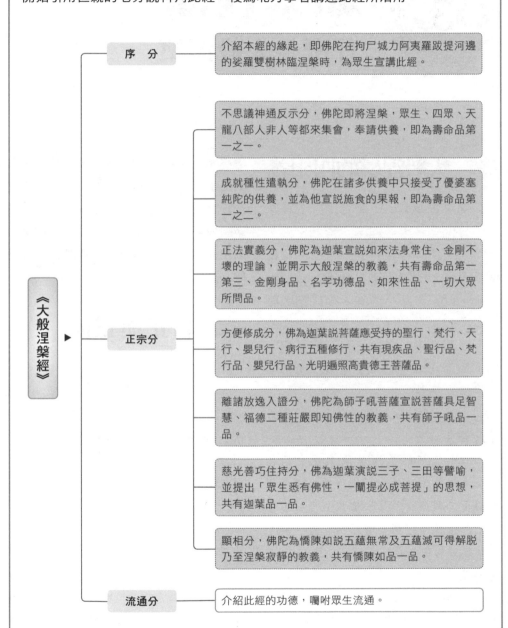

序　分：介紹本經的緣起，即佛陀在拘尸城力阿夷羅跋提河邊的娑羅雙樹林臨涅槃時，為眾生宣講此經。

正宗分：

不思議神通反示分，佛陀即將涅槃，眾生、四眾、天龍八部人非人等都來集會，奉請供養，即為壽命品第一之一。

成就種性遣執分，佛陀在諸多供養中只接受了優婆塞純陀的供養，並為他宣說施食的果報，即為壽命品第一之二。

正法實義分，佛陀為迦葉宣說如來法身常住、金剛不壞的理論，並開示大般涅槃的教義，共有壽命品第一第三、金剛身品、名字功德品、如來性品、一切大眾所問品。

方便修成分，佛為迦葉說菩薩應受持的聖行、梵行、天行、嬰兒行、病行五種修行，共有現疾品、聖行品、梵行品、嬰兒行品、光明遍照高貴德王菩薩品。

離諸放逸入證分，佛陀為師子吼菩薩宣說菩薩具足智慧、福德二種莊嚴即知佛性的教義，共有師子吼品一品。

慈光善巧住持分，佛為迦葉演說三子、三田等譬喻，並提出「眾生悉有佛性，一闡提必成菩提」的思想，共有迦葉品一品。

顯相分，佛陀為憍陳如說五蘊無常及五蘊滅可得解脫乃至涅槃寂靜的教義，共有憍陳如品一品。

流通分：介紹此經的功德，囑咐眾生流通。

如來性品
什麼是大般涅槃

大般涅槃的四相義

佛復告迦葉：「善男子，菩薩摩訶薩分別開示大般涅槃，有四相義。何等為四？一者，自正；二者，正他；三者，能隨問答；四者，善解因緣義。云何自正？若佛如來見諸因緣而有所說，譬如比丘見大火聚便作是言：『我寧抱是熾燃火聚，終不敢於如來所說十二部經及秘密藏[1]謗言，云是波旬所說。』」

【注釋】

①十二部經及秘密藏：「十二部經」又稱為十二分教，是指佛經中體例中的十二個分類。「秘密藏」即秘密的法藏，指佛經中那些有深刻含義，寓意比較隱蔽的佛教義理。

【譯文】

佛告訴迦葉說：「善男子，菩薩能分別顯示的大般涅槃，有四種相義。這四種相義是什麼呢？第一，自正；第二，正他人；第三，能夠隨問隨答；第四，擅長

解釋因緣含義。什麼是自正呢？比如如來看見不同的因緣而有不同的說法。例如，比丘看見燃燒的火堆，就會這麼說：『我寧願抱著這堆燃燒的大火，也不敢誹謗如來所說的十二部經和秘密藏是波旬所說的。』」

自正與正他

「若言如來法僧無常，如是說者為自侵欺，亦欺於人。寧以利刀自斷其舌，終不說言如來法僧是無常也。若聞他說亦不信受，於此說者應生憐愍。如來法僧不可思議，應如是持。自觀己身猶如火聚，是名自正。」

【譯文】

「如果有人說佛、法、僧是無常的，這麼說的人就是在自欺欺人了。我寧願用鋒利的刀將自己的舌頭割斷，也始終不會說佛、法、僧是無常的。如果有別人這麼說，我不僅不會相信，也不會接受，只會

產生憐憫。佛、法、僧是沒有其他釋義的，應該正確理解。自己觀察自己，就好像是大火凝聚一樣，這就叫做自正。」

「云何正他？佛說法時，有一女人乳養嬰兒，來詣佛所稽首佛足，有所顧念，心自思惟，便坐一面。

「爾時，世尊知而故問：『汝以愛念多含兒酥，不知籌量消與不消？』

「爾時，女人即白佛言：『甚奇，世尊。善能知我心中所念，唯願如來教我多少。世尊，我於今朝多與兒酥，恐不能消將無夭壽？唯願如來為我解說。』」

【譯文】

「什麼叫做正他呢？我佛在說法的時候，有一個正在給孩子餵奶的女人，她來到佛的居所，跪拜在佛的腳下，因為她心中有所顧慮，所以就懷著心思坐在了一邊。

「這時，世尊看出了她的顧慮，就問她說：『你因為疼愛孩子，就給他多餵了一些奶酥，可是心中卻擔心他能否消化吧？』

「這女人立即向佛說道：『真是神奇啊，世尊，我心中所想的你都知道，希望如來能為我開示。世尊，我今天早上給我孩子多餵了一些奶酥，我怕他消化不了以至於生病夭折，希望如來能為我解說。』」

「佛言：『汝兒所食尋即消化，增益壽命。』」

「女人聞已，心大踊躍。復作是言：『如來實說故我歡喜。世尊，如是為欲調伏諸眾生故，善能分別說消不消，亦說諸法無我無常。若佛世尊先說常者，受化之徒當言此法與外道同，即便捨去。』」

【譯文】

「佛陀說：『你兒子吃的東西立刻就消化掉了，不但不會減壽，還可以增加壽命。』」

這是迦葉圖。迦葉是摩竭國人，婆羅門種姓，因為他常行苦行，少欲知足，被譽為「頭陀第一」。釋迦牟尼佛入滅後，迦葉被認為是佛陀的繼承人，是佛教第一次結集的召集人。《大般涅槃經》如來性品是迦葉與佛陀的問答。

「女人聽了佛陀的話後，心裏很開心，又說道：『如來這麼說，我很高興。世尊，你這麼做是為了調教順服眾生，不但擅長分清消化和不消化，也會說諸法無我無常。如果我佛世尊先說常理，接受教化的信徒聽到這些常理和外面的道法一樣，就會捨棄此法而離去。』」

「復告女人：『若兒長大，能自行來，凡所食啖，能消難消，本所與酥則不供足。我之所有聲聞弟子，亦復如是。如汝嬰兒，不能消是常住之法。是故我先說苦無常。若我聲聞諸弟子等，功德已備，堪任修習大乘經典，我於是經說為六味。云何六味？說苦醋味，無常鹹味，無我苦味，樂如甜味，我如辛味，常如淡味。彼世間中有三種味，所謂無常無我無樂。煩惱為薪，智慧為火。以是因緣成涅槃飯，謂常樂我，令諸弟子，悉皆甘嗜。』」

【譯文】

「佛陀又告訴那個女人說：『如果你的兒子長大了，夠行走自如，吃的食物也都能消化，那麼你原先所給他的奶酥就不夠了。就和你的孩子一樣，我的弟子也是如此，他們並不能消化常住之法。所以我先講苦無常。直到諸弟子的功德具備，才能修行練習大乘佛法，這時我就可以對他們說六種味。什麼是六種味呢？這六種味分別是酸苦味、無常鹹味、苦味、甜味、辣味、平淡味。那世間還有三種味，分別是無常、無我、無樂。所謂煩惱就像是薪柴，智慧就猶如火焰。只所以有了這些才能形成涅槃，就是所謂的常樂我，諸弟子才能嘗到其中的滋味。』」

「復告女人：『汝若有緣欲至他處，應驅惡子今出其舍。悉以寶藏付示善子。』」

「女人白佛：『實如聖教。珍寶之藏應示善子，不示惡子。姊我亦如是，般涅槃時，如來微密無上法藏，不與聲聞諸弟子等，如汝寶藏不示惡子，要當付囑諸菩薩等，如汝寶藏委付善子。』」

【譯文】

「佛陀又告訴那個女人說：『你如果有機會去到別的地方，應該將惡子驅除，不能留在家裏，還要將所藏之寶交給善子。』」

「女人對佛陀說：『我一定遵守教誨。所藏珍寶要告訴善子，不告訴惡子。』這時佛陀說：『我也就是如此做的。當我入涅槃時，不會將這如來微密無上法藏交給諸弟子，就像你不將所藏珍寶交予惡子一樣。我要將正法吩咐眾菩薩，就像你將所藏珍寶交付給善子一樣。』」

「何以故？聲聞弟子生變異想，謂佛如來真實滅度。然我真實不滅度也。如汝遠行，未還之頃，汝之惡子便言汝死。汝實不死。諸

菩薩等說言如來常不變易，如汝善子不言汝死。以是義故，我以無上秘密之藏付諸菩薩。善男子，若有眾生謂佛常住不變易者，當知是家則為有佛，是名正他。」

【譯文】

「我為什麼要這麼做呢？因為聲聞弟子因為我的涅槃會有別的想法，或許會說如來真的滅度了。其實我是不會真正滅度的。就像你要出遠門，還沒有回來時，你的惡子就說你已經死掉了。其實你並沒有死。眾菩薩常說如來並不會發生變化，就像你的善子不會說你死一樣。就是這樣的道理，我會將無上秘密的藏經交給眾菩薩。善男子，如果眾生說我佛常在不變化，就知道此家已經有佛，這就是所謂的正他。」

能隨問答

「能隨問答者，若有人來問佛世尊：『我當云何不捨錢財，而得名為大施檀越？』

「佛言：『若有沙門、婆羅門等，少欲知足，不受不畜不淨物者，當施其人奴婢僕使；修梵行者，施與女人；斷酒肉者，施與酒肉；不過中食，施過中食；不著花香，施以花香。如是施者，施名流布。遍至他方，財寶之費，不失毫釐。是則名為能隨問答。』」

【譯文】

「能隨問隨答是什麼呢？如果有人問我佛世尊：『我如何能不施捨錢財，就能得到大施檀越的名聲呢？』

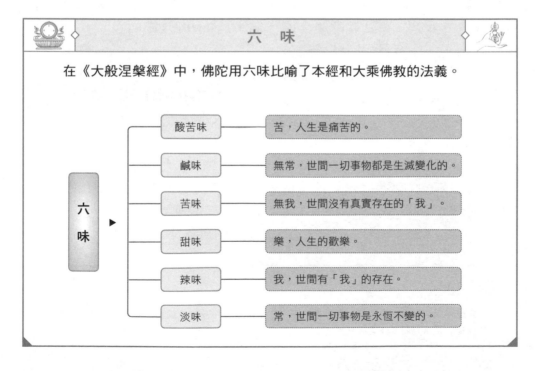

六　味

在《大般涅槃經》中，佛陀用六味比喻了本經和大乘佛教的法義。

六味

酸苦味	苦，人生是痛苦的。
鹹味	無常，世間一切事物都是生滅變化的。
苦味	無我，世間沒有真實存在的「我」。
甜味	樂，人生的歡樂。
辣味	我，世間有「我」的存在。
淡味	常，世間一切事物是永恆不變的。

「佛回答說：『如果有沙門、婆羅門等人，他們欲望很少，容易知足，並不接受、儲藏不乾淨的東西，這時應該給他施捨奴婢僕役；如果修行梵行的人，這時應當給他施捨女人；如果是不吃酒肉的人，這時應該給他施捨酒肉；如果是過了中午就不吃飯的人，這時應當在中午過後給他食物；如果是那些不聞花香的人，這時應該施捨給他花香。正是這樣的施捨者，才能使施捨之名流傳開來，而不用花費一毫一厘的財物。這就是所謂的隨問隨答。』」

🪷 佛門不能食肉

爾時迦葉菩薩白佛言：「世尊，食肉之人，不應施肉。何以故？我見不食肉者有大功德。」

佛贊迦葉：「善哉，善哉。汝今乃能善知我意。護法菩薩應當如是。善男子，從今日始不聽聲聞弟子食肉。若受檀越信施之時，應觀是食如子肉想。」

【譯文】

彼時，迦葉菩薩對佛陀說：「世尊，吃肉的人，不是應該不施捨給他肉嗎？這是什麼原因呢？我認為，不吃肉的人才能積大功德。」

佛陀稱讚迦葉說：「善哉，善哉。現在你能理解我的意思了。護法菩薩就應當是這個樣子。善男子，從今天開始，聲聞弟子不可以吃肉。若接受檀越信徒施捨的時候，就應當作是吃自己兒子的肉一樣。」

迦葉菩薩復白佛言：「世尊，云何如來不聽食肉？」

「善男子，夫肉食者，斷大慈種。」

迦葉又言：「如來何故，先聽比丘食三種淨肉？」

「迦葉，是三種淨肉，隨事漸制。」

迦葉菩薩復白佛言：「世尊，何因緣故，十種不淨，乃至九種清淨而復不聽。」

佛告迦葉：「亦是因事漸次而制，當知即是現斷肉義。」

【譯文】

迦葉又對佛陀說：「世尊，那麼為何又允許人們吃肉了呢？」

佛陀回答說：「善男子，只要是吃肉的人，已經斷了大慈大悲的善根了。」

迦葉又問：「如來，為什麼原先你允許比丘吃三種淨肉呢？」

佛陀回答說：「迦葉啊，三種淨肉，

· 名詞解釋 ·

大施檀越：即施主，指沒有在寺廟出家，在家裏學佛，並給僧侶施捨衣物、生活用品等的佛教信徒。在《大般涅槃經》中，迦葉向佛陀請教如何才能得到大施檀越的名聲。

是根據不同情況而確定的。」

迦葉又問佛說：「世尊，為什麼十種不乾淨，甚至是九種乾淨的都是不允許的？」

佛告訴迦葉說：「這些也都是根據不同情況確定的，如來的根本意思還是要斷絕吃肉啊。」

迦葉菩薩復白佛言：「云何如來稱讚魚肉為美食耶？」

「善男子，我亦不說魚肉之屬為美食也。我說甘蔗粳米石蜜一切穀麥及黑石蜜乳酪酥油，以為美食。雖說應畜種種衣服，所應畜者要是壞色，何況貪著是魚肉味？」

迦葉復言：「如來若制不食肉

者，彼五種味乳酪酪漿生酥熟酥胡麻油等，及諸衣服奢耶衣珂貝皮革金銀盂器，如是等物亦不應受。」

【譯文】

迦葉又對佛說：「為什麼如來又會稱讚魚肉是美味的食物呢？」

佛陀回答說：「善男子，我從沒有說魚肉這些是美味的食物啊！我是說像甘蔗、粳米、石蜜、一切穀物以及黑石蜜、乳酪、酥油這些是美味的食物。雖然我說應該積蓄各種的衣服。但是積蓄的東西應該是粗糙的，更何況是貪念著魚肉的味道呢？」

迦葉又說：「如來如果規定不能吃肉，那麼像乳酪、酪漿、生酥、熟酥、胡

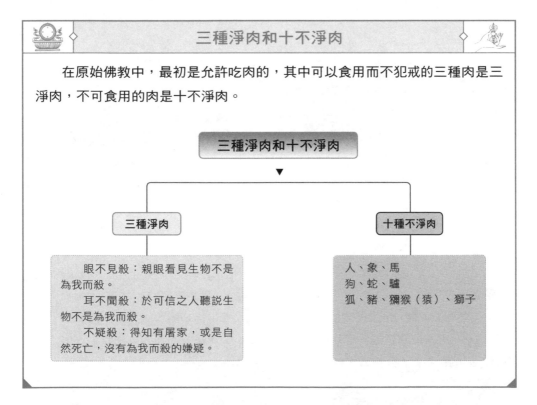

三種淨肉和十不淨肉

在原始佛教中，最初是允許吃肉的，其中可以食用而不犯戒的三種肉是三淨肉，不可食用的肉是十不淨肉。

三種淨肉和十不淨肉

▼

三種淨肉

眼不見殺：親眼看見生物不是為我而殺。
耳不聞殺：於可信之人聽說生物不是為我而殺。
不疑殺：得知有屠家，或是自然死亡，沒有為我而殺的嫌疑。

十種不淨肉

人、象、馬
狗、蛇、驢
狐、豬、獼猴（猿）、獅子

第十一章　法身玄堂——《大般涅槃經》

這是乳酪圖。在古代印度，乳酪被視為神聖的食物。在佛教傳說中，釋迦牟尼因為苦行，身體虛弱，一位牧羊女餵他喝了乳酪才得以恢復。在《大般涅槃經》中，釋迦牟尼佛認為乳酪是美食之一。

麻油這五種東西，以及衣服、珂貝、皮革、金銀盂器這些東西是不是也不應該接受！」

「善男子，不應同彼尼乾所見，如來所制一切禁戒各有異意，異意故聽食三種淨肉。異想故斷十種肉，異想故一切悉斷，及自死者。迦葉，我從今日制諸弟子，不得復食一切肉也。

「迦葉，其食肉者，若行若住若坐若臥，一切眾生聞其肉氣悉生恐怖。譬如有人近師子已，眾人見之，聞師子臭亦生恐怖。」

【譯文】
「善男子，你不可以和尼乾有一樣的見識啊，如來所制定的一切禁忌戒律各自有不同的釋義。因此你會知道可以食用

三種淨肉、而不可以食用十種肉，更禁止了一切不合法的行為，比如自殺等等。迦葉，從今日起，我的弟子不可以食用一切肉類。

「迦葉，那些吃肉的人，無論是行走、居住、坐下、躺著，眾生都能聞到他身上的肉腥味，並因此感到恐懼。就好像有人接近過獅子一樣，大家聞到獅子的氣息就會產生恐懼感。」

「善男子，如人啖蒜臭穢可惡，餘人見之聞臭捨去，設遠見者猶不欲視，況當近之？諸食肉者，亦復如是，一切眾生聞其肉氣，悉皆恐怖生畏死想，水陸空行有命之類悉捨之走，咸言此人是我等怨，是故菩薩不習食肉，為度眾生示現食肉，雖現食之，其實不食。善男子，如是菩薩清淨之食，猶尚不食，況當食肉？」

【譯文】
「善男子，如果有人吃了蒜，就會有很大的穢臭味，其他的人聞見了就會離他遠遠的，連在遠處看著他都不願意，更不用說接近了。那些吃肉的人，也同樣如此，一切眾生聞到他身上的肉腥味，就全都會感到恐懼以至於想到死亡，水中陸地空中的生物都會離他遠去，把他視為他們的敵人。因此菩薩是不願意吃肉的，只是為了度化眾生所以才表現吃肉的樣子。善男子，菩薩連清淨的食物都不食用，更何況是肉類呢？」

佛陀真正的弟子

「善男子，我涅槃後，無量百歲，四道聖人悉復涅槃正法滅後，於像法中當有比丘。似象持律少讀誦經，貪嗜飲食，長養其身，身所被服，粗陋醜惡，形容憔悴，無有威德，放畜牛羊，擔負薪草。頭鬚髮爪，悉皆長利。雖服袈裟，猶如獵師，細視徐行，如貓伺鼠，常唱是言：我得羅漢，多諸病苦。」

【譯文】

「善男子，當我涅槃之後的數百年，四道聖人也都會進入涅槃，那時正法也消滅了。在像法中會出現這類的比丘。他們看上去像是在遵守戒律，也會誦讀經文，但是他們沉迷於食物，只是休息養身，不但身上的衣服粗陋難看，連面容也憔悴不堪。他們沒有絲毫的威德，只是放牧牛羊牲畜，背負薪柴乾草，髮鬚極長。雖然他們也穿著袈裟，但是卻像是一個獵人一樣，行走的時候無比緩慢，就像貓在捉拿老鼠一樣。他們還常常說道：我已經證得了羅漢佛果，卻還有很多痛苦。」

「眠臥糞穢，外現賢善，內懷貪嫉，如受啞法婆羅門等，實非沙門現沙門像，邪見熾盛，誹謗正法，如是等人，破壞如來所制戒律正行威儀，說解脫果離不淨法，及壞甚深秘密之教，各自隨意反說經律而作是言：『如來皆聽我等食

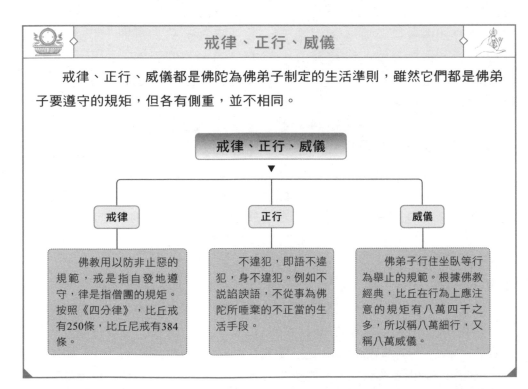

戒律、正行、威儀

戒律、正行、威儀都是佛陀為佛弟子制定的生活準則，雖然它們都是佛弟子要遵守的規矩，但各有側重，並不相同。

戒律、正行、威儀

戒律 — 佛教用以防非止惡的規範，戒是指自發地遵守，律是指僧團的規矩。按照《四分律》，比丘戒有250條，比丘尼戒有384條。

正行 — 不違犯，即語不違犯，身不違犯。例如不說諂諛語，不從事為佛陀所唾棄的不正當的生活手段。

威儀 — 佛弟子行住坐臥等行為舉止的規範。根據佛教經典，比丘在行為上應注意的規矩有八萬四千之多，所以稱八萬細行，又稱八萬威儀。

肉。』自生此論，言是佛說互共諍訟，各自稱是沙門釋子。」

【譯文】

「他們睡在污穢的糞便中，雖然外表看上去賢德善良，內心卻貪婪嫉妒，就像那些受惡法的婆羅門等，實際上並不是沙門，卻佯裝著沙門的樣子。他們思想邪惡，不但誹謗正法，還破壞如來規定的戒律威儀。他們說自己已經解脫卻離開了清淨法，甚至破壞了秘密之教，並隨意顛倒戒律，反而說：『如來都允許我們吃肉。』他們自己編造這些言論，卻假託是佛陀所說，並互相爭辯，都自稱是沙門釋子。」

「善男子，爾時復有諸沙門等，貯聚生穀受取魚肉，手自作食，執持油瓶寶蓋革屣，親近國王大臣長者，占相星宿，勤修醫道，畜養奴婢、金銀、琉璃、硨磲、瑪瑙、頗梨、真珠、珊瑚、琥珀、壁玉、珂貝，種種果蓏學諸伎藝，畫師泥作造書教學，種植根栽，蠱道咒幻，和合諸藥作倡伎樂，香花治身樗蒲圍棋學諸工巧。若有比丘能離如是諸惡事者，當說是人真我弟子。」

【譯文】

「善男子，那時又會有這類沙門，他們儲蓄五穀雜糧，收取魚肉並親手做成食物；他們手中拿著油瓶，華蓋履屣，巴結國王大臣及尊貴之人；他們從

事占星卦卜，並蓄養奴隸、金銀、琉璃、硨磲、瑪瑙、玻璃、真珠、珊瑚、琥珀、壁玉、珂貝等物；他們種植各種蔬果，學習各種技巧，如繪畫、泥匠、書法、教學等等；他們種植根栽植物，用道術咒語製造幻境，並製造藥物與娼伎作樂，香花滿身，賭博圍棋這些事無所不做。如果有比丘不做這些惡事的，才應當說是我真正的弟子。」

爾時，迦葉復白佛言：「世尊，諸比丘、比丘尼、優婆塞、優婆夷因他而活，若乞食時得雜肉食，云何得食應清淨法。」

佛言：「迦葉，當以水洗令與肉別，然後乃食。若其食器為肉所污，但使無味，聽用無罪。若見食中多有肉者，則不應受，一切現肉悉不應食，食者得罪。我今唱是斷肉之制，若廣說者，即不可盡，涅槃時到，是故略說，是則名為能隨問答。」

【譯文】

此時，迦葉又對佛陀說：「世尊，這些比丘、比丘尼、優婆塞、優婆夷都是靠行乞生活的，如果他們乞討得到的食物中摻有肉類，這樣他們怎麼能符合清淨法呢？」

佛陀說：「迦葉，這時應當用水清洗，將吃的食物和肉分開，然後再吃。如果他們使用的器具已經被肉污染，但是沒有肉味，也是沒有罪的。如果看見食物中有肉，不應該吃，但是還是吃了

下去，這時是有罪的。我現在提出不吃肉的制度，如果從廣義上說，是不可能一下子說完的，我已經到了涅槃的時間，只能粗略說一下，這就是所謂的隨問隨答。」

🪷 善解因緣

「迦葉，云何善解因緣義？如有四部之眾來問我言：『世尊，如是之義，如來初出，何故不為波斯匿王說是法門深妙之義？或時說深，或時說淺，或名為犯，或名不犯。云何名墮？云何名律？云何名波羅提木叉義？』佛言：『波羅提木叉者，名為知足。成就威儀無所受畜，亦名淨命。』」

【譯文】

「迦葉，什麼是善解因緣呢？也就是說，如果四部弟子來問我：『世尊，這樣的法義，為什麼當初不向波斯匿王講解

呢？你有時講得很深奧，有時又說得很淺顯，有時說這樣犯戒律，有時又說這樣不犯戒律。到底什麼叫做墮？什麼叫做律？什麼叫做波羅提木叉義？』」

「佛這時回答說：『波羅提木叉是知足的意思，也就是成就修行者的威儀，而不接受任何的積蓄，這也叫做清淨的活命。』」

「墮者，名四惡趣。又復墮者，墮於地獄乃至阿鼻，論其遲速，過於暴雨。聞者驚怖，堅持禁戒，不犯威儀。修習知足，不受一切不淨之物。又復墮者，長養地獄、畜生、餓鬼，以是諸義故名曰墮。

「波羅提木叉者，離身口意不善邪業，律者入戒威儀深經善義，遮受一切不淨之物及不淨因緣。」

【譯文】

「墮指的是四種惡道，還指墮到地獄

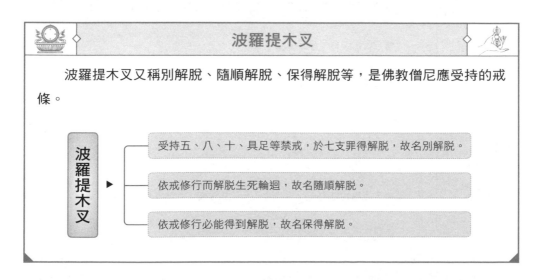

波羅提木叉

波羅提木叉又稱別解脫、隨順解脫、保得解脫等，是佛教僧尼應受持的戒條。

波羅提木叉 ▶
- 受持五、八、十、具足等禁戒，於七支罪得解脫，故名別解脫。
- 依戒修行而解脫生死輪迴，故名隨順解脫。
- 依戒修行必能得到解脫，故名保得解脫。

直到阿鼻地獄。如果說到墮落的速度，那比下暴雨還要快。聽到這樣話的人，會感到很恐怖，就會堅持戒律，不會破戒，並修行知足法，不接受一切不潔淨的東西。另外，墮也有長期供養地獄、畜生、餓鬼的意思，這些含義就叫做墮。

「波羅提木叉，就是指捨棄身、口、意不善的邪業，持此戒者能得威儀，深刻瞭解佛經的含義，不接受一切不潔淨的東西和不潔淨的因緣。」

🪷 隨行制戒

「亦遮四重、十三僧殘、二不定法、三十捨墮、九十一墮、四悔過法、眾多學法七滅諍等。或復有人盡破一切戒，云何一切，謂四重法乃至七滅諍法，或復有人誹謗正法甚深經典，及一闡提具足成就，盡一切相無有因緣，如是等人自言我是聰明利智，輕重之罪悉皆覆藏，覆藏諸惡如龜藏六，如是眾罪長夜不悔，以不悔故，日夜增長，是諸比丘所犯眾罪，終不發法，是使所犯終不滋蔓，是故如來知是事已，漸次而制，不得一時。」

【譯文】

「這些比丘更不會犯四重罪，十三僧殘、二不定法、三十捨墮、九十一墮、

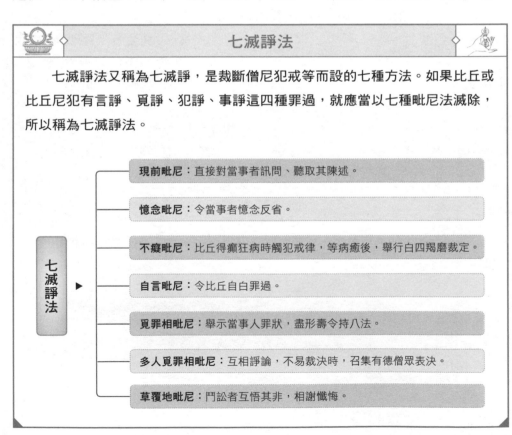

七滅諍法

七滅諍法又稱為七滅諍，是裁斷僧尼犯戒等而設的七種方法。如果比丘或比丘尼犯有言諍、覓諍、犯諍、事諍這四種罪過，就應當以七種毗尼法滅除，所以稱為七滅諍法。

七滅諍法 ▶

現前毗尼：直接對當事者訊問、聽取其陳述。

憶念毗尼：令當事者憶念反省。

不癡毗尼：比丘得癲狂病時觸犯戒律，等病癒後，舉行白四羯磨裁定。

自言毗尼：令比丘自白罪過。

覓罪相毗尼：舉示當事人罪狀，盡形壽令持八法。

多人覓罪相毗尼：互相諍論，不易裁決時，召集有德僧眾表決。

草覆地毗尼：鬥訟者互悟其非，相謝懺悔。

四悔過法、眾多學法七滅諍等。或者說有的人把一切戒律都破了，什麼是一切戒律呢？就是四重法一直到七滅諍法，或有的人誹謗正法及深奧的經典，以及不承認一闡提也有善根，認為他們無論怎樣努力也不能成佛。像這樣的人都自稱是聰明伶俐的人，他們把輕罪甚至重罪都藏了起來，就如烏龜一樣將首尾四肢藏在殼中。這些人犯了罪卻不知道悔改，他們的罪孽日夜增長，卻始終不會懺悔，致使罪孽蔓生。如來知道了這些事情後，就漸漸制定了各種戒律，而不是一時制定了所有戒律。」

爾時，有善男子善女人白佛言：「世尊，如來久知如是之事，何不先制將無？世尊，欲令眾生入阿鼻獄，譬如多人欲至他方，迷失正路，隨逐邪道，是諸人等不知迷故，皆謂是道，復不見人可問是非，眾生如是迷於佛法不見正真，如來應為先說正道，救諸比丘，此是犯戒，此是持戒，當如是制。何以故？如來正覺是真實者知見正道。唯有如來天中之天，能說十善增上功德及其義味，是故啟請應先制戒。」

【譯文】

彼時，有善男子、善女人問佛說：「世尊，您早就知道了這些事情，為什麼不事先制定戒律呢？世尊是想要眾生入阿鼻地獄嗎？譬如有的人想要到一個地方去，可是他迷了路，走上了邪道，可是這些人並不知道自己走錯了路，都以為自己走的路是正確的，而又沒有人可以問路。眾生也是這樣，他們不知道佛法，不知道

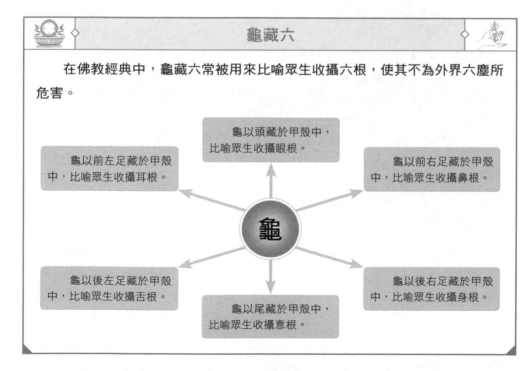

龜藏六

在佛教經典中，龜藏六常被用來比喻眾生收攝六根，使其不為外界六塵所危害。

龜以頭藏於甲殼中，比喻眾生收攝眼根。

龜以前左足藏於甲殼中，比喻眾生收攝耳根。

龜以前右足藏於甲殼中，比喻眾生收攝鼻根。

龜

龜以後左足藏於甲殼中，比喻眾生收攝舌根。

龜以尾藏於甲殼中，比喻眾生收攝意根。

龜以後右足藏於甲殼中，比喻眾生收攝身根。

真理，如來應該先教給他們正確的道路，然後教誨比丘：這些是犯戒的，這樣才是正確的做法，應該遵守戒律。這是為什麼呢？因為如來是真正覺悟的修道者，只有如來才能說出修十善法的增上功德以及義理。所以我們要請如來在最初將戒律制定出來，以免眾生犯戒。」

佛言：「善男子，若言如來能為眾生宣說十善增上功德，是則如來視諸眾生如羅睺羅，云何難言將無世尊欲令眾生入於地獄？我見一人有墮阿鼻地獄因緣，尚為是人住世一劫若減一劫，我於眾生有大慈

這是羅睺羅圖。羅睺羅是釋迦牟尼的親生兒子，他15歲時受戒出家，這是佛教有沙彌之始。羅睺羅出家後，初時常常犯戒，後經佛陀訓誡，逐漸嚴守制戒，號稱「密行第一」。在《大般涅槃經》中佛陀提出他視眾生如同佛子羅睺羅。

悲，何言當誑如子想者令入地獄？善男子，如王國內有納衣者，見衣有孔，然後方補，如來亦爾，見諸眾生有入阿鼻地獄因緣，即以戒善而為補之。」

【譯文】

佛陀說：「善男子，如果說如來能為了眾生宣說十善的增上功德，那也就是說如來將眾生看做是自己的兒子羅睺羅一樣，那怎麼又能說世尊為難眾生，要讓眾生下地獄呢？我看見一個人有墮落阿鼻地獄的因緣，尚且會為了這個人而在這一劫時留住在世間。我對眾生有大慈大悲的心，又怎麼會欺騙他們下地獄呢？善男子，如果國內有補衣服的人，只有看見衣服有破洞了才能補。如來也是這樣，看見眾生中有人有下阿鼻地獄的因緣，才會用戒律來給他修補。」

「善男子，譬如轉輪聖王先為眾生說十善法，其後漸漸有行惡者，王即隨事漸漸而斷，斷諸惡已，然後自行聖王之法。善男子，我亦如是，雖有所說不得先制，要因比丘漸行非法。」

【譯文】

「善男子，譬如轉輪聖王最先為眾生講了十種善法，後來慢慢地有了做壞事的人，轉輪王才慢慢制定相關的律法，以使眾生不要再做壞事，在斷絕諸惡後，才實行自己的聖王法制。善男子，我也是這樣

的啊，雖然說不能提前制定戒律，而要根據比丘所做的非法之事制定。」

「然後方乃隨事制之，樂法眾生隨教修行。如是等眾乃能得見如來法身，如轉輪王所有輪寶不可思議。如來亦爾，不可思議。法僧二寶亦不可思議，能說法者及聞法者皆不可思議，是名善解因緣義也。菩薩如是分別開示四種相義，是名大乘大涅槃中因緣義也。」

【譯文】

「然後根據比丘所做的事情來制定戒律，讓眾生跟著修行。這樣眾生才能看見我的像轉輪王的輪寶一樣不可思議的法身，如來也是這樣不可思議的，法寶和僧寶也是不可思議的，能說法的人和能聽法的人都是不可思議的。上面這些就叫做善解因緣的意義。菩薩這樣分別顯示四種相義，所以稱為大乘大涅槃中的因緣意義了。」

 # 四事一體

「復次自正者，所謂得是大般涅槃。正他者，我為比丘說言：如來常存不變。隨問答者，迦葉，因汝所問，故得廣為菩薩摩訶薩、比丘、比丘尼、優婆塞、優婆夷，說是甚深微妙義理。因緣義者，聲聞、緣覺不解如是甚深之義。不聞洇字三點而成解脫涅槃摩訶般若成秘密藏。我今於此闡揚，分別為諸聲聞開發慧眼。」

【譯文】

「另外，所謂自正就是大般涅槃。所謂正他，就是我對比丘說如來長存不

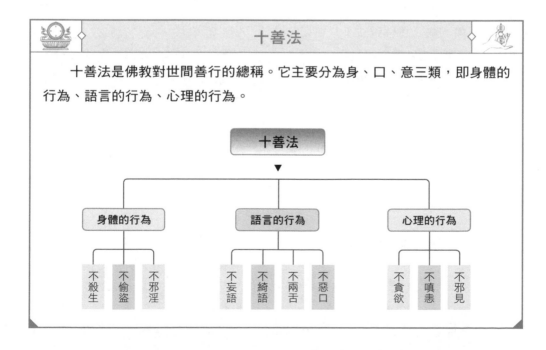

十善法

十善法是佛教對世間善行的總稱。它主要分為身、口、意三類，即身體的行為、語言的行為、心理的行為。

```
                        十善法
                          ▼
        ┌──────────────────┼──────────────────┐
   身體的行為           語言的行為            心理的行為
   ┌──┬──┬──┐      ┌──┬──┬──┬──┐       ┌──┬──┬──┐
  不  不  不     不  不  不  不      不  不  不
  殺  偷  邪     妄  綺  兩  惡      貪  嗔  邪
  生  盜  淫     語  語  舌  口      欲  恚  見
```

變。所謂能隨問答，就是因為迦葉你的提問，所以我能夠為菩薩摩訶薩、比丘、比丘尼、優婆塞、優婆夷解說這些深奧微妙的問題。所謂因緣意義就是聲聞、緣覺不理解這麼深奧的義理，因為不曾聽說字洿三點成就解脫涅槃摩訶般若成的秘密藏。我今天在這裏為聲聞弟子們說法，為他們打開慧眼。」

「假使有人作如是言，如是四事，云何為一非虛妄耶？即應反質是虛空無所有不動無礙。如是四事有何等異？是豈得名為虛妄乎？」

「不也，世尊！如是諸句即是一義，所謂空義、自正、正他、能隨問答、解因緣義，亦復如是，即大涅槃等無有異。」

【譯文】
「如果有人這麼說：『這四件事為什麼是一體的呢？這種說法不是虛妄的嗎？』這時應當立即質問他們說：虛空、無所有、不動、無礙這四事有什麼差異呢？這些名字是不是虛妄的呢？」

迦葉回答說：「不是的，世尊！這些詞都是一個意思，所謂的空義、自正、正他、能隨問答、解因緣意義，都是如此，他們和大涅槃沒有什麼差異。」

🪷 如來常住

佛告迦葉：「若有善男子善女人作如是言：『如來無常，云何當知是無常耶？』如佛所言，滅諸煩惱名為涅槃，猶如火滅，悉無所有，滅諸煩惱亦復如是，故名涅槃。云何如來為長住法不變易耶？如佛言曰：『離諸有者乃名涅槃，是涅槃中無有諸有。云何如來為長住法不變易耶？』」

【譯文】
佛陀告訴迦葉：「如果有善男子、善女人這麼說：『如來是無常的，又怎麼能知道他是無常的呢？』就像我說的，消除一切煩惱就叫做涅槃，就像火一樣熄滅之後就什麼也沒有了，所有煩惱消除之後也是同樣，因而叫做涅槃。為什麼如來是長住法不會變化呢？就像我所說：『離開了一切實相便叫做涅槃，因而涅槃中不存在有，為什麼如來是長住法不變呢？』」

「如衣壞盡不名為物，涅槃亦爾，滅諸煩惱，不名為物。云何如來為長住法不變易耶？如佛言曰：離欲寂滅名曰涅槃，如人斬首則無有首。離欲寂滅亦復如是。空無所有，故名涅槃，云何如來為長住法不變易耶？如佛言曰：

譬如熱鐵，捶打星流，
散已尋滅，莫知所在，
得正解脫，亦復如是，
已度淫欲，諸有淤泥，
得無動處，不知所至。」

【譯文】
「就比如說衣服壞掉之後就不能說是

物品了，涅槃也是如此，將煩惱消除掉，也就不再存在了。為何如來是長住法不易變呢？如來說過：離欲寂滅就叫做涅槃，就像人將首級斬掉之後就沒有了首級一樣。空空一無所有就叫做涅槃。

「為何如來是長住法不易變呢？

「就像佛所說的：譬如鐵燒熱後，捶打出火星。火星飛散之後，就不知道在哪裡了。解脫也就是如此，從淫欲和淤泥中解脫出來，到達不動之處後，就不知道到哪裡去了。」

「云何如來為長住法不變易耶？迦葉，若有人作如是難者，名為邪難。迦葉，汝亦不應作是憶想，謂如來性是滅盡也。迦葉，滅煩惱者不名為物。何以故？永畢竟故，是故名常。是句寂靜為無有上。滅盡諸相無有遺餘。是句鮮白常住不退，是故涅槃名曰常住，如來亦爾，常住無變，言星流者，謂煩惱也。散已尋滅，莫知所在者，謂諸如來煩惱滅已不在五趣，是故如來是常住法，無有變易。」

【譯文】

「為什麼說如來是長住法不易變呢？迦葉，如若有人這麼問就是在刁難，叫做邪難。迦葉，你也不應該認為如來性是滅盡。迦葉，煩惱滅盡就沒有名字。為什麼這樣說呢？永遠消失了，就叫做常，寂靜也就無法超越了，就是將諸相消滅掉沒有任何遺漏，這句話的意思就是常住不退，因而涅槃也就稱為常住，如來也是這樣，常住不變，說火星流佈就是煩惱，火星飛散之後就消失不見了，也就不知道他存在何處了。所以說如來的煩惱消滅後已經不在五趣了，如來是長住法不變。」

「復次，迦葉，諸佛所師所謂法也，是故如來恭敬供養，以法常故，諸佛亦常。」

迦葉菩薩復白佛言：「若煩惱

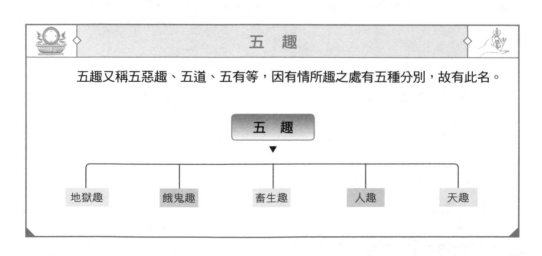

五 趣

五趣又稱五惡趣、五道、五有等，因有情所趣之處有五種分別，故有此名。

五 趣
▼

地獄趣 ─ 餓鬼趣 ─ 畜生趣 ─ 人趣 ─ 天趣

火滅如來亦滅。是則如來無常住處，如彼進鐵赤色滅已，莫知所至。如來煩惱亦復如是，滅無所至。又如彼鐵熱與赤色，滅已無有。如來亦爾，滅已無常，滅煩惱火便入涅槃。」

【譯文】

「另外，迦葉，佛以佛法為老師，因而如來恭敬供養佛法。因為佛法常在，所以佛也常在。」

迦葉菩薩又對佛說：「如果煩惱之火熄滅的同時如來也熄滅，那麼如來就沒有長住處。就像那燒熱的鐵消失，赤色也就不存在了。如來的煩惱也是同樣的，消失之後就不存在了。又像火星熄滅之後就不知道到哪裡去了一樣。如來也是這樣，消滅掉無常，消滅掉煩惱，就是涅槃。」

「當知如來即是無常。善男子，所言鐵者，名諸凡夫。凡夫之人，雖滅煩惱，滅已復生，故名無常。如來不爾，滅已不生，是故名常。」

迦葉復言：「如鐵赤色滅已，還置火中，赤色復生。如來若爾，應還生結。若結還生，即是無常。」

佛言：「迦葉，汝今不應作如是言，如來無常。何以故？如來是常。」

【譯文】

「應知道如來就是無常。善男子，我說的鐵就比喻凡夫俗子。凡夫俗子，雖然將煩惱消滅了，可是又會重生，因而叫做無常。如來不是這個樣子，他的煩惱消失後不會再生，因而叫做常。」

迦葉又說：「就像是赤鐵的赤色消失後，過一段時間再放入火中，依然會再次變紅。如果如來也是那樣，那麼煩惱還會再生。如來再生煩惱，就是無常。」

佛說：「迦葉，你現在不應該這麼說如來是無常。為什麼這麼說呢？如來是常。」

「善男子，如彼燃木，滅已有灰，煩惱滅已，便有涅槃。壞衣、斬首、破瓶等喻亦復如是。如是等物，各有名字，名曰壞衣、斬首、破瓶。

「迦葉，如鐵冷已可使還熱。如來不爾，斷煩惱已，畢竟清涼。煩惱熾火，更不復生。迦葉，常知無量眾生猶如彼鐵，我以無漏智慧熾火，燒彼眾生諸煩惱結。」

【譯文】

「善男子，就像是燃燒的木材，火熄滅後還有灰，煩惱消失後就有了涅槃。破了的衣服、斬首、破了的瓶子等比喻也都

・名詞解釋・

媒女：即宮女。如《佛說彌勒下生經》曰：「是時佛母梵摩越復將八萬四千媒女之眾，往至佛所，求作沙門。」其中的媒女就是宮女。《大般涅槃經》中亦有媒女一詞，亦作宮女意。

是如此。這些東西各自有各自的名字，叫做壞衣、斬首、破瓶。

「迦葉，比如鐵變冷後還可以再熱。如來卻不是這樣，他斷絕煩惱就會畢竟清涼，煩惱的火焰也就不會再生了。迦葉，要知道無量眾生就像是那塊鐵，我正是用無漏智慧來燃燒眾生的煩惱。」

🪷 諸佛是常

迦葉復言：「善哉，善哉！我今諦知如來所說諸佛是常。」

佛言：「迦葉，譬如聖王素在後宮，或時遊觀在於後園，王雖不在諸婇女中，亦不得言聖王命終。善男子，如來亦爾，雖不現於閻浮提界，入涅槃中不名無常。如來出於無量煩惱，入於涅槃安樂之處，遊諸覺華歡娛受樂。」

【譯文】

迦葉又說：「善哉，善哉！我現在真正明白了如來所說的諸佛是常的道理了。」

佛說：「迦葉，正如聖王總是住在後宮，或者有時在後園遊玩。雖然聖王不在那些宮女中間，也不能說聖王死

這是耶輸陀羅圖。耶輸陀羅是中印度迦毗羅城釋種執杖之女，也是悉達多太子的正妃，羅睺羅的生母。釋迦牟尼成道後，她跟隨佛陀出家，成為比丘尼，並證得阿羅漢果。在《大般涅槃經》佛陀以他與耶輸陀羅生羅睺羅之事來闡發佛法。

了。善男子，如來同樣是這樣，雖然我不出現在閻浮提界，即使入涅槃也不能稱為無常。如來遠離了無量煩惱，去到涅槃安樂的地方，遊走在各種歡樂的地方。」

迦葉復問：「如佛言曰，我已久渡煩惱大海。若佛已渡煩惱海者，何緣復共耶輸陀羅生羅睺羅？以是因緣，當知如來未渡煩惱諸結大海。唯願如來說其因緣。」

佛告迦葉：「汝不應言如來久渡煩惱大海，何緣復共耶輸陀羅生羅睺羅？以是因緣，當知如來未渡煩惱諸結大海。」

【譯文】

迦葉又問說：「就像佛陀說的，您早就度過了煩惱的大海。如果您已經度過了煩惱的大海，為何還會和耶輸陀羅生下羅睺羅呢？因為這些緣故，應該說如來還沒有度過煩惱的大海。只希望如來能說說其中的因緣。」

佛陀告訴迦葉說：「你不能說如來已經度過了煩惱的大海，為何又和耶輸陀羅生下兒子羅睺羅。不能因此就說如來沒有度過煩惱的大海。」

🪷 大涅槃的法義

「善男子，是大涅槃能建大義，汝等今當至心諦聽。廣為人說，莫生驚疑。若有菩薩摩訶薩住大涅槃須彌山王，如是高廣，悉能

令入葶藶子糩。其諸眾生依須彌者，亦不迫迮，無來往想，如本不異。唯應度者見是菩薩以須彌山內葶藶糩，復還安止，本所住處。」

【譯文】

「善男子，大涅槃能建立廣大的法義，你們現在應該誠心誠意地聽法，之後廣泛對別人講解，不要有吃驚疑惑的地方。如果有菩薩摩訶薩住在大涅槃中，那麼他可以使高大的須彌山進入芥子之中，也不會讓須彌山的眾生感到壓迫，感覺不到有來往，也感覺不到有什麼不同。只有那些應該被度化的人才能看見菩薩把須彌山放到了芥子中，又放回了原處。」

「善男子，復有菩薩摩訶薩住大涅槃，能以三千大千世界置葶藶糩，其中眾生亦無迫迮及往來想，如本不異。唯應度者見是菩薩以此三千大千世界置葶藶糩，復還安止本所住處。

「善男子，復有菩薩摩訶薩住大涅槃，能以三千大千世界內一毛孔，乃至本處亦復如是。」

【譯文】

「善男子，又有菩薩摩訶薩住在大涅槃，能把三千大千世界放在芥子中，眾生也沒有感到壓迫和擁擠，好像沒有移動一樣。只有那些應該被度化的人才能看見菩薩把須彌山放到了芥子中，又放回了原處。」

「善男子，又有菩薩摩訶薩住在大涅槃，能把三千大千世界放在一個毛孔中去，然後又放回原來的地方。」

「善男子，復有菩薩摩訶薩住大涅槃，斷取十方三千大行諸佛世界，置於針鋒如貫棗葉，擲著他方異佛世界，其中所有眾生不覺往返為在何處。唯應度者乃能見之，乃至本處，亦復如是。

「善男子，復有菩薩摩訶薩住大涅槃，斷取十方三千大千諸佛世界，置於右掌如陶家輪，擲置他方微塵世界，無一眾生有往來想。唯應度者乃見之耳，乃至本處亦復如是。

【譯文】

「善男子，又有菩薩摩訶薩住在大涅槃中，能把十方大行諸佛世界放在針尖上如同串棗葉，然後擲向其他的異佛世界。在世界中所有眾生都沒感覺到移動。只有那些應該被度化的人才能看見這一切。

「善男子，又有菩薩摩訶薩住在大涅槃中，能將十方三千大千諸佛世界放在右手掌中，如同陶器的輪子，然後擲向其他的微塵世界。這世界中的所有眾生都沒感覺到移動，只有那些應該被度化的人才能看見這一切。」

「善男子，復有菩薩摩訶薩住大涅槃，斷取一切十方無量諸佛世界悉內己身，其中眾生悉無迫迮，亦無往返及住處想。唯應度者乃能見之，乃至本處亦復如是。

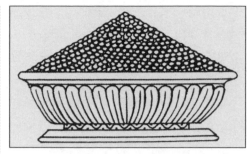

這是芥子圖。芥子是芥菜的種子，只有芝麻粒大小，古時主要被用於榨油，可供食用和點燈。在古印度，芥子被視為神奇之物，可以用來抵禦障礙和命運的逆轉。在《大般涅槃經》中菩薩將須彌山放入芥子中來表示菩薩的神通法力。

「善男子，復有菩薩摩訶薩住大涅槃，以十方世界內一塵中，其中眾生亦無迫迮往返之想。唯應度者乃能見之，乃至本處亦復如是。」

【譯文】

「善男子，又有菩薩摩訶薩住在大涅槃中，能截取一切十方無量諸佛世界，把他們放在自己的身體中，這世界中的所有眾生也沒有感覺有壓迫感，不覺得窄小，都沒感覺到移動。只有那些應該被度化的人才能看見這一切。

「善男子，又有菩薩摩訶薩住在大涅槃中，將十方世界放入一粒微塵中，這世界中的所有眾生也沒有壓迫、往返的感覺。只有應該被度化的人才能看見這一切。」

🪷 佛陀的神通變化

「善男子，是菩薩摩訶薩住大涅槃，則能示現種種無量神通變

化，是故名曰大般涅槃。是菩薩摩訶薩所可示現如是無量神通變化，一切眾生無能測量，汝今云何能知如來習近淫欲生羅睺羅？

「善男子，我已久住是大涅槃種種示現神通變化，於此三千大千世界百億日月、百億閻浮提種種示現。」

【譯文】

「善男子，這些菩薩摩訶薩住在大涅槃中，能顯示各種無量的神通變化，因而叫做大般涅槃。這些菩薩摩訶薩能夠顯示無量神通變化，一切眾生都無法測量。你今天怎麼能夠知道如來有淫欲才生羅睺羅呢？

「善男子，我已經在大涅槃中住了很久了，顯示了各種神通變化，在此三千大千世界百億閻浮提中作種種示現。」

如《首楞嚴經》中廣說：「我於三千大千世界或閻浮提示現涅槃，亦不畢竟取於涅槃。或閻浮提示入母胎，令其父母生我子想。而我此身畢竟不從淫欲和合而得生也。我已久從無量劫來離於淫欲，我今此身即是法身隨順世間示現入胎。」

【譯文】

就像《首楞嚴經》中所說的：「我在三千大千世界或閻浮提洲顯示涅槃，畢竟不是取自於涅槃。或者說我在閻浮提洲示現入母胎，讓我的父母有了生我的念想。但是我的身體畢竟不是從淫欲結合中得到的。我已經從無量劫以來就遠離淫欲了，我現在的身體就是法身隨著世間的顯示入胎。」

「善男子，此閻浮提林微尼園，示現從母摩耶而生，生已即能東行七步，唱如是言：我於人天阿修羅中最尊最上。父母人天見已驚喜，生稀有心，而諸人等，謂是嬰兒，而我此身無量劫來久離是法，如來身者即是法身，非是肉血筋脈

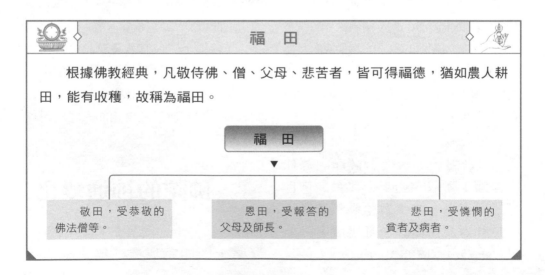

福田

根據佛教經典，凡敬侍佛、僧、父母、悲苦者，皆可得福德，猶如農人耕田，能有收穫，故稱為福田。

福田

敬田，受恭敬的佛法僧等。

恩田，受報答的父母及師長。

悲田，受憐憫的貧者及病者。

骨髓之所成立，隨順世間眾生法故，示為嬰兒。」

【譯文】

「善男子，我在閻浮提洲的林微尼園中被母親摩耶生下，生下之後就可以向東走七步說：『我在人、天、阿修羅中為最尊最上。』父母人天看見都很驚喜，認為非常稀有。而那些人都以為我是嬰兒，但是我從無量劫以來就離開有為法。如來身本就是法身，不是肉血筋脈骨髓所組成的，我只是為了順從世間眾生的法則才顯示為嬰兒。」

「南行七步，示現欲為無量眾生作上福田；西行七步，示現生盡，永斷老死是最後身；北行七步，示現已度諸有生死；東行七步示為眾生而作導首；四維七步，示現斷滅種種煩惱四魔種性，成於如來應正遍知；上行七步，示現不為不淨之物之所染污，猶如虛空；下行七步，示現法雨滅地獄火，令彼眾生受安隱樂，毀禁戒者示作霜雹。」

【譯文】

「我向南走七步是要展示要為無量眾生作上等福田；向西走七步是要展示永遠斷絕老死，此身就是最後的身體；向北走七步是要展示已經度脫諸有和生死；向東走七步是要展示為眾生作導師。我往四維各走七步是要顯示斬斷各種煩惱、四魔種性，成就如來應正遍知。向上走七步是要展示不被不潔淨的

東西染污，猶如虛空一樣；向下走七步是要展示法雨熄滅地獄之火，讓眾生享受安穩平靜的快樂，對毀犯禁戒的人顯示霜雹。」

「於閻浮提生七日已，又示剃髮，諸人皆謂我是嬰兒初始剃髮，一切人天魔王波旬沙門婆羅門，無有能見我頂相者，況有持刀臨之剃髮？若有持刀至我頂者，無有是處。我久已於無量劫中剃除鬚髮，為欲隨順世間法故示現剃髮。」

這是佛陀誕生神變圖。相傳摩耶夫人在無憂園生下釋迦牟尼之前，園中出現了天龍八部雲集等十種瑞相，等到釋迦牟尼出生時，天地震動、光明普照，釋迦牟尼一手指天、一手指地，說道：「天上天下，惟我為尊，三界皆苦，吾當安之。」在《大般涅槃經》中，釋迦牟尼佛以出生的情景來論證他的種種「示現」。

【譯文】

「我在閻浮提洲出生的七日後又示現剃髮，人們都以為我是嬰兒第一次剃髮。一切人天魔王波旬沙門婆羅門沒有能看見我頭頂的，更何況能拿著刀靠近我剃髮呢？拿刀靠近我頭頂是不可能的。我早已經在無量劫以前剃除鬚髮，只是為了順從世間的法則所以顯示出剃髮。」

「我既生已，父母將我入天祠中，以我示於摩醯首羅。摩醯首羅即見我時合掌恭敬・立在一面。我已久於無量劫中捨離如是人天祠法，為欲隨順世間法故，示現如是。

「我於閻浮提示現穿耳，一切眾生實無有能穿我耳者，隨順世間眾生法故，示現如是。」

這是摩醯首羅圖。摩醯首羅又名大自在天、摩訶提婆，是婆羅門教的天神，後被佛教收服成為護法神。因為此神能在大千世界中得自在，所以稱為大自在天，禮拜此神的派別也稱為摩醯首羅論師。在《楞嚴經》中釋迦牟尼出生後，他的父母帶他去天祠禮拜的就是此神。

【譯文】

「我出生後，父母帶我到天祠中，將我展示給摩醯首羅。摩醯首羅見到我立即合掌恭敬的站在了一邊。我從無量劫以來就不再去天祠了，只是為了順從世間的法則所以才會如此。我在閻浮提展現穿耳，一切眾生都沒有能力為我穿耳，只是為了順從世間眾生的法則所以才會如此。」

「復以諸寶作師子璫用莊嚴耳，然我已於無量劫中離莊嚴具，為欲隨順世間法故，作是示現。示入學堂修學書疏，然我已於無量劫中具足成就。遍觀三界，所有眾生無有堪任為我師者，為欲隨順世間法故，示入學堂故，名如來應正遍知，習學乘象盤馬捔力種種伎藝，亦復如是。」

【譯文】

「我用了各種的寶貝作師子璫來裝飾自己的耳朵，但是我已經在無量劫以前就已經遠離了各種裝飾品，只是為了順從世間的法則所以才會如此。我顯示進入學堂學習，但是我已經在無量劫以前有了具足成就，三界已經沒有人能勝任我的老師，只是為了順從世間的法則所以才會進入學堂，所以才稱為如來、應供、正遍知。我學習乘象、騎馬、捔力等等技藝也是這樣。」

「於閻浮提而復示現為王太子。眾生皆見我為太子於五欲中歡娛受樂，然我已於無量劫中捨離如

是五欲之樂，為欲隨順世間法故，示如是相。相師占我若不出家當為轉輪聖王，王閻浮提。一切眾生皆信是言。然我已於無量劫中捨轉輪王位為法輪王，於閻浮提現離婇女五欲之樂。見老病死及沙門已，出家修道，眾生皆謂悉達太子初始出家。然我已於無量劫中出家學道，隨順世法，故示如是。」

【譯文】

　　「在閻浮提的時候我顯示為王太子，眾生看見我是太子，在五欲中享受歡樂愉快，但是我在無量劫以前就已經遠離這些五欲的快樂了，只是為了順從世間的法則所以才會如此。相師占卜我如果不出家就會成為轉輪聖王統治閻浮提世界，一切眾生都相信這些話。但是我在無量劫以前就已經捨棄轉輪王位而成了法輪王。我在閻浮提展示捨棄宮女和五欲快樂，看見老、病、死和沙門之後出家修道，眾生都說悉達多太子第一次出家，但是我在無量劫以前就已經出家學道，只是為了順從世間的法則才會展現成這樣。」

　　「我於閻浮提示現出家受具足戒，精勤修道，得須陀洹果、斯陀含果、阿那含果、阿羅漢果，眾人皆謂是阿羅漢果易得不難，然我已於無量劫中成阿羅漢果，為欲度脫眾生故，坐於道場菩提樹下以草為座，摧伏眾魔。眾皆謂我始於道場菩提樹下降伏魔官，然我已於無量

劫中久降伏已，為欲降伏剛強眾生故現是化。」

【譯文】

　　「我在閻浮提顯示的是出家受具足戒，並精勤修道，得到了須陀洹果、斯陀含果、阿那含果、阿羅漢果。眾人都說這阿羅漢果很容易得到，但是我早已在無量劫中修煉成為阿羅漢果。為了普度眾生，我坐在道場的菩提樹下面，降伏了眾魔，眾生都說我是第一次在道場菩提樹下降伏眾魔，但是我在無量劫以前就已經降伏眾魔，只是為了降伏剛強眾生因此這樣顯示。」

　　「我又示現大小便利出息入息，眾皆謂我有大小便利出息入息。然我是身所得果報，悉無如是大小便利出入息等，隨順世間，故示如是。我又示現受人信施，然我是身都無饑渴，隨順世法，故示如是。」

【譯文】

　　「我又顯示有大小便以及呼吸，眾人都說我有大小便和呼吸，但是此身的因果報應是沒有大小便和呼吸，只是為了順從世間因此這樣顯示。我又顯示出接受他人的施捨，但是我從來沒有饑餓和乾渴，只是為了順從世間的法則因此才這樣的。」

　　「我又示同諸眾生故，現有睡眠，然我已於無量劫中，具足無上深妙智慧，遠離三有，進止威儀，頭

痛、腹痛、背痛洗足、洗手、洗面、漱口、嚼楊枝等，眾皆謂我有如是事，然我此身都無此事，我足清淨猶如蓮花，口氣淨潔如優缽羅香，一切眾生謂我是人我實非人。」

間受諸快樂，離如是事出家學道。

「眾人復言：是王太子瞿曇大姓，遠離世樂求出世法。然我久離世間淫欲，如是等事悉是示現，一切眾生咸謂是人，然我實非。」

【譯文】

「我又和眾生一樣顯示出有睡眠，但是我已經在無量劫以前就修煉了具足無上的深妙智慧，遠離了三有。我又顯示出出入威儀、頭痛、腹痛、背痛、木槍、洗足、洗手、洗面、漱口、嚼楊枝等，眾人都說我做這些事，但是我並沒有做這些事。我的雙腳乾淨清潔就像蓮花一樣，我的口氣乾淨清潔就像優缽羅香一樣。一切眾生都說我是人，其實事實上我並不是人。」

「我又示現受糞掃衣浣濯縫打。然我久已不須是衣。眾人皆謂羅喉羅者是我之子，輸頭檀王是我之父，摩耶夫人是我之母，處在世

【譯文】

「我又顯示出掃糞、穿衣、洗衣、縫補這些事，但是我在無量劫以前已經不需要這些衣服。眾人都說羅睺羅是我的兒子，輸頭檀王是我父親，摩耶夫人是我母親，我曾在世間享受了快樂，之後離開了榮華富貴出家修行學道。

「眾人又說我是王太子，姓瞿曇，遠離世間之樂追求出世法。但是我在無量劫以前就已經捨棄了世間的一切淫欲，只是順應世間而顯示出來這些事，一切眾生都說我是人，可事實上我並不是人。」

「善男子，我雖在此閻浮提中，數數示現入於涅槃，然我實不畢竟涅槃，而諸眾生皆謂如來真實

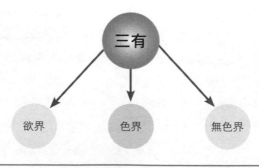

三 有

根據佛教教義，六道眾生各隨所作善惡之業即感善惡之報，因果不亡，故名為有。

三有 → 欲界、色界、無色界

這是釋迦牟尼降魔成道圖。在圖中，釋迦牟尼結跏趺坐，右手施降魔印，在他四周則是眾魔軍為阻止佛祖成道向其進攻的場面，雖然情況危急，但釋迦牟尼絲毫不為所動，反而降服了魔軍，最終得道。在《大般涅槃經》中釋迦牟尼佛以降服魔軍之事來闡發佛法。

滅盡。而如來性實不永滅，是故當知是常住法、不變易法。

「善男子，大涅槃者，即是諸佛如來法界，我又示現閻浮提中出於世間，眾生皆謂我始成佛，然我已於無量劫中所作已辦，隨順世法故復示現於閻浮提初出成佛。我又示現於閻浮提不持禁戒犯四重罪。眾人皆見謂我實犯，然我已於無量劫中，堅持禁戒，無有漏缺。」

【譯文】

「善男子，我雖然在此閻浮提中多次顯示進入涅槃。但是我其實並沒有真正進入涅槃。但是眾生都說如來已經消滅殆盡。但是如來的本性真實不滅，因此要知道如來是常住法、不變易法。

「善男子，大涅槃就是諸佛如來法界，我又顯示在閻浮提中超越世間。眾生都說我是第一次成佛，但是我在無量劫以前卻已經成佛，只是順從世間的法則展示在閻浮提第一次成佛。我又展示在閻浮提犯四重罪戒，眾人都說我已經違反了僧律，但是我已經在無量劫中堅持守戒沒有漏缺。」

「我又示現於閻浮提為一闡提，眾人皆見是一闡提，然我實非一闡提也。一闡提者，云何能成阿耨多羅三藐三菩提？我又現於閻浮提破和合僧。眾生皆謂我是破僧，我觀人天無有能破和合僧者。

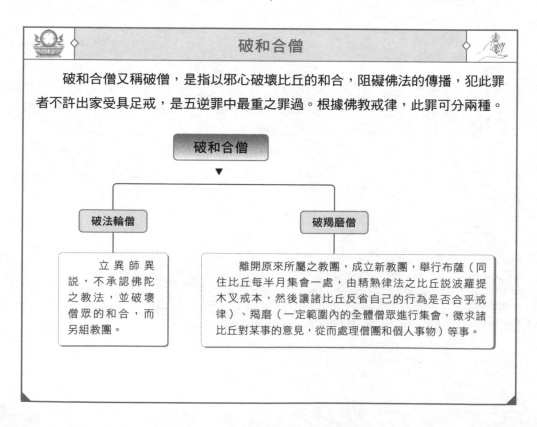

破和合僧

破和合僧又稱破僧，是指以邪心破壞比丘的和合，阻礙佛法的傳播，犯此罪者不許出家受具足戒，是五逆罪中最重之罪過。根據佛教戒律，此罪可分兩種。

破和合僧

破法輪僧

立異師異說，不承認佛陀之教法，並破壞僧眾的和合，而另組教團。

破羯磨僧

離開原來所屬之教團，成立新教團，舉行布薩（同住比丘每半月集會一處，由精熟律法之比丘說波羅提木叉戒本，然後讓諸比丘反省自己的行為是否合乎戒律）、羯磨（一定範圍內的全體僧眾進行集會，徵求諸比丘對某事的意見，從而處理僧團和個人事物）等事。

「我又示現於閻浮提護持正法，眾人皆謂我是護法，悉生驚怪。諸佛法爾，不應驚怪。我又示現於閻浮提為魔波旬。眾人皆謂我是波旬，然我久於無量劫中離於魔事，清淨無染猶如蓮花。」

【譯文】

「我又在閻浮提展示為一闡提，眾人看見都說我是一闡提，但是我其實並不是一闡提。一闡提怎麼能成就無上正等正覺呢？我又展示在閻浮提破和合僧，眾生都以為我是破僧，但世間人們怎麼能破和合僧呢？

「我又展示在閻浮提護持正法，眾人都說我是護法的使者，都感到吃驚奇怪。為這些佛法不應該奇怪啊。我又展示在閻浮提做魔波旬，大家都說我是波旬，但是我在無量劫以前就已經遠離魔事，乾淨清潔如同沒有污染的蓮花。」

「我又示現於閻浮提女身成佛。眾人皆言：甚奇，女人能成阿耨多羅三藐三菩提。如來畢竟不受女身，為欲調伏無量眾生故現女像，憐愍一切諸眾生故，而復示現種種色像。

「我又示現閻浮提中生於四趣。然我久已斷諸趣因，以業因故墮於四趣，為度眾生，故生是中。」

【譯文】

「我又展示在閻浮提化成女身成佛。眾人都說：真是奇怪啊，女人也能成就無

上正等正覺。如來畢竟是不受女身的，只是為了降伏無量眾生所以顯示為女身像，只是為了憐憫一切眾生，因而展現為種種色像。

「我又展現在閻浮提中生在四趣，但是我早已經斷絕諸趣的因緣，不會因為業力而墮落在四趣，是為了超度眾生所以生在這裏。」

「我又示現閻浮提中作梵天王，令事梵者安住正法。然我實非而諸眾生咸皆謂我為真梵天，示現天像遍諸天廟亦復如是。

「我又示現於閻浮提入淫女舍，然我實無貪淫之想。清淨不污，猶如蓮花。為諸貪淫嗜色眾生，於四衢道宣說妙法，然我實無欲穢之心，眾人謂我守護女人。」

【譯文】

「我又展示在閻浮提中當梵天王，讓修行梵行的人安住正法，其實我並不是梵天，而眾生都說我是真梵天，我在天廟中示現諸天像也會如此。

「我又展示在閻浮提進入妓女的房屋，但是我實在沒有貪婪淫欲的想法，清淨無污如同蓮花一樣。為了教導貪戀淫欲的眾生，我在十字路口宣說妙法。但是我其實並沒有淫穢之心，眾生都說我守護女人。」

「我又示現於閻浮提入青衣舍，為教諸婢令住正法。然我實無如是惡業墮在青衣。我又示現閻浮

提中而作博士，為教童蒙令住正法。我又示現於閻浮提入諸酒會博弈之處，示受種種勝負鬥諍。為欲拔濟彼諸眾生，而我實無如是惡業，而諸眾生皆謂我作如是之業。」

【譯文】

「我又顯示在閻浮提進入奴婢的房間，是為了教導奴婢使他們遵守法令，但是我事實上並沒有造就惡業成為奴婢。我又顯示在閻浮提中而做老師，是為了教導孩子住於正法。我又顯示在閻浮提進入各種酒會賭博的地方，示現出輸贏紛爭的樣子，是為了救濟眾生，但是我並沒有這樣的惡習，但是眾生都說我做了這些惡習。」

「我又示現久住塚間，作大鷲身度諸飛鳥，而諸眾生皆謂我是真實鷲身，然我久已離於是業，為欲度彼諸鳥鷲故示如是身。我又示現閻浮提中作大長者，為欲安立無量眾生住於正法。又復示作諸王大王子輔相，於是眾中各為第一，為修正法故住王位。」

【譯文】

「我又顯示為久住在墳地中，展現為大鷲的身形，超度各種飛鳥，但是眾生都說我是真實的飛鷲，但是我早已經遠離惡業，只是為了超度這些鳥鷲所以才顯示這樣的身形。我又顯示在閻浮提中當大長

者，為了安定無量眾生，使其住於正法，又顯示做諸王大臣王子的輔相，我在眾生中成為首領，為修行正法成為國王。」

「我又示現閻浮提中疫病劫起，多有眾生為病所惱，先施醫藥然後為說微妙正法，令其安住無上菩提，眾人皆謂是病劫起。又復示現閻浮提中饑餓劫起，隨其所須供給飲食，然後為說微妙正法，令其安住無上菩提。又復示現閻浮提中刀兵劫起，即為說法令離怨害，使得安住無上菩提。」

【譯文】

「我又顯示為閻浮提中的疫病興起、眾生煩惱的時候，為他們施捨醫藥，之後為他們說微妙正法，讓他們安住在無上菩提，眾人都說是病劫興起。我又顯示在閻浮提中災荒興起的時候，為他們提供食物，然後為他們說微妙正法，讓他們安住在無上菩提。我又顯示在閻浮提刀兵興起的時候，為他們說法，讓人民遠離怨怒傷害，讓他們安住無上菩提。」

「又復示現為計常者說無常想，計樂想者為說苦想，計我想者說無我想，計淨想者說不淨想。若有眾生貪著三界，即為說法令離是處。度眾生故為說無上微妙法藥，為斷一切煩惱樹故，種植無上法藥之樹；為欲拔濟諸外道故，說於正法。」

【譯文】

「我又顯示為執著於常的人說無常的思想，為執著於快樂的人說苦難的思想，為執著於我想的人說無我的思想，為執著於淨的人說不淨的思想。如果有眾生貪戀三界的事物，我就為他們說法，讓他們遠離三界。為了超度眾生，我為他們說無上微妙法藥。為了消滅一切煩惱樹，我種植了無上法藥之樹，為了救濟諸外道而說正法。」

「雖復示現為眾生師，而心初無眾生師想。為欲拔濟諸下賤故，現入其中而為說法，非是惡業受是身也。如來正覺如是安住於大涅槃，是故名為常住無變。如閻浮提東弗于逮、西瞿耶尼、北鬱單越亦復如是。如四天下三千大千世界亦爾，二十五有如《首楞嚴經》中廣說，以是故名《大般涅槃》。」

【譯文】

「雖然我顯示為眾生的教師，但是心中卻沒有為眾生教師的想法。為了救濟各種低等的種族，就顯示在其中為他們說法，並不是造就惡業成為此身。如來是這樣住在大涅槃中的，因此叫做常住不變。我不僅在閻浮提如此說法，在東弗于逮、西瞿耶尼、北鬱單越也是這樣，在三千大千世界也同樣如此。因為我在二十五種世界中都是如此，就像《首楞嚴經》中所說，因而叫做大般涅槃。」

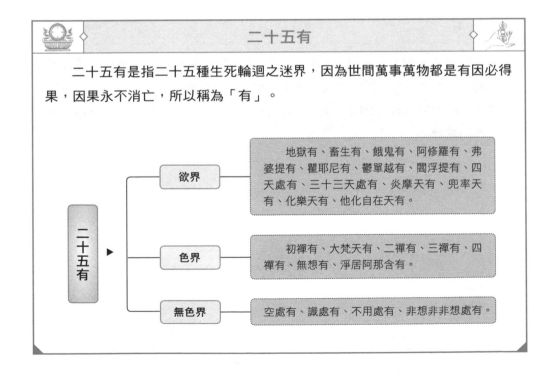

二十五有

二十五有是指二十五種生死輪迴之迷界，因為世間萬事萬物都是有因必得果，因果永不消亡，所以稱為「有」。

二十五有

- 欲界：地獄有、畜生有、餓鬼有、阿修羅有、弗婆提有、瞿耶尼有、鬱單越有、閻浮提有、四天處有、三十三天處有、炎摩天有、兜率天有、化樂天有、他化自在天有。
- 色界：初禪有、大梵天有、二禪有、三禪有、四禪有、無想有、淨居阿那含有。
- 無色界：空處有、識處有、不用處有、非想非非想處有。

滅度與燈滅

「若有菩薩摩訶薩安住如是大般涅槃，能示如是神通變化而無所畏。

「迦葉，以是緣故，汝不應言：羅睺羅者是佛之子。何以故？我於往昔無量劫中已離欲有，是故如來名曰常住無有變易。」

迦葉復言：「如來云何名曰常住？如佛言曰：如燈滅已無有方所。如來亦爾，既滅度已，亦無方所。」

【譯文】

「如果菩薩摩訶薩安住大般涅槃中，就能展示這些神通變化而沒有畏懼。

「迦葉，所以你不應該說羅睺羅是佛陀的兒子。因為我在無量劫以前就已經遠離了所有的欲望，所以如來稱為常住沒有變易。」

迦葉又說：「如來為什麼叫做常住？就像佛陀所說：如果燈滅之後就一無所有了，如果如來也是這樣，那麼滅度後也是一無所有了。」

佛言：「迦葉，善男子，汝今不應作如是言，燈滅盡已無有方所，如來亦爾，即滅度已，無有方所。善男子，譬如男女燃燈之時，燈爐大小悉滿中油，隨有油在其明猶存，若油盡已，明亦俱盡。其明滅者，喻煩惱滅。明雖滅盡，燈爐

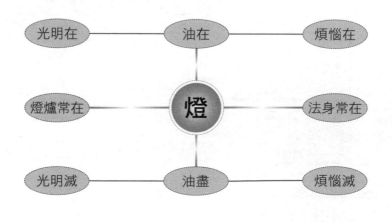

佛陀與燈

在佛門中，燈是供養諸尊的資具，通常供奉於佛前。由於燈具有照破黑暗、帶來光明的特性，所以常被用來象徵佛、菩薩的智慧可以破除眾生的無明煩惱，點亮眾生內心的光明。在《大般涅槃經》中，佛陀以燈為喻，詮釋了佛陀常在的義理。

光明在 —— 油在 —— 煩惱在

燈爐常在 —— 燈 —— 法身常在

光明滅 —— 油盡 —— 煩惱滅

猶存。如來亦爾，煩惱雖滅，法身常存。善男子，於意云何？明與燈爐為俱滅不？」

【譯文】

佛陀說：「迦葉，善男子。你今天不應該這樣說的，燈滅了之後就沒有方所，如來也是這樣的，既然已經滅度，就沒有了方所。善男子，比如世間男女點燈的時候，大大小小的燈爐中都裝滿了油，只要有油在，光明就存在，如果油用盡，光明也就會熄滅。這裏用明滅來比喻煩惱的明滅。光明雖然已經消失了，但是燈爐卻還存在。如來也是這樣，煩惱雖然消失卻法身常存。善男子，你有什麼問題呢？光明和燈爐是不是同時消失呢？」

迦葉答言：「不也！世尊。雖不俱滅，然是無常。若以法身喻燈爐者，燈爐無常。如來亦爾，應是無常。」

「善男子，汝今不應作如是難，如世間言器，如來世尊無上法器，而器無常非如來也！一切法中涅槃為常，如來體之，故名為常。」

【譯文】

迦葉回答說：「不是的，世尊！雖然不是一起消滅，但是它們是無常的。如果用法身比喻燈爐，燈爐是無常的。如來也是這樣的，所以如來也應該是無

常的。」

佛陀回答說：「善男子，你今天不應該這樣為難我，把我比作世間的器皿，如來世尊是無上法器，但是器具無常並不意味如來是無常的。在一切法中涅槃才是真正的常，如來已經體會了涅槃，所以稱為常。」

「復次，善男子，言燈滅者，即是羅漢所證涅槃。以滅貪愛諸煩惱故，喻之燈滅。阿那含者，名曰有貪，以有貪故，不得說言，同於燈滅。是故我昔覆相說言喻如燈滅，非大涅槃同於燈滅。阿那含者，非數數來，又不還來二十五有，更不受於臭身、蟲身、食身、毒身，是則名為阿那含也。若更受身名為那含，不受身者名阿那含。有去來者名曰那含，無去來者名阿那含。」

【譯文】

「此外，善男子，要說燈滅，那是羅漢的涅槃。因為已經將貪婪愛欲等煩惱拋棄了，就比喻為燈滅。阿那含，名字就叫做貪婪，所以還是有貪婪的念頭，不能說阿那含等於燈滅。因此我雖然反覆用燈滅來作比喻，但是大涅槃並不等同於燈滅。阿那含這樣的人，並非一次次往來於二十五種生死迷界中，更加不會接受這樣的臭身、蟲身、食身、毒身，因而才叫做阿那含。如果接受身名就是那含，不接受身名就是阿那含。在這些生死的大流中有來有往，就是那含，沒有來往就是阿那含。」

法 器

在《大般涅槃經》中，佛陀指出如來是「無上法器」。所謂「法器」，是指佛教寺院用來祈請、供養、修法、舉行法會等各種佛事的器具。一般而言，佛教的法器是按用途分類的，具體可以分為八類。

法器 ►

供養使用的佛教法器，指的是出現在佛教信徒活動場所中，用於供養佛、菩薩的佛教用具。此類法器常見的主要有香花、燈、香火、香爐、閼伽器等。

莊嚴道場使用的法器，指的是出現在佛教信徒活動場所中，可以使該場所顯得莊嚴肅穆的佛教用具。此類法器常見的主要有須彌壇、佛壇、幡、蓋等。

修道者誦持佛法或集會使用的法器，此類法器主要指的是鐘、鼓、磬、木魚、雲板等能夠在集會或者誦持佛法時發出聲音，從而使道場更加肅穆的佛教用具。

放置東西使用的法器，指的是在佛教徒修行時用來收藏和裝置個人物品的器具。這類法器常見的有舍利塔、佛龕、經箱、戒體箱等。

密宗使用的法器，指的是在密宗教徒修行時使用的法器。這類法器常見的有曼荼羅、金剛杵、金剛鈴、法螺、護摩器具等。

禪門使用的法器，指的是為剛剛開始修習禪門的人準備的器具。這類法器常見的有竹篦、拂子、如意、蒲團等。

藏傳佛教使用的法器，指的是在西藏密教中使用的特別的法器。這類法器常見的有哈達、食子、唐卡、八吉祥、七寶、顱器、嘎烏等。

古代僧人生活所用的法器，指的是僧人們隨身攜帶以及在日常的生活中所用的器具。這類法器常見的有三衣、缽、手巾、澡豆、念珠、齒木、頭巾、濾水囊等。

第十二章

慈悲誓願——《地藏經》

《地藏經》是一部記載萬物眾生的生、老、病、死過程以及如何改變命運的佛經。此經讚歎了地藏菩薩「地獄未空，誓不成佛，眾生度盡，方證菩提」的宏大願望，因為教理淺顯易懂，所以在中國民間很受歡迎。

釋《地藏經》

《地藏經》的經題與翻譯

《地藏經》全稱《地藏菩薩本願經》。其中「地藏」是指地藏菩薩；「本願」是成佛前的誓願，也是根本誓願。所謂的「地藏菩薩本願經」就是敘述地藏菩薩成佛之前的行為、誓願的佛經。

相傳地藏菩薩在過去無量劫前，曾為婆羅門種姓的女子，因為她的母親生前不信佛教，所以墮入地獄之中。為了給母親贖罪，婆羅門女變賣家產，供養佛寺。覺華定自在王如來感念她的孝心，就指導她進入地獄。婆羅門女在地獄中得知她的母親已經脫離地獄之苦，於是她就在覺華定自在王如來像前立下誓願，願廣度世間的罪苦眾生。

根據佛教經典，在地藏菩薩成佛後，釋迦牟尼佛把他入滅到彌勒佛降生這之間的世界託付給地藏佛，囑咐地藏佛度化這一段無佛世界的六道眾生。此外，地藏佛還被任命為幽冥教主，擔負使世人共登極樂世界的重任。因為地藏佛曾在佛前發下「為是罪苦六道眾生廣設方便，盡令解脫，而我自身方成佛道」的大願，所以也稱為「大願地藏」，呼應了文殊菩薩的「大智」、普賢菩薩的「大行」、觀音菩薩的「大悲」。

關於《地藏經》傳入中國的時間，現在並沒有確切的定論，北宋常謹曾彙集《地藏菩薩靈驗記》，在其中他引用了《分身功德品》的內容，並提出此經是在五代後晉時由西印度沙門知祐帶到清泰寺，可見此經在北宋之前就傳入中國了。

在此經傳入中國後，主要有兩種譯本，分別是西晉法炬的譯本和唐代實叉難陀的譯本，其中以後者更為流行，也是現在通用的版本，但是在唐代智升的《開元釋教錄》與《貞元新定釋教目錄》中所記載的實叉難陀譯出十九部經典中並沒有此經，明代蓮池袾宏大師則提出此經譯者為法燈、法炬，但這二人歷史上都沒有記載，所以後人都稱此經為實叉難陀所譯，也有人說是後人的偽

託。在佛教多部經典中，《地藏經》的注疏較少，其中以清初青蓮大師的《地藏菩薩本願經科注》最為重要。

《地藏經》的主要內容

《地藏經》是講述地藏菩薩本生事蹟的佛經，是大乘佛教的重要經典之一，在中國很受歡迎。

翻譯者	▶	于闐實叉難陀
翻譯時間	▶	唐代武周年間
卷數	▶	13品
主要內容	▶	講述了地藏菩薩的宏大誓願，並介紹了地藏菩薩利益眾生的功德，不僅可以使眾生了悟生死，並可解脫過往的怨親債主，進而可以改變未來的命運。由於此經淺顯易懂，所以在中國很受歡迎。

佛門孝經：
《地藏經》的主要內容

《地藏經》的緣起是釋迦牟尼佛在忉利天宮（欲界的第二層天），為母親摩耶夫人說法。在經中，釋迦牟尼佛介紹了地藏菩薩勤奮修行的事蹟，例如曾為婆羅門女、光目女時救度母親的故事，還通過地藏菩薩與文殊菩薩、佛母摩耶夫人、定自在王菩薩、四天王、普賢菩薩、普廣菩薩、太辯長者、閻羅天子、惡毒鬼王、主命鬼王、堅牢地神、觀世音菩薩、虛空藏菩薩的問答，以及地藏菩薩與釋迦牟尼佛的對話，介紹了地獄及其眾生的狀況，最後則讚歎了地藏菩薩的誓願和功德，並將引導無佛世界的眾生的任務交付給他。另外，釋迦牟尼在經中也為眾生指明了超拔親人眷屬的道路。

在佛教諸多經典中，《地藏經》以強調因果與孝道而著稱，經文不但強調了眾生的因緣業報，還講述了婆羅門女、光目女救度母親的故事，因此被稱為佛門的「孝經」和佛陀最後的遺囑。

作為一部非常著名的大乘經典，《地藏經》深入淺出地闡述了萬物眾生生、老、病、死的過程，並介紹了改變命運和解脫怨親債主的方法，不僅可以用來印證佛教的因緣果報，還能用於超度死者，所以在中國民間很受歡迎。

由於《地藏經》深入民間，地藏菩薩也因此著稱於世。作為四大菩薩之一，地藏菩薩以「眾生度盡，方證菩提，地獄不空，誓不成佛」的宏大誓願和大慈大悲的功德而廣受崇敬。特別在中國，地藏菩薩迎合了中國人對死亡的幻想和對祖先的尊敬，據說他曾化現在安徽九華山，並以此為說法道場，因此地藏菩薩在中國不但被奉為掌管陰間世界的「幽冥教主」，還形成了深厚的地藏信仰，無論在國家寺院，還是在街頭巷尾，隨處可見地藏菩薩的塑像或石刻。

在佛教經典中，《地藏經》是一部淺顯易懂的佛經，一般分為序分、正宗分、流通分三個部分。

序　分
忉利天宮神通品第一，佛陀在忉利天為母說法，十方菩薩、天龍鬼神皆來集會，佛陀因此為文殊菩薩宣說地藏菩薩的行願。

《地藏經》的結構

正宗分

分身集會第二，佛陀將彌勒佛出世之前的眾生託付給地藏菩薩。

觀眾生業緣品第三，地藏菩薩為摩耶夫人介紹無間地獄的情況。

閻浮眾生業感品第四，佛陀為定自在王菩薩宣說國王和光目女的故事，並闡述因果報應。

地獄名號品，地藏菩薩介紹地獄名號等情況。

如來讚歎品第六，佛陀讚歎地藏菩薩，並宣說供養的功德。

利益存亡品第七，地藏菩薩宣說超度亡靈的功德與利益。

閻羅王眾讚歎品第八，佛陀宣說眾生不依善道的原因。

稱佛名號品第九，地藏菩薩演說念誦諸佛名號的功德。

校量布施功德緣品第十，佛陀宣說校量布施的功德。

流通分
地神護法品第十一、見聞利益品第十二、囑累人天品第十三，佛陀宣說供養地藏菩薩的功德，並為地藏菩薩摩頂，將眾生託付給他。

第十二章　慈悲誓願──《地藏經》

切利天宮神通

婆羅門女周遊地獄

 本經緣起

如是我聞，一時佛在切利天①為母說法。

爾時十方無量世界不可說不可說一切諸佛及大菩薩摩訶薩，皆來集會。讚歎釋迦牟尼佛能於五濁②惡世，現不可思議大智慧神通③之力，調伏④剛強眾生，知苦樂法⑤，各遣侍者，問訊世尊。

【注釋】

①切利天：譯作三十三天。欲界六天中的第二天，在須彌山之頂，中間是喜見城，帝釋天居之，巔之四方有峰，每峰有八天，共稱三十三天。

②五濁：是指見濁、煩惱濁、眾生濁、命濁、劫濁，合稱為五濁。這裏指充滿煩惱痛苦的現實世界。

③神通：靜心修定所得的變化莫測、通用無礙、變化自在之力。有宿命通、天耳通、他心通、天眼通、神足通、漏盡通，通稱六通。

④調伏：「調」者調和、調理、調順；「伏」者降伏、制伏，剛者以勢降伏之。「調伏」是調和控禦身、口、意三業，制伏除滅諸惡行也。

⑤知苦樂法：知世間苦，樂學出世間之法也。

【譯文】

我曾親耳聽佛陀這樣說過：有一次，佛陀在切利天為他的母親說法。那時，有各方無量多世界的不可說、不可說一切諸佛、大菩薩摩訶薩，都集會在切利天來聽佛說法。他們讚歎佛陀能在五濁世界裏現世，並以不可思議的聰明智慧以及神通力量來調順降服剛強的眾生，使他們知道世間的苦難，並樂於用無上的佛法來修煉自己，使自己身心淨化。因此諸佛及大菩薩都分別派遣侍者問候慰勞世尊。

是時，如來含笑，放百千萬億大光明雲，所謂大圓滿光明雲①、大慈悲光明雲②、大智慧光明雲③、大般若光明雲④、大三昧光明雲⑤、大吉祥光

明雲⑥、大福德光明雲⑦、大功德光明雲⑧、大歸依光明雲⑨、大讚歎光明雲⑩，放如是等不可說光明雲已。

【注釋】

①大圓滿光明雲：無際就是大；生佛同具叫圓滿；清淨性功德叫光明，諸佛以光明作佛事；佛光普照一切，如雲普覆，所以稱為雲。

②大慈悲光明雲：「大慈」，故與法界樂；「大悲」，故拔法界苦。

③大智慧光明雲：能斷一切無明煩惱之惑，故云智慧。

④大般若光明雲：清淨智慧唯佛能證，唯佛能說，世間出世間，無能及之；無論事理、因果、凡聖，無一時而不照，無一法而不知，故云般若。

⑤大三昧光明雲：從性起用即是三昧，其用無量，故三昧亦無量。

⑥大吉祥光明雲：以此清淨功德故，無不罪滅福生，惑去智來，逢凶化吉，遇難成祥；聾者能聞，盲者能視，啞者能言，病者痊癒，故名大吉祥光明雲。

⑦大福德光明雲：能令眾生得人天福、人王福、天王福、梵王福、聲聞福、緣覺福、辟支佛福、菩薩福及諸佛究竟圓滿之福德，故名大福德光明雲。

⑧大功德光明雲：能令一切眾生斷見思惑、塵沙惑、無明惑，八萬四千塵勞諸惑，究竟證得涅槃之樂，故名大功德光明雲。

⑨大歸依光明雲：此清淨功德自有一體三寶，可令一切眾生歸依佛、法、僧。

⑩大讚歎光明雲：蒙十方三世一切眾生、一切諸佛贊莫能窮、歎莫能窮，得名大讚歎光明雲。

【譯文】

這時，如來笑容滿面，身放百千萬億大光明雲，分別是大圓滿光明雲、大慈悲光明雲、大智慧光明雲、大般若光明雲、大三昧光明雲、大吉祥光明雲、大福德光明雲、大功德光明雲、大歸依光明雲、大讚歎光明雲這些不可言說的光明雲。

又出種種微妙之音，所謂檀波羅蜜音、尸波羅蜜音、羼提波羅密音、毗離耶波羅蜜音、禪波羅蜜音、般若波羅密音、慈悲音、喜捨音、解脫音、無漏音、智慧音、大

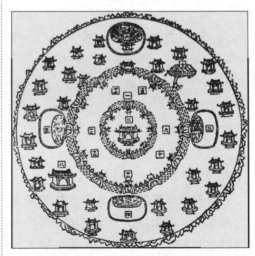

這是忉利天圖。忉利天又稱三十三天，位於須彌山頂，是帝釋天及其眷屬天眾共三十三天的住處。相傳忉利天的土地由真金鋪成、以雜寶裝飾，城中有莊嚴的宮殿。根據佛教經典，釋迦牟尼佛的母親摩耶夫人命終後轉生在忉利天，所以在《地藏經》中釋迦牟尼佛到忉利天為母說法。

智慧音、師子吼音、大師子吼音、雲雷音、大雲雷音，如是等不可說不可說音已。

【譯文】

繼而又發出各種微妙的聲音，分別是布施波羅蜜音、持戒波羅蜜音、忍辱波羅蜜音、精進波羅蜜音、禪定波羅蜜音、般若波羅蜜音、慈悲音、喜捨音、解脫音、無漏音、智慧音、大智慧音、獅子吼音、大獅子吼音、雲雷音、大雲雷音這些不可言說的聲音。

娑婆世界，及他方國土，有無量億天龍鬼神，亦集到忉利天宮。所謂四天王天、忉利天、須焰摩天、兜率陀天、化樂天、他化自在天、梵眾天、梵輔天、大梵天、少光天、無量光天、光音天、少淨天、無量淨天、遍淨天、福生天、福愛天、廣果天、無想天、無煩天、無熱天、善見天、善現天、色究竟天、摩醯首羅天、乃至非想非非想處天，一切天眾、龍眾、鬼神等眾，悉來集會。

【譯文】

還有來自娑婆世界，以及其他國土的無量的天龍鬼神，也來到忉利天宮。他們是四天王天、忉利天、須焰摩天、兜率陀天、化樂天、他化自在天、梵眾天、梵輔天、大梵天、少光天、無量光天、光音天、少淨天、無量淨天、遍淨天、福生天、福愛天、廣果天、無想

天、無煩天、無熱天、善見天、善現天、色究竟天、摩醯首羅天，甚至非想非非想處天，一切天眾、龍眾、鬼神等眾，都來集會。

復有他方國土及娑婆世界海神、江神、河神、樹神、山神、地神、川澤神、苗稼神、晝神、夜神、空神、天神、飲食神、草木神，如是等神，皆來集會。

【譯文】

另外，還有其他國土及本土世界上的江河日月之神、山川樹木神、晝夜神、空神、天神、飲食神、草木神等這樣的神仙也都來此集會了。

復有他方國土，及娑婆世界，諸大鬼王。所謂惡目鬼王、啖血鬼王、啖精氣鬼王、啖胎卵鬼王、行病鬼王、攝毒鬼王、慈心鬼王、福利鬼王、大愛敬鬼王，如是等鬼王，皆來集會。

【譯文】

還有其他國土及本土上的各大鬼王，分別是惡目鬼王、啖血鬼王、啖精氣鬼王、啖胎卵鬼王、行病鬼王、攝毒鬼王、慈心鬼王、福利鬼王、大愛敬鬼王這些鬼王也來參加集會。

❀ 地藏菩薩的功德

爾時釋迦牟尼佛、告文殊師利

法王子菩薩摩訶薩：「汝觀是一切諸佛菩薩及天龍鬼神，此世界、他世界，此國土、他國土，如是今來集會到忉利天者，汝知數不？」

【譯文】

這時，釋迦牟尼佛告訴文殊師利法王子菩薩摩訶薩說：「你看看這些佛、菩薩及天龍鬼神，分別來自這個世界、其他世界、這一國土和其他國土，像這些今天都來到忉利天的佛及大菩薩，你知道一共有多少數量嗎？」

文殊師利白佛言：「世尊，若以我神力，千劫測度，不能得知。」

佛告文殊師利：「吾以佛眼觀故，猶不盡數。此皆是地藏菩薩①久遠劫來，已度、當度、未度，已成就、當成就、未成就。」

【注釋】

①地藏菩薩：根據《地藏十輪經》，由於此菩薩「安忍不動如大地，靜慮深密如秘藏」，所以稱為地藏菩薩。

【譯文】

文殊師利回答佛說：「世尊，如果憑藉我的神通威力，用一千劫的時間也測算不出來有多少啊！」

佛陀告訴文殊師利菩薩說：「我用佛眼也不能知道有多少數目，這都是地藏菩薩自古以來到現在已經超度成佛的、正在超度的、即將成佛的、以及將要超度成佛的眾生啊。」

這是地藏菩薩圖。地藏菩薩又名大願地藏王菩薩，他像大地一樣承擔眾生的罪惡，並能了知一切生命的法要，從而能使眾生成就圓滿的佛果。《地藏經》就是釋迦牟尼佛讚頌地藏菩薩功德的佛經。

文殊師利白佛言：「世尊，我已過去久修善根、證無礙智，聞佛所言，即當信受。小果聲聞、天龍八部、及未來世諸眾生等，雖聞如來誠實之語，必懷疑惑。設使頂受，未免興謗。唯願世尊，廣說地藏菩薩摩訶薩，因地作何行，立何願，而能成就不思議事？」

【譯文】

文殊菩薩又問佛：「世尊啊！我從很久之前到現在，一直在修習善根，已

證得無礙智慧。只要聽到佛陀的說法，就能當即堅信和受持。但是那些只修得小果位的聲聞、天龍八部以及來世的所有眾生，即使能聽到如來的法義，心裏也還是有疑惑的。即使勉強讓他們信仰受持，也難免會興起誹謗，希望世尊能廣泛地講說地藏菩薩是在什麼地方修行，立下了什麼大願，才得以成就如此多的不可思議之事呢？」

佛告文殊師利：「譬如三千大千世界所有草木叢林、稻麻竹葦、山石微塵，一物一數，作一恆河；一恆河沙，一沙一界；一界之內、一塵一劫，一劫之內，所積塵數，盡充為劫。地藏菩薩證十地果位以來，千倍多於上喻。何況地藏菩薩在聲聞、辟支佛地。」

【譯文】

佛陀對文殊師利菩薩說：「比如把三千大千世界的每一個草、木、叢、林、稻、麻、竹、葦、山、石以及微塵都當做一條恆河，把這些恆河中的每一沙粒當是一個大千世界，把這些大千世界的每一粒微塵當作一個大劫，把這些大劫的微塵數當作一劫。地藏王菩薩自從修行到現在證得十地果位所經過的劫數，比這些的數量還要多上千倍。如果再算上地藏菩薩在聲聞、辟支佛地從小乘開示修行起所經過的修行時間了，那樣就更無法計算了。」

這是地藏菩薩的塑像。在中國，地藏菩薩被奉為掌管地府的「幽冥教主」，被供奉在許多佛教寺廟中。

「文殊師利，此菩薩威神誓願，不可思議。若未來世，有善男子、善女人，聞是菩薩名字，或讚歎、或瞻禮、或稱名、或供養，乃至彩畫刻鏤塑漆形像，是人當得百返生於三十三天，永不墮惡道。」

【譯文】

「文殊師利，地藏菩薩威力神通廣大，誓願宏大，實在是不可思議的。如果在未來的世界裏，有善男子或者善女人，聽到地藏菩薩的名字，或者讚歎，或者瞻仰禮拜，或者念誦他的名號，或者供養，以及恭敬繪畫、雕刻、塑造菩薩的形象，那麼這個人就能因為上述功德，生往忉利天，永不會墮入三惡道中。」

🪷 大長者子發願

「文殊師利！是地藏菩薩，於過去久遠不可說不可說劫前，身為大長者子。時世有佛，號曰師子奮迅具足萬行如來。時長者子，見佛相好，千福莊嚴，因問彼佛，作何行願而得此相？」

【譯文】

「文殊師利啊！這位地藏菩薩在過去非常久遠的不可說劫之前，是一位大長者的兒子。那時候，世上有位叫師子奮迅具足萬行如來的佛。有一次，這位長者的兒子見到師子奮迅具足萬行如來，因為感歎如來的千種莊嚴福相，便詢問如來是行什麼大願而得這種面相的？」

「時師子奮迅具足萬行如來告長者子：『欲證此身，當須久遠度脫一切受苦眾生。』」

【譯文】

「這時師子奮迅具足萬行如來就告訴長者之子說：『要想證得我這樣的面相

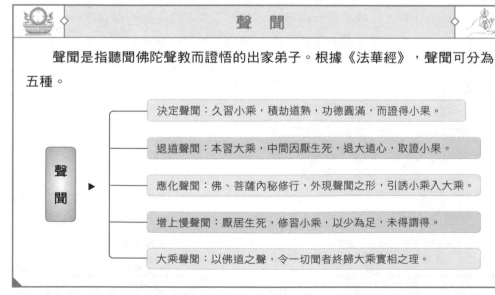

聲　聞

聲聞是指聽聞佛陀聲教而證悟的出家弟子。根據《法華經》，聲聞可分為五種。

聲聞

決定聲聞：久習小乘，積劫道熟，功德圓滿，而證得小果。

退道聲聞：本習大乘，中間因厭生死，退大道心，取證小果。

應化聲聞：佛、菩薩內秘修行，外現聲聞之形，引誘小乘入大乘。

增上慢聲聞：厭居生死，修習小乘，以少為足，未得謂得。

大乘聲聞：以佛道之聲，令一切聞者終歸大乘實相之理。

身形，就應當長久地以佛法的清淨智慧去度脫所有受苦受難的天下眾生。』」

「文殊師利！時長者子，因發願言：『我今盡未來際不可計劫，為是罪苦六道眾生，廣設方便，盡令解脫，而我自身方成佛道。』」

【譯文】

「文殊師利啊！長者之子聽了如來的話，當時就立願說：『我從今天起直到未來無數的年代之中，將用各種方便方法使一切遭受苦難的六道眾生得到解脫，然後我才會證得佛果。』」

「以是於彼佛前，立斯大願，於今百千萬億那由他不可說劫，尚為菩薩。又於過去不可思議阿僧祇①劫，時世有佛，號曰覺華定自在王如來，彼佛壽命四百千萬億阿僧祇劫。」

【注釋】

①阿僧祇：印度的時間單位之一，是無量數、極大數之意，表示異常久遠的時間。

【譯文】

「因為長者之子在師子奮迅具足萬行如來佛祖前發了這麼大的願，在已經過了百千萬億之久不可說的大劫時間後，還只是菩薩果位。又在很久之前，當時世上有一位覺華定自在王如來在世，這尊佛的壽命為四百萬億無量數劫。」

❀ 婆羅門女爲母祈禱

「像法之中，有一婆羅門女，宿福深厚，眾所欽敬，行住坐臥，諸天衛護。其母信邪，常輕三寶。是時聖女廣設方便，勸誘其母，令生正見，而此女母，未全生信。不久命終，魂神墮在無間地獄。」

【譯文】

「在覺華定自在王如來的像法時代，有一位出身婆羅門的女子，由於她在往世結下深厚的福分，被大眾所欽佩，所以在行住坐臥任何時候，都有天神護衛。但她的母親相信邪教邪說，經常輕視佛、法、僧三寶。雖然聖女想盡了各種方法來讓她的母親產生正知正見，但她的母親並不完全相信她的勸說。不久之後，她的母親壽終，魂神墮落到了無間地獄。」

「時婆羅門女，知母在世不信因果，計當隨業，必生惡趣，遂賣家宅，廣求香華，及諸供具，於先佛塔寺，大興供養。」

· 名詞解釋 ·

無間地獄：八大地獄中最苦的一個地獄，泛指十八層地獄的最底層。在《地藏經》中，婆羅門女的母親因為誹謗三寶，死後就墮入無間地獄之中。

【譯文】

「那時婆羅門女知道她母親在世時不相信因果善報，根據生前的因果業報，一定會墮入到三惡趣中，於是她變賣家宅，買了很多香花及各種供奉佛的用具，在覺華定自在王如來的塔寺前，大興供養。」

「見覺華定自在王如來，其形像在一寺中，塑畫威容，端嚴畢備。時婆羅門女，瞻禮尊容，倍生敬仰。私自念言：『佛名大覺，具一切智。若在世時，我母死後，倘來問佛，必知處所。』」

 八大地獄

根據《長阿含經》，金剛山之間有八大地獄，即八種具有熱氣苦的地獄，又稱八熱地獄。

等活地獄，凡犯殺生罪、毀正見、誹謗正法者墮生此獄，受血肉竭盡、撾裂自身之苦。

黑繩地獄，凡造殺生、偷盜罪者墮生此獄，受捆縛、斫鋸之苦。

眾合地獄，凡犯殺生、偷盜、邪淫罪者墮生此獄，受擠壓至肉骨碎裂之苦。

叫喚地獄，凡犯殺生、偷盜、邪淫、飲酒者墮生此獄，受煎煮、燒灼之苦。

大叫喚地獄，凡犯五戒者墮生此獄，受煎煮、燒灼之苦。

灼熱地獄，凡犯五戒、邪見者墮生此獄，受熱棒敲打之苦。

大灼熱地獄，凡犯五戒、邪見及污淨戒僧尼者墮生此獄，受熱棒敲打之苦。

無間地獄，凡犯五逆罪者墮生此獄，此獄罪人所受之苦，無有間歇，為八大地獄最苦的一個。

【譯文】

「在一座寺中,她見到覺華定自在王如來的塑像面容威嚴端莊。當時,婆羅門女在恭敬瞻仰、禮拜佛的尊容時,內心無比敬仰,她默念:『大覺的如來啊,您具備了一切智慧。如果您還在世,我的母親死後會到那裏,您一定知道吧。』」

覺華定自在王如來現身

「時婆羅門女,垂泣良久,瞻戀如來。忽聞空中聲曰:泣者聖女,勿至悲哀,我今示汝母之去處。」

【譯文】

「這時婆羅門女在佛像前,哭泣了許久,一直瞻望如來。忽然空中傳出聲音:『正在哭泣的聖女,不要太過悲傷了,我現在就告訴你母親的去處。』」

「婆羅門女合掌向空,而白空曰:『是何神德,寬我憂慮?我自失母以來,晝夜憶戀,無處可問知母生界。』」

【譯文】

「婆羅門女合掌向空中問道:『是哪方神德,來寬容安慰我的憂慮?我自從失去母親後,日日夜夜回憶眷戀我的母親,就是不知道我的母親去了哪個世界。』」

「時空中有聲,再報女曰:『我是汝所瞻禮者,過去覺華定自在王如來,見汝憶母,倍於常情眾生之分,故來告示。』婆羅門女聞此聲已,舉身自撲,肢節皆損。左右扶持,良久方甦。」

【譯文】

「這時空中傳出聲音,告訴聖女說:『我就是你現在正在瞻仰禮拜的覺

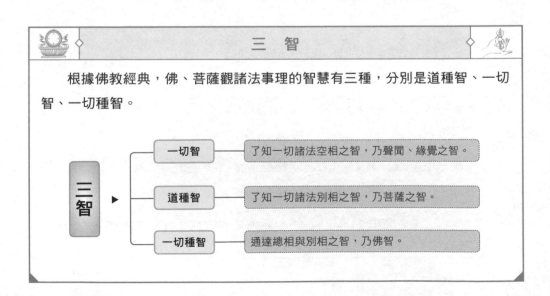

三　智

　　根據佛教經典,佛、菩薩觀諸法事理的智慧有三種,分別是道種智、一切智、一切種智。

三智 ▶

一切智 —— 了知一切諸法空相之智,乃聲聞、緣覺之智。

道種智 —— 了知一切諸法別相之智,乃菩薩之智。

一切種智 —— 通達總相與別相之智,乃佛智。

華定自在王如來。我見到你思念母親的心情，比普通眾生的思母之情要多出百倍，所以才來告訴你她的去處。』婆羅門女聽到這聲音後，立刻撲倒在地，以至於摔破了自己的身體。她左右兩旁的人們都過來扶持，過了好一會兒才使她清醒過來。」

「而白空曰：『願佛慈愍，速說我母生界，我今身心，將死不久。』」

「時覺華定自在王如來，告聖女曰：『汝供養畢，但早返舍，端坐思惟吾之名號，即當知母所生去處。』」

【譯文】

「聖女醒來後對空中說：『願佛慈悲為懷，快點告訴我母親所生之處吧！我現在身心憔悴不堪，恐怕不久就要死去。』」

「這時，覺華定自在王如來告訴聖女說：『你供養完畢後，早點返回家中。在端正憶念我的名號之後，就能知道你母親的去處了。』」

🪷 地獄情況

「時婆羅門女尋禮佛已，即歸其舍。以憶母故，端坐念覺華定自在王如來。經一日一夜，忽見自身到一海邊，其水湧沸，多諸惡獸，盡復鐵身，飛走海上，東西馳逐。」

【譯文】

「當時，婆羅門女禮佛後，立即回到她的家中。為了得知母親的去處，她

端正地坐好，恭敬地念誦覺華定自在王如來的名號。經過一天一夜，她忽然覺得自己到了大海邊上，這個大海的水好像鍋中燒沸的開水一樣沸騰著，還有許多以鐵化成的惡獸在海面上飛行，東奔西跑。」

「見諸男子女人百千萬數，出沒海中，被諸惡獸，爭取食啖；又見夜叉，其形各異，或多手多眼，多足多頭，口牙外出，利刃如劍，驅諸罪人，使近惡獸。復自搏攫，頭足相就。其形萬類，不敢久視。時婆羅門女，以念佛力故，自然無懼。」

【譯文】

「聖女看見有不計其數的男男女女，出沒在海中，被這些惡獸相互爭奪

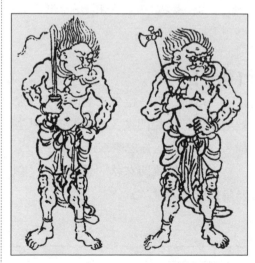

這是夜叉圖，夜叉又名藥叉，是住在空中或地上的鬼類，是八部眾之一。夜叉主要有害人的夜叉和護法的夜叉兩種，他們大多形象恐怖，使見者畏懼。《地藏經》中婆羅門女見到的夜叉是地獄執法的鬼怪。

地吞吃。又見到許多不同形狀的夜叉，它們或是多手多眼，或是多頭多腳，口中的獠牙也都伸到外面，如同刀劍一樣鋒利。這些夜叉惡鬼們就用這些像刀劍一樣的牙齒，追趕驅逐這些罪人，使他們靠近怪獸，讓惡獸吞吃他們。那些夜叉們還親自動手抓這些男女，甚至將它們的頭和腳捆在一起。這些夜叉的形狀各異，種類繁多，讓人不敢久視。這時婆羅門女藉助念佛的力量，沒有感到一絲恐懼。」

鬼王相迎

「有一鬼王，名曰無毒，稽首來迎，白聖女曰：『善哉，菩薩，何緣來此？』

「時婆羅門女問鬼王曰：『此是何處？』

「無毒答曰：『此是大鐵圍山西面第一重海。』」

【譯文】

「這時，有一位鬼王名叫無毒，恭敬地來迎接婆羅門女，向她問道：『善哉，這位菩薩，你怎麼來這裏了？』

「這時婆羅門女就問鬼王說：『這兒是什麼地方呀？』

「無毒鬼王說：『這裏是大鐵圍山西面的第一重海。』」

「聖女問曰：『我聞鐵圍之內，地獄在中，是事實否？』

「無毒答曰：『實有地獄。』

「聖女問曰：『我今云何得到獄所？』

「無毒答曰：『若非威神，即須業力，非此二事，終不能到。』」

【譯文】

「聖女問：『我聽說大鐵圍山裏邊有地獄，這是事實嗎？』

「無毒鬼王說：『確實有地獄。』

「聖女問：『那我今天怎麼會來到地獄呢？』

「無毒回答說：『如果不是藉助威神的力量，那就是你本身的業力而來。除了這兩種情況，是不能來到這裏的！』」

「聖女又問：『此水何緣而乃湧沸？多諸罪人以及惡獸？』

「無毒答曰：『此是閻浮提造惡眾生，新死之者，經四十九日後，無人繼嗣，為作功德，救拔苦難。』」

・名詞解釋・

業力：眾生的行為會形成一股力量，使我們將來承受各種果報。雖然業因很快消失，但仍有力量存在，在將來形成果報。在《地藏經》中，無毒鬼王指出眾生因業力而墮入地獄。

【譯文】

　　「聖女又問：『這裏的海水為什麼會洶湧沸騰呢？為什麼有那麼多的罪人以及怪獸呢？』

　　「無毒回答說：『他們都是閻浮提的造惡眾生，都是在去世的四十九天內，沒有繼承的子嗣，無人為他們作超度功德，使他們脫離苦難，所以他們才會在這裏。』」

　　「生時又無善因，當據本業所感地獄，自然先渡此海。海東十萬由旬，又有一海，其苦倍此。彼海之東，又有一海，其苦復倍。三業惡因之所招感，共號業海，其處是也。」

【譯文】

　　「他們生前又沒有積下善業，所以死後就按照生前所作的惡業到所感的地獄中了。在來地獄之前，他們必須先渡這一重苦海。由此海往東，過十萬由旬遠，還有一個苦海，那裏比這裏痛苦百倍。在那一苦海的東邊，還有一個苦海，其中的痛苦更加劇烈。這裏所說的三重苦海，完全是三種惡業之因所感召，所以稱作業海，也就是這裏。」

　　「聖女又問鬼王無毒曰：『地獄何在？』

　　「無毒答曰：『三海之內，是大地獄，其數百千各各差別。所謂大者具有十八，次有五百，苦毒無量，次有千百，亦無量苦。』」

【譯文】

　　「聖女又問鬼王無毒說：『那麼，地獄在哪裡？』

　　「無毒回答說：『這三海內都是大地獄，總共有無量百千之多。這些地獄都各有差異。其中最為廣大的就有十八個；

十八層地獄

　　根據《十八泥犁經》，三海內有十八層地獄，這些地獄是按受罪時間的長短與罪行等級輕重排列而成，比如在光就居地獄，一日等於人間的三千七百五十歲，其後每一地獄都比前一地獄增苦二十倍及增壽一倍。

十八層地獄

▼

拔舌地獄	剪刀地獄	鐵樹地獄	孽鏡地獄	蒸籠地獄	銅柱地獄	刀山地獄	冰山地獄	油鍋地獄	牛坑地獄	石壓地獄	舂臼地獄	血池地獄	枉死地獄	磔刑地獄	火山地獄	石磨地獄	刀鋸地獄

其次廣大的有五百個，這些地獄的苦難簡直難以形容。再次的地獄，那也有百千之數，那中間也有無量的苦難。』」

🪷 婆羅門女的功德

「聖女又問大鬼王曰：『我母死來未久，不知神魂當至何趣？』」

「鬼王問聖女曰：『菩薩之母在生習何行業？』」

「聖女答曰：『我母邪見，譏毀三寶，設或暫信，旋又不敬。死雖日淺，未知生處。』」

【譯文】

「聖女又問大鬼王說：『我母親剛去世不久，不知道她的魂神現在在哪裡？』」

「鬼王問聖女道：『女菩薩，您的母親在世時，有什麼樣的行為呢？』」

「聖女回答說：『我母親執著邪見，常常譏笑誹謗三寶。雖然她偶爾能在短暫的時間裏信奉佛教，但很快就不再尊敬三寶了。即使她去世的時間不長，但也不知道現在投生在什麼地方。』」

「無毒問曰：『菩薩之母，姓氏何等？』」

「聖女答曰：『我父我母，俱婆羅門種，父號尸羅善現，母號悅帝利。』」

「無毒合掌啟菩薩曰：『願聖者卻返本處，無至憂憶悲戀。』」

【譯文】

「無毒問聖女：『菩薩的母親姓什麼，叫什麼呀？』」

「聖女回答說：『我父母都是婆羅門種姓，父親叫尸羅善現，母親叫悅帝利。』」

「無毒聽過後，於是畢恭畢敬地合掌對聖女說：『聖女啊，您可以放心地回家吧，不必再悲傷憂愁、深切思念您的母親了。』」

「『悅帝利罪女，生天以來，經今三日。云承孝順之子，為母設供修福，布施覺華定自在王如來塔寺。非唯菩薩之母，得脫地獄，應是無間罪人，此日悉得受樂，俱同生訖。』鬼王言畢，合掌而退。」

【譯文】

「『您的母親，那位叫做悅帝利的女子，升天已經三天了。因為她有孝順的女兒在覺華定自在王如來佛為她供養修福，為她布施塔寺，所以您的母親已經逃離了地獄之災，連無間地獄裏受苦受難的罪人也在同一天脫離了地獄之苦，得到安樂了。』鬼王說完之後，向聖女合掌致禮退下了。」

「婆羅門女，尋如夢歸。悟此事已，便於覺華定自在王如來塔像之前，立弘誓願：『願我盡未來劫，應有罪苦眾生，廣設方便，使令解脫。』」

「佛告文殊師利：『時鬼王無毒者，當今財首菩薩是。婆羅門女者，即地藏菩薩是。』」

【譯文】

「這時婆羅門女就好像做夢醒了一樣，又回到了念佛的佛堂裏。把這事仔仔細細想過後，便又走到覺華定自在王如來的塔像之前，發下宏大的誓願說：『願我能在未來無數的時代裏，能用種種的方法和智慧為受苦遭罪的眾生超度，使他們得到解脫。』」

「佛陀又告訴文殊師利菩薩說：『你知道嗎？我所說的無毒鬼王就是現在的財首菩薩！婆羅門女就是地藏王菩薩啊！』」

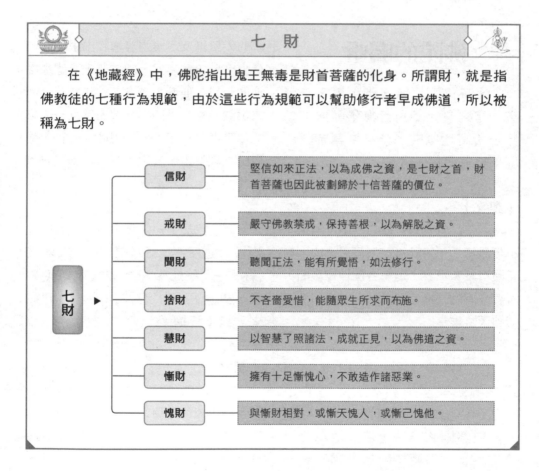

七　財

在《地藏經》中，佛陀指出鬼王無毒是財首菩薩的化身。所謂財，就是指佛教徒的七種行為規範，由於這些行為規範可以幫助修行者早成佛道，所以被稱為七財。

七財

- **信財**：堅信如來正法，以為成佛之資，是七財之首，財首菩薩也因此被劃歸於十信菩薩的價位。
- **戒財**：嚴守佛教禁戒，保持善根，以為解脫之資。
- **聞財**：聽聞正法，能有所覺悟，如法修行。
- **捨財**：不吝嗇愛惜，能隨眾生所求而布施。
- **慧財**：以智慧了照諸法，成就正見，以為佛道之資。
- **慚財**：擁有十足慚愧心，不敢造作諸惡業。
- **愧財**：與慚財相對，或慚天愧人，或慚己愧他。

4 分身集會
佛陀對地藏菩薩的讚歎

❀ 佛陀的囑咐

爾時百千萬億，不可思、不可議、不可量、不可說無量阿僧祇世界，所有地獄處，分身地藏菩薩，俱來集在忉利天宮。

【譯文】

這時候，有千百億的，不可思量、不可思議、不可計量、不可說盡的，無量阿僧祇數世界，還有各個地獄裏的，所有各處的分身地藏王菩薩，都來到了忉利天宮集會。

以如來神力故，各以方面，與諸得解脫從業道出者，亦各有千萬億那由他數。共持香華，來供養佛。彼諸同來等輩，皆因地藏菩薩教化，永不退轉於阿耨多羅三藐三菩提。

【譯文】

因為如來依仗無上佛力的加持，所以能使各方面的菩薩、還有所有得到解脫的大眾以及從業道裏解脫出來的悲苦眾生全聚集在一處，總共有千百億那由他的數目。他們手裏拿著香和鮮花，前來供養佛祖，這些與地藏王菩薩一起來的眾生都是受過地藏王菩薩的教化，從而由種種業道中解脫出來，達到了永不退轉的無上正等正覺了。

是諸眾等，久遠劫來，流浪生死，六道受苦，暫無休息。以地藏菩薩廣大慈悲，深誓願故，各獲果證。既至忉利，心懷踴躍，瞻仰如來，目不暫捨。

【譯文】

從久遠的無量劫難以來，這些眾生一直在生死的苦海之中流轉，在六道之間輪迴，受盡苦難，不能得到一刻的休息。因為地藏菩薩的廣大胸襟和深切誓願的緣故，眾生受到感召，均得以證得果道。既然已經到了忉利天宮，他們的心裏都是十分地歡喜踴躍，恭敬地來瞻仰如來，目光一刻也捨不得轉移。

爾時，世尊舒金色臂，摩百千萬億不可思、不可議、不可量、不可說、無量阿僧祇世界諸分身地藏菩薩摩訶薩頂，而作是言：「吾於五濁惡世，教化如是剛強眾生，令心調伏，捨邪歸正，十有一二，尚惡習在。」

【譯文】

這個時候，世尊舒展開金色的手臂，用無上的神力來為百千萬億不可思量、不可思議、不可計量、不可說盡的，無量阿僧祇數世界中所有地藏菩薩的分身摩頂，同時說道：「我在五濁的惡世之中教導這樣冥頑不靈的眾生，把他們的心智調服得柔軟，讓他們捨棄邪道，皈依正道，但是還是有十分之一二的眾生不能改掉他們的各種惡習。」

「吾亦分身千百億，廣設方便。或有利根，聞即信受；或有善果，勤勸成就；或有暗鈍，久化方歸；或有業重，不生敬仰。」

【譯文】

「因為這個緣故，我也曾經分身千百億，廣設方便之門，用各種各樣的辦法來救度眾生。有的眾生的根性比較敏利，那麼他聽了我講的佛法之後，馬上就會信服接受；有的眾生已得善果，那麼我就時常教化他，最終也會有所成就；有的眾生善根較淺，智慧也不夠，那麼經過長期的、鍥而不捨的教化，也能使他們皈依佛道；有的眾生業障深厚，絲毫沒有敬仰之心，這樣是最難以教化的。」

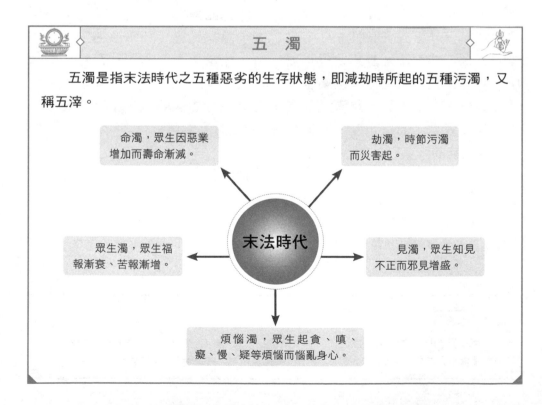

五　濁

五濁是指末法時代之五種惡劣的生存狀態，即減劫時所起的五種污濁，又稱五滓。

命濁，眾生因惡業增加而壽命漸減。

劫濁，時節污濁而災害起。

眾生濁，眾生福報漸衰、苦報漸增。

末法時代

見濁，眾生知見不正而邪見增盛。

煩惱濁，眾生起貪、嗔、癡、慢、疑等煩惱而惱亂身心。

「如是等輩眾生，各各差別，分身度脫。或現男子身、或現女人身、或現天龍身、或現神鬼身、或現山林川原、河池泉井，利及於人，悉皆度脫。」

【譯文】

「像這些很難教化的眾生，他們的情況各有不同。在這種情況之下，我就會分身去教化他們。或是現出男人的相狀，或是現出女人的相狀，或是現出天龍的相狀，或是現出神鬼的相狀，或是現出大山樹林、山川平原、河流小池、泉水深井的相狀，總之要利益眾生，使他們感受到佛法不可思議的力量，進而得到解脫。」

「或現天帝身、或現梵王身、或現轉輪王①身、或現居士身、或現國王身、或現宰輔身、或現官屬身，或現比丘、比丘尼、優婆塞、優婆夷身，乃至聲聞、羅漢、辟支佛、菩薩等身，而以化度。非但佛身，獨現其前。」

【注釋】

①轉輪王：梵音譯為「斫迦羅代棘底曷羅闍」又譯為「轉輪聖帝」、「轉

輪聖王」、「輪王」等。他即位之後，感得到輪寶，使用神力轉動輪寶便可制伏四方，也可依仗輪寶的力量在天空之中飛行。

【譯文】

「我或是化身為帝王的相狀，或是化身為梵王的相狀，或是化身為轉輪王的相狀，或是化身為居士的相狀，或是化身為國王的相狀，或是化身為宰相的相狀，或是化身為官吏的相狀，或是化身為比丘、比丘尼、優婆塞、優婆夷身的相狀，甚至於化身為聲聞、羅漢、辟支佛、菩薩等相狀，都是為了來教化眾生，並非一定要以佛的相狀來教化眾生。」

「汝觀吾累劫勤苦，度脫如是等難化剛強罪苦眾生。其有未調伏者，隨業報應，若墮惡趣，受大苦時，汝當憶念吾在忉利天宮，殷勤付囑，令娑婆世界，至彌勒出世已來眾生，悉使解脫，永離諸苦，遇佛授記。」

【譯文】

「你看我經歷了無比久遠的諸多劫難，辛勤勞苦地教化這些如此難以教化、甚至冥頑不靈的罪惡的眾生，這其

中沒有被教化的眾生，難免會受到自己所造業障的報應，會受到無窮無盡的苦難，這時你應該想起我在忉利天宮中殷勤囑託，要在彌勒菩薩出世以前，用你的智慧神力讓娑婆世界的眾生得到解脫，永遠脫離眾多的苦難。」

這是彌勒菩薩圖。彌勒菩薩是佛教八大菩薩之一，他被認為是釋迦牟尼佛的繼任者，常被尊稱為彌勒佛。在《地藏經》中，釋迦牟尼佛將涅槃至彌勒菩薩出世前的眾生託付給地藏菩薩。

🪷 地藏菩薩發心

爾時，諸世界分身地藏菩薩，共復一形，涕淚哀戀，白其佛言：「我從久遠劫來，蒙佛接引，使獲不可思議神力，具大智慧。」

【譯文】

這時候，諸世界的無量分身地藏菩薩，聽完了佛祖的囑託，重新變成一個身形，他痛哭流涕地依靠在佛陀的身邊，說道：「我從久遠的大劫以來，一直依靠您的接引，獲得了無上的神通法力，具有了無上的般若智慧。」

「我所分身，遍滿百千萬億恆河沙世界，每一世界化百千萬億身，每一身度百千萬億人，令歸敬三寶，永離生死，至涅槃樂。」

【譯文】

「我的分身遍佈了百千萬億恆河沙數目一樣的世界裏，在每一個世界裏，我又化出百千萬億的分身，每一個分身又可以度化百千萬億的眾生，讓他們都來皈依、禮敬三寶，永遠脫離生死輪迴的痛苦，得到涅槃的快樂。」

「但於佛法中，所為善事，一毛一滴，一沙一塵，或毫髮許，我漸度脫，使獲大利。

「唯願世尊，不以後世惡業眾生為慮。」

【譯文】

「如果有人依據佛法修行善事，哪怕他修行的功德像毫毛那麼輕，像一滴水一樣輕巧，像一粒沙石一樣微小，像一粒塵土一樣渺小，像一根汗毛一樣細微，我都會想盡辦法感召他，用盡全力度化他，使他獲得超脫生死輪迴之苦的大利。

「希望世尊不要再為後世的惡業眾生擔心憂慮。」

第十二章 慈悲誓願——《地藏經》

465

如是三白佛言：「唯願世尊，不以後世惡業眾生為慮。」

爾時，佛讚地藏菩薩言：「善哉！善哉！吾助汝喜。汝能成就久遠劫來，發弘誓願，廣度將畢，即證菩提。」

【譯文】

地藏菩薩一連說了三次這樣的話：「希望世尊不要再為後世的惡業眾生擔心憂慮。」

這時候，佛陀就稱讚地藏菩薩說：「善哉！善哉！我也要幫助你，使你得佛法之喜，使你能夠成就從很久遠的大量劫難以來所發的弘誓大願，使你在超度眾生之後，就可以立地成佛了。」

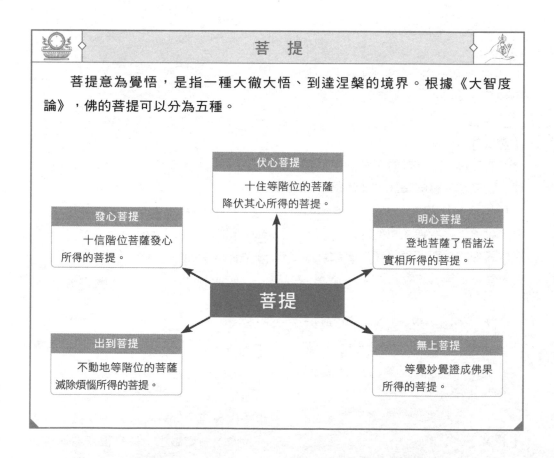

菩　提

菩提意為覺悟，是指一種大徹大悟、到達涅槃的境界。根據《大智度論》，佛的菩提可以分為五種。

伏心菩提
十住等階位的菩薩降伏其心所得的菩提。

發心菩提
十信階位菩薩發心所得的菩提。

明心菩提
登地菩薩了悟諸法實相所得的菩提。

菩提

出到菩提
不動地等階位的菩薩滅除煩惱所得的菩提。

無上菩提
等覺妙覺證成佛果所得的菩提。

5 觀眾生業緣
無間地獄的情況

🪷 摩耶夫人提問

爾時佛母摩耶夫人，恭敬合掌，問地藏菩薩言：「聖者，閻浮①眾生，造業差別，所受報應，其事云何？」

【注釋】

①閻浮：「閻浮」又稱「閻浮提洲」、「南贍部洲」，閻浮提洲泛指俗世眾生生活的世界。

【譯文】

這時候，佛的母親摩耶夫人畢恭畢敬地雙手合十，問地藏菩薩：「聖者，世間眾生造業有很大的差別，所受的報應也有很多的不同，你能詳細地說說嗎？」

地藏答言：「千萬世界，乃及國土，或有地獄，或無地獄；或有女人，或無女人；或有佛法，或無佛法，乃至聲聞、辟支佛，亦復如是，非但地獄罪報一等。」

【譯文】

地藏菩薩回答說：「這千千萬萬的世界，以及世界中的千千萬萬的國土裏，有的有地獄，有的沒有地獄；有的有女人，有的沒有女人；有的有佛法教化，有的沒有佛法教化；甚至於像聲聞、辟支佛等也是有的地方有，有的地方無，這其中有各種各樣的情況，並不是地獄罪報所能說得盡的！」

🪷 閻浮罪報

摩耶夫人重白菩薩：「且願聞於閻浮罪報所感惡趣。」

地藏答言：「聖母，唯願聽受，我粗說之。」

佛母白言：「願聖者說。」

【譯文】

摩耶夫人再一次對地藏菩薩說：「我希望聽您說一下閻浮世界的眾生所造惡業及其所遭遇的惡趣。」

地藏菩薩回答道：「聖母，既然您願意聽，那我就粗略地說一下吧！」

佛母就回答說：「請聖者講一講吧，我正等著聽呢！」

爾時地藏菩薩白聖母言：「南閻浮提，罪報名號如是。若有眾生，不孝父母，或至殺害，當墮無間地獄，千萬億劫，求出無期。」

【譯文】

這時候，地藏菩薩就對聖母說：「南閻浮提眾生所造的惡業和報應的情況是這樣的：

「如果有不孝順父母，甚至殺害父母的眾生，那麼他就要墮入無間地獄之中，即使歷經千萬億次的劫數，也沒有脫離苦難的一天。」

「若有眾生，出佛身血，譭謗三寶，不敬尊經，亦當墮於無間地獄，千萬億劫，求出無期。」

【譯文】

「如果有眾生傷害了佛祖，使得佛祖身上流血，或者毀壞或者譏誹三寶，或者不敬重佛教典籍，也會墮入無間地獄之中，即使經千萬億次的劫數，也沒有脫離苦難的一天。」

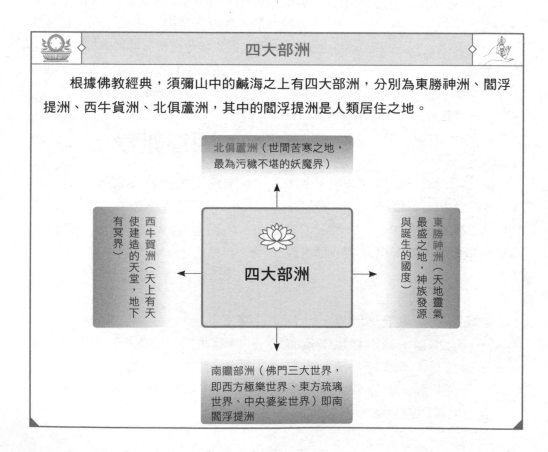

四大部洲

根據佛教經典，須彌山中的鹹海之上有四大部洲，分別為東勝神洲、閻浮提洲、西牛貨洲、北俱蘆洲，其中的閻浮提洲是人類居住之地。

北俱蘆洲（世間苦寒之地，最為污穢不堪的妖魔界）

西牛賀洲（天上有天使建造的天堂，地下有冥界）

東勝神洲（天地靈氣最盛之地，神族發源與誕生的國度）

四大部洲

南贍部洲（佛門三大世界，即西方極樂世界、東方琉璃世界、中央婆娑世界）即南閻浮提洲

「若有眾生，侵損常住，玷污僧尼，或伽藍內恣行淫欲，或殺或害，如是等輩，當墮無間地獄，千萬億劫，求出無期。」

【譯文】

「如果有眾生侵佔、破壞僧尼居住之所，或者玷污尼眾或勾引僧眾，或者在寺院之中隨意亂行淫欲之事，或者殺傷僧尼，像這樣的眾生，也是要墮入無間地獄之中，即使歷經千萬億次的劫數，也沒有脫離苦難的一天。」

「若有眾生，偽作沙門，心非沙門，破用常住，欺誑白衣，違背戒律，種種造惡，如是等輩，當墮無間地獄，千萬億劫，求出無期。」

【譯文】

「如果有眾生假扮沙門的樣子，但是內心之中並沒有向佛之心，也沒有遵守沙門應有的規矩，隨意地破壞寺院常住的各種規矩，侵佔寺廟財產和供奉之物，欺騙那些不知佛法的白衣，違背沙門應當遵守的各種戒律，還造出種種的惡業，像這樣的眾生，也是要墮入無間地獄之中，即使歷經千萬億次的劫數，也沒有脫離苦難的一天。」

「若有眾生，偷竊常住財物穀米，飲食衣服，乃至一物不與取者，當墮無間地獄，千萬億劫，求出無期。」

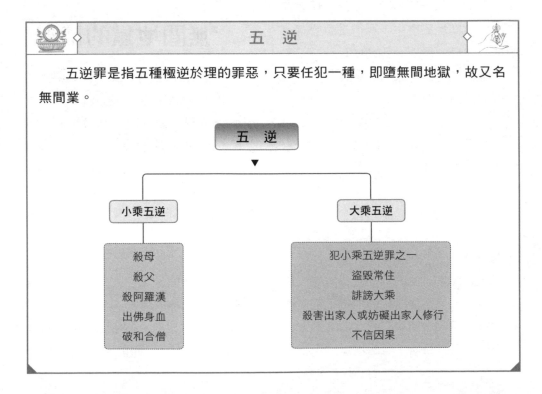

五 逆

五逆罪是指五種極逆於理的罪惡，只要任犯一種，即墮無間地獄，故又名無間業。

五 逆

▼

小乘五逆
殺母
殺父
殺阿羅漢
出佛身血
破和合僧

大乘五逆
犯小乘五逆罪之一
盜毀常住
誹謗大乘
殺害出家人或妨礙出家人修行
不信因果

第十二章 慈悲誓願——《地藏經》

【譯文】

「如果有眾生盜竊寺廟之中的財物、糧食、飯食，甚至是擅自使用一丁點的東西，像這樣的眾生，也是要墮入無間地獄之中，即使歷經千萬億次的劫數，也沒有脫離苦難的一天。」

無間地獄的由來

地藏白言：「聖母，若有眾生，作如是罪，當墮五無間地獄，求暫停苦一念不得。」

摩耶夫人重白地藏菩薩言：「云何名為無間地獄？」

【譯文】

地藏菩薩說：「聖母，如果有眾生犯下了像上面所說的種種罪行，那麼就要墮入無間地獄之中，哪怕是想要有一瞬間的休息，都是不可能的！」

摩耶夫人再一次問地藏菩薩：「為什麼叫做無間地獄呢？」

地藏白言：「聖母，諸有地獄在大鐵圍山之內，其大地獄有一十八所，次有五百，名號各別，次有千百，名字亦別。」

【譯文】

地藏菩薩回答道：「聖母，在大鐵圍山裏面，存在著所有的地獄。在這麼多地獄之中，大地獄有十八所，稍次一點的地獄有五百所，這些地獄的名號是各不相同的。再次一等的地獄有千百所，它們的名字同樣也是千差萬別。」

「無間獄者，其獄城周匝八萬餘里，其城純鐵，高一萬里，城上火聚，少有空缺。其獄城中，諸獄相連，名號各別。獨有一獄，名曰無間。」

【譯文】

「我們所說的無間地獄，圍繞著它的獄城周長有八萬餘里，城牆有一萬里那麼高，都是由純鐵築成。在城牆之上，大火熊熊燃燒著，沒有絲毫空隙。在獄城裏面，每個獄所都緊緊相連，它們的名號也是各不相同，其中一個特別的地獄，它的名字叫做無間。」

無間地獄的情況

「其獄周匝萬八千里，獄牆高一千里，悉是鐵為。上火徹下，下火徹上。鐵蛇鐵狗，吐火馳逐獄牆之上，東西而走。獄中有床，遍滿萬里。一人受罪，自見其身，遍臥滿床。千萬人受罪，亦各自見，身滿床上。眾業所感，獲報如是。」

【譯文】

「這個無間地獄，它周圍的獄牆有一萬八千里那麼長，有一千里那麼高，全部是由純鐵築成。獄牆上面的火可以燒至牆下，獄牆下面的火可以燒至牆

上。鐵狗鐵蛇吐著火苗在獄牆上面來回奔跑，時而向東，時而向西。地獄之中，到處都是鐵床。一個人受罪，便會看到自己的身體躺滿了所有的鐵床；一萬個人受罪，便會看到自己的身體躺滿了所有的鐵床。這都是因為眾生所造的業障導致這樣的報應。」

「又諸罪人，備受眾苦。千百夜叉，以及惡鬼，口牙如劍，眼如電光，手復銅爪，拖拽罪人；復有夜叉，執大鐵戟，中罪人身；或中口鼻，或中腹背，拋空翻接。」

【譯文】

「此外，這些罪人受遍了所有的苦楚。地獄中有千百個夜叉和惡鬼，它們嘴裏的牙就像劍一樣鋒利，眼睛就像電光火炬一樣閃耀，雙手就像銅一樣堅硬，他們拖著罪人的身體在火床上來來去去；有些夜叉手裏拿著大鐵戟來刺人，或是刺中罪人的口鼻，或是刺中罪人的肚子或脊背，將罪人拋起再刺中。」

「或置床上；復有鐵鷹，啗罪人目；復有鐵蛇，絞罪人頸；百肢節內，悉下長釘，拔舌耕犁，抽腸剉斬，烊銅灌口，熱鐵纏身。萬死千生，業感如是。」

【譯文】

「或者把罪人放到燒紅的鐵床上，讓鐵鷹啄食他們的眼睛；或者用鐵蛇緊緊纏繞罪人的脖子；或者在罪人的四肢骨節內釘上無數的長釘子；或者把罪人的舌頭拔出來，用耕犁在舌頭上犁；或者把罪人的腸子抽出來，用刀剉爛；或者用燒熔的銅水灌入罪人的口中；或者把燒熔的鐵水潑在罪人的身上。罪人被折磨得死去活來，這就是因其所造的惡業而導致的惡果。」

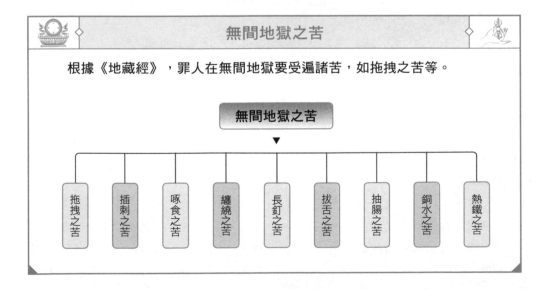

無間地獄之苦

根據《地藏經》，罪人在無間地獄要受遍諸苦，如拖拽之苦等。

無間地獄之苦
▼

拖拽之苦　插刺之苦　啄食之苦　纏繞之苦　長釘之苦　拔舌之苦　抽腸之苦　銅水之苦　熱鐵之苦

「動經億劫，求出無期，此界壞時，寄生他界，他界次壞，轉寄他方，他方壞時，輾轉相寄，此界成後，還復而來，無間罪報，其事如是。」

【譯文】

「因為這些罪人所造惡業太多，所以要經受數以億計的劫難，想逃出這痛苦悲慘的地獄根本是沒有可能的。如果這個世界毀壞了，那麼罪人應受的劫難就會轉到另一個世界的地獄之中；那個世界毀壞了，又會轉到另一個世界的地獄之中。總而言之，如果時間不到，即使流轉於再多的地獄，也是不可能脫逃的，無間地獄裏的報應大致就是如此。」

🪷 無間五事

「又五事所感，故稱無間。何等為五？

「一者，日夜受罪，以至劫數，無時間絕，故稱無間。

「二者，一人亦滿，多人亦滿，故稱無間。」

【譯文】

「此外，之所以稱之為無間地獄，是因為有五件事所感召，那麼究竟是哪五件呢？

「第一件，日日夜夜飽受折磨，歷經無量的劫數而沒有結束，即使想得到一瞬間的休息也是不可能的，所以稱之為無間。

「第二件，一個人在無間地獄中受難，地獄是滿的；很多人在地獄裏受難，地獄也是滿的，所以稱之為無間。」

三者，罪器叉棒、鷹蛇狼犬、碓磨鋸鑿、剉斫鑊湯、鐵網鐵繩、鐵驢鐵馬、生革絡首，熱鐵澆身，饑吞鐵丸，渴飲鐵汁，從年竟劫，數那由他，苦楚相連，更無間斷，故稱無間。

【譯文】

「第三件，無間地獄裏懲治罪人的刑具無所不包，比如鐵叉、鐵棒、鐵蛇、鐵鷹、石碓、石磨、鐵鋸、鐵鑿、鐵剉、鐵斫、鐵鑊、鐵水、鐵網、鐵繩、鐵驢、鐵馬等，還有生剝人皮，用燒熔的鐵水澆到人的身上，餵罪人吃燒紅的鐵球、喝燒化了的鐵水，這樣一年又一年，一個劫波又一個劫波過去，直至上億個大劫，罪人所受的苦難沒有一刻間斷，所以稱之為無間。」

「四者，不問男子女人，羌胡夷狄，老幼貴賤，或龍或神，或天或鬼，罪行業感，悉同受之，故稱無間。」

【譯文】

「第四件，所有的罪人，不管是男子還是女人，不管是西戎羌胡還是邊遠夷狄，不管是年紀老邁的還是年紀幼小的，不管是身份高貴的還是身份卑賤的，不管是龍還是神，不管是天還是

鬼，只要是造了惡因，就會墮落到地獄之中，遭受到同樣的苦難，沒有絲毫的不同，所以稱之為無間。」

五者，若墮此獄，從初入時，至百千劫，一日一夜，萬死萬生，求一念間暫住不得，除非業盡，方得受生，以此連綿，故稱無間。

【譯文】

「第五件，罪人在地獄中遭受連續不斷的苦楚，從墮入地獄開始，直至千百個大劫過去，每天每夜都會被折磨得死去活來一萬次，即使是想有一瞬間的暫停都不可以。因為這連綿不絕的死活，所以稱之為無間。」

地藏菩薩白聖母言：「無間地獄，粗說如是。若廣說地獄罪器等名，及諸苦事，一劫之中，求說不盡。」

摩耶夫人聞已，愁憂合掌，頂禮而退。

【譯文】

地藏菩薩對聖母說：「無間地獄，大致上就是這樣。如果要詳細地講解地獄的種種刑具以及諸多造成痛苦的刑罰，即使用上一個大劫的時間，也是說不盡的。」

摩耶夫人聽完了地藏菩薩的話，也為眾生憂愁，她合掌向地藏菩薩致敬，回到了自己的座位上。

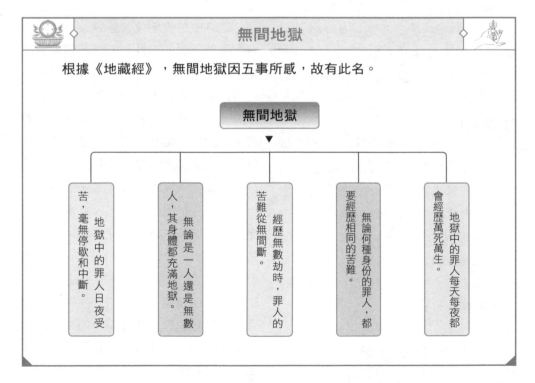

無間地獄

根據《地藏經》，無間地獄因五事所感，故有此名。

無間地獄

↓

- 地獄中的罪人日夜受苦，毫無停歇和中斷。
- 無論是一人還是無數人，其身體都充滿地獄。
- 經歷無數劫時，罪人的苦難從無間斷。
- 無論何種身份的罪人，都要經歷相同的苦難。
- 地獄中的罪人每天每夜都會經歷萬死萬生。

6 閻浮眾生業感
地藏菩薩的神通

佛陀讚歎
地藏菩薩

爾時地藏菩薩摩訶薩白佛言：「世尊，我承佛如來威神力故，遍百千萬億世界，分是身形，救拔一切業報眾生。若非如來大慈力故，即不能作如是變化。我今又蒙佛付囑，至阿逸多成佛以來，六道眾生，遣令度脫。唯然世尊，願不有慮。」

【譯文】

這時，地藏菩薩對佛陀說：「世尊，我正是承蒙了如來的威神力量，所以能在無量世界裏，化成無數的分身形象，去度化有業報的眾生，如果不是如來的大慈悲力，就不可能有如此的神通。現在，我承蒙佛的囑託，在彌勒菩薩成佛之前，度化六道眾生。希望世尊您不要擔心。」

爾時佛告地藏菩薩：「一切眾生，未解脫者，性識無定，惡習結業，善習結果，為善為惡，逐境而生，輪轉五道，暫無休息，動經塵劫，迷惑障難。如魚遊網，將是長流，脫入暫出，又復遭網。以是等輩，吾當憂念。汝既畢是往願，累劫重誓，廣度罪輩，吾復何慮。」

【譯文】

這時佛告訴地藏菩薩說：「那些沒有解脫的眾生的本性和心識都還沒有固定，他們以前的惡習已經結成了業障，並由此來判定他們是善是惡。因為這些業障，所以他們又被環境所驅使，不能自主，永遠輪迴在天道、人道、畜生、餓鬼、地獄這五道裏，不得休息，直到經歷了無量無邊的大劫，還無法出頭。

「這些眾生因迷起惑，就會在世間遇到魔障苦難，就像魚兒在江河中遊戲時落到網中，或許暫時從這個網裏逃脫，卻又遊入了另一個網。這樣的眾生，是我所擔憂、掛念的。你既然已經立下救度眾生的宏誓大願，如果能圓滿這些大願，就能廣泛度化這罪惡的眾生，我又有什麼可憂慮的呢？」

地藏菩薩的本願

說是語時，會中有一菩薩摩訶薩，名定自在王，白佛言：「世尊，地藏菩薩累劫以來，各發何願？今蒙世尊殷勤讚歎。唯願世尊，略而說之。」

【譯文】

佛讚歎地藏王菩薩時，會中有一位名字叫定自在王的菩薩摩訶薩，問佛陀道：「地藏菩薩從久遠的劫數以來，都發了些什麼誓願呢？能在今天承蒙世尊的讚歎呢？希望世尊為我們簡要地說說吧！」

爾時世尊告定自在王菩薩：「諦聽，諦聽！善思念之。吾當為汝，分別解說。乃往過去，無量阿僧祇那由他不可說劫，爾時有佛，號一切智成就如來、應供、正遍知、明行足、善逝、世間解、無上士、調御丈夫、天人師、佛、世尊。其佛壽命六萬劫。未出家時為小國王，與一鄰國王為友，同行十善，饒益眾生。」

【譯文】

世尊回答定自在王菩薩說：「好好聽著，好好聽著，認真思考，我現在就為你分別解說。

「在無量阿僧祇那不可計說的遠劫

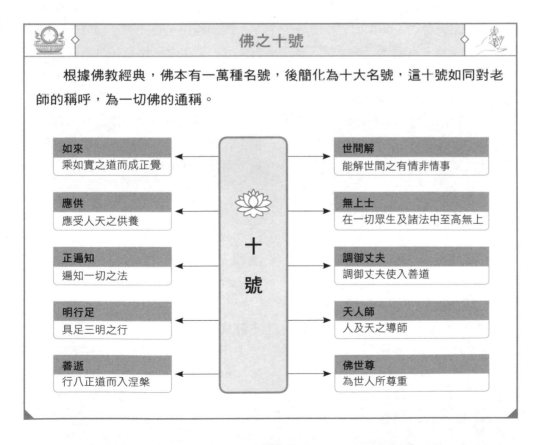

佛之十號

根據佛教經典，佛本有一萬種名號，後簡化為十大名號，這十號如同對老師的稱呼，為一切佛的通稱。

如來
乘如實之道而成正覺

應供
應受人天之供養

正遍知
遍知一切之法

明行足
具足三明之行

善逝
行八正道而入涅槃

十號

世間解
能解世間之有情非情事

無上士
在一切眾生及諸法中至高無上

調御丈夫
調御丈夫使入善道

天人師
人及天之導師

佛世尊
為世人所尊重

第十二章 慈悲誓願——《地藏經》

以前，世上有一尊佛，他的佛號為如來、應供、正遍知、明行足、善逝、世間解、無上士、調御丈夫、天人師、佛、世尊。這尊佛壽命為六萬劫，沒出家以前曾經是一個小國家的國王，他與鄰國的國王在各自國中推行十善法，給眾生帶來很多益處。」

「其鄰國內所有人民，多造眾惡。二王議計，廣設方便。一王發願：『早成佛道，當度是輩，令使無餘。』一王發願：『若不先度罪苦，令是安樂，得至菩提，我終未願成佛。』」

【譯文】

「由於他鄰國中的人民經常造惡業，所以這兩位國王商量如何救度這些百姓。這一國王發願說：『願自己早日成佛，來度脫眾生，使他們都得到解脫。』而鄰國的國王則發願說：『如果不能先把這些有罪的眾生從惡道中度脫，使他們都得到安樂，成就菩提的話，我就誓不成佛。』」

🪷 光目女救母

佛告定自在王菩薩：「一王發願早成佛者，即一切智成就如來是；一王發願永度罪苦眾生，未願成佛者，即地藏菩薩是。

「復於過去無量阿僧祇劫，有佛出世，名清淨蓮華目如來，其佛壽命四十劫。像法之中，有一羅漢，福度眾生。因次教化，遇一女

人，字曰光目，設食供養。羅漢問之：『欲願何等？』光目答曰：『我以母亡之日，資福救拔，未知我母生處何趣？』」

【譯文】

佛告訴定自在王菩薩說：「那個發願早日成佛的國王就是現在的一切智成就如來啊！而那個發願永遠去度脫罪苦眾生，不願馬上成佛的，就是現在的地藏王菩薩！

「又在那無量無數劫之前，有一尊佛名為清淨蓮華目如來。這尊佛的壽命是四十劫。在此佛的像法時代裏，有一位羅漢，他用修行的福德來度脫眾生，依眾生的善根深淺施行教化。在他教化眾生的過程中，曾遇到了一位叫做光目的女人，這位女子用食物供養羅漢。羅漢就問她：『你想要些什麼呢？』光目回答說：『因為今天是我母親的忌日，所以我用家資設齋食來作供養，希望能積下福德來救拔，只是不知道我的母親投生到什麼地方去了？』」

「羅漢愍之，為入定觀，見光目女母，墮在惡趣，受極大苦。羅漢問光目言：『汝母在生，作何行業？今在惡趣，受極大苦。』」

【譯文】

「羅漢憐憫她的一片純孝之心，為她入定作觀，只見光目女的母親死後墮落到惡道中，遭受著極大的痛苦。羅漢就問光目說：『你母親在生前都造了什麼業？

讓她在惡道裏遭受極大的痛苦。』」

「光目答言：『我母所習，唯好食啖魚鱉之屬。所食魚鱉，多食其子，或炒或煮，恣情食啖，計其命數，千萬復倍。尊者慈愍，如何哀救？』」

【譯文】

「光目回答說：『我母親生前有個壞習氣，唯獨喜歡吃魚、鱉這類東西，還喜歡吃魚子、鱉蛋這類東西。因為她或炒或煮，放縱地大吃大嚼，所以不知道吃了多少個生命啊！尊者啊！您可憐可憐我母親吧！怎麼才能使我的母親得到解脫？』」

「羅漢愍之，為作方便，勸光目言：『汝可志誠念清淨蓮華目如

來，兼塑畫形像，存亡獲報。』」

「光目聞已，即捨所愛，尋畫佛像而供養之，復恭敬心，悲泣瞻禮。」

【譯文】

「羅漢非常同情她，考慮到自己的力量不足以幫助她母親除罪，就勸她說：『你應當誠心懇切地念誦清淨蓮華目如來的聖號，同時雕塑、彩畫這尊佛的形像。這樣，無論是死者或生者，都可以獲得好報。』」

「光目女聽了這話之後，馬上變賣了自己家中的心愛之物，用這些錢財來塑畫清淨蓮華目如來的形像，又加以供養。她懷著極大的恭敬心，悲泣地禮拜清淨蓮華目如來。」

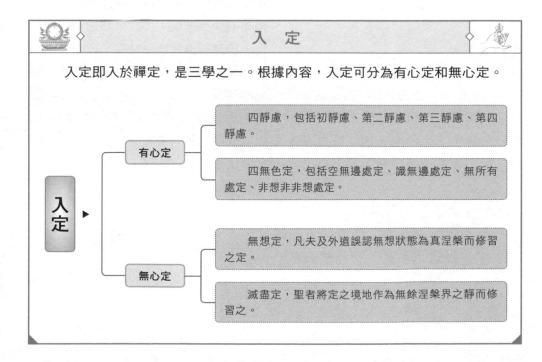

入定

入定即入於禪定，是三學之一。根據內容，入定可分為有心定和無心定。

入定

有心定
- 四靜慮，包括初靜慮、第二靜慮、第三靜慮、第四靜慮。
- 四無色定，包括空無邊處定、識無邊處定、無所有處定、非想非非想處定。

無心定
- 無想定，凡夫及外道誤認無想狀態為真涅槃而修習之定。
- 滅盡定，聖者將定之境地作為無餘涅槃界之靜而修習之。

「忽於夜後，夢見佛身，金色晃耀，如須彌山，放大光明。而告光目：『汝母不久，當生汝家，才覺饑寒，即當言說。』」

【譯文】

「因為光目女救母親的純孝心和禮佛的恭敬心是這樣至真至誠，有一天晚上，她夢到清淨蓮華目如來的金身，那金身就像須彌山那樣高大，發出燦爛輝煌的光芒。如來開口跟光目說：『你母親不久就會轉世投生在你家裏，剛出世就會開口說出自己的冷餓。』」

🪷 光目女與母相認

「其後家內婢生一子，未滿三日，而乃言說。稽首悲泣，告於光目：『生死業緣，果報自受。』」

【譯文】

「不久之後，光目女家裏的一個侍女生了個孩子，三天就會開口說話。這孩子見到光目，低頭作禮，悲切地向光目哭訴：『人的生死都受業力因緣所支配，各人所造的業，各人自己承受。』」

「『吾是汝母，久處暗冥，自別汝來，累墮大地獄。蒙汝福力，方得受生，為下賤人。又復短命，壽年十三，更落惡道。汝有何計，令吾脫免？』」

【譯文】

「『我前生是你母親，死了以後，一直在黑暗的惡道裏輪轉，在各大地獄裏受苦。全憑著你供佛念佛的福力，才能在今天投生作一個下賤人，壽命也只有十三年。死了以後還得落入惡道中去。你有什麼辦法能讓我免受這惡道之苦啊？』」

「光目聞說，知母無疑，哽咽悲啼而白婢子：『既是我母，合知本罪，作何行業，墮於惡道？』婢子答言：『以殺害毀罵，二業受報。若非蒙福救拔吾難，以是業故，未合解脫。』」

【譯文】

「光目聽了嬰兒的哭訴之後，確信這嬰兒是她母親轉世，所以更加悲切，她哽咽地哭著說：『你既然是我母親轉世，應該知道你自己是犯了什麼罪，造了什麼業，才會墮入到惡道中呀？』嬰兒回答說：『因為我犯了殺生和誹謗惡罵的罪才受這苦果。正是因為你用供佛、念佛的福力來救度我，我現在才能暫時出來，否則的話，我是不可能離開那惡道的。』」

🪷 光目女發願

「光目問言：『地獄罪報云何？』答言：『罪苦之事，不忍稱說，百千歲中，卒白難竟。』

「光目聞已，啼淚號泣而白空界：『願我之母，永脫地獄。』」

【譯文】

「光目又問道：『地獄裏的罪報是什麼樣的情形呢？』嬰兒說：『在地獄中遭受的痛苦，實在不想提起，如果要逐一講述，就是幾百年、幾千年也說不完啊。』」

「光目聽了之後，放聲慟哭，對著蒼天祈禱說：『只希望我的母親能永遠脫離地獄之苦。』」

「『畢十三歲，更無重罪，及歷惡道。十方諸佛，慈哀愍我，聽我為母所發廣大誓願：若得我母永離三途[1]，及斯下賤，乃至女人之身，永劫不受者。』」

【注釋】

①三途：亦即三惡道或三惡趣。屬於佛教中因果輪迴的教義。

【譯文】

「『希望她在今生的十三年裏，能消除一切重罪，永遠不再經歷惡道。十方的一切佛啊！請您們慈悲憐憫，能聽我為我母親所發的廣大誓願。如果能讓我母親永遠擺脫三惡道，不再轉生成下賤的人身、甚至是女人之身。』」

「『願我自今日後，對清淨蓮華目如來像前，卻後百千萬億劫中，應有世界，所有地獄及三惡道諸罪苦眾生，誓願救拔，令離地獄惡趣，畜生餓鬼等，如是罪報等人，盡成佛竟，我然後方成正等正覺。』」

【譯文】

「『我今天在清淨蓮華目如來像前發宏誓大願：從今天起直到以後的百千萬億劫當中，我一定救度所有一切世界、一切地獄以及三惡道中的一切罪苦眾生，一定要使他們永遠脫離地獄、餓鬼、畜生這

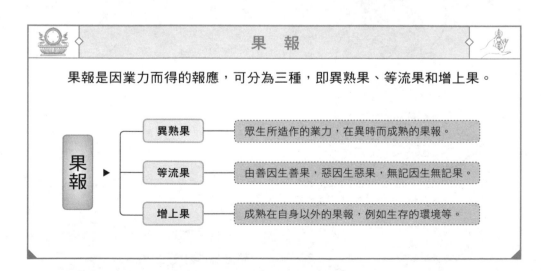

果 報

果報是因業力而得的報應，可分為三種，即異熟果、等流果和增上果。

果報
- 異熟果 —— 眾生所造作的業力，在異時而成熟的果報。
- 等流果 —— 由善因生善果，惡因生惡果，無記因生無記果。
- 增上果 —— 成熟在自身以外的果報，例如生存的環境等。

三惡道，直到這所有的罪苦眾生都成佛，我才最後證得菩提而成佛。』」

「發誓願已，具聞清淨蓮華目如來而告之曰：『光目，汝大慈愍，善能為母發如是大願。吾觀汝母十三歲畢，捨此報已，生為梵志，壽年百歲。過是報後，當生無憂國土，壽命不可計劫。後成佛果，廣度人天，數如恆河沙。』」

【譯文】

「發了這個廣大誓願之後，就聽到清淨蓮華目如來告訴她說：『光目，你能發善心，為你母親發這麼大的心願。我彷彿已經看到你母親在十三年生期結束之後，將轉世成為修行清淨道的梵志，那時她會有一百歲的壽命，在一百年的壽命盡後，她又將轉世到沒有憂愁

這是無盡意菩薩圖。無盡意菩薩又名無量意菩薩、無盡慧菩薩，他修行六度、四攝菩薩行，普度眾生，如果眾生不成菩薩他就不會停止，所以稱為無盡意。《地藏經》中度化光目女的羅漢後來成為了無盡意菩薩。

的國土上，萬壽無疆。然後她將在這漫長的日子裏苦修佛道，最後成佛，同時也度化無量無數、就像恆河沙那麼多的天界及人界的眾生。』」

地藏菩薩的慈悲

佛告定自在王：「爾時羅漢福度光目者，即無盡意菩薩是。光目母者，即解脫菩薩是。光目女者，即地藏菩薩是。過去久遠劫中，如是慈愍，發恆河沙願，廣度眾生。」

【譯文】

佛告訴定自在王菩薩：「那時用佛力來度化光目女的羅漢，就是現在的無盡意菩薩啊！光目女的母親，就是現在的解脫菩薩；而光目女呢？就是現在的地藏王菩薩啊！他在過去久遠的大劫的年代裏，就是如此地慈悲憐憫，發過恆河沙那麼多的大願，普度了一切眾生。」

「未來世中，若有男子女人，不行善者、行惡者，乃至不信因果者，邪淫妄語者，兩舌惡口者，毀謗大乘者，如是諸業眾生，必墮惡趣。若遇善知識，勸令一彈指間，歸依地藏菩薩，是諸眾生，即得解脫三惡道報。」

【譯文】

「在遙遠的未來世界，如果有不願行善、專門作惡的男人或女人，還有不

信因果的、邪淫妄語的、挑撥離間的、惡言傷人的，甚至是誣謗大乘的，所有這些造作惡業的人，一定會墮落到惡道中去的。但如果他們能有緣遇到善知識，能因為善知識的說服在一念間歸依地藏王菩薩的話，那麼這些人就都能夠擺脫墮落三惡道的報應，不會墮入到三惡道中去。」

「若能志心歸敬，及瞻禮讚歎，香華衣服，種種珍寶，或復飲食，如是奉事者。未來百千萬億劫中，常在諸天受勝妙樂；若天福盡，下生人間，猶百千劫，常為帝王，能憶宿命，因果本末。」

【譯文】

「倘若這些眾生能進一步誠心歸依和禮敬地藏菩薩，瞻仰讚歎地藏菩薩，同時還能用種種香、種種鮮花、種種衣服、種種珍寶，或是用清淨珍妙的食品、飲料來供養、奉事菩薩的話，那麼這些眾生在未來的百千萬億劫中，就能常常轉生在天界裏，享受最最美妙、最最高尚的快樂生活。即使是天福享盡了，下到人間也能在百千劫的長久年代裏為王，以宿命通能力回憶起自己過去的生死因果。」

「定自在王！如是地藏菩薩，有如此不可思議大威神力，廣利眾生。汝等諸菩薩，當記是經，廣宣流布。」

定自在王白佛言：「世尊，願不有慮。我等千萬億菩薩摩訶薩，必能承佛威神，廣演是經，於閻浮提利益眾生。」

【譯文】

「定自在王啊！這位地藏王菩薩有如此不同凡響的大威神力，能普遍地利益一切眾生。你們這些菩薩們！應當牢記我現在所說的這部佛經，在各個世界中廣泛地宣傳流通這部佛經。」

定自在王菩薩畢恭畢敬地回答佛說：「世尊，請您放下顧慮，我們這千萬億等菩薩摩訶薩，必定能承蒙佛陀的威神之力，在閻浮提世間中廣泛地宣傳演說、講解流通這部佛經，使一切眾生受益。」

定自在王菩薩白世尊已，合掌恭敬，作禮而退。

爾時四方天王，俱從座起，合掌恭敬白佛言：「世尊，地藏菩薩，於久遠劫來，發如是大願，云

一次完全讀懂佛經

這是張中的《鴛鴦芙蓉圖》。鴛鴦是水鳥的一種，因為此鳥雌雄偶居，相偕終老，所以常被用來比喻夫妻恩愛，在佛教經典中則被用於形容常與不常、苦與不苦、空與不空等互不分離的事理二法，在《地藏經》中佛陀用鴛鴦來比喻邪淫者的報應。

何至今，猶度未絕？更發廣大誓言。唯願世尊，為我等說。」

【譯文】

定自在王菩薩說完之後，雙手合十地向世尊作禮，就退回坐到自己的座位上了。

這時，四大天王一起從座位上站起來，合起雙掌，恭敬作禮後同世尊說：「世尊！地藏王菩薩從久遠的過去劫以來至今，一直發了這麼多的宏誓大願，為什麼到現在還沒有把眾生度盡，還在繼續發更為廣大的宏誓大願呢？請世尊為我們說說這其中的道理。」

🪷 地藏菩薩的大智慧

佛告四天王：「善哉，善哉！吾今為汝，及未來現在天人眾等，廣利益故，說地藏菩薩，於娑婆世界，閻浮提內，生死道中，慈哀救拔，度脫一切罪苦眾生，方便之事。」

四天王言：「唯然世尊，願樂欲聞。」

【譯文】

佛陀對四大天王說：「善哉！善哉！我現在為你們、為未來的天界和人間的眾生的利益，來說說地藏王菩薩在這娑婆世界閻浮提內的六道生死之中，是怎樣用他的大智慧、大神通來度脫一切罪苦眾生的。」

四大天王說：「是的，世尊，我們非常想聽到這些事。」

佛告四天王：「地藏菩薩，久遠劫來，迄至於今，度脫眾生，猶未畢願。慈愍此世，罪苦眾生。復觀未來，無量劫中，因蔓不斷，以是之故，又發重願。如是菩薩，於娑婆世界，閻浮提中，百千萬億方便，而為教化。」

【譯文】

佛陀就告訴四大天王說：「地藏王菩薩從久遠大劫以來，一直在世界的各個角落度脫眾生，還沒有完成他當初所發的宏誓大願。他慈悲為懷，看到世間受苦受罪的眾生在無限的時間裏，由於業障如蔓草一樣永不斷絕，所以一直輪迴於生死道中，得不到解脫，於是他又發下宏大的誓願，要在娑婆世界閻浮提洲中，通過各種不同的方法和智慧來教化眾生。」

「四天王，地藏菩薩若遇殺生者，說宿殃短命報；若遇竊盜者，說貧窮苦楚報；若遇邪淫者，說雀鴿鴛鴦報。」

【譯文】

「四天王啊！地藏菩薩如果碰上殺生的人，就會給他們講說來世會因殺生而短命的報應；如果遇到偷盜的人，就給他們講說來生將會得到的貧窮痛苦的報應；如果遇到邪淫的人，就給他們講說將會在來生得到轉生為雀、鴿、鴛鴦等鳥類的報應。」

這是郎世寧的《孔雀開屏圖》。根據青蓮大師的《地藏菩薩本願經科注》，「說雀鴿」中的雀是指孔雀。由於孔雀性妒忌，沒有固定的伴侶，甚至與蛇相交，是很荒淫的動物，所以《地藏經》中說邪淫者會得到轉生為孔雀的報應。

「若遇惡口者，說眷屬鬥諍報；若遇毀謗者，說無舌瘡口報；若遇瞋恚者，說醜陋癃殘報；若遇慳吝者，說所求違願報。」

【譯文】

「如果遇到口出惡語的人，就給他們講說來生將會遭到家庭不和，親屬間會相互爭鬥的報應；如果遇到故意散佈謠言毀謗他人的人，就給他們講說來生會有口舌生瘡等疾病纏身的報應；如果遇到脾氣暴躁的人，就給他們講說來生會得到身體殘弱、五官不端的報應；如果遇到吝嗇的人，就給他們講說來生常常會遭事與願違的報應。」

「若遇飲食無度者，說饑渴咽病報；若遇畋獵恣情者，說驚狂喪命報；若遇悖逆父母者，說天地災殺報。」

【譯文】

「如果遇到飲食無度的人，就給他們講說來生將會飽受饑渴煎熬，卻不能下嚥食物的疾病報應；如果遇到經常捕獵、長期殺生的人，就給他們講說來生會遭到驚嚇而瘋狂喪命的報應；如果遇到不孝順父母的人，就給他們講說來生會遭到打雷、地震、掉崖、墮海等的報應。」

「若遇燒山林木者，說狂迷取死報；若遇前後父母惡毒者，說返生鞭撻現受報；若遇網捕生雛者，說骨肉分離報。」

【譯文】

「如果遇到焚燒山林樹木的人，就給他們講說來生會突然精神錯亂、顛狂癡亂最終導致死亡的報應；如果遇到虐待他人子女的人，就給他們講說會遭到反被子女打罵的報應；如果遇到用網來捕魚鳥雛獸的人，就給他們講說會遭到骨肉分離、親人離散的報應。」

「若遇譭謗三寶者，說盲聾喑啞報；若遇輕法慢教者，說永處惡道報；若遇破用常住者，說億劫輪迴地獄報；若遇污梵誣僧者，說永在畜生報。」

【譯文】

「如果遇到譭謗佛、法、僧三寶的人，就給他們講說來生將會遭到眼瞎、耳聾、啞巴的報應；如果遇到輕視、怠慢佛法的人，就給他們講說來生就會在惡道裏輪迴不得超生的報應；如果遇到毀損寺廟的公產或者私人物品的人，就給他們講說來生將會永遠在地獄裏輪迴的報應；如果遇到破壞僧尼清淨梵行、或是冤枉加害於僧人的人，就給他們講說來生會永遠輪迴在畜生道的報應。」

「若遇湯火斬斫傷生者，說輪迴遞償報；若遇破戒犯齋者，說禽獸饑餓報；若遇非理毀用者，說所求闕絕報。」

【譯文】

「如果遇到用開水、用大火、用刀斧殺傷生命的人，就給他們講說來生會輪迴流轉、相互燒殺的報應；如果遇到破戒、破齋的人，就給他們講說來生將會投生到禽獸道中，忍受種種驚恐、鞭撻、勞苦、饑渴的報應；如果遇到隨意浪費不知節約的人，就給他們講說來生將會求諸事都不如願的報應。」

「若遇吾我貢高者，說卑使下賤報；若遇兩舌鬥亂者，說無舌百舌報；若遇邪見者，說邊地受生報。」

【譯文】

「如果遇到自命清高、仗勢欺人的人，就給他們講說來生就會生作下賤

在佛教諸多經典中，《地藏經》是具體講述因果報應的佛經。在《地藏經‧閻浮眾生業感品》中，釋迦牟尼為四大天王詳述了眾生的二十三種因果報應，是《地藏經》的精華之一。

《地藏經》的因果報應

- 若遇殺生者，說來生遭遇災禍、短命而亡的報應。
- 若遇盜竊者，說來生缺少錢財、命運苦楚的報應。
- 若遇邪淫者，說來生轉生為雀、鴿、鴛鴦的報應。
- 若遇惡口者，說來生家庭不和、家屬爭鬥的報應。
- 若遇譏謗者，說來生口舌生瘡、疾病纏身的報應。
- 若遇瞋恚者，說來生身體醜陋、孱弱不堪的報應。
- 若遇慳吝者，說來生凡有所求，不能如願的報應。
- 若遇飲食無度者，說來生饑渴不堪，卻不能下嚥的報應。
- 若遇畋獵恣情者，說來生遭到驚嚇，瘋狂喪命的報應。
- 若遇悖逆父母者，說來生會遭天譴、不能壽終的報應。
- 若遇燒山林木者，說來生神經錯亂、瘋癲癡狂的報應。
- 若遇虐待他人子女者，說來生被親生子女打罵的報應。
- 若遇網捕生雛者，說來生骨肉分離、親人離散的報應。
- 若遇譏謗三寶者，說來生眼瞎、耳聾、口不能言的報應。
- 若遇輕法慢教者，說來生淪落三惡道，不能超生的報應。
- 若遇破壞僧眾者，說來生轉生地獄道，不能逃脫的報應。
- 若遇污梵誣僧者，說來生轉生畜生道，不能逃脫的報應。
- 若遇湯火斬斫傷生者，說來生遭到大火、刀斧追殺的報應。
- 若遇破戒犯齋者，說來生轉生為畜生，饑渴不堪的報應。
- 若遇隨意浪費者，說來生凡有所求，皆不如願的報應。
- 若遇自命清高者，說來生出身下賤、任人辱罵的報應。
- 若遇搬弄是非者，說來生沒有舌頭，或以舌為生的報應。
- 若遇邪見者，說來生會到野蠻落後的邊遠地區的報應。

第十二章　慈悲誓願——《地藏經》

人，給人任意使喚、辱罵的報應；如果遇到挑撥離間使人相互爭吵的人，就給他們講說來生投生到沒有舌頭或是以舌為生的畜生道中去的報應；如果遇到邪見的眾生，就給他們講說來生會去那種野蠻落後荒涼地區的報應。」

「如是等閻浮提眾生，身口意業，惡習結果，百千報應，今粗略說。如是等閻浮提眾生業感差別，地藏菩薩百千方便而教化之。」

【譯文】

「像以上所說的種種閻浮提眾生，由於身口意三業的造業、造惡，而結成了種種惡果，就會形成各不相同的報應，今天就粗略地簡單說了一下。由此可見，像這樣諸多的閻浮提眾生因生前造業不同而死後所遭的報應不同的差別，地藏菩薩總是以大智慧、大慈悲、大神通、大方便力量來教化他們。」

「是諸眾生，先受如是等報，後墮地獄，動經劫數，無有出期。是故汝等護人護國，無令是諸眾業迷惑眾生。」

四天王聞已，涕淚悲歎合掌而退。

【譯文】

「這些犯了惡業的眾生，先是受到像上面所講的那各種報應墮入到地獄裏去，後經過無數多的劫數，也還是難有逃出地獄的時日。所以你們這四大天王啊，既然擔當了護人、護國的職責，就要鼎力協助地藏王菩薩，以慈悲之心來教化眾生，使眾生不要被種種惡業所迷惑。」

四天王聽完佛陀的說法後，流淚讚歎地藏王菩薩的無量功德，向佛陀敬禮後退下了。

琉璃世界——《藥師經》

作爲大乘經典之一，《藥師經》是讚歎藥師佛行願的佛經，也是修煉藥師佛法的主要依據。在中國佛教史上，作爲顯教和密宗共同尊奉的一部經典，《藥師經》以其簡明易行的特點，受到了廣大百姓的熱烈歡迎。

釋《藥師經》

《藥師經》的經題與翻譯

《藥師經》全稱《藥師琉璃光如來本願功德經》，其中「藥師琉璃光如來」是指藥師佛，「藥師琉璃光如來本願功德經」就是講述藥師佛在成佛之前的誓願和功德的佛經。

藥師佛，全稱為藥師琉璃光王如來，又稱為大醫王佛、醫王善逝、十二願王，與釋迦牟尼佛、阿彌陀佛合稱為橫三世佛。作為東方淨琉璃世界的教主，藥師佛和西方極樂世界的阿彌陀佛被視為解決眾生生死問題之兩大並行佛陀。據《藥師琉璃光如來本願功德經》載，藥師佛以日光遍照菩薩與月光遍照菩薩為脅侍，以十二神將為護法。

相傳藥師佛在過去世行菩薩道時，曾發十二大願，誓願療治一切眾生的身心疾病，拔除眾生的生死之苦、照度三有黑暗。正因為藥師佛立下了清淨的本願，所以他的身相顯現出透明無礙的琉璃光，他建立的佛國也被稱為淨琉璃世界。與阿彌陀佛的極樂世界信仰不同，藥師佛注重為眾生尋求現世的安樂，對現實人類的生活頗多關注，並提出「消災除難，離苦得樂，所求如意，不相侵陵，互為饒益」的目標，不僅要使眾生脫離苦難，還能維護國家的安寧，於國於民都大有饒益。

自《藥師經》傳入中國以來，共有五種譯本，分別是東晉帛尸梨密多羅翻譯的《佛說灌頂拔除過罪生死得脫經》、劉宋慧簡翻譯的《藥師琉璃光經》、隋代達摩笈多翻譯的《佛說藥師如來本願經》以及唐代玄奘翻譯的《藥師琉璃光如來本願功德經》和唐代義淨翻譯的《藥師琉璃光七佛本願功德經》。在這五種譯本中，以玄奘譯本最為流行，具有顯密結合的特性。

《藥師經》翻譯後，有許多高僧為之注疏，如窺基的《藥師經疏》、靖邁的《藥師經疏》、神泰的《藥師經疏》、遁倫的《藥師經疏》、憬與的《藥師經疏》、靈耀撰的《藥師經直解》等。近現代之後，太虛法師、印順法師、演培法師都曾講解過《藥師經》，各有書籍出版。

《藥師經》簡介

　　《藥師經》是讚歎藥師佛行願的佛經，因為簡單易行，所以在中國很受歡迎。

| 翻譯者 | ▶ | 玄奘 |

| 翻譯時間 | ▶ | 唐永徽元年（西元650年） |

| 卷數 | ▶ | 1卷 |

| 主要內容 | ▶ | 　　讚歎了藥師佛的宏大誓願，並闡述了藥師佛的不可思議的神通，是大乘佛教經典之一。另外，此經還介紹了琉璃世界與淨土思想，帶有一定的密教色彩。 |

第十三章　琉璃世界——《藥師經》

藥師法門：
《藥師經》的主要內容

作為佛教的基本經典之一，《藥師經》主要闡述了藥師佛的本願和功德，此佛曾在電光如來住世之時，發下十二大願，願為眾生解除疾苦，使他們獲得解脫，並往生於藥師佛的琉璃淨土，離苦得樂。所謂琉璃淨土，相傳那裏的地面都是由琉璃構成，城池、宮殿都是七寶構成，生活在那裏的人們不僅沒有男女性別上的差異，也沒有欲望的困擾，是具足莊嚴美妙的世界，與西方極樂世界同為殊勝的佛國。

由於藥師佛發下了不可思議的宏大誓願，所以當有人重病之時，只要發心供養禮拜藥師佛，誦念《藥師經》四十九遍，並依經文點燃四十九盞長命燈，懸掛四十九天五色彩幡，那麼此人就會起死回生。即使是國家遭受荒疫或他國入侵等災難，只要能供養藥師佛，就能護持國家，免於戰亂之苦。

根據佛教經典，釋迦牟尼為了開度末法時代的眾生，曾特別開示了兩大法門，首先是來世往生西方極樂世界的阿彌陀佛淨土法門，再次就是東方藥師琉璃光如來的利生之門。在這兩大法門中，藥師經法是比較特別的一種，它不但注重眾生現世的利益和解脫，而且提出了超脫生死的法門，這在古代社會有著非常大的吸引力，因而受到了平民百姓的歡迎，藥師佛也以解除病痛和災害的名號揚名於世，被奉為「消災延壽藥師佛」，對藥師佛的信仰也是非常盛行。

在近代，印光法師曾盛讚「藥師如來本願經者，乃我釋迦世尊，愍念此界一切罪苦眾生，為說藥師如來因中果上，利生之事實，為究竟離苦得樂之無上妙法也。眾生果能發慈悲喜捨之大菩提心，受持此經此咒及此佛名號，推其功效，尚可以豁破無明，圓成佛道，況其餘種種果位，種種福樂乎哉。」指出了《藥師經》的功用，即可以使眾生離苦得樂，還能助眾生消除無明煩惱，證得佛果。

此外，弘一大師曾列舉出《藥師經》的四大利益：「一、維持世法；二、輔助戒律；三、決定生西；四、

速得成佛。」並稱「藥師法門甚為廣大」，是惟一迅速成佛的法門。

即使在現代社會，藥師法門也是十分適用的利生之門，它重視眾生的身體與心靈的健康，對社會大眾的養生保健和心靈的安寧都有所見地，更被研究佛教的學者認為是「大乘佛法中最上乘的秘密，是一切佛的秘密之教」，受到世人的關注。

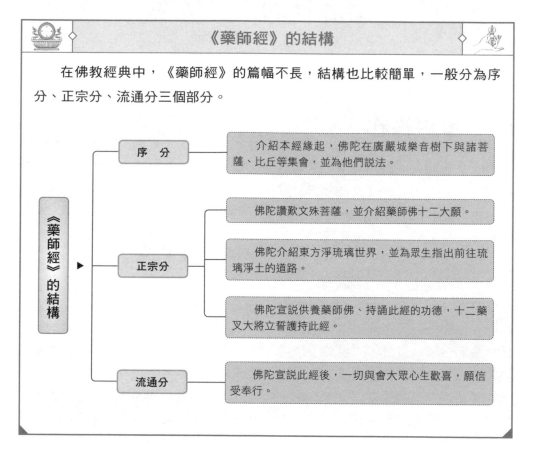

《藥師經》的結構

在佛教經典中，《藥師經》的篇幅不長，結構也比較簡單，一般分為序分、正宗分、流通分三個部分。

《藥師經》的結構 ▶

序 分
介紹本經緣起，佛陀在廣嚴城樂音樹下與諸菩薩、比丘等集會，並為他們說法。

正宗分
佛陀讚歎文殊菩薩，並介紹藥師佛十二大願。

佛陀介紹東方淨琉璃世界，並為眾生指出前往琉璃淨土的道路。

佛陀宣說供養藥師佛、持誦此經的功德，十二藥又大將立誓護持此經。

流通分
佛陀宣說此經後，一切與會大眾心生歡喜，願信受奉行。

第十三章 琉璃世界——《藥師經》

慈悲誓願

藥師佛的十二大願

🪷 本經緣起

　　如是我聞，一時薄伽梵①遊化諸國，至廣嚴城②，住樂音樹③下。與大苾芻④眾八千人俱，菩薩摩訶薩三萬六千，及國王、大臣、婆羅門、居士⑤、天龍八部、人非人⑥等、無量大眾，恭敬圍繞，而為說法。爾時曼殊室利法王子⑦，承佛威神，從座而起，偏袒一肩，右膝著地，向薄伽梵，曲躬合掌。白言：「世尊！惟願演說，如是相類，諸佛名號，及本大願殊勝功德，令諸聞者，業障消除，為欲利樂像法轉⑧時諸有情故。」

【注釋】

　　①薄伽梵：這個詞出於《韋陀經》，是對擁有至尊品格的人的尊稱，佛經中就以薄伽梵為佛之德號，表示對佛的尊敬。有時亦作婆伽婆。

　　②廣嚴城：是古代中印度國名，廣意為土境之大，嚴則為風物之美。有記載稱在古印度，佛在此說《藥師經》和

《維摩詰經》。佛陀在此說經時，此地頗為繁榮，人民都信仰佛教。廣嚴城的位置大概在當今印度恆河以北、干達克河東岸。

　　③樂音樹：是一種樹的名稱，因微風吹時，枝葉會發出動聽且奇妙的聲音，故稱之為樂音樹。

　　④大苾芻：即比丘。苾芻原是一種芳草，表明比丘之戒德芬芳。

　　⑤居士：梵語中是家長、家主、長者之意。原指印度的富翁或德高望重的有道之士。佛教流傳到今天後，居士泛指一切信佛教的在家修行的佛教教徒。佛教對在家信徒尊稱為居士的由來出於《維摩詰經》，根據玄奘大師的解釋，居士含有尊為大菩薩的內在意味。

　　⑥人非人：非人就是指天龍八部，如歌神緊那羅。他形狀上看和人無兩樣，而實際上不是普通人。人非人是人與非人的合稱，在大乘佛經敘述佛向各個菩薩和比丘說法時，人與天龍八部非人都要參與聽法。

　　⑦曼殊室利王子：是指文殊菩薩，

曼殊是妙之意，室利是吉祥之意，代表妙德、妙吉祥。文殊菩薩是我國佛教四大菩薩之一，文殊菩薩智慧、辯才第一，居眾菩薩之首，與普賢菩薩同為釋迦牟尼的脇侍。文殊菩薩生於婆羅門家族，從母親的右脇出生，身體紫金色，剛生下來就能夠說話，很早就在世尊座下出家學道。文殊菩薩的形象，通常是手持慧劍，騎乘獅子，比喻以智慧利劍斬斷煩惱，以獅吼威風震懾魔怨。

⑧像法轉時：像，類似，相向。轉是活動之意。這裏指佛陀入滅後相法起行之時。

這是緊那羅圖。緊那羅，意譯為人非人，又稱歌神、樂神，他是八部眾之一，經常擔任法會奏樂的工作。上文佛陀在廣嚴城說法，緊那羅也在大眾中聽法。

【譯文】

我曾親耳聽佛陀這樣說過：

一次，佛陀遊走各國進行教化宣傳，來到廣嚴城的樂音樹下說法。有八千位比丘，各路的三萬六千菩薩，以及此國的國王、官員、婆羅門、居士、天龍八部、人、非人等眾多人都恭敬地圍在他周圍聽他說法。這時，文殊菩薩仰承佛陀的威力，從座位上起來，袒露右肩，右腿跪在地上，向佛陀合掌，鞠躬行禮，並說：「世尊！請為我們說法，類似各種佛的名號以及各佛的修行願行及功德，使得各位聽法的人能消除業障，消災安樂，並為想要像法轉時的一切眾生帶來利益。」

藥師佛十二大願

爾時，世尊贊曼殊室利童子言：「善哉！善哉！曼殊室利！汝以大悲，勸請我說諸佛名號，本願

功德，為拔業障所纏有情，利益安樂像法轉時諸有情故。汝今諦聽，極善思惟，當為汝說。」曼殊室利言：「唯然！願說，我等樂聞。」

佛告曼殊室利：「東方去此過十殑伽沙①等佛土，有世界名淨琉璃，佛號藥師琉璃光如來、應供、正等覺、明行圓滿、善逝、世間解、無上士調御丈夫、天人師、佛、薄伽梵。曼殊室利！彼世尊藥師琉璃光如來，本行菩薩道時，發十二大願，令諸有情，所求皆得。」

【注釋】

①殑伽沙：即恆河的流沙。佛在說法時多在恆河流域一帶。

【譯文】

這時，世尊佛陀贊文殊菩薩道：「很好很好，文殊師利，你以大悲之心，為拔除受業障束縛的眾生，以及利益安樂像法轉時的一切眾生，懇請我說各佛的名

號及本願功德，你現在可以諦聽了，並且好好利用思維，我現在就為你們說法。」文殊菩薩說道：「一定，請開始為我們說法吧，我們都樂意恭聽。」

佛陀告訴文殊菩薩說：「從東方經過恆河流域到婆娑世界的佛土，有一個明淨的琉璃世界，那個世界的佛為藥師琉璃光如來、應供、正等覺、明行圓滿、善逝、世間解、無上士、調御丈夫、天人師、佛、世尊。文殊菩薩，這位藥師琉璃光如來在成佛前，行菩薩道時，發十二大願，令一切眾生所求皆能滿足。」

「第一大願：願我來世，得阿耨多羅三藐三菩提時，自身光明①，

這是藥師佛圖。藥師佛全名為藥師琉璃光如來，因為他能拔除眾生生死、苦惱與疾病，所以稱為藥師佛。他在成佛前曾立下十二大願，正因為這些清淨本願，藥師佛的身相顯現出了透明無礙的琉璃光，他的佛國因此被稱為淨琉璃世界。

熾然照耀無量無數無邊世界，以三十二大丈夫相，八十隨形，莊嚴其身，令一切有情，如我無異。

「第二大願：願我來世，得菩提時，身如琉璃，內外明徹，淨無瑕穢，光明廣大，功德巍巍，身善安住，焰網莊嚴，過於日月；幽冥眾生，悉蒙開曉，隨意所趣，作諸事業。」

【注釋】

① 自身光明：就是要讓自身放光明，照遍整個世界。藥師佛認為慈光充滿著每一個人的心中，修學佛法要精勤進修，才能除去煩惱的塵垢，沐浴佛的慈光。

【譯文】

「第一大願：願我在來世成佛時，能放大自身光明，普照大千世界，並能有三十二相，八十隨形好，使得自己的佛身圓滿莊嚴，而且令一切眾生，也像我一樣擁有莊嚴之相。

「第二大願：願我在來世成佛時，身體能像琉璃寶石，身體內外都明徹無瑕，功德如山巍巍，善能安住，此琉璃光身安住於莊嚴燦爛的焰網中。佛光普照勝過日月之光，能使眾生受啟發，並且能隨自己的願望做好事業。」

「第三大願：願我來世，得菩提時，以無量無邊智慧方便，令諸有情，皆得無盡所受用物，莫令眾生有所乏少①。

「第四大願：願我來世，得菩

提時，若諸有情行邪道者，悉令安住菩提道中；若修行聲聞獨覺乘者，皆以大乘而安立之[②]。

「第五大願：願我來世，得菩提時，若有無量無邊有情，於我法中修行梵行，一切皆令得不缺戒，具三聚戒。設有毀犯，聞我名已，還得清淨，不墮惡趣。」

【注釋】

①令諸有情：令所有的有情，「皆得無盡所受用物」就是他們所需要的東西，他們都得到，需要什麼就得到什麼。「莫令眾生有所乏少」：他這個願力，是不要令眾生有貧乏，有缺少什麼，什麼都滿足，遂心滿願，如意吉祥。

②若諸有情：「有情」就是所有一切眾生。「行邪道者」：修一些旁門

左道，而不求正法；「悉令安住菩提道中」：安住就是捨邪歸正了，再不去想旁門左道了，安住在這個覺道裏邊。覺道就是人的一個智慧。你能有智慧，就會行正法；你沒有智慧就要行小道、旁門左道了。所以現在由旁門左道，返回來到真正的佛教裏邊，這叫安住菩提道場。

【譯文】

「第三大願：願我在來世能得到無上覺等，豁然開悟，得到真知之時，能藉無量的智慧之便，使得眾生能受用無窮，生活中物質所需不缺乏。

「第四大願：願我在來世成佛時，如果有眾生行邪道，就會使他們改邪歸正，返迷歸覺，離苦得樂，並安住於菩提道裏面。並且對於修行聲聞的小乘眾生，或已修成正果，或未成正果，都可以使他們從小乘搬家，搬到大乘的道路

三聚戒

三聚戒是總括大乘菩薩一切戒律的戒法，因為這些戒法無垢清淨，又稱為三聚淨戒。

> 攝律儀戒，為七眾所受之戒，包括五戒、八戒、十戒、具足戒等戒條，也可總歸為別解脫戒、定共戒、道共戒三種。此戒為法身之因，遵守戒律者不作諸惡，功成德現。

> 攝善法戒，菩薩所修之律儀戒。此戒為修善門，修此戒者以修身、口、意之善迴向無上菩提，供養三寶，因其止惡修善，故成報佛之緣。

三聚戒

> 攝眾生戒，又稱饒益有情戒。此戒廣修一切善法，修此戒者以慈心攝受利益一切眾生，如為諸眾生說世間法，或以方便令得智慧，是利他之法。

上，回小向大，真正的無上正等正覺成佛的心，不令退墮。

「第五大願：願我來世成佛時，一切眾生在藥師佛法中修清淨行，無論誰在佛法裏修行，我的願力都能令修行者得到圓滿、不缺戒，並且能具有持攝眾生戒、攝善法戒、攝律儀戒清淨。如果一時因迷糊而犯了戒律，也能因為聽見我藥師琉璃光如來的佛名，恢復得到清淨，免於墮入惡道中。」

「第六大願：願我來世，得菩提時，若諸有情，其身下劣。諸根不具，醜陋，頑愚，盲，聾，瘖，瘂，攣，躄，背僂，白癩，顛狂[1]，種種病苦，聞我名已，一切皆得端正黠慧，諸根完具，無諸疾苦[2]。

「第七大願：願我來世，得菩提時，若諸有情，眾病逼切，無救無歸，無醫無藥，無親無家，貧窮多苦，我之名號，一經其耳，眾病悉除，身心安樂，家屬資具，悉皆豐足，乃至證得無上菩提[3]。」

【注釋】

①諸根不具……白癩，顛狂：不具就是不全，是殘廢之人，或一隻眼睛，一個鼻孔，半剌嘴，一隻耳朵，所以為

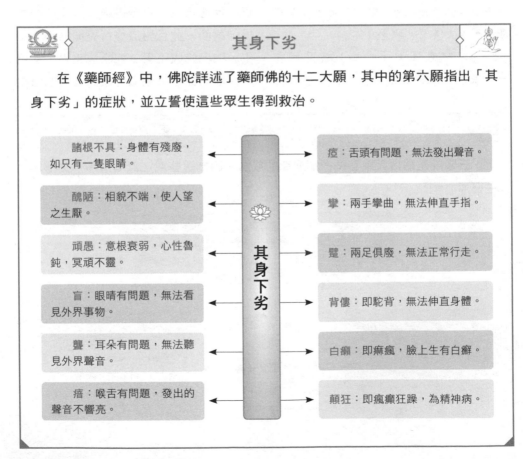

其身下劣

在《藥師經》中，佛陀詳述了藥師佛的十二大願，其中的第六願指出「其身下劣」的症狀，並立誓使這些眾生得到救治。

諸根不具：身體有殘廢，如只有一隻眼睛。

醜陋：相貌不端，使人望之生厭。

頑愚：意根衰弱，心性魯鈍，冥頑不靈。

盲：眼睛有問題，無法看見外界事物。

聾：耳朵有問題，無法聽見外界聲音。

瘖：喉舌有問題，發出的聲音不響亮。

其身下劣

瘂：舌頭有問題，無法發出聲音。

攣：兩手攣曲，無法伸直手指。

躄：兩足俱廢，無法正常行走。

背僂：即駝背，無法伸直身體。

白癩：即痲瘋，臉上生有白癬。

顛狂：即瘋癲狂躁，為精神病。

醜陋。頑愚者，是指意根比較衰，冥頑不靈；盲即沒有了眼睛；聾者則耳朵聽不見；瘖即發音不亮，瘂則聲音發不出來，舌根全壞，故瘖瘂者為舌根不具；攣，就是痙攣，手伸不開，手指頭也轉在那兒，伸不開拳，總是蜷著的；躄，麻痺，兩足沒有作用；背傴，即駝背；白癩，即面上生有白癬，是麻瘋的一種；顛狂，即瘋癲狂躁，為精神病。以上種種疾病，使人痛苦終身。

②聞我名已：假若能聽見藥師琉璃光如來這個名號的。「一切皆得端正」，所有殘疾病症都能得以端正了。「黠慧」，聰明智慧。第六大願表現出藥師如來希望能使一切眾生凡有疾病都能得到救治。

③若諸有情：所有的一切有情眾生，眾病逼切，所有的疾病來逼迫熬煎，痛苦不堪。「無救無歸」，沒有人可以救助他。無歸，沒有歸宿，沒有寄託。「無醫無藥」，沒醫生給他看病，沒有藥品給他治病。「無親無家」，沒有親戚，沒有家眷。

【譯文】

「第六大願：願我來世成佛時，如果眾生身體有殘缺，五官不端，醜陋愚笨，眼瞎耳聾，不能說話，兩手不能伸直，兩腳也不能走路，或者有駝背，患了麻瘋精神疾病等種種疾病，只要能聽到我藥師如來的名號，眾生就能得到救治，變得五官俱全，聰明智慧，再不會有任何疾病與痛苦。

「第七大願：願我來世成佛時，如果有眾生受眾多疾病逼迫，沒有醫生救

治，也沒有親人服侍照顧，貧窮多苦，那麼這些疾病纏身痛苦不堪的人，只要聽見我藥師如來的名號，就能除去諸病，身心安樂，居家用具和眷屬也都能圓滿無缺，如能精心修行，還能成佛。」

「第八大願：願我來世，得菩提時，若有女人，為女百惡之所逼惱，極生厭離，願捨女身，聞我名已，一切皆得轉女成男，具丈夫相，乃至證得無上菩提。

「第九大願：願我來世，得菩提時，令諸有情，出魔羂網，解脫一切外道纏縛；若墮種種惡見稠林，皆當引攝置於正見，漸令修習諸菩薩行，速證無上正等菩提。」

【譯文】

「第八大願：願我來世成佛時，如果有女人身受種種痛苦，對女身有了厭棄之心，想捨棄女身。那麼這個人如果能聽到我藥師如來的名號，在下世就能擺脫女身，轉女成男，具大丈夫之相，如若能精進修行，就能成佛。

「第九大願：願我來世成佛時，可以使一切眾生都能逃離惡魔的羅網，擺脫外道邪見的纏縛。若有人盲目地誤入了邪見之地而不能擺脫，就引導他們攝受於正見的佛法中，使他們漸漸修習各位菩薩的正行，並且快速修成正果。」

「第十大願：願我來世，得菩提時，若諸有情，王法所錄，繩縛

鞭撻，繫閉牢獄，或當刑戮，及餘無量災難淩辱，悲愁煎逼，身心受苦；若聞我名，以我福德威神力故，皆得解脫一切憂苦①。

「第十一大願：願我來世，得菩提時，若諸有情，饑渴所惱，為求食故，造諸惡業，得聞我名，專念受持，我當先以上妙飲食，飽足其身；後以法味②，畢竟安樂而建立之③。

「第十二大願：願我來世，得菩提時，若諸有情，貧無衣服，蚊虻寒熱④，晝夜逼惱；若聞我名，專念受持，如其所好，即得種種上妙衣服，亦得一切寶莊嚴具，華鬘塗香，鼓樂眾伎，隨心所玩，皆令滿足⑤。」

這是藥師佛持藥壺圖。因為藥師佛曾立願滅除眾生身心諸病，所以他常以藥壺為持物，象徵袪除眾生疾病。自古以來，世人也常修習藥師法來達到消災延壽的目的。

【注釋】

①王法所錄：沒有做犯法的事情，被人誣告；或者被人冤枉；或者無意中觸犯法規，王法加到你的身上了。繩縛鞭撻：縛，用手銬或者腳鐐綁上。鞭撻，用鞭子來打，即懲罰你。

②專念受持：專心致志、專一其心而誦念我的名號，受之於身，行之於心，持之於心，受持我這個名號。飽足其身：令他的身體得到飽暖，沒有痛苦了。後以法味：然後我再給他講說佛法，給他吃這無上佛法的妙味。

③畢竟安樂而建立之：畢竟他得到安樂了，而成就這種功德，滿足他所求的飲食。

④蚊虻寒熱：有蚊蟲，或者其他咬人的蟲蟻之類。寒熱，天冷的時候，沒有衣服禦寒；天熱的時候，沒有衣服來遮暑。晝夜逼惱，白天晚間都是這樣地煎逼苦惱，不能解決這個沒有衣服穿的問題。

⑤專念受持：「專」就是專一其心；「念」就是念念不忘，受是受之於心；「持」是持之於身，常常專一其心來用功，持藥師琉璃光如來的名號。「如其所好」，就是遂心滿願，遂心如意了，你想什麼就得到什麼。「上妙衣服」，最好的衣服；「寶莊嚴具」，用七寶所造成的這種種的玩具，你所歡喜的都得到了。

【譯文】

「第十大願：願我來世成佛時，如果一切眾生有違法受法律制裁，關在監獄裏，並且被加以嚴刑峻法拷問，或者

要遭到死刑等災難，以及受到其他無量的災難凌辱，飽受痛苦和愁緒逼迫煎熬，身心俱苦不堪言。這樣的人如果能聽到我藥師如來的名號，就能感受到佛的威力，便能從一切苦難中得以解脫。

「第十一大願：願我來世成佛時，如果眾生中有人為饑渴而惱，因為尋找食物而無意中做出了惡事，這人如果能聽到我藥師如來的名號，專心於佛法中的憶念和奉持，我就會給他上等的美妙的食物，讓他吃飽，然後再用我佛法為他解脫，除去煩惱，使他能安立於佛法當中。

「第十二大願：願我來世成佛時，如果眾生中有人因為貧窮，而買不起用來遮身護體的衣服，頻頻遭受寒暑氣候和蚊、虻蟲害的侵襲，晝夜苦惱不堪。那麼這個人如能聽到我藥師如來的名號，專心憶念並且信受奉持，就能完成他得衣的願望，得到各種上等的衣服，並且也能得到所有莊嚴貴重之寶物，花

環塗香，隨音樂眾人起舞，自由遊戲，令他得以滿足自己的所願。」

琉璃世界的莊嚴景象

「曼殊室利！是為彼世尊、藥師琉璃光如來、應正等覺，行菩薩道時，所發十二微妙上願。復次，曼殊室利！彼世尊、藥師琉璃光如來，行菩薩道時所發大願，及彼佛土功德莊嚴，我若一劫，若一劫餘，說不能盡①。然彼佛土，一向清淨，無有女人，亦無惡趣，及苦音聲②。琉璃為地，金繩界道，城闕、宮閣、軒窗、羅網，皆七寶成③。亦如西方極樂世界，功德莊嚴，等無差別④。於其國中，有二菩薩摩訶薩：一名日光遍照，二名月光遍照，是彼無量無數菩薩眾之上首，次補佛處，悉能持彼世尊、藥師琉

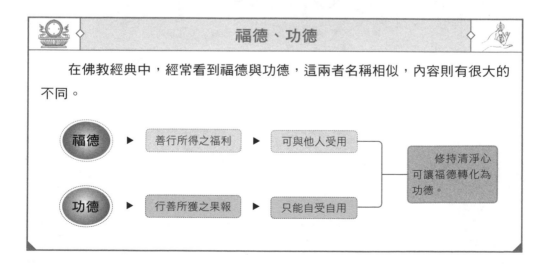

福德、功德

在佛教經典中，經常看到福德與功德，這兩者名稱相似，內容則有很大的不同。

| 福德 | ▶ | 善行所得之福利 | ▶ | 可與他人受用 | ┐ |
| 功德 | ▶ | 行善所獲之果報 | ▶ | 只能自受自用 | ┘ | 修持清淨心可讓福德轉化為功德。 |

璃光如來正法寶藏⑤。是故曼殊室利！諸有信心善男子、善女人等，應當願生彼佛世界。」

【注釋】

①我若一劫：我假設用一劫的時間來講說。通常年月日不能計算之極長時間。若一劫餘：或者再比一個大劫還多，那麼長的時間。說不能盡：我沒有辦法把它說完了。

②亦無惡趣：琉璃世界沒有地獄道，沒有餓鬼道，沒有畜生道，亦無惡趣。及苦音聲：不但惡趣沒有，痛苦的音聲也沒有。

③金繩界道：用金子做成的繩來做欄杆，把道路和不是道路的地方分開，叫金繩界道。城闕宮閣：城即城池，闕是城上邊的垛口，也叫門樓子；宮殿上

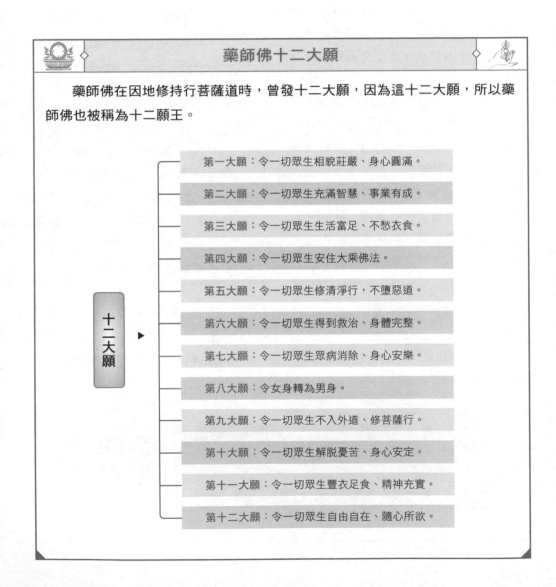

藥師佛十二大願

藥師佛在因地修持行菩薩道時，曾發十二大願，因為這十二大願，所以藥師佛也被稱為十二願王。

十二大願 ▶

第一大願：令一切眾生相貌莊嚴、身心圓滿。

第二大願：令一切眾生充滿智慧、事業有成。

第三大願：令一切眾生生活富足、不愁衣食。

第四大願：令一切眾生安住大乘佛法。

第五大願：令一切眾生修清淨行，不墮惡道。

第六大願：令一切眾生得到救治、身體完整。

第七大願：令一切眾生眾病消除、身心安樂。

第八大願：令女身轉為男身。

第九大願：令一切眾生不入外道、修菩薩行。

第十大願：令一切眾生解脫憂苦、身心安定。

第十一大願：令一切眾生豐衣足食、精神充實。

第十二大願：令一切眾生自由自在、隨心所欲。

邊有兩重的樓房叫閣；軒就是一間房一間房的。皆七寶成：都是用金、銀、琉璃、玻璃、硨磲、赤珠、瑪瑙，來莊嚴所成的。

④亦如西方極樂世界，功德莊嚴，等無差別：也好像西方極樂世界那樣子，一點分別都沒有，是一樣的，和極樂世界阿彌陀佛那個國土是一樣的。琉璃世界和極樂世界的莊嚴、功德，都是一樣的。

⑤日光遍照：即日光菩薩，為藥師如來的脇侍之一。其造像身呈紅色，左掌安日輪，右手執朱赤花。月光遍照：即月光菩薩，為藥師如來脇侍。月光菩薩身呈白色，乘於鵝座，手持月輪。這兩位菩薩是幫助藥師琉璃光如來，在這個琉璃世界來教化眾生。次補佛處：等到藥師琉璃光如來退佛位之後，就是日光遍照菩薩遞補這個佛位，所以說次補佛處。

這是日光菩薩圖。日光菩薩又名日光遍照、日曜，他依據慈悲本願，曾照三昧，如同日光遍照世間，所以稱為日光。日光菩薩與藥師佛關係深遠，是藥師佛的左脇侍。

【譯文】

「文殊師利！這是世尊藥師琉璃光如來，在應供正等正覺，修行菩薩六度之行時，所發的十二大願。藥師琉璃光如來在修行菩薩之道時，所發的大願，等到成佛時，他的淨琉璃國土的功德和莊嚴，都是無量無盡的，我就是用一劫或一劫多的時間，也說不完啊。然而琉璃世界，清淨無雜，沒有女人，也沒有三惡道和痛苦的聲音。琉璃之地，以金繩分開道路與非道路，城樓宮殿和房屋窗戶，都用金、銀、琉璃、珍珠、瑪瑙、珊瑚、琥珀等七種寶物裝飾而成。

像西方極樂世界一樣，功德和莊嚴，沒有任何差別。在這個藥師的佛法國度裏。有兩位脇侍菩薩，一位是日光普照菩薩，另一位是月光普照菩薩，這兩位菩薩是藥師佛國無數菩薩中的上首，等到藥師琉璃光如來退佛位之後，兩位就可能遞補這個佛位，繼承他的正法寶藏，使藥師如來的教化能夠永世傳持。所以，文殊師利！每個有信心向佛的男人和女人都應當發願修行，以求生在藥師琉璃的世界裏。」

第十三章　琉璃世界——《藥師經》

持誦藥師佛號的福報

爾時，世尊復告曼殊室利童子言：「曼殊室利！有諸眾生，不識善惡，惟懷貪吝，不知布施及施果報，愚癡無智，闕於信根，多聚財寶，勤加守護；見乞者來，其心不喜，設不獲已而行施時，如割身肉，深生痛惜。復有無量慳貪有情，積集資財，於其自身尚不受用，何況能與父母、妻子、奴婢、作使、及來乞者？彼諸有情，從此命終，生餓鬼界，或傍生趣[1]。由昔人間，曾得暫聞藥師琉璃光如來名故，今有惡趣，暫得憶念彼如來名，即於念時從彼處沒，還生人中。得宿命念，畏惡趣苦，不樂欲樂，好行惠施，讚歎施者，一切所有悉無貪惜，漸次尚能以頭、目、手、足、血肉身分，施來求者，況餘財物！

「復次，曼殊室利！若諸有情，雖於如來受諸學處，而破尸羅，有雖不破尸羅，而破軌則；有於尸羅、軌則、雖得不壞，然毀正見；有雖不毀正見，而棄多聞，於

佛所說契經深義，不能解了；有雖多聞而增上慢，由增上慢覆蔽心故，自是非他，嫌謗正法，為魔伴黨，如是愚人，自行邪見，復令無量俱胝有情，墮大險坑。此諸有情，應於地獄、傍生、鬼趣，流轉無窮。若得聞此藥師琉璃光如來名號，便捨惡行，修諸善法，不墮惡趣。設有不能捨諸惡行，修行善法，墮惡趣者，以彼如來本願威力、令其現前暫聞名號，從彼命終還生人趣，得正見精進，善調意樂，便能捨家，趣於非家，如來法中，受持學處，無有毀犯；正見多聞，解甚深義，離增上慢，不謗正法，不為魔伴，漸次修行諸菩薩行，速得圓滿。」

【注釋】

①彼諸有情，從此命終，生要鬼界，或傍生趣：一些刻薄、慳貪、孤寒的眾生，一旦他沒有了性命，死了就做了一個窮鬼，做了一個餓鬼，做了一個守財鬼或者做了畜生。

【譯文】

這時，世尊如來佛祖又告訴文殊師利菩薩說：「文殊師利！如有些眾生不能分辨善惡，只是一味貪心吝嗇，而不

· 名詞解釋 ·

破尸羅：尸羅是佛陀制定，令佛弟子受持，作為防過止惡之用的戒律。而破尸羅就是破壞戒律，比犯戒更為嚴重，其中犯戒是自己行為錯誤，違反了戒律；破戒則是身口意所行所為，有意無意間破壞了戒律，乃至譭謗戒律。

知道布施給他人的意義，以及布施的因果報應。這些人都是愚癡的不聰明的，不尊重事實，不崇信真理。他們只知道不斷的積累自己的財富，然後當一個守財奴。這些人在看到乞丐和貧苦人時，心裏頓時就很不歡喜，不到萬不得已，是不會行布施給這些貧苦之人的。一旦行布施給這些貧苦人，就好像是從他身上割了一塊肉一樣，疼痛不捨。還有些生性吝嗇的眾生，在積累了眾多的財富之後，自己都不捨得用，還談什麼孝敬父母，分給妻子，更不用說施捨給下人或者其他向他乞討的人。像這樣吝嗇的人在死後必定會墮落到一個窮苦、饑餓或者畜生道裏。這些墮入惡道的眾生，因為以前在人間，偶爾聽到藥師琉璃光如來的名號，現在在這個三惡道裏頭，如果能暫時憶念起藥師如來的佛名，就能在他這一念時，從那餓鬼道或者畜生道裏脫離出來，又回還到人間來。而且常常能知道自己前生之事，得宿命通，很害怕三惡道的苦果，不喜歡三界五欲之樂，而喜好做些施捨給眾人，他也會讚歎那些布施的人，於一切財物，也都不那麼吝嗇了。因此，慢慢地還能勉強布施頭、目、手、足或者血肉之身，分施給那些向他來的乞討者，何況是身外的財物，就更不會捨不得了，這些改變都源於藥師如來的本願功德，以及他的神力廣大。

世尊說完又對文殊師利說：「如果眾生中有人雖然學習、研究佛法，卻破了戒；有的雖然不破戒，也不守規則禮儀；有的雖然沒有犯戒，也沒有不守規

則，卻總是有一股邪知邪見而沒有正知正見；還有的人雖然沒有毀壞佛法的正知正見，可是他並不殷勤地學習佛法，對於佛經的甚深義理，他不願意去瞭解。另外，還有的人雖然學了很多佛法，但他有驕慢之心，覺得自己了不得，有了這種思想，就會把真正的智慧都遮蓋住了，目中無人，對於他人提倡的正確的地方加以譭謗，這類人最終只能流於邪魔，做魔王的朋友。像這些愚昧無知的人，自己盡做一些歪門邪道的事，並使廣大眾生墮落於地獄、畜生、餓鬼道裏面去。在那裏苦苦輾轉，沒有窮盡。這類十惡不赦之人假設也能聽見藥師琉璃光如來的名號，就能把這個惡行改正。他就能修一切善法，不會再墮

這是月光菩薩圖。月光菩薩又名月淨菩薩、月光遍照菩薩，他能庇護受持者遠離一切痛苦，成就一切善法。月光菩薩是藥師佛的右脇侍，他與日光菩薩同為琉璃世界諸菩薩之上首。

落地獄、餓鬼、畜生等三惡道裏了。假設再有這一類的眾生，即使不能即刻就捨棄這種惡行，不能修行這個戒律、多聞、正知正見、以及這個規則，守規矩，那麼他就會墮落到三惡道裏，也能因藥師如來所發的大願威力而使此人聽到藥師如來的名號，而於命終時，轉生為人，得到正知正見，且能調和自己的意樂，能把世俗都看破，捨棄家庭牽累，出家修道，在藥師琉璃光如來的佛法裏邊受持學習佛法，永遠不再犯戒，不棄多聞，不再傲慢。而且有正知正見，愛學習佛法，並能明白佛法深妙的道理，放棄貢高我慢的行為，不再誹謗正法，不再做魔王的同黨，才能慢慢地修行各位菩薩的法門，很快地修成功德圓滿，得正等正覺之位。」

「復次，曼殊室利！若諸有情，慳貪嫉妒①，自讚毀他，當墮三惡趣中，無量千歲受諸劇苦②；受劇苦已，從彼命終，來生人間，作牛、馬、駝、驢，恆被鞭撻，饑渴逼惱；又常負重，隨路而行。或得為人，生居下賤，作人奴婢，受他驅役，恆不自在。若昔人中，曾聞世尊、藥師琉璃光如來名號，由此善因，今復憶念，至心歸依。以佛神力，眾苦解脫，諸根聰利，智慧多聞，恆求勝法，常遇善友，永斷魔羂，破無明殼，竭煩惱河，解脫一切生、老、病、死、憂、愁、苦、惱。

「復次，曼殊室利！若諸有

情，好喜乖離，更相鬥訟③，惱亂自他，以身語意④，造作增長種種惡業，輾轉⑤常為不饒益事，互相謀害。告召山林樹塚等神；殺諸眾生，取其血肉，祭祀藥叉、羅剎婆等；書怨人名，作其形像，以惡咒術而詛之；厭魅蠱道⑥，咒起屍鬼，令斷彼命，及壞其身。是諸有情，若得聞此藥師琉璃光如來名號，彼諸惡事，悉不能害一切輾轉皆起慈心，利益安樂，無損惱意及嫌恨心；各各歡悅，於自所受，生於喜足，不相侵陵，互為饒益。」

【注釋】

①慳貪嫉妒：「慳」就是不捨，很吝嗇，做守財奴。「貪」，就是貪得無厭。「嫉妒」，是一種惡心，可以在意念裏頭，生一種嫉妒的意念；也可以是外表的嫉妒。

②受諸劇苦：忍受各種最厲害的、最大的、最受不了的那種苦，集聚很多的苦在一起。

③好喜乖離：「乖」，就是違背一切的真理；「離」，也是違背真理，就是不合理的事情，就是顛倒是非，以黑作白，無理取鬧，強詞奪理，就叫乖離。更相鬥訟：就是不停止地到法院那兒去打官司。

④以身語意：以自己這個身來造殺、盜、淫；以這個意念來犯貪、嗔、癡；以這個口就犯惡口、妄言、綺語、兩舌這四惡。

⑤輾轉：就是互相傳遞，你傳給

我，我傳給他。

⑥厭魅蠱道：「厭魅」就是通常所說的鬼壓身，是一種邪術，可致人死亡。「蠱道」，是用蟲子製成的蠱藥，藥毒性很大，可以使人失去知覺更甚者可以導致死亡。

【譯文】

世尊又對文殊師利講到：「世間上若有眾生吝嗇貪婪，嫉妒他人，稱讚自己而詆毀他人，將來定會墮落到三惡道中，歷經多年去承受各種難以忍受的苦難。受完這些苦難後，就會死去，等到來生生還人間，或者做牛做馬，受人鞭打，忍受饑渴逼迫，並常常負重，順路而行；又或者生到貧苦家庭為人，給人做奴役，受別人支配，永不得自由。如果這些人中，有人曾聽過藥師琉璃光如來的名號，就會藉此種下善因，今生若能想起，就會以至誠懇切之心禮拜藥師琉璃光如來，藉藥師的神威就能從所有的苦難中得以解脫。六根都變得聰明靈利，智慧超人，博聞強識，總是在努力地向前進，還會經常遇到好的朋友、老師來幫助他。最終會脫離魔王的羅網，突破無明的束縛，所有的煩惱都煙消雲散，超脫一切生老病死，和一切憂傷悲苦。

世尊又告訴文殊師利說：「若有眾生喜歡招惹是非，顛倒黑白，並專門離間別人，更有無休止打鬥諍訟，最後雙方都很煩惱，兩敗俱傷，還有用自身的意念和口來製造各種惡業，並在人們中間不斷傳言一些不饒益眾生的惡事，甚至還想辦法互相謀害對方，比如禱告山林、樹木和墳墓等鬼神，想請鬼神代他報復對方，使對方送命；或者殺牛、羊、雞等眾生，取用其血肉來祭禮藥叉、羅剎等鬼，求這些鬼使對方斷命；或者將怨恨的人的名字寫下，再將他的生辰八字，用草木等作其形象，對著念咒語，祈求對方斷命；又或用鬼壓身及蠱害毒藥等方法，加害於他人，甚至還有對死屍念咒，利用死屍去殺仇人，將他的命奪去，並毀壞他的身體。像這一類被惡人所殺的眾生，如果能聽到藥師琉璃光如來名號，也能藉藥師如來的本願功行之力，使這些惡鬼、惡事都不發生，使這人逢凶化吉，並且能令那些使用咒語的人心生慈悲之意，互相饒恕，利益雙方，彼此都能安樂，彼此不再有怨恨損毀之心，大家都和悅相處，對於自己所受的果報，也能知足，沒有了貪心，也不會去殘害他人，並且能相互幫助、相互諒解、相互利益，大家都能和

這是羅剎圖。羅剎又名羅剎娑，女性的羅剎稱為羅剎斯，他們是專吃人肉的惡鬼，屬於四大天王的八部眾之一。正因為羅剎是吃人惡鬼，所以《藥師經》中提到有人為了害人而祭拜羅剎。

平相處了。」

「復次，曼殊室利！若有四眾；苾芻、苾芻尼、鄔波索迦、鄔波斯迦①，及餘淨信善男子、善女人等，有能受持八分齋戒，或經一年，或復三月，受持學處，以此善根，願生西方極樂世界無量壽佛所，聽聞正法，而未定者。若聞世尊、藥師琉璃光如來名號，臨命終時，有八大菩薩，其名曰：文殊師利菩薩、觀世音菩薩、得大勢菩薩、無盡意菩薩、寶檀華菩薩②、藥王菩薩、藥上菩薩③、彌勒菩薩，是八大菩薩乘空而來，示其道路，

這是得大勢菩薩圖。得大勢菩薩又名大勢至菩薩，他以智慧之光普照一切，使人得到無上力量、威勢自在。因為他所到之處，大千世界及魔王宮殿，都會震動，因此名為大勢至菩薩。在《藥師經》中藥師佛以得大勢菩薩為隨侍的八大菩薩之一。

即於彼界種種雜色眾寶華中，自然化生。或有因此生於天上，雖生天上，而本善根亦未窮盡，不復更生諸餘惡趣。天上壽盡，還生人間，或為輪王，統攝四洲，威德自在，安立無量百千有情於十善道；或生剎帝利、婆羅門、居士、大家，多饒財寶，倉庫盈溢，形相端正，眷屬具足，聰明智慧，勇健威猛，如大力士。若是女人，得聞世尊、藥師琉璃光如來名號，至心受持，於後不復更受女身。」

【注釋】

①鄔波索迦、鄔波斯迦：就是優婆塞和優婆夷。

②寶檀華菩薩：東方淨琉璃世界八大菩薩之一。

③藥王菩薩、藥上菩薩：兩位菩薩一起，有時取代文殊、普賢菩薩，被看作佛陀的左右脇侍。本為兄弟，兄名星宿光，弟名電光明，因供養比丘僧眾，並施藥救人，得眾人讚賞，被尊稱為「藥王」和「藥上」，後兄弟施醫行善，雙雙修成菩薩，佛陀曾對彌勒佛預言，他倆將在未來世成佛，號淨眼如來和淨藏如來。

【譯文】

世尊又告訴文殊師利說：「如果有佛教的弟子比丘、比丘尼、優婆塞、優婆夷，以及其餘的善男和善女等，如果能受持八關齋的，經過一年之久，或者在每年的正月、五月、九月這三個月內

受持八關齋戒的，那麼這些人就能以此齋戒與善根結緣，發願生到西方阿彌陀佛的極樂世界淨土上，在那裏聽聞正法。

「如果這些發願生到西方阿彌陀佛極樂世界但沒有把握的眾生，能聽到藥師琉璃如來的名號，專心受持念佛，等到生命終結時，就會有文殊師利菩薩、觀世音菩薩、大勢至菩薩、無盡意菩薩、寶檀菩薩、藥王菩薩、藥上菩薩、彌勒菩薩等八位大菩薩，以神通力從空而來，引導指示這些人前往西方淨土的道路方向，來在這個淨土當中，在種種不同顏色的眾寶蓮花，清淨化生。也或者有眾生因專心受持，功德圓滿而生在天上，雖然生於天上，但他原來結下的善根並沒有窮盡，所以不會再墮入於地獄、餓鬼、畜生等惡道中，在壽終時，

生還人間；或者生為轉輪聖王，統轄四州，自身的威信與品德都能感化無量眾生，使大家都能修行十善道；或者生在帝王、貴族、居士等大家族裏，衣食不缺，財寶無數，倉庫盈滿，相貌端莊，父母、兄弟、夫婦、兒女等眷屬俱全，並且聰明智慧，勇健威猛，如大力士一般。如果是女人，也會因聽過世尊藥師琉璃光如來的名號，專心至誠受持，便能永遠不再生為女人。」

🪷 藥師經咒

「復次，曼殊室利！彼藥師琉璃光如來得菩提時，由本願力，觀諸有情，遇眾病苦，瘦瘧①、乾消②、黃熱③等病；或被魘魅、蠱毒所中；或復短命；或時橫死；欲令

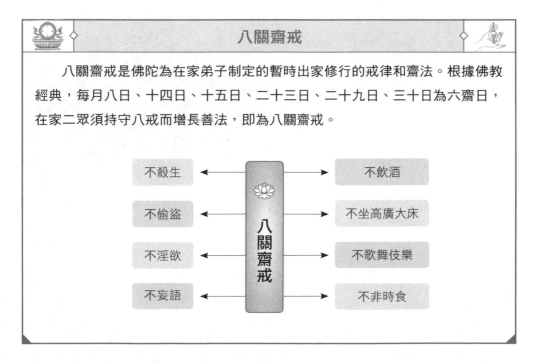

八關齋戒

　　八關齋戒是佛陀為在家弟子制定的暫時出家修行的戒律和齋法。根據佛教經典，每月八日、十四日、十五日、二十三日、二十九日、三十日為六齋日，在家二眾須持守八戒而增長善法，即為八關齋戒。

不殺生　←→　八關齋戒　←→　不飲酒
不偷盜　←→　八關齋戒　←→　不坐高廣大床
不淫欲　←→　八關齋戒　←→　不歌舞伎樂
不妄語　←→　八關齋戒　←→　不非時食

是等病苦消除，所求願滿。時彼世尊入三摩地④，名曰除滅一切眾生苦惱；既入定已，於肉髻中出大光明，光中演說。大陀羅尼曰：

「『南謨薄伽伐帝，鞞殺社窶嚕，薛琉璃，鉢喇婆，喝囉闍也，怛陀揭多耶，阿囉喝帝，三藐三勃陀耶，怛侄他。唵！鞞殺逝，鞞殺逝，鞞殺社，三沒揭帝，娑訶！⑤』」

爾時，光中說此咒已，大地震動，放大光明，一切眾生病苦皆除，受安隱樂⑥。

【注釋】

①瘦瘤：因勞動過度而致的一種虛弱病。得病後身體枯瘦如柴，弱不禁風。

②乾消：即糖尿病，表現為口渴肚餓，多尿多飲。中醫上稱為消渴病。

③黃熱：黃熱病是一種蚊媒性自然疫源性疾病。

④三摩地：又稱三摩提，有安定之意，住心於一境而不散亂的意思。住於三摩地，能斷除一切煩惱，證得真理。

⑤南謨薄伽伐帝……娑訶：「三藐三勃陀耶」是正等正覺的意思，「怛侄他」譯為「所謂」。第一個「鞞殺逝」是消除我們生活之中的一切妄念，一切混亂，轉生死輪迴、不自在的相為不生不滅的解脫相。第二個「鞞殺逝」是轉凡夫心為佛心，顯發我們生命之中本具的真如佛性。「鞞殺社」是圓滿成就，圓滿成佛。

⑥受安隱樂：隱，通假為穩，享受身心的安樂與平穩。

【譯文】

世尊緊接著又告訴文殊師利：「藥師琉璃光如來成正等正覺時，因為在菩薩因地所發的本願威力，能觀察眾生所遇到的種種病苦，如虛弱、乾渴、黃疸等病，或者被魔魅、蠱毒等所中，或者短命、或者橫死等病苦。要使眾生病苦消除，可向藥師如來祈求消災延壽的心願，就能夠完成心願。

「當藥師如來到三摩地時，名為消除一切眾生的苦惱。待入定以後，從肉髻中放出大光明，然後在光明中演說大陀羅尼咒：『南謨薄伽伐帝，鞞殺社窶嚕，薛琉璃，鉢喇婆，喝囉闍也，怛陀揭多耶，阿囉喝帝，三藐三勃陀耶，怛侄他。唵！鞞殺逝，鞞殺逝，鞞殺社，三沒揭帝，娑訶！』」

這是藥師佛與八大菩薩圖。在眾生命終時，如果聽聞藥師佛名號，就會有八大菩薩前來引導，這八大菩薩分別是：文殊師利菩薩、觀世音菩薩、大勢至菩薩、無盡意菩薩、寶檀菩薩、藥王菩薩、藥上菩薩、彌勒菩薩。通過這八大菩薩的引導，就可以轉生於藥師佛的琉璃淨土。

當時，藥師如來在光中說完此咒之後，大地都震動起來了，普放出大光明，一切眾生的病苦全都消除，享受著心安身穩的快樂，過上幸福的生活。

供養藥師佛的功德

「曼殊室利！若見男子、女人、有病苦者，應當一心為彼病人，常清淨澡漱，或食、或藥、或無蟲水，咒一百八遍，與彼服食，所有病苦悉皆消滅。若有所求，至心念誦，皆得如是無病延年；命終之後，生彼世界，得不退轉，乃至菩提。是故曼殊室利！若有男子、女人，於彼藥師琉璃光如來，至心殷重恭敬供養者，常持此咒，勿令廢忘。復次，曼殊室利！若有淨信男子、女人，得聞藥師琉璃光如來、應、正等覺所有名號，聞已誦持。晨嚼齒木，澡漱清淨，以諸香花、燒香、塗香①、作眾伎樂，供養形象。於此經典，若自書，若教人書，一心受持，聽聞其義。於彼法師，應修供養，一切所有資身之具，悉皆施與，勿令乏少；如是便蒙諸佛護念，所求願滿，乃至菩提。」

【注釋】

①塗香：就是塗身，沐浴以後塗身用的香粉。

【譯文】

「文殊師利，如果看見男子、女人，他們身染重病，應該一心為他虔誠地持誦藥師咒，治療他的病苦。持咒時，要洗澡、漱口，讓我們身體潔淨，對著病人吃的食物或者藥物，或者沒有蟲子的清淨水，念咒一百零八遍以後，給病人吃，就能夠讓他一切的疾病痛苦消除。如果有所求願，至心念誦藥師咒，都能夠所求如願，不僅能夠消除這一生的病災，延年益壽，還能在命終時，往生到東方淨琉璃世界藥師佛的淨土去，並且永遠都不會退轉了，修行一直順利地上進，最終修得功德圓滿，成就無上菩提。因此，文殊師利，如果有男子、女人，對於藥師琉璃光如來能夠至誠一心，殷勤尊重，恭敬供養藥師佛，應該要常持藥師灌頂真言，自利利他，勿令廢忘。如果對於佛法有清淨信心的善男子、善女人，能夠得聽聞藥師琉璃光如來、應供、正等覺，聽到藥師的誦持，早晨起來要嚼齒木漱口，洗澡

密咒：南謨薄伽伐帝，鞞殺社窶嚕，薜琉璃，缽喇婆，喝囉闍也，怛陀揭多耶，阿囉喝帝，三藐三勃陀耶，怛侄他。唵！鞞殺逝，鞞殺逝，鞞殺社，三沒揭帝，娑訶！

譯文：皈命世尊藥師琉璃光王如來、應供、正等正覺，即是三身皈命藥、藥、藥，自度度他，圓滿達成。

淨身，然後用各種芳香的花、燒香、塗香，以及種種樂器奏樂來供奉藥師佛。對於《藥師琉璃光如來本願功德經》，或者自己書寫，或者請他人書寫，專心受持，聽懂裏面所講的義理，還要使其他所聞此經的人都能瞭解。對於弘揚此藥法門的法師，應布施供養，凡其所需的衣食物資，要盡力恭敬地供養施與，勿令缺少。這樣便能得對諸佛的護念，所求都能圓滿，最終修成正等正覺，證得菩提。」

爾時，曼殊室利童子白佛言：「世尊！我當誓於像法轉時①，以種種方便，令諸淨信善男子、善女人

這是楊柳圖。楊柳又名齒木，在古印度，人們常嚼這種木枝代替漱刷，來使口腔潔淨，所以稱為齒木。在《藥師經》中，佛陀指出用「晨嚼齒木」的方法來念誦《藥師經》。

等，得聞世尊、藥師琉璃光如來名號，乃至睡中亦以佛名覺悟其耳。世尊！若於此經受持讀誦，或復為他演說開示；若自書，若教人書；恭敬尊重，以種種花香、塗香、末香、燒香、花鬘、瓔珞、幡蓋、伎樂，而為供養；以五色彩，作囊盛之；掃灑淨處，敷設高座，而用安處。爾時，四大天王與其眷屬，及餘無量百千天眾，皆詣其所，供養守護。世尊！若此經寶流行之處，有能受持，以彼世尊、藥師琉璃光如來本願功德，及聞名號，當知是處無復橫死；亦復不為諸惡鬼神，奪其精氣；設已奪者，還得如故，身心安樂。」

【注釋】
①像法轉時：像法時期，眾生在他前面是著相修行的，要讓他由相而見性，這個是像法轉時。

【譯文】
文殊菩薩稟白釋迦牟尼佛說：「世尊，我願發誓願使像法有情，以種種的善巧方便令一切眾生，尤其是令那些有清淨信心的善男子、善女人，都能夠有機會、有機緣聽聞東方淨土的世尊——藥師琉璃光如來的萬德洪名。甚至於在眾生的睡夢之中也以藥師佛的名號來使他們聽到，讓他們有所覺悟。世尊，如果有人受持讀誦《藥師經》，或者將經中的義理為他人演說開示，或者自己書寫，或者教人書寫，並且以種種的花香、塗香、末香、燒香、花鬘、瓔珞、幡蓋、伎樂來如法地供養。

以五色彩緞，作囊盛經，以表敬重；掃灑清淨，莊嚴處所。那時，四大天王及其親眷以及其餘的無量的天兵天將，都會來這裏，護持道場，供養尊重。文殊菩薩又說，世尊，如果《藥師經》流通行佈的地方，有人能夠專心受持世尊藥師琉璃光如來本願功德，藥師佛的加持力就能使修行人聽聞藥師佛名號以後，能夠生起信心來，能夠憶念受持的心念力，二力結合，就能夠使這個地方不會發生非命死，不會為諸惡鬼神奪其精氣，假設是以前被鬼神奪其精氣，如法地修行藥師法門，能夠使身體安穩，身心快樂。」

佛告曼殊室利：「如是！如是！如汝所說。曼殊室利！若有淨信善男子、善女人等，欲供養彼世尊、藥師琉璃光如來者，應先造立彼佛形像，敷清淨座而安處之；散種種花，燒種種香，以種種幢幡，莊嚴其處；七日七夜，受八分齋戒，食清淨食，澡浴香潔，著清淨衣，應生無垢濁心，無怒害心，於一切有情，起利益安樂，慈、悲、喜、捨，平等之心，鼓樂歌贊，右繞佛像。復應念彼如來本願功德，讀誦此經，思惟其義①，演說開示。隨所樂求，一切皆遂：求長壽得長壽，求富饒得富饒，求官位得官位，求男女得男女。若復有人，忽得惡夢，見諸惡相，或怪鳥來集，或於住處，百怪出現；此人若以眾妙資具，恭敬供養彼世尊、藥師琉璃光如來者，惡夢惡相，諸不吉祥，皆悉隱沒，不能為患。或有水、火、刀、毒、懸險、惡象、獅子、虎、狼、熊、羆、毒蛇、惡蠍、蜈蚣、蚰蜒、蚊虻等怖；若能至心憶念彼佛，恭敬供養，一切怖畏皆得解脫。若他國侵

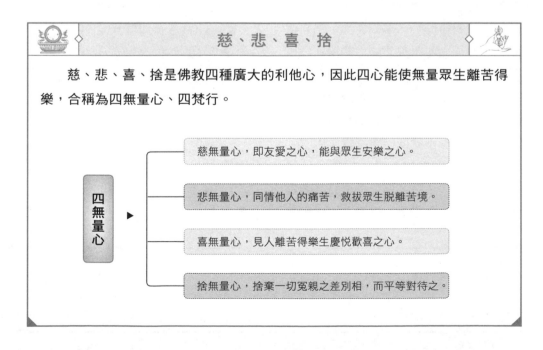

慈、悲、喜、捨

慈、悲、喜、捨是佛教四種廣大的利他心，因此四心能使無量眾生離苦得樂，合稱為四無量心、四梵行。

四無量心 ▶
- 慈無量心，即友愛之心，能與眾生安樂之心。
- 悲無量心，同情他人的痛苦，救拔眾生脫離苦境。
- 喜無量心，見人離苦得樂生慶悅歡喜之心。
- 捨無量心，捨棄一切冤親之差別相，而平等對待之。

擾，盜賊反亂，憶念恭敬彼如來者，亦皆解脫。」

【注釋】

①思惟其義：指的是修聞、思、修，那麼由聞而起思，由思而入實修。

【譯文】

世尊佛聽完後對文殊師利說：「是的，是的，如你所說的這樣，文殊師利，淨信善男子、善女人等人中，如有人想要供奉世尊、藥師如來的，應先造作藥師佛的形象，安置在清淨的高座上。然後供上種種香花，燒種種香，以種種幢幡來莊嚴供佛的道場。七天七夜，受持八關齋戒，吃清淨的食物，洗澡使身體保持清潔，穿乾淨的衣服。內心沒有雜念及垢穢染濁的意念，沒有發怒害人之心，對一切眾生，都要能夠生起利益他們、使他們得安樂的心，要能夠發菩提心，要能夠修慈、悲、喜、捨四種平等看待的心。擊鼓作樂，唱念讚佛歌，並從右而左繞藥師佛像轉。然後應誦念藥師琉璃光如來的本願功德，誦讀藥師經，由思而修，講說開示。讓一切所求都能隨心如願：祈禱長壽就能長命百歲，祈求富貴便能得富貴，求官就能得官，想生男就生男，想生女就得女。如果有人，做了噩夢，看見了各種惡相，或是怪鳥來集，或者在住處出現

了百怪，這個人如能用多種神妙資具，來恭敬地供養彼世尊藥師琉璃光如來者，噩夢惡相，各種不吉祥都能隱沒，不會成為禍患。或有水、火、刀、毒、懸險、惡象、獅子、虎、狼、熊、羆、毒蛇、惡蠍、蜈蚣、蚰蜒、蚊虻等恐怖之物，如果能至心憶念藥師如來名號，恭敬供養，一切恐怖蟲害都能得到解脫。如果遭到他國入侵，有盜賊叛亂，專心憶念並恭敬供養藥師如來，也能得到解決。」

「復次，曼殊室利！若有淨信善男子、善女人等，乃至盡形不事餘天①，唯當一心歸佛、法、僧，受持禁戒，若五戒、十戒、菩薩四百戒、苾芻二百五十戒、苾芻尼五百戒，於所受中或有毀犯，怖墮惡趣，若能專念彼佛名號，恭敬供養者，必定不受三惡趣生。或有女人，臨當產時，受於極苦；若能至心稱名禮讚，恭敬供養彼如來者，眾苦皆除。所生之子，身分具足，形色端正，見者歡喜，利根聰明，安隱少病，無有非人奪其精氣。」

【注釋】

①不事餘天：不能供養其他的外道。

【譯文】

·名詞解釋·

五百戒：指比丘尼具足戒之大數，比丘戒為256條，簡稱250條，比丘戒有四重罪，而比丘尼戒則多一倍，因此叫五百戒。

「文殊師利，如果有淨信善男善女子，能夠盡其一生不供養佛以外的其他魔道，願意一心皈依佛、法、僧，專心受持，能夠禁止五戒、十戒、菩薩四百戒、比丘二百五十戒、比丘尼五百戒。在所受的戒中如有觸犯戒律的，就會害怕墮入惡道中，這人如果能專心持念藥師如來的名號，並恭敬供養藥師如來，那麼就不會墮於三惡道中。或者在女人臨產時，要忍受巨大的痛苦，如能誦念藥師如來名字，並稱讚他的莊嚴色身，恭敬供養如來，痛苦就能消除。並且所生的子女也能身全體健，容貌端莊，人見到都歡喜，聰明智慧，一生安穩少病，沒有鬼神等奪走孩子的精氣。」

爾時，世尊告阿難言：「如我稱揚彼世尊、藥師琉璃光如來所有功德，此是諸佛甚深行處，難可解了，汝為信不？」阿難白言：「大德世尊！我於如來所說契經①，不生疑惑。所以者何？一切如來身語意業，無不清淨。世尊！此日月輪，可令墮落；妙高山王，可使傾動；諸佛所言，無有異也。世尊！有諸眾生，信根不具，聞說諸佛甚深行處，作是思惟：云何但念藥師琉璃光如來一佛名號，便獲爾所功德勝利？由此不信，返生誹謗；彼於長夜，失大利樂，墮諸惡趣，流轉無窮。」佛告阿難：「是諸有情，若聞世尊、藥師琉璃光如來名號，至心受持，不生疑惑，墮惡趣者，無

有是處。阿難！此是諸佛甚深所行，難可信解。汝今能受，當知皆是如來威力。阿難！一切聲聞、獨覺，及未登地諸菩薩等，皆悉不能如實信解，惟除一生所繫菩薩。阿難！人身難得；於三寶中，信敬尊重，亦難可得；聞世尊、藥師琉璃光如來名號，復難於是。阿難！彼藥師琉璃光如來，無量菩薩行，無量善巧方便，無量廣大願，我若一劫，若一劫餘而廣說者，劫可速盡，彼佛行願，善巧方便，無有盡也！」

【注釋】

①契經：契合真理與眾生心。

【譯文】

這時，世尊告訴阿難說：「像我稱讚世尊、藥師琉璃光如來所有功德，是各佛的最高深境界，各佛尚難以全部瞭解的，你相信嗎？」阿難答道：「大德世尊，我對藥師如來所說的契經，不產生疑惑，所以如來的一切身語意業都是清淨的。世尊，就像這日月二輪，可以使世界破滅。須彌山可使大地搖動，各佛所說都是不變的。世尊，有的眾生，淨心佛的諸根還不具備，聽說佛法的最深境界，有這樣的想法：為什麼只誦念藥師琉璃光如來的名號就能得到他的功德、收到利益。因不相信這個，反而生了誹謗，這些人就將在漫漫長夜裏，失去覺悟的大利樂就會墮落到三惡道裏，不斷地在三惡道裏流轉。」佛祖告訴阿

難說：「如果有眾生，聽說世尊藥師琉璃光如來名號，能夠專心受持，不對此產生疑惑，還會墮落到三惡趣中，是不可能的事。阿難，這是各佛的最深遠境界，很難理解。你現在卻能領悟到，應當知道這都是如來佛的威力而使然。阿難，人身難得，在佛教三寶這當中，能淨信尊重佛法，實在是很難得。聽聞世尊、藥師琉璃光如來名號，更是難上加難。阿難，藥師琉璃光如來，有著無量無邊的菩薩行，有無量無邊的善巧方便，以及無量的十二大願威力，我如果以一劫的時間廣泛地為大家講說，也還是不能說完的。藥師佛的修行願望和善巧方便是無窮無盡的。」

藥師經的延命功德

爾時，眾中有一菩薩摩訶薩，名曰救脫[1]，即從座起，偏袒右肩，右膝著地，曲躬合掌，而白佛言：「大德世尊！像法轉時，有諸眾生，為種種患之所困厄，長病羸瘦，不能飲食，喉唇乾燥，見諸方暗，死相現前；父母、親屬、朋友、知識、啼泣圍繞。然彼自身，臥在本處，見琰魔使引其神識，至於琰魔法王之前；然諸有情，有俱生神，隨其所作，若罪若福，皆具書之，盡持授與琰魔法王。爾時，彼王推問其人，計算所作，隨其罪福而處斷之。時彼病人親屬、知識、若能為彼歸依世尊、藥師琉璃

光如來，請諸眾僧，轉讀此經，然七層之燈，懸五色續命神幡，或有是處，彼識得還。如在夢中，明了自見；或經七日，或二十一日，或三十五日，或四十九日，彼識還時，如從夢覺，皆自憶知善不善業，所得果報。由自證見業果報故，乃至命難[2]，亦不造作諸惡之業。是故淨信善男子、善女人等，皆應受持藥師琉璃光如來名號，隨力所能，恭敬供養。」爾時，阿難問救脫菩薩曰：「善男子！應云何恭敬供養彼世尊、藥師琉璃光如來？續命幡燈，復云何造？」救脫菩薩言：「大德！若有病人，欲脫病苦，當為其人，七日七夜，受持八分齋戒，應以飲食及餘資具，隨力所辦，供養苾芻僧；晝夜六時，禮拜供養彼世尊、藥師琉璃光如來，讀誦此經四十九遍，燃四十九燈，造彼如來形像七軀，一一像前各置七燈，一一燈量大如車輪，乃至四十九日光明不絕。造五色彩幡，長四十九搩手[3]。應放雜類眾生至四十九。可得過度危厄之難，不為諸橫惡鬼所持。

【注釋】

①救脫：即救脫菩薩。因常救人病苦，使人脫離災難而得名救脫菩薩，是八大菩薩之一。

②命難：生命受到威脅。

③四十九搩手：大拇指與中指張開之距離為一搩手。

【譯文】

這時，有一位名叫救脫的菩薩從座位上站起來。祖露著右肩，右邊膝蓋著地，兩手合十恭敬地曲身向佛祖說：「大德世尊，在像法轉時，有眾生被種種病患纏身，陷入困境，導致身體瘦弱，不能吃飯，喉乾唇裂，看不到光明，總覺死神在眼前，父母親戚朋友都圍繞著哭泣，他自身躺臥在床上，看見閻魔王的黑白無常二使來引領他到閻魔王之前，然而眾生都具有生神的，生神會根據本人一生的善惡罪福寫下來，最後將他呈報給閻魔王，這時，閻魔王就會依據此人期間的所作所為來處置他死後的果報。這時病人的親屬、朋友如果能為他皈依世尊、藥師琉璃光如來，請僧眾來讀《藥師琉璃光如來本願功德經》，點燃七層長明燈，掛上五色延續生命的神幡，或許能因看見親朋為他所說的功德而使神志清醒過來，如夢初醒，能清楚地知自己所看見的地獄情景；也或者會經過七天、二十一天、三十五天，也或者四十九天才能清醒過來，這時，他就好像從夢中醒來，能自己回憶惡善所得的果報。因為他自己見證了惡善的果報，以後就算生命遇難，他都不會再做惡業。所以淨信善男子、善女人等，都應當受持藥師琉璃光如來的名號，盡自己的能力，恭敬供養藥師如來。」

這時，阿難問救脫菩薩說：「善男子！有病難的眾生，應該如何恭敬供養藥師琉璃光如來？續命幡和長明燈該怎樣製造呢？」

這是琰魔法王圖。琰魔為勸善懲惡之判官，故謂為法王。《藥師經古跡記》曰：「曉悟罪人，止眾惡故。雖鬼界攝，亦名法王。」指出琰魔法王因在鬼界懲惡獎善，故有法王之稱。

救脫菩薩回答阿難說：「大德！若有病人想要擺脫疾病痛苦，他的親朋好友就應當為他受持七日七夜的八關齋戒，應以清淨飲食及各種物資用具，依能力所及，供養比丘僧。在晝夜六時，禮拜供養世尊藥師琉璃光如來。在心中讀誦《藥師琉璃光如來本願功德經》四十九遍，點燃四十九盞燈，並製作七尊藥師如來的形象。在每一尊佛像前擺放七盞燈，每盞燈的光量要如車輪一樣大，並且能在四十九天內光明晝夜不絕。還要製作五色的彩幡，長為四十九搩手，再放生雜類四十九天，可使得病人度過危險困厄的困難，不被各種橫惡鬼所執持。」

「復次，阿難！若剎帝利灌頂王①等，災難起時，所謂人眾疾疫難，他國侵逼難，自界叛逆難，星宿變怪難，日月薄蝕難，非時風雨難，過時不雨難。彼剎帝利、灌頂王，爾時應於一切有情，起慈悲心，赦諸繫閉；依前所說供養之法，供養彼世尊、藥師琉璃光如來。由此善根，及彼如來本願力故，令其國界即得安隱：風雨順時，穀稼成熟；一切有情，無病歡樂；於其國中無有暴惡、藥叉等神，惱有情者；一切惡相，皆即隱沒。而剎帝利、灌頂王等，壽命色力，無病自在，皆得增益。阿難！若帝后、妃主、儲君、王子、大臣、輔相、中宮②、采女③、百官、黎庶④、為病所苦，及餘厄難，亦應造立五色神幡，然燈續明，放諸生命，散雜色花，燒眾名香，病得除愈，眾難解脫。」

【注釋】

①剎帝利灌頂王：剎帝利是印度的一個種姓，是貴王種姓。灌頂王，是在印度的風俗習慣裏，每一個王要登基的時候、或者太子授位的時候，都要把四大海水取過來，然後從頂上灌下，做一個儀式，叫灌頂儀式。

②中宮：即太監。

③采女：即宮中的侍女。

④黎庶：即百姓。

【譯文】

「阿難！如果即將登王位的太子，遇到國家發生災難，如人們流行疫病，受別國侵略，國內發生叛亂，星宿出落變怪，日月吞噬之難，風雨不調或者久旱不雨。國家元首這時都應對人民生慈悲之心，大赦被關在牢獄的眾生，依照前面所說的種種供養佛方法，供養世尊藥師琉璃光如來。這樣就會結下善根，再加上藥師琉璃光如來本願威力，就會使他的國家得到安穩，風調雨順，莊稼成熟，全國人民，健康歡樂；國中沒有惡暴事件，沒有藥叉等鬼神煩惱人民，所有凶相都得以隱沒消失。而國家元首等也能長命百歲，健康安樂，安祥自在。阿難，如果王后嬪妃、太子王子、大臣宰相、宦官宮女、官員及百姓，被疾病痛苦纏身，或是有其他的困難厄運所逼迫，也應該照前面所說的方法，懸立五色神幡，點燃長明燈，多做些放生，散落各種鮮花，燒多種名香，就能使得所有疾病都得到治癒，眾人從眾多苦難之中得以解脫。」

爾時，阿難問救脫菩薩言：「善男子！云何已盡之命而可增益？」救脫菩薩言：「大德！汝豈不聞如來說有九橫死耶？是故勸造續命幡燈，修諸福德；以修福故，盡其壽命，不經苦患。」阿難問言：「九橫云何？」救脫菩薩言：「若諸有情，得病雖輕，然無醫藥及看病者，設復遇醫，授以非藥，實不應死而便橫死。又信世間邪魔、外道、妖孽之師，妄說禍福，便生恐動，心不自正，卜問覓禍，

殺種種眾生，解奏神明，呼諸魍魎①，請乞福佑，欲冀延年，終不能得；愚癡迷惑，信邪倒見，遂令橫死，入於地獄，無有出期，是名初橫。二者，橫被王法之所誅戮。三者，畋獵嬉戲，耽淫嗜酒，傲逸無度，橫為非人奪其精氣。四者，橫為火焚。五者，橫為水溺。六者，橫為種種惡獸所啖。七者，橫墮山崖。八者，橫為毒藥、禱、咒詛、起屍鬼等之所中害。九者，饑渴所困，不得飲食而便橫死。是為如來略說橫死，有九種。其餘復有無量

諸橫，難可具說。」

【注釋】

①魍魎：迷信中的妖魔鬼怪，傳說山川中的精怪。

【譯文】

這時，阿難問救脫菩薩：「善男子！為什麼已盡的生命能得以延續呢？」救脫菩薩答道：「大德！你難道不曾聽說藥師如來所說的九橫死嗎？之所以奉勸眾生製作長明燈和五色幡旗，是要修行各種福德。而因修行了各種福德才能使他的壽命延長，不經歷苦患。」阿難又問：「九橫死都是什麼？」救脫菩薩答道：

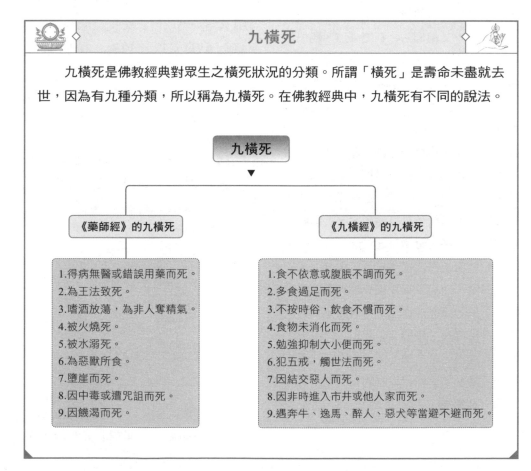

九橫死

九橫死是佛教經典對眾生之橫死狀況的分類。所謂「橫死」是壽命未盡就去世，因為有九種分類，所以稱為九橫死。在佛教經典中，九橫死有不同的說法。

九橫死

《藥師經》的九橫死

1.得病無醫或錯誤用藥而死。
2.為王法致死。
3.嗜酒放蕩，為非人奪精氣。
4.被火燒死。
5.被水溺死。
6.為惡獸所食。
7.墮崖而死。
8.因中毒或遭咒詛而死。
9.因饑渴而死。

《九橫經》的九橫死

1.食不依意或腹脹不調而死。
2.多食過足而死。
3.不按時俗，飲食不慣而死。
4.食物未消化而死。
5.勉強抑制大小便而死。
6.犯五戒，觸世法而死。
7.因結交惡人而死。
8.因非時進入市井或他人家而死。
9.遇奔牛、逸馬、醉人、惡犬等當避不避而死。

這是伐折羅、宮毗羅圖。伐折羅和宮毗羅都是藥師佛的護法金剛，他們護持佛法，誓願弘深，被列入藥師佛十二夜叉大將之中。

「一切眾生，雖然生的病不是很嚴重，但是沒有藥和醫生可以救他，假設能遇上醫生，給了他一些假藥或者是下錯了藥而造成了橫死；又信仰一些邪魔外道，聽信了一些妖師的蠱惑之語，心裏有恐懼感，不能自在，於是就到處卜算哪裡招來的禍患，屠殺各種生命來供養神靈，呼喚各種鬼魅之神，請求保佑祈福，想要延年益壽卻終不能得，這樣被鬼神愚癡迷惑，偏信邪術，於是讓他橫死入地獄，永無出期，這是第一橫死。第二橫死就是違反王法而被殺掉；第三橫死是打獵嬉戲，沉溺於五欲與酒色之中，驕傲安逸無度，被鬼神奪走他的精氣；第四橫死是死於火焚；第五橫死即溺水而死；第六橫死是被種種惡獸所吃；第七橫死是從山上墜落而死；第八橫死是被毒藥、厭禱、詛咒和起屍鬼等害死；第九橫死是被饑渴所困，沒有飲食而死。這就是如來簡單敘述的九橫死，其餘的還有無數橫死，在此難以一一具體說明。」

十二藥叉發願

「復次，阿難！彼琰魔王主領世間名籍之記，若諸有情，不孝五逆，破辱三寶，壞君臣法，毀於性戒，琰魔法王，隨罪輕重，考而罰之。是故我今勸諸有情，燃燈造福，放生修福，令度苦厄，不遭眾難。」

爾時，眾中有十二藥叉大將，俱在會坐，所謂：宮毗羅大將、伐折羅大將、迷企羅大將、安底羅大將、額你羅大將、珊底羅大將、因達羅大將、波夷羅大、摩虎羅大將、真達羅大將、招杜羅大將、毗羯羅大將，此十二藥叉大將，一一各有七千藥叉以為眷屬，同時舉聲白佛言：「世尊！我等今者，蒙佛威力，得聞世尊、藥師琉璃光如來名號，不復更有惡趣之怖。我等相率，皆同一心，乃至盡形歸佛、法、僧，誓當荷負一切有情，為作義利饒益安樂。隨於何等村城、國邑、空閒林中，若有流布此經，或復受持藥師琉璃光如來名號，恭敬供養者，我等眷屬衛護是人，皆使解脫一切苦難，諸有願求，悉令滿足。或有疾厄求度脫者，亦應讀誦此經，以五色縷，結我名字，得如願已，然後解結。」

【譯文】

救脫菩薩又說：「阿難！閻魔王主管世間眾生的善惡、罪福的名籍簿，如

有眾生不孝，犯五逆之罪；破壞侮辱三寶，不遵守臣法，犯了佛戒，閻魔王就會根據所犯罪行的輕重，考核後進行懲罰。所以我現在奉勸眾生，點燃長明燈造福，放生修福，可使眾生度過苦難，免遭各種橫難。」

這時，大眾中有十二位藥叉大將，都在聽藥師法會，他們是：宮毗羅大將、伐折羅大將、迷企羅大將、安底羅大將、頞你羅大將、珊底羅大將、因達羅大將、波夷羅大將、摩虎羅大將、真達羅大將、招杜羅大將、毗羯羅大將。這十二位藥叉大將，各自都有七千藥叉，站立起來大聲說道：「世尊，我們這些人，承蒙佛祖的威力，聽到世尊、藥師琉璃光如來的名號，不再有墮入三惡道的恐怖。我們都將同心協力，從今以後都皈依佛法僧三寶，並且發誓護衛一切眾生，為他們做利生之事，使生活安樂。無論是在鄉村、都市或空曠的樹林中，如果有人流傳《藥師經》，並且持念藥師琉璃光如來的名號，恭敬供養藥師如來像，我們及所有的眷屬，一定會護衛他們，使他們從一切苦難中得以解脫，如果有心願，就會滿足他們。如有疾病困厄願求度脫的，也應讀誦此經，以五色彩縷，結出我們的名字，等到病苦災難消除後，感覺自己的願望得到滿足，然後解開縷結。」

爾時，世尊贊諸藥叉大將言：「善哉善哉！大藥叉將！汝等念報世尊、藥師琉璃光如來恩德者，常應如是利益安樂一切有情。」

爾時，阿難白佛言：「世尊！當何名此法門？我等云何奉持？」佛告阿難：「此法門名說藥師琉璃光如來本願功德；亦名說十二神將饒益有情結願神咒；亦名拔除一切業障。應如是持。」時薄伽梵說是語已，諸菩薩摩訶薩，及大聲聞、國王、大臣、波羅門、居士、天、龍、藥叉、健達縛[1]、阿素洛、揭路茶、緊捺洛、莫呼洛伽、人、非人等，一切大眾，聞佛所說，皆大歡喜，信受奉行。

【注釋】

①健達縛：音譯為「乾闥婆」，意譯為「巡香」，是天上的一種樂神。

【譯文】

這時，世尊稱讚各位藥叉大將說：「太好了，太好了。藥叉大將！你們知恩報世尊藥師琉璃光如來的恩德，就常應這樣使一切眾生受益安樂。」

這時，阿難向佛說：「世尊！應當怎樣命名這一法門？我們應該怎樣信奉受持？」佛告訴阿難說：「此法門名叫《藥師琉璃光如來本願功德》；也可以叫《十二神將饒益有情結願神咒》；或者叫《拔除一切業障》。應當牢記法門的名稱，恭敬受持。」這時，佛已經說完經，各大菩薩，及聲聞大眾，還有國王、大臣、婆羅門、居士等人眾，天人、龍眾、藥叉、健達縛、阿素洛、揭路茶、緊捺洛、莫呼洛伽等天龍八部眾、人、非人等，所有大眾，聽佛所說的微妙法門，無比喜悅，受持奉行。

第十三章　琉璃世界——《藥師經》